等学校管理类专业基础课程教材

主　编　马钦援
副主编　王　玲　陈　田　王春国

物流管理

Logistics Management

蘭州大學出版社

图书在版编目(CIP)数据

物流管理 / 马钦援主编. —兰州:兰州大学出版社,2012.8(2016.7 重印)
ISBN 978-7-311-03953-0

Ⅰ.①物… Ⅱ.①马… Ⅲ.①物流—物资管理—教材
Ⅳ.①F252

中国版本图书馆 CIP 数据核字(2012)第 210591 号

策划编辑 陈红升
责任编辑 郝可伟 陈红升
封面设计 刘 杰

书 名 物流管理
作 者 马钦援 主 编
王玲 陈田 王春国 副主编
出版发行 兰州大学出版社 (地址:兰州市天水南路 222 号 730000)
电 话 0931-8912613(总编办公室) 0931-8617156(营销中心)
0931-8914298(读者服务部)
网 址 http://www.onbook.com.cn
电子信箱 press@lzu.edu.cn
印 刷 白银兴银贵印务有限公司
开 本 787 mm×1092 mm 1/16
印 张 28
字 数 648 千
版 次 2012 年 8 月第 1 版
印 次 2016 年 7 月第 3 次印刷
书 号 ISBN 978-7-311-03953-0
定 价 48.00 元

前 言

随着全球经济竞争的愈加激烈,物流业的发展水平已经成为国家综合实力竞争的一个重要标志。新世纪以来,我国物流业虽然得到了长足的发展,但其总体质量、效率以及物流从业人员的素质仍然亟待提高。与发达国家相比,我国物流无论是理论研究还是企业实践都存在着较大的差距。因此,这就给大学物流专业教材建设及人才培养工作带来了新的挑战。

我们认为,当今时代,作为高等财经类教育物流管理教学工作一线的工作者,既应该及时汲取时代发展的新变化、新形势、新内容和新特点,也应该坚守教育规律的底线,针对当今时代财经类大学生的基本特点和环境发展要求,建立和维护符合时代发展的、科学、严谨而规范的物流管理教学体系,本书就是建立在这一理念基础之上的产物。

本书是我们在新形势下,针对当今物流实践的具体情况,结合最新的物流管理理论的发展而进行的一种尝试。本书的具体特点如下:

1.在物流理论介绍方面,我们尽量言简意赅,避免长篇累牍的文字表述,有利于学生由浅入深,掌握主纲;

2.对于西方经典的物流管理理论,受制于本书篇幅和教学课时的限制,我们没有纳入正文,而是采用了"扩展阅读"的形式,便于学生和授课教师灵活学习和运用;

3.在内容表现形式上,我们尽可能多地采用了表格形式,力求精炼,以便使授课教师可以在课堂上延伸发挥;

4.根据物流管理的实践性要求,每章增加了“综合案例”模块,供师生用于实践训练。

本书由马钦援总纂。各章节具体编写者如下:

马钦援:第一章、第二章;王　玲:第四章、第五章、第六章、第七章、第八章;陈　田:第三章、第九章、第十章、第十一章;王春国:第十二章、第十三章、第十四章。

本书部分章节的案例资料由刘治宏提供。

本书是一种尝试,也是一种创新,我们希望这种创新能在实际教学过程中取得好的效果。当然,由于水平所限,不足之处在所难免,我们会进一步吸收各方意见,不断加以改进,使之逐步完善。

编　者

2012 年 5 月 30 日

目 录

第一章 物流与物流管理概述 …… 001
第一节 物流的基本概念 …… 001
第二节 物流管理的基本概念 …… 004
第三节 现代物流管理学说 …… 007
本章小结 …… 010
关键词 …… 010
复习思考题 …… 010
综合案例 …… 011
扩展阅读 …… 013
第二章 全球物流管理的发展概况及趋势 …… 020
第一节 发达国家物流发展概况及特点 …… 020
第二节 中国物流发展 …… 027
第三节 现代物流发展趋势 …… 031
本章小结 …… 037
关键词 …… 037
复习思考题 …… 037
综合案例 …… 037
扩展阅读 …… 041
第三章 供应链管理环境下的物流 …… 050
第一节 供应链与供应链管理 …… 050
第二节 物流与供应链管理 …… 056
第三节 供应链物流管理办法 …… 059
本章小结 …… 083
关键词 …… 084
复习思考题 …… 084
综合案例 …… 084
扩展阅读 …… 093

第四章　物流系统 …… 098
第一节　物流系统概述 …… 098
第二节　物流系统的要素 …… 105
第三节　物流系统的组成和结构 …… 109
第四节　物流系统工程 …… 114
本章小结 …… 116
关键词 …… 116
复习思考题 …… 116
综合案例 …… 116
扩展阅读 …… 118
第五章　运输管理 …… 122
第一节　运输与运输管理概述 …… 122
第二节　基本运输方式 …… 126
第三节　运输的合理化 …… 144
第四节　集装箱运输 …… 149
第五节　联合运输 …… 153
本章小结 …… 160
关键词 …… 160
复习思考题 …… 160
综合案例 …… 160
扩展阅读 …… 164
第六章　仓储管理 …… 168
第一节　仓储及仓储管理概述 …… 168
第二节　仓库及仓储设备 …… 171
第三节　仓储作业流程 …… 175
第四节　库存控制技术 …… 179
第五节　仓储合理化 …… 186
本章小结 …… 190
关键词 …… 190
复习思考题 …… 190
综合案例 …… 190
扩展阅读 …… 193
第七章　配送管理 …… 201
第一节　配送概述 …… 201
第二节　配送的流程与模式 …… 205
第三节　配送的合理化 …… 214
第四节　配送中心概述 …… 218

本章小结 …… 225
关键词 …… 225
复习思考题 …… 225
综合案例 …… 226
扩展阅读 …… 228
第八章 装卸搬运管理 …… 231
第一节 装卸搬运概述 …… 231
第二节 装卸搬运机械及其选择 …… 240
第三节 装卸搬运的原则及其合理化 …… 244
本章小结 …… 250
关键词 …… 250
复习思考题 …… 250
综合案例 …… 250
扩展阅读 …… 251
第九章 包装管理 …… 255
第一节 包装概述 …… 255
第二节 包装技术与包装合理化 …… 266
本章小结 …… 272
关键词 …… 272
复习思考题 …… 272
综合案例 …… 272
扩展阅读 …… 273
第十章 流通加工管理 …… 282
第一节 流通加工概述 …… 282
第二节 流通加工的类型与方式 …… 286
第三节 流通加工的合理化及管理 …… 291
本章小结 …… 294
关键词 …… 295
复习思考题 …… 295
综合案例 …… 295
扩展阅读 …… 298
第十一章 物流信息管理 …… 300
第一节 物流信息概述 …… 300
第二节 物流信息技术 …… 303
第三节 物流信息系统 …… 326
第四节 信息化物流管理 …… 331
本章小结 …… 340

关键词 …… 340
复习思考题 …… 340
综合案例 …… 340
扩展阅读 …… 342
第十二章　第三方物流 …… 349
第一节　第三方物流概述 …… 349
第二节　第三方物流方案设计 …… 355
第三节　第三方物流客户服务 …… 360
第四节　我国第三方物流业的发展现状及对策 …… 364
本章小结 …… 367
关键词 …… 367
复习思考题 …… 367
综合案例 …… 368
扩展阅读 …… 371
第十三章　物流成本管理与物流质量管理 …… 378
第一节　物流成本管理 …… 378
第二节　物流质量管理 …… 397
本章小结 …… 403
关键词 …… 403
复习思考题 …… 403
综合案例 …… 404
扩展阅读 …… 406
第十四章　国际物流 …… 409
第一节　国际物流概述 …… 409
第二节　国际物流的基本流程与业务 …… 417
第三节　国际物流的发展趋势和前景 …… 427
本章小结 …… 434
关键词 …… 434
复习思考题 …… 434
综合案例 …… 434
扩展阅读 …… 437
参考文献 …… 441

第一章　物流与物流管理概述

第一节　物流的基本概念

一、 定义

在2001年颁布的中华人民共和国国家标准《物流术语》（GB/T18354—2001）中，物流的定义是：物品从供应地向接收地的实体流动过程。根据实际需要，将运输、储存、装卸、搬运、包装、流通加工、配送、信息处理等基本功能实施的有机结合。

上述物流概念，包含以下几个基本内涵：

（1）物流是指物质实体从供应者向需求者的物理移动。

（2）物流包括运输、搬运、储存、保管、包装、装卸、流通加工和物流信息处理等基本功能。

（3）物流是关于物的信息活动过程，具体地说是与运输、保管、包装、搬运等物资流通活动相关的信息活动。

（4）物流是经济活动，是创造时间价值和场所价值的经济活动。

（5）物流最基本的性质之一，就是它的普遍性。

（6）物流是集成性活动，是多种活动的统一。

二、 功能

物流是若干经济活动系统的、集成的、一体化的现代概念。从总体上看物流是物的物理性流动，最终为用户服务；从具体内容上看，构成物流总体的种种活动，实际上是物流所具有的具体功能。

（一）物流的总体功能（表1–1）

表1–1　物流的总体功能

总体功能	产生原因
组织“实物”进行物理性的流动	生产活动和工作活动的要求；生活活动和消费活动的要求；流通活动的要求；军事活动的要求；社会活动、公益活动的要求。
实现对用户的服务	用户的个性化需求；激烈的市场竞争；各类物流作业的共同属性。

（二）物流的具体功能(表 1–2)

表1–2　物流的具体功能

具体功能	内容
运输功能	实现物质实体由供应方向需求方的空间移动，克服供需之间的空间距离，创造商品的空间效用。
仓储功能	对进入物流系统的货物进行储存、保管、保养、维护等一系列活动，起着缓冲和调节作用，克服供需之间的时间距离，创造商品的时间效用。
包装功能	包装具有保护物品、方便物流、促进销售的基本功能。
装卸搬运功能	在一定的区域内，以改变物品存放状态和位置为主要内容的活动，它是随运输和保管而产生的必要物流活动，是对运输、保管、包装、流通加工等物流活动进行衔接的中间环节。
流通加工功能	主要是在物品从生产领域向消费领域流动的过程中，为了促进产品销售、维护产品质量和实现物流效率化，对物品进行加工处理，使物品发生物理或化学性变化的功能。
配送功能	配送是物流的一种特殊的、综合的活动形式，它几乎包括了物流的所有职能，是物流的一个缩影或在某一范围内物流全部活动的体现。
信息服务功能	包括与上述各项功能有关的计划和控制的动态信息及有关的成本信息、生产信息、市场信息等。

三、特点

现代物流是指具有现代特征的物流，是与现代化社会大生产紧密联系在一起的，体现了现代企业经营和社会经济发展的需要。现代物流的特征可以概括为表1–3：

表1–3 现代物流的特征

特点	含义
物流系统化	物流不是运输、保管等活动的简单叠加，而是通过彼此的内在联系，在共同的目的下形成的一个系统，构成系统的功能要素之间存在着相互作用的关系。在考虑物流最优化的时候，必须从系统的角度出发，通过物流功能的最佳组合以实现物流整体的最优化目标。
物流总成本最小化	现代物流建立在物流总成本意识的基础之上，利用物流要素之间存在的二律悖反关系，通过物流各个功能活动的相互配合和总体协调以达到物流总成本最小化的目的。
物流信息化	现代物流通过信息将各项物流功能活动有机结合在一起，通过对信息的实时准确把握以控制物流系统按照预定的目标运行。
物流手段现代化	包括运输手段的大型化、高速化、专用化；装卸搬运机械的自动化；包装的单元化；仓库的立体化、自动化以及信息处理和传输的计算机化、电子化、网络化等。
物流服务社会化	在现代物流时代，物流需求通过社会化物流服务满足的比重在不断提高，第三方物流形态已成为现代物流的主流，物流产业在国民经济中发挥着重要作用。
物流管理专门化	物流活动由专门的部门负责，不依附于其他部门，物流管理技术日趋成熟。
物流电子化	现代信息网络技术广泛用于物流信息的处理和传输过程，使得物流各环节、各部门之间的物流信息交换传递和处理突破空间和时间的限制，保持物流与信息流的高度统一和对信息的实时处理。
物流快速反应化	现代物流在信息系统、作业系统和物流网络的支持下适应需求的反应速度加快，物流前置时间缩短。
物流网络化	现代物流具有完善、健全的物流网络，即由节点、线路的合理布局构成满足客户需要的物流网络。
物流柔性化	现代物流是以顾客的物流需求为中心，对顾客的需求做出快速反应，及时调整物流作业，同时有效地控制物流成本。

四、分类

社会经济领域中的物流活动是普遍存在的，但在不同的领域和条件下，物流的表现形态、基本结构、技术特征和运作方式等都存在诸多差异。构建合理、高效的物流系统，强化物流管理，必须从不同的角度研究物流的分类，探讨各种类型物流的特点和差异，以便对症下药、有的放矢。由于物流的对象、目的、范围不同，形成了不同类型的物流。目前，物流在分类标准方面并没有统一的看法。综合已有的论述，物流分类如表1–4所示。

表1-4 物流的分类

分类标准	类型
物流系统的性质	社会物流、行业物流、企业物流
作用领域	生产领域的物流、流通领域的物流
发展的历史进程	传统物流、综合物流、现代物流
提供服务的主体	第三方物流、自有物流
物流的流向	内向物流、外向物流
物流活动的空间范围	地区物流、国内物流、国际物流
物流的作用	供应物流、生产物流、销售物流、回收物流、废弃物物流

第二节 物流管理的基本概念

一、 定义

在2001年颁布的中华人民共和国国家标准《物流术语》（GB/T18354—2001）中，物流管理是指为了以最低的成本达到客户所满意的服务水平，对物流活动进行的计划、组织、协调与控制。

现代营销之父菲利普·科特勒在《市场营销管理》中对物流管理做了这样的表述：物流是物的流通过程，是通过计划、执行与控制原材料和最终产品从产地到使用地点的实际流程，并在赢利的基础上满足顾客的需要。

二、 特点(表 1-5)

表1-5 物流管理的特点

特点	内容
物流管理是战略管理的重要方面	物流管理从企业的市场需求和经济效益出发，通过合理的、科学化的管理达到降低成本、提高物流过程效率的目标，也是对再生产过程中资源的整体配置和利用，是考虑到企业总体价值增长的长远大计，所以它也是企业可持续发展的根本问题之一，具有重要的战略意义。
物流管理是系统化管理	物流管理是从生产到销售的一体化管理，要对生产、仓储、运输、销售等不同过程中的物流、商流、信息流进行统一组织和构建，使它们之间有机衔接和匹配，形成一个有计划、有目的的大系统。
物流管理要运用现代化手段和工具	现代化大生产的发展和企业经营的全球化对物流管理提出了新的要求，各种现代化技术已经成为物流管理中广泛应用的工具和手段。

三、内容（表1–6）

表1–6　物流管理的内容

管理对象	管理内容
物流活动过程	即对运输、储存、包装、流通加工、装卸搬运、配送、信息处理等实体环节的管理。
物流活动要素	即对人、财、物、设备、方法和信息等六大要素的管理。
物流活动职能	主要包括物流计划、质量、技术、经济等职能的管理。

四、阶段

物流管理按管理进行的顺序可以划分为三个阶段，即计划阶段、实施阶段和评价阶段。

（一）物流计划阶段的管理

计划是作为行动基础的某些事先的考虑。物流计划是为了实现物流欲达到的目标所做的准备性工作。物流计划首先要确定物流所要达到的目标，以及为实现这个目标所进行的各项工作的先后次序。其次，要分析研究在物流目标实现的过程中可能发生的任何外界影响，尤其是不利因素，并确定对这些不利因素的对策。第三，做出贯彻和指导实现物流目标的人力、物力、财力的具体措施。

（二）物流实施阶段管理

物流实施阶段的管理就是对正在进行的各项物流活动进行管理。它在物流各阶段的管理中处于最突出的地位。这是因为在这个阶段中各项计划将通过具体的执行而受到检验。同时，它也把物流管理与物流各项具体活动进行紧密的结合。具体包括：

1.对物流活动的组织和指挥

物流的组织是指在物流活动中把各个相互关联的环节合理地结合起来，形成一个有机的整体，以便充分发挥物流中的每个部门、每个物流工作者的作用。物流的指挥是指在物流过程中对各个物流环节、部门、机构进行的统一调度。

2.对物流活动的监督和检查

通过监督和检查可以了解物流的实施情况，揭露物流活动中的矛盾，找出存在的问题，分析问题发生的原因，提出解决的方法。

3.对物流活动的调节

在执行物流计划的过程中，物流的各部门、各环节总会出现不平衡的情况。遇到上述问题，就需要根据物流的影响因素，对物流各部门、各环节的能力做出新的综合平衡，重新布置实现物流目标的力量。这就是对物流活动的调节。

（三）物流评价阶段的管理

在一定时期内，人们对物流实施后的结果与原计划的物流目标进行对照、分析，这便是物流的评价。通过对物流活动的全面剖析，人们可以确定物流计划的科学性、合理性如何，确认物流实施阶段的成果与不足，从而为今后制订新的计划、组织新的物流提供宝贵的经验和资料。

按照对物流评价的范围不同，物流评价可分为专门性评价和综合性评价。按照物流各部门之间的关系，物流评价又可分为纵向评价和横向评价。应当指出无论采取什么样的评价方法，其评价手段都要借助于具体的评价指标。这种指标通常表示为实物指标和综合指标。

五、 物流管理的目标

在企业运作中，物流被看成是企业与其供应商和客户相联系的能力。一个企业的物流，其目的在于帮助企业按最低的总成本创造客户价值。物流作业可分成三个领域：配送、制造和采购。这三个领域的结合使在特定位置和地点、供应源和客户之间进行材料、半成品和成品等运输的综合管理成为可能。企业通过存货的移动（存货流）使物流过程增值。物流管理的目标主要包括：快速反应、最小变异、最低库存、整合运输、产品质量以及生命周期支持等。

（一）快速反应

快速反应关系到企业能否及时满足客户的服务需求。信息技术提高了在尽可能短的时间内完成物流作业，并尽快交付所需存货的能力。快速反应把物流作业的重点从根据预测和对存货储备的预期，转移到从装运到装运方式对客户需求做出迅速反应上来。

（二）最小变异

最小变异就是尽可能控制任何会破坏物流系统表现的、意想不到的事件。这些事件包括客户收到订货的时间被延迟、制造中发生意想不到的损坏、货物交付到不正确的地点等。传统解决变异的方法是建立安全储备存货或使用高成本的溢价运输。信息技术的使用使积极的物流控制成为可能。

（三）最低库存

最低库存的目标是减少资产负担和提高相关的周转速度。存货的高周转率意味着分布在存货上的资金得到了有效的利用。因此，保持最低库存就是要把存货减少到与客户服务目标相一致的最低水平。

（四）整合运输

最重要的物流成本之一是运输。一般来说，运输规模越大及需要运输的距离越长，每单位的运输成本就越低。这就需要有创新的规划，把小批量的运输聚集成集中的、具有较大批量的整合运输。

（五）产品质量

由于物流作业必须在任何时间、跨越广阔的地域来进行，对产品质量的要求被强化，因为绝大多数物流作业是在监督者的视野之外进行的。由于不正确的装运或运输中的损坏导致重做客户订货所花的费用，远比第一次就正确地履行所花费的费用多。因此，物流是发展和维持全面质量管理的主要组成部分。

（六）生命周期支持

某些对产品生命周期有严格需求的行业，回收已流向客户的超值存货将构成物流作业成本的重要部分。如果不仔细审视逆向的物流需求，就无法制定良好的物流策略。因而，产品生命周期支持也是物流管理的重要目标之一。

第三节　现代物流管理学说

一、物流五要素说

物流五要素（five elements of logistics）是指评价物流体系的五个要素——品质、数量、时间、地点和价格。品质是指物流过程中物料的品质保持不变；数量是指符合经济性的数量要求和运输活动中往返运输载重尽可能满载等；时间是指以合理费用及时送达为原则做到的快速；地点是指选择合理的集运地及仓库避免两次无效运输及多次转运；价格是指在保证质量及满足时间要求的前提下尽可能降低物流费用。

二、物流第三利润源说

“第三利润源”说来自日本学者西泽修的著作，是对物流潜力及效益的描述。经过半个世纪的探索，人们已肯定物流“黑大陆”虽不清楚，但绝不是不毛之地，而是一片富饶之地。尤其是经受了1973年石油危机的考验，物流已牢牢树立了自己的地位，今后的问题便是进一步开发了。

从历史发展来看，人类历史上曾经有过两个大量提供利润的领域：第一个是资源领域；第二个是人力领域。资源领域起初是依靠廉价原材料、燃料的掠夺和获得，其后则是依靠科技进步节约消耗、节约代用、综合利用、回收利用乃至大量人工合成资源而获取高额利润，也就是通过降低原材料成本即物化劳动成本来获取利润，习惯称之为“第一利润源”。人力领域最初是依靠廉价劳动，其后则是依靠科技进步提高劳动生产率、降低人力消耗或采用机械化、自动化设备来降低劳动耗用从而降低成本、增加利润，也就是通过降低劳动力成本即活劳动成本来获取利润，习惯称之为“第二利润源”。

在前两个利润潜力越来越小、利润开拓越来越困难的情况下，物流领域的潜力被人们所重视，按时间序列排为“第三利润源”。这三个利润源注目于生产力的不同要素：“第一利润源”的挖掘对象是生产力中的劳动对象；“第二利润源”的挖掘对象是生产力中的劳动者；“第三利润源”则主要挖掘生产力要素中劳动工具的潜力，同时又挖掘劳动对象和劳动者的潜力，因而更具有全面性。

“第三利润源”理论的最初认识是基于两个前提条件：第一，物流是可以完全从流通中分化出来，自成一体独立运行的，有本身的目标、本身的管理，因而能对其进行独立的、总体的判断。第二，物流和其他独立的经营活动一样，它不是总体的成本构成因素，而是单独的盈利因素，物流可以成为“利润中心”型的独立系统。

三、物流效益悖反说

“效益悖反”又称为“二律悖反”，是物流领域中很经常、很普遍的现象，是物流领域中内部矛盾的反映和表现。

“效益悖反”指的是物流的若干功能要素之间存在着损益的矛盾，即某一功能要素的优化和利益发生的同时，必然会存在另一个或几个功能要素的利益损失，反之也如此。这是一种此长彼消、此盈彼亏的现象，往往导致整个物流系统效率的低下，最终会损害物流系统的整体利益。

物流的各项活动（运输、保管、搬运、包装、流通加工等）处于这样一个相互矛盾的系统中，活动之间存在广泛的“效益悖反”现象——想要较多地达到某个方面的目的，必然会使另一方面的目的受到一定的损失。例如，减少物流网络中仓库的数目并减少库存，必然会使库存补充变得频繁而增加运输的次数。简化包装，虽可降低包装成本，但却由于包装强度的降低，在运输和装卸中的破损率会增加，且在仓库中摆放时亦不可堆放过高，降低了保管效率。将铁路运输改为航空运输，虽然增加了运费，却提高了运输速度，不但可以减少库存，还降低了库存费用。所有这些都表明，在设计物流系统时，要综合考虑各方面因素的影响，使整个物流系统达到最优，任何片面强调某种物流功能的做法都将会蒙受不必要的损失。

四、物流冰山说

“物流冰山”说是由日本早稻田大学的西泽修教授提出的，指当人们读财务报表时，只注意到企业公布的财务统计数据中的物流费用，而这只能反映企业实际物流成本的一部分，有相当数量的物流费用是不可见的。基于这个现实，日本物流成本计算的权威——早稻田大学的西泽修教授提出了“物流冰山”说（见图1-1）。

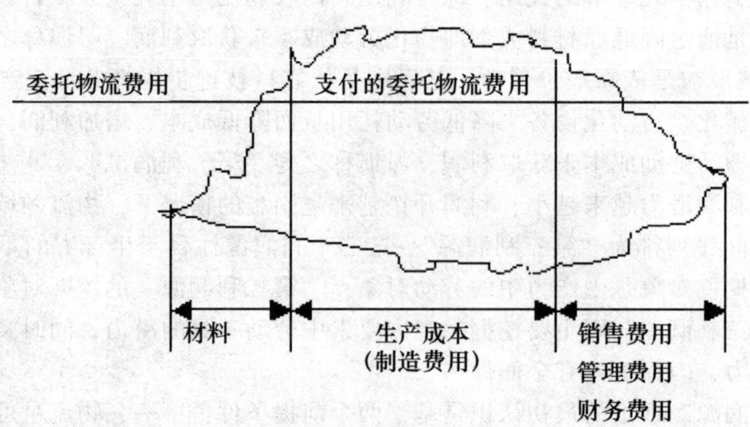

图1-1 物流冰山

因此，航行在市场之流上的企业巨轮如果看不到海面下的物流成本的庞大躯体的话，那么最终很可能会得到与“泰坦尼克号”同样的厄运。而一旦物流所发挥的巨大作用被企业开发出来，它给企业所带来的丰厚利润则是相当可观的。

“物流冰山”说之所以成立，主要有三个方面的原因。

1.物流成本的计算范围太大，包括原材料物流，工厂内物流，从工厂到仓库、配送中心的物流，从配送中心到商店的物流等。这么大的范围，涉及的单位非常多，牵涉的面也特别广，很容易漏掉其中的某一部分。漏掉哪部分，计算哪部分，物流费用的大小相距甚远。

2.在运输、保管、包装、装卸、流通加工以及信息等各物流环节中，以哪几个环节作为物流成本的计算对象问题。如果只计算运输和保管费用而不计算其他费用，与运输、保管、装卸、包装、流通加工以及信息等全部费用的计算，两者的费用计算结果差别相当大。

3.把哪几种费用列入物流成本中的问题。例如，向外部支付的运输费、保管费、装卸费等费用一般都容易列入物流成本。可是本企业内部发生的物流费用，如与物流相关的人工费、物流设施建设费、设备购置费以及折旧费、维修费、电费、燃料费等是否也列入物流成本中等都与物流费用的大小直接相关。

因而说物流费用确实犹如一座海里的冰山，露出水面的仅是冰山一角。

西泽修教授用物流成本的具体分析论证了德鲁克的“黑大陆”说。事实证明，物流领域的方方面面对我们而言还是不清楚的。在黑大陆中和冰山的水下部分正是物流尚待开发的领域，正是物流的潜力所在。

五、物流黑大陆说

美国著名的管理学权威P. F. 德鲁克（Peter F. Drucker）在1962年的《财富》杂志发表了题为《经济的黑大陆》一文，他将流通比作“一块未开垦的处女地”，强调应高度重视流通，指出“流通是经济领域里的黑大陆”。德鲁克泛指的是流通。但是，由于流通领域中物流活动的模糊性尤其突出，是流通领域中人们更认识不清的领域，所以“黑大陆”的说法现在转向主要针对物流而言。

“黑大陆”说主要是指尚未认识、尚未了解。在“黑大陆”中，如果理论研究和实践探索照亮了这块“黑大陆”，那么摆在人们面前的可能是一片不毛之地，也可能是一片宝藏之地。“黑大陆”说是对20世纪中在经济界存在的愚昧的一种应对和批判，指出在当时资本主义繁荣和发达的状况下，科学技术也好，经济发展也好，都远未有止境，同时，“黑大陆”说也是对物流本身的正确评价：这个领域未知的东西还很多，理论和实践皆不成熟。从某种意义上来看，“黑大陆”说是一种未来学的研究结论，是战略分析的结论，带有很强的哲学的抽象性，这一学说对研究物流领域起到了启迪和动员作用。

六、物流服务中心说

服务中心说代表了美国和欧洲一些学者（如：鲍尔索克斯）对物流的认识，他们认为，物流活动的最大作用并不在于为企业节约了成本或增加了利润，而是在于提高了企业对用户的服务水平，进而提高了企业的竞争力。服务中心说特别强调了物流的服务保障功能，因此，他们在使用描述物流的词汇上选择了“后勤”一词。借助于物流的服务保障作用，企业可以通过整体能力的加强来压缩成本、增加利润。他们认为服务重于成本，通过服务质量的不断提高可以实现总成本的下降。

目前，在国内，有关物流的服务性功能的研究也是一个比较热的话题，有的从顾客满意度的角度，探讨物流服务的功能和作用以及衡量指标体系；也有的从客户关系角度，研究客户关系管理在物流企业中的应用价值和方法。

七、物流成本中心说

物流成本中心说的含义是，物流在整个企业战略中，只对企业营销活动的成本发生影响，物流是企业成本的重要的产生点。因而解决物流的问题，并不主要是为搞合理化、现代化及支持保障其他活动，而主要是通过物流管理和物流的一系列活动降低成本。所以，成本中心既是指主要成本的产生点，又是指降低成本的关注点。物流是“降低成本的宝库”等说法正是这种认识的形象表述。

本章小结

本章从物流的基本概念入手，逐步介绍了物流的功能、特点及分类；同时介绍了物流管理的基本概念、物流管理的内容及发展历程；最后简单介绍了现代物流管理具有代表性的七大学说，以便促进读者全面掌握物流及物流管理的基本知识。

关键词

物流、物流管理、现代物流、物流产业、物流冰山、物流黑大陆、效益悖反、物流五要素、第三利润源

复习思考题

1.什么是物流？现代物流具有哪些特点？

2.简述物流的分类与功能。

3.论述我国在21世纪初出现物流“热”的原因。

4.结合实际谈谈发展物流的重要性。

5.现代物流研究领域出现了哪些具有代表性的物流学说？

综合案例

茶马古道走来的物流

茶马古道真正伴随着这个名字走进人们的视线还是在1990年，李旭和他的几位同伴，一行六人，徒步走出了这么一条苍茫的古道，并取名为“茶马古道”。茶马古道也许不如其他几条古道，但其有着详细的历史路线和悠久的文化渊源记载。

茶马古道有广义和狭义之分。广义上的茶马古道可以上溯到青藏高原与低地社会交流开始，譬如先秦商周旧石器时代，路线泛指从遍布整个高原一直延伸到中亚、南亚、西南亚，四通八达的旧时道路。狭义的茶马古道是指中国唐代汉族产茶区的茶和吐蕃良马的交易，史称茶马互市或茶马互易，距今已有1400年的历史了。商人在官方指定的交易地点，茶和马互相交易，时间久了就有了相对固定的茶马互易通道。值得一提的是，茶马古道从四川到西藏部分是古代唐番古道的路线，而且茶马古道与古丝绸之路在甘肃天水、兰州等地交叉、重叠，可以看到，茶马古道与中国其他几条古道有着千丝万缕的联系。

茶马古道是一条真正意义上由平民百姓走出来的道路，至于茶马古道的名字的由来有两种说法：一种是茶马互市；另外一种是由马驮着茶以及其他药品、日用品交易。不管是哪一种，我们都可以看到，茶、马是这条古道上的主角。在《滇茶藏销》的书中统计道：“滇茶为藏所好，以积成习，故每年于春冬两季，藏族古宗商人，跋涉河山，露宿旷野，为滇茶不远万里而来……盖藏人之于茶也，非如内地之为一种嗜品，或逸兴物，而为生活上所必需，大有一日无茶则病之概。”从以上一段文字可以看出，茶马古道有其存在的必要性。历来有商必有道，古今亦然。

茶马古道的意义在于它是一条古代的物流通道，按现代物流系统构成要素来看，一千多年前茶马古道上流动的茶、马、驿站和小道已经具备了完整的物流体系元素。物流体系主要由几个要素组成——节点、通道、手段。茶马古道上大大小小、正式非正式的中转站、驿站或帐篷等就是古道上原始的物流节点，而通道则是由人、马一步步走出来的深山里的羊肠小道，手段就是马、骡抑或牦牛等。而古道上流通的商品则是茶、藏药、盐以及其他一些日用品。

目前被学者所确认的位于滇、川、藏三角地带的“茶马古道”有两条：一条是从云南的普洱出发，经大理、丽江、中甸（现更名为香格里拉），进入西藏察隅、波密、拉萨、日喀则、江孜、亚东、柏林出口，出境到尼泊尔、印度等国；另一条是由四川雅安出发，经康定、昌都、拉萨至尼泊尔、印度等国。此乃古道上最原始的物流通道，从地图上可以看到，这条道路上基本是在翻山越岭，跋山涉水，因此，即使到现在，它也只是属于探险者的道路。

丽江是这一条古道上的主要的节点，丽江至蜀地成都之间的步道，早在秦汉时期就已经打通，又有“踞全滇之上游，通巴蜀之要塞”，“外控番藏，内蔽滇西”，“自内地入藏，必以丽江为正路”之称。丽江至成都的古道主要有两条：一条是“西南丝绸之路”上的“灵光道”（丽江县、永胜、宁蒗、邛崃至成都）；另一条是因路线大部分险要路段仅有五尺之宽而被称作“秦开五尺道”（丽江、大理、姚安、西昌至成都），两者在丽江会合后继续往西北挺进就形成“茶马古道”。丽江由于地理位置特殊，因此历来是各大马帮的主要聚集地。丽江的现文巷就是大理马帮的聚集地。大理的白族和回族是最擅长经商的民族之一，茶马古道上很大一部分的马帮都是来自大理。现文巷的纳西语是“见乐过”，即大理，意为此地像古南诏国一样繁华，可以想象当时丽江的繁荣。古城北边的双善村是藏族马帮的落脚点。

介绍过古道上物流系统中的通道、节点，我们再来看看物流系统中的手段。茶马古道上运输的主要手段是马，其实更多的是骡，这个组合体就是俗称的马帮。马帮一般由“锅头”、赶马人和一定数量的骡马组成。马帮首领俗称为“锅头”，他们要埋锅造饭，同吃同宿，经验丰富的领头人成了“锅头”。“锅头”既是经营者、赶马人的雇主，又是直接参与者。骡马有的属于商号所有，有的属于锅头所有，也有自带骡马入伙的，就有了雇工和股东两重身份，获得工钱和红利两份收入，这样的经营方式，就类似于我们现在运输系统的加盟。赶马人也俗称马脚子，由于马帮的工作完全靠赶马人分工而又轮流着做，因此每一个赶马人必须具备所有的能耐，比如看天气、选路、方言、识骡马的性情等，还有生活上的煮饭做菜，医药等，如此看来一个普通的赶马人基本上是一个全才了，正符合我们现在提倡的综合能力的人才观念。一般一个赶马人负责七八匹骡马，一个赶马人，还有负责的马，加上马上的货物成为一把，几个把或几十个把就组成了一个完整的马帮。

马帮的骡马是有核心的，走在最前面的叫做头骡和二骡，一般由灵敏、懂事、警觉的母骡承担，整个马帮队伍的最后，还要有一匹十分得力的尾骡，它要既能跟上大队，又要压得住阵脚，使马帮形成整体。

介绍完马帮、节点和古道线路之后，我们可以看到，一千多年前的茶马古道，已经是一个非常完善的物流系统，在这上面行走的既是精明的商人，又是重情重义的探险者，这或许也是直到现在依然有小股的马帮穿梭于偏远山区的原因。

茶马古道在近代对中国历史也有着功不可没的贡献。在抗日战争最困难的时期，1942年前后，盟军和蒋介石的青年远征军在滇缅战场的失利，让日本人占领了缅甸，攻进了中国云南的德宏、保山一线，使得中国与外界物资交流的唯一通道滇缅公路也陷入敌人之手。这时候，潜藏在雪山激流间的茶马古道发挥着其特有的优势，通过亚东等口岸将国外的救援物资通过茶马古道运送到丽江，再转送到内地各个主要战场。

在丽江待了九年的国际援华人员俄国人顾彼得在《被遗忘的王国》中描述：“据统计，战争期间所有进入中国的路线被阻时，这场马帮运输曾使用了八千匹骡马和两万头牦牛。几乎每周都有长途马帮到达丽江，甚至多雨的季节都无法阻止那些冒险的商人……”

这也是这条千年古道——茶马古道，为现代人们最熟知的一次大活动。其实几千年来，我们的先人，就一刻不停地在走着这条苍茫古道。他们没有所谓远大的理想，没有要留下什么的动机，但是人类的智慧早在几千年前就在这片几乎没有平坦土地的国土上，刻画了一条永远的符号。

（案例来源：彭杨.现代物流学案例与习题.中国物资出版社，2010.）

案例思考题

1.如何理解茶马古道是一条“古代的物流通道”这句话?

2.结合案例，浅谈茶马古道的物流价值与文化意义。

扩展阅读

物流的定义

具有代表性的物流定义

物流是一个发展中的概念，其定义不是永恒不变的。物流的概念产生以后，随着物流管理理论和物流实践活动的飞速发展，物流概念的内涵和外延也在不断地变化，各种物流定义层出不穷。在不同的经济发展阶段，适应不同的经济活动目的，物流定义在不断地进化和完善。即便在同一历史时期、同一经济发展阶段，物流定义也因不同的团体组织和学派所站的角度和出发点及认识的不同而有差别。不过，物流定义的改变过程恰恰也反映了不同时期物流理论、物流管理和物流效率化的进步轨迹。

归纳起来，目前比较有代表性的物流定义有以下几种。

1.物流协会的定义，如美国、日本、英国、加拿大、澳大利亚、中国等国家物流协会给出的物流定义。

2.行业的物流定义，如美国空军给出的物流定义。

3.大企业的物流定义，如美国EXEL公司就有完整的物流定义。

4.大辞典的物流定义，如美国的《韦伯斯特大词典》、中国的《经济与管理大词典》都有物流定义。

5.学者的定义，如日本的林周二、西泽修、汤浅和夫与美国的伯纳德·拉·隆德、唐纳德·J. 鲍尔索克斯以及我国的李京文、王之泰、吴清一等都给出了物流的定义。

以上具有代表性的物流定义，如表1–7所示。

表1-7 物流的定义

国别		年份	给出定义的组织、学者	物流定义
		2002	联合国物流委员会	物流是为了满足消费者的需要而进行的从起点的原材料、中间过程库存产品、最终产品和相关信息的有效流动和储存的计划、实施和控制管理的全过程。
美国	管理派	2000	美国物流管理协会	物流是供应链流程的一部分，是为了满足顾客需求而对商品、服务及相关信息从起源地到消费地的高效率、高效益的正向和反向流动及储存进行的计划、实施与控制过程。
		1970	伯纳德·拉·隆德	物流是对包括从产地到消费地或使用地获取、运送和储存原材料、半成品和产成品在内的所有活动进行统一管理的方法。
		1974	唐纳德·J.鲍尔索克斯	物流是以卖主为起点将原材料、零部件与制成品在各个企业之间有策略地加以流转，最后到达用户，其间所需要的一切活动的管理过程。
		1994	玛莎·库珀	物流是对处在供应链中的采购、生产、最终分流各阶段的原材料、零部件、制成品的移动、存储及相关信息的战略管理。
			查尔斯·塔夫	物流是对到达以及离开生产线的原料、在制品和产成品的运动、存储和保护活动的管理，它包括运输、物料搬运、包装、仓储、库存控制、订货销售、选址分析和有效管理所必需的通信网络等。
	工程派	1974	美国物流工程师学会	物流是与需求、设计、资源供给与维护有关，以支持目标，计划及运作的科学、管理、工程及技术活动的艺术。
	军事派	1982	美国空军	物流是计划、执行军队的调动与维护的科学，它涉及与军事物资、人员、装备和服务相关的活动。
		1993	韦伯斯特大词典	军事科学的一个分支，涉及采购、保管和运送物资、人员和设备。
	企业派	1997	美国 EXEL 公司	物流是与计划和执行供应链中商品及物料的搬运、存储及运输相关的所有活动，包括废弃物品及旧品的回收复用。

续表1-7

国别	年份	给出定义的组织、学者	物流定义
日本	1965	日本财团法人机械振兴协会	所谓物的流通，就是把制品从生产者手里物理性地转移到最终需求者手里所必需的各种活动。具体讲，即包装、装卸、运输、通信等各种活动。
		日本行政管理厅统计审议会议	物的流通是与商品的物理性流动相关联的经济活动，包括物资流通和情报流通。物资流通由运输、保管、装卸、包装、流通加工以及运输基础设施活动组成。
	1981	日本日通综合研究所《物流手册》	物流是物质资料从供给者向需求者的物理性移动，是创造时间性、场所性价值的经济活动，从物流的范畴来看，主要包括包装、装卸、保管、库存管理、流通加工、运输、配送等各种活动。如果不经过这些过程，物就不能移动。
		日本产业构造审议会议	物的流通是有形、无形的物质资料从供给者手里向需求者手里物理性地流动。具体是指包装、装卸、运输、保管以及通信等各种活动。这种物的流通与商流相比，是为创造物质资料的时间性、空间性价值作出贡献。
		日本通产省	物流是产品从生产者到需求者的物理性移动所必需的各种活动，其中包括装卸、运输、通信等。
		早稻田大学西泽修	物流是指包装、输送、保管、装卸工作，主要以有形的物资为中心，所以称之为物资流通。在物资流通中加进情报流通，于是称之为物流。
		汤浅和夫	物流是一个包含“整体观点”的概念，是指产品从工厂生产出来到达顾客手中这一过程的“结构”。
		林周二《现代“物”的流通》	物流是包含物质资料的废弃与还原，联系供给主体与需求主体，克服空间与时间距离，并且创造一部分形质效果的物理性经济活动，具体包括运输、保管、包装、装卸搬运、流通加工等活动以及有关的信息活动。
	1997	稻束原树	“后勤”是一种对原材料、半成品和成品的有效率流动进行规划、实施和管理的思路，它同时协同供应、生产和销售各部门的个别利益，最终达到满足客户的需求。换言之，“后勤”意味着按要求的数量以最低的成本送到要求的地点，以满足客户的需要作为基本目标。
加拿大	1985	加拿大物流管理协会	物流是对原材料、在制品、产成品及相关信息从起源地向消费地的高效率、高效益的流动和储存进行计划、执行和控制，以满足顾客需求的过程。该过程包括进向、去向和内部流动。

续表1-7

国别	年份	给出定义的组织、学者	物流定义
中国	1999	《最新企业大辞典》	公司的供应商采购原料、供应品、零部件等，再经历加工过程，最终送达消费者手中，对此种流程的管理系统即企业后勤学。
	1985	《经济与管理大辞典》	物流指物资在卖方与买方之间实物形态上的流动过程。
	1987	王嘉霖、张蕾丽《物流系统工程》	物流泛指物资实体的场所(或位置)转移和时间占用，即物资实体的物理移动过程(有形的与无形的)。狭义地讲，物流包括从生产企业内部原材料、协作件的采购开始，经过生产制造过程中的半成品的存放、装卸、搬运和成品包装，到流通部门或直达客户后的入库验收、分类、储存、保管、配送，最后送达顾客手中的全过程，以及贯穿于物流全过程的信息传递和顾客服务工作的各种机能的整合。
		李京文、徐寿波《物流学及其应用》	物流是物质资料在生产过程中各个生产阶段之间的流动和从生产场所到消费场所之间的全部运动过程。
	1995	王之泰《现代物流学》	物流是按用户(商品的购买者、需求方、下一道工序、货主等)要求，将物的实体(商品、货物、原材料、零配件、半成品等等)从供给地向需要地转移的过程。这个过程涉及运输、储存、保管、搬运、装卸、货物处置和拣选、包装、流通加工、信息处理等许多相关活动。
	1996	吴清一《物流学》	物流是指实物从供给方向需求方的转移，这种转移既要通过运输或搬运来解决空间位置的变化，又要通过储存保管来调节双方在时间节奏方面的差别。
	1997	崔介何《物流学概论》	物流是物质资料从供应者到需要者的物理性(实物性)流动，是创造时间价值和空间价值的经济活动。
	2000	宋华、胡左浩《现代物流与供应链管理》	物流是为了实现顾客满意，连接供给主体和需求主体，克服空间和时间阻碍的有效、快速的商品、服务流动经济活动过程。
	2001	国家科委、国家技术监督局、中国物资流通协会	物品在从供应地向接收地的实体流动中，根据实际需要，将运输、储存、装卸、搬运、包装、流通加工、配送、信息处理等功能有效地结合起来实现用户要求的过程。
	1996	台湾物流管理协会	物流是一种物的实体流通活动的行为，在流通过程中，通过管理程序有效地结合运输、仓储、装卸、包装、流通加工、资讯等相关物流机能性活动以创造价值，满足顾客及社会性需求。

从Physical Distribution到Logistics

物流目前在英文中比较流行的名称为Logistics，但物流最初的名称为Physical Distribution。

物流的概念最早在美国形成，当时被称为“Physical Distribution”（简称PD），译成汉语是“实物分配”或“实体分销”。1915年，阿奇·萧在《市场流通中的若干问题》一书中提出物流是与创造需求不同的一个问题，并提到物资经过时间或空间的转移，会产生附加价值。这里，Market Distribution指的是商流；时间和空间的转移指的是销售过程的物流。

第二次世界大战期间，美国及其盟国因为战争的需要，需要在横跨欧洲、美洲、大西洋的广大空间范围内进行军需物品的补充调运。美国及其盟国围绕战争期间军需物资的生产、采购、运输、配给等建立了军事后勤理论，开始使用后勤管理（Logistics Management）这一术语对战时物资进行全面管理。军事后勤管理的成效为人们对综合物流的认识以及战后物流的发展提供了重要的实证依据，使战后实业界对物流活动极为重视。

二战以后，西方经济进一步发展，生产力水平进一步提高，市场竞争进一步加剧，进入大量生产、大量销售时期。为了进一步扩大市场占有率，降低流通成本，企业界和理论界更加关注“物流”，军事后勤管理的方法被引入商业活动（生产、流通）中，应用于流通领域和生产经营管理全过程中所有与物品获取、运输、库存控制、储存、分销等有关的活动，取得了很好的效果。特别是20世纪50年代的日本，面对经济的高速发展带来的大量生产、大量流通局面，发现美国人讲的“Physical Distribution”涉及大量的流通技术，对提高流通的劳动生产率很有好处。日本随后把“Physical Distribution”译为“物的流通”，1965年更进一步简化为“物流”。在“物流”理论的指导下，日本加强了道路、港口等物流基础设施建设，实现运输手段的大型化、专用化和高速化，建设物流中心、配送中心，提高了货物的处理能力和商品供应效率，降低了商品的流通成本，扩大了市场，提高了服务水平，取得了显著效果。

在20世纪50年代到70年代期间，人们研究的对象主要是狭义的物流，是与商品销售有关的物流活动，是流通过程中的商品实体运动。因此，这一时期通常采用的是Physical Distribution一词。

到了20世纪80年代末，人们对“物流”概念逐步有了较全面而深刻的认识，认为原来的“Physical Distribution”作为“物流”概念已经不够确切。因为Physical Distribution的领域较窄，只能描述分销物流，而实际上物流不仅包括分销物流，还包括购进物流、生产物流、回收物流、废弃物流、再生物流等。物流应该是一个闭环的全过程，就像军事后勤管理所包含的内容一样广泛，用“Logistics”作为物流的概念更加合适一些。最具代表性的是1985年美国物流管理协会的更名，即由“NCPDM，National Council of Physical Distribution Management”改名为“CLM，Council of Logistics Management”，它标志着现代物流（Logistics）观念的确立。20世纪80年代末90年代初，人们逐渐正式把“Logistics”作为物流的概念。此后，Logistics逐渐取代PD，成为“物流”的概念和英文名词，这是物流科学走向成熟的标志。

Logistics 与Physical Distribution的区别

Logistics一词的出现，是世界经济和科学技术发展的必然结果。可以说，进入20世纪80年代后，传统物流已向现代物流转变。Logistics与Physical Distribution的不同在于，Logistics已经突破了商品流通的范围，把物流活动扩大到生产领域。物流已不仅仅从产品出厂开始，而是包括从原材料采购、加工生产到产品销售、售后服务直到废旧物品回收等整个物理性的流通过程。这是因为，随着生产的发展，社会分工越来越细，大型的制造商往往把成品零部件的生产任务外包给其他专业性制造商，自己只是把这些零部件进行组装，而这些专业性制造商可能位于世界上劳动力比较便宜的地方。在这种情况下，物流不但与流通系统维持密切的关系，同时与生产系统也产生了密切的关系。这样，将物流、商流和生产三个方面结合在一起，就能产生更高的效率和效益。近年来，日、美的进口批发及连锁零售业等运用这种观念积累了不少成功的经验。

我国物流概念的引入

中国的“物流实践”源远流长。京杭大运河就是中国古代劳动人民创造的一项伟大的“物流工程”，其全长1794千米，通达黄河、淮河、长江、钱塘江和海河五大水系，打通了中国东南沿海和华北大平原的水上运输通道，形成了一个南北东西全方位的水上物流网，是中国古代南北交通的大动脉。驿运与八百里快递则是中国古代快递高度发展的生动写照。而丝绸之路是中国冲出国门“走向世界”进行世界范围内物流活动的见证，可以说是世界上最远古的供应链雏形。它在中国境内实际上是一个交通网，包括草原森林丝绸之路、高山峡谷丝绸之路、沙漠绿洲丝绸之路（丝绸之路的主干道）以及海上丝绸之路，从海陆全方位构成了世界上最早、最长的物流通道和范围最广的物流网络，推动了以东方中国为中心的世界经济的交融和发展。其他如古栈道、木牛流马、漕运制度以及万里长城、故宫等大型古建筑所用的巨石、巨木、大量建筑材料的采集、装卸、运输和安装所采用的先进的物料搬运技术及组织管理等，都充分体现出中国先人们的聪明才智和恒书千载的物流实践。

然而，这些伟大成就虽然一一闪耀着中国早期关于物流的智慧，并且为中国及世界范围内物流理论的形成和发展提供了深厚的基础和良好的借鉴，但中国当时并没有明确提出物流或类似的概念。近代中国革命的先行者孙中山先生提出的“人尽其才，地尽其力，物尽其用，货畅其流”，被认为是中国近现代最早关于物流的著名论述，但还是没有明确地提出物流概念。

中国的物流概念是从国外引入的，主要通过两条途径。一是在20世纪80年代初随欧美“市场营销”理论的引入而传入中国。在欧美“市场营销”理论中，都要介绍“Physical Distribution”。这两个单词直译为中文是“实体分配”、“实物流通”的意思。所谓“实体分配”，指商品实体从供给者向需求者进行的物理性移动。二是“Physical Distribution”从欧美传入日本，日本人将其译为日文“物流”，而中国于20世纪80年代初从日本直接引入“物流”这一概念，这是对日文汉字的直接引用。1979年6月，中国物资经济学会派代表团参加了在日本举行的第三届国际物流会议，并首次对日本的物流进行了考察。在代表团回国后撰写的考察报告中，首次出现了“物流”一词。由于该考察报告由中国物资经济学会以简报的形式发往全国物资系统，“物流”一词也首次以文字形式在中国流传。1979年10月，赴日代表团秘书长——原国家物资总局储运局副局长桓玉栅向在京的1700名物资工作者作了题为“国外重视物流研究”的学术报告，第一次在公开场所介绍了日本的物流现状。同年11月20日出版的中国物资经济学会筹备组刊物《物资经济研究通讯》，刊载了该学术报告的全文，这是中国专业刊物上第一次出现的“物流”用语。而后，随着国内外物流交流的增多，“物流”用语和知识进一步在中国传播开来。

当然，物流概念传入我国之前，我国实际上一直存在着物流活动，即运输、保管、包装、装卸、流通加工等物流活动，其中主要是存储和运输，即储运活动。但要认识到，国外的物流业与我国的储运业并不完全相同，主要差别在于：一是物流比储运所包含的内容更广泛。一般认为，物流包括运输、保管、配送、包装、装卸、流通加工及相关的信息活动，而储运仅指储存和运输两个环节。虽然储运其中也涉及包装、装卸、流通加工及信息活动，但这些活动并不包含在储运概念之中。二是物流强调诸活动的系统化，从而达到整个物流活动的整体最优化，储运概念则不涉及存储与运输及其他活动整体的系统化和最优化问题。三是物流是一个现代的概念，在第二次世界大战后才在各国兴起，而我国的储运则是一个十分古老、传统的概念。

（资料来源：李松庆.物流学.北京：清华大学出版社，2008.）

第二章　全球物流管理的发展概况及趋势

第一节　发达国家物流发展概况及特点

一、美国物流发展

美国经济高度发达，是世界上最早发展物流业的国家之一。美国政府推行自由经济政策，其物流业务数量巨大，且异常频繁，决定了美国多渠道、多形式的物流结构特征。美国物流业具有超前性和创新性，在全球现代物流业发展中发挥了引领作用。

（一）发展现状

近10年来，美国的物流产业以年平均20%以上的速度增长。2003年，美国物流产业的规模约为9360亿美元，比2002年上升了260亿美元，占美国国内生产总值的8.5%，比2002年下降了0.2个百分点，说明美国各个行业都很好地控制了物流的成本（见表2-1）。

表2-1　2002—2003年美国物流系统总成本分类

物流总成本类别	金额(亿美元)	
	2002 年	2003 年
一、存货持有成本(全部商业存货价值 14 930 美元)		
利息	230	170
税金、过时损失、折旧、保险	1970	2050
仓储	780	780
小计	2980	3000
二、货运成本		
汽车承运人		
卡车——城际货运	3000	3150
卡车——本地货运	1620	1670
小计	4620	4820

续表2–1

物流总成本类别	金额(亿美元)	
其他承运人		
铁路	370	380
水路(国际 210 亿美元,国内 50 亿美元)	270	260
管道(油品)	90	90
空运(国际 80 亿美元,国内 200 亿美元)	270	280
货代	90	100
小计	1090	1110
三、与发货人有关的成本	60	70
四、物流行政管理成本	350	360
五、物流总成本	9100	9360

数据来源：Armstrong & Associates Inc.

美国企业所节省的大部分成本，几乎都是从库存控制中挤出来的，库存成本主要由仓储、利息、折旧、过期费用、保险费和税金构成。2003年的库存成本占到了总物流成本的32%，总库存成本上升了20亿美元，达到3000亿美元。2003年，运输成本占总物流成本的63%。公路运输成本增加了200亿美元，达到4820亿美元。其主要原因是经济增长使货主企业的运输需求相应增长，承运商因此也可以收取更高的运价。铁路运输成本增加了10亿，达到了380亿美元。除去燃油之外，美国铁路的劳动力、材料和供应品，尤其是用于更换轨道和机车的钢材等方面的成本都显著提高。航空运输销售收入增加了10亿美元，达到280亿美元。水运成本比2002年下降了10亿美元，主要原因是美国内河运输量下降。1999—2003年，美国年度物流总成本的规模和结构如表2–2所示。

表2–2 美国年度物流总成本的规模和结构（1999—2003年）

类别	成本支出(亿美元)				
	1999 年	2000 年	2001 年	2002 年	2003 年
存货持有成本	3330	3740	3390	2980	3000
运输成本	5540	5900	5810	5770	6000
物流行政管理成本	350	390	370	350	360
总计	9220	10030	9570	9100	9360
年度增长率(%)	4.3	8.8	-4.6	-4.9	2.9
占当年 GDP 的比重(%)	10	10.2	9.5	8.7	8.5

数据来源：Armstrong & Associates Inc.

从美国物流各类成本占GDP的比例以及它们的发展变化趋势看，1994年，物流成本占GDP的比例为10.1%，1995年到2000年这个比例也都超过10%，2001年和2002年则分别下降为9.5%和8.7%，2003年，虽然总的物流支出上升了2.9%，但物流成本占国民生产总值的比例却下降到了8.5%。

（二）发展特点

1.企业物流信息化

美国企业物流信息化的主要技术包括：仓库管理系统、运输管理系统，条形码技术、射频识别技术、电子数据交换（EDI）技术，JIT、CPFR、VMI、SMI等供应链管理技术，实现供应链伙伴之间的协同商务，降低供应链的物流总成本，提高企业竞争力。

2.物流运作全球化

现代物流正是出于美国全球化战略动机与指引。二战后，随着国际贸易的发展，美国开始推行物流“全球化战略”，大批美国跨国企业在更大范围大举进入别国市场，极大地促进了美国企业采购物流、生产物流及销售物流的全球化发展。

情景案例：

美国纽约市的APA运输公司的货代公司规模较大，有80多名职工，在8个国家和地区设立代办处，从事国际货运代理工作。

美国的UPS公司计划将自己在美国的最大物流运输网与挑战航空公司在南美洲的物流网相结合，从而实现南北美洲两个大陆一体化的整体物流网络。

FedEx公司投资2亿美元，在法国的戴高乐机场建设小件货物仓储运输设施，目的是将欧洲38个城市的空中物流和陆地物流连为一体，发展38个城市间的空中和陆地一体化快递服务。

美国物流企业正在向全球发展。

3.物流服务社会化

随着国际贸易的不断增长，越来越多的货主企业都依赖于物流外包。美国物流服务社会化主要表现为第三方物流已从提供运输、仓储等功能性服务向为客户提供咨询、信息和管理服务延伸，并且致力于为客户提供一体化解决方案、与客户结成双赢的战略合作伙伴关系；第四方物流提供商已经正式进入市场，并显现出强大的生命力，专门为第一方、第二方和第三方提供物流规划、咨询、物流信息系统、供应链管理等活动，并不实际承担具体的物流运作活动。

情景案例：

Ryder Integrated Logistics、IBM和第四方物流的创始者埃森哲公司结为战略联盟，APL也为Dell提供管理供应商及其承运人的第四方物流服务。又如，Menlo Worldwide物流公司旗下的Vector SCM战略分部在通用公司（GM）的物流链管理中所扮演的也是典型的第四方物流角色。通用公司每年的物流费用支出超过50亿美元，针对公司物流业务量大、第三方物流公司众多和供应链系统复杂等现状与问题，GM提出了进一步整合第三方物流商及简化其物流系统的要求，Vector SCM便应时而生。Vector SCM公司通过整合GM的第三方物流商，优化供应链解决方案，不仅从GM的运输、仓储和库存管理等多个环节的优化中获得利润空间，而且通过业绩评估，可直接参与GM主营业务的利润分成，成为GM真正的战略合作同盟。

4.物流人才教育系统化

美国建立了多层次的物流专业教育，包括研究生、本科生和职业教育等。许多著名的高等院校中设置了物流管理专业，并为工商管理及相关专业的学生开设物流课程。同时，在物流管理委员会的组织和倡导下，美国全面开展了物流在职教育，建立了物流业的职业资格认证制度。

（三）物流市场管理及法制管理体系

美国的物流市场管理已经从物流管理机构、物流法规和政策以及物流协会运作等三方面建立了相互协调配合的较为完善的运行体系。具体作用与职能如表2–3所示。

表2–3 美国物流市场管理体系的作用与职能

美国物流市场管理体系	作用与职能
物流管理机构	美国立法机构是总的运输政策颁布者、各管制机构的设立和授权者，它们和州级相应机构一起，构成全国物流市场的管理机构体系。
物流法规和政策	从上世纪70年代开始，美国政府制定了一系列法规，逐步放宽对公路、铁路、航空、航海等运输市场的管制，通过激烈的市场竞争使运输费率下降、服务水平提高。先后颁布执行了《铁路和汽车运输的条款》、《航空条款》、《多式联运法》等。
物流协会	美国物流协会的职责包括：对物流业进行研究，促进行业规章制度和标准的制定；为会员提供相互交流的机会；发行杂志和报纸；探讨新理论和业务；与有关高等院校合作，进行物流教育培训，颁发物流培训证书，对物流人员进行从业资格认证；对物流分会进行业务上的指导和管理。另外，还设有三个机构对特别具体的事情进行物流服务。

情景案例：

美国加利福尼亚州的三角网络公司（Triangle Network）

在洛杉矶和长滩港附近，三角网络公司拥有8座110万平方英尺的仓库和大量集散分送交叉装箱平台设施。依靠这些设施，该公司可以帮助生产商减少包括修建仓库、配备分拨人员及设施在内的巨额费用。三角网络公司的仓储中心提供越来越多的具有附加值的服务，如商品包装、条形码粘贴、质量控制检查，甚至还有缝补和压熨衣服。过去，这些工作常由制造商来做。卡普兰说，“制造商们可以去做他们最擅长做的，如产品设计和商品销售”。

新加坡环球公司亚太地区总裁保罗·格雷厄姆称，物流服务商正在变为客户服务中心、加工和维修中心、信息处理中心和金融中心。在1999年亚洲物流会议上，格雷厄姆说：“根据顾客需要而增加新的服务是一个不断发展的观念。”

在零售业领域，物流服务商的仓储中心正将零售商的经营和那些服装及其附属品生产商紧密地结合起来。比如，三角公司为来自亚洲、墨西哥和加利福尼亚南部的服装生产商提供收货、加工和包装服务，并将其产品运送到零售商手中。

让制造商和零售商放心地放弃一些工作，尤其是把质量控制工作交给第三方物流商，这并非易事。卡普兰说："由于制造商和零售商认为我们做质量控制工作不如他们做得好，因此，他们不放心把这项工作交给我们的仓储部门。"

在为Esprit公司的产品提供仓储服务时，三角公司根据客户确定的产品检验、维修和报废质量标准来做具体执行工作。对像Esprit这样的大客户，三角网络公司只采用客户自己的仓储管理系统软件，虽然三角公司也有类似的软件。

对于那些准备将服装直接运送到零售商店柜台上的客户，三角公司的仓储中心提供各种各样的服务，包括：将衣服挂在衣架上、为每一套服装套上塑料包装、将零售商的标签贴在商品上、纸箱上，粘贴条形码，为零售商和制造商开具电子发票等。

在一个仓储中心将上述工作一起来做，可以把产品从原产地运到目的地的时间减少一半甚至更多。在高技术制造领域，仓储中心可以减少库存量和资金开支。以太阳微系统（Sun Microsystems）公司为例，它需要将产品部件运送到生产设备上，以维持8到12小时的生产循环。太阳微系统有3个分拨中心，但它的目标是将这些设施全部撤掉。美国亚太物流公司经理理查德·埃利斯说，未来的太阳微系统分拨中心就是流动在高速公路上的18个车轮。

值得注意的是，仓储中心也降低了运输成本。在三角公司设在康普顿的有52个出口的交叉装箱平台仓库，50家不同的供应商提供的服装及其附件饰品被一起装在一辆卡车上运送到零售商手里。这种将多个供应商联合起来的模式也减少了汽车制造业中卡车空间的浪费。本田美国公司将来自405家供应商的零部件运到设在俄亥俄州马里斯维尔的制造厂，工作日内每隔一小时就要运送一次，目前已全面采用了交叉装箱平台管理。本田美国公司高级经理弗雷德理卡·托尼说这种运作方式保证卡车始终满载，本田美国公司因此而节省的零件供应运输费用一年就达100万美元。

二、德国物流发展

德国的特色是思维的独创和做事的严谨，因此，德国的现代物流业重视综合性、系统性，强调整体优化和企业物流整合。

（一）发展现状

德国是欧洲物流业发展最好的国家，物流在德国推行已有20多年，几乎渗透各行各业。据纽伦堡大学统计，2000年，在德国，包括运输、中转和仓储在内的物流服务的年市场容量大约为1840亿德国马克，其中有51%的市场份额被物流服务供应商占有，2005年，这一数字增长到60%。外包一直是德国物流业一种不断发展的趋势，订单处理、仓储安排和供应链管理等更大比例的综合物流服务都由物流服务商提供。这一领域的营业额2000年已跃至930亿德国马克。2005年，这一数字达到1200亿德国马克。

德国邮政集团已攀升到欧洲最大的物流服务供应商的宝座。由于引人注目的收购活动，如对瑞士Danzas货代公司的购买，这家原国有的邮政公司已转变为现代物流服务公司，其物流部现由瑞士Danzas公司经营。

（二）发展特点

德国的物流特征表现为在高度的规范化、有序化前提下的社会化、网络化、标准化、多功能化与绿色化，如表2-4所示。

表2-4 德国物流的特征

德国物流发展特点	含义
社会化	德国的物流产业社会化驱动力来自企业非核心竞争业务的外包。物流公司通过从汽车业、化工业、啤酒业等获得外包的运输、仓储配送等物流业务，和上述行业的相关企业建立长期的合同物流关系，为数不多的合同即可获得稳定的业务。
网络化	德国的物流网络化表现为交通网络化和信息网络化。 德国政府在物流基础设施的网络化方面做了大量的工作，加强了对公路、铁路、港口的基础建设。德国的高速公路成网，又与欧洲其他国家的高速公路连通；水运资源整治合理，利用充分，天然河流通过人工运河形成网络，通达各个城市港口，又与国际大港相连；铁路网密集，通达欧洲各大城市。 信息网络化表现在供应链上的上下游之间的信息共享。大的企业集团都是通过信息网络将全国的需求信息和遍布全欧洲的连锁经营网络联结起来，置于同一个信息平台上，相互间的信息交流非常方便，确保了物流信息快速、可靠地传递。
标准化	在德国，物品无论是进入工厂、商店、建筑工地，还是仓库、码头、配送中心等，都普遍实现托盘标准化、集装箱标准化、运输工具标准化，条形码使用也很普遍。
多功能化	德国的物流业市场已经成熟，反映为第一、二、三、四方物流业已各自在市场中定好位。
绿色化	德国的物流绿色化表现为在物流规划、设计、生产、消费中注重环保和资源利用。莱茵河内河运输航道经济效应和生态效益是有口皆碑的，它不仅注重到达消费者手中的绿色运输、仓储、包装等，也注重从消费者手中的逆向物流，包括垃圾分类回收、饮料瓶回收、旧电器、轮胎、汽车等的回收，还大量采用厢式车辆，从而保证在运输途中不出现撒落，不污染公共设施。另外，物流园区内的洗车污水处理后循环使用，不排入江河，园区内绿色面积不少于20%，不出现裸土。

三、日本物流发展

日本物流业的发展已有较长的历史，在世界居领先水平。日本注重实际，重点放在物流成本和企业物流管理上，特色是引进后的发展和技巧的纯熟。日本政府近年来为了大力扶持物流产业的发展所采取的一些宏观政策导向，促进了日本物流业的快速增长。

（一）发展现状

日本是亚洲重要的空运中心，2003年成田机场货运吞吐量达215万吨，排在世界机场前列。据2000年国际物流博览会提供的资料，日本近20年来主要制造业的物流成本占销售额的比例已由1975年的10.16%下降到1999年的8.09%，而物流成本占日本GDP的比例由1991年的10.6%下降到1997年的9.6%。日本凭借本国的先进电子信息技术，捷足先登电子物流信息市场，许多大型企业建立了第三方物流。2001年，以住友商事、三菱商事、三井物产三家公司为中心设立了“物流连接日本（Logi Link Japan）”系统，这一系统的思路是将网上的商品电子贸易与物流运输两大项业务同时在互联网上完成，从而在日本国内构筑起第一座最大的电子物流信息市场，使日本的物流业电子信息化走在世界前列。

针对21世纪产业构造的发展展望，日本政府正致力于培养《新开发/成长中的15种产业领域》，物流是这15种产业领域之一，预计2015年日本物流方面的就业规模和市场规模均将比2010年有很大幅度的增加。2010年日本物流概况如表2–5所示。

表2–5　2010年日本物流方面的就业规模和市场规模

产业领域	服务项目	就业规模(万人)			市场规模(兆日元)		
		2000 年	2010 年	增加数	2000 年	2010 年	增加数
流通/物流	网络购物、3PL、物流咨询服务	49	145	96	36	132	96

（二）发展特点

1.确立海运立国战略

作为传统的海运国家，日本政府把航运作为本国经济发展的生命线。近年来，日本政府又调整了部分物流发展战略，积极倡导高附加值物流，并将物流信息技术作为重点发展方向，力争在物流国际化、系统化、标准化、协作化方面取得进展。日本在《21世纪国土的宏伟目标》计划的基本目标和政策课题中，明确规定“不限于国内的地位与作用，把各地区作为亚洲太平洋的一部分，全面审视其国际交流的机能”，“在生产、流通和消费环节提高效率”。

2.全面完善物流基础设施

日本从国土和人口等国情出发，把物流基础设施的重点放在高速公路网和沿海港口设施、海运网络上，以避免在狭小国土上铁路运输的不便，发挥公路运输快捷可控和灵活机动的优势，同时突出“海运立国”的发展战略。日本政府在全国范围内开展了包括高速公路网、新干线铁路运输网、沿海港湾设施、航空枢纽港、流通聚集地在内的各种基础设施建设，投资物流运输体系的建设，既拉动了本国生产的内需，又为日本扩大物流市场提供了充实的物流硬件保证。

3.提高生产物流管理水平

日本堪称是世界上物流管理手段与工业化生产结合最为成功的国家之一，“零库存”管理、准时制生产管理等新的物流管理方式不断涌现。日本物流界在经营管理过程中，积累了一些行之有效的原则，即“采集计划化，配送共同化，运输直达化，物流大量化，管理系统化”，综合表现在采集、运输、仓储、包装、配送的各个环节，构成了一个完整的物流体系。

4.提高物流服务专业化程度

日本的物流运作正在朝专业化方向发展。很多制造型企业为了强化自身的物流管理，降低物流活动总成本，开始将企业的物流职能从其生产职能中剥离开来，成立专业子公司或通过第三方物流企业来提供专门的物流服务，为此，一大批物流子公司和专业物流公司应运而生，逐步形成物流产业。大和运输公司就是日本第三方专业物流企业中经营业绩最佳的企业之一，在激烈的市场竞争中，确立了差别化的市场观念，构筑了多样化的配送服务体系，针对B2B（企业对企业）、B2C（企业对用户）开展从订发货、查询、出库作业到商品保管、配送、运输等全过程的物流服务。

5.提升物流自动化水平

日本物流业自动化水平的发展十分快速，而且对物流信息的处理手段也极为重视。几乎所有的专业物流企业无一不是通过计算机信息管理系统来处理和控制物流信息，为客户提供全方位的信息服务。例如，松下电器公司的信息网络由地面线路通信系统和卫星通信系统构成，目的是通过订发货网络化提高物流和经营效率。2002年，日本的批发业、零售业、饮食店等企业间电子商务实施率已达34.1%，不仅超过全产业的26.7%，而且超过制造业的29.7%。

6.构筑绿色物流体系

面对物流发展给环境带来的不利影响，日本政府于2001年制定了《新综合物流施政大纲》，以构筑环境负荷小的绿色物流体系。首先，从2002年起，在海运、铁路等运输业，通过货主、物流企业等合作，实施降低环境负荷的相关举措。在确认已取得一定效果的场合，由政府发给补助金。其次，根据《都市再生计划》的规定，先在首都圈建立废弃物海陆安全运输系统，以构筑环境负荷小的绿色物流体系，形成与周边环境协调发展。

第二节 中国物流发展

一、物流发展现状

物流业正在被各级政府作为重点任务来抓，目前呈现出以下特点。

（一）物流业需求呈扩张趋势

国家强调要加快转变经济发展方式，走中国特色新型工业化道路，实行产业结构优化升级，经济增长由主要依靠投资、出口拉动向依靠消费、投资、出口协调拉动转变，由主要依靠第二产业带动向依靠第一、第二、第三产业协同带动转变。经济发展的热点地区，国际上由发达国家向发展中国家转移，国内由东部沿海地区向中西部转移。这两个“转变”和“转移”，带来物流需求“量”的扩张和“质”的提升。

（二）企业物流社会化与专业化趋势明显

在市场激烈竞争压力下，越来越多的制造企业开始从战略高度重视物流功能整合和物流业务分离外包。外包的环节由销售物流向供应物流、生产物流、回收物流延伸，由简单的仓储、运输业务外包向供应链一体化延伸。企业物流的专业化趋势也相当明显，几乎所有的大型连锁企业都在力图优化自己的专业供应链。制造企业对第三方物流提出了面向高端的物流服务需求，要求物流企业能够提供专业化的解决方案和运作模式。

（三）物流企业呈个性化趋势

主要表现为传统服务的整合和专业化服务的创新。普通型的低端服务利润会越来越薄，而创新型服务、增值型服务和适合客户需要的特色服务将获得更大发展空间，专业化物流的发展会更加深入。制造、商贸企业对供应链管理的重视，将会推动物流企业向专业领域渗透，加速与供应链上下游的联动。物流企业针对客户个性化的需求，大力发展增值型、创新型业务，自主物流服务的品牌价值越来越重要。

（四）物流市场细分化与国际化的趋势明显

各行业物流的规模、结构和要求不同，其物流需求的速度、成本和服务也有很大差别，这就加速了物流市场的细分化。中国的物流市场正在成为国外企业关注的重点、投资的热点。一些国际化的企业将加快并购国内企业，完善在中国的网络布局，国内的物流网络逐步成为全球供应链网络的一部分。面临国际化竞争，国内大型物流企业将随着中国产品和服务走出国门。

（五）区域物流呈集聚与扩散之势

区域物流集聚的“亮点”有：一是围绕沿海港口形成的“物流区”；二是围绕城市群崛起的“物流带”，如成、渝地区的综改试验区，“两型社会”试点的武汉城市群和湖南长株潭地区；三是围绕产业链形成的物流圈，如青岛的家电，长春的汽车，上海的钢铁、汽车和化工等。区域物流扩散的“热点”有：一是东部沿海地区物流服务向中西部地区渗透和转移；二是农产品进城和日用工业品及农用生产资料下乡推动的城乡“双向物流”，带来现代物流方式由城入乡的扩散；三是大量依靠国外进口的资源型企业由内地向沿海外迁，以优化产业布局。

（六）物流基础设施建设与整合的趋势明显

交通运输设施建设将得到加强，中转联运设施和综合运输网络布局逐步完善；多式联运将得到发展，物流设施的系统性、兼容性将大大提高；市场机制在资源的整合、功能的拓展和服务的提升上将发挥作用；各地加快物流聚集区建设，在大中城市周边和制造业基地附近的交通枢纽将合理规划、改造和建设一批物流园区和配送中心。

二、发展中存在的问题

虽然中国现代物流业以强劲的态势快速发展，呈现出明显的新趋势，已经具备了相当规模，但是从总体上还不能适应经济发展的需要，物流效益不高、与国际先进水平尚有很大差距，主要存在以下几方面问题：

（一）政府推动力度加大，但没有形成合力

现代物流业在国际上已成为与高科技产业、金融业并驾齐驱的朝阳产业，引起了各级领导、各级政府、各界人士的高度重视。国家领导人明确指出要把现代物流业作为国民经济重要产业与新的经济增长点，并列入了“十五”规划；全国已有20多个省市30多个中心城市作出或正在制订物流发展规划，有的已进入实施阶段；已把现代物流与连锁经营、电子商务一起成为推进流通现代化的三大重点，并准备颁布有关产业政策。新成立的商务部拟加大推进力度；国家发改委正在着手制订中国物流业发展总体规划；国家标准化委员会已决定成立全国物流标准化技术委员会；国家科技部已把“电子商务与现代物流示范工程”作为“十五”重大科技攻关项目；国家教育部已同意在大学开设物流专业；财政部、铁道部、交通部、信息产业部、国家民航总局等都从自身业务出发，把发展现代物流摆上了议事日程。

中国的现代物流业需要政府的推动，这几年这种推动力明显加大，但许多部门各自为战，并没有形成合力。在不少省市，有的是计划部门牵头，有的是交通部门牵头，有的是经贸部门牵头，浪费了人力、物力、财力，反而会阻碍物流业的发展。国家与各地方政府都应设立协调小组，就像一个交响乐团一样，需要总指挥。

（二）物流发展的地域性、行业性特点明显，呈不均衡发展

均衡是相对的，不均衡是绝对的，物流业的发展也是一样。目前中国物流业发展地域性、行业性特点十分明显。从地域讲，东部起步最早、发展最快、规模最大，特别是长江三角洲、珠江三角洲与环渤海地区。中部要落后于东部，但好于西部。从总体讲，东部已处于发展阶段，而中西部则处于起步阶段。从行业讲，物流需求大的主要是中外合资与外商独资企业、连锁企业、日用化工品行业、家电行业、烟草行业、医药行业、汽车行业等等。

（三）城市成为物流重要节点，但综合物流水平不高

城市是商流、物流、信息流、资金流和人流的中心，并以此影响和带动农村的发展，不管这个城市是工业城市、商贸城市还是旅游城市，都必须形成一个点线面结合的综合物流体系。城市本身就是一个重要的物流节点。现代物流对中心城市经济发展有以下七个方面的影响：第一，城市作为工业集中地，物流业发展可以降低生产成本，提高市场竞争力。物流业也是走新型工业化之路的强大支撑。第二，城市物流的环境，是引进内外资的重要条件，是进入全球采购系统的重要条件。第三，城市作为一个人口居住的集中地，物流水平是人们生活质量的重要标志之一。第四，城市物流的发展，可以起到对周边城市的辐射作用和对农产品物流的带动作用。第五，物流业作为一个新兴的服务业，可以带动产业结构调整，增加就业，提高城市化率。第六，城市物流发展是进出口贸易正常进行与加速发展的重要条件。第七，降低物流成本在城市GDP中的比重，是这个城市综合实力、竞争力、经济效率与宏观调控力的体现。但从总体讲，目前除少数城市以外，综合物流仍处于低水平。

（四）跨国物流企业在中国实行“抢滩战略”，物流业已成为外资与民间资本投资热点

中国物流市场很大，但中国物流比较落后，加上中国加入世界贸易组织的承诺，这就给跨国物流公司进入中国物流市场提供了一个非常有利的时机。这几年，世界前10强物流公司纷纷进军中国，除特批独资的以外，纷纷成立中外合资物流企业，迅速在大城市布点，抢占中国物流市场。如美国联邦快递与天津大田集团合作，于1999年共建大田联邦快递有限公司，业务已扩展到中国210个城市，经营额以每年30%的速度上升。世界500强中，近400家在中国投资了2000多个项目，国际上50家最大零售企业三分之二已进入中国，这些集团纷纷在中国设立采购中心，使与采购相关的物流业快速起步。目前物流业已成为

外资与国内民间资本投资的热点之一。

（五）传统运输与仓储企业向第三方物流企业加快转型，工商企业物流管理有所加强，但物流需求增长慢于供给增长

传统国有运输企业与仓储企业加大了自身改革力度，向现代企业制度迈进，有的已经上市。在物流市场激烈的竞争下，实行资产重组与流程再造，加速向第三方物流企业转型，如中远、中外远、中海、中铁、中邮、中储等等，或整体改造提升为物流企业；或整合内部物流资源，组建物流公司；或与外方组成中外合资物流公司。一些大中型工业与流通企业也开始重视企业采购与物流系统的改造，如青岛海尔、上海大众、长春一汽、中石化、中石油、北京联想、上海华联、山东三联等等，都将成为工商物流业发展的带头羊。

但要明确指出的是，由于长期以来中国企业实行的是一条“大而全”、“小而全”的模式，目前工商企业物流的需求增长要慢于物流企业的供给增长。而物流企业供给的增长从总体讲又是低水平、小规模的，在许多方面又满足不了物流需求的需要。

（六）用信息化、标准化带动物流现代化有所推进，但差距很大

信息网络技术是现代物流的基础，也可以说是第一要素。中国物流企业与国外物流企业的差距，最大的在两个方面：一是信息网络技术落后；二是服务理念较差。这几年，信息网络技术普遍受到重视，企业物流信息平台推进速度较快，社会公共物流信息平台也在规划建设，已涌现了一批优秀案例。但由于主观认识差异与实际困难（如缺乏资金等），这项工作差距很大，需要有一个过程才能解决。

标准化对物流业的发展生命攸关，没有标准化，物流全过程与供应链全过程将无法进行，将加大物流运作成本，而使现代物流失去意义。目前各部门都有一些行业标准，但国家标准少，且各项标准之间往往不可链接。物流标准既包括物流硬件标准，也包括物流软件标准，这项工作已到了非常迫切的程度，而各部门的互相推诿已影响了这一进程。

（七）物流人才工程已经启动，但人才短缺短期内难以解决

物流人才是全国短缺人才之一，据初步结算，2010年，高级物流人才需求量约为20万~30万，加上中级、初级物流人才需求数量很大，物流人才包括研究人才、管理人才、规划设计人才与操作人才，都十分紧缺。目前企业要招聘一个物流总监比招聘一个总经理要难得多，物流人才的短缺是一个客观事实，不可能靠短期的努力就可以解决。

解决方法，一是学历教育，目前已启动大学本科与研究生教育以及大中专教育，有的城市已试行职业教育，目前全国已有近40所大学设物流专业或物流专业方向。二是继续教育，就是对在职人员开展培训，或取得国外国内设立的资格证书，或短期培训证书。三是上岗资格培训，即持证上岗，这些都需要劳动部门规范，需要一个过程。

第三节　现代物流发展趋势

一、现代物流发展趋势

（一）电子物流兴起

基于网络的电子商务的迅速发展促使了电子物流（E-Logistics）的兴起。据统计，通过互联网进行企业间的电子商务交易额，1998年全球已达到430亿美元。市场调查企业Forrester Research统计，2002年迅速增长到8400亿美元。企业通过互联网加强了企业内部、企业与供应商、企业与消费者、企业与政府部门的联系和沟通，相互协调，相互合作。消费者可以直接在网上获取有关产品或服务信息，实现网上购物。这种网上的“直通方式”使企业能迅速、准确、全面地了解需求信息，实现基于顾客订货的生产模式（Build To Order，BTO）和物流服务。此外，电子物流可以在线追踪发出的货物，在线规划投递路线，在线进行物流调度，在线进行货运检查。可以说电子物流将是21世纪物流发展的大趋势。

（二）物流规模和物流活动的范围进一步扩大，物流企业将向集约化与协同化发展

21世纪是一个物流全球化的时代，企业之间的竞争将十分激烈。要满足全球化或区域化的物流服务，企业规模必须扩大，形成规模效益。规模的扩大可以是企业合并，也可以是企业间的合作与联盟，主要表现在两个方面：

1.物流园区建设

物流园区是多种物流设施和不同类型的物流企业在空间上集中布局的场所，是具有一定规模和综合服务功能的物流集结点。日本是最早建立物流园区的国家，至今已建立了120个大规模的物流园区，平均占地约74万平方米；荷兰的14个物流园区平均占地4.5平方千米；德国不来梅的货运中心占地在100万平方米以上，纽伦堡物流园区占地已达7平方千米。物流园区的建设，有利于实现物流企业的专业化和规模化，发挥它们的整体优势和互补优势。

2.物流企业兼并与合作

随着国际贸易的发展，美国和欧洲的一些大型物流企业跨越国境，展开连横合纵式的并购，大力拓展国际物流市场，以争取更大的市场份额。德国邮政公司出资11.4亿美元收购了美国大型的陆上运输企业AEI，美国的UPS则并购了总部设在迈阿密的航空货运公司——挑战航空公司。据不完全统计，1999年美国物流运输企业间的并购数已达23件，并购总金额达6.25亿美元。德国邮政公司在最近两年间并购欧洲地区物流企业达11家，现在它已发展成为年销售额达290亿美元的欧洲巨型物流企业。并购的一个新特点是国有企业并购民营企业。美国国有邮政公司并购了德国大型民营物流企业PARCE，法国邮政收购了德国的民营敦克豪斯公司。德国、英国和法国的邮政公司为争夺欧洲物流市场，竞相收

购民营大型物流运输企业。国际物流市场专家们认为，世界上各行业企业间的国际联合与并购，必然带动国际物流业加速向全球化方向发展，而物流全球化的发展趋势，又必然推动和促进各国物流企业的联合和并购活动。新组成的物流联合企业、跨国公司将充分发挥互联网的优势，及时准确地掌握全球的物流动态信息，调动自己在世界各地的物流网点，构筑起全球一体化的物流网络，节省时间和费用，将空载率压缩到最低限度，战胜竞争对手，为货主提供优质服务。除此之外，另一种集约化方式是物流企业之间的合作与建立战略联盟。

（三）物流服务的优质化和全球化

随着消费多样化、生产柔性化、流通高效化时代的到来，社会和客户对物流服务的要求越来越高；物流的优质化是物流今后发展的重要趋势。5个亮点（Right）的服务，即把好的产品（The right porduct）在规定的时间（At the right time）、规足的地点（In the right place），以适当的数量（In the right quantity）、合适的价格（At the right Price）提供给客户将成为物流企业优质服务的共同标准。物流成本已不再是客户选择物流服务的唯一标准，人们更多的是注重物流服务的质量。

物流服务的全球化是今后发展的又一重要趋势。荷兰国际销售委员会（HIDC）在最近发表的一篇题为《全球物流业——供应连锁服务业的前景》的报告中指出，目前许多大型制造部门正在朝着“扩展企业”的方向发展。这种所谓的“扩展企业”基本上包括了把全球供应链条上所有的服务商，把它们统一起来，并利用最新的计算机体系加以控制。同时，报告认为，制造业已经实行定制服务，并不断加速其活动的全球化，对全球供应连锁服务业提出了一次性销售（即“一票到底”的直销）的需求。这种服务要求极其灵活机动的供应链，这也迫使物流服务商几乎采取了一种一切为客户服务的解决办法。

（四）第三方物流的快速发展

第三方物流（Third party logistics）是指在物流渠道中由中间商提供的服务。中间商以合同的形式在一定期限内，提供企业所需的全部或部分物流服务。第三方物流提供者是一个为外部客户管理、控制和提供物流服务作业的公司；他们并不在供应链中占有一席之地，仅是第三方，但通过提供一整套物流活动来服务于供应链。

在美国，第三方物流被认为尚处于产品生命周期的发展期；在欧洲，尤其在英国，普遍认为第三方物流市场有一定的成熟程度。欧洲目前使用第三方物流服务的比例约为76%；美国约为58%，而且需求仍在增长。研究表明，欧洲24%和美国33%的非第三方物流服务用户正积极考虑使用第三方物流服务；欧洲62%和美国72%的第三方物流服务用户认为他们有可能在三年内更多地使用第三方物流服务，全世界的第三方物流市场具有潜力大、渐进性和高增长率的特征，这种状况将使第三方物流企业拥有大量的服务客户。国际上大多数第三方物流服务公司大都是以传统的“类物流”业为起点而发展起来的，如仓储业、运输业、空运、海运、货运代理和企业内的物流部等，他们根据顾客的不同需要，通过提供各具特色的服务取得成功。

（五）新型物流的兴起

1. 绿色物流

近年来，随着经济的发展，环境恶化的程度不断加深。作为经济活动的一部分，物流活动同样面临严峻的环境问题，倡导绿色物流成为物流业发展的当务之急。中华人民共和国国家标准《物流术语（GB/T 18354—2001）》中规定，绿色物流（Environmental Logistics）指，在物流过程中抑制物流对环境造成危害的同时，实现对物流环境的净化，使物流资源得到最充分利用。其长远的目标是将环保意识导入物流相关的各个系统，加强物流流程中运输、仓储、包装、流通加工、装卸等各环节的环境监督与管理，有效遏止物流发展造成的环境污染和资源浪费，与之相应，其内容主要包括集约资源、绿色运输、绿色仓储、绿色包装、绿色流通加工、绿色信息搜集与管理。绿色物流不同于一般的物流活动。一般的物流活动主要是为了实现物流企业的盈利、满足顾客需求、扩大市场占有率等，最终是为了实现某一主体的经济利益。而绿色物流除了兼顾这些经济利益外，还要重点考虑节约资源，保护环境、可持续发展等无形的社会效益。

2.应急物流

应急物流是由于突发性因素导致的以追求时间效益最大化和灾害损失最小化为目的的特种物流活动，包括由突发性因素产生的应急物流需求和满足这些物流需求而进行的应急物流供给活动。它是为应对严重自然灾害、突发性公共卫生事件、公共安全事件及军事冲突等突发事件而对物资、人员、资金的需求进行紧急保障的一种特殊物流活动。尽管当今世界科技高度发达，但突发性自然灾害、公共卫生事件等“天灾”，决策失误、恐怖主义、地区性军事冲突等“人祸”仍时有发生，这些事件有的难以预测和预报，有的即使可以预报，但由于预报时间与发生时间相隔太短，应对的物资、人员、资金难以实现时间效应和空间效应，因此，发展应急物流具有重要的现实意义。

3. 逆向物流

逆向物流的快速发展，除了环境法规方面的外在因素之外，更主要的是逆向物流日益突出的重要的战略价值。近几年来，越来越多的企业将逆向物流纳入企业发展的战略规划中，使之成为降低成本、提高利润的新源泉，在给企业带来环境效益的同时，也产生了客观的经济价值。在我国2001年制定的国家标准《物流术语》中，将逆向物流分解为两大类：回收物流和废弃物物流。回收物流是指不合格物品的返修、退货以及周转使用的包装容器，从需求方返回到供应方所形成的物品实体流动；废弃物物流是指将经济活动中失去原有使用价值的物品，根据实际需要进行收集、分类、加工、包装、搬运、储存，并分送到专门处理场所时所形成的物品实体流动。

4. 冷链物流

冷链物流 (Cold Chain Logistics) 泛指冷藏冷冻类食品在生产、贮藏、运输、销售，到消费前的各个环节中始终处于规定的低温环境下，以保证食品质量，减少食品损耗的一项系统工程。它是随着科学技术的进步、制冷技术的发展而建立起来的，是以冷冻工艺学为基础、以制冷技术为手段的低温物流过程。

5. 物流金融

物流金融是指在面向物流产业运营的全过程中，在有效整合了物流、资金流、信息流的基础上，通过应用和开发诸如资金融通、信托、租赁、抵押、贴现和保险等金融服务或金融产品，有效地组织和调剂物流领域中货币资金的运动，从而提高物流和供应链效率与效益的一系列经营活动。

物流金融是伴随着物流产业的发展而产生的，是物流与金融相结合的复合业务概念，其主要涉及三个主体：物流企业、客户和金融机构。近年来，随着我国物流业的快速发展，物流金融正成为国内银行一项重要的金融业务，并在逐步彰显其重要作用。

（六）不断采用新的科学技术改造物流装备和提高管理水平

国外物流企业的技术装备已达到相当高的水平。目前已经形成了以系统技术为核心，以信息技术、运输技术、配送技术、装卸搬运技术、自动化仓储技术、库存控制技术、包装技术等专业技术为支撑的现代化物流装备技术格局。今后进一步的发展方向是：

信息化——采用无线互联网技术，卫星定位技术（GPS），地理信息系统（GIS），射频标识技术（RF）等。

自动化——自动导引小车（AGV）技术，搬运机器人（Robot system）技术等。

智能化——电子识别和电子跟踪技术，智能运输系统（ITS）。

集成化——信息化、机械化、自动化、智能化于一体。

二、全球领先物流企业发展特点

（一）美国物流企业占据主导地位

世界前10大物流企业中美国占有5家，其中包括两家最大的公司UPS和FedEX，同时这5家的收益之和占前10大企业收益的2/3，可见美国物流企业在世界上的地位举足轻重。从某种意义上来说，物流市场发达程度与经济发达程度成正比。

（二）排名前10的成功物流企业中，以空运、快递、陆运等业务为主要背景的公司居多

如UPS的陆运和空运业务分别占54%和19%，FedEX的空运和公路运输业务分别占83%和11%，日本通运的汽运和空运业务分别占44%和16%，TNT的邮递和速递业务分别占42%和41%，Panalpina的空运和海运业务分别占45%和31%。

（三）业务的地区性集中化程度高（即本土化程度高）

如UPS的美国国内业务占其整个业务的89%，FedEX的美国国内业务占76%，DPWN的欧洲业务占其总业务的70%以上，TNT在欧洲的业务占它总业务的85%，日本通运本土化达到93%。

10大物流企业中绝大部分是资产密集型企业，大多拥有物流设施和网络。因此从业务结构来看，在进军现代物流行业的诸路大军中，具备快递、空运等快运业务背景的综合企业将拥有巨大潜力。

（四）运作模式

目前世界大型物流公司大多采取总公司与分公司体制，采取总部集权式物流运作，实行业务垂直管理，实际上就是一体化经营管理模式（只有一个指挥中心，其他都是操作

点）。从实践上讲，现代物流需要一个统一的指挥中心、多个操作中心的运作模式。因为有效控制是现代物流的保证。从物流业务的内容来看，每项内容并不复杂，但协调整个过程的服务必须建立一个高效而有权威的组织系统，能控制物流实施状态和未来运作情况，并能及时、有效地处理衔接中出现的各种疑难问题和突发事件，也就是说需要有一个能力很强、指挥很灵的调控中心来对整个物流业务进行控制和协调。各种界面和各种决策必须联系在一起，才能创建一个作业系统。如果各部门都强调自己是利润中心，考虑问题总是将成本与最大利润联系起来，这样对外报价肯定无竞争性。所以从事物流业务、承担全程服务时，只能有一个利润中心，其他各个机构、各个部门都应该是成本中心，一切听从利润中心的指挥，一切为利润中心服务，一切以利润中心的最大利益为自己的利益。

可以说，没有一个坚强的指挥中心和内部有机连接的运行网络，是搞不出真正意义上的物流的。真正的现代物流必须是一个指挥中心、一个利润中心，企业的组织、框架、体制等形式都要与一个中心相符。一方面，要求分部坚决服从总部，总部对分部有高度的控制力，分部在作业上做到专业化、流程标准化。另一方面，总部必须具有强大的指挥、设计能力，对市场把握的高度准确性和控制风险的能力。要做到这一点，离不开对市场的迅速反应能力，必须以实现信息化、网络化做保证。在现代物流的管理与运作中，信息技术与信息网络扮演着一个十分重要的角色，甚至就是公司形象和核心竞争力的标志。因此，大型的专业物流企业通常都设有运作管理系统、质量保证系统、信息管理系统和客户管理系统。

（五）盈利模式

通过分析世界物流前10强，非资产型物流公司的盈利能力显然强于资产型物流公司，而且具有竞争力的业务核心是物流管理，也称供应链管理。其中物流设计、控制、组织、协调能力是其竞争基础。具有代表性的竞争手段有：高度重视物流解决方案设计；在服务操作上严格执行统一的服务标准；坚持严格的质量管理制度；以信息技术和信息网络贯穿物流整个服务过程。

其次，10大成功物流企业中，以空运、快递、陆运等业务为主要背景的公司居多，而且规模大、盈利能力强，表明时间敏感性强的运输服务在物流行业的成长空间大，有前途。

再次，尽管非资产型物流公司盈利快，但在世界物流前10强中，仍以资产型物流公司居多，特别是既拥有大量的物流设施、网络，又具有强大的全程物流设计能力的混合型公司发展空间最大。

情景案例：

UPS联合包裹公司

1907 年UPS作为一家信使公司成立于美国，通过明确地致力于支持全球商业的目标，UPS 如今已发展成拥有360亿美元资产的大公司。如今的UPS，或者称为联合包裹服务公司，总部位于美国佐治亚州亚特兰大，是一家全球性的公司，其商标是世界上最知名、最值得景仰的商标之一。作为世界上最大的快递承运商与包裹递送公司，同时也是专业的运输、物流、资本与电子商务服务的领导性的提供者，UPS每天都在世界上200多个国家和地域管理着物流、资金流与信息流。作为世界上最大的包裹递送公司和全球领先的专业运输和物流服务的供应商，UPS通过结合货物流、信息流和资金流，不断开发物流、供应链管理和电子商务的新领域。UPS公司从不畏缩于彻底改造自己，就像其历史所证明的那样。

每个工作日，该公司为180万家客户送邮包，收件人数目高达600万。该公司的主要业务是在美国国内并遍及其他200多个国家和地区。该公司已经建立了规模庞大、可信度高的全球运输基础设施，开发出全面、富有竞争力并且有担保的服务组合，并不断利用先进技术支持这些服务。该公司提供物流服务，其中包括一体化的供应链管理。

UPS的业务收入按照地区和运输方式来划分呈现出不同的分布特点。从地区来看，美国国内业务占总收入的89%，欧洲及亚洲业务占11%。从运输方式来看，国内陆上运输占54%，国内空运占19%，国内延迟运输占10%，对外运输占9%，非包裹业务占4%。

2000年11月28日，UPS公司将其每周的环球飞行从3次增加到5次，以应付日渐增多的跨国运输业务。UPS在这一路线上运输的货物总量每日增长20万磅。2001年1月10日，UPS以发行价值4.33亿美元新股方式收购了Fritz集团公司旗下的加利福尼亚物流公司，并将该公司并入UPS不断拓展的物流业务之中，使其成为更大规模的运输集团。

2012年3月20日，规模已是全球最大的UPS斥资51.6亿欧元，以每股9.5欧元的现金价格收购了荷兰的TNT Express（TNTE），是该公司成立105年来规模最大的收购案，此次收购将会让UPS在欧洲的营运量倍增，以挑战在欧洲邮务营运界具有龙头地位的德国邮政（Deutsche Post AG）。至于持有TNT 29.9%股权的荷兰邮政（PostNL）亦表示支持此次收购。

UPS1988年10月3日进入亚太市场。在短短十年间，UPS创下了在亚太区的航空速递市场占有率高达15%~20%的佳绩，而且每年增长率逾50%。

1988年10月，UPS正式进入中国，通过其业务代理中国外运集团（SINOTRANS）在中国67个城市建成了一个邮递网络。1993年11月份，UPS推出国际性信件与文件加强速递业务，从而加速了世界各地64个城市的递送速度。1994年5月，UPS在中国三个主要城市——北京、广州和上海开设了办事处。1994年12月22日，联合包裹、中外运集团与上海海关签署了试验使用者协议，对航空速递进口邮件实施EDI（electronic data interchange）数据交换系统。1995年4月3日，UPS先后与中外运集团和中外运集团上海公司签署了备忘录和意向书，准备在北京、广州和上海建立合资公司。

1996年5月22日，UPS与中外运北京空运合资成立中外运北空—联合包裹国际快递有限公司。中国外运北京空运公司成立于1981年，隶属国家对外经济贸易合作部的中国对外贸易运输总公司，是专门从事国际货物运输和快递服务的国有企业，是国内成立较久、规模宏大的航空货运代理企业，主要从事国际进出口快递服务和国际进出口空运业务。2005年初，UPS成为第一家在中国拥有国际快递业务经营权的国际快递公司。2005年底，UPS业务迅速扩展到全国23个主要商业城市，覆盖全国200多个城市。

本章小结

本章首先介绍了物流活动及物流理论的发展进程，进而介绍了美国、德国及日本的物流发展概况及成功经验；同时介绍了我国物流管理发展的现状及存在的问题；最后简单介绍了现代物流管理的发展趋势，帮助读者了解全球物流的发展概况及我国物流业的基本现状。

关键词

物流理论、美国物流、德国物流、日本物流、中国物流

复习思考题

1.物流管理理论的发展历程主要经历了哪几个阶段？
2.对比分析美国、德国、日本物流发展的不同特点。
3.中国物流发展的基本概况如何？主要存在哪些问题？
4.现代物流的发展趋势如何？

综合案例

全球十大物流企业的成功经验

一个成功的物流企业，必须具备较大的运营规模，建立有效的地区覆盖，具有强大的指挥和控制中心，兼备高水准的综合技术、财务资源和经营策略。近两年来，不同领域、不同性质、不同规模的企业纷纷争相搞物流。但是否所有这些企业都能尽快成功转型到物流企业，并能获得丰厚收益呢？我们来考察一下世界物流企业前10强的有关业务结构、运作模式及盈利状况，以期对我国物流企业有所启示。

1.UPS

业务概况：UPS是全球最大的速递机构，全球最大的包裹递送公司，同时也是世界上一家主要的专业运输和物流服务提供商。每个工作日，该公司为180万家客户送邮包，收件人数目高达600万。该公司的主要业务是在美国国内并遍及其他200多个国家和地区。该公司已经建立了规模庞大、可信度高的全球运输基础设施，开发出全面、富有竞争力并且

有担保的服务组合，并不断利用先进技术支持这些服务。该公司提供物流服务，其中包括一体化的供应链管理。

业务分布：UPS的业务收入按照地区和运输方式来划分呈现出不同的分布特点。从地区来看，美国国内业务占总收入的89%，欧洲及亚洲业务占11%。从运输方式来看，国内陆上运输占54%，国内空运占19%，国内延迟运输占10%，对外运输占9%，非包裹业务占4%。

动态：2000年11月28日，UPS公司将其每周的环球飞行从3次增加到5次，以应付日渐增多的跨国运输业务。UPS在这一路线上运输的货物总量每日增长20万磅。2001年1月10日，UPS以发行价值4.33亿美元新股方式收购了Fritz集团公司旗下的加利福尼亚物流公司，并将该公司并入UPS不断拓展的物流业务之中，使其成为规模更大的运输集团。

2.FedEX

业务概况：FedEX公司的前身为FDX公司，是一家环球运输、物流、电子商务和供应链管理服务供应商。该公司通过各子公司的独立网络，向客户提供一体化的业务解决方案。其子公司包括FedEX Express（经营速递业务）、FedEX Ground（经营包装与地面送货服务）、FedEX Custom Critical（经营高速运输投递服务）、FedEX Global（经营综合性的物流、技术和运输服务）以及Viking Freight（美国西部的小型运输公司）。

业务分布：从地区来看，美国业务占总收入的76%，国际业务占24%。从运输方式来看，空运业务占总收入的83%，公路占11%，其他占6%。

动态：2001年1月11日，根据一项能够产生63亿美元收益的合约，FedEX将在各机场间为美国邮政服务系统运送特急件和快递信件。在此后的18个月内，FedEX将支付1.26亿至1.32亿美元给邮局，作为在10 000家邮局内设立收件箱的费用并保留在其余38 000家邮局设立收件箱的权利。上述举措使该公司获得约9亿美元的新增收入。2000年12月29日，FedEX宣布计划按照每股28.13美元的价格收购American Freightways公司1638万股，以实现其最初提出的收购该公司50.1%股权的承诺。

3.德国邮政世界网（Deutsche Post World Net）

业务概况：德国邮政是德国的国家邮政局，是欧洲地区领先的物流公司，并着眼于成为世界第一。近期更换了品牌（改名为Dertsche Post World Net，简称DPWN）。一方面为挂牌买卖做准备，另一方面也是意识到了其业务的全球化特点以及电子商务日益重要的影响。DPWN划分为四个自主运营的部门，即邮政、物流、速递和金融服务。

邮政部门由邮政、市场直销和出版物发放业务组成，建有最高水准的作业网络，由遍及德国的83家标准化分拣中心组成，并越来越重视高成长的市场直销业务。速递部门通过Euro Express Germany和Euro Express Europe的全球邮政和国际邮政业务部门提供覆盖欧洲的快递业务；通过与DHL（德国邮政世界网拥有其25%的股权）的合作提供全球业务。

通过几次收购Danzas品牌下的公司，于1999年成立了物流部门。该部门提供一站式的服务，并提供整个物流链各个环节的服务。服务内容包括全球航空、海运、欧洲陆运服务和客户定制的物流解决方案。

同时，通过Postbank提供的金融服务于1999年1月成立了一家全资的附属公司。在

2000年1月收购了DSL银行（一个精于私人和商业建筑贷款的银行），向私人和商业客户提供多渠道银行业务。

业务构成及分布：从净收入来看，DPWN的四大业务邮政、快递、物流和金融分别占49%、21%、18%和12%。特别是对于物流业务在地域上的分布来说（从净收入看），德国、法国、意大利和欧洲其他国家分别占23%、17%、8%和23%，斯堪的纳维亚、美洲、远东澳洲分别占12%、11%和6%。

动态：2001年1月，德国政府为邮政部门制定了新的法律，新法律将允许国家出售其在德国邮政持有的多数股权。2000年11月，德国经济部长称政府不会按照原计划在2002年年底结束Deutsche Post的完全垄断。同时德国邮政有意将其在DHL International的持股比例从50%提高到75%。

4.Maersk/A. P. Moeller

Maersk Sealand是世界上最大的航运公司，拥有250艘船舶，其中包括集装箱船舶、散货船舶、供给和特殊用途船舶、油轮等，该集团还拥有大量的装卸码头，并提供物流服务。Moeller的附属公司同时还在挪威、委内瑞拉和其他国家进行石油和天然气的钻探。另外，该集团还从事船舶和联运集装箱的制造，药品生产，并经营一家国内航空公司——Maersk Air和提供信息服务。另外，该公司还拥有丹麦第二大连锁超级市场。

5.Nippon Express（日本通运）

日本通运的业务主要分为汽车运输、空运、仓库及其他，分别占44%、16%、5%及25%。从地域上看，其经营收入有93%来自于日本。其客户主要分布在电子、化学、汽车、零售和科技行业。

6.Ryder

业务概况：Ryder公司在全球范围内提供一系列的技术领先的物流、供应链和运输管理服务。该公司提供的产品范围包括全面服务租赁、商业租赁、机动车的维修以及一体化服务。此外，还提供全面性的供应链方案、前沿的物流管理服务和电子商务解决方案，从输入原材料供应到产品的配送，致力于支援客户的整条供应链。

业务分布：从地区来看，美国业务占总收入的82%，国际业务占18%。从业务板块来看，运输服务占57%，物流占32%，其他占11%。

动态：2000年11月20日，Ryder公司与丰田（美洲）公司及其日本母公司丰田集团共同组建了一家名为TTR物流公司的合资企业。新的实体由Ryder公司和丰田公司持有相同的股份，将主要集中留意与丰田以及其他在北美地区的日本汽车公司相关的运输与物流业务机会。2000年11月14日，Ryder公司和From2 Global Solutions公司（全球各大公司国际物流技术和贸易智能的主要供应商之一）宣布达成策略性联盟关系。Ryder公司将利用From2公司的解决方案，通过互联网向其顾客提供具体的国际贸易服务。

7.TNT Post Group

业务概况：TPG在全球超过200个国家和地区提供邮递、速递及物流服务，并拥有Postkantoren（经营荷兰各邮局的机构）50%的股权。TPG利用TNT品牌提供速递发送及物流服务（TNT的物流业务主要集中在汽车、高科技以及泛欧洲领域），其物流领域现有137

间仓库，共占地155万平方米。

业务划分及分布：按业务类型来看，TPG的三大业务——邮递、速递和物流（净收入）分别占42%、41%及17%，而从地域表现来看（净收入），欧洲占85%，澳洲、北美、亚洲及其他地区分别占6%、4%、2%、3%。如果从运营利润来看，邮递、速递和物流分别占76%、15%和9%。

动态：2001年1月，TNT Loop从Yamaha Motor Europe手上取得一份efulfilment合约。TNT将为日本汽车商提供网上商店，以提供“Back-End”服务，包括处理、仓储及发送。2000年12月，Ctil Logistix与北美的TNT Logitics进行合并，成为北美第七大物流公司。2000年11月，TPG选择了Vivaldi软件作为全球客户关系管理系统，以图监控及改善销售活动并管理客户服务运营。2000年10月，TPG与上海汽车实业共同建立第三方物流合资公司。这个价值3000万美元的合资企业为TPG打开了中国汽车物流市场的大门。

8.Expeditors

业务概况：该公司注册地为美国，是一家提供全球物流服务的公司，向客户提供了一个无缝的国际性网络，以支持商品的运输及策略性安置。公司的服务内容包括空运、海运（拼货服务）及货代业务。在美国的每个办事处以及许多海外办事处都提供报关服务，另外还提供包括配送管理、拼货、货物保险、订单管理以及客户为中心的物流信息服务。

业务分布：从业务类型来看，主要集中在空运、海运和货代方面，按照收入划分分别占63%、25%和12%。而从地区分布来看，主要集中在远东，占56%，在美国、欧洲和中东、南美、澳大利亚的收入分别占25%、15%、2%、1%。

9.Panalpina

业务概况：Panalpina是世界上最大的货运和物流集团之一，在65个国家拥有312个分支机构。Panalpina的核心业务是综合运输业务，所提供的服务是一体化、适合客户的解决方案。通过一体化货运服务，将自身定位于标准化运输解决方案和传统托运公司之间。除了处理传统货运以外，该集团还专长于提供物流服务于跨国公司，尤其是汽车、电子、电信、石油及能源、化学制品等领域的公司。

Air Sea Broker是Panalpina集团的全球性货运“批发商”，同时它也协调Panalpina集团的海运系统与世界各地的定期联系，同时还为联合运输提供新型服务。Air Sea Broker下分三个业务部门：海运处、西非处、租船和重型起重处。

Swiss global cargo是Panalpina和Sair logistics于1999年7月建立的一家合资公司，这是世界上第一家提供完全一体化、门到门、有时限担保、无重量限制的航空货运公司。

业务划分及分布：从总利润来看，Panalpina的四大业务即空运、海运、物流及其他分别占44.9%、31.3%、20.3%及3.5%。而在地域上又分别为欧洲/非洲占52.7%，美洲占33.9%，亚太占13.4%。

动态：2000年12月，开创了一个以客户为中心的“电子商务”平台，该平台旨在连接其货运和物流作业所有运营阶段。这种“电子网络”提供了一个“综合系统”，该系统既连接了Panalpina公司内部设备，又连接了为客户提供的外部电子平台。

10.Exel

业务概况：2000年7月26日，Ocean Group与NFC公司合并后更名为“Exel”。Exel分为5大业务部门：（消费品/零售/医疗）欧洲部、（消费品/零售/医疗）美洲部、开发和自动化部、技术和全球管理部以及亚太部。该公司全球网点达到1300个，有50 000多名员工。目前该公司三家主要运营子公司为Exel（旧的NFC）、Msas全球物流公司和Cory Environmental。Msas是世界上规模最大的货代之一，在全球范围内提供多式联运、地区配送、库存控制、增值物流、信息技术和供应链解决方案等各项服务。Cory Environmental是英国规模最大的废品处理公司之一。Exel在地面运输供应链服务方面占有很强的市场地位，所提供的服务包括仓储和配送、运输管理服务、以客户为中心的服务、JIT服务和全球售后市场物流服务。

业务分布：从业务种类来看，Exel主要集中在配送、运输管理和环境服务三个方面，按照净收入划分分别占58%、39%和3%，如果按照运营利润划分分别占62%、28%、10%。从地理分布来看，业务主要集中在英国与爱尔兰，同时遍及美洲、欧洲大陆和非洲以及亚太地区，按照净收入划分分别占39%、30%、21%和10%，如果按照运营利润划分则分别占54%、27%、10%和9%。

动态：2001年1月，Exel被选中来管理摩托罗拉公司在美国、欧洲和亚洲地区半导体产品的配送。该项合约价值约为1.34亿英镑。同时与Mercedes Benz Espana签署了10年期合约，提供供应链服务。Exel汽车部赢得了一项为期7年的合约，向法国Sandouvilielear公司提供供应链管理服务。2000年12月，Exel收购了Total物流公司（一家总部设在澳大利亚和新西兰的地区性供应链管理公司，专门向30多家大型制药和医疗公司提供供应链管理服务）。同年10月，Exel和UPS共同为福特公司创建供应网络，并对福特公司在欧洲的供应链需求进行大规模改造。

（案例来源：中国物流与采购网http://www.chinawuliu.com.cn/xsyj/200705/31/137518.shtml）

案例思考题

1.全球十大物流企业的业务分布具有什么特点？

2.根据本案例总结当今世界物流企业的发展趋势。

扩展阅读

全球主要国家应急物流建设概况

一、西方发达国家应急物流建设的特点

美、日、欧等世界主要国家经过多年探索和发展，大都形成了运行良好的应急管理体制，建立了比较完善的应急救援系统，并且逐渐向标准化方向发展，使得包括应急物流在内的整个应急管理工作更加科学、规范和高效。

（一）美国常设救灾物流专门机构

经过多年的努力，针对各种自然灾害，美国建立了完备的应急体系，形成了以“行政首长领导，中央协调，地方负责”为特征的应急管理模式。在地震、飓风、火山、洪水等可能造成重大伤亡的自然活动发生时，美国政府就会立即宣布进入联邦紧急状态，并启动应急计划，所有防救灾事务由联邦应急管理署（Federal Emergency Management Agency，FEMA）实行集权化和专业化管理，统一应对和处置。联邦应急管理署成立于1979年，直接向总统负责，下设国家应急反应队，另有5000多名灾害预备人员，实行军事化管理。对于各种防救灾工作，美国强调运用先进的高新技术，强调事先预防和模拟演练，同时，针对人口稠密的大都市以及人口稀少的地区灾害，均有不同的预案以及救灾方式。2003年3月该署随同其他22个联邦机构一起并入2002年成立的国土安全部，成为该部4个主要分支机构之一。值得注意的是，美国的救灾规划还有相应的治安组织体系，该体系平时和警方配合承担各种治安任务，在重大灾害发生时，它会迅速转变成紧急救灾体系，争取最高的救灾效率。

在国内救灾方面，FEMA设有物流管理的专门单位，平时主要负责救灾物资的管理储备、预测各级各类救灾物资需求、规划救灾物资配送路线，以及救灾物流中心设置等工作。当灾害发生时，物流管理单位便会迅速转入联邦紧急反应状态，根据灾害需求接受和发放各类救灾物资。美国法律规定应急行动的指挥权属于当地政府，仅在地方政府提出援助请求时，上级政府才调用相应资源予以增援，并不接替当地政府对这些资源的处置和指挥权限；当地方政府的应急能力和资源不足时，州一级政府向地方政府提供支持；州一级政府的应急能力和资源不足时，由联邦政府提供支持。一旦发生重特大灾害，绝大部分联邦救援经费来自联邦应急管理署负责管理的“总统灾害救助基金”。

在国际救灾方面，美国设有对外灾害援助办公室（Office of US Foreign Disaster Assistance，OFDA），负责处理各种紧急事务。目前，OFDA在世界范围内设有7个应急仓库，这些仓库紧靠机场、海港，存储基本的救灾物资，如毯子、塑料薄膜、水箱、帐篷、手套、钢盔、防尘面具、尸体袋等等，一旦某个地区发生重大自然灾害，OFDA就会从距离最近的仓库调拨救援物资送至灾区。

美国是一个减灾法规比较完备的国家，各类全国性防灾法律有近百项。目前，在法律法规方面，美国的灾害应急处理法规主要有《灾害救助和紧急援助法》、《国家地震灾害减轻法》、《全国紧急状态法》等。美国的《紧急状态管理法》不仅明确了政府在指挥系统、危机处理和全民动员等方面的职能定位，而且对公共部门如警察、消防、气象、医疗和军方等的责权做了具体的规范，当然，其中也不乏对应急物流相关活动的规范。

（二）日本对救灾物资分阶段管理

众所周知，由于日本特殊的地理位置以及地质条件，该国经常遭受地震、台风等自然灾害的侵袭。因此，在设计防灾、救灾计划，以及开展防灾、救灾演习上，日本政府一向非常重视，形成了以“行政首脑指挥，综合机构协调联络，中央会议制定对策，地方政府具体实施”为特征的应急管理模式。日本的防救灾体系分为三级管理，包括中央国土厅救灾局、地方都道府以及市、乡、镇。各级政府防灾管理部门职责任务明确，人员机构健全，工作内容完善，工作程序清楚。每级组织都会定期举行防灾汇报，并制订防救灾计划，包括防灾基础计划、防灾业务计划、地域防灾计划等等。日本非常重视提高公众的防灾意识，把9月1日定为国民“防灾日”，在每年的这一天，都要举行由日本首相和各有关大臣参加的防灾演习，通过全民的防灾演练，一方面提高国民的防灾意识，另一方面检验中央及地方政府有关机构的通信联络和救灾、救护、消防等各部门间的运转协调能力，并对各类人员进行实战训练。可以说，日本已经建立起了完整的救灾体系。

在救灾的物流管理上，日本的主要做法有：制定灾害运输替代方案，事前规划陆、海、空运输路径（因海运和空运受震灾影响小，所以多利用这些资源）；编制救灾物流作业流程手册，明确救灾物资的运输、机械设备以及其他分工合作等事项；预先规划避难所，平时可作他用，一旦发生灾害，立即转成灾民避难所，并作为救援物资发放点。对救灾物资进行分阶段管理，将救灾物资的配送工作分为三个阶段。第一阶段由政府行政单位负责，包括救援物资的收集、存放和运输；配送中心24小时作业；要求军队协助进行交通管制，维护紧急物品的运输。第二阶段由物流公司负责（根据政府要求采取较主动的方式进行配送），选择车站等4个配送中心，重点关注提升配送效率；委托物流公司进行专业配送、存储管理；配送中心的配送频率控制在每天不超过50辆次；选择2个地点作为储存性仓库。第三阶段仍由物流公司负责（但根据灾区需求采取较为被动的方式，即依据订单进行配送）。配送中心减少到2个；委托物流公司进行专业配送、存储管理；配送中心的配送频率控制在每天2辆次。事实上，日本的救灾物资管理，已经充分利用了现代商业的物流发展成果。此外，根据救灾物资性质分送不同的仓库，对社会捐赠灾区的必需物资，经过交叉站台（Cross-docking）分类后直送灾民点，对社会捐赠的非必需物资或超过灾区需要的物资，则送到储存仓库，留待日后使用。

（三）德国民间组织发挥巨大作用

德国拥有一套较为完备的灾害预防及控制体系，德国的灾害预防和救治工作实行分权化和多元化管理，在应急物流管理中由多个担负不同任务的机构共同参与和协作，最高协调部门是公民保护与灾害救治办公室，隶属于联邦内政部。在发生疫情以及水灾、火灾等自然灾害的时候，消防队、警察、联邦国防军、民间组织以及志愿组织等各司其职、齐心协力，最大限度地减少损失。对于救灾物流，德国是建立民防专业队伍较早的国家，全国除约6万人专门从事民防工作外，还有约150万消防救护和医疗救护、技术救援志愿人员。这支庞大的民防队伍均接受过一定专业技术训练，并按地区组成抢救队、消防队、维修队、卫生队、空中救护队。德国技术援助网络等专业机构可以为救灾物资的运送和供应等方面提供专业知识和先进技术装备的帮助，并在救灾物流中发挥了重要作用。

另外，德国还有一家非营利性的国际人道主义组织，即德国健康促进会，长期支持健康计划并对紧急需求做出立即反应，在救灾物流管理中也发挥了极其重要的作用。据了解，该组织每年通过水路、公路、航空向世界80多个国家和地区配送300多万千克的供给品，并利用计算机捐赠管理系统，保持产品的高效率移动，一旦需求被确定，供给品通常在30~60天内就会迅速运送到指定地点，避免了医药物品等的库存。同时，一旦有灾难通知，德国健康促进会就会立即启用网络通信资源，收集灾难的性质、范围等信息，并迅速组织救灾物品配送到指定救助地点。

二、国外应急物流共性分析

综上可以看出，尽管各国应急物流模式因国情不同而各具特色，但存在一些共同的特点：

（一）建立协调有效的应急物流管理体系

各国都依据法律建立了立体化、网络化的应急物流管理体系，从上到下的常设专职机构，及相关专业人员组成的抢险救援队伍，严格而高效的政府信息发布系统及明确的政府职能和部门合作，超前的灾害研究和事故预防机制，普遍的灾害意识培养和全社会的应急培训，充足的应急准备和可靠的信息网络保障。

（二）建立完善的自然灾害应急物流预案

由政府统一负责指挥自然灾害预防、救治的所有工作，包括制订防灾计划、定期开展防灾救灾演习、开展应急物流演练等，预案还根据不同类型的自然灾害事先规划陆、海、空运输替代路线，如在地震灾害中，会伴随发生道路阻断、泥石流、滑坡等灾害，常规道路交通将难以发挥机动灵活、“门到门”的优势，这时需要选择空运或海运等适宜的替代运输方案，实现救灾物资的及时运送。此外，还将民间组织以及志愿组织等非政府部门纳入防灾救灾体系中，配合政府工作，齐心协力顺利完成应急物流的全过程。

（三）建立科学合理的应急物资储备

各国根据可能发生的不同灾情，对各类救灾物资的需求进行科学预测，依此建立规模适中、布局合理的应急救援物资库，这些应急救援物资库平时储放应急物资，一旦发生自然灾害，则由专业的物流公司迅速从应急救援物资库提取救灾物资，送往灾区；灾害发生后，社会采购或捐赠的救灾物资需要汇集至应急救援物资库，在应急救援物资库分类拣选后统一配送至灾区。

（四）运用现代物流和供应链理论指导应急物流管理

将现代物流知识及供应链管理理论充分运用到自然灾害应急物流管理中。自然灾害发生前，通过预测救灾物资需求量和实施救灾物资库存的动态检测，避免了过高的库存水平和较高的储存成本；自然灾害发生后，根据灾害实际，适时地选用物资供应的供应推动方式或需求拉动方式。

三、中国应急物流建设

（一）中国应急物流的优势和特点

近年来，中国经历了抗击非典、洪涝干旱、冰冻灾害、汶川地震等罕见突发事件的严峻考验，作出了巨大努力，成效举世公认，应急管理和应急物流水平也显著提高。

1.强大高效的组织动员能力

在应对突发事件尤其是重大自然灾害上，中国形成了以国务院统一领导、各部委协同作战、全民参与的突发事件应急处置体系。这种体制性优势主要体现在强大的动员能力、快速的反应能力、统一的组织能力、有序的协调能力。在这种体制下，整个应急物流运作流程表现得更加紧凑，应急物流表现出极其浓厚的军事化、准军事化色彩，确保了应急物资迅速到位。同近年来世界部分国家和地区应对自然灾害和疫病的效能情况相比，1998年的特大洪灾，2003年的抗击非典，2008年的冰雪灾害、汶川大地震和2009年的严重洪涝、干旱、地质灾害都一再显示了中国的体制优势和人力、物力、财力方面的动员能力，不仅最大限度地减少了灾害损失，确保了社会稳定和经济发展，而且展示了灾后迅速恢复重建的强大后劲和潜力。

2.快速响应的军地一体化保障体系

面对近年来世界范围接连发生的一系列重大自然灾害，军队作为军事化救援力量在应对各种突发事件中展示了举足轻重、不可替代的重要作用。尤其是在中国，军地一体化的“军民统一”、“平战结合”的思想在处理各种重大突发事件上起到了关键作用，极端危机时刻的许多应急物流任务都是由军队克服难以想象的重重困难而圆满完成的。加强军地物流一体化建设是实现应急物流的重要模式。倡导军民合作，军地物流一体化是对中国应急物流事业发展的一个极大促进。构建“军地物流一体化”系统对军队物流和地方物流是互利互惠的好事。一方面，地方企业可以在平时打开军方市场，军队过剩的仓储物流资源和力量也可以在国家经济建设中发挥作用；另一方面，地方企业只有在平时与军事物流接轨，才能在战时做到快速反应，有效地承担为军队提供物流保障的任务。更具战略意义的是，实行包括应急物流在内的军队后勤保障体系的服务外包，将有力促进军工产业化、后勤社会化、国防现代化和军队管理体制的与时俱进、深刻变革。

（二）完善我国应急物流管理体系的思路与建议

在充分肯定取得的成绩的同时，更需要研究改进应急管理和应急物流方面存在的问题。一是对应急物流的重视程度不够，思路方法尚显欠缺；二是中国应急物流成本可观，成本改善潜力巨大；三是国家应急物资储备思路不尽合理；四是应急物流保障体制以行政命令为主，缺乏专业化、社会化、市场化物流公司参与，应急物流配送体系不健全；五是应急物流信息化程度低，应急物流指挥体系不够完备。认真审视不足之处，中国迫切需要理清思路，讲求应急物流的“成本—效能”原则，不断改进应急物流管理体系。

1.高度重视应急物流的重要性

进一步明确应急物流、应急储备的重要性及其公共服务功能与公共财政性质定位。古语说，“兵马未动，粮草先行”。应急物流就是应对突发事件的“粮草”，必须有预案、有储备，“储得下、调得动、用得上”，该投入的必须由各级财政足额投入，绝对不能含糊，更不能弄虚作假、缺斤短两。同时，也正因为是财政投入，就更要百般珍惜，“好钢用在刀刃上”，讲求科学合理，安排适度，绝不是多多益善。

2.成本—效能原则是构建应急物流体系总思路的核心

成本—效能分析评价同样适用于应急物流。正在实施中的应急物流的所谓“不惜一切代价”或“全力以赴”，都不应该被误解，都必须建立在事先的日常的科学设计基础上，而绝不意味着在关键时刻应急物流行动的慌乱决策、匆忙上阵、不顾效果、不计后果。否则，即使付出了很大代价，救援效果也会不尽如人意。“凡事预则立，不预则废”，讲求应急物流效能尤其如此。尽管各国存在社会制度、体制差别，但解决方案仍然有相通之处。即如何运用最小限度的应急物流资源，最大限度地支撑、应对突发事件。作为稀缺资源，应急资源受到公共财力的制约，更加讲求应急管理中“需要与可能”、“高效率与低成本”之间的关系。一是在制定应急预案、应急政策和法律法规以及建立应急机制的场合，一定要根据应急物流各环节、各节点高度相关性的特点，以应急物流成本—效能原则为指导，进行通盘考虑，努力克服粗放式、不计代价的原有设计缺陷。二是在应急物资的运输、采购、流通加工和储存的过程中，一定要按照应急物流的规律和成本—效能原则优化设计，统筹安排，合理规划应急物资储备库，优化应急物流网络，采用先进的库存管理方法，最大限度地减少应急物流成本，缩短应急物流时间。这些思路对应急物资的保障、运输和应急物流的顺利运行具有重要的意义。

3.建立动态化、扁平化的应急物资储备机制

一是在应急物资的实物储备方式上，实行市场化储备和政府储备相结合，从单一的政府行为转变为政府主导、全民参与。应急物流在各国都是政府主导（也有程度区别），但任何政府都没有能力包打天下，都需要社会各界的广泛参与，例如红十字会、慈善机构、企业捐助等。其中，鼓励第三方物流企业的加入应是政策设计的重点。第三方物流因其拥有专业化的设施设备和人才，必定会大幅提高应急物流运行效率，降低运行成本。而按照市场化对等原则，企业在应急物流中勇于承担社会责任要同政府建立合理的补偿机制相结合。在制订应急物流预案时，应当综合考虑应急事件的影响程度及其连带后果等因素，在应急物资采购、资金安排、设施设备准备过程中，在防范“断储风险”、确保应急安全和政府主导的前提下，尽可能发挥市场化储备的基础性作用，尽可能考虑到经济性目标，避免造成损失、浪费。分类来看，对生产周期长、专用性强、采购难度大的物资应适当安排储备保有量，并以政府为主导。对于通用性强、易于补充的物资如生活类、药品类等则需要减少储备，主要通过经济方法市场化运作，探索“寓急于民”、“以订代储”的新模式。例如，与有实力、有资质的生产厂商或者经销商签订合同，采取在应急期间实行先征用后结算的方法；也可采取合作的方法，由生产厂家、供应商及医疗机构代储或将储备库的一部分让厂家管理。同时，要建立企业数据库，对产品进行实时监管，对企业信息及时更新，以备随时调用。还要建立物资储备监测网络进行有效监控，收集应急物资的实时信息，为指挥机构判断情况、做出决策提供可靠依据。这样做，既可减少实物储备，降低成本，还能确保应急安全，保证应急物资的及时轮换，常备常新，使应急物资始终保持一个良好的状态。

二是整合中央应急物资储备库和地方各级别应急物资储备库，实现储备库之间的联动。应急储备必须消除“购不进、轮（换）不出、调不动、用不上”，“蓄水池”蜕变为“死水池”的旧体制弊端。目前，不同品种的储备库或者各个地方的储备库，往往各自为政，缺少必要的交流与沟通，时常造成应急储备的交叉重复和遗漏，甚至造成断档脱储与库存积压在时间和空间上同时并存的双重损失、双重风险。例如，汶川特大地震使四川的储备体系瞬间瓦解，这就需要周边地区的储备库进行救援补充。所以必须创新管理机制，加强各个储备库的沟通与合作，从预案着手，建立信息透明、储备联动的大储备机制和异地储备救援机制。为此，要建立应急物资储备信息数据库，详细登录全国各类应急物资储备的品种、数量和分布情况。各有关部门应定期向主管部门报告应急储备物资动态，省政府应急办进行统计汇总并更新数据库信息，加强应急物资的运作和监管。

三是在应急物资储备上最大限度实施动态化和扁平化，由“实物储备”为主向“能力储备”为主转换。应急储备的最高境界是动态的能力储备而不是静态的实物储备。应急物资储备库在应对突发事件的有效性和时速上，不在于实物储备数量的多少而在于瞬间提供这些实物能力的大小，即在最短时间内募集到所需的物资并发送到指定地区的能力。这种能力越强，实物储备就可以越少。“能力储备”可以寓于平时的相关企业的生产过程中。实物储备为主转变为能力储备为主，在信息技术时代已经不是问题，关键在思路、在体制。新体制的关键在于动态化、扁平化，最关键的是要逐步改变目前静态化、条块分割、纵向层级过多、横向协调过少、反应迟缓、效能较低的状况。为此，要整合各种类型的储备库，实现储备信息共享，建立一种层级简洁、反应快捷、动态化的应急储备机制，由“静态储备”为主向“动态储备”为主转变，由“实物储备”为主向“能力储备”为主转变。中国迫切需要率先探索一条减少实物储备和静态储备，以最小实物储备量和最大能力储备量，来最有效地应对最复杂突发事件的新路子，为世界各国提供低成本、高效能应急物流的新经验。

4.政府将应急服务项目外包，大力培育应急服务产业化，鼓励应急物流社会化

中国应急产业发展滞后，尚未达到规模化和产业化。国家发改委、财政部等相关部委2006年曾预测，应急产业市场年容量在500亿~1000亿元，如果包括所带动的相关产业链，年容量接近4000亿元。这表明，中国新兴的应急产业有很大的发展潜力。因此，政府将应急服务项目外包，大力培育应急服务产业化，鼓励应急物流社会化，一是培育应急物资、应急设施设备生产企业。建立一批专业化生产应急物资、设施设备的企业，实行日常生产品与应急品“平战结合”。二是培育与应急物流平台建设相关的骨干企业。其中，应急物流平台的硬件建设、应急物流的信息化建设、应急物流演练、应急物流评估等，都是应急物流平台建设所必需的。三是培育应急物流教育培训和咨询服务企业。随着各种突发事件的频繁出现，应急物流教育培训的需求不断增长，各级政府都计划安排专项资金开展相关应急物流培训。此外，应急物流咨询服务的市场需求同样巨大，已经投入使用的应急物流系统和设备也需要后续工程的完善和优化服务。与此同时，方案咨询、项目监理、系统升级、维护等有关应急物流管理的专业需求也会越来越多。这些都使得培育应急物流教育和咨询服务产业显得更加必要。四是培育专业化的应急救援物流企业。除部分地区根据需要新建一些专业应急物流中心或配送中心外，大部分地区可以利用社会资源，以市场化方式与具备条件的国内大型专业物流企业签订协议，明确其在遇到紧急情况时启动应急物流运作。此外，还要根据中国的成功经验，探索“军地物流一体化”的应急物流模式，对军地应急物流资源进行有效整合，以实现军地物流兼容部分高度统一、相互融合、协调发展。

5.加强应急物流的组织管理和信息化建设

要加强应急物资实物储备和能力储备的信息化建设，实施信息化知晓、信息化动员，建立信息化主导的应急响应体系。应急物流信息系统要同军方的信息系统对接，一旦发生情况，可与军方接洽救灾抢险事宜，动用军用运输设备、军用运输专用线路及相关设施，实现应急物资的快速配送。在防灾救灾的同时，还需要用现代先进科学技术进行减灾。将常规物流方面先进的技术设备引进到应急物流中，诸如地理信息系统（GIS）、全球定位系

统（GPS）、卫星遥感（RS）等，对应急物流设施进行定位、跟踪。用先进技术支撑应急物流信息系统和指挥决策支持系统，在这方面还可以加强对外交流，引进、消化、吸收国外先进的科技手段和设备，以提高应急物流管理水平。

6.加强应急物流通道建设

应急物流最重要的作用便是将应急物资以最快的速度送达指定位置，而应急物流的重要保障就是畅通可靠的应急物流通道。除了加大应急物流通道的设施设备投资之外，还要在体制和方法上进行创新。一是政府相关机构要建立与应急物流通道相配套的政策和法律，包括与应急物流通道建设相关的设施、设备的相关技术标准以及应急物流通道的维护、使用等措施。二是建立应急物流通道保障机制，组织好各种应急物流方式转换节点的协调衔接，从而实现通道的高效率运行，避免出现通道混乱和阻断。各省（区、市）民航、铁路和公路部门应该互相合作建立横向性应急运输网络。在重点考虑运输路线的时效性和安全性后，事先规划几套运输替代方案，一旦发生自然灾害，则立即启用相应的运输预案。三是建立绿色通道机制，如采取一些优化措施，简化海关检验检疫的手续、免收高速公路费等。四是努力降低应急物流的体制性成本。应急物流产业、应急通道建设是环节多、节点多的系统，也是复合型产业，涉及的领域非常广泛，需要各个系统和部门通力配合。而自计划经济演变而来的中国相关主管部门条块分割严重、互相掣肘，使得应急物流通道建设增加了体制性成本。体制性成本是体制、政策不合理引发的成本，是人为造成的最冤枉的成本。体制性成本的消极影响不容低估，有时候甚至比应急物流其他部分造成的损失浪费还要多。比如过时的不合理审批制度、政策规定、庞杂收费、税制缺陷、行政垄断、地区封锁、标准混乱等等都极大地增加了应急物流成本。对于体制性成本，只要不合理的体制和政策一经改变，就会即刻消失。

7.建立专业化的应急物流指挥体系和完善应急物资的配送体系

中国有必要依据国情和物流的运作流程，组建类似于国务院防汛抗旱总指挥部那样常设的、专业的应急物流指挥中心，专门用于救灾指挥工作，保障应急物流高效、顺利地实行。

应急物资的配送是应急物流的最后一环，也是应急物资到达指定位置的重要的“最后一千米”。纵观历年来中国应急物资的发放情况，都是通过政府工作人员、救灾部队以及志愿者等组织进行，效率较低，效果不理想。因此，有必要完善应急物流配送体系。一是在紧急情况下，可与军方联系救灾抢险事宜，动用军用运输装备、军用运输专用线路及相关设施，从而实现应急物资的快速配送。二是全民参与应急物资的配送。各级政府要动员地方部队、志愿者、当地政府等多方力量，包括相关机构、红十字总会、全国性物流网络、信誉高的物流公司，实力强大的物流公司等要结成战略合作伙伴。

8.要同样重视日常生活中的应急物流

除防灾减灾的应急物流以外，应急物流在日常生活中也时有所见。奥运会、全运会等重大赛事会由于人流的瞬时大量聚集而引起物资瞬间的大量需求，从而会形成应急物流；每年的春运和重要节假日会造成物资流量的突发性和超常变动；由于企业、行业决策失误、气候急剧变化也会导致产品流量、流向的巨大变化。最重要的是，由于种种意外原因，可能会导致市场基本生活必需品供求矛盾瞬间加剧，居民恐慌抢购，物价大幅波动，社会秩序紊乱，都会立刻需要应急响应和应急物流加以解决、平息。在这种场合，应急预案和应急物流及其强大的动员能力同样会发挥举足轻重、不可替代的重要作用。

9.通过提升现代物流业的发展水平夯实应急物流的基础

从根本和长远着眼，建立强大的应急物流体系，也要有赖和依托于现代物流业的高度发展。应急物流并不是孤立存在的，它需要一个良好的基础环境。物流产业的发展水平对保障应急物流的实施起着关键作用，只有设备、设施、储备、运输、配送等与应急物流密切相关的行业整体水平不断提高，才能促进应急物流的更好发展。无论是应急物流还是日常一般物流都需要强大的基础设施和良好的物流政策环境，物流的前沿理论和先进的物流技术也都会推动应急物流水平实现质的跨越。因此，要加紧落实《物流产业调整与振兴规划》，开创物流行业活跃发展的新局面。

10.定期开展应急物流知识宣传和演习

很多民众对应急物流的认识还是空白，这就需要政府和相关组织通过媒体普及、传播应急物流知识，使公众了解应急物流的运作流程，掌握应急物资的捐赠流程、领取流程。一旦出现突发事件，可以大大提高自我防范能力和提高应急物资的配送效率。此外，要借鉴日本的做法，定期举办应急演练，以提高应急物流在实战中的应对能力。

11.大力培育综合管理人才和专业人才

应急管理，包括应急物流管理是一项复杂的系统工程，涉及多个学科，需要多种知识，尤其是应急物流涉及交通、运输、储存、航空等多个部门，需要一支专业化的应急物流人才队伍。中国一方面需要培养能够统筹规划和指挥的管理人才，另一方面也需要实战经验丰富、能够熟练操作和使用应急设施设备的专业化人才。高等院校要承担起培养应急管理、应急物流管理人才的社会责任，全社会也要倡导把应急管理、应急物流管理当成职业和事业去做的意识。全面加强应急物流高层管理人员的培训和综合实战演练，按规划和预案的要求，不断提高应对突发事件的指挥能力；积极探索利用市场化手段组织企业、非政府组织等参与应急物流管理与服务的长效机制，逐步形成专职、兼职队伍相结合的突发事件应急物流指挥人才队伍和专业技术力量，并注重平时培养，作好应急物流人才的后续储备。

12.加强应急物流的成本—效能分析和数据库建设

鉴于应急物流的成本—效能分析对宏观决策和应急实践的极端重要性，中国需要强化应急物流成本—效能的理论和实践研究。一是建立应急物流成本—效能的分析评价指标体系，首先是解决应急物流成本—效能的识别方法和途径问题；二是对近年来针对突发事件实施应急物流所产生的利弊得失、成本—效能实际状况进行回归分析；三是加紧对各种应急物流、应急储备预案的成本—效能的比较、评估和改进；四是逐步建立和完善应急物流成本—效能的数据库。

（资料来源：中国应急物流网http://www.cnel.cn/indax.asp）

第三章　供应链管理环境下的物流

第一节　供应链与供应链管理

一、供应链

（一）供应链的概念

早期观念：内部供应链，是指企业内部产品生产和流通过程中所涉及的采购部门、生产部门、仓储部门、销售部门等组成的供需网络。

发展观念：外部供应链，是指企业外部的，与企业相关的产品生产和流通过程中涉及的原材料供应商、生产厂商、储运商、零售商以及最终消费者组成的供需网络。

内部供应链和外部供应链的关系：二者共同组成了企业产品从原材料到成品到消费者的供应链。可以说，内部供应链是外部供应链的缩小化。如对于制造厂商，其采购部门就可看做外部供应链中的供应商。它们的区别只在于外部供应链范围大，涉及企业众多，企业间的协调更困难。

最新观念：围绕核心企业的网链关系，供应链是围绕一个核心企业，对生产和流通过程中各个环节所涉及的物流、资金流、信息流进行整合，将供应商、制造商、分销商和中间商链接成一个具有整体功能的网络，是一条连接从供应商到用户的增值链，这个链条我们称之为SMDRC（Supplier Manufacturer Distributor Retailer Customer），如图3-1所示。

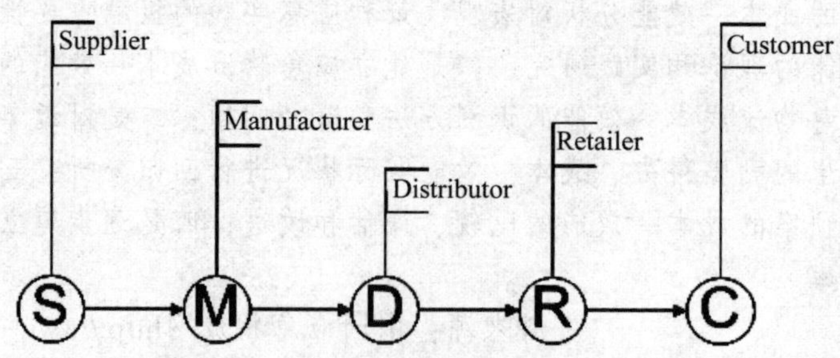

图3-1　SMDRC链条

（二）供应链的组成

一般来说，供应链的基本环节包括：

1.供应商　(Supplier)

供应商指给生产厂家提供原材料或零部件的企业。

2.制造商　(Manufacturer)

制造商是产品制造业产品生产的最重要环节，负责产品生产、开发和售后服务等。

3.分销商　(Distributor)

分销商是为实现将产品送到经营地理范围每一角落而设的产品流通代理企业。

4.零售商　(Retailer)

零售商是将产品销售给消费者的企业。

5.消费者　(Customer)

链条中产品面对的最终消费者。

6.第三方物流企业　(TPL)

即除上述企业之外专门提供物流服务的企业。

（三）供应链中的流体构成

供应链流体一般包括物流、信息流、资金流。各流有不同的功能以及不同的流通方向，如图3-2。

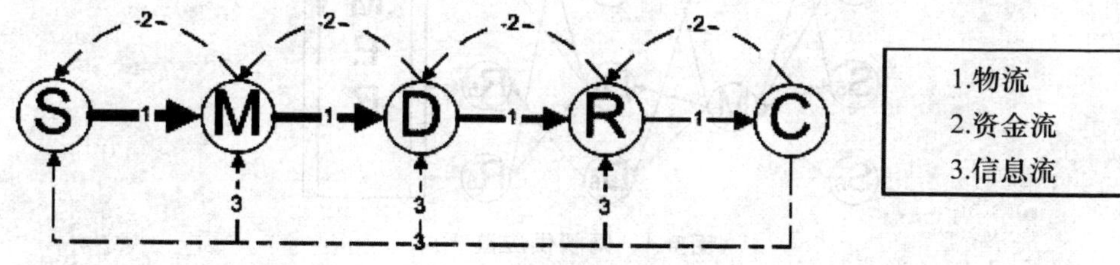

图3-2　供应链中的流体

1.物流

这个流程主要是商品的流通过程，这是一个发送货物的程序。该流程的方向是由供应商经由制造商、批发与物流、零售商等指向消费者。由于长期以来企业理论都是围绕产品实物展开的，因此目前物资流程被人们广泛重视。许多物流理论都涉及如何在物资流通过程中在短时间内以低成本将货物送出去。

2.信息流

这个流程是商品及交易信息的流程。该流程的方向是在供应商与消费者之间双向流动的。过去人们往往把重点放在看得到的实物上，因而信息流通一直被忽视。甚至有人认为，国家的物流落后同它们把资金过分投入物资流程而延误对信息的把握不无关系。

3.资金流

这个流程就是货币的流通，为了保障企业的正常运作，必须确保资金的及时回收，否则企业就无法建立完善的经营体系。该流程的方向是由消费者经由零售商、批发与物流、制造商等指向供应商。

（四）供应链的组织结构模型

1.链状模型（图3-3）

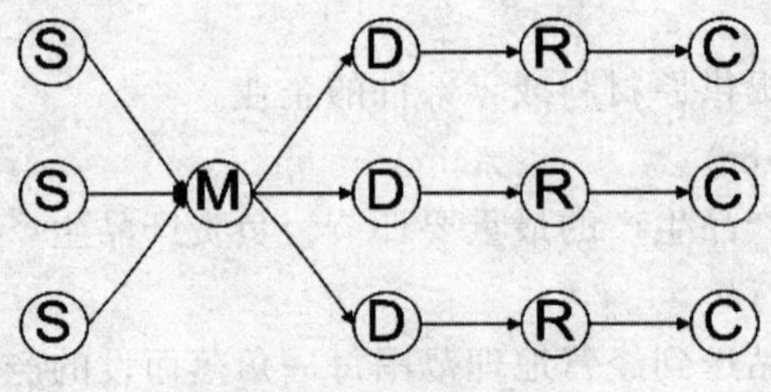

图3-3 链状供应链

2.网状模型（图3-4）

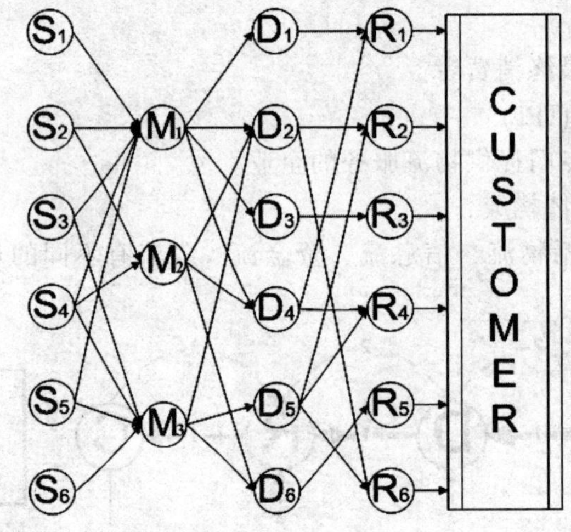

图3-4 网状供应链

3.供应链组织模型

供应链组织模型是围绕供应链中的核心企业来建设的，核心企业可能是链条中的任意一环中的企业，主要可以分为以下几种情况：

第一类，供应为核心的链条组织，供应链建设主要是围绕供应商展开。

第二类，销售为核心的链条组织，供应链建设主要是围绕分销商和用户管理展开。

第三类，生产为核心的链条组织，供应链建设主要是围绕生产商展开。

（五）供应链的特征

从供应链的结构模型可以看出，供应链是一个网链结构，节点企业和节点企业之间是一种需求与供应关系。供应链主要具有以下特点（表3-1）：

表3-1 供应链的特点

特点	原因
复杂性	因为供应链节点企业组成的跨度(层次)不同,供应链往往由多个、多类型甚至多国企业构成,所以供应链结构模式比一般单个企业的结构模式更为复杂。
动态性	供应链管理因企业战略和适应市场需求变化的需要,其中节点企业需要动态地更新,这就使得供应链具有明显的动态性。
用户导向	因为供应链的形成、存在、重构,都是基于一定的市场需求而发生的,并且在供应链的运作过程中,用户的需求拉动是供应链中信息流、产品/服务流、资金流运作的驱动源。
交叉性	节点企业可以是这个供应链的节点企业,同时又是另一个供应链的节点企业,众多的供应链形成交叉结构,也会增加协调管理难度。

二、供应链管理

供应链管理，是对供应链增值的管理，采用集成化的管理思想和方法，执行商品从供应商交付到最终用户整个过程中的计划、组织、指挥、协调和控制职能。

主要内容：供应、生产、物流、需求。

可以细分为：职能领域（采购、产品设计开发、生产控制、技术保证、库存控制、仓储管理、分销管理）；辅助领域（人力、营销、财会、客服）。

（一）供应链管理的含义

供应链管理（Supply Chain Management，简称SCM）：就是指在满足一定的客户服务水平的条件下，为了使整个供应链系统成本达到最小而把供应商、制造商、仓库、配送中心和分销商等有效地组织在一起来进行的产品制造、转运、分销及销售的管理方法。

（二）供应链管理的内容

包括计划、采购、制造、配送、退货五大基本管理内容，如表3-2所示。

表3-2 供应链管理的内容

活动	管理内容	特点
计划	通过规划链条所有的资源,以满足客户对产品的需求,使链条能够有效、低成本地为顾客递送高质量和高价值的产品或服务。	它是供应链管理的策略性部分。
采购	选择提供货品和服务的供应商，和供应商建立采购流程,并监控和改善采购流程,把包括提货、核实货单、转送货物到制造部门并批准对供应商的付款等流程一体化。	它是供应链管理的执行部分。
制造	安排生产、测试、包装所需的活动,并包括质量水平、产品产量和工人的生产效率等的测量。	它是供应链中测量内容最多的部分。
配送	调整用户的订单收据、建立仓库网络、派递送人员提货并送货到顾客手中、建立货品计价系统、接收付款。	它是供应链管理的服务性部分。
退货	建立网络,接收客户退回的次品和多余产品,并在客户应用产品出问题时提供支持。	它是供应链中的问题处理部分。

（三）供应链管理的步骤

1.实现企业内部信息化管理，比如：订单管理、生产管理、库存管理、采购管理等，这些循环结合起来就是一个好的信息化系统。

2.实现链条内业务数据同步采集与实时分析，以条码化、RF识别技术实时采集业务数据。

3.实现链条业务同步化，通过电子订单系统，实现链条间成员订单传输的标准化和电子化，提高订单处理速度和处理效率。

4.实施供应链规划，优化供应链业务流程、物流流程和资金流程，提高链条反应速度，降低链条整体成本。

5.执行评估，对供应链运行状况进行评估及后续改进。

（四）供应链管理的原则（表3–3）

表3–3　供应链管理的原则

原则	要求
资源集成原则	在经济全球化迅速发展的今天，企业必须集成外部相关企业的资源，形成“强强联合，优势互补”的战略联盟，结成利益共同体去参与市场竞争，以实现提高服务质量的同时降低成本、快速响应顾客需求的同时给予顾客更多选择的目标。
系统性原则	供应链是一个系统，同时也是它所从属的更大系统的组成部分；供应链管理是一种针对更大系统(企业群) 的管理模式。
互惠原则	供应链是相关企业为了适应新的竞争环境而组成的一个利益共同体，其密切合作是建立在共同利益的基础之上，供应链各成员企业之间是通过一种协商机制，来谋求一种多赢互惠的目标。
共享原则	实施供应链合作关系意味着管理思想与方法的共享、资源的共享、市场机会的共享、信息的共享、先进技术的共享以及风险的共担。
需求驱动原则	供应链的形成、存在、重构，都是基于一定的市场需求而发生，并且在供应链的运作过程中，用户的需求是供应链中信息流、产品/ 服务流、资金流运作的驱动源。
快速响应原则	企业必须能对不断变化的市场作出快速反应，必须有很强的产品开发能力和快速组织产品生产的能力，源源不断地开发出满足用户多样化需求的、定制的“个性化产品”去占领市场，以赢得竞争。
同步协作原则	供应链管理的关键在于供应链上各节点企业之间的联合与合作以及相互之间在各方面良好的协调。
动态重构原则	供应链是在一定的时期内、针对某一市场机会、为了适应某一市场需求而形成的，具有一定的生命周期。当市场环境和用户需求发生较大的变化时，围绕着核心企业的供应链必须能够快速响应，能够进行动态快速重构。

（五）供应链管理的战略意义

1.对现代流通方式的创新

在供应链中，上下游企业摆脱以往的对抗式合作而形成了战略式协作的新联盟，成员关系是相对稳定的，通过信息共享，形成双赢关系，实现社会资源的最佳配置，降低社会总的成本，避免了企业间的恶性竞争，提高了各企业和整个供应链及全社会的效益。

2.加速现代生产方式的产生和发展

供应链管理是适应现代生产方式而产生和发展起来的现代流通方式，反过来，它的不断完善和水平的提高又加速了现代生产方式的发展。现代生产方式是依据比较优势的理论，以现代信息技术为手段，以企业的核心竞争优势为中心，实现全球化的采购、全球化的组织生产和全球化的销售。于是，现代物流成为与现代生产方式衔接的枢纽，与现代物流共生的供应链管理成为现代生产和现代物流的有力工具。

3.改变现代社会竞争的方式

在传统的生产和流通中，竞争方式主要是企业之间的竞争，既有同业之间的竞争，也有供应链中上下游企业之间的竞争。这种竞争的结果往往破坏了生产和流通的规律和次序，使企业的效益下降，更有甚者，导致了产品的加速灭亡。这是一种低档次的竞争，往往以降价为主要手段。现代的供应链管理使上下游企业形成战略联盟，社会竞争从企业的竞争转为供应链之间的竞争。竞争的核心是组织和管理手段的现代化程度，是现代信息技术更高水平的竞争。这将导致整个社会现代化程度的提高。

4.导致企业机构和供应链的重构

供应链的管理不仅是技术和管理方法，还涉及企业组织和产业组织的重构这样深层次的问题。要真正实施供应链的管理，在企业内部要进行业务流程的重构，企业组织机构的重构。在重构中，要冲破“大而全”“小而全”的传统生产和流通方式，以核心竞争力的思想为指导。在企业外部要进行供应链的重构，选择好自己的战略联盟伙伴。规范联系的程序和技术，并对风险和利益进行合理的承担。

5.促进现代信息技术的应用

由于利益主体不同，供应链的管理比企业的管理更为复杂。特别是供应链的各企业的地域分布更广，因此，现代信息技术是供应链管理必不可少的技术。在供应链管理的主要方法ECR 和QR 中，都运用了如EDI、POS、自动补货 (CAO)、预先发货通知 (ASN)、厂家管理库存 (VMI) 等信息技术。它们在供应链管理中产生，反过来又促进了供应链管理的成熟和不断发展。

物流卡片

戴尔的“零式供应链”模型

戴尔的核心竞争力是什么？品牌、直销的营运方式，还有戴尔资本。同时，戴尔是一个真正的Lean Enterprise（零式企业），它非常现代地把所有的资源组合在一起，以链主的身份打造了一条成功的lean（零式）供应链。

1. “7小时库存”

“整个供应链最关键的地方在于对生产和制造过程控制，包括物流。”一位戴尔的员工这样告诉记者。戴尔供应链高度集成，上游和下游联系紧密，成为捆绑的联合体。不同于IBM（注意力横跨整个设计、制造、分销和市场的全过程），戴尔在装配和市场上做足了工夫。

戴尔在直销模式下，接到订货单后，才将电脑部件组装成整机，而不是像很多企业那样，根据对市场预测制订生产计划，批量制成成品，但是真正按顾客需求定制生产，这需要在极短的时间内完成，速度和精度是考验戴尔的两大难题。

戴尔的做法是，利用信息技术全面管理生产过程。通过互联网，戴尔公司和其上游配件制造商能迅速对客户订单做出反应：当订单传至戴尔的控制中心时，控制中心把订单分解为子任务，并通过网络分派给各独立配件制造商进行排产。各制造商按戴尔的电子订单进行生产组装，并按戴尔控制中心的时间表来供货。戴尔所需要做的只是在成品车间完成组装和系统测试，剩下的就是客户服务中心的事情了。

"经过优化后，戴尔供应链每20秒钟汇集一次订单。"

通过各种途径获得的订单被汇总后，供应链系统软件会自动地分析出所需原材料，同时比较公司现有库存和供应商库存，创建一个供应商材料清单。而戴尔的供应商仅有90分钟的时间用来准备所需要的原材料并将他们运送到戴尔的工厂，戴尔再花30分钟时间卸载货物，并严格按照制造订单的要求将原材料放到组装线上。由于戴尔仅需要准备手头订单所需要的原材料，因此工厂的库存时间仅有7个小时。

2.服务外包

与传统供应链相比，戴尔供应链中的一个明显特点是，其下游链条里没有分销商、批发商和零售商这样的传统角色，戴尔直接把产品卖给了顾客，通过电话、面对面交流、互联网订购直接拿到客户的订单，客户的准确需求直接反馈到设计、制造等整个营运过程里。而传统的渠道所提供的订货信息往往含混不清。可以说，直销成为戴尔整合供应商的必要条件。

在戴尔的供应链蓝图上，还有一个特别之处，即多出了"代理服务商"这一环节。这些代理服务商并不是向顾客提供产品，而是提供服务和支持，这意味着戴尔把服务也外包了。采用外包的服务策略使得戴尔既能够提供售后服务支持，又避免了公司组织结构"过度庞大"的后果。

2001年，戴尔在中国近1700个城市建立了售后服务中心。他们把服务外包给合作伙伴。用户70%的问题可以用电话从厦门的客户服务中心工程师那里得到解决（这样比较节省客户的时间）；剩下的30%，通过合作伙伴在当地的工程师解决。

第二节 物流与供应链管理

一、物流与供应链管理的联系和区别

（一）物流与供应链管理的联系

1.供应链管理理论起源于物流研究

供应链管理理论的发展主要经历了三个阶段的历程。第一阶段为独立的物流配送和物流成本管理阶段，主要研究实体分销和对下游厂商的配送系统。第二阶段为整合的物流管理阶段，注重企业内物流和外部物流的整合，并研究企业间采购和供应战略，强调合作关系的加强。第三阶段为整合供应链管理阶段，主要研究从供应商到客户的整体供应链研究，注重整体价值链效率的提高和价值增值。

第一阶段　20世纪60及70年代　分离的物流配送和物流成本管理

第二阶段　20世纪70及80年代　整合内外部物流管理和企业间关系管理

第三阶段　20世纪90年代及以后　整体价值链效率和价值增值的提高

可以看出，供应链管理理论的发展是从对单一企业的物流研究到对多企业间的内外部物流整合研究，最终研究由供应商、制造商、分销商和客户组成的整体价值链。从某种角度可以说，供应链管理理论的发展是由对物流的研究发展而来的。

2.物流是供应链管理的基本组成

供应链管理的三种流体中，具备物理形态的是信息流和物流，分别由信息系统（由供应链管理软件和互联网络组成）和物流系统（由物流线路与物流配送中心构成）传递，而可以说物流是信息流和资金流发生的前提，是供应链各种活动的基础。

3.物流是供应链管理的核心部分

可以说供应链管理强调的是更为宏观的链条中企业成员间的战略联盟关系，而物流研究的则是较微观层面的企业成员内和成员间物料或商品的传递过程。物流是供应链管理的核心部分，是保证供应链管理成功的前提，高效物流可以提高供应链的敏捷性和响应能力，增强链条的适应性；而供应链管理的战略导向也将为物流的优化和发展指明方向。

（二）物流与供应链管理的区别

1.供应链管理强调的是“三流合一”，而物流仅为其中的一个环节。

2.供应链管理的范畴比物流更广。

3.供应链管理是基于战略伙伴关系的企业模型，物流管理是基于物流企业的合作关系。

4.供应链管理的目标是通过管理库存和合作关系，达到对客户的快速响应和实现整个供应链上的交易成本最低；物流管理是通过各种协调手段和技术，寻求在满足客户需求条件下的物流全程运作中的最优物流成本。

5.物流涉及原材料、零部件在企业之间的流动，而不涉及生产制造过程的活动，而供应链管理包括物流活动和制造活动。

6.供应链管理涉及从原材料到产品交付给最终用户的整个物流增值过程，物流涉及企业之间的价值流动过程，是企业之间的衔接管理活动。

（三）物流管理在供应链管理中的作用

1.创造用户价值，降低用户成本

2.协调制造活动，提高企业敏捷性

3.提供用户服务，塑造企业形象

4.提供信息反馈，协调供需矛盾

二、供应链环境下的物流管理的特点

(一) 传统物流运作模式 (图3–5) 的主要特点

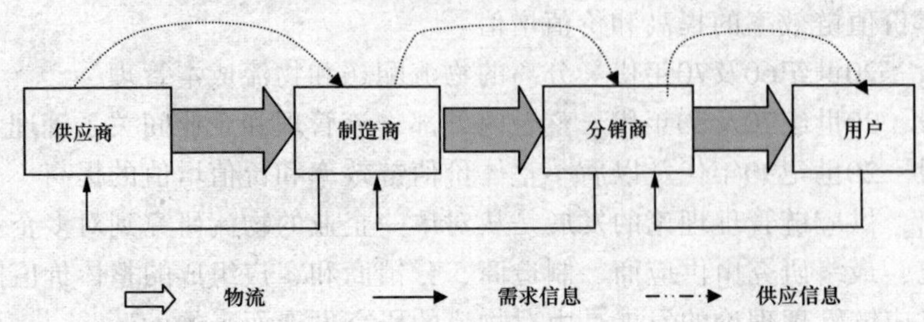

图3–5 传统的物流供应链

1.纵向一体化的物流系统;

2.不稳定的供需关系，缺乏合作;

3.资源的利用率低，没有充分利用企业的有用资源;

4.信息的利用率低，没有共享有关的需求资源，需求信息扭曲现象严重。

(二) 供应链环境下的物流管理 (图3–6) 的特点

1.信息——共享

2.过程——同步

3.合作——互利

4.交货——准时

5.响应——敏捷

6.服务——满意

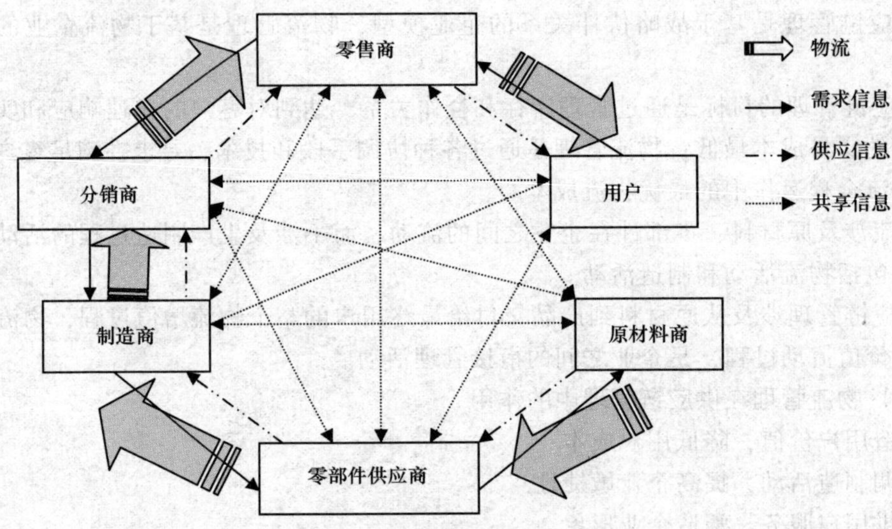

图3–6 供应链的物流与信息流

（三）供应链环境下的物流发展的特点

1.物流跨地域、跨行业领域的快速发展

2.物流信息量增加，信息透明度增强

3.物流网络规划能力增强

4.物流作业精细化

5.物流作业的高度协调性

三、供应链环境下的物流网络

（一）供应链环境下的物流网络的特点（表3–4）

表3–4 供应链环境下的物流特点

竞争的需求	竞争特性	物流策略要素
对个性化产品的开发、制造和交货速度	敏捷性	通过畅通的运输通道快速交货
资源动态重组能力	合作性	通过即插即用的信息网络获得信息共享与知识支持
物流系统对变化的实时响应能力	柔性	多种形式的运输网络
多点信息获取途径	用户服务能力的要求	满意度

（二）供应链管理与物流网络的整合

主要解决以下几个方面的问题：

1.实现快速准时交货的措施问题；

2.低成本准时的物资采购供应策略问题；

3.物流信息的准确输送、信息反馈与共享问题；

4.物流系统的敏捷性和灵活性问题；

5.供需协调实现无缝供应链连接问题。

第三节 供应链物流管理方法

一、供应链物流管理原理

（一）供应链物流管理的概念

供应链物流管理，是指以供应链核心产品或者核心业务为中心的物流管理体系。前者主要是指以核心产品的制造、分销和原材料供应为体系而组织起来的供应链的物流管理。后者主要是指以核心物流业务为体系而组织起来的供应链的物流管理。

供应链物流管理的原理，就是要结合供应链的特点，综合采用各种物流手段，实现物资实体的有效移动，既保障供应链正常运行所需的物资需要，又保障整个供应链的总物流费用最省、整体效益最高。

（二）供应链物流管理的特点

1.供应链物流是一种大系统物流。这个系统涉及供应链系统的各个企业，这些企业既互相区别，又互相联系，共同构成一个供应链系统。这个大系统物流包括企业之间的物流，但是也可能包括企业内部的物流，直接和企业生产系统相连。

2.供应链物流是以核心企业为核心的物流。要站在核心企业的立场上，以为核心企业服务的观点来统一组织整个供应链的物流活动，要更紧密地配合核心企业运作，满足核心企业的需要。

3.供应链物流管理要实现整条供应链的资源优化配置。包括充分利用供应链各个企业的各种资源，这样可以实现供应链物流更加优化。

4.企业间应该建立紧密伙伴关系，便于组织更有效的物流活动。

5.企业间实现信息共享，便于在物流信息化、效率化上获得较强的支持。

二、供应链物流管理方法

（一）快速反应系统（QR）

1.快速反应策略的产生

快速反应（Quick Response）策略是产生于美国纺织服装行业的一种典型的供应链上下游企业合作的供应链管理策略。

从20世纪70年代开始，美国的杂货行业受到了大量的外国进口商品的强烈冲击。到20世纪80年代，美国本土生产的鞋、玩具以及家用电器的市场占有份额下降至20%，而国外进口的服装大约占到纺织服装行业总销量的40%。面对国外商品的激烈竞争，美国纺织服装企业一方面寻求法律保护，要求政府和国会采取措施阻止纺织品的大量进口；另一方面进行设备投资，加大现代化设备的应用来提高企业的效率。到20世纪80年代中期，美国的纺织服装行业是得到进口配额政策保护最多的行业。然而，即使这样，廉价进口商品的渗透仍在继续增加。面对这个全行业的危机，一些有识之士认识到依靠保护主义措施无法保护美国服装制造业的领先地位，必须寻找新的方法。

1984年，美国纺织服装与化纤行业的一些主要经销商倡导成立了一个委员会，名为“用国货光荣委员会”。该委员会的主要任务是为购买美国生产的纺织品和服装的消费者提供更大的利益，研究如何长期保持美国的纺织服装行业的竞争力。研究结果发现，美国纺织业系统的各个部分具有高运作效率，但整个系统的效率却十分低下。供应链的长度是影响其高效运作的主要因素。

整个服装供应链，从原材料到消费者购买，总时间为66周：其中有11周时间在制造车间，40周在仓库或转运过程中，15周在商店。这样长的供应链不仅耗费的各种费用多，更重要的是，生产和分销活动都是基于不精确的需求预测，这样因为生产数量过多或过少造成的损失非常大，主要是存货成本太高，缺货率太高。整个服装供应链系统的总损失每年可达25亿美元，其中2/3的损失来自零售商或制造商对服装的降价处理以及在零售时的缺货。

此项研究导致了快速反应系统的应用和发展。快速反应是零售商及其供应商密切合作的策略，零售业者和纺织服装生产厂家合作，共享信息资源，并重组他们的业务活动，将订货前导时间和成本极小化，实现销售额增长、投资回报率和顾客服务满意度最大化以及库存量、商品缺货风险和商品减价最小化的目标。

2.QR的含义

快速反应（quick response，QR）是指企业面对多品种、小批量的买方市场，不是储备了“产品”，而是准备了各种“要素”，在用户提出要求时，能以最快的速度抽取“要素”，及时“组装”，提供所需服务或产品。

QR是美国纺织服装业发展起来的一种供应链管理方法。它是美国零售商、服装制造商以及纺织品供应商开发的整体业务概念，目的是减少原材料到销售点的时间和整个供应链上的库存，最大限度地提高供应链管理的运作效率。

QR要求厂商和零售商一起工作，通过共享POS信息来预测商品的未来补货需求，以及不断地监视趋势以探索新产品的机会，同时对消费者的需求能更快地作出反应。

3.QR的实施步骤

实施QR需要经过六个步骤，每一个步骤都需要前一个步骤作为基础，并比前一个步骤有更高的回报，同时也需要额外的投资。

（1）安装使用条形码和EDI

零售商首先必须安装通用产品代码UPC码、POS扫描和EDI等技术设备，以加快POS机的收款速度、获得更准确的销售数据并使信息沟通更加畅通。利用EDI传输文件，要求公司将其业务单证转换成行业标准格式，并传输到某个增值网，贸易伙伴在VAN上接收到这些单证，然后将其从标准格式转到自己系统识别的格式。可传输的单证包括订单、发票、订单确认、销售和存货数据及事先运输通知等。

（2）固定周期补货

某些基本商品每年的销售模式实际上都是一样的，一般不会受流行趋势的影响。这些商品的销售量是可以预测的，所以不需要对商品进行考察来确定重新订货的数量。自动补货是指基本商品销售预测的自动化。在过去和目前销售数据及其可能变化的基础上使用软件进行定期预测，同时考虑目前的存货情况和其他一些因素，以确定订货量。QR的自动补货要求供应商更快、更频繁地运输重新订购的商品，以保证店铺不缺货，从而提高销售。通过对商品实施快速反应并保证这些商品能敞开供应，零售商的商品周转速度更快，消费者可以选择更多的花色品种。

（3）建立先进的补货联盟

这是为了保证补货业务的流畅。关于未来需求的计划和预测，零售商和消费品制造商联合起来检查销售数据，在保证有货和减少缺货的情况下降低库存水平。还可以进一步由消费品制造商管理零售商的存货和补货，以加快库存周转速度，提高投资毛利率。

（4）进行零售空间管理

这是指根据每个店铺的需求模式来规定其经营商品的花色品种和补货业务。

(5) 联合产品开发

这一步的重点不再是一般商品和季节商品，而是像服装等生命周期很短的商品。制造商和零售商联合开发新产品，其关系的密切超过了购买与销售的业务关系，缩短了从新产品设计到新产品上市的时间，而且经常在店内对新产品实行试销。

(6) 快速反应的集成

通过重新设计业务流程，将前五步的工作和公司的整体业务集成起来，以支持公司的整体战略。零售商和制造商重新设计产品补货、采购和销售业务流程，配送中心可以适应频繁的小批量运输，使配送业务更加流畅。

4.实施QR的效果

(1) 减少了削价损失及降低了流通费用

以往由于库存周期长将致使需求预测的误差增加，应用QR系统可以及时获得更准确的顾客需求信息，把握畅销商品和滞销商品，同时通过多频度小数量的送货方式，在零售店需要的时候才进货，这样需求预测误差大幅度降低，使得库存商品能够最大限度地满足顾客的需求，减少了顾客需求不足商品的库存，进而减少了削价损失。同时由于集成了对顾客需求的预测和生产规划，可以提高库存周转速度，需要处理和盘点的库存量减少了，从而降低了流通费用。

(2) 降低了管理费用

因为不需要手工输入订单，所以采购订单的准确率提高了。额外订货和发货的减少也降低了管理费用。货物发出之前，仓库对运输标签进行扫描并向零售商发出预先发货清单，这些措施都降低了管理费用。

(3) 更好地计划生产

由于可以对销售进行预测并能够得到准确的销售信息，厂商可以准确地安排生产计划。

(4) 提高了销售额

条形码和POS扫描使零售商能够跟踪各种商品的销售和库存情况，这样零售商就能够准确地跟踪存货情况，在库存真正降低时才订货，降低订货周期。由于实施自动补货系统，保证在顾客需要商品时可以得到现货。

(5) 降低了采购成本

实施QR后，由于大大地简化了商品采购流程的订单准备、订单创建、订单发送及订单跟踪等环节，使采购成本得以降低。

(6) 加快库存周转

实施QR后，制造商按市场需求生产，零售商按顾客需求订货，可以根据需要随时补充，从而加快了库存的周转。

(7) 更好地为顾客服务

由于相应的成本降低、流通速度加快，制造商和零售商能够及时把握顾客的实际需求，并按需求生产，所以能够在最短的时间内满足顾客的需求，并且由于流通成本的降低，最终使得消费者也能从中获益。

情景案例：

Zara的极速供应链

面临全球采购、订单交期缩短和季节性波动等一系列挑战，被称为“时装界的Dell”的Zara一如既往地引领着全球时尚品牌潮流，在全球50多个国家和地区共开设门店900余家。

Zara广泛的门店分布和成功的运作关键在于采取了“离经叛道”的“极速供应链”策略。其核心思想是，在最终顾客需求订单的拉动下，以订单交期为供应链管理核心，通过提高供应、生产、销售及物流的柔性和速度，随时更换产品数量、设计、面料、色彩；并且采用“多批次，小批量”的生产、配送模式，实现对个性化、多样化需求的快速反应，获得规模经济。

1.主动需求预测方式

针对时装市场需求所具有的“流行性”和“季节性”，Zara有两种应对策略：

其一，采用“三位一体”模式判断流行趋势。这“三位”分别是设计师、市场专家以及进货专家，组成虚拟团队。此模式的第一步是，由近400名“满天飞”的设计师主动收集时尚信息，而不是去预测一个遥不可测的将来，并进行整理和归类，绘出设计草图。第二步是“三位”一起对设计方案进行修改、完善和细化。第三步是“三位”根据数据库中的信息共同确定生产细节，并将要求交给生产部门。这种运作方式缩短了时装上市的提前期，增加了对流行趋势的准确判断，使得Zara季前生产量仅有15%，大大低于75%的行业平均水平。

其二，抓住目标群体特征多样性中的单一性。Zara目标消费群为具备时尚高度敏感性和高消费能力的18~35岁人士，这些消费者在时尚文化和生活方式上有着趋同追求，这使得Zara能够在全球各地均提供类似的时装，而很少受到当地文化习俗的影响，从而最大可能地降低预测风险。

2.自建的高效配送网络

为满足供应链的极速运作，Zara放弃对“少批次，大批量”的规模经济的追求，通过“多批次，小批量”的快速配送“曲线救国”，同样实现规模经济。为此，首先，Zara 在分销设施方面投资将近1亿欧元，从而有能力把所有产品集中于庞大的配送中心，统一进行打包，并发送到全球各家门店。其次，为确保每笔订单准时到达目的地，Zara采用光学读取工具分拣产品，每个门店的订单都会独立装在各自的箱子里，分拣系统能够每小时分拣超过6万件的时装，而错误率仅有0.5%。最后，配送中心的运输卡车依据固定的发车时刻表，不断开往欧洲各地。通常欧洲的门店可以在24小时之内收到货物，美国的门店需要48小时，日本在48~72小时之间；据统计，Zara配送中心设备使用率超过了50%，使得Zara配送中心实际上只是一个时装的周转地，而不是仓库。

3.保守的外包策略

在时装行业，OEM企业不是很强势，为了保持供应链的快速反应技能，Zara不得不抓紧供应链的每个环节，把几乎一半的生产揽在自己的怀里不放，并且，全包全揽设计、仓储、分销和物流等。Zara在西班牙拥有22家工厂，50%的产品通过自己的工厂来完成，其余50%的产品，Zara外包给400家小加工厂，负责完成繁琐的缝制工作。其中，外包企业70%在欧洲，便利的地理位置让这些工厂能对Zara订单快速地做出反应，并且，这400家工厂通过长达200千米的地下传送带与Zara配送中心相连，虽然导致成本升高，但却带来了极快的速度，缩短了提前期。

4.特制的补货策略

为给顾客提供“买得起的流行时装”，Zara需要持续开发新款，从而门店存货水平不可能很高。为此，Zara采取了三种措施：首先，协调所有门店的补货节拍。并且，在全球调配系统下，执行周期性的补货，有利于产品在各门店之间调配，减少库存。其次，发出新品订单。Zara门店经理负责查看门店货品销售情况，然后根据下一周的需求向总部下达新品订单，如果出现货品积压，就由门店经理为这些库存埋单。这样，层层订单之后，就会形成牛鞭效应。最后，构建“人为缺货”。其每种款式如同其他限量版的奢侈品一般，在每个专卖店的数量都仅有几件；销量好的产品会增加产量，但不会增加太多。从而，Zara会刻意保留一些额外的产能，避免因需求低所导致的库存积压或是产能的闲置，或因需求高所导致的缺货水平超出供应链柔性所承受的范围等情况。

（二）有效客户反应系统（ECR）

1.有效客户反应策略产生的背景

20世纪60年代至70年代，美国日杂百货业的竞争主要是在生产厂商之间展开。竞争的重心是品牌、商品、经销渠道和大量的广告和促销，在零售商和生产厂家的交易关系中，生产厂家占据支配地位。进入20世纪80年代特别是到了90年代以后，在零售商和生产厂家的交易关系中，零售商开始占据主导地位，竞争的重心转向流通中心、商家自有品牌、供应链效率和POS系统。同时，在供应链内部，零售商和生产厂家之间为取得供应链主导权的控制，同时为商家品牌和厂家品牌占据零售店铺货架空间的份额展开激烈的竞争，这种竞争使得在供应链的各个环节间的成本不断转移，导致供应链整体的成本上升，而且形成交易关系双方一赢一输的局面，容易牺牲力量较弱一方的利益。

在这期间，从零售商角度来看，随着零售业新型业态，如仓储商店、折扣店的大量涌现，以相当低的价格销售商品，从而使日杂百货业的竞争更趋激烈。在这种状况下，许多传统超市业者开始寻找应对这种竞争方式的新管理方法。从厂商角度来看，由于日杂百货商品的技术含量不高，大量无实质性差别的新商品被投入市场，使厂商之间的竞争趋同化。厂商为了获得销售渠道，通常采用直接或间接的降价方式作为向零售商促销的主要手段，这种方式往往会大量牺牲厂商自身的利益。所以，如果生产商能与供应链中的零售商结成更为紧密的联盟，将不仅有利于零售业的发展，同时也符合厂商自身的利益。另外，从消费者的角度来看，过度竞争往往会使企业在竞争时忽视消费者的需求。通常消费者要求的是商品的高质量、新鲜度、服务和合理价格基础上的多种选择。然而，许多企业往往不是通过提高商品质量、服务和在合理价格基础上的多种选择来满足消费者，而是通过大量的诱导型广告和广泛的促销活动来吸引消费者转换品牌，同时通过供大量非实质性变化的商品提供消费者选择。这样，消费者不能得到他们需要的商品和服务。对应于这种状况，客观上要求企业从消费者的需求出发，提供能满足消费者需求的商品和服务。

在上述背景下，美国食品市场营销协会联合包括可口可乐、宝洁等几家知名企业与流通咨询企业Kurt Salmon Associates公司一起组成研究小组，对食品业的供应链进行调查、总结和分析，于1993年1月提出了改进该行业供应链管理的详细报告。该报告系统地提出了有效客户反应（efficient consumer response，ECR）的概念和体系。经过美国食品市场营销协会的大力宣传，ECR概念被零售商和制造商所接纳并被广泛地应用于实践。

2.ECR的含义

有效客户反应是在分销系统中，以满足顾客要求和最大限度降低物流过程费用为原则，能及时做出准确反应，使提供的物品供应或服务流程最佳化的一种供应链管理策略。ECR通过生产厂家、批发商和零售商等供应链组成各方相互协调和合作，实现以更好、更快并且成本更低的服务满足消费者需要的目标。ECR的优点在于供应链各方为了提高消费满意这个共同的目标进行合作，分享信息和诀窍。ECR是把以前处于分离状态的供应链联系在一起来满足消费者需要的工具。

3.ECR的构成

（1）ECR系统的构建

ECR作为一个供应链管理系统，需要把市场营销、物流管理、信息技术和组织革新技术有机结合起来作为一个整体使用，以实现ECR的目标。构建ECR系统的具体目标，是实现低成本的流通、建设基础关联设施、消除组织间的隔阂、协调合作，满足消费者需要。组成ECR系统的技术要素主要有信息技术、物流技术、营销技术和组织革新技术，如表3-5所示。

表3-5　ECR系统的技术要素

技术要素	内容
营销技术	商品类别管理 店铺货架空间管理
物流技术	连续库存补充计划(CRP) 自动订货(CAO) 预先发货清单(ASN) 供应商管理库存(VMI) 交叉配送店铺直送(DSD)等
信息技术	电子数据交换(EDI) 销售时点信息(POS)
组织革新技术	在企业内部建立以商品流程为基础的职能横断形的组织形式 在组成供应链的企业之间建立双赢型的合作伙伴关系

（2）ECR的运作过程

ECR概念的提出者认为ECR活动是一个过程，主要由贯穿供应链各方的4个核心过程组成，

①有效的新产品导入

采集和分享供应链伙伴间时效性强的、更加准确的购买数据，以此为指导来有效地开发新产品，合理安排产品的生产计划，提高新产品的成功率。

②有效的促销

提高仓储、运输和生产的效率，减少预先购买、供应商库存及仓储费用，简化分销商与供应商的贸易关系，提高促销效率，加强对贸易促销的管理和降低消费者促销的成本，使贸易和促销的整个系统效率最高。

③有效的店内布局

通过有效地利用店铺的空间和店内布局来最大限度地提高商品的获利能力。利用计算机化的空间管理系统来提高货架的利用率。有效的商品分类要求店铺储存消费者需要的商品，把商品范围限制在高销售率的商品上，从而提高所有商品的销售业绩。

④有效的商品补货

从生产线到收款台，通过EDI，以需求为导向进行自动连续补货和计算机辅助订货，通过努力降低系统的成本，从而降低商品的售价。其目的是将正确的产品在正确的时间和正确的地点以正确的数量和最有效的方式送达消费者。

4.实施ECR的收益（表3-6、3-7）

表3-6　ECR带来的有形收益

费用类型	ECR带来的节约
商品成本	损耗降低，制造费用降低，包装成本降低，更有效的原材料采购
营销费用	贸易促销和消费者促销的管理费用降低，产品导入失败的可能性减少
销售和采购费用	现场和总部的资源费用降低，简化了管理
后勤费用	更有效地利用仓库和卡车，仓库的空间要求降低
管理费用	减少一般的办事员和财务人员
店铺经营费用	实现自动订货，单位面积的销售额更高

表3-7　ECR带来的无形收益

收益主体	无形收益
客户	增加选择和购物便利，减少无库存货品，货品更新鲜
分销商	提高信誉，更加了解客户情况，改善与供应商的关系
供应商	减少缺货现象，加强品牌完整性，改善与分销商的关系

5.QR与ECR的比较（表3-8）

表3-8 QR与ECR的比较

		ECR	QR
不同点	代表行业	食品杂货业	纺织服装业
	零售商形式	超市	百货店/专卖店
	主要产品类型	功能型产品	革新性产品
	主要目标	降低成本，提高效率	快速反应，快速补货
相同点		贸易伙伴间商业信息的共享	
		商品供应方进一步涉足零售业，提供高质量的物流服务	
		应用EDI实现无纸化作业	

（三）联合库存管理

1.联合库存管理概述

与传统的库存管理方式相比，近年来出现了一种新的供应链库存管理方法——联合库存管理。这种库存管理策略打破了各自为政的库存管理模式，有效地控制了供应链的库存风险，是一种新的有代表性的库存管理思想。

联合库存管理（Jointly Managed Inventory，JMI）是一种在供应商管理库存的基础上发展起来的上游企业和下游企业权利责任平衡和风险共担的库存管理模式。联合库存管理强调供应链中各个节点同时参与，共同制订库存计划，使供应链过程中的每个库存管理者都从相互之间的协调性考虑，保持供应链各个节点之间的库存管理者对需求的预期保持一致，从而消除了需求变异放大现象。

2.联合库存管理的实施策略

（1）建立供需协调管理机制

为了发挥联合库存管理的作用，供需双方应从合作的精神出发，建立供需协调管理的机制，明确各自的目标和责任，建立合作沟通的渠道，为供应链的联合库存管理提供有效的机制。没有一个协调的管理机制，就不可能进行有效的联合库存管理。建立供需协调管理机制，要从以下几个方面着手：

①建立共同合作目标

要建立联合库存管理模式，首先，供需双方必须本着互惠互利的原则，建立共同的合作目标。为此，要理解供需双方在市场目标中的共同之处和冲突点，通过协商形成共同的目标，如用户满意度、利润的共同增长和风险的减少等。

②建立联合库存的协调控制方法

联合库存管理中心担负着协调供需双方利益的角色，起协调控制器的作用。因此，需要对库存优化的方法进行明确确定。这些内容包括库存如何在多个需求商之间调节与分配，库存的最大量和最低库存水平、安全库存的确定，需求的预测等等。

③建立一种信息沟通的渠道或系统

信息共享是供应链管理的特色之一。为了提高整个供应链的需求信息的一致性和稳定性，减少由于多重预测导致的需求信息扭曲，应增加供应链各方对需求信息获得的及时性和透明性。为此，应建立一种信息沟通的渠道或系统，以保证需求信息在供应链中的畅通和准确性。要将条形码技术、扫描技术、POS系统和EDI集成起来，并且要充分利用互联网的优势，在供需双方之间建立一个畅通的信息沟通桥梁和联系纽带。

④建立利益的分配、激励机制

要有效运行基于协调中心的库存管理，必须建立一种公平的利益分配制度，并对参与联合库存管理的各个企业（供应商、制造商、分销商或批发商）进行有效的激励，防止机会主义行为，增加协作性和协调性。

（2）发挥两种资源计划系统的作用

为了发挥联合库存管理的作用，在供应链库存管理中应充分利用目前比较成熟的两种资源管理系统——MRPⅡ和DRP。原材料库存协调管理中心应采用制造资源计划系统MRPⅡ，而在产品联合库存协调管理中心则应采用物资资源配送计划DRP。这样在供应链系统中把两种资源计划系统很好地结合起来。

（3）建立快速反应系统

快速反应系统是在20世纪80年代末由美国服装行业发展起来的一种供应链管理策略，目的在于减少供应链中从原材料到用户过程的时间和库存，最大限度地提高供应链的运作效率。

快速反应系统在美国等西方国家的供应链管理中被认为是一种有效的管理策略，经历了三个发展阶段。第一阶段为商品条码化，通过对商品的标准化识别处理加快订单的传输速度；第二阶段是内部业务处理的自动化，采用自动补库与电子数据交换系统提高业务自动化水平；第三阶段是采用更有效的企业间的合作，消除供应链组织之间的障碍，提高供应链的整体效率，如通过供需双方合作，确定库存水平和销售策略等。

目前在欧美等西方国家，QR系统应用已达到第三阶段，通过联合计划、预测与补货等策略进行有效的用户需求反应。美国的Kurt Salmon协会通过调查、分析认为，实施快速反应系统后供应链效率大有提高：缺货大大减少，通过供应商与零售商的联合协作保证24小时供货；库存周转速度提高1~2倍；通过敏捷制造技术，企业的产品中有20%~30%是根据用户的需求而制造的。快速反应系统需要供需双方的密切合作，因此，协调库存管理中心的建立为快速反应系统发挥更大的作用创造了有利的条件。

（4）发挥第三方物流系统的作用

第三方物流系统（Third Party Logistics， RPL）是供应链集成的一种技术手段。TPL也叫做物流服务提供者（Logistics Service Provider，LSP)，它为用户提供各种服务，如产品运输、订单选择、库存管理等。第三方物流是由一些大的公共仓储公司通过提供更多的附加服务演变而来的，另外一种产生形式是由一些制造企业的运输和分销部门演变而来的。

（四）供应商管理库存

1.供应商管理库存实施概述

近年来，为了降低库存成本，整合供应链资源，越来越多的企业开始尝试一种新型的供应链管理模式——供应商管理库存（VMI），特别是在零售行业中，零售商长期以来饱受"长鞭效应"的苦恼，长期以来销售某种产品，为了保证产品销售的连续性，零售商一直独自管理产品库存，单独承担库存成本，而产品一直由几家供应商负责供应，为了保证自己在市场营销方面的核心竞争力和加强企业间合作，同时降低成本，抑制"长鞭效应"，重新整合企业资源，零售商决定实施供应商管理库存（VMI）的供应链战略来进行企业之间的联盟。

2.供应商管理库存的实施

（1）实施供应商管理库存的信息沟通

实施供应商管理库存首先必须拥有一个良好的信息沟通平台，需要在原有企业拥有的EDI的基础上，重新整合原有的EDI资源来构建一个适合于供应商管理库存的信息沟通系统。

（2）供应商管理库存的工作流程设计

买方企业和供应商实施VMI后，必须进行针对VMI的工作流程来保证整个策略的实施。

整个供应商管理库存的实施都是透明化的，买方企业和供应商随时都可以监控。主要分为两个部分：

①库存管理部分

库存管理其实是由销售预测和库存管理以及和供应商生产系统共同组成的，因为实施了供应商管理库存之后，这几个部分的工作主要由供应商和买方企业共同协调来完成，所以我们把它们归为一种模块来处理：首先由买方企业那里获得产品的销售数据，然后和当时的库存水平相结合及时传送给供应商，然后由供应商的库存管理系统做出决策——如果供应商现有的仓储系统能够满足库存管理系统做出决策所需要的产品数量，就直接由仓储与运输配送系统将产品直接及时配送给买方企业；如果供应商现有的仓储系统不能够满足库存管理系统做出决策所需要的产品数量，就必须通知生产系统生产产品后再通过运输与配送系统及时将产品配送给买方企业。其中，在正式订单生成前，还应该交由买方企业核对，调整后再得出最后订单。

②仓储与运输配送部分

一方面负责产品的仓储：产品的分拣入库以及产品的保存；另一方面负责产品的运输配送：产品按要求及时送达买方企业手中，同时负责编排尽量符合经济效益的运输配送计划，如批量运输和零担运输的选择，运输的线路和时间编排以及承载量的安排等等。

（3）供应商管理库存的组织结构调整

买方企业和供应商实施供应商管理库存后，为了适应新的管理模式，需要根据供应商管理库的工作流程来对组织机构进行相应的调整。

因为供应商管理库存毕竟是对原有企业的管理策略的一种"否定"，在双方企业之间肯定会有工作和职能上的合作和调整，所以为了保证供应商管理库存能够很好地运行，就有必要设立一个供应商管理库存协调与评估部门。

（4）供应商管理库存实施过程中应注意的问题

①双方企业合作模式的发展方向问题

双方企业管理高层应该进一步加强企业之间的合作和信任，供应商管理库存原本由供应链管理模式——快速反应（QR）、有效客户反应（ECR）等供应链管理策略发展而来，由于买方企业相对供应商来说是产品的需求方，所以在整个VMI策略实施中占主导地位，但随着双方企业合作越来越紧密，双方企业谁也离不开谁，所以随着时间的推移，双方企业相互之间的地位也会趋于均衡，所以供应商管理库存也应当做出适当调整，一种新的供应商管理模式——联合计划预测补充（CPFR）很可能是VMI的发展方向，它和供应商管理库存主要的区别在于：它所涉及的双方企业的涵盖面更加宽广，不像供应商管理库存那样主要只涉及双方企业的销售、库存等系统，而且双方企业的地位更加均衡，可以说它应该是买方企业和供应商实施供应链策略的长期选择方向。

②产品采购数量和采购价格的调整问题

在实施供应商管理库存的初期阶段，由于客观市场环境的影响，终端市场产品的需求可能不会因为实施供应商管理库存而发生比较大的变化，加上买方企业不会在刚刚实施供应商管理库存时，就对供应商的采购价格做出上升调整，所以初期阶段实施供应商管理库存所带来利益大部分为买方企业所攫取了，而在长期全面实施供应商管理库存后，买方企业会因为自己成本的下降，利用自己的核心竞争力——市场营销能力来调整自己的产品销售价格来获得更多市场份额，获得更多的消费者，这样的话，那么，双方企业的采购价格和数量就会做出调整，调整的方式主要通过事先双方企业签署协议来达成，但在长期实施VMI过程中，调整的频率可能会比较大，所以双方企业都应该对采购的数量、价格频繁变化做好充分的准备，以免在签署协议时产生矛盾和不信任。

③长期利益分配问题

长期实施供应商管理库存后，双方企业的利润相对于实施供应商管理库存之前，都会得到提高，但买方企业和供应商获得利益的上升却“不平等”，从整个供应商管理库存实施的过程来看，供应商承担了大部分的工作，虽然双方企业在实施前达成协议对实施供应商管理库存所需要的投资共同分担，但大部分的好处仍然被买方企业据为己有，这主要是因为买方企业相对供应商来说是产品的需求方，在整个供应链中它属于上游企业，在整个供应链管理中占主导地位。在长期内，全面实施供应商管理库存的过程中，双方企业应该对整个利润的分配在责权对等的基础上进行。分配可以根据双方企业的会计财务系统、双方企业成本大小按比例通过签署协议来执行，分配的方式多种多样，可以通过实物如投资设备的分配，也可以通过人员培训的分配或者直接现金的分配。

④实际工作的不断调整问题

因为供应商管理库存所带来的效益并非一朝一夕就显现出来（买方企业可能除外），所以一旦实施，必将是一个长期的过程，因此，在长期实施供应商管理库存时，双方企业的实际工作应该不断地调整来适应整个供应商管理库存的实施，这主要有以下几点。

产品管理应该向标准化、一致化发展：比如产品的包装、规格及质量体系应该统一口径，这样不但可以减少双方企业之间的误会，同时对产品的售后也可有据可依。

员工交流和培训：因为供应商管理库存本身就是一个企业之间通过协议合作的模式，人员的交流和培训是必不可少的，双方企业可以定期互派员工到对方企业中参观和学习，进一步熟悉自己的合作伙伴，也可以通过员工之间的联谊来交流企业文化，以便更好地增加双方企业之间的信任感，这些都可以通过企业之间的协调部门来执行。

库存系统的进一步融合，真正做到JIT化的库存管理：如检查周期，库存维持水平，订货点水平，订单的处理和传送等等一系列关于库存管理的内容应该根据双方企业信息系统提供的准确信息不断调整。

仓储和运输配送系统：刚开始实施时，仓储和运输配送可以通过第三方物流形式来执行，也可以通过自己原有仓储和配送资源来执行，但双方企业考虑长期实施供应商管理库存的话，可以考虑通过自己原有的资源来执行仓储和运输配送，因为第三方物流的服务相比，双方企业的管理层能更好地整合自己所有的资源，充分利用资源，减少资源的浪费和低效率。

情景案例：

VMI在联想的应用

联想集团年销量达300多万台，名列全世界电脑生产厂商第八位，其业务规模已完全达到了VMI模式的要求，并已经引起了供应商的重视。在国内IT企业中，联想是第一个开始品尝VMI滋味的，其在北京、上海、惠阳三地的PC生产厂的原材料供应均在项目之中，涉及的国外供应商的数目也相当大。联想集团最终选择了伯灵顿全球货运物流有限公司作为第三方物流企业，这家1994年就进入中国的美国物流公司目前在上海、厦门为戴尔、惠普等知名IT企业提供第三方物流服务。

联想以往的运作模式是国际供应链管理通常使用的看板式管理，即由香港联想对外订购货物，库存都放在香港联想仓库，当国内生产需要时再由香港公司销售给国内公司，再根据生产计划调拨到各工厂，这样可以最大限度地减少国内材料库存。但是此模式经过11个物流环节，涉及多达18个内外部单位，运作流程复杂，不可控因素增大。同时，由于订单都是从香港联想发给供应商，所以大部分供应商在香港交货，而联想的生产信息系统只在大陆的公司中使用，所以生产厂统计的到货准时率不能真实反映供应商的供货水平，导致不能及时调整对供应商的考核。

按照联想VMI项目要求，联想将在北京、上海、惠阳三地工厂附近设立供应商管理库存，联想根据生产要求定期向库存管理者即作为第三方物流的伯灵顿全球货运物流有限公司发送发货指令，由第三方物流公司完成对生产线的配送。从其收到通知，进行确认、分拣、海关申报及配送到生产线时间时效要求为2.5小时。该项目将实现供应商、第三方物流、联想之间货物信息的共享与及时传递，保证生产所需物料的及时配送。实行VMI模式后，联想的供应链将大大缩短，成本降低，灵活性增强。

（五）合作、计划、预测与补货（CPFR）管理

1.CPFR 的产生背景

1980年，美国俄亥俄州辛辛那提市的日用品制造商宝洁公司（简称P&G），接到密苏里州圣路易市一家超级市场的要求，讨论能否实现由宝洁公司自动补充货架上的Pamper牌纸尿布，以省去再订货的手续，只要货架上一售完，新货就到，超市每月付一张货款支票。两家公司就试验将双方计算机连起来，做出一个自动补充纸尿布的雏形系统，结果试用良好，两家公司不必再为“尿布”发愁了。由此，自动化的供应链管理也就开始了。1987年，宝洁副总裁Ralph Drayer 决心把“尿布”系统扩大，覆盖宝洁所有的下游经销商和日用品销售商。他解释说，零售业上下游买卖的手续过于烦琐，尤其是对多家、多样商品的买卖，不但复杂，而且费时耗力，要付出很高的成本。因此宝洁公司希望革新传统的供应模式。

推行这项革新所面临的第一个挑战，就是要树立一个真正的榜样。宝洁与沃尔玛一拍即合，开始了自动送货的合作，“连续补充”的概念就因此产生了。

宝洁与沃尔玛这两家最大的卖主与买主，彼此信任，不断试用更有效率的做法，来降低存货、运费和其他不确定的因素。事实证明，自从宝洁与沃尔玛实行产销联盟以后，沃尔玛店铺中宝洁公司的纸尿布商品周转率提高了70%，与此相对应，宝洁的纸尿布销售额也提高了50%，达到了30亿美元，宝洁与沃尔玛之间的产销联盟所产生的另一个重大积极作用是：以这两个企业为中心，彻底打破了当时在美国流通领域占统治地位的以双环节为主的多环节流通体制。

当时，有两家大型百货零售连锁店试用：一家是沃尔玛；一家是凯马特。沃尔玛在1988年买了宝洁的“尿布”系统，然后充分运用该系统的特点并不断开发，致使企业发展到今天，已经成为拥有数千家大卖场的全球最大百货零售企业。而另一家凯马特，在试用了宝洁的系统以后，就没再继续使用，结果后来企业申请破产保护。现在宝洁的产品，占据了沃尔玛商品的20%，而且还在继续增长，而宝洁这套系统理念，也就发展成了供应链管理的新策略——CPFR。

宝洁与沃尔玛的合作，改变了两家企业的营运模式，实现了双赢。为了实现对供应链的有效运作和管理，以及对市场变化的科学预测和快速反应，一种面向供应链的策略——互相合作、计划、预测与库存补货（collaboration, planning, forecasting and replenishment, CPFR）应运而生，并逐渐成为供应链管理的一个成熟的商业流程。CPFR切除了困扰工商关系的一块“毒瘤”——高昂的补货费用和低效率的沟通方式。与此同时，宝洁与沃尔玛合作的CPFR，也演变成供应链管理的标准。

2.CPFR 的概念与指导性原则

合作、计划、预测和补货（CPFR）是一种供应链计划与运作管理的新的策略，它应用一系列的处理和技术模型，提供覆盖整个供应链的合作过程，通过共同管理业务过程和共享信息来改善零售商和供应商的伙伴关系、提高预测的准确度，最终达到提高供应链效率、减少库存和提高消费者满意程度的目的。

CPFR有三个指导性原则：

供应链业务伙伴框架结构和运作过程以消费者为中心，并且是面向价值链的成功运作；

供应链伙伴共同负责开发单一、共享的消费者需求预测系统，这个系统驱动整个价值链计划；

供应链业务伙伴均承诺共享预测并在消除供应过程约束上共担风险。

3.CPFR的业务模型

CPFR的业务模型中的业务活动可划分为计划、预测和补货3个阶段，包括9个主要流程活动。第1个阶段为计划，包括第1、2步；第2个阶段为预测，包括第3至8步；第3个阶段为补货，包括第9步。

第1步　供应链伙伴达成协议

这一步是供应链合作伙伴包括制造商、分销商和零售商等为合作关系建立指南和规则，共同达成一个通用业务协议，包括合作的全面认识、合作目标、机密协议、资源授权、合作伙伴的任务和成绩的检测。

第2步　创建联合业务计划

供应链合作伙伴相互交换战略和业务计划信息以发展联合业务计划。合作伙伴首先建立合作伙伴关系战略，然后定义分类任务、目标和策略，并建立合作项目的项目管理简况(如订单最小批量、交货期、订单间隔等)。

第3步　创建销售预测

利用零售商POS数据、因果关系信息、已计划事件信息创建一个支持共同业务计划的销售预测。

第4步　识别销售预测的例外情况

识别分布在销售预测约束之外的项目，每个项目的例外准则需在第1步中得到认同。

第5步　销售预测例外项目的解决/合作

通过查询共享数据、E-mail、电话、交谈、会议等解决销售预测例外情况，并将产生的变化提交给销售预测（第3步）。

第6步　创建订单预测

合并POS数据、因果关系信息和库存策略，产生一个支持共享销售预测和共同业务计划的订单预测，提出分时间段的实际需求数量，并通过产品及接收地点反映库存目标。订单预测周期内的短期部分用于产生订单，在短期预测周期外的长期部分用于计划。

第7步　识别订单预测的例外情况

识别分布在订单预测约束之外的项目，例外准则在第1步已建立。

第8步　订单预测例外项目的解决/合作

通过查询共享数据、E-mail、电话、交谈、会议等调查研究订单预测例外情况，并将产生的变化提交给订单预测（第6 步）。

第9步　订单产生

将订单预测转换为已承诺的订单，订单产生可由制造厂商或分销商根据其能力、系统和资源来完成。

CPFR的实施阶段及步骤如图3-7所示。

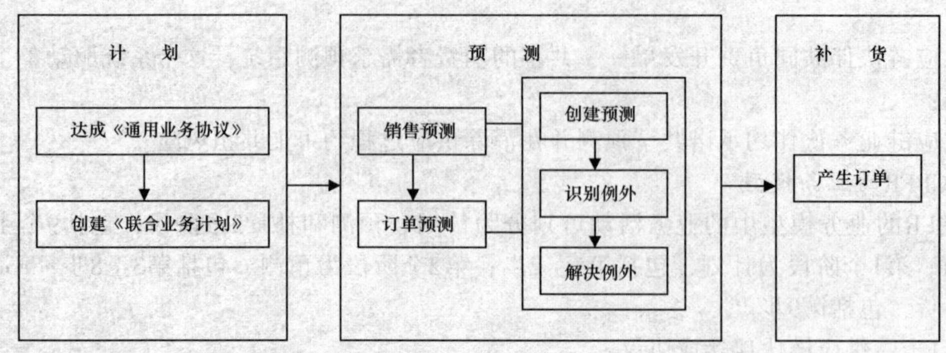

图3-7 CPFR的实施阶段及步骤

图3-7建立了一个贸易伙伴框架结构，可用于创建一个消费者需求的单一预测，协同制造商和零售商的订单周期，最终建立一个企业间的价值链环境，在获得最大赢利和消费者满意度的同时减少浪费和成本。

4.实施CPFR存在的疑虑

尽管合作、计划、预测与补货能给实施的供应链企业带来诸多好处，然而，与贸易伙伴共享信息、技术投资以及求取投资报酬的关键投入量这三大疑虑，却让多数企业拒潜在商机于门外。只要将这些疑虑与现实作一权衡，CPFR的效益和风险立见分晓。

与贸易伙伴携手推行协同规划、预测与补货，确实能为企业造就高周转率、降低库存、业绩成长、改善缺货情形，并扩展产品销售渠道，然而无论这些竞争优势如何显著，许多企业仍踌躇不前，三大疑虑依旧阻碍着潜在合作者，使合作、计划、预测与补货对企业来说遥不可及。

(1) 实施CPFR 等于将企业机密公之于世

对与盟友共享信息的疑虑，如同对作战计划要绝对保密的观念般根深蒂固。万一伙伴将价位、策略及战术泄露给竞争者，促销成果必然大打折扣。消费性产品业界对于共享观念尤其谨慎，而这种排斥心理也清楚反映出目前的供应链运行缺乏效率。供应链伙伴之间的资料共享向来备受忽视，反倒以产品类别的销售报表所做的年度预测及产品销售总额，来代替从促销活动得来的精确信息及店铺的实际销售数量。

不愿共享信息的企业将为供应链伙伴所控制，被迫处于必须不断地随着伙伴需求起舞的窘境。相对地，建立在基本的诚信原则、共识及共同目标下的合作关系，能大幅降低资料不当使用或泄露给对手之风险。比较之下可知，共享的利益显然大于风险，这是双赢的结果。

(2) 实施CPFR等于立刻诉诸技术性解决方案

其实CPFR从根本上是流程问题，而非科技。在企业都还没准备好开始使用CPFR相关的科技产品时，就贸然进行投资，这无疑是在自找风险。毕竟，即使新科技也救不了传统的没有效率的流程，将新科技套用在陈旧的组织流程中，只会迅速地出现反效果。

成功的CPFR不是计算机主机板或软件应用程序的使用，而是必须从组织中的小齿轮开始，也就是“人”和“流程”的变革。科技不是灵丹妙药，那些相信科技万能的人，常常是过度投资科技，却忽略了组织变革的重要性，结果当然是劳民伤财。

要实施CPFR的公司，必须先评估公司内部和公司间的流程，然后根据公司未来展望选择适当科技，实施CPFR应该量力而为，并慢慢导入企业。可以考虑使用前导计划，来验证CPFR的价值，并测试新的流程。科技解决方案的选择则应该符合企业需求，这些需求将在前导计划中逐步定义。经过实施新定义流程所获得的分析能力，将有益于未来选购科技产品。

(3) 在未达到临界数量前，不值得推动CPFR

由于害怕大量投资付诸流水，多数企业看不到CPFR的真正价值。实施CPFR，在没有达到临界数量前，将无法保证企业的投资可以回收，因此领导人看不到将整个企业投入CPFR 的必要性。这些企业夹在顶尖业者和小型业者之间，它们担心CPFR仅会影响供应链的一小部分，因此认为没有投资价值。

实际上，企业并不需要等到达到临界数量才开始行动。即使是和一位合作伙伴的合作流程有所改善，也会对企业的利润盈亏有正面的影响。实际上，不需要一开始就对科技进行大额投资，几乎所有公司都能受惠于改善的流程。

考虑实施CPFR的企业应该开始寻找合作伙伴，并希冀它们能带来利润和规模经济。好的CPFR合作伙伴会主动合作来共同提升营运表现，有清楚定义的流程，并有专人负责人力资源的投资。

企业要克服对协同合作的恐惧，通常会经历以下四个阶段：

①网络连接。有能力透过浏览器撷取相关信息，诸如产品型号、规格和项目号码，但是无暇应付企业外的供应链管理。在这个阶段，企业的预测和规划能力还是很弱。

②互动。有能力透过电子数据交换来传送和接收交易，以便和供应链的合作伙伴沟通。在这个阶段，企业开始发展出策略性的计划，让供应链发生最大效用，并进行企业再造方案来解决内部的效率问题。

③整合。有能力撷取在供应链上往返流动的信息，并将其自动整合到系统中。要达到这个阶段目标，企业必须和策略合作伙伴一起进行再造，如此一来，科技才能将流程和资料整合在一起。

④协同合作。通过互动媒体的使用，有能力迅速地做出决策、找出线索并立即反应。企业和供应链的合作伙伴已进入策略性合作关系，并且计划也和外部完全整合。和合作伙伴间已有共同的标准和目标，并且共同承担风险和分享利润。

5.CPFR的实施效果及发展前景

1995年，羽翼丰满的沃尔玛开始与宝洁、Warlner-Lambert等大供应商协同，要把CPFR 变成一种用软件固化的业务模式和高效执行系统。SAP、Manugistics等软件商、咨询公司Benchmarking Partners等随即加盟，联合成立了零售供应和需求链工作组，进行CPFR研究和探索，其目的是开发一组业务过程，使供应链中的成员利用它能够实现从零售商到制造企业之间的功能合作，显著改善预测准确度，降低成本、库存总量和现货百分比，发挥出供应链的全部效率。

在实施CPFR后，供应商的零售商品满足率从87%增加到98%，新增销售收入800万美元。

美国商务部的资料表明，1997年美国零售商品供应链中的库存约为1万亿美元，CPFR理事会估计，通过全面成功实施CPFR可以减少这些库存中的15%~25%，即1500亿~2500亿美元。

供应链管理的高度运用，使沃尔玛快速成长，即使是在经济不景气时期仍能立于不败之地。有历史学者认为，自从19世纪标准石油公司以来，沃尔玛是影响美国经济最有力的一家企业，它持续维持低价的日用品，对稳定美国通货膨胀起到了一定的积极作用。

沃尔玛的上游有3万多家供货商，货品的供应、卖场与总公司联系着复杂的运作，全靠唯一的一套电脑系统。这套系统在设计之初订了3个原则：集中式信息管理、采用市面上通用的系统平台和业务第一技术第二。

在这3个原则下，全球各卖场的系统基本上相同，而且自行开发软件，使系统的成本大幅度下降。沃尔玛年营业额为2465亿美元，年利润达80亿美元。有人质疑，这么大的企业会不会像美国一些企业一样，在一夜之间倒闭？虽然没有人保证它不会倒闭，但业界人士认为，即使沃尔玛倒闭，也会有人立即接手，用同样甚至更好的供应链管理，恢复企业的运行。

（六）分销资源计划（DRP）管理

1. DRP的产生与发展

20世纪60年代，在物料需求计划MRP (Material Requirement Planning) 形成的过程中，西方曾产生了一场关于独立需求与相关需求的大讨论，讨论的结果是MRP适用于相关需求，订货点技术适用于独立需求。而在现实经济社会中，真正独立的需求是不存在的。需求的独立性是相对的，需求的相关性是绝对的，特别是随着供应链管理思想的提出和完善，人们对需求相关性的认识也更全面、更科学了。实际上，MRP一出现，就开始有敏锐的管理学者注意到它对流通过程的巨大影响力和深刻意义。因为MRP提出了一种按照未来需求组织生产和流通的新的管理思想和管理思维。MRP不仅是一种库存订货技术，而且是既可以应用于生产过程也可以应用于流通过程的优先权调度技术。

在MRP的基础上，20世纪60年代末，英国Don Firth在Smith食品公司开发了最早的DRP软件。随后，Don Firth将DRP应用到Generals Mills企业的一个分部，用来管理和控制该分部的9家工厂与30家仓库的成品库存管理，结果用户服务水平几乎达到100%，企业成品库存量下降达40%。加拿大的Andre Martin在亚波实验室从事关于DRP的研究工作，使DRP在20世纪70年代末在北美地区开始为部分企业所接受，从此DRP便广为人知。

DRP是MRP原理和技术在流通领域中的应用。该技术主要解决分销物资的供应计划和调度问题，基本目标就是合理进行分销物资和资源配置，达到既保证有效地满足市场需要，又使得配置费用最省的目的。

DRP的思想实际上是一种“准时”供应的思想，而准时供应的实现以大范围内的物流系统实时控制为基础，是计算机集成物流系统中决策支持系统的主要方法和原则之一。

DRP的发展经历了两个阶段：

第一阶段是初级DRP阶段（Distribution Requirement Planning，分销需求计划，也称为DRPⅠ）。初级DRP主要解决分销物资的供应计划和调度问题，达到既有效地满足市场需要又使得配置费用最低的目的，它基本上是一种库存控制技术。

第二阶段是DRP阶段（Distribution Resources Planning，分销资源计划，也称为DRPⅡ），DRP是在初级DRP的基础上发展起来的，它类似于生产领域的MRPⅡ，除拥有初级DRP的功能外，它突破了初级DRP的局限，在对分销链上的库存、销售订单进行管理的基础上，还加入了物流管理（运输计划、仓储计划等物流计划）、客户关系管理、财务管理等方面的功能，是企业分销网络的全面管理系统。

2.DRP要解决的问题

产品的分销，一般是指产品生产者通过货币关系完成与客户间的产品交换过程，实现产品的价值的营利性经济活动。随着企业销售规模的扩大，市场范围的扩张和竞争的加剧，销售渠道的管理方向、操作模式与控制方法再次成为企业关注的焦点。随着对异地物流和资金流的管理难度越来越大，造成企业在营销物流领域的成本居高不下，企业的生产、市场决策缺乏准确的量化依据，致使企业的竞争力趋弱。分销领域的具体问题表现为：

（1）如何提高企业竞争力？

（2）如何做出准确高效的决策？

（3）如何迅速建立或扩充销售体系？

（4）如何避免高速发展带来的管理滞后？

（5）如何有效管理分公司？

（6）如何有效管理分销商？

（7）如何确保供货的及时性？

（8）如何降低库存？

（9）如何避免业务员跳槽带来的业务波动？

（10）如何提高工作效率，降低失误？

上述问题是企业最关心的问题，分销管理系统（DRP）便是为解决这一系列问题而研发的企业业务管理系统。

DRP是管理企业的分销网络系统，目的是使企业能够对订单和供货具有快速反应和持续补充库存的能力。通过互联网将供应商与经销商有机地联系在一起，DRP为企业的业务经营及与贸易伙伴的合作提供了一种全新的模式。供应商和经销商之间可以实现实时地提交订单、查询产品供应和库存状况并获得市场、销售信息及客户支持，实现了供应商与经销商之间端到端的供应链管理，有效地缩短了供应链。新的模式借助互联网的延伸性及便利性，使商务过程不再受时间、地点和人员的限制，企业的工作效率和业务范围都得到了有效的提高。总公司能够对分公司的财务及费用数据实行全面监控，合理控制，有效降低财务风险和管理费用。企业也可以在兼容互联网时代现有业务模式和现有基础设施的情况下，迅速构建B2B电子商务的平台，扩展现有业务和销售能力，控制库存，降低分销成本，提高周转率，确保获得领先一步的竞争优势。

3.DRP的运行逻辑

DRP是流通领域中的一种物流技术，是MRP在流通领域应用的直接结果。它主要解决分销物资的供应计划和调度问题，达到保证有效地满足市场需要又使得配置费用最省的目的，它是流通领域进行全面管理的企业营销物流计划系统。

DRP主要在以下两类企业中应用：

（1）流通企业

特别是一些拥有物流业务的企业，如储运公司、配送公司、物流中心等。这些企业最基本的特征是，有可能搞销售，也有可能不搞销售，但是必然有储存和运输业务，也就是有进货或送货业务，为简单起见，一律称之为“物流中心”（配送中心是典型的物流中心，而流通中心是还具有销售业务的物流中心）。这类企业的目标是在满足用户需要的原则下，追求有效利用资源（如车辆、仓库等），达到总费用最省。

（2）生产企业

特别是大型生产企业，它们有自己的销售网络和储运设施。自己生产的产品全部或一部分自己销售。这样的企业是面对市场来销售自己的产品，既搞生产又搞流通。这类企业中由流通部门承担分销业务，具体组织储、运、销活动，物资资源则由企业的生产部门提供。

这两类企业的共同之处在于：

①以满足社会需求为自己的宗旨；

②依靠一定的物流能力 (包括仓储、运输、包装、装卸、搬运能力等) 来满足社会的需求；

③从制造企业或物资资源市场组织物资资源。

下面将分别说明初级DRP和DRP的运行逻辑。需要指出的是，DRP是初级DRP的发展和补充。

（1）初级DRP的运行逻辑

初级DRP，即分销需求计划，是流通领域进行物资资源配置的技术。实施初级DRP时，要输入三个文件，然后根据这三个文件产生两个计划，即订货进货计划和送货计划。如图3–8所示。

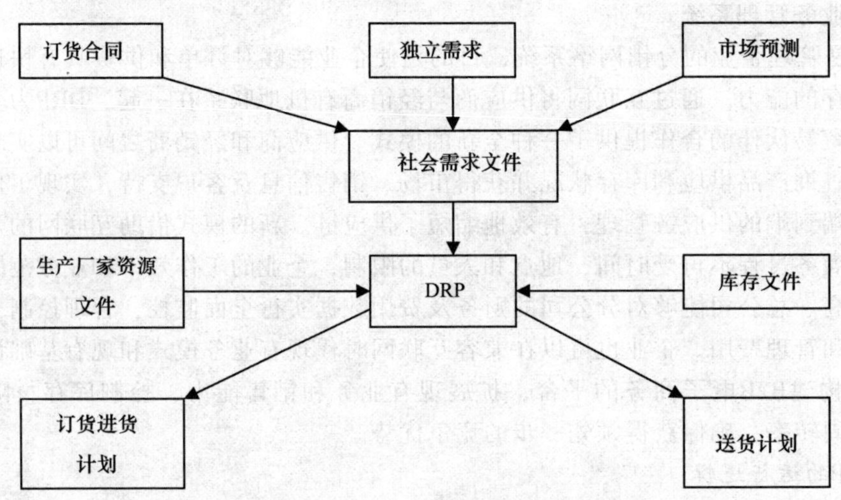

图3–8　初级DRP原理图

输入的三个文件是:

①社会需求文件

社会需求文件由市场预测、订货合同和独立需求三个部分统计得到。市场预测是通过对未来市场形势的分析，采用一定的数学方法得到的一组数据，它是一种不确定的需求。订货合同是已经发生的实际需求，它一般已经包括在市场预测当中，因此必须和市场预测进行冲减才能合成新的需求加入需求文件中。独立需求是企业内部各部门、各子公司内部对成品的需求，它们一般不用来满足市场的需求。市场预测、订货合同和独立需求冲减后生成的需求文件组合在一起，才构成最终的社会需求文件。社会需求文件是进行DRP处理的依据，是DRP处理的最主要的文件，没有这个文件就不可能进行DRP处理，因此也将其称之为社会需求主文件。

②库存文件

库存文件是物流中心的仓库里所有库存物资量的列表。之所以需要这个文件，是因为物流中心需要根据它确定什么物资可以从仓库提货送货、送多少，什么物资需要订货进货。仓库里有的物资，从仓库里提货，送货的数量不能超过现有的库存量；仓库里没有的，就应订货进货。所以库存文件也是制定DRP计划必需的文件。

③生产厂家资源文件

这是物资供应商的可供物资文件。该文件包括可供的物资品种，也包括生产厂家的地理位置情况。生产厂家资源文件主要是为制订DRP计划所使用的。

输出的两个计划是:

①送货计划

这是对用户的送货计划。对于用户需求的物资，如果仓库里有，就由仓库里提货送货。由于仓库与用户、下属子公司、子物流中心（统称为需求者）都有一定路程，所以提货送货需要一个提前时间，才能保证货物按需要时间及时送达。送货分直送和配送。对于大批量需求的需求者实行直送；对于小批量的需求者，实行配送。所谓配送，是对成片小批量用户的依次循环送货。配送方式在保证用户需求的同时，又可以减少车次，节省费用。

②订货进货计划

这是指从生产厂家或供应商处的订货进货计划。它由生产厂家资源文件或流通企业采购部门资源文件提供。这里的订货和进货不是一回事。进货计划是对于生产厂家委托储运、委托经营的物资而言的，这些物资的所有权在生产厂家，物流中心只是代理经营服务，货物没有了，就直接到生产厂家去进货。而订货计划是针对物流中心自己买断经营的产品而言的，所有权属于物流中心，货物没有了，需要重新订货。所以，订货进货计划，实际上包含了这两种经营方式。

(2) DRP的运行逻辑

①初级DRP和DRP的区别

初级DRP是MRP在流通领域中的应用，是流通领域中的一种物流技术，它同MRP一样，能够在规定的时间、规定的地点，把恰当数量的物资运到指定的地点，这得益于它对真实系统的有效模拟功能，它主要解决分销计划和调度问题，通过自身的预测能力和优先权计划，达到既保证有效地满足市场需求又使得配置费用最省的目的，实现合理进行分销物资和资源配置的目标。DRP是在初级DRP的基础上再加上物流能力计划而形成的一个集成、闭环的物资资源配置系统。它类似于生产领域的MRPⅡ，它除有初级DRP的功能外，还增加了能力需求计划和运输规划功能。实际上，DRP已经不只是一个物资资源配置系统，它已经成为一个比较全面的企业管理信息系统。

初级DRP与DRP的区别具体表现在：

a. 初级DRP的主要功能是为了满足用户物资需要，而进行物资在进、销、存各个环节上物资数量的配置。而DRP的功能除了物资在数量上的进、销、存配置外，还有配置能力，包括车辆、仓库的配置利用以及成本利润核算等功能。除此以外，还有物流优化、管理决策及成本、利润核算等功能。因此可以说DRP是一个比较完整的企业物流管理信息系统。

b. 具体内容上，DRP比初级DRP增加了以下功能模块：

Ⅰ.车辆管理。主要管理运输车队，包括运输任务的实施和考核。

Ⅱ.仓储管理。主要是存储物资的进、发、存能力管理。

Ⅲ.物流能力计划。主要包括车辆运输能力、存储能力等计划。这种计划是保证送货计划和订货进货计划实施的保证。没有足够的运输能力、存储能力，物资的配置计划就不能得到落实，从而也会影响用户需求的满足。

Ⅳ.物流优化辅助决策系统。该系统是为配置车辆、进行调运、进行辅助决策服务的。

Ⅴ.成本核算系统。根据车辆、存储的单位成本和车辆的运输量、存储量等，计算运输成本和存储成本，实施成本控制。

可以看出，DRP比初级DRP功能更完善，也更具有实用性，主要表现在：

a. DRP具有闭环性。因为它不但能够配置任务，还能为任务配置能力，进行成本利润核算，并能够进行企业的管理决策，形成一个自我适应、自我发展的闭环系统。在信息处理上，DRP是一个信息闭环反馈系统，订货信息和送货信息最后都反馈到仓库和车队。

b. DRP具有集成性。DRP比初级DRP具有更高的集成性，是涵盖各种业务（包括车队、存储、进货、送货）、管理和决策的多功能子系统的集成。

②DRP的运行逻辑

a. DRP的原理逻辑图（图3-9）的上半部分与初级DRP的原理逻辑图完全一样，运行结果是得到订货进货计划和送货计划。这两个计划是DRP的输出结果，是DRP基本功能的体现。

b. 原理图的下半部分是DRP新增的功能，是上述两个输出结果得以实施的保证措施，即能力平衡、运输仓储计划和成本核算，下面分别说明。

Ⅰ.能力平衡。该模块是针对初级DRP制订出的送货计划和订货进货计划，根据车队的车辆情况以及仓储管理的仓库情况进行能力平衡，形成物流能力计划。对于DRP计划给定的任务，要落实车辆和仓储面积（以下统称物流能力），如果物流能力不够，要外购或外租。需要注意的是，这里的物流能力计划还只是一个粗能力计划，只是总量上的平衡，最后要实现能力与任务的总量平衡。

Ⅱ.运输仓储计划。在能力平衡之后，对给定的任务根据物流优化模型制订统一的运输计划和仓储计划，并根据这个运输仓储计划制订详细的物流能力计划。详细的物流能力计划要落实具体运输路线所用的运输车辆以及入库的物资具体的存放地点等。该模块在DRP系统中起着非常重要的作用，实际上是实现DRP系统有效配置物资资源的关键一环，也是DRP系统中最难实施的模块。它的基本内容就是根据任务运行物流优化模型，一般可以选择的方案有直达调运模型、中转调运模型、配送模型等。通过这些模型的运算，形成调运方案、配送方案和派车任务单。既实现按时按量完成运输任务，又实现总运输费用最省。

Ⅲ.成本核算。根据已经形成的运输计划、仓储计划、计算工作量，并根据单位成本来计算总成本，从而实现成本利润核算。

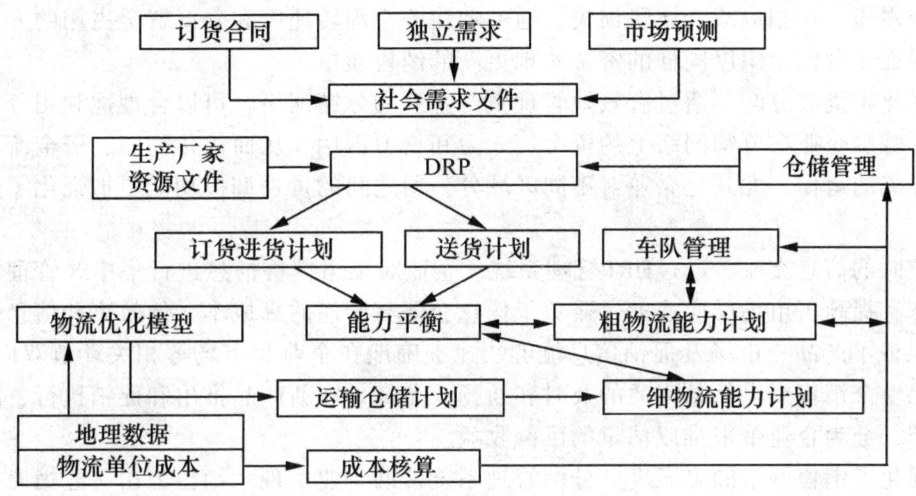

图3-9　DRP的原理

在DRP中，DRP运算得出库存需求的优先权计划，即提供预见需求量和需求时间的方法。优先权计划的实施前提是：必须确保企业的物流功能具备所需的物流能力。当把计划订单所需的物流能力延伸到各个物流能力领域时，计划人员就能够判断计划的可行性。如果上述几个方面存在能力不足，那么或者改变计划，或者采取外包等措施来弥补短缺的能力，以实现DRP的功能。

4.应用DRP所能取得的收益和局限性

从DRP的原理可以发现，DRP是一种十分有效的物流管理工具，但是任何事物都不可能是非常完美的，下面介绍一下应用DRP所期望达到的应用效果及DRP的局限性。

（1）应用DRP取得的收益

DRP管理系统的价值体现在以下几方面：

①流程优化与管理规范化。分销管理系统的实施过程中涵盖了供应与分销环节的业务流程优化和操作管理规范化。分销管理系统实施的前提是专家小组参与下的“分销业务流程重组”（BPR）过程。在适应企业运营特点的同时，结合先进的分销运作管理模式，在改善整体运作效率的同时也规范了总公司、分公司及其他分销组织的运作，协调了营销部

门与其他职能部门的关系。从而帮助企业提高实际运作的效率。DRP管理系统为企业提供的不仅是一套软件系统，更重要的是现代的和本土化的分销渠道管理理念和优化的操作方法。

②加强了对分支机构的监管力度。由于客户和业务数据都由系统所管理，分支机构的业务数据与总公司所掌握的情况完全一致，极大地加强了企业对分支机构的监管力度，避免了公司业务被少数业务人员所把持的情况，避免了分支机构管理不规范，避免了客户流失。管理人员也能随时了解下属的工作情况，便于监督和管理。

③降低了经营成本。分销管理系统中高度智能化的自动补货管理功能及库存的动态管理功能，避免了因库存不足而导致的终端脱销，也同时减少了库存积压的发生，降低了整体库存成本。系统中系列的智能化信用管理设置能够帮助分公司及经销商减少终端客户方面的资金占压，并相应减少坏账损失。通过加快资金周转速度和降低资金占用的方法，分销系统保证了分销组织以同样的资金实现更高的销售业绩。

④优化了资源分配。通过有效地管理生产企业的分销网络，可以合理地利用分销网络的资源，减少企业在分销网络上的资金、人力和物力占用，从而优化物流、资金流、信息流和服务流的运作。尤其是企业对不同区域分公司之间的货物调拨功能更加强化了这一优势。

⑤及时的信息交流。通过DRP管理系统，企业对渠道销售信息进行集中式管理，信息实时共享，提高了市场反应速度，避免了信息获取与传递的高成本、低效率和信息失真等问题。保证了产品、市场及促销信息能够快速准确地在企业与市场等相关环节双向传递，从而确保整个销售渠道信息沟通的及时和通畅。尤其是在新产品推出和促销执行、跟踪与衡量期间，会为企业带来难以估量的巨额收益。

⑥强化了销售网络的忠诚度。分销管理系统帮助企业实现“销售公司—经销商—服务提供商”的角色转换。强化了分销组织与其上游供应商的联系，从根本上改进了公司在商品运作过程中与下游的代理商、经销商之间的沟通方式、产品销售方式及服务方式。在对分销流程进行业务优化的同时，也加强了分销机构对上游供应商的依赖，从而强化了销售网络的忠诚度。

⑦提高了客户服务水平。DRP系统加强了“供应商对分销机构”以及“分销机构对终端客户”的订单及销售管理，从不同层面上提高了对下一级客户的服务水平，从而在无大幅度费用增加的情况下，大幅度提高了客户满意度和忠诚度，确保了供应商在渠道中的领先地位。

（2）DRP的局限性

①DRP系统需要每一个配送中心精确的、经过协调的预测数。该预测数对于指导货物在整个配送渠道的流动是必需的。从理想状态看，物流系统不在任何地点维持过多的存货，所以，在DRP系统内不存在误差的余地。在某种程度上，如果预测精度能够达到这种水准的话，那么，DRP系统就将运作良好。然而，这需要对每一个配送中心和SKU（stock keeping unit，即库存量单位）都进行预测，并且要有充足的前置时间以运输产品。由于这些要求，就有可能在错误的时间对需求作了预测。在任何情况下，使用预测数去指导

DRP，预测误差就有可能成为一个重大问题。

②DRP要求配送设施之间的运输具有固定而又可靠的完成周期。虽然完成周期的变化可以通过各种安全的前置时间加以调整，但是完成周期的不确定因素会降低系统的效力。

③由于生产故障或递送延迟，综合计划常易遭受系统紧张的影响或频繁改动时间表的影响。系统紧张容易导致生产能力利用的波动、更改时间表的费用以及递送方面的混乱。由于配送的作业环境具有反复无常的特点，从而更加剧了系统的紧张程度。而在补给运输完成周期和卖主递送可靠性等方面的不确定因素则会使DRP系统极度紧张。当物流计划者了解到这些问题的潜在原因时，他们可以利用诸如安全储备之类的不确定缓冲方法做好准备，以应付频繁发生的作业时间的变动。尽管DRP并非是存货管理普遍适用的解决办法，但是一些公司使用该方法已经取得了重大的改善。

5.DRP的发展趋势

当前，DRP领域的竞争非常激烈，研究未来的产品趋势对用户和软件商都很重要。我们预测，在未来几年，DRP将会有这样一些应用趋势。

(1) 很多应用者已经认识到DRP的一些缺陷和局限性，DRP在预测未来的库存、预测未来的补货需求、发掘商机的能力等方面有所欠缺，这需要我们对一系列的数学算法进行研究，并应用到DRP设计中。

(2) DRP在非制造环境（如零售、批发、分销商模式）下和在制造环境下的应用模式是不同的，后者需要协调销售和运作计划、主生产计划等应用。DRP软件将在这个方面进一步分化和深化。

(3) DRP将与自动报价、限价管理、降价保护、网上商店、物流配送管理、客户返利、产品配置等多种CRM应用融合或集成。

(4) DRP将支持无线应用。通过无线设备，分销商可查询产品规格、价格信息、当前的存货状况、历史交易和信用等信息，进而做出报价单或输入已成交的订单，以充分掌握商机。

(5) DRP与知识管理、合作伙伴关系、公司网站的集成，将业务的处理同知识的共享、合作伙伴的培育、产品和服务的创新结合起来。

本章小结

本章首先介绍了供应链的基本概念及特点，供应链管理的主要内容及重大意义，进而介绍了物流与供应链的关系；最后重点介绍了供应链物流管理的六种方法，即OR、ECR、JMI、VMI、CPFR、DRP。

关键词

供应链，供应链管理，有效客户反应（ECR），快速反应（QR），联合管理库存（JMI），供应商管理库存（VMI），合作、计划、预测与补货（CPFR），分销资源计划（DRP）

复习思考题

1.什么是供应链？供应链具有哪些特点？
2.供应链管理的主要内容有哪些？
3.物流与供应链的关系如何？
4.试述供应链物流管理的主要方法。

综合案例

中国石化VMI实施模式案例

中国石油化工股份有限责任公司（以下简称“中国石化”）是一家上中下游一体化、石油石化主营业务突出、拥有比较完备的销售网络、境内外上市的股份制企业。作为中国最大的一体化能源化工公司之一，中国石化主要从事石油与天然气勘探、开采、开发以及石油化工产品的生产分销。在过去的这些年里，中国石化在中国交易市场已经有非常骄人的业绩：它是中国最大的石油产品生产商和分销商，是汽油、柴油、喷气燃料等的批发商和零售商，是中国主要石化产品（包括石油化工中间产品、合成树脂、人造纤维和化学肥料）最大的生产商和分销商，是中国第二大原油生产商。

中国石化是由中国石油化工集团公司通过“业务、资产、债权债务、机构、人员”等方面的整体重组改制，以独家发起方式于2000年2月25日设立的股份制企业。为了使公司操作流程得到优化从而更好地盈利，公司一直积极倡导学习一流的操作管理经验，探索整个供应链业务流程的重组和优化。这一点在本案例——中国石化物资装备部在非原料采购中实施供应商管理库存（vendor managed inventory，VMI）模式中就能得到很好的例证，这在中国也是实施VMI模式领先性的探索。

中国石化作为探索先锋虽然在VMI模式实施中倾注了大量的心血，然而中国石化实施的VMI模式收效甚微。到目前为止，它在非原料采购中实施的VMI模式是典型的分散式模式，供应商同时为几家中国石化分（子）公司设置和管理库存，提供VMI服务。采用VMI

模式的中国石化分（子）公司虽然成本有一些节约，但采用该模式的非原料物资的总采购成本并未得到明显的降低，并没有真正获得实施VMI模式的优势。中国石化正在考虑对运转低效的VMI模式进行改革。

中国石化的采购量非常大，平均每年的采购成本超过1 000亿元，有20 000多家合作供应商。中国石化物资装备部的主要职责是高效率、低成本、低风险地保障中国石化生产运营所需的非原料物资的供应。非原料物资总共有56个大类，有高价值物资（精密仪器、钢材、煤炭等）和低价值物资（如小阀门等）。由此可见，中国石化物资装备部在提高中国石化运营绩效、保持中国石化竞争优势等方面起着非常关键的作用。为了缩小问题涉及的范围，将介绍案例的重点放在中国石化实施VMI模式的一个分公司。此分公司位于江苏省省会南京。南京离上海仅有200千米，有着非常优越的地理优势，铁路、公路和水路都非常便捷。

随着中国物流行业的迅猛发展，第三方物流市场逐渐成熟，中国石化物资装备部已开始考虑改善正在实施的VMI模式。为此，必须深入剖析以下问题：影响中国石化VMI模式实施效果的关键问题何在？为解决这些问题应如何改进VMI实施模式？同一区域的分（子）公司实施集中式VMI模式是否可行？是否会降低各分（子）公司保障供应的能力和水平？

1　案例背景

中国石化的独家发起人——中国石油化工集团公司是国家在原中国石化总公司的基础上于1998年重组成立的特大型石油石化企业集团，是国家出资设立的国有公司，是国家授权投资的机构和国家控股公司。中国石化参照国际模式，构筑了公司的架构，建立了规范的法人治理结构。实行集中决策、分级管理和专业化经营的事业部制管理体制（http：//www.sinopec.com.cn）。

中国石化是中国最大的一体化能源化工公司之一，它的目标是凭借其卓越的核心竞争力、质量品质、多元化的资产结构、创新的技术、先进的管理和良好的金融操作实践成为国际上具有竞争力的跨国公司。中国石化拥有4 610亿元的总资产，至2004年底其净资产已达到1 864亿元，而且它拥有60.5%的市场份额，仅2004年，其石油产品的年销售额就达到了9 460万吨，公司的年净利润就达到了320亿元。

中国石化主要从事石油与天然气勘探开发、开采、销售，石油炼制、石油化工、化纤、化肥及其他化工的生产与产品销售、储运，石油、天然气管道运输，石油、天然气、石油产品、石油化工及其他化工产品和其他商品、技术的进出口、代理进出口业务，技术、信息的研究、开发、应用。中国石化大部分的经营资产和主要市场集中在中国经济最发达、最活跃的东部、中部和南部地区。

中国石化按照中国相关的法律法规，对于所属公司实行统一编码的集中决策管理。中国石化现有全资、控股、参股子公司和石油、炼化、石油分公司等共80余家，包括油田勘探开发企业、炼油及化工企业、销售企业及科研、外贸等单位，具体公司企业分列如下：

全资子公司：3
控股子公司：16
参股子公司：3
油田勘探开发企业：11
炼油及化工企业：22
石油产品销售企业：20
研发机构：6
总数：81

中国石化实行集中决策、分级管理和专业化经营的事业部制管理体制。在物资管理体系中，中国石化采用的是集中管理和分散控制相结合的体制，物资管理组织结构如图3-10所示。

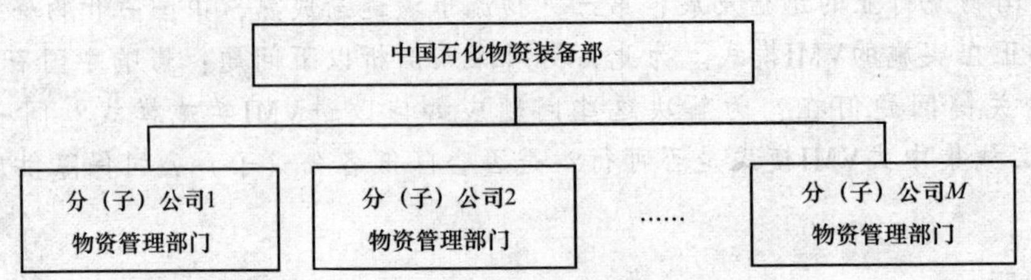

图3-10 中国石化物资管理部门组织结构图

在图3-10中，可以看到物资装备部在中国石化的供应链中起着综合一体化的作用，拥有超过两万人的庞大供应基础。另外，由于中国石化每年巨大的采购量和花费，物资装备部对整个企业在成本降低和质量改进方面有着突出的贡献。

由于中国石化是一个在很大程度上依赖于采购操作的企业，长期以来在对有效供应源头的设计和改进方面花了大量的精力。中国石化物资装备部在采购多种资源中已经获得了丰富的操作经验，形成了如下三种主要的采购供应模式：

(1) 由中国石化物资装备部直接集中采购

中国石化物资装备部首先集中所有分（子）公司的需求，进行统一集中购买，然后将这些所需物资分配到分（子）公司物资装备部门，这种采购操作主要通过中国石化采购电子商务网与供应商共同完成。

(2) 由中国石化物资装备部组织集中采购

中国石化物资装备部负责做出统一采购决策，如确定可能的供应商以及采购价格的范围（尤其是价格上限)。然后各分（子）公司物资装备部门将会基于产品价格、价格偏好、地理位置、供应商信用等级等因素，选择最适合自己的供应商实施采购。

(3) 分（子）公司自行采购

此种模式是分（子）公司的采购决策完全独立于中国石化物资装备部。

2　案例陈述

2.1　中国石化实施VMI模式的背景

作为一种库存控制方法，VMI在过去10年里已经引起业界的实践潮流和众多学者的关注。在欧美等发达国家，VMI在20世纪90年代至今的时间里已经发展成为一种成熟的库存管理模式，已经在众多企业获得成功。大型零售商，如Wal-Mart，Kmart，Dillard Department Stores，以及JCPenny都是实施VMI的先驱者；通讯业巨头——朗讯的大部分原材料管理系统已转变为VMI系统；IT业的戴尔、惠普也是成功实施VMI的典例。

伴随VMI模式理论的日趋成熟和完善，中国石化物资装备部早在公司刚刚创建的2000年就决定尝试这一库存管理方式。中国石化物资装备部尤其想将VMI模式融进第二种采购方式——中国石化物资装备部组织集中采购中。在实施VMI之前，供应商与中国石化分（子）公司之间的交易流程如下：首先由中国石化物资装备部针对某种特定物资，确定候选供应商和可以接受的价格范围，中国石化分（子）公司将会从候选供应商列表中挑选出最适合自己的供应商进行相应的采购操作。供应商与中国石化分（子）公司都独立管理自有库存并独立做出库存决策，为了降低自身缺货和处理需求不确定等风险，各方都热衷于保有更多的安全库存量。这样做必然导致整个供应链上库存量过高，所需资源浪费。更糟糕的是，供应链各成员之间缺乏协调沟通，导致存在严重的牛鞭效应。从供应链的观点来看，为了获得竞争力，整个供应链体系的全局成本必须得到充分的控制和减少。

为了提高库存管理的有效性，中国石化在实施VMI模式过程中，物资装备部的职责是负责计划、管理、控制和推进各分（子）公司实施VMI模式，还负责针对各分（子）公司所需商品寻找可能的供应商以及确定价格范围。而在实施VMI模式过程中，中国石化各分（子）公司具有两部分的职责：首先，基于时间、成本、地理位置、质量以及其他因素选择最适合的供应商；然后与选定的供应商签订具体实施协议，与供应商实现物资需求信息共享。

在应用VMI模式时，中国石化物资装备部希望通过整合供应商和中国石化各分（子）公司之间的业务职能，计划在操作最复杂的部分——非原材料采购中，将被选定供应商与中国石化各分（子）公司的职责相互替换，将大多数库存委托供应商管理，供应商一直享有库存物资的所有权，直到它们被运送到中国石化各分（子）公司指定的仓库。供应商凭借连续跟踪中国石化各分（子）公司的库存状态、需求，降低供应链库存费用，减少物资的采购供应成本，避免物资缺货，提高服务水平，缩短采购提前期，提高库存周转率，提高需求预测的精确度，最终提高中国石化整体供应链的竞争力，实现各成员企业间的互赢互利。

2.2　中国石化最初实施VMI模式的情况介绍

中国石化最初的VMI模式实施计划如图3-11所示。订单管理计划和需求预测由中国石化分（子）公司与其供应商通过共享信息共同完成，得到的信息帮助供应商确定他们的生产计划和补货计划，供应商会以此为依据以及时（just in time，JIT）的方式将物资配送到位于分（子）公司内部的指定仓库中。

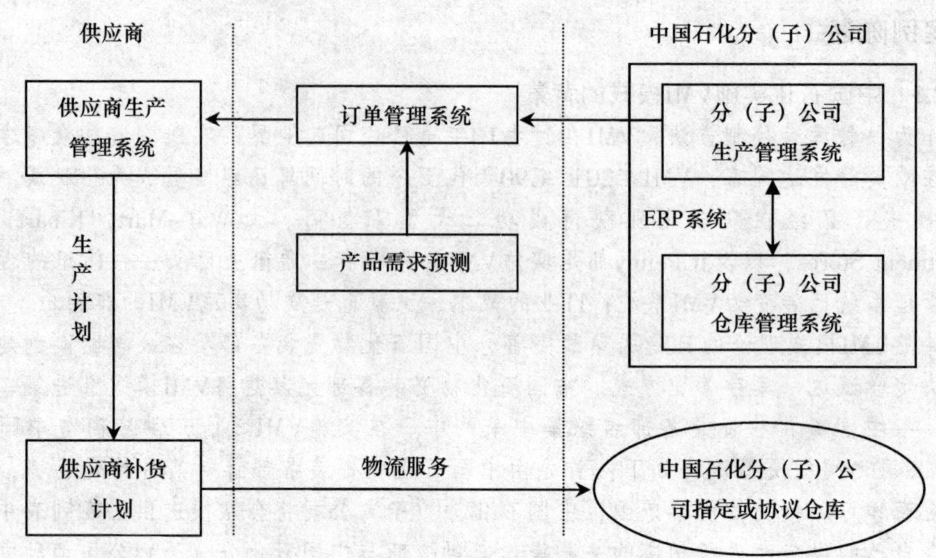

图3-11　中国石化最初VMI模式实施计划

为了促使这一新流程的顺利运转，中国石化实施了如图3-12所示的分散式供应模式，供应商同时为几家中国石化分（子）公司设置和管理库存、提供VMI服务。

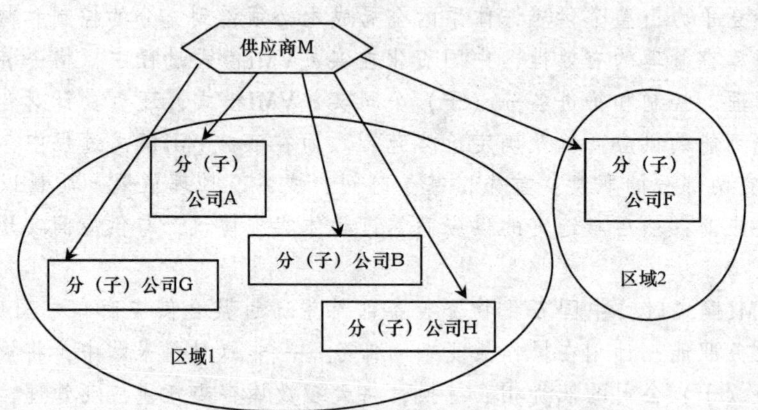

图3-12　中国石化当前实施的分散式VMI模式

2.3　中国石化实施VMI模式的结果阐述

在此，以中国石化一个分公司（称其为Y公司）为例阐述中国石化实施VMI模式的有效性。2004年3月10日至2005年6月底，Y公司共与41家供应商签订了VMI协议，协议品种15 000余种，结算金额5 200万元，VMI类物资发料占总检维修发料费用的15%。通过VMI的实施，Y公司确实得到了一些好处，例如降低了采购物资的单价，降低了补货频率，缩短了采购提前期，提高了产品质量性能。Y公司与供应商的合作不仅促进了供应商与企业之间的交流，而且降低了采购订单、发票、付款、运输和收货等交易成本。

处于1小时都市圈中的其他8家分（子）公司也从VMI模式中获益。但是，通过调研发现：VMI模式中的总库存量比未实施前增加了20%，并且出现了同一物资9家分（子）公司家家都存的现象，使供应商持有库存成本增加；另一方面，由于供应商直达现场配送方式的减少，使分（子）公司内部二次配送的成本增加，从而抵消了一部分由VMI模式实施带来的收益。总之，中国石化的VMI模式开展得并不成功，部分非原料物资的采购供应成本并未得到明显的降低，并没有真正获得实施VMI模式的优势。

3　案例分析

3.1　中国石化实施VMI模式的预期效果

经济全球化的发展趋势，已经促使企业与企业间的竞争转变成供应链与供应链间的竞争，管理理念也从最优化单个企业的收益转化为最优化整个链条成本，同时在各供应链环节最大化服务水平。在供应链各个环节上，库存都会对成本和服务造成很大的影响。若库存管理效率低下，非但不能使每个供应链环节都保持一定的服务水平，而且库存也将会迅速增加系统链条上的成本。所以，库存管理总是一项进退两难的工作。一方面，由供应源头和需求带来的不确定性都需要保证有一定物资的库存来保障供应；另一方面，放置在仓库中的不用物资库存完全是一种资产的浪费，除了成本之外不会创造任何价值。因此，确定怎样的库存水平和补货频率在供应链管理中起着重要作用，影响着供应链各成员的收益和竞争力。

（一）VMI的内涵与价值

自从20世纪90年代中期大型超市首次运用VMI模式后，VMI被认为是一种能够非常成功地减少库存成本的库存控制方式，因此在供应链管理中，VMI变成最重要的库存管理方式之一。与传统的库存管理模式完全相反，VMI努力使下游生产企业和上游供应商之间建立一种基于共同前景和利益的合作关系，合作双方不断监督协议执行情况和修正协议内容。在这种新的关系下，生产企业将库存决策权委托给供应商，由供应商代替企业行使库存管理和订货决策。一方面，供应商被允许能够进入下游生产企业的数据库得到有关生产进度安排的信息，以便供应商能够很好地预测未来的需求。通过VMI这种方式，供应商在生产企业的协助下能够更有效地制定生产供应计划；另一方面，在一个合作协议下，供应商全程管理和拥有库存直到生产企业耗用完毕。

VMI本质上是将多级供应链问题变为单级库存管理问题，供应链库存的完全透明化使得在不同供应链环节的多余安全库存量得到减少。供应商比原来拥有更多的权力和职责，对生产企业的产量和采购需求也了解得更多。因此，供应商在做出库存决策时，更有动力去努力预测未来需求。VMI模式具体给供应链各方带来的价值详述如下：

1.VMI对生产企业的价值

（1）降低生产企业管理库存和管理供应商的成本，可以集中培育其核心能力。

（2）降低缺货率和积压率。

（3）供应链库存环节成本的降低带来最终产品价格降低，可以提高企业竞争力。

2.VMI对供应商的价值

（1）掌控下游需求信息，得到更为准确的预测，使生产企业所需货物能够及时到达。

（2）VMI模式增加了供应商与生产企业之间的交流，相互合作有助于提高产品的质量，减少不确定性和库存持有成本。

(3) 与下游生产企业发展长期合作的战略关系，进行有效沟通，有利于供应商的长期发展战略，使其在激烈的竞争中保持市场份额。

(二) 实施VMI模式预期达到的效果

传统的库存管理模式是指由于竞争模式（企业间非合作竞争）与信息技术的原因，企业无法了解供需的匹配状态，供应链成员企业的库存管理是各自为政的，物流渠道中的每一个成员都按照自己的库存控制策略相互封闭地管理自有库存。传统的库存管理模式是基于交易层次的、由订单驱动的、静态的、多级的库存管理方式，而供应链环境下，竞争模式发生了变化，企业依托整个供应链参与竞争。VMI模式是一种战略贸易伙伴之间的合作性策略，是一种库存决策代理模式，它打破了传统的条块分割的库存管理模式，在一定的信息结构下以系统集成的思想进行库存管理，使供应链系统获得以合作为基础的同步运作，有助于及时订购策略的实现，并可以有效避免牛鞭效应。在VMI库存控制策略下，各下游生产企业共同协助供应商制订库存计划，要求供应商参与管理生产企业的库存，供应商拥有和管理库存控制权，本质上是将多级供应链问题变为单级库存管理问题。

中国石化希望通过实施VMI模式，改变供应商与各分（子）公司各自为政的库存管理局面，委托供应商跟踪各分（子）公司的需求信息和采购库存状态，及时调整自己的生产计划，满足各分（子）公司的需求。

根据预期的流程（图3-11），中国石化希望通过实施VMI模式达到如下效果：

(1) 减少物资库存量，提高存货周转率；

(2) 优化业务流程，减少内部作业成本；

(3) 延长付款周期，改善现金流量，使财务获利；

(4) 降低采购订单、发票、付款、运输、收货等交易成本；

(5) 与供应商建立更为密切的合作关系，提高需求的响应度。

3.2 中国石化实施分散式VMI模式存在的问题

虽然中国石化按照教科书中所述规范设计了VMI实施计划，并且认真仔细地去执行计划，但是在实施了VMI模式的这些年后，并没有达到中国石化预期的效果。以下是中国石化实施分散式VMI模式存在的两个主要问题。

(一) 没有与供应商实现相互信任和信息共享

VMI模式运作的一个关键的、必备的条件，是参与双方的相互信任和有效的信息共享。如果供应商与下游生产企业双方的信息无法及时传递和共享，或者由于彼此之间的不信任，都会丧失实施VMI模式的优势。

自开始实施VMI时，中国石化分（子）公司和供应商之间就缺乏相互信任和信息共享，尤其长期的、传统的“大库存保供应”的思想根深蒂固。即使这些分（子）公司在VMI实施之前都受过相应的培训，但他们还是会怀疑VMI的效率，担心会有物资价格过高或缺货的风险。例如，部分中国石化分（子）公司的物资管理部门员工强调：如果上游供应商缺乏诚信，实施VMI模式对下游中国石化分（子）公司的危害是显而易见的。在市场景气的情况下，不诚信的供应商可能会对下游的中国石化分（子）公司提出过高的供应价格，如果对方不接受，它就会将物资提供给市场上愿意出高价的其他客户，造成中国石化分（子）公司缺货。另外，分（子）公司也怀疑供应商的能力以及履行JIT配送的承诺。结果，VMI的实施实际上增加了双方的忧虑感。物资管理者仍然要求供应商提供比实际需求更多的物资，而供应商在竞争和需求量的压力下，也愿意遵从买者的意愿要求。

（二）与供应商缺乏系统集成和协作沟通

根据调研反馈得知，VMI模式在南京分（子）公司的实施结果，显示了在南京周边的中国石化分（子）公司的物资装备部门员工在实施VMI模式过程中存在的两个问题，表现得并不完全合作。第一个问题是这些分（子）公司担心他们有价值的需求信息，可能会流落到竞争者手里。第二个问题是这些分（子）公司担心实施VMI模式会导致供应商供应垄断，由于缺乏竞争对手，会导致供应服务水平和供应质量有所下降。结果，没有真正建立起供应商与分（子）公司之间的信息共享机制。与分（子）公司凭借便捷的ERP系统进行内部交流不一样，没有适当的软、硬件平台提供给供应商与分（子）公司进行交流，相当有限的一些分（子）公司需求信息和生产进度计划信息只能通过共用文件来共享。

中国石化实施的VMI模式是一种典型的分散式模式，也就是说一个分（子）公司从由总部列出的候选名单中选择出最适合自己的供应商，然后再各自进行必要的采购，一个供应商同时为几家中国石化分（子）公司设置和管理库存，同时为几家中国石化分（子）公司提供JIT配送服务。这些变化都需要对重要的操作流程进行集成，并且双方在实施VMI过程中需要不断进行协作、沟通、调整。然而中国石化分（子）公司与供应商在实施VMI的过程中缺少理解、交流与合作，决策过程缺乏足够的协商，导致需求预测往往严重偏离实际，VMI的量被放大，加大了供应商的风险，供应商的运营成本被增加。例如，调研显示某中国石化分（子）公司与供应商就进货过量、陈货和误发货订单等特殊情况处理缺乏沟通协作，给供应商带来一定程度的损失。

中国石化实施VMI模式的案例说明了一个成功的VMI模式实施不仅依赖于过硬的硬件技术，而且很大程度上也依赖于一些其他因素，如强有力的合作伙伴关系、积极有效的沟通、信息共享、高级管理层的支持以及持续改进的方法。任何一个因素的失败都将会导致不如意的结果。另外，有关中国石化企业的一个特殊之处是传统价值观、实践观和文化观都深深地影响了领导者和中层执行经理的行为、改变现状的积极性以及如何改变现状的方式。而且，因为中国石化是尝试在中国运用VMI模式的先例之一，它们在当地也找不到可以模仿学习的案例。不过，为了能够得到VMI更好的实施效果，中国石化正在努力探索进一步改善当前VMI实践的方法。

3.3　VMI实施模式的改进

中国石化作为一个大型生产企业集团，是企业在市场竞争中为拓展自己的经营业务、增强自身核心竞争力而形成的。对于中国石化这样的大型生产企业集团实施分散式VMI模式不能充分发挥VMI的优势，不能真正减少供应商和分（子）公司之间的重复库存操作而实现供应链管理体系中的库存优化控制。鉴于此种情况，中国石化物资装备部正在考虑应用下面的两种选择方案进行改进。

选择方案1：继续应用当前分散的VMI模式，但是采取多种方式来改善参与方之间的协作，如加强参与方之间的相互信任和相互交流，以及改善信息共享机制等措施。

选择方案2：改变当前的供应网络，通过引进第三方物流企业作为连接供应商与中国石化分（子）公司的纽带，将实施的分散的VMI模式转变成一个集中的VMI模式。

在第2个选择方案中，供应商不需要在自己或每一个分（子）公司设置库存，可以依赖于一个第三方物流公司来提供仓储和运输服务的形式在此区域内统一设定一个配送中心。也就是说，在集中式VMI模式中，供应商、第三方物流公司、中国石化分（子）公司组成了一个合作团队，第三方物流公司受中国石化委托，负责和供应商一起协调运输、存货、补货、对产品进行检验等工作，充当了中介角色。集中式VMI模式流程如图3-13所示。

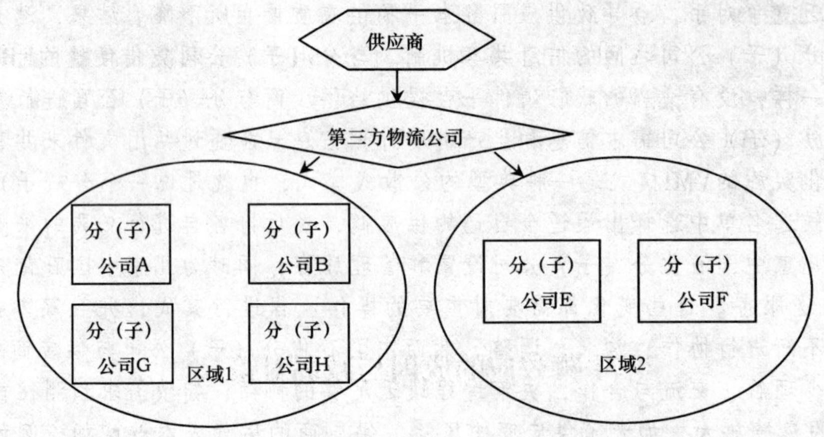

图3-13　建议中国石化实施的集中式VMI模式

相对于中国石化目前实施的分散式VMI模式而言，集中式VMI模式就是将原来分散式模式中的一个从供应商到中国石化分（子）公司的物流环节划分成两个环节：从供应商到第三方物流公司，再从第三方物流公司到中国石化分（子）公司。通过设立第三方物流公司这个节点，可以将中国石化分（子）公司与供应商间分散的物流需求整合起来，共同分担配送的成本，各自的物流费用均会降低。

很明显，以上所提两种可选方案都需要大量的投资和资源的重新分配，必须仔细透彻地对两种选择方案进行成本—效益分析。为了确保成功，中国石化正在认真考虑如何进行改革以及采取何种措施。

4　案例总结

VMI作为一种库存管理模式，在理论与实践上正逐渐得到完善，VMI模式已经通过许多一流公司成功的案例实践而获得不少业界人士的赞许。虽然这一库存策略已经在许多国家尤其在西方发达国家有过成功应用，但是在发展中国家运用这种库存管理方式还为数不多。中国石化实施VMI模式收效甚微的案例给我们留下了深刻的启示。

虽然VMI概念在业界日益盛行，但是它在发展中国家的适用性研究还是应该好好分析探索。伴随着快速增长的中国经济以及在全球经济发展中越来越重要的角色，中国正在顺应潮流效仿世界领先者的一些实践操作。但是中国薄弱的信息结构基础、割裂的且仍在婴儿发展期的第三方物流市场、悠久的历史文化传统和许多传统的价值观念，可能都会致使那些原本在发达国家中应用有效的管理模式，在中国却难以被顺利应用。因此，当实施这些熟为人知的诸如VMI等管理策略时，怎样将本土化因素考虑进来仍然是未来研究中的一个热点问题。

（案例来源：道客巴巴-物资管理http：//www.doc88.com/p-37310495470.html）

5　案例的问题讨论

（1）为保障VMI模式的成功实施，其必要条件和关键因素有哪些？

（2）目前中国石化实施的分散式VMI模式存在的主要问题有哪些？

（3）对于中国石化，VMI集中采购模式相对于VMI分散采购模式有哪些优势？

（4）在案例中所提的两个可选改革方案中，需要考虑哪些主要问题？你认为在处理中国石化分散式VMI模式面临的问题时，哪一种可选方案更有效？

扩展阅读

牛鞭效应的成因与减弱对策

一、牛鞭效应的概念与内涵

牛鞭效应是指从供应链的下游到上游，订货量的方差逐级放大的现象。在未构筑集成化供应链的企业群体中，如果上下游企业未加强合作，没有充分实现信息共享，节点企业主要依据下游客户的订单进行需求预测，并在此基础上制订企业经营计划、销售计划、生产计划和采购与供应计划，进一步向供应商下订单，就不可避免地会引发牛鞭效应。如图3-14所示。

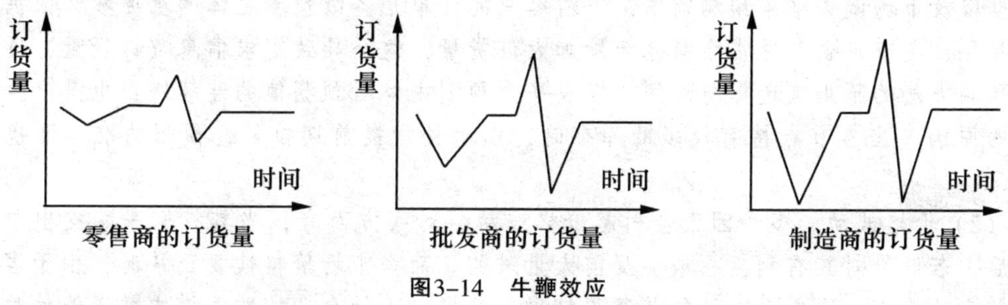

图3-14　牛鞭效应

二、牛鞭效应对供应链绩效的影响

牛鞭效应的存在，对供应链绩效会产生不良影响，主要表现在：

1.过度生产，制造成本增加

从供应链的下游到上游，由于订货量逐级放大，必然导致制造商及零部件供应商的过度生产。

2.物流成本上升

由于制造商产能扩大，供应链系统的物流成本也会大幅度增加。首先是制造商及下游各节点企业的库存成本上升。其次是从上游到下游货物正向运输的成本，退货、换货等逆向物流成本，以及因销售不均衡而在目标市场之间发生的调货成本随之上升。

3.补货提前期增长

库存补充的提前期增长，相应地供应链的柔性减弱，敏感性下降，市场需要的产品可能无法满足，而市场不需要的产品则可能供过于求，最终导致季末打折，过期库存、呆滞库存增加。

三、牛鞭效应的成因

牛鞭效应产生的原因是多方面的，有供应链系统与结构的原因，也有运作层面的原因。

1.供应链系统与结构的原因

供应链由多个节点企业构成。若核心企业的供应链管理能力不够强，集成化供应链系统未构筑，则供应链的层次一般较多（例如供应链上游多层次的供应商网络，下游的多级分销渠道），这必然会导致上游企业（如制造商、零部件供应商）离末端用户的距离较远。如果供应链信息系统（SCIS）未构筑，则上游企业就无法实时共享末端用户的需求信息。于是，用户的需求信息从供应链末端自下而上传递，经过层层过滤，必然会扭曲、失真。特别是当供应链“双赢”机制未有效建立时，各节点企业为了追求自身利益的最大化，往往不会把所掌握的全部需求信息真实地与供应商共享。因此，多层次的供应链网络、未集成的供应链系统、节点企业独立地进行库存及订货决策是导致牛鞭效应产生的根本原因，而信息不共享则是牛鞭效应产生的直接原因。

2.运作层面的原因

导致牛鞭效应产生的运作层面的原因主要包括：

（1）非联合预测需求及需求预测修正。节点企业会基于下游客户的订单、历史性销售数据以及市场调查结果预测需求，下游客户的订单是各级预测主体的重要参考依据，为保险起见，各节点企业通常会有意识地加大订货量，这会导致需求信息（订货量）逐级放大。预测方法的不正确选择与运用，以及多个预测主体对预测值的连续修正也是产生牛鞭效应的原因。当各节点持有较多的库存时，由于补货提前期拉长，预测的准确度也会下降。

（2）价格波动。多种因素会引起价格波动。对买方而言，当其权衡采购支出与储存成本后，若低价对其有利，一般会提前大量采购。而当市场价格恢复正常时，由于客户还保有较多的库存，通常会少订货甚至不订货。这样，下游企业的购买模式并不能反映末端用户的需求（消费）模式。中间商较大的订货量波动，诱发甚至加剧牛鞭效应。

（3）批量采购。为了降低订货成本和运输成本，多数企业会以经济订货批量（EOQ）的方式向供应商发出订单。此外，由于订单处理会产生成本，供应商往往也会要求客户有一个最小的订货量。若供应商对客户订货时间（即下单时间）未作明确规定，则客户订货可能随机分布，但往往服从一定的统计规律。如果订货周期高度重叠（需求集中），就会导致“牛鞭”效应高峰的出现。批量采购是引发牛鞭效应的又一原因。

(4) 商品短缺时客户的博弈行为。当产品供不应求时，制造商往往会限量供应，经销商为得到足额的供货量，必然会故意夸大订货量。而当需求缓解时，许多客户会大幅度减少订单量。这种由于短缺博弈导致的需求信息的扭曲，最终必然会引发牛鞭效应。

(5) 库存责任失衡。随着市场的转型，买方在交易中越来越拥有优势，对供应链而言，即“势力下移”。于是，供方垫资铺货的现象越来越普遍。相应地，库存资金的压力与风险自然转移到了供方。特别地，为了获得客户的订单，一些供应商还承诺无偿退货与换货，以此来激励客户多订货。在无约束退货政策的鼓励下，经销商自然愿意多订购。在这样的背景下，经销商常常会加大订货量，这自然会导致牛鞭效应的出现。

(6) 应对环境变化。政治法律、社会文化、经济、技术、自然等环境要素的变化，都会增大市场的不确定性。例如，突其如来的大地震使人们对救灾物资、生活必需品以及建材等物质的需求激增；突发的疫情使人们对预防瘟疫的药品产生旺盛的需求。中间商(包括批发商、零售商）为成功地应对这些不确定性，理性的选择是持有较大的安全库存量。因此，下游企业在向供应商订货时，不可避免地会加大订货量，这也是引发牛鞭效应的原因之一。

四、牛鞭效应的减弱对策

基于上述原因，笔者从供应链系统与结构以及运作两方面入手，提出以下对策与举措：

1.实现供应链的简约化和集成化

要减弱牛鞭效应，首先应从供应链系统与结构入手，减少供应链环节，构筑集成化供应链系统。例如，在供应链下游，制造商可实施“前向一体化”战略，越过批发商和零售商等中间环节，直接与用户（或消费者）建立联系；抑或采取直营模式，通过配送中心向零售商供货，再由零售商向用户销售产品，以此来优化分销渠道；而在供应链上游，制造商应尽可能直接与供应源建立联系，避免从中间商处采购原材料，同时，精简供应商队伍，减少同类供应商数量，加强与关键供应商的合作，建立高效的供应商网络。在此基础上，核心企业应加强对上下游企业的管理，借助EDI、互联网等信息技术手段，同步协调运作，最终提高供应链的系统性和集成性，提升供应链的敏感性和响应性，从根本上消除牛鞭效应。

2.实现信息共享

构筑供应链信息系统（SCIS)，让上游企业共享零售商的POS（销售终端）数据与信息，从而避免需求信息的扭曲、失真。例如，松下（中国）公司将零售商的POS系统、地区仓库的WMS（仓库管理系统）与公司总部的信息系统实施集成，借助高效的信息网络，公司总部的库存经理能够动态地、实时地掌握销售物流系统中的库存量及其变化的信息，在此基础上预测需求并补货，有效地遏制了牛鞭效应。

3.稳定价格

制造商可以制定稳定的价格策略，通过减少对批发商或零售商折扣的频率和幅度的方式，来减少对经销商提前采购商品的激励。抑或在促销期间，限制经销商的采购数量，也是可行的选择。在第一利润源和第二利润源逐渐枯竭的今天，制造商可以通过加强对物流活动的科学管理，借助先进的物流技术和手段，采用ABC（作业成本）等方法，对物流成本进行科学的核算与控制，从而实现“天天低价”。在保持价格不变的前提下，可根据经销商已经实现的销售业绩来对其进行让利和返点。通过减少价格波动，以此来减弱牛鞭效应。

4.实现小批量订货

借助计算机辅助订货（CAO）、电子订货系统（EOS）等先进的信息技术手段，实现多频次小批量订货，从而减弱牛鞭效应。但JIT采购会增大供应物流成本，因此，可实施物流业务外包，借助第三方物流公司来实现多频次小批量的货物配送，以此来降低物流成本。或者对客户实施基于混合订购的总量（总采购金额）打折，而非基于单一品种的批量优惠，这样既可以实现单一品种货物的小批量采购，有提高车辆实载率，降低客户的运输成本。

5.减弱商品短缺时客户的博弈行为

当产品供不应求时，可以根据经销商的历史性销售业绩来限量供应，而非基于客户订货量进行一定比例的限额供应，这样可有效避免经销商为获得足额的供货量故意夸大其订单量。其次，与客户充分沟通，让其了解企业的生产计划与供应计划及相关信息，事前规避、减弱或消除客户参与博弈。再次，加强与客户的合作，参与客户采购计划的制订，把握主动权，既可防止订货虚增，又可据此制订或调整生产计划，以便充分满足客户需求。最后，采取有约束的退货政策，促使客户在下订单时更加“谨慎”“稳健”。这些策略与举措，都有利于减弱商品短缺时客户的博弈行为，从而减弱牛鞭效应。

6.实施供应商管理库存

供应商管理库存（VMI）是消除牛鞭效应的一个有效的方法。根据供需双方达成的协议，由下游企业向上游企业提供销售信息（或物料需求计划）和库存信息，上游企业主动对下游企业的库存进行管理和控制（包括补货）。这就规避了供需双方在非合作情况下的博弈行为，避免了需方有意识下的博弈行为，避免了需方有意识地将需求信息放大，从而减弱牛鞭效应。

7.实施联合管理库存

从风险管理的角度来看，实施VMI（供应商管理库存），企业将库存风险转嫁给供应商，而实施联合管理库存（JMI），则实现上下游企业权利责任平衡和库存风险共担。具体而言，上下游企业在信息共享的基础上共同制订库存计划，并实施库存控制，从而有效避免了需求信息的扭曲、失真，减弱了牛鞭效应。

8.实施合作、计划、预测与补货

合作、计划、预测与补货（CPFR）是一种全新的供应链库存管理策略。借助销售时点系统（POS）、电子数据交换（EDI）、连续补货计划（CRP）等IT手段，上下游企业加强合作，实时共享信息，联合预测需求，共同制订供应链计划，同步协调运作，最终提高供应链效率，降低供应链系统的库存量，提高客户满意度。成功实施该策略，必将有效减弱乃至消除牛鞭效应。

9.实施中心化库存控制

采用多级库存控制策略也是减弱牛鞭效应的有效方法。相较而言，中心化库存控制策略比分布式（非中心化）库存控制策略更容易实施且更有效。分布式库存控制策略要求各节点企业在信息共享的前提下独立地对库存进行控制，但由于各节点企业之间存在利益冲突（供应链节点企业之间本质上是“竞合”关系），因此很难从根本上消除牛鞭效应。而采用中心化库存控制策略，可由核心企业在集成上下游企业信息系统的基础上，对供应链系统的库存进行集中控制。特别地，在优化供应链，减少物流环节，建立上下游供应配送中心及下游销售配送中心的前提下，只需将供应商、配送中心和零售商（或用户）的信息系统进行集成，就可实现核心企业对库存的集中控制。

牛鞭效应是多层次供应链网络未有效集成、节点企业在信息不共享的前提下独立地进行库存及订货决策所产生的必然结果。在运作中，多种因素会加剧牛鞭效应。从供应链系统与结构以及运作两方面入手，实现供应链的简约化和集成化，实时共享信息、稳定价格，小批量订货，减弱短缺博弈，实施VMI、JMI、CPFR以及采用中心化库存控制等策略，均可减弱牛鞭效应。

参考文献

[1] 胡建波.物流基础［M］.2版.成都：西南财经大学出版社，2011.

[2] 胡建波.供应链管理［M］.2版.成都:西南财经大学出版社，2009.

[3] 胡建波，王东平.供应链管理能力的提升策略［J］.企业改革管理，2006（7）.

（资料来源：胡建波.牛鞭效应的成因与减弱对策.企业管理，2011，（8）：77-79.）

第四章　物流系统

第一节　物流系统概述

一、系统的含义

人类在漫长的实践活动中，基于对事物的整体性认识或全局性认识形成了系统论的概念。系统的整体具有其组成部分在孤立状态中所没有的性质，如新的特性、新的功能、新的行为等。通常人们所说的“1+1≠2”就是这个道理。系统的规模越大、结构越复杂，它所具有的超过个体性能之和的性能就越多。因而，人们注意到在分析和解决问题时，仅仅重视个体或局部的作用和功能是不够的，还必须从整体功能出发，把重点放在整体效应上。

（一）系统的概念

“系统”一词最早出现于古希腊语中，来源于拉丁文的“System”，原意是指事物中的共性部分和每一事物应占据的位置，也就是部分组成整体的意思。从中文字面看，“系”是指关系、联系；“统”是指有机统一，“系统”则是指有机联系和统一。但将“系统”作为一个重要的科学概念予以研究，则是由美籍奥地利理论生物学家冯·贝塔郎菲于1937年第一次提出来的，他认为系统是“相互作用的诸要素的综合体”。

从系统的发展历史可以看出，系统的确切定义依照学科的不同、使用方法的不同和解决问题的不同而有所区别。按照系统论的观点，系统是指由若干个相互联系、相互作用的要素所构成，具有一定结构和功能的有机整体。

（二）系统的模式

系统是相对外部环境而言的，并且和外部环境的界限往往是模糊过渡的，所以严格地说，系统是一个模糊集合。

外部环境向系统提供劳动力、手段、资源、能量、信息，称为“输入”。系统以自身所具有的特定功能，将“输入”进行必要的转化处理活动，使之成为有用的产成品，供外部环境使用，称为系统的“输出”。输入、处理、输出是系统的三要素。

外部环境因资源有限、需求波动、技术进步以及其他各种变化因素的影响，对系统加以约束或影响，称为环境对系统的限制或干扰。此外，输出的结果不一定符合理想，可能偏离预期目标，因此要将输出结果的信息返回给输入，以便调整和修正系统的活动，这称为“反馈”。

根据以上关系,系统的模式如图4-1所示。

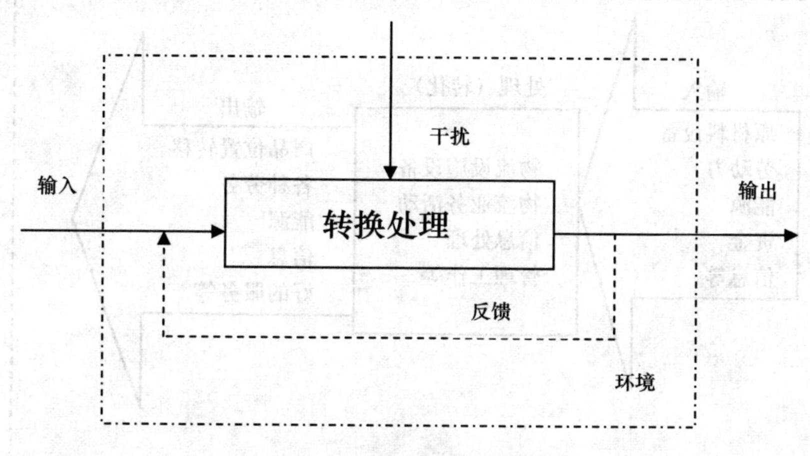

图4-1 系统的一般模式图

（三）系统的特征

一般而言，系统的特征如表4-1所示。

表4-1 系统的特征

特征	含义
多要素组合性	系统是由两个或两个以上要素组成的。
整体性	系统是由各要素按照逻辑统一性要求组成的整体，系统中任何一个要素的功能都不能代替系统的整体功能,并且系统的整体功能显现出各组成要素所没有的新功能。
关联性	系统的构成要素之间存在着相互作用和相互依赖的内在联系。
层次性	任何系统都是更高层次的系统的组成部分，而它的各个组成部分又是较低层次的独立系统。
目的性	系统具有使各个要素集合在一起的目的。为了达到既定目的,系统具有一定的功能,而这正是区别这一系统和那一系统的标志。
动态性	系统是处于环境之中，外界环境的变化及人们期望要求的变化必然引起系统内部各要素的变化;系统也只有不断变化,才能与外部环境保持最佳的适合状态,才能得以生存。
适应性	能够经常与外部环境保持最佳适应状态的系统才是理想的系统，不能适应环境变化的系统是难以存在的。

二、 物流系统的内涵

（一）物流系统的概念

所谓物流系统 (logistics system)，是指在一定的时间和空间里，由所需位移的物资与包装设备、装卸搬运机械、运输工具、仓储设施、人员和通信联系等若干相互制约、相互依赖的动态要素所构成的具有特定功能的有机整体。

（二）物流系统的模式

物流系统由输入、处理（转化）、输出、限制、反馈等内容组成（图4–2）。

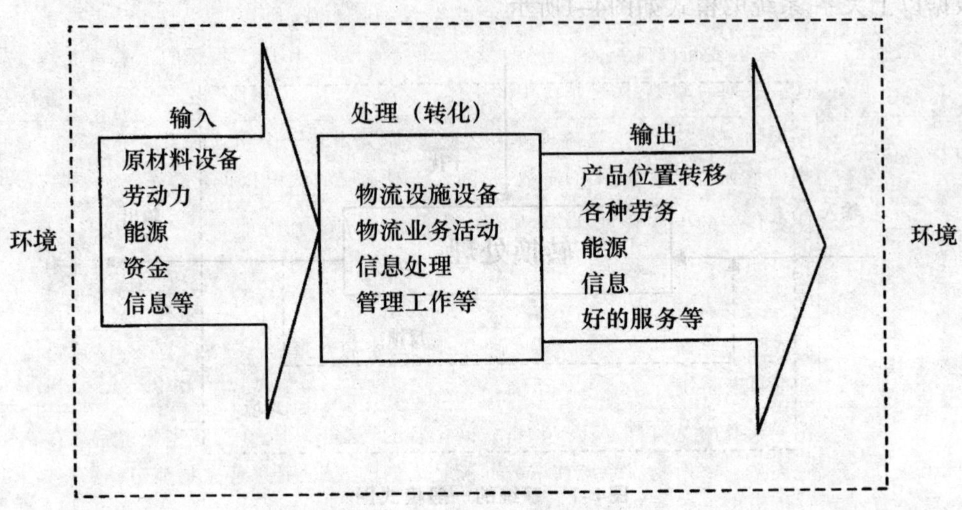

图4–2 物流系统模式

1.输入

输入包括原材料、设备、劳动力、能源等。就是通过提供资源、能源、设备、劳动力等手段对某一系统发生作用，统称为外部环境对物流系统的输入。

2.处理（转化）

处理（转化）是指物流本身的转化过程。从输入到输出之间所进行的生产、供应、销售、服务等活动中的物流业务活动称为物流系统的处理或转化。具体内容有物流设施设备的建设；物流业务活动，如运输、储存、包装、装卸、搬运等；信息处理及管理工作。

3.输出

物流系统的输出指物流系统与其本身所具有的各种手段和功能，对环境的输入进行各种处理后所提供的物流服务。具体内容有产品位置与场所的转移；各种劳务，如合同的履行及其他服务等；信息收集、处理和传递。

4.限制或制约

外部环境对物流系统施加一定的约束称为外部环境对物流系统的限制和干扰。具体有资源条件、能源限制、资金与生产能力的限制；价格影响；需求变化；仓库容量；装卸与运输的能力；政策的变化等。

5.反馈

物流系统在把输入转化为输出的过程中，由于受系统各种因素的限制，不能按原计划实现，需要把输出结果返回给输入，进行调整。即使按原计划实现，也要把信息返回，以对工作做出评价，这称为信息反馈。信息反馈的活动包括各种物流活动分析报告、各种统计报告数据、典型调查、国内外市场信息与有关动态等。

（三）物流系统的特征（表4-2）

表4-2　物流系统的特征

特征	含义
人机系统	物流系统由人和形成劳动手段的设备、工具所组成。它表现为物流劳动者运用运输设备、搬运装卸机械、车辆、仓库、港口、车站等设施,作用于物资的一系列生产活动。在这一系列活动中,人是系统中的主体。
可分系统	作为物流系统,无论物流规模多么庞大,都是由若干个相互联系的子系统组成的。这些子系统的多少、层次的阶数,是随人们对物流的认识和研究的深入而不断扩充的。
动态系统	社会物资的生产状况、社会物资的需求变化、社会能源的波动、企业间的合作关系,都随时随地影响着物流；物流系统是一个具有满足社会需要、适应环境能力的动态系统。
复杂系统	形成物流系统所必需的人力、财力、物力、资源数量庞大、结构复杂,导致物流系统是一个复杂系统。
多目标函数系统	物流系统的总目标是实现物资空间位置的转移，但是在物流系统中广泛存在各种矛盾关系。要使物流系统在诸方面满足人们的要求,必须建立物流多目标函数,并在多目标中求得物流的最佳效果。
大跨度的系统	物流系统地域跨度大、时间跨度大。

（四）物流系统的目标

1.微观目标

在建立和运行物流系统时，要求实现以下五个方面的目标任务（5s目标）。

（1）服务

物流系统直接联结着生产与再生产、生产与消费，因此要求有很强的服务性(service)。这种服务性体现在物流系统本身具有一定从属性，要以用户为中心，树立“用户第一”的观念。

（2）及时、快速

及时性 (speed) 是服务性的延伸，是用户的要求，也是社会发展进步的要求。及时、快速既是一个传统目标，又是一个现代目标。随着社会大生产的发展，这一要求更加强烈。

（3）规模优化

规模优化 (scale optimization) 是以物流规模作为物流系统的目标，是以此追求“规模效益”。规模效益问题在流通领域很突出。只是由于物流系统比生产系统的稳定性差，因而难以形成标准的规模化模式。在物流领域以分散或集中等不同方式建立物流系统，研究物流集约化程度，就是规模优化这一目标的体现。

（4）节约

节约 (saving) 是经济领域的重要规律。在物流领域推行的集约化方式，采取的各种节约、省力、降耗措施，也是节约这一目标的体现。

(5) 调节库存

库存调节性 (stock control) 是及时性的延伸，也是物流系统本身的要求，涉及物流系统的效益。在物流领域中正确确定库存方式、库存数量、库存结构、库存分布是这一目标的体现。

2.宏观目标

(1) 物流基础设施布局合理，功能完善。

(2) 体制、制度健全，政策法规完善。

(3) 高效快捷，降低社会物流成本。

(4) 加强不同物流方式的协作，提高物流的便利性。

(5) 减少物流对生态环境的影响。

(五) 物流系统的分类

1.根据物流的性质

(1) 社会物流系统

(2) 行业物流系统

(3) 企业物流系统

2.根据行政区域

(1) 城市物流系统

(2) 乡镇物流系统

(3) 区域物流系统 (国内物流系统和国际物流系统)

乡镇物流中心指在乡镇物流系统中用于组织、衔接、调节、管理乡镇物流的节点。区域物流是指在区域范围内的运输、保管、包装、装卸、流通加工和信息传递等功能实体的流动以及物流过程中各环节的物品运动。国际物流是不同国家之间的物流。国际物流是国际贸易的重要组成部分。各国之间的相互贸易最终通过国际物流来实现。

3.根据再生产过程 (图4-3) 中的活动领域

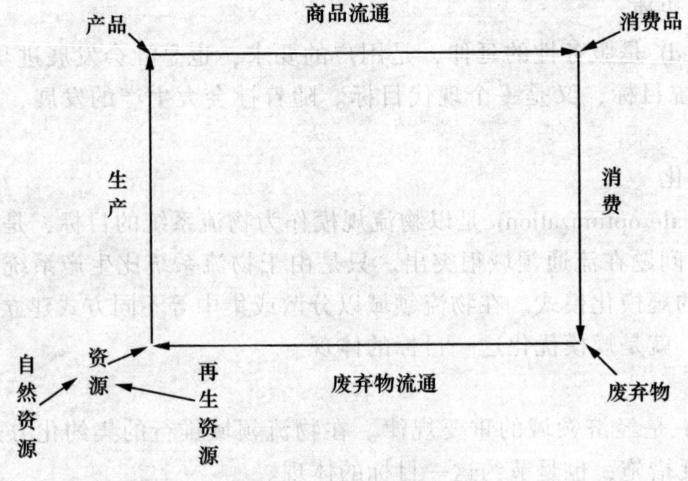

图4-3 再生产过程

(1) 生产领域物流——制造商物流

特点：

①大多为原材料供应、产品销售物流；

②物流处于企业的“后勤”地位；

③对外进行大批量交易；

④大多备有自用仓库或配送中心；

⑤厂外运输多为委托型；

⑥厂内物流的委托型有发展趋势——第三方物流。

(2) 流通领域物流——批发商物流

特点：

①商流处于企业首位；

②物流是企业的主业；

③大批量进，小批量出；

④有自用仓库，也有租用仓库；

⑤厂外运输有自供，也有委托。

(3) 流通领域——零售商物流

特点：

①以集配货物为主；

②大多有固定的配送中心及运输设施（自有或租用）；

③兼有保管、加工功能。

情景案例

批发商物流案例

美国加州食品配送中心是全美第二大批发配送中心。建于1982年，建筑面积为10万平方米，工作人员有2 000人，有全封闭型温控运输车600多辆。1995年销售额达20亿美元。经营商品均为食品，有43 000多个品种。98%的商品由该公司组织进货，2%的商品由该中心加工（牛奶、面包、冰激凌等）。该中心实行会员制，各会员因店铺规模、所需商品配送量的不同，向中心交纳不同的会员费。会员店在日常交易中与其他店一样，不享受任何特殊的待遇，但可参加配送中心定期的利润分配。

仓储式批发商物流案例

美国福来明公司的食品配送中心是典型的仓储式配送中心。它接受美国独立杂货商联盟加州总部的委托，为该地区350家加盟店负责商品配送。该配送中心建筑面积为7万平方米，经营8.9万个品种，其中有1200个品种是美国独立杂货商开发的，必须集中配送。在服务对象店经营的商品中，有70%左右的商品由该中心集中配送。一般鲜活商品和怕碰撞的商品，如牛奶、面包、炸土豆片、瓶装饮料和啤酒等，从当地厂家直接供货到店，蔬菜等商品从当地的批发市场直接进货。

零售商物流案例

美国沃尔玛商品公司的配送中心是典型的零售型配送中心。

该配送中心是沃尔玛公司独资建立，为该公司的连锁店按时提供商品。该配送中心建筑面积为12万平方米，总投资7 000万美元，有职工1 200多人；配送设备包括200辆车头、400节车厢、13条配送传送带，配送场内设有170个接货口。1995年，该配送中心的销售额为20亿美元。中心24小时运营，为分布在纽约州、宾夕法尼亚州等6个州的沃尔玛公司的100家连锁店配送。该配送中心设在100家连锁店的中央位置，配送区域半径为320千米，服务对象店的平均规模为1.2万平方米。中心经营商品达4万种，主要是食品和日用品。经常库存为4 000万美元，旺季为7 000万美元，年周转24次。在库存商品中，畅销商品和滞销商品各占50%，库存商品期限超过180天为滞销商品，各连锁店的库存量为销售量的10%左右。

4.根据物流活动范围（图4–4）

（1）企业物流系统

（2）地方公共事业物流系统

（3）企业集团物流系统

（4）行业物流系统

（5）地域物流系统

（6）全国物流系统

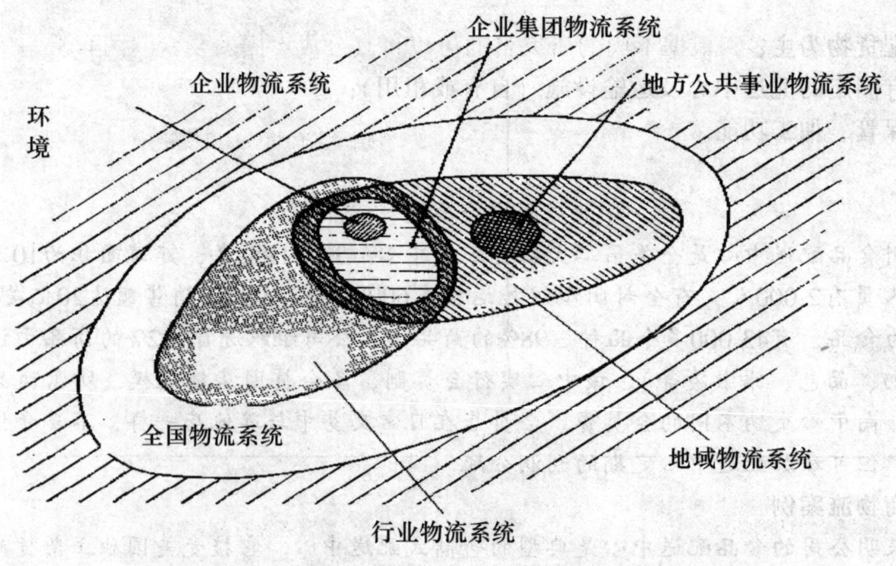

图4–4　物流系统

三、物流系统中存在的效益悖反现象

（一）物流服务和物流成本之间

要提高物流系统的服务水平，物流成本往往也要增加。比如采用小批量即时运货制就要增加费用，要提高供货率即降低缺货率，必须增加库存即增加保管费。

（二）构成物流服务子系统功能之间

各子系统的功能如果不均匀，物流系统的整体能力将受到影响。如搬运装卸能力很强，但运输力量不足，会产生设备和人力的浪费；反之，如搬运装卸环节薄弱，车、船到达车站、港口后不能及时卸货，也会带来巨大的经济损失。

（三）构成物流成本的各个环节费用之间

如为了减少仓储费用降低库存而采取小批量订货策略，这将导致运输次数增加，即运输费用将上升，因此运输费用和保管费之间存在悖反现象。

（四）各子系统的功能和所耗费用之间

任何子系统功能的增加和完善必须投入资金。如信息系统功能的增加，必须购置硬件和开发计算机软件。

如上所述的制约关系不胜枚举，这种制约关系也称为二律悖反原理。因此在物流合理化过程中必须有系统观念，对这些相互制约的关系给予充分的注意。

第二节　物流系统的要素

物流系统的要素很多，根据不同的研究目的可以将其分成不同的要素（图4–5）。

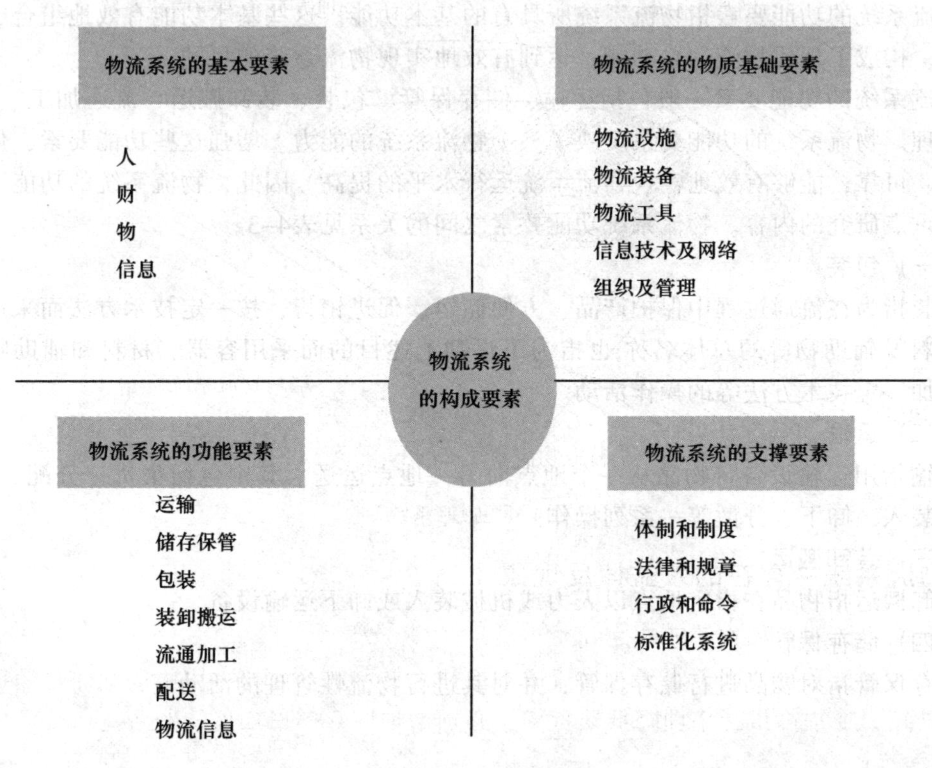

图4–5　物流系统的要素

一、基本要素

物流系统的基本要素包括以下四个方面。

（一）劳动者要素

劳动者是物流系统的主体，是物流系统的核心要素、第一要素。提高劳动者素质是建立一个合理化的现代物流系统并使它有效运行的根本。

（二）资金要素

交换是以货币为媒介的。实现交换的现代物流过程，实际也是资金的运动过程。同时，物流服务本身也是需要以货币为媒介的。现代物流系统建设是资金投入的一大领域，离开资金这一要素，现代物流不可能实现。

（三）物的要素

物的要素包括物流系统的劳动对象，即各种实物。此外，物的要素还包括劳动工具、劳动手段，如各种物流设施、运输工具、各种消耗材料等。

（四）信息要素

物流信息成为现代物流不可或缺的组成部分，包括物流信息的收集、储存、传递、处理等。有学者认为，现代物流的竞争就是物流信息的竞争。

二、功能要素

物流系统的功能要素指物流系统所具有的基本功能。这些基本功能有效地组合、联结在一起，构成了现代物流的总功能，达到有效地实现物流系统的目的。

物流系统的功能要素一般包括运输、储存保管、包装、装卸搬运、流通加工、配送、信息处理。物流系统的功能要素反映了整个物流系统的能力。增强这些功能要素，使之更加协调、可靠，能够有效地实现物流系统运行水平的提高。因此，物流系统的功能要素是物流学重点研究的内容。物流系统功能要素之间的关系见表4–3。

（一）包装

包装指为在流通过程中保护产品、方便储运、促进销售，按一定技术方法而采用的容器、材料及辅助物等的总体名称;也指为了达到上述目的而采用容器、材料和辅助物的过程中施加一定技术方法等的操作活动。

（二）运输

运输指用运输设备将物品从一个地点向另一地点运送。其中包括集货、分配、搬运、中转、装入、卸下、分散等一系列操作。

（三）装卸搬运

装卸搬运指物品在指定地点以人力或机械装入或卸下运输设备。

（四）储存保管

储存保管指对物品进行储存保管，并对其进行物流性管理的活动。

表4-3 物流系统功能要素目标之间的典型关系一览表

要素	主要目标	采取的方法	可能导致的结果	可能造成对其他要素的影响
运输	运费最小	批量运输、集装整车运输、铁路干线运输	交货期集中、交货批量大、待运期长、运费降低	在途库存增加、平均库存增加、末端加工费用高、包装费用高
储存保管	储存费最小	缩短进货周期、降低每次进货量、增加进货次数、在接近消费者的地方建仓库、增加信息沟通	紧急进货增加、送货更加零星、储存地点分散、库存量降低甚至达到零库存、库存费用降低	无计划配送增加、配送规模更小，配送地点更分散，配送、装卸搬运、流通加工、物流信息成本增加
包装	破损最少、包装成本最小	物流包装材料强度高、扩大内装容量、按照特定商品需要确定包装材料和方式、物流包装容器功能更多	包装容器占用过多空间和重量、包装材料费增加、包装容器的回收费用增加、包装容器不通用、商品破损降低但包装费增加	包装容器耗用的运费和仓储费用增加、运输车辆和仓库的利用率会下降、装卸搬运费用增加
装卸搬运	降低装卸费、降低搬运费、加快装卸速度	使用人力节约装卸搬运成本、招聘农民工进行装卸搬运、提高装卸搬运速度，“抢装抢卸”	装卸搬运效率低、商品破损率高、不按要求堆放、节省装卸搬运费用	待运期延长、运输工具和仓库的利用率降低、商品在途和在库损耗增加、包装费用增加、重新加工增加流通加工成本
流通加工	满足销售要求、降低流通加工费用	流通加工作业越来越多，为节约加工成本，采用简陋设备	在途储存和在库储存增加、增加装卸环节、商品重复包装	商品库存费增加、装卸搬运费增加、商品包装费增加
物流信息	简化业务、提高透明度	建计算机网络、增加信息处理设备，如手持终端、采用条形码、增加信息采集点	增加信息处理费、方便业务运作、提高客户服务、信息安全性和可靠性、影响到系统运作安全	(与其他要素的目标没有冲突)

（五）流通加工

流通加工指物品在从生产地到使用地的过程中，根据需要施加包装、分割、计量、分拣、贴标签、组装等简单作业的总称。

（六）配送

配送指在经济合理区域范围内，根据客户要求，对物品进行拣选、加工、包装、分割、组配等作业，并按时送达指定地点的物流活动。

（七）物流信息

物流信息指反映各种活动内容的知识、资料、图像、数据、文件的总称。

在物流系统的功能要素中，运输和储存保管分别解决了供给者和需求者之间场所和时间的分离，分别是物流创造“空间效用”和“时间效用”的主要功能要素，因而在现代物流系统中处于主要功能要素的地位。

三、支撑要素

现代物流系统的建立需要许多支撑手段，尤其是处于复杂的社会经济系统中，要确定现代物流系统的地位，要协调与其他系统的关系，这些要素不可缺少。物流系统的支撑要素主要包括以下几方面。

(一) 体制和制度

有学者曾提出："物流的灵魂在于系统，物流的水平在于科技，物流的关键在于管理，物流的成败在于体制。"物流业是一个综合性很强的行业，贯穿于生产、分配、消费乃至废弃的全过程。物流系统的体制、制度决定物流系统的结构、组织、领导、管理方式，国家对其控制、指挥和管理是现代物流系统的重要保障。有了这个支撑条件，现代物流系统才能确立在国民经济中的地位，才能得到快速、协调发展。

(二) 法律和规章

现代物流系统的运行，不可避免地涉及企业或人的权益问题。法律、规章方面限制和规范物流系统的活动，使之与更大的系统协调；另一方面是给予保障。合同的执行、权益的划分和责任的确定，都需要依靠法律、规章维系。物流领域法律、规章的逐步建设与完善，将对物流业的高速、有序发展起到保驾护航的作用。

(三) 行政和命令

现代物流系统和一般系统的不同之处在于，现代物流系统关系到国家军事、经济命脉。所以行政、命令等手段在特殊时期或特定环境中常常是支持现代物流系统正常运转的重要支撑要素。

(四) 标准化系统

标准化是对产品、工作、工程、服务等普遍活动制定、发布和实施统一的标准的过程。它是使系统保持统一性和一致性，对系统进行管理，提高系统运行效益的有效手段。物流本身是一个涉及面广、内容复杂的大系统，所涉及的要素极其广泛。一项物流活动的完成是众多物流要素共同作用的结果。为了使各种物流要素能够有效配合，需要对物流设施、设备、器具、作业方法等制定统一的标准，并且按照统一的标准组织物流活动。标准化系统不仅是保证物流系统各环节协调运行的条件，同时也是保证现代物流系统与其他系统在技术上实现联结的重要支撑条件。

四、物质基础要素

现代物流系统的建立和运行，需要大量技术装备手段，这些手段的有机联系对现代物流系统的运行有决定意义，对实现物流系统或某一方面的功能是不可缺少的。物流系统的物质基础要素主要包括以下几方面。

(一) 物流设施

物流设施是组织现代物流系统运行的基础物质条件。包括物流站、场；物流中心、仓库；物流线路；建筑物；铁路、公路、水运、空运及车站、港口、码头、机场等相关的附属设施等。

（二）物流装备

物流装备是保证现代物流系统开动的条件，包括仓库货架、进出库设备、加工设备、运输设备、装卸搬运机械等。

（三）物流工具

物流工具是现代物流系统运行的物质条件，包括包装工具、维护保养工具、办公工具等。

（四）信息技术及网络

信息技术及网络是掌握和传递物流信息的手段，包括通信设备及线路、传真设备、计算机及网络设备等。

（五）组织及管理

组织及管理是物流网络的"软件"，起着联结、调运、运筹、协调、指挥其他各要素以保障物流系统目的实现的作用。

第三节　物流系统的组成和结构

一、物流系统的组成

按照功能不同，物流系统可以分为物流作业系统和物流信息系统（图4–6）。

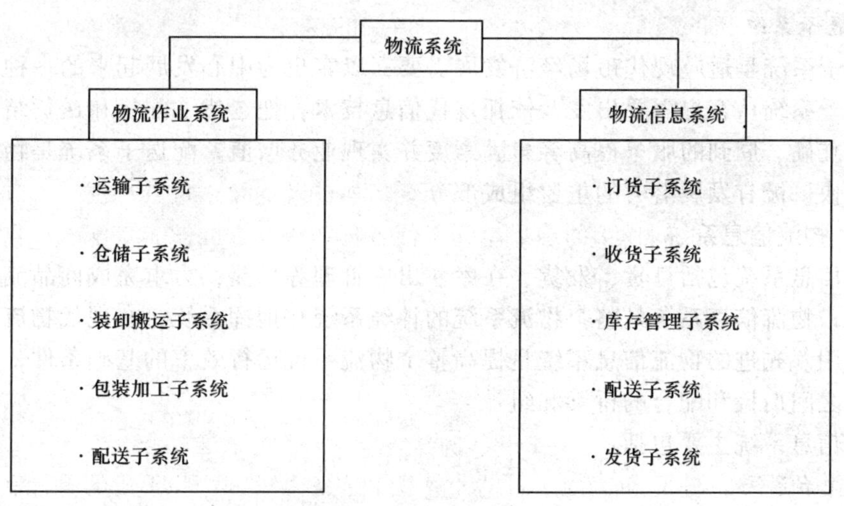

图4–6　物流系统

（一）　物流作业系统

物流作业系统包括运输、保管、搬运、包装、流通加工等功能，在系统中使用种种先进技术，可以力求省力化和效率化。

物流作业系统由以下子系统组成：

1.运输子系统

运输子系统是指承担商品物理位移功能的系统，通过空间变换帮助商品完成市场价值交换并实现商品增值，完成商品由生产者向消费者转移的传递过程。它是物流作业系统中最重要的组成部分。

2.仓储子系统

仓储子系统是承担商品储存、保管职能，通过时间变换帮助商品实现其价值甚至实现价值增值的物流系统。作为连接社会再生产诸环节的“蓄水池”和“调节器”，仓储子系统有着不可缺少的重要作用，是物流作业系统的重要组成部分。

3.装卸搬运子系统

装卸搬运子系统是承担货物在各个储运交接环节以及各海陆空口岸装卸搬运职能的物流系统，在连接各地区和国内外市场、资源、要素交换方面有着重要作用，是连接国内生产与国外消费、国外生产与国内消费所必不可少的中间环节，也是物流作业系统的重要组成部分之一。装卸搬运子系统的装备水平和工作效率影响到相关企业的市场竞争力和经济效益，甚至影响到一个国家在国际市场上的总体竞争力。

4.包装加工子系统

包装加工子系统已成为现代物流作业系统的重要组成部分。随着市场竞争的加剧，在物流领域对商品进行必要的加工和包装是提高消费者满意度和对商品的认同感，从而提高市场占有率的重要手段；也是降低生产加工总费用，提高对客户需求反应速度的有效手段。

5.配送子系统

配送子系统是适应现代市场经济发展需要，以客户为中心发展起来的一种新型物流系统。配送子系统从客户需要出发，依托现代信息技术，把选货、配货和送货结合起来，通过迅速、准确、周到的服务提高客户满意度并实现业务增值。配送子系统是物流作业系统中成长最快、极有发展潜力的重要组成部分。

（二）物流信息系统

物流信息系统包括订货、发货、在库、出库管理等功能，力求完成商品流动全过程的信息活动。物流信息系统是整个物流系统的神经系统和指挥系统，在现代物流业中发挥着重要的作用。先进的物流信息系统是提高整个物流系统运行效率的基础条件，也是物流作业子系统之间衔接和配合的桥梁和纽带。

物流信息系统主要包括：

1.订货子系统

订货子系统是在库存不合理时，根据需求信息，适时适量地调整订货，防止缺货或库存过多的系统。该子系统与收货子系统、库存管理子系统存在互动关系。

2.收货子系统

收货子系统是指根据收货预定信息，对收到的货物进行检验，与订货要求进行核对无误之后计入库存、指定货位等的收货管理系统。

3.库存管理子系统

库存管理子系统是对保存在物流中心的商品进行实际管理、指定货位和调整库存的子系统。正确把握商品库存，对于制订恰当的采购计划，接受订货计划、收货计划和发货计划至关重要，所以库存管理子系统是物流信息系统的中心。

4.配送子系统

降低成本对于高效率的配送计划来说是非常重要的。配送子系统是将商品按配送方向进行分类，制定车辆调配计划和配送线路计划的系统。

5.发货子系统

如何通过迅速、准确的发货安排，将商品送到顾客手中，是物流信息系统需要解决的主要问题。发货子系统是一种与收货子系统、库存管理子系统互动，向保管场所发出拣选指令或根据不同的配送方向进行分类的系统。

二、物流系统的结构

物流系统的结构由点、线、面三个层次构成。其中，“点”指的是物流节点；“线”指的是物流线路，“面”则指的是由物流节点和物流线路构成的网络。物流过程按其运动状态来看，有相对运动的状态和相对停顿的状态，物在节点处于相对停顿的状态，在线路处于相对运动的状态。节点和线路结合起来便构成物流的网络结构，节点和线路的相互关系和配置形成物流系统的比例关系，这种比例关系就是物流系统的结构。下面就构成物流系统的三个方面进行详细的介绍。

（一）物流节点

1.物流节点的概念

物流节点是指物流网络中物流线路的连接处，又称物流接点或物流结点，是物流系统中从事物资的储存保管、运输、配送、装卸搬运、包装及流通加工的场所。具体来讲就是指仓库、车站、码头、港口、配送中心、货运站、包装公司、加工中心等。这些作业场所是物流活动的节点，也是物流线路的起点和终点。物流节点在空间的配置形式，在很大程度上决定着物流的线路、流向和流程。

2.物流节点的类型

物流节点都是以一定的设施形态存在的，在物流系统中发挥着不同的作用。按节点的功能分类，可分为以下几种类型，如表4–4所示。

表4–4 物流节点的类型

节点类型	功能	典型代表
储存型节点	保管存放货物	储备仓库
配送型节点	货物配备和组织送货	配送中心
集散型节点	集中货物或分散货物	集货中心、分货中心
转运型节点	连接不同线路和不同运输方式	车站、港口、码头
综合型节点	综合一体化物流功能	流通中心、物流中心

表4-4中物流节点的分类并不是绝对的，现实中各类节点的功能往往是交叉并存的。现代物流的发展对节点的要求不断提高，传统单一型节点有向多功能、综合型转变的趋势。

3.物流节点的功能

在现代物流系统中，物流节点是物流网络的中枢和纽带，它不仅具有一般的物流功能，而且越来越多地发挥着指挥调度、信息处理等神经中枢的功能，对物流系统有极其重要的作用。具体来讲，物流节点在物流系统中的功能如表4-5所示。

表4-5　物流节点的功能

功能	含义
连通功能	通过转换运输方式连接不同的运输手段； 通过加工、分拣、配货等连接干线物流和末端物流； 通过储存保管连接不同时间的供应物流和需求物流； 通过集装箱、托盘等集装处理使运输一体化。
信息功能	节点是连接线路的枢纽，各种信息都会经过它，故在节点处进行信息的收集、处理、传输工作非常便利。当把所有节点与物流系统的信息中心连接起来时，就形成了指挥、管理、调度物流系统的信息网络。
管理功能	物流系统的管理设施和管理机构一般都集中于节点之中，每个节点都是一定范围的指挥、管理、调度中心。物流活动的效率，取决于物流节点能否有效发挥其管理职能。

(二) 物流线路

物流线路是运输工具的载体和通过的路径。物流活动中物质资料的空间转移是通过运输工具在线路上的移动来实现的。没有线路，就无法实现物流。因此，物流线路是物流的运输功能实现的基本条件。

1.线路在物流系统中具有十分重要的意义

第一，线路决定了物流系统的结构。节点是伴随线路的产生而存在的，没有线路也就不会有节点。不同类型线路的比例关系在很大程度上决定着节点的配置，线路和节点结合起来，形成物流系统的网络结构。

第二，线路决定着物流的范围和能力。物流范围的发展是随着线路的延伸而扩大的，线路延伸到哪里，物流才能随之扩展到哪里。

第三，线路的长度、密度及其质量还决定着运输的能力和效率，从而也决定着物流的能力和效率。

2.物流线路的分类

物流线路按其存在的物质形态，可分为公路、铁路、水路、航空和管道五种线路（表4-6）。

表4-6　物流线路的分类

类型	特点	适用范围
公路	灵活性强、建设周期短、投资较低	多品种、小批量、短距离陆地货物运输
铁路	建设周期长、投资大、专用性强、运力强	大批量、长距离陆地货物运输
水路	航道天然、投资较少、运力强大，但受自然气候影响大	国际贸易货物运输
航空	航线天然、成本高、速度快、运力有限	贵重物品、急需物资
管道	无人力、无包装、连续作业、线路与载体合二为一	石油、天然气等

（三）物流网络

物流系统的组成要素是点和线，点和线之间的联系构成了物流系统的网络结构。根据结构复杂程度，物流网络可以分为五类（表4–7）。

表4–7 物流网络的类型

类型	形成条件	典型代表
点状	孤立的点	废弃仓库
线状	两点一线、线不成圈	农副产品供应链
圈状	至少一圈，至少一点不在圈中	工业品物流
树状	无圈但连通	汽车物流
网状	点点直接相连	服装

1.点状物流网络

点状物流网络即由孤立的点组成的物流网络。这是物流系统网络结构的一种极端情况，实际上这种点状物流网络只在封闭的、自给自足的系统中才存在，但这样的系统，除了像荒废的仓库、站台等这样的情况以外，在现实生活中基本上不存在，如图4–7（a）。

2.线状物流网络

线状物流网络即由点和连接这些点的线组成的简单物流网络，且满足两个条件：两个点之间只有一条线、线没有连成圈。一个农副产品供应链可能是这样的，在产地建立配送中心先将农副产品收集起来，然后卖给沿着公路线上的各个销售点，如图4–7（b）。

3.圈状物流网络

圈状物流网络即由至少包含一个连接成圈的线组成的物流网络，但同时至少有一点没有包含在圈中。一个工业品制造商在两个市场区域各设置一个配送中心，每个配送中心覆盖各自的市场区域，区域内部各供货点之间的货品可以调剂，它们是连通的，同时两个配送中心通过干线连接起来。这是一种物流效率比较高的物流网络结构，如图4–7（c）。

4.树状物流网络

树状物流网络即无圈但能够连通的物流网络。汽车物流基本上采取这种方式，一个汽车制造商，按市场区域设置分销网络和配送网络，将市场层层细分，每个细分市场选择一个经销商，经销商之间在销售政策，如折扣和价格等策略上稍有差别，为了便于市场管理，不同经销商的市场范围之间有严格的界限，公司设立两个配送中心，配送中心之间通过干线运输连接，每个配送中心覆盖一定的市场区域，从一个配送中心发出的汽车不能流向另一配送中心负责供应的经销商，因此经销售之间的物流是不连通的，如图4–7（d）。

5.网状物流网络

网状物流网络即由点点相连的线组成的物流网络。这是非常复杂的网络，它的最大优点可能是方便销售，最大缺点可能是物流效率低下。在复杂的网状销售渠道中，物流渠道应该与销售渠道分开，因为商流和物流都达到了一定的规模，分别可以实现各自的规模效益，因此应该按照各自的专业化经营要求来设置渠道，然后再建立一种将商流和物流紧密结合的机制。例如一个服装制造商在销售市场上设立了一些专卖店供货，任何一个专卖店都可向任何一家配送中心或其他专卖店进货，这样确实方便了专卖店的销售，有利于专卖店控制库存，但是物流管理的难度很大，如果没有完善的信息网络和集中统一的数据库系统，物流网络、物流和配送环节就会出现混乱和无效率，因此，这种网络的组织化程度不高，可以进行优化，如图4–7（e）。

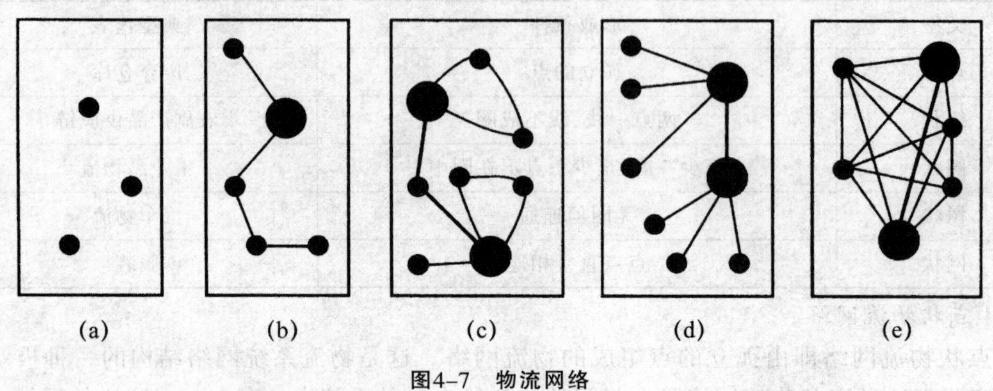

图4–7 物流网络

第四节 物流系统工程

一、系统工程概述

（一）定义

所谓系统工程，就是为了创造或改造系统，使之最有效地达到系统的目标，运用各种科学知识，根据系统的思考方法，把它作为系统进行开发、设计、制造和运行的综合性工程体系。

（二）特点

1.系统工程研究问题一般采用先决定整体框架，后进入详细设计的程序，一般是先进行系统的逻辑思维过程总体设计，然后进行各子系统或具体问题的研究。

2.系统工程方法是以系统整体功能最佳为目标，通过对系统的综合、分析构造系统模型来调整、改善系统的结构，使之达到整体最优化。

3.系统工程的研究强调系统与环境的融合，近期利益与长远利益相结合，社会效益、生态效益与经济效益相结合。

4.系统工程研究是以系统思想为指导，采取的理论和方法是综合集成各学科、各领域的理论和方法。

5.系统工程研究强调多学科协作，根据研究问题涉及的学科和专业范围，组成一个知识结构合理的专家体系。

6.各类系统问题均可以采用系统工程的方法来研究，系统工程方法具有广泛的适用性。

7.强调多方案设计与评价。

二、物流系统工程

（一）概念

物流系统工程又称物流工程。物流系统工程现无统一的定义，一般有以下三种定义方式（表4-8）。

表4-8　物流系统工程的定义

定义角度	定义
方法论角度	从系统工程角度研究物流。
工学角度	所谓物流系统工程，就是综合运用各种知识，设计制造或改造运行物流系统的综合性工程体系。（从工程角度研究物流系统的设计与实现。）
管理学角度	物流系统工程(Logistics System Engineering)是指在物流管理中，从物流系统整体出发，把物流和信息流融为一体，看做一个系统，把生产、流通和消费全过程看做一个整体，运用系统工程的理论和方法进行物流系统的规划、管理和控制，选择最优方案，以最低的物流费用、高的物流效率、好的顾客服务，达到提高社会经济效益和企业经济效益目的的综合性组织管理活动。

（二）内涵

1.物流系统工程工作的对象，是物流系统。

2.物流系统工程工作的内容，是设计、制造、改造、运行。

3.物流系统工程工作的方法，是采用一整套综合性的工程体系，综合运用各种知识。

（三）基本观点

物流系统工程既然是一个系统工程，就应当具备系统工程的基本观点。

* 系统的观点
* 整体最优的观点
* 发展变化的观点
* 协调配合的观点
* 适应环境的观点
* 控制的观点
* 人是系统主体的观点

（四）基本思想方法

物流系统工程的基本思想方法，也就是一般系统工程的基本思想方法。对于一般的物流系统工程，可以运用七个步骤的思想方法。

* 摆明问题
* 指标设计
* 系统综合

* 系统分析
* 系统优化
* 择优决策
* 计划实施

对于比较复杂的大型物流系统，则可以用三维结构的思想方法。把整个系统工程分为时间维、逻辑维和知识维。即把整个工程过程分成七个时间阶段，即：规划阶段、拟订方案阶段、分析阶段、实验阶段、调试阶段、运行阶段、更新阶段。每个阶段都实行上述的七个步骤，每个阶段的每个步骤都综合运用相应的知识，这样一个一个阶段、一个一个步骤进行，直到最后完成。

本章小结

本章首先介绍了物流系统的基本内涵及特点，进而介绍了物流系统的类型及模式；同时介绍了物流系统的组成要素及结构；最后简单介绍了物流系统工程的基本知识。

关键词

系统、物流系统、要素、结构、系统工程

复习思考题

1.物流系统具有哪些特点？
2.物流系统的要素有哪些？
3.简要叙述物流网络的类型及特点。

综合案例

二汽物流系统改造

第二汽车制造厂（以下简称“二汽”）始建于1969年，是依靠我国自己的力量，采取“聚宝”方式设计、建设和装备起来的现代化汽车生产企业，也是国家明确重点支持的三大汽车集团之一。二汽的创建，曾经经历了一个依靠自己的力量、土法上马、艰苦创业的过程。初建时期，从各个部件厂到总装厂的物料搬运系统比较粗糙。在东西长约30千米、南北宽约8千米的十堰的一条山沟里，分布着二汽27个部件厂。总装系统试运行时，由于搬运系统的原因，曾经出现总装厂前面的广场上车辆堵塞、人满为患、急需装配的部件进不来、暂时不需要装配的部件挤满了车间、影响总装配线顺利运行的混乱局面。

为了改变这种局面，需要改造二汽的物料搬运系统，于是就组织中外专家进行了一次重大的物流系统工程工作。这个工作的全过程一共分成了七个步骤，如图4–8所示。

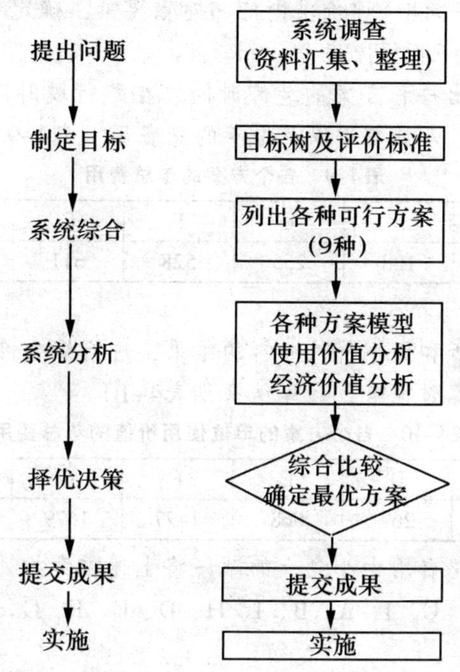

图4–8　二汽物流系统工程

第一步，提出问题：包括系统调查，汇集资料，整理资料。

就是进行系统调查、弄清问题。二汽从原材料到加工成毛坯、半成品、零件，再到装配成整车，生产过程复杂、工序很多，需要进行物料搬运的范围很广。为此，先从抓主要问题着手。为弄清主要问题，开了两次调查会，弄清楚了如何减少车次等五个需要解决的问题。在调查的基础上，汇集了资料，例如产品设计图纸、工厂平面图、工厂组成及产品分工图、汽车生产路线示意图、里程表以及物料搬运方面的资料等，并且进行了资料整理。

第二步，制定目标：包括建立目标树，选定子目标，建立评价准则。

首先建立目标树。首先把物料搬运系统总的目标分成三个子目标：对外运输（N）、专业厂之间的运输（O）和专业厂内部运输（P）。决定选定子目标O。而子目标O又可以按各个专业厂的重要程度分成J（总装厂）、K（车桥厂）、L（发动机厂）、M（变速箱厂）等，又选定子子目标J（总装厂）作为重点，而总装厂与其他厂之间的物料搬运问题J又可以分为G（搬运组织）、H（搬运质量）和I（搬运频次）。这样选定了子目标以后，还要建立起评价方案是否达到目标的评价准则，具体选定了8个评价准则。

第三步，系统综合：就是提出设想，制定能够达到目标的各种可行方案。

例如，对于车身运送的各种设想方案，是通过专业座谈会的形式提出的。参加会议的有总装厂、车身厂及运输、工厂设计等部门的生产调度、工艺、运输及设计等有关专业人员，一共提出了14种可行方案，最后归纳成10种方案。

第四步，系统分析：主要包括建立模型，使用价值分析，经济价值分析。

建立模型：例如将以上车身运送的10个方案建立起8个模型。

使用价值分析：首先评定8个评价准则的相对重要性，确定各自的比重因子WF，即权值。用这8个准则去评价各个可行方案。

经济价值分析：计算出每种方案的装卸时间、在路行驶时间、车数、每年折旧费用、每年能源费用、维修费用、人员费用以及每年的总费用（表4–9）。

表4–9　各个方案的年总费用

A	B	C	D	E	F	G	H	I	J
83	79	57	108	255	528	611	113	131	52

第五步，择优决策。

综合考虑使用价值分析和经济价值分析的结果，进行综合价值的分析计算，求出单位使用价值的年总费用。计算过程略，计算结果见表4–10。

表4–10　各个方案的单位使用价值的年总费用

A	B	C	D	E	F	G	H	I	J
198	217	57	267	668	1427	1679	247	231	166

按单位使用价值的年总费用由小到大的顺序将上述方案排列如下：

C、J、A、B、I、H、D、E、F、G

所以，C方案最好。

第六步，提交成果。

提交方案报告和试运行效果。对车身选用半挂车运送。

第七步，实施。

（案例来源：http://www.docin.com/p–93863388.html）

案例思考题

1.系统改造前，二汽的物料搬运系统存在哪些问题？

2.开展物流系统工程建设或改造工作应遵循怎样的步骤？

扩展阅读

物流系统优化的10项基本原则

1.目标（Objectives）——设定的目标必须是定量的和可测评的。

制定目标是确定我们预期愿望的一种方法。要优化某个事情或过程，就必须确定怎样才能知道目标对象已经被优化了。使用定量的目标，计算机就可以判断一个物流计划是否比另一个更好。企业管理层就可以知道优化的过程是否能够提供一个可接受的投资回报率(Return on Investment)。比如，一项送货作业可能被确定的目标是“日常分摊的资产使用成本、燃料和维修成本以及劳动力成本之和最小”。这些成本目标既定量，也容易测定。

2.模型（Models）——模型必须忠实地反映实际的物流过程。

建立模型是把物流运营要求和限制条件翻译成计算机能够理解和处理的某种东西的方法。例如，我们需要一个模型来反映货物是如何通过组合装上卡车的。一个非常简单的模型，诸如发货的总重量或总体积就能够忠实地反映某些货物的装载要求，如大宗液体货物。然而，如果总重量或总体积模型被用于往拖车上装载新汽车，则该模型就会失效，因为它不能充分地反映实际的物流情况。比如，用“可运载45 000磅汽车”来描述拖车的载货能力就是不适用的。因为，拖车所能够装运汽车的数量取决于汽车的外形、拖车的结构和一些其他因素。在这种情况下，如果使用简单的重量或体积模型，许多计算机认为合适的载荷将无法实际装车，而实际上更好的装载方案会由于计算机认为不合适而被放弃。所以，如果模型不能忠实地反映装载的过程，则由优化系统给出的装车解决方案要么无法实际执行，要么在经济上不合算。

3.数据（Data）——数据必须准确、及时和全面。

数据驱动了物流系统的优化过程。如果数据不准确，或有关数据不能够及时地输入系统优化模型，则由此产生的物流方案就是值得怀疑的。对必须产生可操作的物流方案的优化过程来说，数据也必须全面和充分。例如，如果卡车的体积限制了载荷的话，使用每次发货的重量数据就是不充分的。

4.集成（Integration）——系统集成必须全面支持数据的自动传递。

因为对物流系统优化来说，要同时考虑大量的数据，所以，系统的集成是非常重要的。比如，要优化每天从仓库向门店送货的过程就需要考虑订货、客户、卡车、驾驶员和道路条件等数据。人工输入数据的方法，哪怕是只输入很少量的数据，也会由于太花时间和太容易出错而不能对系统优化形成支持。

5.表述（Delivery）——系统优化方案必须以一种便于执行、管理和控制的形式来表述。

由物流优化技术给出的解决方案，除非现场操作人员能够执行，管理人员能够确认预期的投资回报已经实现，否则就是不成功的。现场操作要求指令简单明了，要容易理解和执行。管理人员则要求有关优化方案及其实施效果在时间和资产利用等方面的关键信息更综合、更集中。

6.算法（Algorithms）——算法必须灵活地利用独特的问题结构。

不同物流优化技术之间最大的差别就在于算法的不同（借助于计算机的过程处理方法通常能够找到最佳物流方案）。关于物流问题的一个无可辩驳的事实是每一种物流优化技术都具有某种特点。为了在合理的时间段内给出物流优化解决方案就必须借助优化的算法来进一步开发优化技术。因此，关键的问题是：

(1) 这些不同物流优化技术的特定的问题结构必须被每一个设计物流优化系统的分析

人员认可和理解。

(2) 所使用的优化算法应该具有某种弹性，使得它们能够被“调整”到可以利用这些特定问题结构的状态。

物流优化问题存在着大量的可能解决方案（如，对于40票零担货运的发货来说，存在着1万亿种可能的装载组合）。如果不能充分利用特定的问题结构来计算，则意味着要么算法将根据某些不可靠的近似计算给出一个方案，要么就是计算的时间极长（也许是无限长）。

7.计算（Computing）——计算平台必须具有足够的容量在可接受的时间段内给出优化方案。

因为任何一个现实的物流问题都存在着大量可能的解决方案，所以，任何一个具有一定规模的问题都需要相当的计算能力支持。这样的计算能力应该使得优化技术既能够找到最佳物流方案，也能够在合理的时间内给出最佳方案。显然，对在日常执行环境中运行的优化技术来说，它必须在几分钟或几小时内给出物流优化方案（而不是花几天的计算时间）。采取动用众多计算机同时计算的强大的集群服务和并行结构的优化算法，可以比使用单体PC机或基于工作站技术的算法更快地给出更好的物流优化解决方案。

8.人员（People）——负责物流系统优化的人员必须具备支持建模、数据收集和优化方案所需的领导和技术专长。

优化技术是“火箭科学”，希望火箭发射后能够良好地运行而没有“火箭科学家”来保持它的状态是没有可能的。这些专家必须确保数据和模型的正确，必须确保技术系统按照设计的状态工作。现实的情况是，如果缺乏具有适当技术专长和领导经验的人的组织管理，复杂的数据模型和软件系统要正常运行并获得必要的支持是不可能的。没有他们的大量的工作，物流优化系统就难以达到预期的目标。

9.过程（Process）——商务过程必须支持优化并具有持续的改进能力。

物流优化需要应对大量的在运营过程中出现的问题。物流目标、规则和过程的改变是系统的常态。所以，不仅要求系统化的数据监测方法、模型结构和算法等能够适应变化，而且要求他们能够捕捉机遇并促使系统变革。如果不能在实际的商务运行过程中对物流优化技术实施监测、支持和持续的改进，就必然导致优化技术的潜力不能获得充分的发挥，或者只能使其成为“摆设”。

10.回报（ROI）——投资回报必须是可以证实的，必须考虑技术、人员和操作的总成本。

物流系统优化从来就不是免费的午餐。它要求大量的技术和人力资源投入。要证实物流系统优化的投资回报率，必须把握两件事情：

一是诚实地估计全部的优化成本；

二是将优化技术给出的解决方案逐条与标杆替代方案进行比较。

在计算成本的时候，企业对使用物流优化技术的运营成本存在着强烈的低估现象，尤其是在企业购买的是“供业余爱好者自己开发使用”的基于PC的软件包的情况下。这时要求企业拥有一支训练有素的使用者团队和开发支持人员在实际运行的过程中调试技术系统。在这种情况下，有效使用物流优化技术的实际年度运营成本极少有低于技术采购初始成本的（如软件使用许可费、工具费等）。如果物流优化解决方案的总成本在第二年是下降的，则很可能该解决方案的质量也会成比例地下降。

在计算投资回报率的时候，要确定物流优化技术系统的使用效果，必须做三件事：

一是在实施优化方案之前根据关键绩效指标（Key Performance Indicators）测定基准状态。

二是将实施物流优化技术解决方案以后的结果与基准状态进行比较。

三是对物流优化技术系统的绩效进行定期的评审。

要准确地计算投资回报率必须采用良好的方法来确定基准状态，必须对所投入的技术和人力成本有透彻的了解，必须测评实际改进的程度，还必须持续地监测系统的行为绩效。但是，因为绩效数据很少直接可得，而且监测过程需要不间断的实施，所以，几乎没有哪个公司能够真正了解其物流优化解决方案的实际效果。

（资料来源：王佐.物流系统优化的10项基本原则.中国物流与采购，2003，（20）：30-31.）

第五章 运输管理

第一节 运输与运输管理概述

一、运输

（一）运输的定义

运输(Transportation）是指运输主体（人或者是货物）通过运输工具（或交通工具与运输路径)，由甲地移动至乙地，完成某个经济目的的行为。因此，运输是一种“衍生的经济行为”，运输多半都是为了完成某些经济行为。

（二）运输的功能

一般来说，运输提供两大功能：产品空间转移和产品暂时储存。

1.空间转移

供应链中无论产品处于哪种形式，原材料、在制品，还是制成品，都将被转移到链条的下一阶段，不断接近最终的顾客，运输的作用就是将产品在价值链中传递。

运输的主要目的就是以最低的时间、财务和环境资源成本，将产品从原产地转移到规定地点。此外，产品灭失损坏的费用也必须是最低的；同时，产品转移所采用的方式必须能满足顾客有关交付履行和装运信息的可得性等方面的要求。

2.暂时储存

对产品进行暂时储存是一个不太寻常的运输功能，也即将运输车辆暂时作为相当昂贵的储存设施。然而，如果转移中的产品需要储存，但在短时间内（例如几天后）又将重新转移的话，那么，产品在仓库卸下来和再装上去的成本也许会超过储存在运输工具中每天支付的费用。

在仓库空间有限的情况下，利用运输车辆储存不失为一种可行的选择。可以采取的一种方法是，将产品装到运输车辆上去，然后采用迂回线路或间接线路运往其目的地。在本质上，这种运输车辆被用作一种储存设施，但它是移动的，而不是处于闲置状态。实现产品暂时储存的第二种方法是改道。这是当交付的货物处在转移之中，而原始的装运目的地被改变时才会发生。

（三）运输的作用

1.运输是社会生活的必备条件

现代邮政和包裹快递已成为现代物流业的重要组成部分，已为人们的社会生活所必需。如，居民在搬家、旅游、馈送等活动中，常常会出现物品所在地与消费地不一致的矛盾，这时往往就需要用运输手段来解决。随着电子商务的兴起，人们在网上购物的热情剧增，这也是人类发展的趋势，这种现象更需要运输来配合。由此可见，运输确实是人类社会生活的必备条件之一。

2.运输是影响商品成本的重要因素

一方面，运输作为基本的物流活动，占据了物流费用的较大比重，而物流费用又是商品成本的主要组成部分。所以，运输成本直接关系着商品的价值。另一方面，运输还会影响其他物流环节和生产过程，间接地影响商品成本。例如：运输周期长或到货不及时，为了保证生产，必须增大库存量；否则，就易造成缺货而停产，而增大库存量或因缺货而停产都会导致商品成本上升。

3.运输是实施物流合理化的关键

物流合理化（Logistics Rationalization）是指在各物流活动合理化的基础上形成的物流成本与物流服务的最佳组合。即物流企业以尽可能低的成本创造更多的形式效用、时间效用和地点效用，为客户提供更多、更优质的物流服务。物流活动由运输、储存、装卸搬运、包装、流通加工、配送和物流信息处理等基本要素构成，所以，物流合理化绝不是各物流要素局部最优的叠加，而是各职能相互协调，使总体功能达到最优。运输职能在物流管理中处于核心地位，因此运输环节是实施物流合理化的关键。

（四）运输的分类（表5-1）

表5-1 运输的分类

分类标准	运输类型
运输的线路	干线运输、支线运输、城市内运输、厂内运输
运输的作用	集货运输、配送运输
运输的协作程度	一般运输、联合运输、多式联运
运输中途是否换载	直达运输、中转运输
运输工具	公路运输、铁路运输、水路运输、航空运输、管道运输

（五）运输的基本原理

指导运输管理和营运的两条基本原理分别是规模经济和距离经济。

1.规模经济性

规模经济的特点是随装运规模的增长，使每单位质量的运输成本下降。

例如，整车装运（Truck Load）（也即利用整个车辆的能力进行装运）的每单位质量成本低于零担装运（Less Truck Load）（也即利用部分车辆能力进行装运）。运输规模经济之所以存在，是因为与转移一票货物有关的固定费用可以按整票货物的质量分摊。因而，一票货物越重，就越能“摊薄”成本，由此使每单位质量的成本更低。与货物转移有关的固定费用包括接收运输订单的行政管理费用、定位运输工具装卸的时间、开票以及设备费用等。这些费用之所以被认为是固定的，是因为它们不随装运的数量而变化。

2.距离经济性

距离经济性的特点是指每单位距离的运输成本随距离的增加而减少。

运输的距离经济亦指递减原理，因为费率或费用随距离的增加而逐渐减少。距离经济的合理性类似于规模经济。尤其是，运输工具装卸所发生的相对固定的费用必须分摊给每单位距离的变动费用。距离越长，可以使固定费用分摊给更多的千米，导致每千米支付的总费用更低。

（六）运输业务的组成

1.运输线路

指公路、铁路、航空、水路、管道等运输工具实际行驶完成商品递送所依赖的线路。

2.运输公司

一般设在运输线路沿线、货物集散地、交通枢纽的大中城市，通过铁路、公路、航空等运输方式，接受货主委托，代办商品运输和中转业务。

3.运输管理体制

指科学组织和管理运输业运行的方式和方法，它包括市场、流通、分配、消费各个领域中的所有制形式、组织结构、决策权限、调节体系和利益分配等。管理体制实质上是生产关系问题，是基本市场关系的更具体的表现形式。

（七）运输的社会经济地位

1.运输是社会物质生产的必要条件之一

交通运输是国民经济的基础，是社会再生产得以顺利进行的必要条件。马克思曾经指出，交通运输是社会生产过程的一般条件。为了完成货物运输，就要投入人类的劳动，包括活劳动和物化劳动。例如，运输工具、运输用能源，以及道路、港口、码头、机场、输送管道的建设等，还有活劳动的消耗。这就是说，为了促使物质产品使用价值的最终实现，必须有运输这种追加劳动，它表现为一种生产性的劳动，是生产过程在流通领域内的继续。

2.运输是保证市场供应、满足生产建设、实现社会主义生产目的的基本条件

运输业作为国民经济的物质生产部门来讲，是不同于工业、农业、建筑业等其他物质生产部门的，它不增加物质产品的使用价值，却增加物质产品的价值。随着社会主义市场经济的发展，市场活动日趋频繁，物质产品使用价值的最终实现，只有通过运输才能完成。所以，运输成为满足生产建设、实现社会主义生产目的的一个基本条件。

3.运输是连接产销、沟通城乡的纽带

国民经济是由农业、工业、建筑业、交通运输业、商业等部门组成的，各部门之间既是相互独立的，又是相互联系、相互促进和相互制约的。交通运输在整个国民经济中是一个极为重要的部门，是国民经济的大动脉，是社会发展的一个重要条件，起着连接生产、分配、交换、消费各环节和沟通城乡、各地区和各部门的纽带和桥梁作用。马克思指出：

"在产品从一个生产场所运到另一个生产场所以后，接着还有完成的产品从生产领域运到消费领域，产品只有完成这个运动，才是现成的消费品。"这就是说，社会再生产过程的循环，是通过交通运输这条纽带把各环节构成一个统一的整体，才使整个社会经济活动得以正常地运动和顺利地进行。

4.运输是加速社会再生产和促进社会再生产连续不断进行的前提条件

交通运输业的生产目的是保证最大限度地满足国民经济发展对运输的需要。因此，交通运输作为一个独立的经济部门，在社会再生产过程中处于"先行"的战略地位。只有通过运输业的活动，才能使社会经济活动得以顺利进行。把交通运输作为国民经济发展的"先行部门"就是这个道理。

二、运输管理

（一）运输管理的定义

运输管理是指产品从生产者手中到中间商手中再至消费者手中的运送过程的管理。它包括运输方式选择、时间与路线的确定及费用的节约。其实质是对铁路、公路、水运、空运、管道等5种运输方式的运行、发展和变化，进行有目的、有意识的控制与协调，实现运输目标的过程。

（二）运输管理的意义

1.运输管理能保证劳动过程顺利进行，从而提高劳动生产效率

一个规模较大的物流或运输企业，有几百人乃至几千人在一起共同劳动，这是一种协作性的劳动。凡是共同劳动都有程度不同的分工，而有分工就有协作，分工越细，各个部门、环节之间的联系性就越强，协作关系也越密切。为了保证劳动过程顺利进行，就必须有管理。这就是由共同劳动过程的性质产生出来的管理职能。马克思说："一切规模较大的直接社会劳动或共同劳动，都或多或少地需要指挥，以协调个人的活动，并执行生产总体的运动——不同于这一总体的独立器官的运动——所产生的各种一般职能。"协作劳动需要管理，就像"一个乐队需要一个乐队指挥"（《马克思恩格斯全集》第23卷，第367页）。

物流企业或运输企业的管理，就是对整个运输过程的各个环节——运输计划、发运、接运、中转等活动中的人力、运力、财力和运输设备，进行合理组织，统一使用，调节平衡，监督完成。以求用同样的劳动消耗（活劳动和物化劳动），运输较多的货物，提高劳动效率，取得最好的经济效益。

2.运输中运输费所占比重大，是影响物流费用的重要因素

在物流业务活动过程中，直接耗费的活劳动和物化劳动所支付的直接费用，主要有运输费、保管费、包装费、装卸搬运费、运输损耗费等。而其中运输费所占的比重最大，是影响物流费用的一项主要因素。特别是在当前我国交通运输很不发达的情况下，更是如此。国外很重视物流费用的研究，如日本曾对一部分企业进行了调查，在从成品到消费者手中的物流费用中：保管费占16%，包装费占26%，装卸搬运费占 8%，运输费占44%，其他占6%；我国用于运输的费用也占物流费用的40%左右。可见运输费在物流费用中所

占的比重最大。因此，在物流各环节中，如何搞好运输工作，积极开展合理运输，不仅关系到物流时间问题，也影响到物流费用问题。物流企业只有千方百计节约运输费用，才能降低物流费用，以及整个商品流通费用，提高企业经济效益，增加利润。

3.运输管理工作的原则

就物流而言，组织运输工作，应贯彻执行“及时、准确、经济、完全”的原则（表5-2）。

表5-2 运输管理工作的原则

原则	含义
及时	根据产、供、运、销情况，及时把货物从产地运到销地，尽量缩短货物在途时间，及时供应工农业生产和人民生活的需要
准确	在货物运输过程中，切实防止各种差错事故，做到不错不乱，准确无误地完成运输任务
经济	采取最经济、最合理的运输方案，有效地利用各种运输工具和运输设施，节约人力、物力和动力，提高运输经济效益，降低货物运输费用
安全	货物在运输过程中，不发生霉烂、残损、丢失、燃烧、爆炸等事故，保证货物安全地运达目的地

“及时、准确、经济、安全”亦称物流运输的“四原则”，这四个方面是辩证的统一，必须进行综合考虑，忽视或片面强调任何一方面都是不行的。

第二节 基本运输方式

一、公路运输（Road Transportation）

（一）概念

公路运输是构成陆上运输的两种基本运输方式之一。所谓公路运输，是指以公路为运输线，利用汽车等陆路运输工具跨地区或跨国的移动，以完成货物位移的运输方式。它是对外贸易运输和国内货物运输的主要方式之一，既是独立的运输体系，也是车站、港口和机场物资集散的重要手段。

（二）类型（表5-3）

表5-3　公路运输的类型

分类标准	类型
货物运营方式	整车运输、零担运输、集装箱运输、包车运输等
货物种类	普通货物(分为一等、二等、三等三个等级)运输、特种货物(分为超限货物、危险货物、贵重货物和鲜货货物)运输
托运的货物是否保险或保价	不保险(不保价)运输、保险运输和保价运输
货物运送速度	普通速度运输、快件货物运输和特快专运

（三）经营方式

1.公共运输业

专业经营汽车货物运输业务并以整个社会为服务对象。

（1）定期定线

不论货载多少，在固定路线上按时间表行使。

（2）定线不定期

在固定路线上视货源情况，派车行使。

（3）定区不定期

在固定的区域内根据货载需要，派车行使。

2.契约运输业

按照承托双方签订的运输契约运送货物。契约期一般较长，托运人保证提供一定的货运量，承运人保证提供所需的运力。

3.自用运输业

企业自置汽车，专为运送自己的物资和产品，一般不对外营业。

4.汽车货运代理

以中间人身份向货主揽货，并向运输公司托运，收取手续费和佣金。有的汽车货运代理专门从事向货主揽取零星货载，集中成为整车货物，自己以托运人名义向运输公司托运，赚取零担和整车货物运费之间的差额。

（四）运营及服务特点（表5-4）

表5-4 公路运输的特点

优点	缺点
机动灵活，适应性强	运量较小
可实现"门到门"直达运输	运行持续性较差
在中、短途运输中，运送速度较快	安全性较低
原始投资少，资金周转快	污染环境较严重
掌握车辆驾驶技术较易	运输成本较高
易于采用连续服务体制	运输能耗很高
时间上的自由性大	劳动生产率低
原始投资少、资金周转快	

（五）发展的主要特征和趋势

1.少数大企业与大量、分散的中小企业并存。

2.进一步向专业化方向发展。

3.逐步向工商物流的全过程拓展。

4.运输组织与管理方法日趋信息化和高效化。

5.零担运输的需求增长迅速。

6.厢式半挂车以其高效高速的优势成为公路运输的主要装备之一。

7.短距离运输装备轻型化，中长距离运输装备重型化。

（六）运输载具

货车的种类繁多，形式各异，各国的分类标准有所不同，在我国国家标准GB/T 3730.1—2001《汽车和挂车类型的术语和定义》中，将货车分为普通货车、多用途货车、全挂牵引车、越野货车、专用作业车和专用货车六大类，具体形式及定义见表5-5。

表5-5 货车的种类

货车分类	定 义
普通货车	一种在敞开（平板式）或封闭（厢式）载货空间内载运货物的货车。
多用途货车	在其设计和结构上主要用于载运货物，但在驾驶员座椅后带有固定或折叠式座椅，可运载3个以上的乘客的货车。
全挂牵引车	一种牵引杆式挂车的货车。它本身可在附属的载运平台上运载货物。
越野货车	在其设计上所有车轮同时驱动（包括一个驱动轴可以脱开的车辆）或其几何特性（接近角、离去角、纵向通过角、最小离地间隙）、技术特性（驱动轴数、差速锁止机构或其他形式的机构）和它的性能（爬坡度）允许在非道路上行驶的一种车辆。
专用作业车	在其设计和技术特性上用于特殊工作的货车。例如：消防车、救险车、垃圾车、应急车、街道清洗车、扫雪车、清洁车等。
专用货车	在其设计和技术特性上用于运输特殊物品的货车。例如：罐式车、乘用车、运输车、集装箱运输车等。

（七）运输费率

1.整批货物运费的计算公式

整批货物运费（元）=吨次费（元/吨）×计费质量（吨）+整批货物运价［元/(吨·千米)］×计费质量（吨）×计费里程（千米）+货物运输其他费用（元）

其中，整批货物运价按货物运价价目计算。

2.零担货物运费的计算公式

零担货物运费（元）=计费质量（千克）×计费里程（千米）×零担货物运价［元/(千克·千米)］+货物运输其他费用（元）

其中，零担货物运价按货物运价价目计算。

3.集装箱运费的计算公式

重（空）集装箱运费（元）=重（空）箱运价［元/(箱·千米)］×计费箱数（箱）×计费里程（千米）+箱次费（元/箱）×计费箱数（箱）+货物运输其他费用（元）

其中，集装箱运价按计价类别和货物运价费目计算。

4.计时包车运费的计算公式

包车运费（元）=包车运价［元/(吨·时)］×包用车辆吨位（吨）×计费时间（时）+货物运输其他费用（元）

其中，包车运价按照包用车辆的不同类别分别制定。

由以上公路货物运费的计算公式可以看出，计算公路货物运费，关键在于明确公路货物运输的运价价目、计费质量（箱数）、计费里程（时间）以及货物运输的其他费用。

二、铁路运输（Railway Transportation）

（一）概念

铁路运输是利用铁路进行货物运输的方式，是利用铁路设施、设备运送旅客和货物的一种运输方式，在国际货运中的地位仅次于海洋运输。

目前，我国铁路拥有7万km的营运线路，连接着各主要水、陆口岸，并通过众多专用线（专用铁路）深入工矿企业，形成了点多、线长、面广的铁路运输网络，吸引了国民经济几乎所有行业中各个层次、不同类型的企业以及个人，拥有最广泛的客户群。

铁路运输业还有大量的货运站、货场及仓库。尤其是设置于港口和陆路口岸及大城市的货运枢纽站场，有较为完备的装卸、搬运和仓储系统，已具备实现包装、仓储、装卸、中转、配送等物流服务的基本能力，具有发展成现代物流中心和配送中心的有利条件。

我国铁路为国民经济持续快速发展提供了强大的运力支持，为发展现代物流奠定了坚实的物质基础，具有加快发展现代物流的明显优势。

（二）类型

在中国，铁路运输按经营方式的不同，可分为国际铁路联运和国内铁路运输。

1.国际铁路联运

国际铁路联运是指由两个或两个以上不同国家铁路当局联合起来完成一票货物从出口国向进口国转移所进行的全程运输。它是使用一份统一的国际联运票据，由铁路部门以连带责任负责办理货物的全程运输，在由一国铁路向另一国铁路移交货物时无需发货人、收货人参加的运输方式。

国际铁路货物联运主要依据《国际铁路货物运送公约》和《国际铁路货物联运协定》(简称《国际货协》) 为框架进行。《国际货协》是各参加国铁路和发货人、收货人办理货物联运必须遵守的基本文件，具体规定了货物运送条件、运送组织、运输费用计算核收办法，以及铁路与发货人、收货人之间权利与义务的问题。我国是《国际货协》的成员国。

2.国内铁路运输

中国进口货物由港口经铁路转运到各地用货部门或仓库，出口货物由产地或仓库经铁路集中到港区装船，各省、市、自治区之间的外贸物资的调拨，都属于国内铁路运输。实际上是以港口为集中点的运输。

（三）市场结构

现行铁路货物运输种类分为整车、零担和集装箱。

整车适用于大宗货物，凡一批货物的质量、性质、体积、形状需要以一辆或一辆以上货车装运的，均按整车条件运输。

零担适用于零星货物，凡不够整车运输条件的货物，可按零担货物托运。零担货物一件体积不得小于0.02立方米。但一件质量在10千克以上时，则不受此最小体积限制。零担货物每批件数不得超过300件。

集装箱适用于精密、贵重、易损货物，按箱型分：1吨箱、5吨箱、10吨箱、20英尺箱、40英尺箱；按类型分：通用集装箱、专用集装箱，通用集装箱适用多种普通件杂货的运输，专用集装箱适用某种状态或特殊性质货物的运输；按所有人分：铁路集装箱、自备集装箱。

托运人可以依据货物数量、性质、状态、形体等特点加以选择，达到安全、迅速、经济、便利地运送货物的目的。

（四）运营及服务特点（表5-6）

表5-6 铁路运输的特点

优点	缺点
具有较高的连续性和可靠性	固定成本很高
运输能力大	运输时间较长
安全程度高	货损率较高
运送速度较高	灵活性较差
能耗小	
环境污染程度小	
运输成本较低	

（五）运输载具

铁路车辆按照用途分为铁路客车、铁路货车两大类。

1.铁路客车

运送旅客用的车辆，如硬座车（YZ）、软座车（RZ）、硬卧车（YW）、软卧车（RW）；

为旅客服务的车辆，如餐车（CA）、行李车（XL）；

特种用途的车辆，如邮政车（UZ）、公务车（GW）、卫生车（WS）、医务车（YI）、实验车（SY）、维修车（WX）、文教车（WJ）等。

2.铁路货车

类型较多，随所装货物种类的不同而具有不同的车体，又可分为通用货车和专用货车。

通用货车包括敞车（C）、棚车（P）、平车（N）、罐车（G）、冷藏车（B）；

专用货车只适用于装一种或少数几种性质相近货物的，如矿石车（K）、水泥车（U）、活鱼车（H）、特种车（T）、长大货物（D）等。

通用货车使用效率较高，但载重力的利用率随货物而异，对不同装卸设备的适应性也不相同。专用货车空载率较高，但可满足特定货物装载和运输的需要。

（六）运输费率

整车货物每吨运价=发到基价+运行基价×运价千米

零担货物每10千克运价=发到基价+ 运行基价×运价千米

集装箱货物每箱运价=发到基价+运行基价×运价千米

（七）铁路运输发展策略

1.加强大宗物资的运输及配送

我国企业的大宗物资运输绝大多数是由铁路承担的。由于铁路具有运输量大、运输成本低等其他运输方式与之无法比拟的优势，因而在大宗物资运输方面具有极强的竞争力。

近年来，铁路通过优化运输组织方式，如组织直达列车、五定班列等已经赢得了大宗物资运输的绝大部分的市场份额。但由于铁路运输能力短缺和不均衡，大宗物资运输供不应求，致使许多生产企业和商贸企业不得不扩大库存。如果铁路货运能够根据企业生产需求组织大宗原材料配送，则可使企业分散的供应库存转变为集中的流通库存，从而实现“零库存”或低库存的目标，达到有效减少企业资金的目的。另一方面，铁路货场具备大宗物资的装卸、搬运和仓储等条件，特别是铁路系统拥有独立的信息网络，有利于大宗物资的运输与信息的快速传递，便于铁路物流公司有充足的时间安排调度短途运输工具，使之与铁路运输紧密衔接，组织对大宗物资客户的配送，这与分散的公路货运系统相比，具有明显的优势。

2.加快铁路传统货运场站的转型升级

除了传统功能外，铁路车站货场应充分利用自身的优势，以传统的装卸和仓储功能为依托，扩大产品增值服务的范围，提供诸如货物包装、贴标签、散件组装、修理、退货处理以及简单性加工等方面的增值服务，使物流真正成为客户生产和销售的一部分。

依托大型货运站建立所在地区的铁路物流中心，集铁路运输、公路运输、仓储业务于一体，既可为货主提供仓储服务，也可提供“门到门”的配送服务，还可在物流中心内设置商品批发中心，直接介入商品的流通领域，从事商品的批发、零售业务，走储、运、贸一体化道路。充分利用铁路闲置货场设施和仓库，改造为物流公司的配送中心，为货主提供仓储、保管及流通加工等物流服务。

利用枢纽内及口岸有条件的铁路货运站，建设发展各类现代物流中心和配送中心，开展各种形式的仓储、包装、流通加工及配送服务。有选择地对部分地处大、中城市和区域性物资流通中心的铁路货场进行升级改造，以仓储为基础，完善配送、流通加工和协助销售功能，逐步向物流提供商的方向转型，从而实现铁路货运从传统运输向现代物流的转变。

3.发展铁路专业化运输

我国铁路行包快件运输、集装箱运输在整个运输系统中相对独立、专业化强，近年来已陆续组建专业化的行包快运公司、集装箱运输公司和特种货物运输公司。

由于铁路专业化运输的营运特点、技术要求、经营方式都与现代物流业有一定的相似性，且这些专业化公司具有效益增长性、营销有效性、成本节约性和方案可行性等优势。因此，以铁路行包、集装箱等专业化运输公司为主体组建具有现代物流特征的铁路物流公司，作为铁路融入现代物流业的切入点，界面清晰、操作容易，同时也可为今后铁路货运整体向现代物流业转变探索有益经验。

4.拓展铁路货运代理功能

长期以来，铁路货运代理是作为铁路主业的延伸服务而发展起来的。由于货运代理经营方式灵活，能够通过联运网点，把多种运输方式结合为一个整体，实现货物“门到门”运输，为用户提供周到、良好的服务，因而货运代理企业转变为现代物流业相对较为适宜。

货运代理业向现代物流业拓展的途径是：通过不断扩大货运代理企业的功能，使之从传统的运输、仓储功能向包装、流通加工、报关、报验、信息处理、营销等功能发展；通过提供更多的增值服务，并不断采用先进物流技术，加快向现代物流企业转化。

三、航空运输

（一）概念

航空运输始于1871年。当时普法战争中的法国人用气球把政府官员和物资、邮件等运出被普军围困的巴黎。1918年5月5日，飞机运输首次出现，航线为纽约—华盛顿—芝加哥。同年6月8日，伦敦与巴黎之间开始定期邮政航班飞行。20世纪30年代有了民用运输机，各种技术性能不断改进。航空工业的发展促进了航空运输的发展。第二次世界大战结束后，在世界范围内逐渐建立了航线网，以各国主要城市为起讫点的世界航线网遍及各大洲。

航空运输是指利用飞机运送货物的现代化运输方式。近年来，采用航空运输的方式日趋普遍，航空货运量越来越大，航空运输的地位日益提高。

（二）类型

分为国内航空运输和国际航空运输两大类。

所谓国内航空运输，是指根据当事人订立的航空运输合同，运输的出发地点、约定的经停地点和目的地点均在国境内的运输。

而所谓国际航空运输，是指根据当事人订立的航空运输合同，无论运输有无间断或者有无转运，运输的出发地点、约定的经停地点和目的地点之一不在境内的运输。

（三）市场结构

1.班机运输方式

班机是指在固定的航线上定期航行的航班，即有固定始发站、目的站和途经站的飞机。班机的航线基本固定，定期开航，收货人、发货人可以确切地掌握起运和到达时间，保证货物安全迅速地运达目的地，对运送鲜活、易腐的货物以及贵重货物非常有利。不足之处是舱位有限，不能满足大批量货物及时出运的需要。

2.包机运输

包机运输可分为整架包机和部分包机。

（1）整架包机

指航空公司或包机代理公司，按照与租机人双方事先约定的条件和运价，将整架飞机租给租机人，从一个或几个航空站装运货物至指定目的地的运输方式。运费随航空运输市场的供求情况而变化。

（2）部分包机

指几家航空货运代理公司联合包租一架飞机，或者由包机公司把一架飞机的舱位分别分给几家航空货运代理公司，适合一吨以上但不足装一整架飞机的货物，运费较班机低，但运送时间则比班机要长。

3.集中托运

集中托运是航空货运代理公司把若干批单独发运的、发往同一方向的货物集中起来，组成一票货，向航空公司办理托运，采用一份总运单集中发运到同一站，由航空货运代理公司在目的地指定的代理人收货、报关并分拨给各实际收货人的运输方式。这种托运方式，货主可以得到较低的运价，使用比较普遍，是航空货运代理的主要业务之一。

4.航空快递

航空快递是由一个专门经营该项业务的公司和航空公司合作，通常为航空货运代理公司或航空速递公司派专人以最快的速度在货主、机场和用户之间运送和交接货物的快速运输方式。该项业务是两个空运代理公司之间通过航空公司进行的，是最快捷的一种运输方式。

（1）门到门服务

发货人需要发货时，打电话给快递公司。快递公司派人到发货人所在地取件，根据不同的目的地进行分拣、整理、核对、制单、报关，利用最近的航班，通过航空公司将快件运往世界各地。发件地的快递公司将所发快件的有关信息通告中转站或目的站的快件公司。快件到达中转站或目的地机场后由中转站或目的港的快件公司负责办理清关、提货手续，将快件及时送交收货人手中，并将有关信息反馈到发件地的快递公司。

（2）门到机场服务

快件到达目的地机场后，当地快件公司及时将有关到货信息告知收货人，清关、提货手续可由收货人自己办理，也可委托快件公司或其他代理公司办理。适用于货物价值较高或目的地海关当局对货物或物品有特殊规定的快件。

（3）专人派送

这种方式是指发件的快递公司指派专人携带快件在最短的时间内，采用最快捷的交通方式，将快件送交到收货人手中。

（四）运营及服务特点（表5-7）

表5-7 航空运输的特点

优点	缺点
运送速度快	运费偏高
机动性大、不受地形限制	受重量限制
包装简单	受气候影响较大
货损少	可达性差
建设周期短，回收快	

（五）运输载具（图5-1）

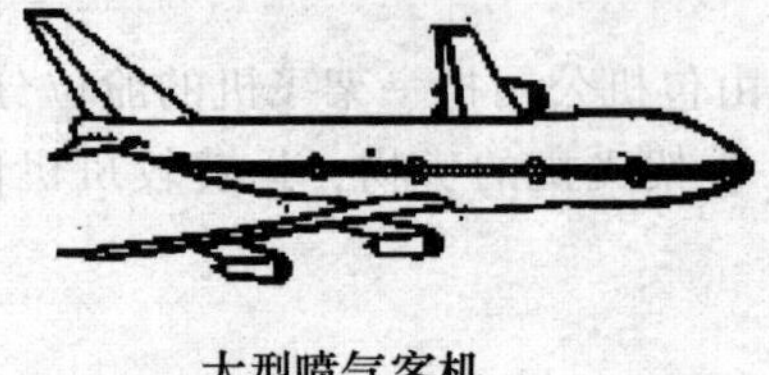

大型喷气客机

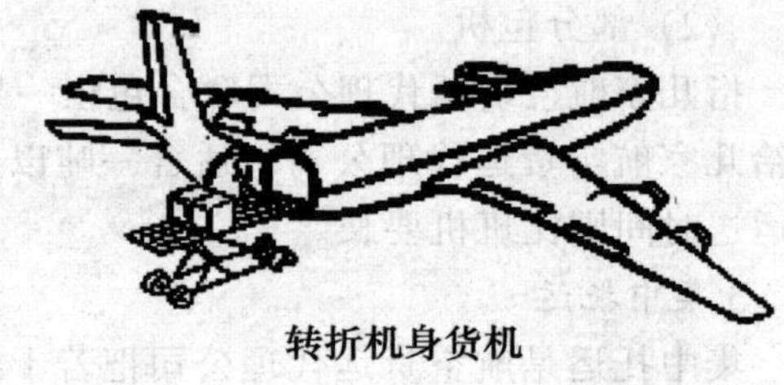

转折机身货机

图5-1 飞机

（六）运输公司

1.波音公司

主要货机类型有747-400、767-300。

2.空中客车公司

A300F4-600R货机，A320/A321客改货，A330-200F，A350F货机。

物流卡片

Airbus空中客车公司

空中客车（Airbus，又称空中巴士），是欧洲一家民航飞机制造公司，1970年于法国图卢兹成立。该公司的股权国家包括有德国、法国、西班牙与英国。1967年9月，英国、法国和德国政府签署了一个谅解备忘录（MoU），开始进行空中客车A300的研制工作。这是继协和飞机之后欧洲的第2个主要的联合研制飞机计划。空中客车公司由欧洲两个最大的军火供应制造商——欧洲航空防务航天公司（EADS，80%股份）和英宇航系统公司（BAE，20%股份）共同拥有。

空中客车公司作为一个欧洲航空公司的联合企业，其创建的初衷是同波音和麦道那样的美国公司竞争。在20世纪60年代欧洲飞机制造商之间的竞争和美国一样激烈，于是在60年代中期关于欧洲合作方法的试验性谈判便开始了。空中客车的生产线是从A300型号开始的，它是世界上第一个双通道、双引擎的飞机，比A300更短的变型被称为A310。空中客车在A320型号上应用了创新的电控飞行操作（fly-by-wire）控制系统。

空中客车公司全球员工约55 000人，在美国、中国、日本和中东设有全资子公司，在汉堡、法兰克福、华盛顿、北京和新加坡设有零备件中心，在图卢兹、迈阿密、汉堡和北京设有培训中心，在全球各地还设有130多个驻场服务办事处。空中客车公司还与全球各大公司建立了行业协作和合作关系，在30个国家拥有约1500名供货商网络。

空中客车公司的现代化综合生产线由四个非常成功的系列机型（由107座到525座）组成：单通道的A320系列（A318/A319/A320/A321）、宽体A300/A310系列、远程型宽体A330/A340系列、全新远程中等运力的A350宽体系列，以及超远程的双层A380系列。空中客车公司已经售出了7 200多架飞机，拥有300多家客户/运营商，自从1974年以来，已经交付了 4 600多架飞机。

（七）运输费率

1.定义

货物的航空运费是指将一票货物自始发地机场运输到目的地机场所应收取的航空运输费用，不包括其他费用。

货物的航空运费主要由两个因素组成，即货物适用的运价与货物的计费质量。

运价，又称费率，是指承运人对所运输的每一质量单位货物（千克或磅）（kg or lb）所收取的自始发地机场至目的地机场的航空费用。货物的航空运价一般以运输始发地的本国货币公布。

计费质量指货物的计费质量或者是货物的实际毛重，或者是货物的体积质量，或者是较高质量分界点的质量。①实际毛重：包括货物包装在内的货物质量。②体积质量：体积质量的折算，换算标准为每6 000立方厘米折合1千克。③计费质量：采用货物的实际毛重与货物的体积质量两者比较取高者；但当货物较高质量分界点的较低运价计算的航空运费较低时，则以较高质量分界点的货物起始质量作为货物的计费质量。

国际航协规定，国际货物的计费质量以0.5千克为最小单位，质量尾数不足0.5千克的，按0.5千克计算；0.5千克以上不足1千克的，按1千克计算。

最低运费。货物按其适用的航空运价与其计费质量计算所得的航空运费，应与货物最低运费相比，取高者。

2.计算过程

计算参数：货物体积Volume、货物体积质量Volume Weight、货物计费质量Chargeable Weight、适用运价Applicable Rate、航空运费Weight Charge。

计算步骤

（1）计算出航空货物的体积（Volume）及体积质量（Volume Weight）。

体积质量的折算，换算标准为每6000立方厘米折合1千克。即：

$$体积质量（千克）=\frac{货物体积}{6000\ cm^3/kg}$$

(2) 计算货物的总质量 (Gross Weight)。

总质量=单个商品质量×商品总数

(3) 比较体积质量与总质量，取大者为计费质量 (Chargeable Weight)。根据国际航协规定，国际货物的计费质量以0.5千克为最小单位，质量尾数不足0.5千克的，按0.5千克计算；0.5千克以上不足1千克的，按1千克计算。

(4) 根据公布运价，找出适合计费质量的适用运价 (Applicable Rate)。

计费质量小于45千克时，适用运价为GCR N的运价 (GCR为普通货物运价，N运价表示质量在45千克以下的运价)。

计费质量大于45千克时，适用运价为GCR Q45、GCR Q100、GCR Q300等与不同质量等级分界点相对应的运价 (航空货运对于45千克以上的不同质量分界点的普通货物运价均用"Q"表示)。

(5) 计算航空运费 (Weight Charge)。

航空运费=计费质量×适用运价

(6) 若采用较高质量分界点的较低运价计算出的运费比第五步计算出的航空运费较低时，取低者。

(7) 比较第六步计算出的航空运费与最低运费M，取高者。

四、水路运输

(一) 概念

水路运输是利用船舶、排筏和其他浮运工具，在江、河、湖泊、人工水道以及海洋上运送旅客和货物的一种运输方式。它是我国综合运输体系中的重要组成部分，并且正日益显示出它的巨大作用。水路运输的主要技术设备包括：船舶（以及驳船和舟、筏等）、航道、港口及通讯、导航等设施。

(二) 类型

水路运输按其航行的区域，大体上可划分为远洋运输、沿海运输和内河运输三种形式。

远洋运输通常是指除沿海运输以外所有的海上运输。

沿海运输是指利用船舶在我国沿海区域各地之间的运输。

内河运输是指利用船舶、排筏和其他浮运工具，在江、河、湖泊、水库及人工水道上从事的运输。

(三) 市场结构

1.国内内河运输

我国的内河运输主要分布在长江水系、珠江水系和京杭运河，货运量分别占全国总量的40%、15.5%和21.5%。

(1) 长江水运干线

长江水运干线，上起云南水富，下至上海长江口，全长2838千米，是我国唯一贯穿东、中、西部的交通大通道，是沿江经济快速发展的重要依托，长江南京至上海长江口通航水深由7米提高到10米，可通航3万吨级海轮，5万吨级海轮可乘潮通航，第五代集装箱船和10万吨级散货船乘潮可进入上海港；南京至武汉可通航5000吨级海轮；武汉至重庆可通航1000~1500吨级驳船或3000~9000吨级船队；重庆以上可通航500~1000吨级船舶。

（2）珠江水运干线

珠江水运干线由上游西南水运出海南线右江通道、中线红水河通道、北线柳黔江通道经西江接珠江三角洲航道网组成，是沟通我国西南、华南地区的出海大通道。

“珠流南国，得天独厚”。内河水运正处于发展的最佳机遇期。珠江这条绿色大通道将为东部现代化、西部崛起、流域腾飞和泛珠三角经济区的共同繁荣再展宏图。

（3）京杭运河

距今已有2480多年历史的京杭运河是世界上开凿最早、规模最大、流程最长的人工河流，对我国古代政治、经济、军事、文化的发展，起了巨大的推动作用。

目前，京杭运河通航河段883千米，其中山东段173千米，江苏段612千米，浙江段100千米，全线共有梯级17个，通航船闸35座。它承担着北煤南运和矿石、建材运往长江三角洲地区的运输任务。2004年，京杭运河的年货运量达2亿吨。

2.国内沿海运输

国内港口群从北向南依次是环渤海地区、长江三角洲地区、东南沿海地区、珠江三角洲地区和西南沿海地区。

（1）环渤海地区港口群

主要由辽宁、津冀和山东沿海港口群组成，服务于中国北方沿海和内陆地区的社会经济发展。其中辽宁沿海港口群以大连东北亚国际航运中心和营口港为主，津冀沿海港口群以天津北方国际航运中心和秦皇岛港为主，山东沿海港口群以青岛港、烟台港、日照港为主。

（2）长江三角洲地区港口群

依托上海国际航运中心，以上海港、宁波港、连云港港为主，服务于长江三角洲以及长江沿线地区的经济社会发展。

（3）东南沿海地区港口群

以厦门港、福州港为主，服务于福建省和江西省等内陆省份部分地区的经济社会发展和对台“三通”的需要。

（4）珠江三角洲地区港口群

由粤东和珠江三角洲地区港口组成，依托香港经济、贸易、金融、信息和国际航运中心的优势，在巩固香港国际航运中心地位的同时，以广州港、深圳港、珠海港、汕头港为主，服务于华南、西南部分地区，加强广东省和内陆地区与港澳地区的交流。

（5）西南沿海地区港口群

由粤西、广西沿海和海南省的港口组成，以湛江港、防城港、海口港为主，服务于西部地区开发，为海南省扩大与岛外的物资交流提供运输保障。

3.国际远洋运输

(1) 太平洋航线

①远东—北美西海岸航线

该航线包括从中国、朝鲜、日本及俄罗斯远东海港到加拿大、美国、墨西哥等北美西海岸各港的贸易运输线。

②远东—加勒比—北美东海岸航线

该航线经夏威夷群岛南北至巴拿马运河后到达。

③远东—南美西海岸航线

从中国北方沿海各港出发的船只多经琉球庵美大岛、硫黄列岛、威克岛、夏威夷群岛之南的莱恩群岛穿越赤道进入南太平洋，至南美西海岸各港。

④远东—东南亚航线

该航线是中、朝、日货船去东南亚各港，以及经马六甲海峡去印度洋、大西洋沿岸各港的主要航线。东海、台湾海峡、巴士海峡、南海是该航线船只的必经之路，航线繁忙。

⑤远东—澳大利亚—新西兰航线

远东至澳大利亚东南海岸分两条航线。中国北方沿海港口到澳大利亚东海岸和新西兰港口的船只，需走琉球久米岛、加罗林群岛的雅浦岛进入所罗门海，珊瑚湖；中澳之间的集装箱船需在香港加载或转船后经南海、苏拉威西海、班达海、阿拉弗拉海，后经托雷斯海峡进入珊瑚海。中、日去澳大利亚西海岸航线经菲律宾的居民都洛海峡，望加锡海峡以及龙目海峡进入印度洋。

⑥澳—新—北美东西海岸航线

由澳、新至北美海岸多经苏瓦、火奴鲁鲁等太平洋上重要航站到达。至北美东海岸则取道社会群岛中的帕皮提，过巴拿马运河而至。

(2) 大西洋航线

①西北欧—北美东海岸航线

该航线是西欧、北美两个世界工业最发达地区之间的原燃料和产品交换的运输线，运输极为繁忙，船舶大多走偏北大圆航线。该航区冬季风浪大，并有浓雾、冰山，对航行安全有威胁。

②西北欧—北美东海岸—加勒比航线

多半出英吉利海峡后横渡北大西洋。它同北美东海岸各港出发的船舶一起，一般都经莫纳、向风海峡进入加勒比海。除去加勒比海沿岸各港外，还可经巴拿马运河到达美洲太平洋岸港口。

③西北欧—北美东海岸—地中海，苏伊士运河—亚太航线

属世界最繁忙的航段，它是北美、西北欧与亚太海湾地区间贸易往来的捷径。该航线一般途经亚速尔、马德拉群岛上的航站。

④西北欧—地中海—南美东海岸航线

该航线一般经西非大西洋岛屿加纳利、佛得角群岛上的航站。

⑤西北欧—北美东海—好望角—远东航线

该航线一般是巨型油轮的航线。佛得角群岛、加拿利群岛是过往船只停靠的主要航站。

⑥南美东海—好望角—远东航线

这是一条以石油、矿石为主的运输线。该航线处在西风漂流海域，风浪较大。一般西航偏北行，东航偏南行。

(3) 印度洋航线

印度洋航线以石油运输线为主，此外有不少是大宗货物的过境运输。

①波斯湾—好望角—西欧—北美航线

该航线主要由超级油轮经营，是世界上最主要的海上石油运输线。

②波斯湾—东南亚—日本航线

该航线东经马六甲海峡（20万吨载重以下船舶可行）或龙目，望加锡海峡（20万吨载重以上超级油轮可行）至日本。

③波斯湾—苏伊士运河—地中海—西欧—北美运输线

该航线目前可通行30万吨级的超级油轮。

除了以上三条油运线之外，印度洋其他航线还有：远东—东南亚—东非航线；远东—东南亚—地中海—西北欧航线；远东—东南亚—好望角—西非—南美航线；澳、新—地中海—西北欧航线；印度洋北部地区—欧洲航线。

(4) 世界集装箱海运干线

目前，世界海运集装箱航线主要有：远东—北美航线；北美—欧洲、地中海航线；欧洲、地中海—远东航线；远东—澳大利亚航线；澳、新—北美航线；欧洲、地中海—西非，南非航线。

(四) 运营方式

1.班轮运输

这是指船舶在固定的航线和港口间按事先公布的船期表航行，以从事客货运输业务，按事先公布的费率收取运费。班轮运输具有“四定一负责”的特点，即固定航线、固定港口、固定船期和相对固定的费率，货物的装卸费用由承运人负责。

2.租船运输

租船运输又称为不定期运输，没有特定的船期表、航线和港口。船主将船舶出租给租船人使用以完成特定的货运任务。租船运输以承运价值较低的大宗货物为主，如粮食、矿砂、煤炭、石油等，而且整船装运。据统计，国际海上货物运输总量中，租船运输量约占4/5。国际上使用租船运输方式主要有三种：

(1) 定程租船

又称航次租船，是以航程为基础的租船方式。船期方按租船合同规定的航程完成货运任务，并负责船舶经营管理及支付航行费用，租船人按约定支付租金。

(2) 定期租船

这是由租船人使用一定的期限，并由租船人自行调试与管理，租金按月计算的租船方式。

（3）光租船

光租船是定期租船的一种，但船主不提供船员，由于不放心把光船给租船人，故此种方式较少使用。

（五）水路运输的特点（表5–8）

表5–8 水路运输的特点

优点	缺点
运量大	速度慢
成本低	受自然条件影响较大
开展国际贸易的首选方式	运输过程繁琐复杂
投资少、劳动生产率高	
航道四通八达、通航能力强大	

（六）运输载具（表5–9）

表5–9 船型

船型	用途
客货船	以载运旅客为主，兼运一定数量的货物
杂货船	以装运杂货为主要业务
散装船	装运无包装的大宗货物，如煤炭、粮谷、矿砂等货物
冷藏船	从事运输易腐货物
油船	专门装运散装石油（原油及石油产品）类液体货物
液化气船	专门用来装运液化了的天然气体和液化了的石油气体
滚装船	专门用来装运以载货车辆为货物单元的货物
载驳船	专门装运以载货驳船为货物单元的货物
集装箱船	专门用来装运规格统一的标准货箱
内河货船	一般多作内河定期经营船舶使用

（七）运输费率

1.班轮运费的计算

班轮运费包括基本运费和附加费两部分，前者是指货物从装运港到卸货港所应收取的基本运费，它是构成全程运费的主要部分；后者是指对一些需要特殊处理货物，或者突然事件的发生或客观情况变化等原因而需另外加收的费用，计算公式为：

运费总额=基本运费+附加费

（1）基本运费计收标准

在班轮运价表中，根据不同的商品，主要的班轮运费计算标准：

按货物毛重（质量吨）计收运价表内用“W”表示。

按货物的体积（尺码吨）计收，运价表中用“M”表示。

按毛重或体积计收，运价表中以“W/M”表示。

按货物价格计收，又称为从价运费。运价费内用“A·V”表示。

（2）附加费

在基本运费的基础上，加收一定百分比；或者是按每运费吨加收一个绝对值计算。

在班轮运输中，常见的附加费有下列几种：

超重附加费（Heavy Lift Additional）；超长附加费（Long Lenth Additional）；选卸附加费（Optional Surcharge）；转船附加费（Transshipment Surcharge）；直航附加费（Direct Additional）；港口附加费（Port Additional or Port Surcharge）；港口拥挤附加费（Port Congrestion Surcharge）；燃油附加费（Bunker Surcharge or Bunker Adjustment Factor，B.A.F）；货币贬值附加费（Devaluation Surcharge or Carrency Adjustment Factor，C.A.F）；绕航附加费（Deviation Surcharge）。

2.不定期船运费或租金的计算方法

凡供需双方签订运输合同的不定期船，不论是包舱运输、航次租船、整船运输的程租船或期租船，通常是按照船舶的全部或一部分舱位及运费率收取一笔包租运费，亦称为整笔运费，另外，还有一种不指明特定船舶的不定期船运输，则按合同所定的货吨乘以合同所定的运费率计算运费。

凡供需双方签订租船合同的期租船，不论租船的长短，租金等于每载重吨每日租金率乘以船舶夏季总载质量再乘以合同租期。

五、管道运输

（一）概念

管道运输是一种以管道输送流体货物的方式，而货物通常是液体和气体，是统一运输网中干线运输的特殊组成部分，有时候，气动管（pneumatic tube）也可以做到类似工作，以压缩气体输送固体舱，而内里装着货物，管道运输石油产品比水运费用高，但仍然比铁路运输便宜，大部分管道都是被其所有者用来运输自有产品。

（二）类型

就液体与气体而言，凡是化学性质稳定的物质都可以用管道运送。因此，废水、泥浆、水都可以用管道传送。另外，管道对于运送石油与天然气十分重要——有关公司多数会定期检查其管道，并用管道检测仪（pipeline inspection gauge）做清洁工作。

1.原油管道

被开采出来的原油经油气分离、脱水、脱沉淀物和经过稳定后进入管道。用管道输送时，针对所输原油的物性（如相对密度、黏稠度、易凝状况等）设计输送工艺。

原油管道输送工艺可分加热输送和不加热输送两种。稀质的原油（如中东原油）采用不加热输送，而我国的原油属于易凝高黏原油，则需采用加热输送。

2.成品油管道

成品油管道是输送经炼油厂加工原油提炼出来，可直接供使用的燃料油，如汽油、煤油、航空煤油、柴油以及液化石油气等。由炼制加工生产的从最轻质到重质的燃料油等，都是成品油管道输送的介质。

成品油管道是等温输送，没有沿途加热的问题。成品油管道的特点在于有众多的不同的油品，如煤油、汽油、柴油、航空煤油以及各种不同标号的同类油品，顺序输送，并要求严格区分，保证油品质量。由于成品油管道是多来源、多品种顺序输送，其管理的复杂程度远远超过原油管道。成品油管道连通多个炼油厂所生产的油品可进入同一管道，同时直接向沿线的各大城市及乡镇供应成品油。

3.天然气管道

天然气管道是将天然气（包括油田生产的伴生气），从开采地或处理厂送到城市配气中心或企业用户的管道。天然气管道与煤气管道的区别在于煤气管道是用煤作原料转化为气体，起输压力比较低，而天然气则由气田中气井生产，并有较高的压力，可以利用气井的压力长距离输送。早期天然气管道的输送完全是依靠天然气井的压力，现代天然气管道输送由于输送距离和输送量增加普遍设增压站，设有利用天然气作燃料的燃气机或燃气轮机驱动各种与动力相配套的压缩机。

4.煤浆管道

煤浆管道是固体料浆管道的一种。将固体破碎成粉粒状与适量的流体混合配制成浆液，经管道增压进行长距离输送。第一条煤浆管道是美国俄亥俄州的固本煤炭公司1957年修建的一条长173千米、管径254毫米的输煤管道。目前在运行的世界著名的煤浆管道是从美国亚利桑那州北部黑梅萨地区的露天煤矿到内华达州的莫哈电厂的输煤管道，1970年建成投产，全长439千米，管径457毫米，设计年输送500万吨。固体浆液管道除用于输送煤浆外，还用于赤铁矿、铝矾土和石灰石等。中国的管道运输主要限于原油、成品油和天然气。

（三）运营及服务特点（表5–10）

表5–10　管道运输的特点

优点	缺点
运量大	灵活性差
占地少	对货物形态要求较高
机械化程度高	
有利于环境保护	
建设周期短、运营费用低	
安全可靠、连续性强	
能耗少、成本低、效益好	

（四）输油管线设施设备

大型输油管道是由输油管线和输油站两大部分组成的。

1.输油站

输油站是管道运输的重要组成设备和环节，在管道运输过程中，通过输油站对被输送物质进行加压，克服运行过程中的摩擦阻力，使原油或其制品能通过管道由始发地运到目的地。

输油站按其所在位置可以分为：

（1）首输油站

首输油站多靠近矿场或工厂，收集沿输油管输送的原油及其制品，进行石油产品的接站、分类、计量和向下一站的输油。如果是热油输送还要配有加热设备。

（2）中间输油站

中间输油站承担把前一站输来的油转往下一站的任务。如果是热油输送，则通过中间输油站加热，使油温大于环境温度。带有加热功能的叫热泵站。

（3）终点基地

终点基地接收、计量、储藏由输油管输来的油，并分配到各消费单位，或转交其他运输工具。

（4）输油站有关的其他主要设施

输油站设有一系列复杂的构筑物，包括泵房、油池、阀房等。泵房的作用在于形成一定的压力，以便克服管道输送时产生的阻力，把油输往下一站。根据压力大小，在每一间隔距离的线路上设置一个泵站。在矿场、炼油厂和各输油站设有收油和发油的专用油池，利用管道从发油企业收油或从油池往外发油。阀房设有闸阀，用于控制输油过程。

2.输油管线

（1）内部输油管式辅助油管

这是指炼油厂、石油基地中的各种线路系统，是输送加工原油和灌注油罐车、内河及港内驳船、远洋油轮及油桶用的输油管线。

（2）局部性输油管

这是指把石油从矿场输往石油基地与大型输油管首站的短距矿场管路。

（3）大型输油管或干线输油管

这是输油管线中的主体。这种输油管自成系统，形成独立的企业单位，其线路可长达数百千米乃至数千千米。除必要的检修工作外，能全年经常不断地输送油品。

物流卡片

中国石油天然气管道局（英文简称CPP）

中国石油天然气管道局（英文简称CPP）成立于1973年，是中国石油天然气集团公司（CNPC）的管道工程专业化公司，拥有从管道科研、勘察、咨询、设计、采办、施工、防腐、管件制造到检测、维抢修、数字通信、投产试运完整的管道建设产业链及其核心技术，能为客户提供“一揽子”解决方案和“一站式”服务。

管道局具有化工石油工程施工总承包特级资质，工程设计综合甲级资质，管道工程勘察、咨询、设计、监理甲级资质，通信工程总承包一级资质，通过了质量、健康、安全、环保标准体系认证。具备EPC总承包管理、PMC项目管理能力，拥有国家级勘察设计大师3名，集团公司专家10名，管道局专家50名，职业项目经理人和管理骨干1139名，一级建造师、造价工程师、监理工程师等高级技术人才1345名。拥有标准化、专业化的管线、储罐、定向钻穿越和盾构施工机组，大型施工装备8500台（套），年陆上大口径管道施工能力6000千米，年海洋管道（浅海）施工能力100千米，年储罐施工能力1000万立方米，年穿越施工能力140千米，具备较强的油田地面建设和炼化装置施工安装能力。

2000年至今，管道局累计在国内外建设大型长输管道40多条、5万多千米，建设国家和企业储备库2000万立方米。其中在国内建设了西气东输天然气管道、西气东输二线天然气管道、兰郑长成品油管道、涩宁兰天然气管道、涩宁兰复线天然气管道、陕京二线天然气管道、陕京三线天然气管道、西部原油成品油管道、兰银线天然气管道、漠大线原油管道、兰成渝成品油管道、忠武天然气管道等工程，发挥了管道建设主力军作用；在国外，先后在苏丹、利比亚、莫桑比克、印度、泰国、哈萨克斯坦、乌兹别克斯坦、俄罗斯、阿联酋、乍得、尼日尔、缅甸、伊拉克等国家，以EPC等方式承建了80多个油气管道、储罐项目，建设管道1万余千米，树立了国际知名品牌。

兰成渝成品油输油管道

管道线路最长的“兰成渝”输油管道是我国第一条长距离成品油输送管道，是国家实施西部大开发战略十大重点工程之一。工程于1998年12月18日开工，2002年6月30日建成，9月29日投产。该工程总投资40亿元，管道全长近1250千米，途经甘肃、陕西、四川、重庆等4个省市的40个县市区，沿途设分输泵3座，分输站10座，独立清管站1座，全线共有18个油库，总库容量为79.2万立方米。兰成渝是一条大口径、长距离、高压力、大落差、自动化程度高、多介质顺序密闭输送的成品油管道。兰州至江油段管径508 mm，江油至成都段管径457 mm，成都至重庆段管径323.9 mm。

兰成渝管道沿锯齿状连续起伏的地形敷设，最大高差达2270 m，是典型的大落差管道。大落差地段混油界面的跟踪与控制技术在国际上无先例可寻，给管道平稳运行和自动控制提出了极苛刻的技术要求；管道沿线分输点多，且各分输点油品需求量极不平衡，使整个管线系统输送工艺复杂化。该管道是目前我国科技含量最高的输油管道，其全线采用计算机数据采集控制系统，通过全球卫星定位（GPS）系统对输油全程进行在线监控，并在我国首次采用超声波和注入荧光剂的方法区分油品界面，可在一条输油管道内进行汽油、柴油、煤油等多种石油产品的顺序输送，年输送能力达500万吨以上。

第三节　运输的合理化

一、不合理运输的表现形式

（一）返程或起程空驶

空车无货载行驶，可以说是不合理运输的最严重形式。在实际运输组织中，有时候必须调运空车，从管理上不能将其看成不合理运输。但是，因调运不当、货源计划不周、不采用运输社会化而形成的空驶，是不合理运输的表现。造成空驶的不合理运输主要有以下几种原因：

1.能利用社会化的运输体系而不利用，却依靠自备车送货提货，这往往出现单程重车、单程空驶的不合理运输。

2.由于工作失误或计划不周，造成货源不实，车辆空去空回，形成双程空驶。

3.由于车辆过分专用，无法搭运回程货，只能单程实车、单程回空周转。

（二）对流运输

亦称“相向运输”、“交错运输”，指同一种货物，或彼此间可以互相代用而又不影响管理、技术及效益的货物，在同一线路上或平行线路上作相对方向的运送，而与对方运程的全部或一部分发生重叠交错的运输称对流运输。已经制定了合理流向图的产品，一般必须按合理流向的方向运输，如果与合理流向图指定的方向相反，也属对流运输。

在判断对流运输时需注意的是，有的对流运输是不很明显的隐蔽对流，例如不同时间的相向运输，从发生运输的那个时间看，并未出现对流，可能做出错误的判断，所以要注意隐蔽的对流运输。

（三）迂回运输

迂回运输是舍近取远的一种运输。可以选取短距离进行运输而不办，却选择路程较长路线进行运输的一种不合理形式。迂回运输有一定复杂性，不能简单处之，只有因计划不周、地理不熟、组织不当而发生的迂回，才属于不合理运输，如果最短距离有交通阻塞、道路情况不好或有对噪音、排气等特殊限制而不能使用时发生的迂回，不能称为不合理运输。

（四）重复运输

本来可以直接将货物运到目的地，但是在未达目的地之处，或目的地之外的其他场所将货卸下，再重复装运送达目的地，这是重复运输的一种形式。另一种形式是，同品种货物在同一地点一面运进，同时又向外运出。重复运输的最大毛病是增加了非必要的中间环节，这就延缓了流通速度，增加了费用，增大了货损。

（五）倒流运输

倒流运输是指货物从销地或中转地向产地或起运地回流的一种运输现象。其不合理程度要甚于对流运输，其原因在于，往返两程的运输都是不必要的，形成了双程的浪费。倒流运输也可以看成是隐蔽对流的一种特殊形式。

（六）过远运输

过远运输是指调运物资舍近求远，近处有资源不调而从远处调，这就造成可采取近程运输而未采取，拉长了货物运距的浪费现象。过远运输占用运力时间长、运输工具周转慢，物资的占压资金时间长，远距离自然条件相差大，又易出现货损，增加了费用支出。

（七）运力选择不当

未利用各种运输工具优势而不正确地选择运输工具造成的不合理现象，常见的有以下若干形式：

1.弃水走陆

在同时可以利用水运及陆运时，不利用成本较低的水运或水陆联运，而选择成本较高的铁路运输或汽车运输，使水运优势不能发挥。

2.铁路、大型船舶的过近运输

指不是铁路及大型船舶的经济运行里程却利用这些运力进行运输的不合理做法。主要不合理之处在于火车及大型船舶起运及到达目的地的准备、装卸时间长，且机动灵活性不足，在过近距离中利用，发挥不了运速快的优势。相反，由于装卸时间长，反而会延长运输时间。另外，和小型运输设备比较，火车及大型船舶装卸难度大、费用也较高。

3.运输工具承载能力选择不当

不根据承运货物数量及质量选择，而盲目决定运输工具，造成过分超载、损坏车辆及货物不满载、浪费运力的现象。尤其是“大马拉小车”现象发生较多。由于装货量小，单位货物运输成本必然增加。

（八）托运方式选择不当

指对货主而言，可以选择最好托运方式而未选择，造成运力浪费及费用支出加大的一种不合理运输。

例如，应选择整车未选择，反而采取零担托运，应当直达而选择了中转运输，应当中转运输而选择了直达运输等都属于这一类型的不合理运输。

二、造成不合理运输的原因

1.进货渠道不当，采购商品时违反了商品的合理流向。商品购进渠道是影响商品运输是否合理的主要因素。

2.商品运输机构不健全，缺乏与交通运输部门的紧密协作。

3.仓库设置不合理，商品储存规划不当。

三、运输合理化的途径

（一）提高运输工具实载率

实载率有两个含义：一是单车实际载重与运距之乘积和标定载重与行驶里程之乘积的比率，这在安排单车、单船运输时，是作为判断装载合理与否的重要指标；二是车船的统计指标，即一定时期内车船实际完成的货物周转量（以吨千米计）占车船载重吨位与行驶千米之乘积的百分比。在计算车船行驶的千米数时，不但包括载货行驶，也包括空驶。

提高实载率的意义在于：充分利用运输工具的额定能力，减少车船空驶和不满载行驶的现象。我国曾在铁路运输上提倡“满载超轴”，其中“满载”的含义是指充分利用货车的容积和载质量，多载货，不空驶，从而达到合理化之目的。这个做法对推动当时运输事业发展起到了积极作用。当前，国内外开展的“配送”形式，优势之一就是将多家需要的货和一家需要的多种货实行配装，以达到容积和载重的充分合理运用，比起以往自家提货或一家送货车辆大部空驶的状况，是运输合理化的一个进展。在铁路运输中，采用整车运输、合装整车、整车分卸及整车零卸等具体措施，都是提高实载率的有效措施。

（二）采取减少动力投入、增加运输能力的有效措施求得合理化

这种合理化的要点是，少投入、多产出，走高效益之路。运输的投入主要是能耗和基础设施的建设，在设施建设已定型和完成的情况下，尽量减少能源投入，是少投入的核心。做到了这一点就能大大节约运费，降低单位货物的运输成本，达到合理化的目的。国内外在这方面的有效措施有：

1.满载超轴

“满载超轴”中“超轴”的含义就是在机车能力允许情况下，多加挂车皮。我国在客运紧张时，也采取加长列车、多挂车皮的办法，在不增加机车情况下增加运输量。

2.水运拖排和拖带法

竹、木等物资的运输，利用竹、木本身浮力，不用运输工具载运，采取拖带法运输，可省去运输工具本身的动力消耗从而求得合理；将无动力驳船编成一定队形，一般是“纵列”，用拖轮拖带行驶，可以有比船舶载乘运输运量大的优点，求得合理化。

3.顶推法

顶推法是我国内河货运采取的一种有效方法，是将内河驳船编成一定队形，由机动船顶推前进的航行方法。其优点是航行阻力小，顶推量大，速度较快，运输成本很低。

4.汽车挂车

汽车挂车的原理和船舶拖带、火车加挂基本相同，都是在充分利用动力能力的基础上，增加运输能力。

（三）发展社会化的运输体系

运输社会化的含义是发展运输的大生产优势，实行专业分工，打破一家一户自成运输体系的状况。一家一户的运输小生产，车辆自有，自我服务，不能形成规模，且一家一户运量需求有限，难以自我调剂，因而经常容易出现空驶、运力选择不当、不能满载等浪费现象，且配套的接、发货设施，装卸搬运设施也很难有效地运行，所以浪费颇大。

实行运输社会化，可以统一安排运输工具，避免对流、倒流、空驶、运力不当等多种不合理形式，不但可以追求组织效益，而且可以追求规模效益，所以发展社会化的运输体系是运输合理化的非常重要的措施。当前火车运输的社会化运输体系已经较完善，而在公路运输中，小生产方式非常普遍，是建立社会化运输体系的重点。社会化运输体系中，各种联运体系是其中水平较高的方式，联运方式充分利用面向社会的各种运输系统，通过协议进行一票到底的运输，有效地打破了一家一户的小生产，受到了欢迎。我国在利用联运这种社会化运输体系时，创造了“一条龙”货运方式。对产、销地及产、销量都较稳定的产品，事先通过与铁路、交通等社会运输部门签订协议，规定专门收、到站，专门航线及运输路线，专门船舶和泊位等，有效保证了许多工业产品的稳定运输，取得了很大成绩。

（四）开展中短距离铁路公路分流，“以公代铁”的运输

这一措施的要点，是在公路运输经济里程范围内，或者经过论证，超出通常平均经济里程范围，也尽量利用公路。这种运输合理化的表现主要有两点：一是对于比较紧张的铁路运输，用公路分流后，可以得到一定程度的缓解，从而加大这一区段的运输通过能力；二是充分利用公路从门到门和在中途运输中速度快且灵活机动的优势，实现铁路运输服务

难以达到的水平。我国“以公代铁”目前在杂货、日用百货运输及煤炭运输中较为普遍，一般在200千米以内，有时可达 700~1000千米。山西煤炭外运经认真的技术经济论证，用公路代替铁路运至河北、天津、北京等地是合理的。

（五）尽量发展直达运输

直达运输是追求运输合理化的重要形式，其对合理化的追求要点是通过减少中转过载换载，从而提高运输速度，省却装卸费用，降低中转货损。直达的优势，尤其是在一次运输批量和用户一次需求量达到了一整车时表现最为突出。此外，在生产资料、生活资料运输中，通过直达，建立稳定的产销关系和运输系统，也有利于提高运输的计划水平，考虑用最有效的技术来实现这种稳定运输，从而大大提高运输效率。

特别需要一提的是，如同其他合理化措施一样，直达运输的合理性也是在一定条件下才会有所表现，不能绝对地认为直达一定优于中转，这要根据用户的要求，从物流总体出发做综合判断。如果从用户需要量看，批量大到一定程度，直达是合理的，批量较小时中转是合理的。

（六）配载运输

配载运输是充分利用运输工具载重量和容积，合理安排装载的货物及载运方法以求得合理化的一种运输方式。配载运输也是提高运输工具实载率的一种有效形式。配载运输往往是轻重商品的混合配载，在以重质货物运输为主的情况下，同时搭载一些轻泡货物，如海运矿石、黄沙等重质货物，在舱面捎运木材、毛竹等，铁路运矿石、钢材等重物上面搭运轻泡农、副产品等，在基本不增加运力投入的情况下，在基本不减少重质货物运输的情况下，解决了轻泡货的搭运，因而效果显著。

（七）“四就”直拨运输

“四就”直拨是减少中转运输环节，力求以最少的中转次数完成运输任务的一种形式。一般批量到站或到港的货物，首先要进分配部门或批发部门的仓库，然后再按程序分拨或销售给用户。这样一来，往往出现不合理运输。“四就”直拨，首先是由管理机构预先筹划，然后就厂或就站（码头）、就库、就车（船）将货物分送给用户，而无须再入库了。

（八）发展特殊运输技术和运输工具

依靠科技进步是运输合理化的重要途径。例如，专用散装及罐车，解决了粉状、液状物运输损耗大、安全性差等问题；袋鼠式车皮、大型半挂车解决了大型设备整体运输问题；“滚装船”解决了车载货的运输问题，集装箱船比一般船能容纳更多的箱体，集装箱高速直达车船加快了运输速度等，都是通过采用先进的科学技术实现合理化。

（九）通过流通加工，使运输合理化

有不少产品，由于产品本身形态及特性问题，很难实现运输的合理化，如果进行适当加工，就能够有效解决合理运输问题，例如将造纸材在产地预先加工成干纸浆，然后压缩体积运输，就能解决造纸材运输不满载的问题。轻泡产品预先捆紧包装成规定尺寸，装车就容易提高装载量；水产品及肉类预先冷冻，就可提高车辆装载率并降低运输损耗。

第四节 集装箱运输

一、集装箱概述

(一) 集装箱 (Container)

又称货柜，是指具有一定强度、刚度和规格专供周转使用的大型装货容器。

集装箱箱体上都有一个11位的编号，前四位是字母，后七位是数字，此编号是唯一的，叫箱号。使用集装箱转运货物，可直接在发货人的仓库装货，运到收货人的仓库卸货，中途更换车、船时，无须将货物从箱内取出换装。

目前，中国、日本、美国、法国等世界有关国家，都全面地引进了国际标准化组织的定义。除了ISO的定义外，还有《集装箱海关公约》(CCC)、《国际集装箱安全公约》(CSC)、英国国家标准和北美太平洋班轮公会等对集装箱下的定义，内容基本上大同小异。

(二) 集装箱的分类 (表5-11)

表5-11 集装箱的分类

分类标准	类型
所装货物种类	杂货集装箱、散货集装箱、液体货集装箱、冷藏集装箱等
制造材料	木集装箱、钢集装箱、铝合金集装箱、玻璃钢集装箱、不锈钢集装箱等
结构	折叠式集装箱、固定式集装箱等,在固定式集装箱中还可分密闭集装箱、开顶集装箱、板架集装箱等
总重	30吨集装箱、20吨集装箱、10吨集装箱、5吨集装箱、2.5吨集装箱等
规格尺寸	20英尺货柜(TEU)、40英尺货柜(FEU)
制箱材料	铝合金集装箱、钢板集装箱、纤维板集装箱、玻璃钢集装箱
用途	干集装箱；冷冻集装箱 (REEFER CONTAINER)；挂衣集装箱 (DRESS HANGER CONTAINER)；开顶集装箱 (OPENTOP CONTAINER)；框架集装箱 (FLAT RACK CONTAINER)；罐式集装箱(TANK CONTAINER)

二、集装箱运输

(一) 集装箱运输 (Container Transportation)

集装箱运输是指以集装箱这种大型容器为载体，将货物集合组装成集装单元，以便在现代流通领域内运用大型装卸机械和大型载运车辆进行装卸、搬运作业和完成运输任务，从而更好地实现货物“门到门”运输的一种新型、高效率和高效益的运输方式。

（二）集装箱运输作业

可以分为发送作业、中转作业和交付作业三部分，以铁路集装箱运输组织工作为例：

1.发送作业

发送作业是指在发站装运之前的各项货运作业，包括集装箱承运前的组织工作和承运后至装运前的作业。具体包括货主要明确使用集装箱运输的条件及有关规定，如必须在指定的集装箱办理站按站内规定承运日期办理受理、审核、装箱等。

2.中转作业

集装箱运输除了由发站至到站的形式外，还有一部分集装箱还要经过中转才能至到站。中转站的任务是负责将到达中转站的集装箱迅速按去向、到站重新配装继续发往到站。

3.交付作业

交付作业是指装运集装箱的货车到货场后需要办理的卸车和向货主办理交付手续等工作，具体包括卸车作业，交付作业，铁路货运员根据车站的卸车计划及时安排货位，核对运单、货票、装载清单与集装箱箱号、印封号是否一致，逐箱检查，卸车；完毕后填写到达记录。最后，由货运室通知发货人。门到门的集装箱由铁路货运员与收货人代理共同核对箱号，检查箱体封印，确认无误后，填发门到门运输作业单，并在作业单上签收。

（三）集装箱交接方式

集装箱运输中，整箱货和拼箱货在船货双方之间的交接方式有以下几种：

1.门到门（door to door）

由托运人负责装载的集装箱，在其货仓或厂库交承运人验收后，负责全程运输，直到收货人的货仓或工厂仓库交箱为止。这种全程连线运输，称为“门到门”运输。

2.门到场（door to cy）

由发货人货仓或工厂仓库至目的地或卸箱港的集装箱装卸区堆场。

3.门到站（door to cfs）

由发货人货仓或工厂仓库至目的地或卸箱港的集装箱货运站。

4.场到门（cy to door）

由起运地或装箱港的集装箱装卸区堆场至收货人的货仓或工厂仓库。

5.场到场（cy to cy）

由起运地或装箱港的集装箱装卸区堆场至目的地或卸箱港的集装箱装卸区堆场。

6.场到站（cy to cfs）

由起运地或装箱港的集装箱装卸区堆场至目的地或卸箱港的集装箱货运站。

7.站到门（cfs to door）

由起运地或装箱港的集装箱货运站至收货人的货仓或工厂仓库。

8.站到场（cfs to cy）

由起运地或装箱港的集装箱货运站至目的地或卸箱港的集装箱装卸区堆场。

9.站到站（cfs to cfs）

由起运地或装箱港的集装箱货运站至目的地或卸箱港的集装箱货运站。

（四）集装箱运输的特点

1.高效益的运输方式

集装箱运输经济效益高主要体现在以下几方面：

（1）简化包装，大量节约包装费用

为避免货物在运输途中受到损坏，必须有坚固的包装，而集装箱具有坚固、密封的特点，其本身就是一种极好的包装。使用集装箱可以简化包装，有的甚至无须包装，实现杂货无包装运输，可大大节约包装费用。

（2）减少货损货差，提高货运质量

由于集装箱是一个坚固密封的箱体，集装箱本身就是一个坚固的包装。货物装箱并铅封后，途中无须拆箱倒载，一票到底，即使经过长途运输或多次换装，不易损坏箱内货物。集装箱运输可减少被盗、潮湿、污损等引起的货损和货差，深受货主和船公司的欢迎，并且由于货损货差率的降低，减少了社会财富的浪费，也具有很大的社会效益。

（3）减少营运费用，降低运输成本

由于集装箱的装卸基本上不受恶劣气候的影响，船舶非生产性停泊时间缩短，又由于装卸效率高，装卸时间缩短，对船公司而言，可提高航行率，降低船舶运输成本，对港口而言，可以提高泊位通过能力，从而提高吞吐量，增加收入。

2.高效率的运输方式

传统的运输方式具有装卸环节多、劳动强度大、装卸效率低、船舶周转慢等缺点。而集装箱运输完全改变了这种状况。

普通货船装卸，一般每小时为35 t左右，而集装箱装卸，每小时可达400 t左右，装卸效率大幅度提高。同时，由于集装箱装卸机械化程度很高，因而每班组所需装卸工人数很少，平均每个工人的劳动生产率大大提高。

由于集装箱装卸效率很高，受气候影响小，船舶在港停留时间大大缩短，因而船舶航次时间缩短，船舶周转加快，航行率大大提高，船舶生产效率随之提高，从而提高了船舶运输能力，在不增加船舶艘数的情况，可完成更多的运量，增加船公司收入，这样高效率导致高效益。

3.高投资的运输方式

集装箱运输虽然是一种高效率的运输方式，但是它同时又是一种资本高度密集的行业。

船公司必须对船舶和集装箱进行巨额投资。有关资料表明，集装箱船每立方英尺的造价约为普通货船的3.7~4倍。集装箱的投资相当大，开展集装箱运输所需的高额投资，使得船公司的总成本中固定成本占有相当大的比例，高达三分之二以上。

集装箱运输中的港口的投资也相当大。专用集装箱泊位的码头设施包括码头岸线和前沿、货场、货运站、维修车间、控制塔、门房，以及集装箱装卸机械等，耗资巨大。

为开展集装箱多式联运，还需有相应的内陆设施及内陆货运站等，为了配套建设，这就需要兴建、扩建、改造、更新现有的公路、铁路、桥梁、涵洞等，这方面的投资更是惊人。可见，没有足够的资金开展集装箱运输，实现集装箱化是困难的，必须根据国力量力而行，最后实现集装箱化。

4.高协作的运输方式

集装箱运输涉及面广、环节多、影响大，是一个复杂的运输系统工程。集装箱运输系统包括海运、陆运、空运、港口、货运站以及与集装箱运输有关的海关、商检、船舶代理公司、货运代理公司等单位和部门。如果互相配合不当，就会影响整个运输系统功能的发挥，如果某一环节失误，必将影响全局，甚至导致运输生产停顿和中断。因此，要求搞好整个运输系统各环节、各部门之间的高度协作。

5.适于组织多式联运

由于集装箱运输在不同运输方式之间换装时，无须搬运箱内货物而只需换装集装箱，这就提高了换装作业效率，适于不同运输方式之间的联合运输。在换装转运时，海关及有关监管单位只需加封或验封转关放行，从而提高了运输效率。

此外，由于国际集装箱运输与多式联运是一个资金密集、技术密集及管理要求很高的行业，是一个复杂的运输系统工程，这就要求管理人员、技术人员、业务人员等具有较高的素质，才能胜任工作，才能充分发挥国际集装箱运输的优越性。

物流卡片

中集集团

20世纪60年代集装箱制造业发源于美国，70年代转移到日本、80年代转移到韩国，80年代末90年代初转移到中国。

中集集团在20世纪80年代初选择这一产业，实际上正是抓住了世界制造基地向中国转移的两个重要环节：一是中国具有集装箱本身的制造成本优势，到目前，世界上90%以上的集装箱在中国生产；二是中国成为全球制造基地后，巨大的贸易和货物流量带来的快速成长的集装箱市场。

经过30年的发展，中集集团已经成为全球最大的集装箱企业，在全球集装箱领域占据50%以上的市场份额，在世界贸易中占据重要地位。2002年，中集集团基于对“中国制造”和世界多式联运的深刻理解，将产品延伸至道路运输车辆，同时也将对机械制造和成本管理的成功经验成功复制到道路车辆运输领域。2005年是中集集团进入道路运输车辆的第五年，全年销售车辆已经达到5.3万台，成为国内最大的专用车辆制造企业，到目前为止，中集集团已在海内外拥有50多家控股子公司，其中集装箱制造企业20多家，专用车辆企业9家。

中集集团在进入集装箱干货箱领域时即面临现代、进道等强大的竞争对手，但中集集团不仅在集装箱领域收购了中集集团的竞争对手，更在两年的时间内收购了国内最大的车辆企业——扬州通华和驻马店华俊，并以400多万元的成本收购曾经在全美半挂车行业排名第五的Vanguard，快速实现了公司的产业布局。从目前各子公司的营运情况来看，2005年除当年投资较大的山东中集以外，其他集装箱企业和专用车辆企业基本上都处于正常运行和盈利状态，充分显示了中集集团对集装箱行业的统御能力。

2005年中集集团干货箱产品出现了大幅波动，销售总量从2004年的280万TEU左右下降到240万TEU，销售价格更是从年初的2200$/TEU 下降到年末的1500$/TEU。面对剧烈的市场变化，公司业绩也出现了巨大的波动，公司单季度盈利从第一季度的每股0.9元下降至第四季度的每股0.01元。造成此等原因的因素在于，2004年和2005年上半年，全球贸易和原材料价格的大幅上扬，集装箱采购量和价格随之上涨，并出现了持续14个月的超买，而从2005年5月份开始钢材等原材料价格的下降和超买后的存货使得集装箱价格迅速回调，第四季度销量锐减。基于此，市场对公司趋势的预期开始下降，但从公司年报披露的数据来看，公司干货箱以外的产品都保持了良好的增长势头。

第五节　联合运输

一、概述

（一）联合运输的概念

联合运输简称联运，是指使用两种或两种以上的运输方式，完成一项进出口货物运输任务的综合运输方式。

（二）联合运输的内容

1.衔接运输或接力运输

是指两种以上运输方式或一种运输方式两个环节以上的运输接续（包括回程配载）。货物联运按运输组织方式的不同，可分为大宗货物干线联运和零散货物干支线和支线间联运。

大宗货物干线联运，习惯上称之为“大联运”。这种大联运，在我国一般由交通、物资、商业等部门在各级经济综合部门的组织和领导下互相签订协议具体进行。

零散货物干支线间和支线间的联运，就是由当地联运企业与联运企业之间、联运企业与运输企业之间签订协议和合同，互为代办中转或异地代理转运以完成全过程的多式联运业务，习惯上称之为“小联运”。

货物联运按装载方式的不同，可区分为整车（或整批）货物联运和零散货物联运以及集装箱联运。

按不同运输方式之间的运输组合情况又可分为铁、水联运，铁、公联运，铁、公、水多式联运，公、空联运，水、水联运等。

按区域划分又可分为国内联运和国际联运。

2.运输代理服务

运输作为社会经济活动，必须由托运方和承运方相结合才能进行。随着市场经济的日益发展，社会化生产规模的日益扩大和产、供、运、销分工的不断变化，这种直接结合的运输经济活动，越来越显示局限性，因此，一种承运方、托运方双方间接结合的运输经营方式就产生了，这种运输方式就是在整个运输全过程中，货主和运输企业之间不发生直接关系，而是通过代理人开展业务活动，充当这种代理人角色的就是由此而产生的各种联运企业。

运输代理服务的具体经营方式，有多种形式。从代理的服务对象来分有为货主代理和为运输企业代理两种形式。

为货主代理，包括代办托运手续；代理包装、清点货物；集装箱货物的拼装和拆卸、中转仓储、保管、代办报关和保险，取货上门，装车装船、小报运等；货物运到目的地后，代货主提货，送货到家，有的还代办财务结算，代货主催促和验收货物；货物送到后，提供拆卸、搬运和安置妥当等各项服务。还有的联运企业进一步运销结合，代货主推销产品、代购原材料、介绍合作、合营对象等业务。

为运输企业代理，主要是组织和提供运输货源，代办承运手续，组织港、站的集、疏、运任务，帮助运输企业堆码货物和寻找货主催促提货，提供中转仓库和场地，以缓解港、站和厂矿企业设施不足等业务。

运输代理是联运企业的基本任务，它的基本要求是力争做到"一次托运，一次收费，一次结算，一票到底，全程负责"。它节约了办理运输的人力和时间，方便了货主和运输企业，加速了货物的周转，提高了社会经济综合效益。

3.运输协作

运输协作是指在货物的运输全过程活动中，把生产、供应、运输、销售等部门的各个环节联成一个有机整体，实现通过运输企业之间，运输企业和厂矿企业之间的协作，而联运企业则是这种协作中的一个重要组成部分。

联合运输是随着现代化社会生产的规模日益扩大和专业化大分工而出现的一个新兴运输分支，在各种运输方式和产、供、运、销以及集、疏、运等"结合部"和"枢纽"中起衔接配合、协作服务的作用。通过联运企业开展代理业务，组织各种运输之间的联运，发展横向联合和运输协作，促使铁、公、水、空进行合理分流和各种运输工具设施得到充分的利用，从而加速商品、资金的周转和缩短运输工具的停留时间。联运企业既为货主服务，也为运输企业服务，这种"一手托两家"的双向服务，可以更好地发挥综合运输体系的整体功能，取得更为良好的经济和社会效益。

二、 联合运输的方式

（一）陆空、海空联运

我国出口货物从1974年开始通过香港中转使用陆空（Train—Air，简称T.A.）或者陆空陆（Train—Air—Truck，简称T.A.T.）和海空联运方式。具体做法是：从国内货物产地装上火车(或船）运到香港，再从香港装飞机运至欧洲、北美洲或澳大利亚中转站（或目的地)，再用卡车由中转站运至目的地。采用这种运输方式有很多优点，主要是：到货迅速、运输合适、货运安全、手续简便。如果采用信用证支付方式，只要在信用证上列明："沈阳（或××）到香港装火车（或船)，香港中转站装飞机，再装卡车至××地，卖方凭承运人出具的第一程运输工具的货物承运收据（Cargo Receipt）或提单（Bill of Lading）收款"，卖方装运后即可凭单据收取货款。

（二）陆海联运

我国出口货物实行陆海联运是从1977年开始试办的。这种联运方式的做法是：首先由内地省（区、市）外贸公司，自启运地把货物装上火车运至香港，然后由香港华夏公司联系二程船舶，将货物从香港运往国外指定的目的港。由于国内铁路运输通过能力所限，陆海联运的陆上运输（火车）压力较大，并非所有货物都可实行陆海联运。只有国内港口无直达船并且转船有困难的或经香港陆海联运的运费不高于海运经香港转船费用的或原属经黄埔（广州）海运出口在香港转船的或贸易上确有特殊需要的，才能在香港办理陆海联运的中转。

陆海联运与陆空联运一样，内地省市外贸公司在发货地将货物装车后，即可凭规定的货运单据在当地中国银行办理结汇，这样可以大大缩短收汇时间。另外，陆海联运经香港中转，可以利用香港航线多、订舱方便等有利条件，使我国出口货物能及时装运出口。

（三）集装箱运输

集装箱运输，是指将一定数量的单件货物装入集装箱内，以集装箱作为一个运输单位所进行的运输。

（四）陆桥运输

陆桥运输，是指以大陆上铁路或公路运输系统为中间桥梁，把大陆两端的海洋连接起来的运输方式，从形式上看，是海—陆—海的连贯运输，一般以集装箱为媒介。

（五）国际多式联运

国际多式联运（International Multimodal Transport），是指按照多式联运合同，以至少两种不同的运输方式，由多式联运经营人将货物从一国境内接管货物的地点运至另一国境内指定交付货物的地点的一种运输方式。

三、大陆桥运输

（一）大陆桥运输

所谓大陆桥运输，是指使用横贯大陆的铁路、公路运输系统为中间桥梁，把大陆两端的海洋连接起来的运输方式。从形式上看，是海—陆—海的连贯运输，但实际在做法上已在世界集装箱运输和多式联运的实践中发展成多种多样。

大陆桥运输一般都是以集装箱为媒介，因为采用大陆桥运输，中途要经过多次装卸，如果采用传统的海陆联运，不仅增加运输时间，而且大大增加装卸费用和货损货差，以集装箱为运输单位，则可大大简化理货、搬运、储存、保管和装卸等环节，同时集装箱是经海关铅封，中途不用开箱检验，而且可以迅速直接转换运输工具，故采用集装箱是开展大陆桥运输的最佳方式。

（二）大陆桥运输的路线

目前，远东、欧洲的大陆桥运输线路有西伯利亚大陆桥和北美大陆桥。

1.西伯利亚大陆桥（Siberian Landbridge）

西伯利亚大陆桥是利用俄罗斯西伯利亚铁路作为陆地桥梁，把太平洋远东地区与波罗的海和黑海沿岸以及西欧大西洋口岸连起来。此条大陆桥运输线东自海参崴的纳霍特卡港口起，横贯欧亚大陆，至莫斯科，然后分三路，一路自莫斯科至波罗的海沿岸的圣彼得堡港，转船往西欧、北欧港口；一路从莫斯科至俄罗斯西部国境站，转欧洲其他国家铁路（公路）直运欧洲各国；另一路从莫斯科至黑海沿岸，转船往中东、地中海沿岸。所以，从远东地区至欧洲，通过西伯利亚大陆桥有海、铁、海，海、铁、公路和海、铁、铁三种运送方式。

西伯利亚大陆桥的营运情况及主要问题：

从20世纪70年代初以来，西伯利亚大陆桥运输发展很快。目前，它已成为远东地区往返西欧的一条重要运输路线。日本是利用此条大陆桥的最大顾主。整个20世纪80年代，其利用此大陆桥运输的货物数量每年都在10万个集装箱以上。为了缓解运力紧张情况，前苏联又建成了第二条西伯利亚铁路。但是，西伯利亚大陆桥也存在三个主要问题：

运输能力易受冬季严寒影响，港口有数月冰封期；

货运量西向大于东向约2倍，来回运量不平衡，集装箱回空成本较高，影响了运输效益；

运力仍很紧张，铁路设备陈旧。

随着新亚欧大陆桥的正式营运，这条大陆桥的地位正在下降。

2.北美大陆桥（North American Landbridge）

北美大陆桥是指利用北美的大铁路从远东到欧洲的“海—陆—海”联远。该大陆桥运输包括美国大陆桥运输和加拿大大陆桥运输。美国大陆桥有两条运输线路：一条是从西部太平洋沿岸至东部大西洋沿岸的铁路和公路运输线；另一条是从西部太平洋沿岸至东南部墨西哥湾沿岸的铁路和公路运输线。

3.亚欧第二大陆桥

亚欧第二大陆桥，也称新亚欧大陆桥。该大陆桥东起中国的连云港，西至荷兰鹿特丹港，全长10 837 km，其中在中国境内4 143 km，途径中国、哈萨克斯坦、俄罗斯、白俄罗斯、波兰、德国和荷兰7个国家，可辐射到30多个国家和地区。1990年9月，中国铁路与哈萨克斯坦铁路在德鲁日巴站正式接轨，标志着该大陆桥的贯通。1991年7月20日开办了新疆—哈萨克斯坦的临时边贸货物运输。1992年12月1日由连云港发出首列国际集装箱联运“东方特别快车”，经陇海、兰新铁路，西出边境站阿拉山口，分别运送至阿拉木图、莫斯科、圣彼得堡等地，标志着该大陆桥运输的正式开办。近年来，该大陆桥运量逐年增长，并具有巨大的发展潜力。

4.其他陆桥运输形式

北美地区的陆桥运输不仅包括上述大陆桥运输，而且还包括小陆桥运输（Mini-bridge）和微桥运输（Micro-bridge）等运输组织形式。

小陆桥运输从运输组织方式上看与大陆桥运输并无大的区别，只是其运送的货物的目的地为沿海港口。

微桥运输与小陆桥运输基本相似，只是其交货地点在内陆地区。

四、多式联运

（一）多式联运（Multimodal Transport）的概念

多式联运是指使用多种运输方式，利用各种运输方式各自的内在经济，在最低的成本条件下提供综合性服务。这种设法把不同的运输方式综合起来的方式，也称作“一站式”的运输。最早的多式联运是铁路与公路相结合的运输方式，通常称作驮背式运输服务。现在，人们愈来愈强烈地意识到多式联运将成为一种重要的手段来提供有效、高效的运输服务。

从技术上讲，在所有基本的运输方式之间都能够安排协调运输或多式联运。一些术语，如：驮背式运输、卡车渡运、火车渡船和运货飞机等，已成为标准的运输业行话。对于每一种多式联运的组合，其目的都是综合各种运输方式的优点，以实现最优化的绩效。例如，一种常见的多式联运组合是公铁联运，它把汽车跑短距离的灵活性与铁路跑长距离的低成本综合起来去跑更长的距离。

（二）多式联运的分类

根据不同的原则，对多式联运可以有多种分类形式。但就其组织方式和体制来说，基本上可分为协作式多式联运和衔接式多式联运两大类。

1.协作式多式联运

协作式多式联运是指两种或两种以上运输方式的运输企业，按照统一的规章或商定的协议，共同将货物从接管货物的地点运到指定交付货物的地点的运输。

协作式多式联运是目前国内货物联运的基本形式。在协作式多式联运下，参与联运的承运人均可受理托运人的托运申请，接收货物，签署全程运输单据，并负责自己区段的运输生产；后续承运人除负责自己区段的运输生产外，还需要承担运输衔接工作；而最后承运人则需要承担货物交付以及受理收货人的货损货差的索赔。在这种体制下，参与联运的每个承运人均具有双重身份。对外而言，他们是共同承运人，其中一个承运人（或代表所有承运人的联运机构）与发货人订立的运输合同，对其他承运人均有约束力，即视为每个承运人均与货方存在运输合同关系；对内而言，每个承运人不但有义务完成自己区段的实际运输和有关的货运组织工作，还应根据规章或约定协议，承担风险，分配利益。

目前，根据开展联运依据的不同，协作式多式联运可进一步细分为法定（多式）联运和协议（多式）联运两种。

（1）法定（多式）联运

它是指不同运输方式运输企业之间根据国家运输主管部门颁布的规章开展的多式联运。目前铁路、水路运输企业之间根据铁道部、交通部共同颁布的《铁路水路货物联运规则》开展的水陆联运即属此种联运。在这种联运形式下，有关运输票据、联运范围、联运受理的条件与程序、运输衔接、货物交付、货物索赔程序以及承运之间的费用清算等，均应符合国家颁布的有关规章的规定，并实行计划运输。

这种联运形式无疑有利于保护货方的权利和保证联运生产的顺利进行，但缺点是灵活性较差，适用范围较窄，它不仅在联运方式上仅适用铁路与水路两种运输方式之间的联运，而且对联运路线、货物种类、数量及受理地、换装地也做出了限制。此外，由于货方托运前需要报批运输计划，给货方带来了一定的不便。法定 (多式) 联运通常适用于保证指令性计划物资、重点物资和国防、抢险、救灾等急需物资的调拨。

(2) 协议 (多式) 联运

它是指运输企业之间根据商定的协议开展的多式联运。比如，不同运输方式的干线运输企业与支线运输或短途运输企业，根据所签署的联运协议开展的多式联运，即属此种联运。

与法定 (多式) 联运不同，在这种联运形式下，联运采用的运输方式、运输票据、联运范围、联运受理的条件与程序、运输衔接、货物交付、货物索赔程序，以及承运人之间的利益分配与风险承担等，均按联运协议的规定办理。与法定 (多式) 联运相比，该联运形式的最大缺点是联运执行缺乏权威性，而且联运协议的条款也可能会损害货方或弱小承运人的利益。

2.衔接式多式联运

衔接式多式联运是指由一个多式联运企业 (以下称多式联运经营人) 综合组织两种或两种以上运输方式的运输企业，将货物从接管货物的地点运到指定交付货物的地点的运输。在实践中，多式联运经营人既可能由不拥有任何运输工具的国际货运代理、场站经营人、仓储经营人担任，也可能由从事某一区段的实际承运人担任。但无论如何，他都必须持有国家有关主管部门核准的许可证书，能独立承担责任。

在衔接式多式联运中，运输组织工作与实际运输生产实现了分离，多式联运经营人负责全程运输组织工作，各区段的实际承运人负责实际运输生产。在这种机制中，多式联运经营人也具有双重身份。对货方而言，他是全程承运人，与货方订立全程运输合同，向货方收取全程运费及其他费用，并承担承运人的义务；对各区段实际承运人而言，他是托运人，他与各区段实际承运人订立分运合同，向实际承运人支付运费及其他必要的费用。很明显，这种运输组织与运输生产相互分离的形式，符合分工专业化的原则，由多式联运经营人“一手托两家”，不但方便了货主和实际承运人，也有利于运输的衔接工作，因此，它是联运的主要形式。在国内联运中，衔接式多式联运通常称为联合运输，多式联运经营人则称为联运公司。我国在《合同法》颁布之前，仅对包括海上运输方式在内的国际多式联运经营人的权利与义务，在《海商法》和《国际集装箱多式联运规则》中做了相应的规定，对于其他形式下国际多式联运经营人和国内多式联运经营人的法律地位与责任，并未做出明确的法律规定。《合同法》颁布后，无论是国内多式联运还是国际多式联运，均应符合该多式联运合同中的规定，这无疑有利于我国多式联运业的发展壮大。

(三) 多式联运的具体形式

最著名的和使用最广泛的多式联运系统是将卡车拖车或集装箱装在铁路平板车上的公铁联运，即驮背式运输。集装箱是被多式联运利用来储存产品的“箱子”，并在汽车货运、铁路或水路运输之间进行转移。顾名思义，卡车拖车或集装箱被放在铁路平板车上作城市间长途运输，余下的行程则由卡车拖运完成。

卡车渡运、火车渡船和集装箱船等是最老式的多式联运例子。它们使用水路进行长途运输，也是最便宜的运输方式之一。卡车渡运、火车渡船和集装箱船等运输概念是要把卡车拖车、铁路车或集装箱装在驳船上或船舶上作长途运输。这类多式联运的另一种形式是“陆桥”运输，它是通过海运与铁路相结合来运输集装箱，常用于从环太平洋到欧洲的货物运输。陆桥运输是在远洋运输与铁路运输相结合的基础上利用单一费率的好处，它比各别费率计算的总成本要低。

多式联运的另一种形式是航空货运与卡车运输相结合。本地货运是航空运输重要的组成部分，因为航空货运最终要从飞机场运往最后交付的目的地。航空—卡车运输是溢价包裹递送服务常用的一种组合。

（四）多式联运合同

《海商法》所称的多式联运合同，“是指多式联运经营人以两种以上的不同运输方式，其中一种是海上运输方式，负责将货物从接收地运至目的地交付收货人，并收取全程运费的合同”。多式联运是在集装箱运输的基础上发展起来的，这种运输方式并没有新的通道和工具，而是利用现代化的组织手段，将各种单一运输方式有机地结合起来，打破了各个运输区域的界限，是现代管理在运输业中运用的结果。

多式联运合同具有以下特点：

（1）它必须包括两种以上的运输方式，而且其中必须有海上运输方式。在我国，由于国际海上运输与沿海运输、内河运输分别适用不同的法律，所以国际海上运输与国内沿海、内河运输可以视为不同的运输方式。

（2）多式联运虽涉及两种以上不同的运输方式，但托运人只和多式联运经营人订立一份合同，只从多式联运经营人处取得一种多式联运单证，只向多式联运经营人按一种费率交纳运费。这就避免了单一运输方式多程运输手续多、易出错的缺点，为货主确定运输成本和货物在途时间提供了方便。

物流卡片

美国伯灵顿北方圣太菲铁路运输公司（BNSF）

BNSF (NYSE:BNI)，拥有北美51 500千米的运营网络，遍及美国的28个州和加拿大的2个省，BNSF每年运送超过500万个集装箱和拖车，被公认为世界最大的铁路多式联运承运公司，该公司每年承运的55%货物为泛太平洋贸易，即300万标箱，其中60%的货物来自中国，而且这一比例在今后几年将上升至70%。

早在20世纪80年代，BNSF及其前身就开始通过中远集团运输来自中国的货物，并向中国提供出口谷物的运输服务。

2004年8月，BNSF还同中国铁道部签署了一项为期5年的铁路运输合作谅解备忘录，成为唯一一家在铁路管理、运营、后勤和高科技等方面与中国铁道部合作的铁路运营公司。

2006年7月24日，BNSF在沪宣布，在上海正式成立中国办事处，统筹BNSF在整个亚洲的业务，包括其在香港的东方海外等合作伙伴，也是首家在中国设立办事处的美国铁路运输公司。

BNSF曾对中国的洋山港、盐田港、宁波港等进行考察，对中国的港口设施非常满意，而中国铁道部和CRCTC等亦曾前往BNSF考察，对后者的多式联运网络很感兴趣，并因此修改了中国的多式联运发展规划，在其中增加了物流园区概念。

对于中国业务的发展，BNSF国际多式联运部副总裁马福德表示：上海将成为BNSF在中国和亚洲的运营中心，未来BNSF将在铁路运营、物流、铁路计算机信息管理等方面为中国铁道部和CRCTC提供帮助。

本章小结

本章首先介绍了运输及运输管理的基本概念及运输的分类和功能；进而分别介绍了五种基本运输方式的特点、经营模式及主要运输工具；最后介绍了集装箱运输及联合运输方式。

关键词

公路运输、铁路运输、航空运输、水路运输、管道运输、集装箱运输、联合运输

复习思考题

1.对比分析五种基本运输方式的特点。
2.试述我国运输业的发展现状及存在的问题。
3.集装箱运输的特点有哪些？
4.联合运输的服务内容包含哪几方面？

综合案例

日本大和运输的宅急便

一、宅急便的由来

日本的大和运输株式会社（Yamato Transportation）成立于1919年，是日本第二古老的货车运输公司。1973年日本陷入第一次石油危机的大混乱中，企业委托的货物非常少，这对完全仰赖于运送大宗货物的大和运输来说，无疑是一大打击。对此，当时大和运输的社长小仓提出了“小宗化”的经营方向，认为这是提高收益的关键。1976年2月，大和运输开办了“宅急便”业务。当时有人提出用Yamato-Parcel-Service（大和、包裹、服务）这一

名词，简称YPS，但是未能决定是使用英文好，还是使用日文好。对宅急便这个名词，起初也有人反对使用，认为当时已有了“急便”和“宅配”的用语。但最后小仓社长还是决定使用“宅急便”这个名词。他认为，以前有人说过“桌球这个名词比乒乓球更能被人接受”，后来事实证明，“乒乓球”反而较为人们所接受，“宅急便”这个名词，只要大家熟悉了，应该就不会有什么问题。

1976年，宅急便共受理了170万件货物，同年，日本国铁受理的包裹为6 740万件，邮局受理的小包则达17 880万件。到1988年，宅急便的受理件数已达34 877万件，超过了邮局小包的23 500万件。该年，在宅配便的业界中，宅急便的市场占有率已达40%，位居日本运输第一位的日本通运的“信天翁便”只占28%。到1995年，宅急便的受理件数多达57 000万，营业额为6 000亿日元。宅急便的员工人数由原先的300人增加到57 797人，拥有的车辆由2 000辆增加到25 000辆。在日本，大和运输的宅急便已是无人不知、无人不晓，在马路上到处可见宅急便在来回穿梭。

二、黑猫商标

大和运输的象征商标，是一个黑猫叼着小猫的图案。1957年大和运输受理美国军人、军队的杂物运送，开始与美国的亚莱德·莱斯运输公司一起合作输送。这家美国公司以“Careful handling”为宣传口号，象征这个标语意义的，是以母猫叼着小猫小心运送的图案作为标志。大和运输认为，图案中那种小心翼翼，不伤及小猫，轻衔住脖子运送的态度，仿佛是谨慎搬运顾客托运的货物，这种印象正和公司的宗旨相符合。于是经过亚莱德公司的同意，并对图案作了进一步的造型设计，改成为现在的黑猫标志，使这个图案给人更具象征的印象。大和运输又将Careful handling意译为“我做事，你放心”，并以此作为宣传标语。因此，人们又把大和运输称为“黑猫大队”。

三、一通电话翌日送达

宅急便类似目前的快递业务，但其服务的内容更广。在运送货物时，讲究三个“S”，即速度（Speed）、安全（Safety）、服务（Service）。大和运输在这三者之中，最优先考虑的是速度。因为有了速度，才能抢先顺应时代的需求，在激烈的竞争中取胜。而在速度中，宅急便又特别重视“发货”的速度。宅急便的配送，除去夜间配送以外，基本是一天2回，也即2次循环。凡时间距离在15小时以内的货物，保证在翌日送达。1989年开始一部分的一日3次循环，可以做到时间距离在18小时以内的货物，可以翌日送达。也就是说，可以将截止接受货物的时间，延长到下午3点，从而使翌日送达的达成率，可以达到95%，展现了大和运输更周到的服务。

宅急便的受理店多达20多万家（包括大和运输本身的近2 000家分店），是以米店、杂货店等地方上分布面广的重要的零售店设立的。1989年后，由于与7–11和罗森等大型便利店的合作，已调整为24小时全天候受理货物。大和运输对这些受理店，每受理一件货物，支付100日元的受理手续费。如果顾客亲自将货物送到受理店，这位顾客就可以从所应付的运费当中扣除100日元。

黑猫大队有一个保证翌日送达的输送系统。在受理店截止接受货物的时间之后，大和运输分区派出小型货车到区内各处将货集中运往称为“集货中心”的营业所，并迅速转送到称为“基地”的地点，进行寄往全国各地的货物分拣工作。然后，将经过分拣的货物，以发往的地区和货物种类为单元，装入统一的长110厘米、宽100厘米、高185厘米的货箱内，一个货箱中大抵可以放进70~80件货物。从基地往基地移动时是使用10吨级的大型车，可装载16只货箱；从集货中心往基地，或是从基地往集货中心移动时（称为平行运输），常使用可装8个货箱的4吨车；而专用来收集以及递送的2吨车，则可零堆约一个货箱容量的货物。宅急便由于采用了统一规格的小型货箱和不同吨级的货车，从而大大提高了运送效率，降低了物流成本。

利用夜间进行从出发地到目的地的运输，是宅急便得以在速度上取得优势的重要措施，从而做到了当日下午进行集货，夜间进行异地运输，翌日上午即可送货上门，得以保证在15~18小时内完成整个服务过程。宅急便还采取了车辆分离的办法，采用拖车运输。牵引车把拖车甲运到B以后，把车摘下来放在B，再挂上B点的拖车乙开向A。这样，车辆的周转率是最高的。

此外，又采取了设立中转站的办法。这种中转方法不是货车和货物的中转，而是司机进行交换的开车方式。如从东京到大阪的长途运输，距离为600千米，需要司机2个人，再从大阪返回时还需要这么长的时间，司机也非常累，这样一来一往就需要6个人。如果在中间设置一个中转站，东京和大阪同时发车，从东京来的，在中转站开上大阪的车返回就不要2个人，只要1个人就可以了，总共只需要4个人，从而减少了2个人的费用。

四、开拓业务 强化服务

宅急便受理货物的内容种类繁多，包括地方特产、企业文件、各种零件、划拨商品等，各式各样的小货物，都可通过宅急便来运送。旅客乘飞机可以委托将行李在登机前运送到机场；居住在乡下的长者，可以寄送昆虫、金鱼等小动物给住在城市的儿孙辈。有一回长崎发生大水灾，严重影响水源问题，住在远地的亲朋好友就寄送饮用水给生活受困的受灾者。宅急便对礼品市场的扩展，也有相当的贡献。单是每年的情人节、母亲节，宅急便的需求量就呈巅峰状态，即使一盒巧克力，也可以利用宅急便来寄送。特别是在情人节的日子，没有勇气将巧克力亲手交给心中的女孩子时，宅急便就成为可爱的“恋爱之神”。宅急便也给企业活动带来了方便，有许多企业利用宅急便来传递紧急的文件，连百货公司也利用宅急便作为“送货到家”的运送管道。当今非常流行的邮购等通讯销售，若不是宅急便的普及，也就没有如此的快速发展。从利用宅急便运送货的客户来分析，法人占60%，个人占40%，法人利用的比率很高，由此可见宅急便对企业界的魅力。

日本人现在去打高尔夫球时，已经很少有人亲自背着高尔夫球杆去球场。大多数是利用高尔夫宅急便，将球具送到高尔夫球场，自己则空手前往。在打完球回程时，也是由宅急便送回自己家中，做到能够身轻如燕地去游玩。1983年12月，滑雪宅急便开始登场，日本长野是这一季节的滑雪胜地，每年都从外县涌入1 100万名滑雪客。只要运送滑雪橇和随身货物，如果平均每人2件的话，往返就会有4 400万件的货源。滑雪宅急便保证做到在滑雪的前一天将货物送达，一开始就得到顾客的好评，特别是深受体力单薄的女性顾客的喜爱。1987年8月，大和运输又推出了冷藏宅急便。温度分为5度（冷藏）、零度（冰温）和零下18度（冷冻）3种，货物以蔬菜、水果、鱼、肉等生鲜食品为主。在全体宅急便之中，生鲜食品占40%。冷藏便开发后，这一比例又急速升高，说明在日本生鲜食品的输送需求极其旺盛。此外，大和运输又开拓了书籍服务，读者直接向书籍服务公司订购后，可以利用宅急便的配送网络，尽早地把书籍送到读者手中。

宅急便还利用航空来运送货物，但由于在下午3点以前接受的货物若要翌日送达，飞机必须夜间飞行，困难较多，货运量不大，约占总运量的1%。同时，宅急便对运距在600千米以上的，采取通过铁路运输的办法，宅急便每天有54班车（往返）就是通过东京到北海道函馆之间的直达车运送货物的。

五、黑猫大队的货物追踪系统

大和运输致力于电脑化的推进，成为运输界中最初采用条形码的公司，美国的大型运输公司“UPS”（United Parcel Service）也仿效使用，条形码现今已成为运输业界的世界标准码。大和运输将宅急便的信息系统通称为“猫系统”。第一代猫系统始于1974年，以路线及货运为中心。在结构上，是采用从设置在大和运输系统开发总公司的主电脑，以至到各营业所的终端机，全部以专用线缆来导引线路，以集中货物信息的方法进行处理。第二代猫系统始于1980年，此时初次登场的POS终端机，简化了资料输入动作，任何人都可以简单操作，信息的处理速度也快。第三代猫系统始于1985年，重点在于开发了携带型POS，让所有的货车司机都拥有一台。大和运输将所有附随货物的信息，包括发货店密码、日期、负责集货公司的司机密码、到店密码、货物规格、顾客密码、顾客送来或是集货方式、运费、传票号码，以及滑雪宅急便或高尔夫宅急便的顾客游玩日等，全都输入电脑进行管理。大和运输在全国1 300所的分店、营业所、基地设置终端机，网络站的终端机数约为2 000台，携带型POS突破20 000台。通过这个追踪货物系统，便能完全掌握所发生的各种信息。顾客如果询问邮局：托运的货物现今在何处？邮局必须花费2分钟才能作回答；而宅急便却能在40秒内作出答复（电脑的应答需时3~5秒）。由此可以查明：货物现在是在仓库，还是在分拣设施上，还是正在装车，还是已经送到顾客手中。这项优异的追踪系统的存在，进一步提高了顾客对宅急便的依赖度。

现在大和运输与美国UPS合作，建立了国际快递网络。UPS拥有世界175个国家和地区的配送网，大和运输已将这些国家和地区全部列入自己的服务区域。

（案例来源：万联网资讯中心
http://info.10000link.com/newsdetail.aspx?doc=2011112390019）

案例思考题

1.宅急便的服务具有什么特点？

2.你认为该案例对我国快递企业的发展具有哪些启示？

扩展阅读

“十一五”中国交通运输业建设发展情况

“十一五”时期是新中国成立以来，我国交通运输业发展最快、发展质量最好、服务水平提升最显著的时期。这一时期我国交通运输业始终坚持科学发展观，不断加快发展方式的转变和结构调整，深化改革开放，坚持加快交通基础设施建设，实现了交通运输业的全面快速增长，为国民经济和社会发展作出了应有的贡献。

一、交通运输业全面快速发展

“十一五”时期是我国交通运输事业发展最快、成绩最突出的五年。不论是交通设施总量、规模，还是运输能力供给以及运输质量等方面都取得了巨大成就，对国民经济发展的支撑作用明显增强。目前，我国交通运输业已进入各种运输方式相互促进、相互补充、协调发展、能力扩张与质量提高并重、全面建设现代综合交通体系的一个新的发展阶段。

“十一五”期间，在大规模投资的带动下，我国交通运输的线路网络和客货运量均快速增长。各种运输方式的总里程，从2005年的558.64万千米增加到2010年的704.27万千米，增长26.1%，年均增长4.7%；全社会主要运输方式完成客运量由2005年的184.70亿人增加到2010年的327.91亿人，增长77.5%，年均增长12.2%；旅客周转量由17 466.7亿人千米增加到27779.2亿人千米，增长59.0%，年均增长9.7%；货运量由186.20亿吨增加到320.30亿吨，增长72.0%，年均增长11.5%；货物周转量由80 258.1亿吨千米增加到137 329.0亿吨千米，增长71.1%，年均增长11.3%。

二、铁路运输迈进新时代

“十一五”期间，我国铁路迎来了史无前例的高速、跨越式发展，中国铁路运输达到国际先进水平。

“十一五”期间铁路建设规模之大、标准之高，是中国铁路发展史上从未有过的。“十一五”期间，我国铁路基本建设投资完成1.98万亿元，是“十五”投资的6.3倍。截至2010年年底，全国铁路营业里程达到9.10万千米，居世界第二，比2005年年底增加了1.56万千米，增长了20.7%。截至2010年年底，电气化铁路里程达到4.2万千米，电气化铁路比重由2005年的31.2%提高到46.2%，增加了15个百分点，电气化铁路运营里程跃居世界第二。2010年，全国铁路客运量达16.76亿人，旅客周转量达8 762.2亿人千米，货运量达36.43万吨，货物周转量达27 644.1亿吨千米，分别比2005年增长45.0%、44.5%、35.3%、33.4%，年均分别增长7.7%、7.6%、6.2%、5.9%。“十一五”期间，全国铁路共发送旅客72.8亿人，发送货物163.0亿吨，分别比“十五”期间增长35.9%、42.9%，均创历史新高。

“十一五”期间，我国对西部开发的投入不断加大，西部铁路建设取得了重要进展。2006年7月1日青藏铁路正式全线建成通车，是世界海拔最高、线路最长的高原铁路。青藏铁路自开通运营到2010年年底，共运送旅客1426万人、运送货物1.23亿吨，旅客列车运行时速达100千米，创造了冻土铁路运行时速的世界纪录，所创新的冻土成套工程技术达到国际领先水平，推进了世界冻土工程技术的发展，为中国铁路对21世纪世界工程建设领域的重要贡献。青藏铁路的通车运营对加快西部地区经济社会发展，改善各族人民生活，促进民族团结和巩固祖国边防，构建社会主义和谐社会起到了重要作用。

"十一五"期间，铁路建设加速实现了客货分线运输，使铁路货运能力大幅提升。我国企业系统掌握了大功率电力、内燃机车和重载货车的核心技术，形成了具有自主知识产权的大功率机车系列产品，自主研制了载重70吨通用货车、80吨煤炭专用货车、100吨矿石和钢铁专用货车。我国还首次在世界上实现了机车无线同步操纵技术与铁路数字移动通信系统的结合，确保了近3千米长的重载列车，同步接受指令，同步实施控制。由于重载运输的发展，满足了每年2亿吨的铁路货运增量。2010年12月26日，我国能源大动脉——大秦铁路再次打破世界铁路重载纪录，年运量突破4亿吨。

"十一五"规划实施以来，随着"全国铁路第六次大提速"的实施，时速超过200千米的"和谐号"动车组开始运行在全国各地，我国铁路装备水平上了新台阶。从引进并生产时速250千米级别动车组开始，博采世界高铁先进技术之众长，并迅速将先进技术与我国国情相结合，生产出时速高达350千米的适应我国铁路运行的动车组，我国用几年的时间走完了国外10~20年才能走完的道路。到2008年北京奥运会开幕前夕，拥有完全自主知识产权的京津城际高速铁路开始运营，时速达到350千米，全程运行30分钟。之后，2009年，郑西、武广两条时速350千米级别的高速铁路相继开通，全程运行时间分别只需要2小时和3小时。2010年上海世博会期间，沪宁、沪杭（州）两条城际高铁投入使用，长三角地区实现了"一小时生活圈"，"坐高铁看世博"成为时尚。2010年12月3日，我国国产"和谐号"CRH380A新一代高速动车组，在京沪高铁先导段创造了时速486.1千米的世界高铁最高实验运营新纪录，比之前"和谐号"CRH380A在沪杭高铁从杭州到上海虹桥试运行中创造的416.6千米/小时的世界铁路运营实验最高速超出了69.5千米/小时，再次改写世界高铁最高实验运营速度。截止到2010年年底，我国高铁投入运营里程达8358千米，高速铁路运营里程高居世界第一。目前，我国高速铁路在建规模超过1万千米。到2012年新建高速铁路总规模将达到1.3万千米，我国已成为世界上高速铁路发展最快、系统技术最全、集成能力最强、运营里程最长、运营速度最高、在建规模最大的国家。

三、高速公路网络进一步完善，农村公路建设步伐继续加快

"十一五"期间，我国公路发展又迈上一个新的台阶。特别是2008年下半年以来，交通运输业落实中央应对国际金融危机、促进经济增长的一揽子计划，基础设施建设明显加快。在投资带动下，公路基础设施投资规模、建设规模达到新中国成立以来的最高水平。公路网规模不断扩大，截至2010年年底，全国公路网总里程达到398.4万千米，5年增加63.9万千米。国省干线公路里程达到46.22万千米，其中国道16.39万千米、省道29.83万千米，比"十五"末分别增加了3.12万千米和6.44万千米。2007年年底，"五纵七横"12条国道主干线提前13年全部建成，西部开发8条省际通道基本贯通，全国公路网密度由"十五"末的每百平方千米34.8千米提升至40.2千米。

"十一五"期间，高速公路建设继续保持了"十五"时期的快速发展势头。国家高速

公路网中重点建设的“五射两纵七横”14条线路中，已建和在建路段达到95%以上。“十一五”末高速公路里程达到7.41万千米，居世界第二位，比“十五”末增加了3.31万千米，增长80.7%，年均增长12.6%，“十一五”新增高速公路里程占全部高速公路的44.5%。高速公路进一步实现了大规模跨省贯通，加强了各大区域间的经济交流，分担了各省、经济区之间的客货运输，通道效应日趋显著。高速公路骨架的基本形成，构建了城市间的公路运输通道，提高了综合运输通道能力，优化了综合运输体系结构。同时也强化了对铁路、机场和沿海港口的集、疏、运功能，促进了综合运输体系结构的优化。按照国务院公布的高速公路网发展规划，我国正在全力以赴地加快国家高速公路网主骨架建设。预计“十二五”末将基本建成。届时，中国高速公路通车总里程将有望达10万千米，超过美国跃居世界第一。

“十一五”期间，农村公路建设拉动城乡经济发展作用显著，为建设社会主义新农村发挥了积极的推动作用，成为新农村建设的最大亮点。从2006年开始，国家组织实施了“五年千亿元”工程，中国农村公路建设步入了历史上最大规模的快速发展新时期。通过大规模的农村公路建设，农村公路交通条件得到明显改善，为加快社会主义新农村建设，进一步解决“三农”问题提供支撑和服务。“十一五”期间，新建和改造农村公路120万千米，基本实现全国所有具备条件乡镇通沥青（水泥）路，东、中部地区所有具备条件的建制村通沥青（水泥）路，西部地区基本实现具备条件的建制村通公路。到“十一五”期末，全国农村公路里程达到345.50万千米，新增里程53.97万千米，农村公路建设让人民感受到了实实在在的幸福。

由于公路投资和路网的建设，运输能力和运输量迅速增长。2010年，公路运输共发送旅客306.26亿人、旅客周转量14 914亿人千米、发送货物242.53亿吨、货物周转量43 005亿吨千米。

四、港口基础设施规模明显扩大，生产能力显著增强

“十一五”期间，我国港口的基础设施规模明显扩大、生产能力显著增强，港口布局日趋合理、结构不断优化升级、功能逐步拓展，港口的服务能力和水平明显提高。

“十一五”期间，沿海港口建设投资超过3 500亿元，在长江干线、珠江航运干线和京杭运河等沿线相继建成了一批规模化、专业化港区。截至2010年年底，全国规模以上港口数量为96个，拥有生产用码头泊位32 148个，其中万吨级及以上泊位1 659个。2010年，全国规模以上港口货物吞吐量达80.2亿吨。其中，沿海港口货物吞吐量为54.28亿吨，内河港口货物吞吐量为25.9亿吨；全国规模以上港口集装箱吞吐量为13 060万标准箱。我国港口吞吐量已经连续6年保持世界第一。港口建设取得显著成效，成为带动临港工业、促进区域经济发展的引擎。

五、航空运输规模快速增长，基础保障能力大幅提高

“十一五”期间，民航基础设施5年投资2 500亿元，相当于前25年民航建设资金的总和。截至2010年年底，运输机场达到175个，5年新增33个，改建了一批机场，初步形成了规模适当、功能完善的机场体系。这些机场覆盖了全国91%的经济总量、76%的人口和70%的县级行政单元。其中首都机场客运和浦东机场货运分别进入世界前2和前3名。“十

一五”期间，我国民航航线里程和网络进一步完善。截至2010年年底，民用航空航线里程为276.5万千米，比2005年年底增长38.4%，年均增长6.7%。

“十一五”期间，我国民航航空业务规模快速增长，已成为全球第二大航空运输系统。截至2010年年底，民用飞机达1604架，是2005年的1.86倍；2010年，全国民航共发送旅客2.7亿人，比2005年增长93.1%，年均增长14.1%；旅客周转量为4 031.6亿人千米，比2005年增长97.2%，年均增长14.5%；共发送货物557.4万吨，比2005年增长81.7%，年均增长12.7%；货物周转量为176.6亿吨千米，比2005年增长123.8%，年均增长17.5%。航空运输已成为大众化的出行方式。5年来完成了北京奥运会、上海世博会等重大航空运输保障任务，在汶川、玉树地震救援等突发事件紧急运输中发挥了重要作用，航空运输无论客运还是货运在综合交通体系中的比重不断提高。

六、管道运输建设速度不断加快，运输能力进一步提升

“十一五”期间，我国油气管道建设进入了快速发展的高潮时期。经过建设，已基本建成了横跨东西、纵贯南北、覆盖全国、连通海外的油气管道干线网，并发挥着越来越重要的作用。

截至2010年年底，管线总里程从“十五”末的4.4万千米增加到7.8万千米，比2005年底增长78.4%，年均增长12.3%。2010年，管道输油（气）能力为49 189万吨，比2005年增长58.5%，年均增长9.6%。

2004年建成投产的西气东输管线，以总长3 856千米成为我国第一条超长距离、大口径、高压力、大输量的天然气管线。2008年2月正式开工建设、2009年底西段投运、计划2011年全线建成投运的西气东输二线工程，在与中亚天然气管道实现对接后，干线和支线总长度超过1万千米，将把来自土库曼斯坦的天然气输送到我国中西部地区、长三角和珠三角地区等用气市场，是我国又一条能源大动脉，是迄今世界上距离最长、等级最高的天然气输送管道。

“十一五”期间，我国交通运输业成就斐然。“十二五”是全面建设小康社会的关键时期，是深化改革开放、加快转变经济发展方式的攻坚时期。未来5年，交通运输发展仍处于重要战略机遇期，要按照适度超前原则，统筹各种运输方式发展，继续保持交通基础设施的建设速度和规模，努力扩大基础设施覆盖范围和服务能力，进一步优化结构，提高服务质量，降低消耗，保护环境，实现交通运输的又好又快发展。

（资料来源：国家统计局服务业统计司）

第六章　仓储管理

第一节　仓储及仓储管理概述

一、仓储（Warehousing）的概念

“仓”指仓库，是存放、保管、储存物品的建筑物和场所的总称，可以是房屋建筑、大型建筑、洞穴或者特定的场所等，具有存放、保护、管理储藏物品的功能；“储”表示将储存对象储存以备利用，具有收存、保护、管理、储藏物品、交付使用的意思，也称为储存。简言之，“仓储”就是在特定的场所储存物品的行为。

现代仓储并不是传统意义上的“仓库”或“仓库管理”，而是在供应链管理环境下物流活动中的一个持续过程，是以满足供应链上下游的需求为目的，在特定的有形或无形的场所（仓库），运用现代物流技术对物品的进出、库存、分拣、包装、配送及其信息进行有效的计划、执行和控制的一项物流活动。

二、仓储的目的与意义

（一）仓储的目的

仓储是为了满足供应链上下游客户的需求，客户可能是上游的生产者、可能是下游的零售业者，也可能是企业内部，但仓储不能仅仅满足直接“客户”的需求，也应满足“间接”客户的需求。

（二）仓储的意义

1.仓储是物流与供应链中的库存控制环节

库存成本是主要的供应链成本之一。在美国，库存成本约占总物流成本的三分之一。因此，管理库存、减少库存、控制库存成本就成为仓储在供应链框架下降低供应链总成本的主要任务。

2.仓储是物流与供应链中的调度环节

仓储直接与供应链的效率和反应速度相关。人们希望现代仓储处理物品的准确率能达到99%以上，并能够对特殊需求做出快速反应。当日配送已经成为许多仓库所采用的一种

业务方式。客户和仓库管理人员不断提高精确度、及时性、灵活性和对客户需求的反应程度等方面的目标。

3.仓储是物流与供应链中的增值服务环节

现代仓储不仅提供传统的储存服务，还提供与制造业的延迟策略相关的后期组装、包装、打码、贴唛、客户服务等增值服务，提高客户满意度，从而提高供应链上的服务水平。可以说，物流与供应链中的绝大部分增值服务都体现在仓储。

4.仓储是现代物流设备与技术的主要应用环节

供应链一体化管理，是通过现代管理技术和科技手段的应用而实现的，这种应用更多地体现在仓储。流程管理、质量管理、逆向物流管理等管理手段提高了仓储效率，促进了供应链上的一体化运作，而软件技术、互联网技术、自动分拣技术、光导分拣、RFID、声控技术等先进的科技手段和设备的应用，则为提高仓储效率提供了实现的条件。

三、仓储的功能

从物流角度看，仓储功能可以按照经济利益和服务利益加以分类。

（一）经济利益

仓储的基本经济利益有4个。

1.堆存（以空间换时间，满足需求）。仓储设施最明显的功能就是用于保护货物及整齐地堆放产品。其经济利益来源于通过堆存克服商品产销在时间上的隔离（如季节生产，但需全年消费的大米），克服商品生产在地点上的隔离（如甲地生产，乙地销售），克服商品产销量的不平衡（如供过于求）等来保证商品流通过程的连续性。

2.拼装（以空间换空间，减少空间，实现规模化）

3.分类和交叉（以空间换空间，以空间换流向，规模有序）

4.加工/延期（以空间换时间，减少不必要的加工环节）。加工/延期提供了两个基本经济利益：第一，风险最小化，因为最后的包装要等到敲定具体的订购标签和收到包装材料时才完成；第二，通过对基本产品（如上光罐头）使用各种标签和包装配置，可以降低存货水平。于是，降低风险与降低存货水平相结合，往往能够降低物流系统的总成本，即使在仓库包装的成本要比在制造商的工厂处包装更贵。

（二）服务利益（通过服务的转换，提升获利能力）

在物流系统中通过仓储获得的服务利益应该从整个物流系统来分析。例如，在一个物流系统中安排一个仓库来服务于某个特定的市场可能会增加成本，但也有可能增加市场份额、收入和毛利。

通过仓库实现的5个基本服务利益分别是：

1.现场储备（以空间换时间，保证供需平衡）

2.配送分类（以空间换交易，减少交易成本）

3.组合（以运输换空间，减少运费）

4.生产支持（以空间换利润）

5.市场形象（以空间换形象）

四、仓储分类（表6-1）

表6-1 仓储的分类

分类标准	类型
仓储经营主体	企业自营仓储、商业营业仓储、公共仓储、战略储备仓储
仓储对象	普通物品仓储、特殊物品仓储
仓储功能	储存仓储、物流中心仓储、配送仓储、运输转换仓储
仓储物的处理方式	保管式仓储、加工式仓储、消费式仓储
供应链所处环节	原材料仓储、产成品中转仓储与末端配送仓储

五、仓储管理概述

（一）仓储管理的含义

仓储管理是指对仓库和仓库中储存的货物进行管理。从广义上看，仓储管理是对物流过程中货物的储存以及由此带来的商品包装、分拣、整理等活动进行的管理。

（二）仓储管理的基本内容

仓储管理的对象是仓库以及库存物料，管理的手段既有经济的，又有技术的，具体包括如下几个方面：

1.仓库选址与建筑问题

包括仓库选址的原则，仓库建筑面积的确定，库内运输道路与作业区域的布置等。

2.仓储机械设备的选择与配置问题

包括如何根据仓库作业特点和所储存物资的种类及其理化特性，选择机械装备以及应该配备的数量，如何对这些机械进行管理等。

3.仓库的业务管理问题

包括如何组织货物入库前的验收，如何存放入库物资，如何对库存物资进行保管，如何将物资发放入库，如何分拣配送等。

4.仓库的库存管理问题

包括如何根据企业生产需求状况，储存合理数量的物资，既不因为储存过少而引起生产中断而造成损失，又不因为储存过多而占用过多的流动资金等。

5.仓库安全管理问题

包括仓库的治安保卫、仓库消防以及仓库安全作业等。

此外，仓库业务考核问题，新技术、新方法在仓库管理中的运用问题等都是仓储管理所涉及的内容。

（三）仓储管理的基本原则

1.效率原则

仓储管理的核心是效率管理，实现最少的劳动量的投入，获得最大的产品产出。劳动量的投入包括生产工具、劳动力数量以及它们的作业时间和使用时间。效率是仓储及其他管理的基础，没有生产的效率就没有经营的效益，就无法展开优质的服务。

2.经济效益原则

作为参与市场经济活动主体之一的仓储业，应该围绕着获得最大经济效益的目的进行组织和经营。但也需要承担部分的社会责任，履行环境保护、维护社会安定的义务，满足社会不断增长的需要等社会义务，实现生产经营的社会效益。

3.服务原则

仓储活动本身就是向社会提供服务产品。服务是贯穿在仓储中的一条主线，从仓储的定位、仓储具体操作、对储存货物的控制都围绕着服务进行。仓储管理就是围绕服务定位、如何提供服务、改善服务、提高服务质量开展的管理，包括直接的服务管理和以服务为原则的生产管理。

第二节 仓库及仓储设备

一、仓库的概念

仓库是仓储作业得以实现的物理空间场所，指在经过事先规划的空间环境里储存物品的建筑，仓库由储存物品的库房、运输传送设施（如吊车、电梯、滑梯等）、出入库房的输送管道和设备以及消防设施、管理用房等组成。

二、仓库的分类（表6–2）

表6–2 仓库的分类

分类标准	类型
经营者的性质	营业用仓库、自备仓库、公共仓库
仓库用途	采购供应仓库、批发仓库、零售仓库、储存仓库、中转仓库、加工仓库、保税仓库
保管货物的特征	原料仓库、产品仓库、冷藏仓库、恒温仓库、危险品仓库、水面仓库
仓库的功能	储备仓库、流通仓库、专用仓库
仓库的构造	单层仓库、多层仓库、立体仓库、筒仓、露天堆场
仓库所处位置	码头仓库、内陆仓库、车站仓库、终点仓库、城市仓库、工厂仓库
储存物料的种类	综合性仓库、专业性仓库
空间开放形态	料场、料棚、库房
建筑材料	钢筋混凝土仓库、混凝土块仓库、钢质仓库、砖石仓库、泥灰墙仓库、木架砂浆仓库、木板仓库

三、仓库结构

（一）库房结构

1.主体建筑

单层结构物流装卸搬运都较为便利，而多层结构中上下搬运则成为困难，这里货运电梯的运输能力成为主要限制瓶颈（普通电梯面积为2.5 m×2.5 m，负荷2吨，专用货梯最大可达5吨）。

2.库房出入和通道

出入口宽度，如出入载货汽车，应达4 m；出入铲车应达2.5~3.5 m；通道，尽量通直，平整为2~3 m。

3.立柱间隔

一般7米以上，可允许通过2辆大型汽车或3台小型载货车或6个标准托盘。

4.天花板高度

层高一般在5~6 m，考虑到可满足货架托盘装载：1.2 m×4层，及叉车作业高度，叉车标准提升高度为3 m，而多段式高门架达到6 m。

5.地面

地面一般高20~30 cm。针对不同运输方式的装卸作业，地面高度也相应变化，小型载货车为0.7~1.0 m，大型载货车5吨以上为1.2~1.3 m，铁路货车则为1.6 m。

（二）堆场结构

1.集装箱堆场

中转箱区位于场内交通便利处，周转和维修箱区要位于作业区外围，要合理利用与选择装卸机械和起重运输设备，场区内地面设计要有一定坡度，以利于排水，同时地面要求有较高承载力。

2.杂货、散货堆场

一般按照货物种类和性质进行分区分类，或者按照货物发往地区进行分区分类，场内要做排水设计，做好地面衬垫，对地面有一定承载要求。

（三）料棚结构

一般围绕物料主要装卸地进行建设，结构较为简单，一般由预埋件、立柱、支撑件、彩钢瓦组成，对地面有一定承载要求。

四、仓库布局

仓库布局分为库区布局及库内布局两部分。

（一）库区布局

库区布局包括生产作业区布局、辅助生产区布局及行政生活区布局。

1.生产作业区布局

包括装卸验货区、储货区（库房、料场、料棚）、通道（铁路专用线、库区内道路）、流通加工车间等布局。

首先要对仓库、料场、料棚进行专业化分工设计，一般可按照仓储物种进行分类分区，形成如食品区、日用品区、机电区、大宗物资区；也可以按照不同的作业方式进行划分，形成保管区、验货区、包装区等分区，这些分区一般都在库区通道及装卸专用线两侧分布。

其次要对库区内道路和仓库作业流程进行布局，通过合理设计库区内的作业通道，保证每一个仓库都能与通道相通。一般大型库区采用环形加网格线布局，中小型库区采用网格线布局。

最后确定每一仓库作业流程的进出口和运送方向，避免交错物流的产生。

2.辅助生产区布局

包括车库、变电室、油库、维修车间、存放包装物料的场所等，一般在库区外围线内侧进行布局，同时和相关生产作业分区保持合理距离，方便仓储作业。

3.行政生活区布局

包括行政管理机构（办公楼、门卫）及生活区域如宿舍、食堂、浴室等布局，办公楼、门卫一般在库区主要出口两侧布局，而其他生活区域则要离开主要作业区域。

（二）库内布局

库房内墙线所包围的面积（如有立柱应减去立柱所占的面积）称为可使用面积。库内货架和料垛所占的面积为保管面积，其他则为非保管面积，应尽量扩大保管面积、缩小非保管面积，非保管面积包括通道、墙间距、收发料区、仓库人员办公地点等。

1.通道设计

库房内的通道，分为主通道（运输通道）、副通道（作业通道）和检查通道。主通道供装卸搬运设备在库内行走，其宽度主要取决于装卸搬运设备的外形尺寸和装卸单元的大小，一般为1.5~3米，如果库内安装有桥式起重机，宽度可为1.5米，甚至更窄些；副通道是供作业人员存取搬运物品的行走通道，其宽度取决于作业方式和货物的大小，一般为1米左右，如果使用手推车进入副通道作业，则通道宽度应视手推车的宽度而定；检查通道，是指供仓库管理人员检查库存物品的数量及质量行走的通道。其宽度只要能使检查人员自由通过即可，一般为1.5米左右。

2.墙间距设计

为了减少库存物品受到库外温湿度的影响，料垛、货架都应与库墙保持一定的距离，不允许料垛、货架直接靠墙堆码和摆放。墙间距的作用一方面是使料垛和货架与库墙保持一定的距离，避免物品受潮，同时也可作为检查通道或作业通道，一般宽度为0.5米左右，若兼做作业通道，其宽度需增加一倍。墙间距兼做作业通道是比较有利的，它可以使库内通道形成网络，作业方便。

3.收发料区设计

收发料区是供收料、发料时临时存放物品之用，可划分为收料区和发料区，也可以划定一个收发料区，供收料发料共用。收发料区的位置应靠近库门和运输通道。可设在库房的两端或适中的位置，并要考虑到收料、发料互不干扰。对靠近专用线的仓库，收料区应设在专用线的一侧，发料区应设在靠近公路的一侧，如果专用线进入库房，收料区应设在专用线的两侧。

收发料区面积的大小，应根据一次收发批量的大小、物品规格、品种的多少和用料单位数量决定。收发料区应能够容纳一个最大批量的物品，如专用线进入库内的金属库，其收料区应能存放1~2个车皮的钢材；为了避免收发料时发生混淆，不同规格品种的物品应分开摆放，所以规格品种愈多占用面积愈大；对于不同单位的进料和不同用料单位的发料，都应单独存放，避免收发错误，因此，供货和用料单位愈多，所占用的收发面积愈大。

4.库管人员办公地点设计

仓库管理人员需要一定的办公场所，可设在库内，也可设在库外。一般来说，库管人员的办公室设在库内特别是单独隔成房间是不合理的，既不经济又不安全，所以办公地点最好设在库外，另建办公室，使仓库的面积能存放更多的物品。

五、仓储设备

（一）货架

货架是指专门用于存放成件物品的保管设备。

1.层架

包括层格式和抽屉式（抽屉式层架存放比较贵重、怕土、怕湿物品）

2.托盘式货架

3.阁楼式货架

有效增加空间使用率。

4.悬臂式货架

适用于长物品，如钢材。

5.移动式货架

地面使用率达80%，如档案存储，不受先进先出限制。

6.重力式货架

有效节约仓库面积，可减少通道数量，保证先进先出。

7.驶入、驶出式货架

驶入式货架，仓库利用率可高达90%，受先进先出顺序限制；驶出式货架，不受先进先出顺序限制。

（二）托盘

我国国家标准《物流术语》对托盘 (pallet) 的定义是：用于集装、堆放、搬运和运输的放置作为单元负荷的货物和制品的水平平台装置。作为与集装箱类似的一种集装设备，托盘现已广泛应用于生产、运输、仓储和流通等领域，被认为是20世纪物流产业中两大关键性创新之一。

1.按材质分类

木托盘、塑料托盘、金属托盘、纸托盘、复合材料托盘。

2.按结构分类

平托盘、柱式托盘、箱式托盘、轮式托盘、专用托盘。

3.按尺寸规格分类

1100 mm×1100 mm、1200 mm×1000 mm、1200 mm×800 mm。

（三）起重机

包括龙门式起重机、桥式起重机、汽车起重机、轮式起重机、门座式起重机等。

（四）叉车装卸车

包括电动托盘搬运叉车、电动托盘堆垛叉车、前移式叉车、电动拣选叉车、低位驾驶三向堆垛叉车、高位驾驶三向堆垛叉车等。

（五）堆垛机

堆垛机是立体仓库中的主要起重运输设备，是随立体仓库发展起来的专用起重机械设备，主要用途是在立体仓库的巷道间来回穿梭运行，将位于巷道口的货物存入货格，或将货格中的货物取出运送到巷道口。

第三节　仓储作业流程

一、仓储作业（Warehousing and Storage Activities）

仓储作业是指从商品入库到商品发送出库的整个仓储作业全过程，主要包括入库流程、在库管理和出库流程等内容。

具体可分为订单处理作业、采购作业、入库作业、盘点作业、拣货作业、出库作业和配送作业七个环节，其中订单处理作业、采购作业属于前置作业环节，配送作业属于延伸作业环节，只有部分仓储中心具备这些功能，一般来说入库作业、盘点作业、拣货作业、出库作业是仓储的核心作业环节。

（一）订单处理作业

仓库的业务归根结底来源于客户的订单，它始于客户的询价、业务部门的报价，然后接收客户订单，业务部门了解库存状况、装卸能力、流通加工能力、包装能力和配送能力等，以满足客户需求。对于具有销售功能的仓库，核对客户的信用状况、未付款信息也是仓储作业重要的内容之一。对于服务于连锁企业的物流中心，其业务部门也叫做客户服务部。每日处理订单和与客户经常沟通是客户服务部的主要功能。

（二）采购作业

采购作业环节一是将仓库的存货控制在一个可接受的水平，二是寻求订货批量、时间和价格的合理关系。采购信息来源于客户订单、历史销售数据和仓库存货量，所以仓库的采购活动不是独立的商品买卖活动。采购作业包括统计商品需求数量、查询供货厂商交易条件，然后根据所需数量及供货商提供的经济订购批量提出采购单。服务于连锁企业的物流中心，此项工作由存货控制部来完成。

（三）入库作业

仓库发出采购订单或订单后，库房管理员即可根据采购订单上预定入库日期进行作业安排，在商品入库当日，进行入库商品资料查核、商品检验，当质量或数量与订单不符时，应进行准确的记录，及时向采购部门反馈信息。库房管理员按库房规定的方式安排卸货、托盘码放和货品入位。对于同一张订单分次到货，或不能同时到达的商品要进行认真的记录，并将部分收货记录资料保存到规定的到货期限。

（四）盘点作业

盘点是仓库定期对仓库在库货品实际数量与账面数量进行核查。通过盘点，掌握仓库真实的货品数量，为财务核算、存货控制提供依据。

（五）拣货作业

根据客户订单的品种及数量进行商品的拣选，拣选可以按路线拣选也可以按单一订单拣选。拣选工作包括拣取作业、补充作业的货品移动安排和人员调度。

（六）出货作业

出货作业是完成商品拣选及流通加工作业之后，送货之前的准备工作。出货作业包括准备送货文件、为客户打印出货单据、准备发票、制订出货调度计划、决定货品在车上的摆放方式、打印装车单等工作。

（七）配送作业

配送作业包括送货路线规划、车辆调度、司机安排、与客户及时联系、商品在途的信息跟踪、意外情况处理及文件处理等工作。

二、入库作业

入库作业的整个过程包括商品接运、商品入库验收、办理入库交接手续等一系列业务活动。

（一）商品接运

商品接运是指仓库对于通过铁路、水运、公路、航空等方式运达的商品，进行接收和提取的工作。接运的主要任务是准确、齐备、安全地提取和接收商品，为入库验收和检查作准备。

接运的方式主要有：车站码头提货，铁路专用线接车，自动提货和库内提货。

（二）商品入库验收

商品的入库验收，要进行数量点收和质量检验。数量点收，主要是根据商品入库凭证清点商品数量，检查商品包装是否完整，数量是否与凭证相符。质量检验，主要是按照质量规定标准，检查商品的质量、规格和等级是否与标准符合，对于技术性强、需要用仪器测定分析的商品，须由专职技术人员进行。

（三）办理入库手续

入库手续主要是指交货单位与库管员之间所办理的交接工作。其中包括：商品的检查核对，事故的分析、判定，双方认定，在入库单上签字。仓库一面给交货单位签发接收入库凭证，并将凭证交给会计，统计入账、登记；一面安排仓位，提出保管要求。

三、在库管理

在库管理就是研究商品性质以及商品在储存期间的质量变化规律，积极采取各种有效措施和科学的保管方法，创造一个适宜于商品储存的条件，维护商品在储存期间的安全，保护商品的质量和使用价值，最大限度地降低商品损耗的一系列活动。

（一）分区分类储存

对货物进行分区分类的存放，以确保货物的储存安全。货物存放应便于检查和取货。根据仓库的建筑、设备等条件，将库房、货棚、垛场划分为若干保管商品的区域，以适应商品存放的需要。商品分类就是按照商品大类、性质和它的连带性将商品分为若干类，分类集中存放，以利于收发货与保管业务的进行。

（二）货位分配

货位分配是在分区分类保管的基础上进行的。货位分配是落实到每批入库商品的储存点，必须遵循“安全、优质、方便、多储、低耗”的原则，具体地说就是确保商品安全、方便吞吐发运、力求节约仓容。

（三）货位编码

货位编码是将仓库范围的房、棚、场以及库房的楼层、仓间、货架、走支道等按地点、位置顺序编列号码，并作出明显标示，以便商品进出库时可按号存取。

（四）商品堆码

商品堆码是入库商品堆存的操作及其方式、方法。商品堆码要科学、标准，应当符合安全第一、进出方便、节约仓容的原则。这是商品保管工作中的一重要内容。

（五）商品苫垫

商品苫垫是防止各种自然条件对储存商品的质量影响的一项安全措施。苫垫可分为苫盖和垫底。苫盖、垫底都要根据商品的性能、堆放场所、保管期限以及季节、温湿度、光照日晒、风吹雨淋等情况合理选择。

（六）商品盘点

商品盘点是对库存商品进行账、卡、货三方面的数量核对工作。通过核对，管理人员可以及时发现库存商品数量上的溢余、短缺、品种互窜等问题，以便分析原因，采取措施，挽回和减少保管损失；同时还可检查库存商品有无残损、呆滞、质量变化等情况。

（七）养护管理

商品养护是一项综合性、科学性的应用技术工作。商品入库后，仓库需要对不同性质的商品，在不同储存条件下采取不同的技术养护措施，以防止其质量劣化。

1.仓库温湿度管理与调节

商品在仓库储存过程中的各种变质现象，几乎都与空气温湿度有密切关系。仓库温湿度的变化对储存商品的质量安全影响很大，而仓库温湿度往往又受自然气候变化的影响，这就需要仓库管理人员正确地控制和调节仓库温湿度，以确保储存商品的安全。

2.金属的防锈与除锈

金属锈蚀的类型，有的属于化学锈蚀，有的属于电化学锈蚀。就金属原因分析，既有金属本身的因素，也有大气中的各种因素的影响。

金属制品的防锈，主要是针对影响金属锈蚀的外界因素进行的，除锈的方法大体有手工除锈、机械除锈、化学除锈和电化学除锈四种。

3.商品的霉变腐烂与防治

商品的霉变腐烂是指在某些微生物的作用下，引起商品生霉、腐烂和腐败发臭等质量变化的现象。引起霉变的微生物有：真菌、细菌、酵母菌。仓库管理人员要采取措施防治商品的霉变腐烂。

四、出库作业

出库作业是指根据仓库出库凭证将所需物资发放到需用单位的各种业务活动。

（一）出库凭证审核

即保管员对用户所持出库凭证（提货单）的审核，主要内容有：付货仓库的名称是否相符；提单式样是否相符；印鉴（货主的调拨章、财务章）是否齐全；物资编号、品名、规格、质量、等级或型号、应发数量、单位有无差错、涂改；是否逾期。

以上内容有一项不符，仓库有权拒绝发货，待原开证单位（货主）更正并盖章后，才可继续发货。

（二）出库点交

即保管员将应发物资向用料单位逐项点清交接的过程，应注意：凡质量标准的、包装完整的、点件的物资，当场按件数点清交给提货人或承运部门，并随即开具出门证，应请提货人在出门证上签名；凡应当场过磅计量或检尺换算计量的，按程序和规定检重、检尺，并将磅码单抄件、检尺单抄件及出门证一并交提货人，亦应请提货人在原始磅码单及出门证上签名。

（三）出库复核

即对出库物资在出库过程中的反复核对，以保证出库物资的数量准确、质量完好，避免差错。其方式有：个人复核；相互复核；专职复核；环环复核。

（四）出库验放

验放是使物资保质、保量、保安全顺利出库，避免仓储差错的最后一关。其主要内容为：核对出门证是否真实、有效，有无涂改、伪造；发货保管员、司磅员、提货人是否签字；出门证上所列载货车型、车号是否与实际相符；车上所载物资的品名、规格、件数是否与出门证所列相符；有无有货无证或有证无货现象；车上有无捎带、捎拿等异常现象。

以上内容核查无误后，方可放行，如有异议，则应立即请发货保管员或有关部门前来复查、解决。

（五）出库后的善后工作

物资出库后，应做好下列善后工作：记卡销账；整理垛位；清理包装材料。

第四节　库存控制技术

一、ABC分类法

（一）概念

ABC分类法是将库存物品按品种和占用资金的多少分为特别重要的库存——A类 、一般重要的库存——B类、不重要的库存——C类三个等级（图6-1），然后针对不同等级分别进行管理与控制的方法。

1.A类存货

这一类存货品种数约占总数的15%，价值占70%~80%，应投入最多的精力和资源进行重点控制。

2.B类存货

该类存货品种数约占总数的25%，价值占10%~20%，可进行适当控制。

3.C类存货

该类存货品种数占总数的60%，价值仅占5%~10%，只需进行简单控制。

除价值量指标外，企业还可以按照销售量、销售额、订货提前期（前置期)、缺货成本等指标将库存物品进行分类。ABC分类法并不局限于分为三类，可以增加。但经验表明，最多不超过五类，过多的种类反而会增加控制成本。

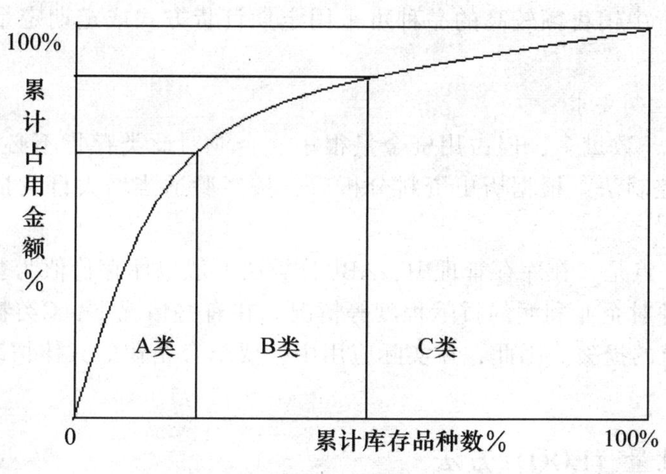

图6-1　ABC分类法

（二）实施步骤

实施ABC分类法包括如下一些步骤：

1.分析本企业库存物资的性质和特征。包括：货物的价值、重要性以及保管要求的差异等。

2.搜集库存物资的入库量、出库量和结算量等存储资料。前两项一般搜集半年到一年的资料，后一项则应搜集盘点时的最新资料。

3.进行资料的整理和分析。根据搜集的资料对库存物资按价值大小进行排列，并算出每种存货的价值总额及其占库存物资总额的百分比。

4.按存货金额标志由大到小进行排序，整理成表格并累加存货金额百分比。

5.按照表中统计数据绘制ABC分析图。根据价值和数量比率的划分标准，确定货物对应的种类。

（三）ABC分类法的应用

根据ABC分析图，对不同等级的存货采取不同的控制和管理方法。

1.A类存货的控制要求

A类存货品种、数量少，但占用资金多，企业应将其列为控制的重点，集中主要力量进行周密的规划和严格的管理。具体的管理和控制措施包括以下几点：

（1）合理确定其经济订货批量、最佳保险储备量和再订货点，严格控制库存数量；

（2）采用永续盘存制，对存货的收发结存进行严密的监控，当存货数量降到再订货点时，及时通知采购部门组织进货；

（3）将其作为价值分析的重点，及时掌握价值变动情况；

（4）将其存放于容易进出的位置。

2.B类存货的控制要求

B类存货的品种、数量及占用资金均处于中间状态，不必像A类存货的控制那样严格，但也不能过于宽松。其具体的控制要求是：

（1）正常的控制，采用比A类货物相对简单的管理方法；

（2）B类存货中销售额较高的品种可采用定期订货方式或定期定量混合的方式组织订货。

3.C类存货的控制要求

C类存货品种、数量多，但占用资金量很小。企业对此类存货不必花费太多的精力，可以采用总金额控制法，根据历史资料分析后，按经验适当增大订货批量，减少订货次数。

必须强调的一点是，在库存管理中，ABC分类法一般以库存价值为基础进行分类，并不能反映存货品种对企业利润的贡献程度等情况。在有些情况下，C类物品管理不当也可能给企业造成严重的损失。因此，在实际应用中，要结合企业的具体情况灵活地运用ABC分类法。

二、经济订货批量（EOQ）方法

企业每次订货的数量多少直接关系到库存水平和库存总成本的大小，因此，需要找出合适的订货批量使库存总成本最小。经济订货批量模型为满足这一要求提供了分析方法。

（一）概念

确定最优订货批量，可借助经济订货批量模型。经济订货批量是库存持有成本和订货成本之和最小时的订购数量。从这一概念可知，EOQ基本模型并非是在物流总成本的基础上考虑订货数量的最优化，而只是考虑了订货成本和持有成本。其中订货成本不包括产品本身的采购成本支出。

1.库存持有成本与订货成本及订货批量之间的关系

年度订货成本和年度持有成本随着全年订货次数或订货批量的变化呈反方向变化。研究表明，起初随着订货批量的增加，订货成本的下降比持有成本的增长要快，即订货成本的边际节约比持有成本的边际支出要多，使得总成本下降。当订货批量增加到某一点时，订货成本的边际节约与持有成本的边际支出相等，这时总成本最小。此后，随着订货批量的不断增加，订货成本的边际节约越来越小于持有成本的边际支出，导致总成本持续增加。

总之，随着全年订货批量（生产批量）的增大，年度持有成本随之增加，而年度订货（生产准备）成本随之降低，总成本曲线呈U形（一般称为浴盆效应）。其关系如图6-2所示。

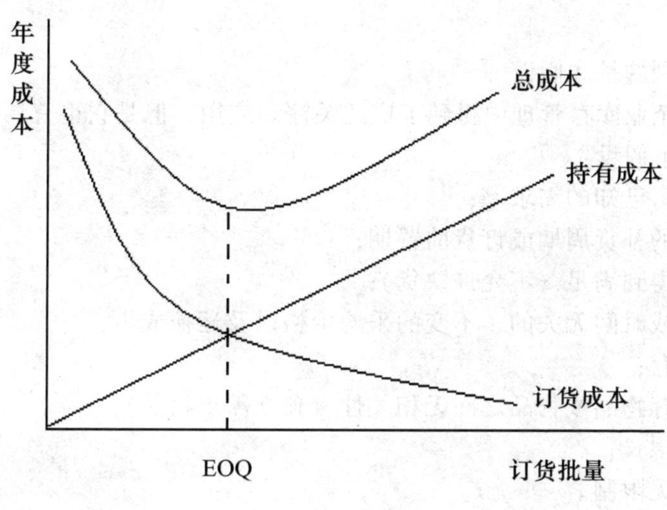

图6-2　EOQ模型

2.EOQ模型的建立与求解

为了建立EOQ模型，首先假定如下变量：

D：年度的需求量（单位）；

Q：订货批量（单位）；

P：每次的订货成本或生产准备成本；

V：单位库存的价值；

C：年度库存持有成本（用库存价值的百分比表示）；

TAC：年度库存总成本。

根据上述假设，全年库存总成本可由下面公式表示：

$$TAC=\frac{1}{2}QCV+P\frac{D}{Q}$$

公式右边第一项是库存的持有成本，等于平均订货批量（$Q/2$）乘以单位库存的年持有成本（CV）。库存周转中，需求是已知且均衡的，因此，库存数量以相同速率减少，持有库存的平均数就是初始总量（Q）的一半。

公式右边第二项是订货成本或生产准备成本。假设每次订货成本或生产准备成本是固定的，全年需求量也是固定的，那么，订货批量增加，每年的订货次数就会减少，年订货成本就降低。

为了得到使库存总成本达到最小时的订货批量，即经济订货批量，将TAC函数对Q微分：

$$\frac{\mathrm{d}(TAC)}{\mathrm{d}Q}=\frac{CV}{2}-\frac{PD}{Q^2}$$

令：$\frac{\mathrm{d}(TAC)}{\mathrm{d}Q}=0$

即可得出：$EOQ=\sqrt{\frac{2PD}{CV}}$

（二）EOQ模型的基本假设

EOQ模型已在企业库存管理中得到了广泛关注和应用，但是它也有局限性。这一简单的EOQ模型基于如下假设：

①持续、不变、已知的需求率；

②不变、已知的补货周期或订货前置期；

③所有需求都得到满足（不允许缺货）；

④与订货数量或时间无关的、不变的采购价格以及运输成本；

⑤没有在途库存；

⑥只有一种库存物品或物品之间无相关性（独立需求物品）；

⑦计划期限无限长；

⑧资金可用性无限制。

需求稳定意味着库存消耗的速率是固定的，不变的前置期又表明原有库存在用完之时所订货物刚好到达，因此不会发生缺货情况。价格固定表明在采购和运输货物时，不存在与数量相关的价格折扣。没有在途库存意味着货物以买方所在地交货价为基础购买（购买价格包含运费），这样买方就不负责在途货物。当库存品种较多时，可对每一项重要库存单独作EOQ决策。

三、零库存

（一）零库存的概念

零库存是一种特殊的库存概念，指的是以仓库储存形式的某种或某些种物品的储存数量很低的一个概念，甚至可以为“零”，即不保持库存。不以库存形式存在就可以免去仓库存货的一系列问题，如仓库建设、管理费用，存货维护、保管、装卸、搬运等费用，存货占用流动资金及库存物的老化、损失、变质等问题。

零库存是对某个具体企业、具体商店、具体车间而言的，是在有充分社会储备保障前提下的一种特殊形式。零库存不是广义的概念而是一个具体的概念。虽然现代科学技术和管理技术可以把零库存的控制区域，从一个车间延伸到一个工厂再延伸到相关的社会流通系统，但是在整个社会再生产的全过程中，零库存只能是一种理想，而不可能成为现实。没有社会储备的保障，没有供大于求的经济环境，微观经济领域的零库存也是很难实现的。

（二）零库存的实现方法

1.委托保管方式

接受用户的委托，由受托方代存代管所有权属于用户的物资，从而使用户不再保有库存，甚至可不再保有保险储备库存，从而实现零库存。

2.协作分包方式

主要是制造企业的一种产业结构形式，这种结构形式可以以若干分包企业的柔性生产准时供应，使主企业的供应库存为零；同时主企业的集中销售库存使若干分包劳务及销售企业的销售库存为零。

在许多发达国家，制造企业都是以一家规模很大的主企业和数以千百计的小型分包企业组成一个金字塔形结构。主企业主要负责装配和产品开拓市场的指导，分包企业各自分包劳务、分包零部件制造、分包供应和分包销售。例如分包零部件制造的企业，可以采取各种生产形式和库存调节形式，以保证按主企业的生产速率按指定时间送货到主企业，从而使主企业不再设一级库存，达到零库存的目的。

3.轮动方式

轮动方式也称为同步方式，是在对系统进行周密设计的前提下，使各个环节速率完全协调，从而根本取消甚至是工位之间暂时停滞的一种零库存、零储备形式。

4.准时供应系统

在生产工位之间或在供应与生产之间完全做到轮动，这不仅是一项难度很大的系统工程，而且需要很大的投资，同时，有一些产业也不适合采用轮动的方式。因而，广泛采用比轮动方式有更多灵活性、较容易实现的准时方式。准时方式不是采用类似于传送带的轮动系统，而是依靠有效的衔接和计划达到工位之间、供应与生产之间的协调，从而实现零库存。

5.按订单生产方式

在拉动生产方式下，企业只有在接到客户订单后才开始生产，企业的一切生产活动都是按订单来进行采购、制造、配送的，仓库不再是传统意义上的储存物资的仓库，而是物资流通过程中的一个“枢纽”，是物流作业中的一个站点。物资是按订单信息要求而流动的，因此从根本上消除了呆滞物资，从而也就消灭了“库存”。

（三）零库存的意义

实现零库存管理的目的是减少资金占用和提高物流运动的经济效益。如果把零库存仅仅看成是仓库中存储物的数量减少或数量变化趋势而忽视其他物质要素的变化，那么，上述的目的则很难实现。如对汽车行业来说，零库存并不是最终目的，零库存是要不断优化物流线路、提高效率、降低库存、削减物流成本，利用有限资源完成更多的事情并且不断进行改善，这才是零库存的关键。

物流卡片

JIT（准时）生产方式

JIT（准时）生产方式是起源于日本丰田汽车公司的一种生产管理方法。它的基本思想可用现在已广为流传的一句话来概括，即“只在需要的时候，按需要的量生产所需的产品”，这也就是Just in Time（JIT）一词所要表达的本来含义。这种生产方式的核心是追求一种无库存的生产系统，或使库存达到最小的生产系统。为此而开发了包括“看板”在内的一系列具体方法，并逐渐形成了一套独具特色的生产经营体系。JIT生产方式在最初引起人们的注意时曾被称为“丰田生产方式”，后来随着这种生产方式被人们越来越广泛地认识、研究和应用，特别是引起西方国家的广泛注意以后，人们开始把它称为JIT生产方式。

1.JIT生产方式的目标

JIT生产方式的最终目标即企业的经营目标：获取最大利润。为了实现这个最终目标，“降低成本”就成为基本目标。在福特时代，降低成本主要是依靠单一品种的规模生产来实现的。但是在多品种、中小批量生产的情况下，这一方法是行不通的。因此，JIT生产方式力图通过“彻底消除浪费”来达到这一目标。所谓浪费，在JIT生产方式的起源地丰田汽车公司，被定义为“只使成本增加的生产诸因素”，也就是说，不会带来任何附加价值的诸因素。这其中，最主要的有生产过剩（即库存）所引起的浪费。因此，为了消除这些浪费，就相应地产生了适时适量生产、弹性配置作业人数以及保证质量这样三个子目录。

（1）适时适量生产

即“Just in Time”一词本来所要表达的含义，“在需要的时候，按需要的量生产所需的产品”。对企业来说，各种产品的产量必须能够灵活地适应市场需要量的变比。否则的话，由于生产过剩会引起人员、设备、库存费用等一系列的浪费。而避免这些浪费的手段，就是实施适时适量生产，只在市场需要的时候生产市场需要的产品。

（2）弹性配置作业人数

在劳动费用越来越高的今天，降低劳动费用是降低成本的一个重要方面。达到这一目的的方法是“少人化”。所谓少人化，是指根据生产量的变动，弹性地增减各生产线的作业人数，以及尽量用较少的人力完成较多的生产。这里的关键在于能否将生产量减少了的生产线上的作业人员数减下来。这种“少人化”技术一反历来的生产系统中的“定员制”，是一种全新的人员配置方法。

实现这种少人化的具体方法是实施独特的设备布置，以便能够在需求减少时，将作业所减少的工时集中起来，以整顿、削减人员。但这从作业人员的角度来看，意味着标准作业中的作业内容、范围、作业组合以及作业顺序等的一系列变更。因此，为了适应这种变更，作业人员必须是具有多种技能的“多面手”。

（3）质量保证

历来认为，质量与成本之间是一种负相关关系，即要提高质量，就得花人力、物力来加以保证。但在JIT生产方式中，却一反这一常识，通过将质量管理贯穿于每一工序之中来实现提高质量与降低成本的一致性，具体方法是“自动化”。这里所讲的自动化是指融入生产组织中的这样两种机制：第一，使设备或生产线能够自动检测不良产品，一旦发现异常或不良产品可以自动停止设备运行的机制。为此在设备上开发、安装了各种自动停止装置和加工状态检测装置。第二，生产第一线的设备操作工人发现产品或设备的问题时，有权自行停止生产的管理机制。依靠这样的机制，不良产品一出现马上就会被发现，防止了不良的重复出现或累积出现，从而避免了由此可能造成的大量浪费。而且，由于一旦发生异常，生产线或设备就立即停止运行，比较容易找到发生异常的原因，从而能够有针对性地采取措施，防止类似异常情况的再发生，杜绝类似不良产品的再产生。

这里值得一提的是，通常的质量管理方法是在最后一道工序对产品进行检验，尽量不让生产线或加工中途停止。但在JIT生产方式中却认为这恰恰是使不良产品大量或重复出现的“元凶”。因为发现问题后不立即停止生产的话，问题得不到暴露，以后难免还会出现类似的问题，同时还会出现“缺陷”的叠加现象，增加最后检验的难度。而一旦发现问题就使其停止，并立即对其进行分析，改善，久而久之，生产中存在的问题就会越来越少，企业的生产素质就会逐渐增强。

2.实现JIT的管理工具——看板

在实现适时适量生产中具有极为重要意义的是作为其管理工具的看板。看板管理也可以说是JIT生产方式中最独特的部分，因此也有人将JIT生产方式称为“看板方式”。但是严格地讲，这种概念也不正确。因为如前所述，JIT生产方式的本质，是一种生产管理技术，而看板只不过是一种管理工具。

看板的主要机能是传递生产和运送的指令。在JIT生产方式中，生产的月度计划是集中制定的，同时传达到各个工厂以及协作企业。而与此相应的日生产指令只下达到最后一道工序或总装配线，对其他工序的生产指令通过看板来实现。即后工序“在需要的时候”用看板向前工序去领取“所需的量”时，同时就等于向前工序发出了生产指令。由于生产是不可能100%地完全照计划进行的，月生产量的不均衡以及日生产计划的修改都通过看板来进行微调。看板就相当于工序之间、部门之间以及物流之间的联络神经而发挥着作用。

看板除了以上的生产管理机能以外，还有一大机能，即改善机能。通过看板，可以发现生产中存在的问题，使其暴露，从而立即采取改善对策。

（1）看板的机能

①生产以及运送的工作指令

看板中记载着生产量、时间、方法、顺序以及运送量、运送时间、运送目的地、放置场所、搬运工具等信息，从装配工序逐次向前工序追溯，在装配线将所使用的零部件上所带的看板取下，以此再去前工序领取。“后工序领取”以及“适时适量生产”就是这样通过看板来实现的。

②防止过量生产和过量运送

看板必须按照既定的运用规则来使用。其中一条规则是：“没有看板不能生产，也不能运送。”根据这一规则，看板数量减少，则生产量也相应减少。由于看板所表示的只是必要的量，因此通过看板的运用能够做到自动防止过量生产以及适量运送。

③进行“目视管理”的工具

看板的另一条运用规则是：“看板必须在实物上存放”，“前工序按照看板取下的顺序进行生产”。根据这一规则，作业现场的管理人员对生产的优先顺序能够一目了然，易于管理。并且只要一看看板，就可知道后工序的作业进展情况、库存情况等等。

④改善的工具

在JIT生产方式中，通过不断减少看板数量来减少在制品的中间储存。在一般情况下，如果在制品库存较高，即使设备出现故障、不良品数目增加也不会影响到后道工序的生产，所以容易把这些问题掩盖起来。而且即使有人员过剩，也不易察觉。根据看板的运用规则之一“不能把不良品送往后工序”，后工序所需得不到满足，就会造成全线停工，由此可立即使问题暴露，从而必须立即采取改善措施来解决问题。这样通过改善活动不仅使问题得到了解决，也使生产线的“体质”不断增强，带来了生产率的提高。JIT生产方式的目标是最终实现无库存生产系统，而看板提供了一个朝着这个方向迈进的工具。

(2) 看板的种类

看板的分类如下：

①在制品看板，包括工序内看板、信号看板；

②领取看板，包括工序间看板、对外订货看板；

③临时看板。

第五节 仓储合理化

一、仓储合理化的内容

(一) 仓库选址

仓库设置的位置，对于物品流通速度和流通费用有着直接的影响。仓库的布局要与工农业生产的布局相适应，应尽可能地与供货单位相靠近，这就是所谓“近场近储”的原则。否则，就会造成工厂远距离送货的矛盾。物品供应外地的，仓库选址要考虑临近的交通运输条件，力求接近车站码头，以便物品发运，这就是所谓“近运近储”的原则。如果仓储的物品主要供应本地区，则宜建于中心地，与各销售单位呈辐射状。总之，在布局时应以物流距离最短为原则，尽可能避免物品运输的迂回倒流，选择建设大型仓库的地址，最好具备铺设铁路专用线或兴建水运码头的条件。考虑到集装箱运输的发展，还应具有大型集装箱运输车进出的条件，附近的道路和桥梁要有相应的通过能力。

(二) 仓储数量

影响合理仓储量的因素很多，首先是社会需求量，社会需求量越大，库存储备量就越多；其次是运输条件，运输条件好，运输时间短，则仓储数量可以相应减少；再次是物流管理水平和技术装备条件，如进货渠道、中间环节、仓库技术作业等，都将直接或间接地影响物品库存量的水平。目前，科学的管理方法已能在各种约束条件下，对合理数量范围做出决策，但是较为实用的还是在消耗稳定、资源及运输可控的约束条件下所形成的仓储数量控制方法。

（三）仓储结构

仓储结构就是指对不同品种、规格、型号的物品，根据消费的要求，在库存数量上，确定彼此之间合理的比例关系，它反映了库存物品的齐备性、配套性、全面性和供应的保证性。尤其是相关性很强的各种物资之间的比例关系更能反映仓储合理与否。由于这些物资之间相关性很强，只要有一种物资耗尽，即使其他种物资仍有一定数量，也会无法投入使用。所以，不合理的结构的影响面并不仅局限在某一种物资上，而是具有扩展性的。结构标志重要性也可由此确定。仓储结构主要是根据消费的需要和市场需求变化等因素而确定。

（四）仓储时间

仓储时间，就是每类物品要有恰当的储备保管天数。合理的仓储时间要求储备时间不能太长也不能太短，储备时间过长就会延长资金占用，储备时间过短就不能保证供应。仓储时间主要根据流通销售速度来确定，其他如运输时间、验收时间等也是应考虑的影响因素。此外，某些物品的仓储时间，还受该物品的性质和特点的影响，如仓储时间过长，物品就会发生物理、化学、生理、生物变化，从而变质或损坏。

（五）合理的仓储网络分布

仓储网络分布指不同地区仓库的数量比例关系。仓储网络分布可用于判断仓储数量与当地需求比、对需求的保障程度，也可以由此判断对整个物流的影响。仓储网络布局直接影响到仓库供货范围，对生产领域和流通领域都有较大的影响。生产系统中仓储网点少，储存量相对集中，库存占用资金较少，但要求送货服务质量水平很高，否则，可能延误生产过程的需求。流通系统中的批发企业仓储网点相对集中，要考虑相对加大储存量，利用仓储网点合理布局、储存调节市场，以起到“蓄水池”的作用。零售企业一般附设小型仓库，储存量较小，应当加快商品周转。采用集中配送货物的连锁店，可将库存降至最低水平，甚至是“零库存”。

（六）合理的仓储费用

仓租费、维护费、保管费、损失费、资金占用利息支出等，都能作为判断仓储合理与否的标准。

二、仓储合理化的方法（表6-3）

表6-3 仓储合理化的方法

方法	内容
实行ABC管理	把仓储货物分为三类，例如把占总数10%左右的高价值物品定为A类，占总数65%左右的低价值的物品定为C类，A、C之间的25%为B类。在仓储管理中对不同等级的物品使用不同的管理方法。
适当集中储存	利用储存规模优势，以适度集中储存代替分散的小规模储存。
加快周转速度	实现快进快出、大进大出。达到资金周转快、资本效益高、货损少、仓库吞吐能力增加、成本下降等目标。可采用单元集装箱存储，建立快速分拣系统等方法。
实行"先进先出"	"先进先出"可保证物品储存期不至于过长。
提高仓容利用率	查减少仓储设施的投资，提高单位仓储面积的利用率，降低成本，减少土地占用。
采用储存定位系统	可减少寻找、存放、取出的时间，并且能防止差错，便于清点及实行订货等管理方式。通常采用"四号定位"方式和电子计算机定位系统来实现。
采用有效的监测清点方式	以实现对物品数量和质量的有效监测。
采用现代仓储保养技术	例如采用自动存取技术、自动识别技术、自动分拣技术、计算机管理控制技术等。
采用集装箱、集装袋、托盘等运储装备一体化方式	通过物流活动的系统管理，将储存、运输、包装、装卸一体化。如集装设施可省去入库、验收、清点、堆垛、保管、出库等一系列储存作业。

三、仓储管理的评价指标体系（表6-4）

表6-4

仓储管理——仓储管理决策——仓储管理水平指标	
仓库吞吐能力实现率(T)	$T=\frac{期内实际吞吐量}{仓库设计吞吐量}\times100\%$
商品收发正确率(S)	$S=\frac{某批吞吐量-出现差错总量}{同批吞吐量}\times100\%$
商品完好率($W_{库}$)	$W_{库}=\frac{某批商品库存量-出现缺损商品量}{某批商品库存量}\times100\%$
库存商品缺损率($Q_{库}$)	$Q_{库}=\frac{某批商品缺损量}{该批商品总量}\times100\%$
货损货差赔偿费率($C_{库}$) (同库存商品缺损率)	$C_{库}=\frac{货损货差赔偿费总额}{同期业务收入总额}\times100\%$
仓库面积利用率(M)	$M_{总}=\frac{库房货棚货场占地面积之和}{仓库总面积}\times100\%$ $M_{库}=\frac{库房内存储商品面积}{库房有效面积}\times100\%$
仓容利用率(R)	$R=\frac{仓库商品实际数量或容积}{仓库应存数量或容积}\times100\%$
设备完好率($W_{设}$)	$W_{设}=\frac{期内设备完好台数}{同期设备总台数}\times100\%$
设备利用率(L)	$L=\frac{全部设备实际工作时数}{设备工作总能力}\times100\%$
仓储成本($C_{仓}$)	$C_{仓}=\frac{期内仓储费用}{同期存储量}\times100\%$
地产利用率(A)	$A=\frac{仓库建筑面积}{地产面积}\times100\%$
转运频率(P)	$P=\frac{每年运出量}{平均库存}\times100\%$ 平均库存是年初库存数与年末库存数的平均值。 即：平均库存=(年初库存数+年末库存数)÷2

本章小结

本章首先介绍了仓储及仓储管理的基本概念，进而介绍了仓库的基本结构及常用的仓储设备；同时介绍了仓储的作业流程及常用的三种库存控制技术，即ABC分类法、经济订货批量法、零库存理念；最后简单介绍了仓储合理化的措施。

关键词

仓储、仓库、货架、ABC分类法、经济订货批量、零库存

复习思考题

1.简要回答仓储管理的基本内容及原则。
2.仓储布局包括哪些方面？
3.常用的仓储设备有哪些？
4.画出仓储的一般作业流程图。
5.现代仓储管理有哪些常用的库存控制技术？
6.试述如何实现仓储合理化。

综合案例

望眼千年，转身看物流——天下粮仓

早在西周时期，人们就已经意识到了仓储的重要作用，即能够应对意外情况的发生。《礼记·王制》中论述："国无九年之蓄，曰不足；无六年之蓄，曰急；无三年之蓄，曰国非其国也。"

中国人民在古代已经意识到了仓储能够起到调节供需的重要作用，只是在中国的封建社会重农抑商大环境的影响下，仓储更重要的是承担了社会救济和保障的功能，而没有起到商业效益。再加上，"普天之下，莫非王土；率土之滨，莫非王臣"的封建思想下，那些承担了社会救济和保障功能的粮仓，更多的只是承担皇家粮仓的功能，也因此，各朝的天下粮仓，大都是为"京城"服务，各朝的天下粮仓，也大都围绕"京城"或转漕的交通要塞而建。

1.西周——陇东粮仓

平凉、庆阳习惯上称为陇东，是我国农业起源最早的地区之一，同时，也是周朝先人开基立业的肇兴之地。陇东的储粮方式分为两类：一类是建于地面的，如方形的仓、圆形的仓，这在《诗经》、《国语》中都能找到它们的影子；另一类是窑洞储粮，有对窑洞作一些处理，直接堆放在地下的，也有在窑洞里围成芦苇编成的席囤储粮食的。从古籍记载以及大量出土的陶仓、陶模型，我们可以看到陇东古代对粮食种植和储藏的高度重视。

2.秦汉——敖仓

从秦开始实施漕运，当时最主要的问题就是运东方的粮食以实咸阳，从全局来看，最重要的转运中心在中原，因此，秦政府建最大的粮仓——敖仓于成皋。这个粮仓，已经有物流中心的影子，开始实行统一配送了。

在楚汉争霸之时，敖仓常常成为双方争夺的目标，这个粮仓对战争的进程产生着深刻的影响。刘邦先下手为强，“军荥阳，筑甬道属之河，以取敖仓粟”。但随后“项王数侵夺汉甬道，汉王食乏，恐，请和，割荥阳以西为汉”。《史记》的记载，清晰地表明了敖仓在那场战争中的重要性。

西汉定都长安后，每年也需从关东运输大量谷物，在当时的漕运网络中，敖仓仍很重要。汉武帝宠幸的王夫人，曾请求将其子封到洛阳为王，被汉武帝坚决拒绝，理由就是“洛阳有武库、敖仓，当关口，天下咽喉，自先帝以来，传不为置王”。东汉时置敖仓官，属河南尹管辖。

3.隋唐——洛口仓和含嘉仓

(1) 洛口仓

“尽道隋亡为此河，至今千里赖通波。若无水殿龙舟事，共禹论功不较多。”这是唐代诗人皮日休的《汴河怀古》。

隋炀帝名声不好，但古往今来试图对他进行重新评价的不乏其人，而皮日休的这首诗，甚至将隋炀帝开凿大运河的功绩与大禹治水相提并论。

公元605年，隋炀帝即位不久，就下令建都洛阳，同时下令开凿大运河。大运河以洛阳为起点，经洛河入黄河，然后分两路开凿，向南终点为余杭 (今杭州)，向北终点为涿州 (今北京)，而在大运河初具雏形之时，人们不经意地发现，洛口成了这个庞大水运网的中枢。因此，在大运河开凿的第二年，隋朝就开始在洛口兴建粮仓。

大运河完工后，隋王朝在大运河沿线重要的节点设置了不少粮仓，主要用于中转漕粮。大运河长2000多千米，由于各地自然条件不同，不同河段的流量、含沙量以及河床特点各不相同，不可能依靠同一艘船一次运到，需要转换熟悉不同河段的船只和水工分段运输。因此就需要在沿线节点兴建粮仓，以方便转运。如此一来，运河与粮仓，形成了一个完整的漕运系统。而位于大运河庞大水运网三岔口的洛口，顿时有了举足轻重的地位。洛口仓筑有仓城，周围二十余里，“穿三千窖，每窖容八千石”，“置监官并镇兵千人守卫”。全仓储米约有二千四百万石，是隋朝最大的一个粮仓，也成为大运河最大、最重要的物流中心。洛口仓如一座大容量的水库，各地的漕粮，通过庞大的水运网络，如水流般在这里蓄积；由此往西可运往洛阳、长安；而用兵东北时，又可由此运粮渡黄河，经永济渠而运往东北。

隋末天下大乱之时，这个粮仓更是成为影响天下大局的关键所在。谁拥有了天下第一粮仓，谁就有了争夺天下的资本。当时一度最有可能称霸中原、一统天下、赫赫有名的瓦岗军，就是在夺取洛口后，迅速发展壮大起来，而在失洛口后又迅速崩溃。李密夺取洛口仓时，洛口仓已兴建十一年，十一年储备的粮食，转眼间成了李密“盘中的菜”。有了洛口仓，瓦岗军发展堪称神速。大量的饥民加入，许多缺粮的义军陆续投奔，短短数月，瓦岗军达到鼎盛时期，改称他们为“洛口军”似乎也不为过。李密攻洛阳时，因为有洛口仓和回洛仓在手，洛阳已陷无粮境地。也许是因为前面的一连串胜利蒙蔽了他的双眼，也许是看不起王世充，李密没有听取手下“围而不攻，等洛阳乏粮时，不战而胜”的策略，急于出战。结果一战而败，失去了洛口。失去洛口仓之后，瓦岗军没有了根基，数十万之众，一夜间崩溃。李密只好前去投奔李渊，后来又想叛逃，被李渊手下将领所杀。可以说，这位乱世英雄大起大落、大喜大悲的人生，跟洛口仓有着牵扯不清的关系。正所谓，成也洛口，败也洛口。后来李世民攻打洛阳，采取了跟李密前期一样的“攻略”：先打下洛口仓，再打下回洛仓，使洛阳城陷入断粮的困境。不过李世民终不是李密，他再也没给王世充机会，围死洛阳后，最终令因饥饿失去抵抗力的王世充俯首称臣。

(2) 含嘉仓

隋末东都洛阳的粮仓不集中，洛口、回洛等仓为人占据后，洛阳终因严重乏粮而被攻破。李世民显然看准了粮仓远离洛阳庇护的弊端，从隋末战乱中吸取了教训。唐代初年，洛阳城内出现了一座大粮仓，并逐渐取代洛口仓，成为天下第一大粮仓。这就是我国古代最著名的大粮仓——含嘉仓。

唐朝前期，洛口仓虽然仍是重要粮仓，但其地位逐渐为含嘉仓取代。含嘉仓的地位日益重要，不仅是洛阳的粮仓，而且起着关东和关中之间漕米转运站的作用。隋时东南漕米都先集中在洛口仓；唐前期则规定东都洛阳以东的租米都先集中在含嘉仓，由含嘉仓再陆运至陕州，循河、渭入长安。新兴的含嘉仓因此成为全国最大的粮仓。原来位于洛阳城北3.5千米的回洛仓，曾是李密、李世民攻打洛阳时争夺的焦点，也逐渐废弃不用，其作用为含嘉仓取代。据记载，唐玄宗天宝八年 (公元749年)，全国主要大型粮仓的储粮总数为12 656 620石，含嘉仓就有5 833 400石，占了将近二分之一，无疑是天下各大粮仓中规模最大的一个。

据考古工作者于1971年的调查和发掘，含嘉仓位于今洛阳老城区北侧，东西长600余米，南北长700余米。仓内东西成行、密集排列着400多个粮窖。现存粮窖口径最大的约18米，深约12米，可藏粮一万数千石 (唐朝每石约合60千克)；口径最小的约8米，深约6米，可藏粮数千石。唐朝杜佑的《通典》记载，全仓储粮可达五六百万石。

发现含嘉仓时，还有个小插曲。当时考古工作者以为是八角墓葬。后来看到铭文，才知道是历史上十分有名的含嘉仓，令考古工作者震惊的是鼎鼎大名的含嘉仓竟然是地下仓，是窖藏粮食！含嘉仓的粮窖形制结构十分科学。粮窖都是口大底小的圆缸形。建造过程是先从地面向下挖成土窖，将窖底夯实，用火烧硬，然后铺一层用红烧土碎块和黑灰等拌成的混合物作为防潮层，防潮层上再铺一层木板或木板和草的重叠混合物。含嘉仓的粮窖既能防潮防火，又能防鼠防盗。唐朝时窖内的谷子可藏9年，稻米可藏5年。160号窖内的谷子至今已有1300多年了，颗粒还可辨认。经化验，这些炭化谷粒中有机物仍占50.8%。含嘉仓的管理也很科学，大部分窖内都发现了砖刻铭文，记载着窖穴的位置、编号、储粮来源、品种、数量、入窖年月等。含嘉仓的结构特点和规模，表明我国古代人民在隋唐时期就已掌握了相当科学的储粮技术。现在，国家将已发掘的160号粮窖建屋保护，成为我国现存古代最大粮窖的陈列馆。

（案例来源：锦程物流网http://info.jctrans.com/wp/bkgd/200881668511.shtml）

案例思考题

1.谈谈中国古代各个时期仓储的作用。

2.谈谈现代物流中仓储的作用。

扩展阅读

仓储商务管理与法律

仓储商务管理是仓储经营人对仓储商务所进行的计划、组织、指挥和控制的过程，是独立经营的仓储企业对外行为的内部管理，属于企业管理的一个方面。仓储商务活动是面向市场、充满风险的活动，市场的作用越明显，经济的竞争越激烈，仓储商务活动就越重要。通过实施有效的仓储商务管理，可以帮助企业更好地处理对外经济联系中的相关问题，规避风险，塑造企业形象，最大限度地获得经济效益，从而保持企业的可持续发展。

一、仓储商务概述

（一）仓储商务和仓储商务管理

市场经济条件下，商务活动具有普遍性，一切以盈利为目的活动都离不开商务活动。仓储商务是指仓储经营人利用其拥有的仓储保管能力向仓储使用人提供仓储保管产品并获得经济收益的交换行为。仓储商务是仓储企业对外的基于仓储经营而进行的经济交换活动，是一种商业性的行为，因此，仓储商务发生在公用仓库或第三方物流企业的仓库之中，企业自用仓库则不发生仓储商务活动。

经验表明，一个营利性组织能否长期生存和发展，起决定性作用的是其盈利能力。而盈利能力的强弱则受到多种因素的影响，如资本实力、员工素质、管理水平、商务能力等。在各种因素中，商务能力起举足轻重的作用。因为机会时时存在、处处都有，靠商务能力捕捉，只有选择到适合自身特点和市场要求的商业机会开展生产经营活动，才能实现盈利目标。随着中国物流市场的开放，越来越多的外国物流企业进入中国，仓储业务将是他们的重要能力。在激烈的市场竞争中，仓储企业要赢得竞争优势，提高驾驭市场风险的能力，必须增强商务能力。

(二) 仓储商务活动的特点

仓储商务活动的特点可概括为：

1.外向性

即仓储企业的商务活动总是面向外部的，仓储企业与外界的各种联系主要是通过商务活动实现的。因此，仓储企业的仓储商务管理就是为了使仓储企业能进行尽可能多的产品交换，向社会提供尽可能多的仓储产品，满足社会对仓储产品的需要。

2.多变性

即仓储企业面临的外部环境是不断变化的，仓储企业的商务活动必须经常保持与外部环境的适应性。仓储企业应有效地收集市场信息、根据市场的需要提供产品，提高服务水平，降低交易价格，提高企业竞争力。

3.全局性

即商务管理的好坏直接影响到仓储企业的全局，如一项不适当的促销措施可能造成仓储企业产销过程循环受阻，一项错误合同的签订可能导致仓储企业产生重大损失，等等。

(三) 仓储活动的内容

仓储企业在经营过程中所进行的商务活动有内部和外部之分。

1.仓储内部商务活动

仓储内部商务活动是指仓储企业的各部门之间相互协作，根据市场的需求经过一系列的劳动转化，为仓储企业所处的环境提供产品或服务的活动。

仓储内部商务活动包括：

(1) 仓储地点的选择与确定；

(2) 仓储布局规划与设计；

(3) 仓储设施设备的选择与配备；

(4) 仓储人员的组织；

(5) 各种仓储服务的过程。

2.仓储外部商务活动

仓储外部商务活动是指仓储企业为了获取经营与运作过程中所需资源或者为了销售自己所能提供的产品或服务而进行的所有活动。我们通常所讲的商务活动主要指外部商务活动。仓储外部商务活动的工作中心是吸引顾客购买仓储产品或服务，同时树立仓储企业良好的形象。

仓储外部商务活动包括：

(1) 有效地组织货源，广泛地收集和高质量地分析市场信息，捕捉有利的商业机会，科学地制定竞争策略；

(2) 根据市场的需要和发展，科学地规划和设计产品营销策略，促进产品销售；

(3) 进行交易磋商管理和合同管理，严格依合同办事，讲信用，保证信誉；

(4) 提供优质的服务，满足消费者和用户的需要，实现企业经济效益；

(5) 建立风险防范机制，妥善处理商务纠纷和冲突，防范和减少商务风险。

不管是仓储企业内部商务还是外部商务，几乎每一个活动过程，都在为仓储企业创造价值，因此形成了一个由许多价值过程构成的价值链。价值链的概念是由美国哈佛商学院教授迈克尔·波特 (Michael E. Poter) 在其著名作品《竞争优势》中提出的。他认为企业的竞争优势来源于企业在设计、生产、营销、交货等过程及辅助过程中所进行的许多相互分离的活动。这些活动中的每一个都对企业创造的价值有所贡献，价值链将一个企业分解为战略性相关的许多活动。根据这一理论，仓储企业的价值链是仓储企业在本产业内的各种活动的组合，仓储企业通过比其竞争对手更廉价或更出色地开展这些重要的战略活动来赢得竞争优势。

二、货源组织

提高仓储经营效益的关键在于货源的组织。在市场经济环境下，货主有权选择仓库，这使原先在计划经济下仓储货源按计划保证的仓储企业面临挑战。仓储企业不得不以自己优异的设施、良好的服务、优惠的价格积极参与竞争，在竞争中获取更大的效益。因此，通过走出去、请进来等多种方式在客户中宣传自己的仓储业务，树立企业形象，让客户充分地了解自己变得非常重要。如何有效地开展货源组织工作对刚步入市场经济的我国仓储企业来说还是一个新的课题。然而，在已有的实践中，人们已积累了许多有益的经验。

(一) 掌握营销技术

仓储企业的销售以客户的需求为依据，结合仓储企业的设施，通过分析、规划、执行和控制等程序，合理地制订存储量、收费标准、分销渠道和推销宣传策略等，以最大限度地来实现仓储企业的利润。

销售技术的关键是最大限度地满足消费者的要求，即尽可能创造良好、方便的储运条件，以吸引客户存货。在揽货中，应注意客户的利益，为客户出谋划策，例如，负责任地告诉客户采用怎样的储存方式较好，如何储存更为经济等。仓储企业应通过自己的宣传以及实际的服务来增强客户对仓储安全的信任感；通过分析和改进，来减少流通的环节和节约仓储费用；通过确保货物在仓储中安全无损，来降低客户的货物流通成本。

具体地讲，仓储企业在进行市场营销中，应注意满足以下几个方面的需要。

1.满足更广泛的客户的需要

仓储企业应打破原有服务对象的界限，广开门户，拓展货源，内联外延，纵横渗透。不仅为商业部门服务，而且为工矿企业服务，凡社会需要，都应为之服务。

2.满足服务内容的需要

应改变过去仅从事仓储的状态，积极开展客户需要的各类服务，如承接代客管账、代客分货、代客装卸、加工整理、打包托运，等等。在这些业务中必须提供优质的服务。

3.满足服务方式的需要

不同的客户会对仓储方式提出不同的要求，仓储企业对此也应采取更为灵活的经营方式。如服务方式除了一般的储存关系外，还可以是租赁关系，当然也可以对存储货物采用自管方式或共管方式。

4.满足服务的时间需要

客户的货物进出库场的时间越来越难以确定，为此，仓储企业应根据需要确保随时为客户服务。

(二) 市场调查

1.仓储市场调查的内容

市场调查是开拓仓储市场的前提，它是指系统地、客观地收集、整理、分析和研究市场活动的各种信息，在此基础上，发现问题和机会，并提出解决问题的方案，以供决策者确定销售战略，做出销售决策。在仓储市场调查中，要研究区域内仓储市场的结构（数量、布局、规模、性质、技术条件和归属等）和区域内商品结构和营销渠道，了解货主的习惯和心理、商品流通的变化规律，熟悉竞争对手的情况。对于进出口商品的仓储需求的调查，首先应弄清区域内以及流经本区域的进出口商品数量、品种、贸易额及其发展趋势和增长率，区域内可从事外贸仓储的企业情况等。根据市场特点，研究采用具体的推销(揽货）方式和策略。

2.仓储市场调查的方法

仓储市场调查的方法分为观察法和问卷法两种。

(1) 观察法

观察法是指通过直接观察取得第一手资料的调查方法。市场调查人员直接到商店、订货会、展销会、消费者比较集中的场所，借助于照相机、录音机或直接用笔录的方式，身临其境地进行观察记录，从而获得重要的市场信息资料。

观察法的优点是可以客观地收集资料、可以集中地了解问题。不足之处在于许多问题观察不到，如被调查者的兴趣、偏好、心理感受、购买动机、态度、看法等。

(2) 问卷法

问卷法是指通过设计问卷的方式向被调查者了解市场情况的一种方法。按照问卷发放的途径不同，可分为当面调查、通信调查、电话调查、留置调查四种。

当面调查，即亲自登门调查，按照事先设计好的问卷，有顺序地依次发问让被调查者回答。

通信调查，是将调查表或问卷邮寄给被调查者，由被调查者填妥后寄还的一种调查方法，这种调查的缺点是问卷的回收率低。

电话调查，是指按照事先设计好的问卷，通过电话向被调查者询问或征求意见的一种调查方法。其优点是取得信息快，节省时间，回答率高；其缺点是询问时间不能太长。

留置调查，指调查人员将问卷或调查表当面交给被调查者，由被调查者事后自行填写，再由调查人员按约定时间收回的一种调查方法。这种方法可以留给被调查人员充分的独立思考时间，可以避免受调查人员倾向性意见的影响，从而减少误差，提高调查质量。

在调查中，应注意听取货主的意见和要求，了解自己存在的问题，提出改进意见，并且进一步再与货主交换，以做到真正满足货主的需求。

在市场调查的基础上，应建立货主档案，并将调查结果写成市场调查报告。

(三) 市场营销

处于市场竞争中的仓储企业，应注意利用一切机会开展仓储业务的推销工作，通过宣传和信息反馈，使更多的货主了解仓库，这便是仓储业务的营销工作。

仓储业务的营销手段有多种。可以通过新闻媒介的广告宣传，或企业自我介绍的材料，向社会宣传仓库的规模、便捷的地理位置、向货主提供的优厚的条件、仓储的设施特长和现代化程度等，以吸引货主与仓库进行业务联系，并在此过程中，使货主进一步了解仓库的情况。在企业的宣传推销中，应设计出具有自己特色的方法和手段，以加深货主对仓库的印象。例如，可进行仓储的形象设计。

仓储业务的营销手段还可以是登门推销，与货主面对面地单独进行接触。在此过程中，应针对具体对象和特定的货主制定出具体的营销策略。在与特定货主进行接洽时应根据货主货物的专业特点，指派懂行的专业人员上门联系，对于一些重要的货主，仓储企业经理应亲自出马，这样会使货主产生对企业的信任感。

仓储促销的另一方法是召开仓储企业的展示会，将货主请上门，集中向货主介绍企业的情况，并让货主参观企业的先进设施和设备，使货主直观地了解仓储企业的能力。当然，这需要仓储企业确实有竞争实力。

不重视营销的仓储企业在今后的市场经济中将更加步履维艰，这必须引起仓储企业领导者的高度重视。

三、仓储法规概述

（一）综合法律法规

1.与仓储有关的国家综合性法律法规

与仓储有关的国家综合性法律法规，主要有《中华人民共和国合同法》、《中华人民共和国公司法》、《中华人民共和国劳动法》、《中华人民共和国政府采购法》、《中华人民共和国招标投标法》、《中华人民共和国公司登记管理条例》等几个主要法律法规，分别从合同管理、仓储企业、仓储员工管理、采购管理、仓储招投标管理等方面，提供了法律依据。

2.与仓储作业相关的物流法律法规

仓储是物流、供应链管理的一个主要操作环节，与物流相关的法律法规，对仓储操作也直接或间接起着约束指导的作用。

这方面的法律法规主要包括《物流企业分类与评估指标》、《关于促进我国现代物流发展的意见的通知》、《关于促进运输企业发展综合物流服务的若干意见》、《关于开展试点设立外商投资物流企业工作有关问题的通知》、《商务部关于进一步做好物流领域吸引外资工作的通知》、《中华人民共和国国际货物运输代理业管理规定》、《中华人民共和国国际货物运输代理业管理规定实施细则（修订）》、《国际集装箱多式联运管理规定》等。

（二）专业的法律法规

考虑到仓储与各种运输方式的关系，各种运输方式的法律法规，也不同程度地对仓储业有约束力。

专业的法律法规，主要有以下几个方面。

1.公路类的法律法规

这方面的法律法规，主要包括《中华人民共和国公路法》、《中华人民共和国道路交通安全法》、《中华人民共和国道路交通安全法实施条例》、《中华人民共和国道路运输条例》、《公路运输统一单证使用和管理规定》、《超限运输车辆行驶公路管理规定》、《道路大型物件运输管理办法》、《道路货物运输服务业管理办法》、《道路运输及站场管理规定》、《道路危险货物运输管理规定》、《危险化学品安全管理条例》等。

其中，《道路运输及站场管理规定》涉及了货运站经营管理的内容，可以为涉及这方面的企业提供参考。

2.水运类的法律法规

与仓储物流相关的水运法律法规主要包括：《中华人民共和国海商法》、《中华人民共和国港口法》、《中华人民共和国国际海运条例》、《中华人民共和国水路运输服务业管理规定》、《水路货物运输合同实施细则》、《水路货物运输管理规则》、《港口货物作业规则》、《港口危险货物管理规定》、《国内水路集装箱货物运输规则》、《中华人民共和国海上国际集装箱运输管理规定》、《港口经营管理规定》、《省际水路运输企业审批管理办法》等。

3.铁路类的法律法规

铁路类的法律法规主要包括：《中华人民共和国铁路法》、《铁路运输安全保护条例》、《铁路货物运输管理规则》、《铁路集装箱运输规则》、《鲜活货物运输规则》、《铁路零担货物运输组织规则》、《铁路危险品货物承运人资质许可办法》、《铁路危险货物托运人资质许可办法》。

4.航空、快递类的法律法规

与仓储物流有关的航空类法律法规主要包括：《中华人民共和国民用航空法》、《中国民用航空货物国内运输规定》、《空运进出口危险货物包装检验管理办法（试行）》、《中国民用航空货物国际运输规则》、《中国民用航空货物轨迹运输规则》、《民用航空运输销售代理管理规定》、《中国民用航空快递业管理规定》、《国家税务局关于国际航空运输业务若干税收问题》。

5.与仓储物流相关的快递类法律法规

与仓储物流相关的快递类法律法规主要包括：《中华人民共和国邮政法》、《关于规范速递市场的通告》、《中国民用航空快递业管理规定》、《关于开办国内快递包裹业务的通知》、《民用快递赔偿规定》、《国际快递服务条款》、《我国邮政包裹运输保险险别与条款》。

（三）与仓储业务直接相关的法律法规

仓储合同的直接法律依据是《合同法》。我国《合同法》第281条规定："仓储合同是保管人储存存货人交付的仓储物，存货人支付仓储费的合同。"

根据《合同法》，1985年9月25日国务院批准了当时商业部、对外经济贸易部、国家物资局发布的《仓储保管合同实施细则》，1988年10月12日，商业部制定了《商业仓库管理办法》。其中，《仓储保管合同实施细则》给出了仓储合同的主要法律要求和合同框架，但鉴于该细则已经发布了20多年，在此期间，仓储物流产业发生了很大的变化，仓储企业应根据业务发展的实际，结合国际惯例，在国家相关法律框架下，制定适合业务实际需要的仓储合同。

（四）鼓励仓储物流产业发展的相关法律法规

为鼓励支持现代物流业的发展，国家和各级地方政府现又颁布了一系列的文件和规章。国家级的政策规定主要有：国家发改委等七部委联合发布的《关于促进我国现代物流业发展的意见的通知》、交通部发布的《关于促进运输企业发展综合物流服务的若干意见》，当然，在2008年全球金融危机的影响下，国务院又颁布了《物流业调整和振兴规划》，这可以说是物流业在中国全面发展的开始。

各省、自治区、直辖市和地方政府，也颁布了相关的政策措施。比如，广东省广州市先后颁布的物流政策措施包括：《中共广东省委、广东省人民政府关于大力发展现代流通业的意见》、《关于给予现代流通业用地政策支持的通知》、《广东省现代物流业"十五"计划》、《广州现代物流发展规划纲要》等。深圳市最早制定了物流业专项规划，并颁布了鼓励现代物流业发展的若干意见。

（五）保税监管、涉外的仓储的法律法规

1.市场准入与企业监管

涉及市场准入与企业管理方面的涉外法律法规，主要有以下几项：《外商投资国际货物运输代理企业管理办法》、《外商投资道路运输业管理规定》、《外商投资铁路货物运输业审批与管理暂行办法》、《外商投资国际海运业管理规定》、《中国海事仲裁委员会仲裁规则》、《中华人民共和国海关对进出境快件监管办法（2006年）》、《快递物品检验检疫工作的通知》等。

根据加强和支持两岸经济和经贸发展的需要，国家部委制定了《台湾海峡两岸间航运管理办法》、《交通部关于加强台湾海峡两岸集装箱班轮运输管理的公告》等法规。

2.保税监管的法律法规

为支持外向型经济发展，国家制定了相关保税仓储方面的法律法规，由海关总署及其他国家部委颁布和实施。海关信息化、区域通关一体化，探索新的保税监管模式，对经济发展起到了积极的促进作用。

我国保税物流经历了两个发展阶段。

第一阶段：1978—1999年，设立了保税仓、监管仓（简称"两仓"），建立了15个保税区；

第二阶段：2000年以后，陆续设立了1个A型保税仓、4个B型保税仓，建立了59个出口加工区。

2004年，颁布了《海关总署关于加工贸易和保税物流监管改革的指导方案》，确立了以保税港区为龙头、以保税物流园区（B型）为枢纽、以星罗棋布的保税仓库为网点，建设功能齐备、政策叠加、监管完善的覆盖，满足不同区域、不同层次保税进出口物流发展需要的保税物流大体系。分三个层次，最便利的第一个层次是保税港区，批准设立了三大保税港区——上海洋山、天津东疆、大连大窑湾，相当于真正意义上的自由贸易区；第二个层面为保税物流区和区港联动区，设立了4家保税物流中心（相当于B型，指不依托保税区的物流园区），批准了区港联动区（已经具备保税区和港口条件的）；第三个层面是整合原有的监管仓、保税仓，一般贸易货物可以进出、可转仓，入仓退税，2006年颁布了

《保税加工与保税物流的实施方案》。

根据海关总署的计划，未来将继续采取政策措施，整合、发展保税物流。首先将进行局部整合，对59个出口加工区拓展物流功能，允许开展物流、研发、检测、维修等业务；对两仓进行整合，进出口可以实现双向流动，打开监管仓和保税仓之间的物理隔离；具备港口或口岸直通条件的，设立保税港区，比如苏州的口岸直通点，与保税区、出口加工区合并，成立内陆“保税港区”，实现功能的“三合一”。局部整合完成之后，将进入全面整合阶段，发展自由港或自由贸易区，暂名“海关保税监管区域”。2007年，海关总署加大了试点的范围，推进了保税区转型和发展，调整了区内外的加工贸易政策。

（资料来源：MBA智库、百度文库综合）

第七章　配送管理

第一节　配送概述

配送是物流中一种特殊的、综合的活动形式，是商流与物流紧密结合，包含了商流活动和物流活动，也包含了物流中若干功能要素的一种形式。

一、配送的定义与特点

（一）配送的定义

配送是指在经济合理区域范围内，根据用户要求，对物品进行拣选、加工、包装、分割、组配等作业，并按时送达指定地点的物流活动。

（二）配送的特点

配送作为物流系统的重要功能之一，具有以下特点：

1.配送是运输在功能上的延伸，是一种末端物流活动。

2.配送是“配”和“送”的有机结合。

3.配送是以客户需求为出发点的物流活动。

4.配送是物流和商流有机结合的商业流通模式。

5.配送是一种小范围、综合性的物流活动。

（三）配送与运输、仓储之间的区别

在配送管理实践中，配送经常与仓储和运输联系在一起，比如运输与配送管理、仓储与配送管理。要正确理解配送的含义，应注意比较配送与运输、配送与仓储的联系与区别。配送、运输、仓储作为物流系统的三个功能要素，在物流功能上有相似性，都可以使物品发生空间或时间位置的转移，从而创造物品的场所或时间效用，同时它们之间又各有侧重。

1.配送与运输的区别（表7-1）

表7-1 配送与运输的区别

区别	配送	运输
运输性质	支线运输、区域内运输、末端运输	干线运输
货物性质	多品种、小批量	少品种、大批量
运输工具	小型货车	大型货车、火车、船舶
运输距离	短距离	中长距离
运输周期	短周期	长周期
管理重点	服务优先(定制化客户要求)	效率优先(多装满载)
附属功能	装卸、保管、包装、分拣、流通加工、订单处理等	装卸、捆包
在供应链中的位置	前端或末端运输	中间运输

2.配送和仓储的区别

配送和仓储的区别主要体现在开展这两类物流作业的节点配送中心和仓库上（表7-2）。

表7-2 配送与仓储的区别

区别	配送(配送中心)	仓储(仓库)
物流对象	最低库存、高需求产品	所有产品
物流作业内容	进货、接收、存储、加工、拣货、配货、配装、装运	接收、存储、保管、盘点、装运
活动特点	高附加值活动	低附加值活动
信息数据	实时收集	批量收集

二、配送的功能与作用

（一）配送的功能

1.集货

按照客户需求，将分散的、需要配送的货物集中起来，以便分拣和配货。

2.存储

为了提高配送的客户服务水平，必须尽量减少配送的缺货次数和缺货数量，合理的存储是满足这一配送要求的重要保证。

3.分拣

分拣是根据需要配送的物品种类和数量，将物品从货垛或货架上拣取出来，搬运到理货场所的活动。

4.配货

配货是根据客户对物品的品种、规格、型号、数量、质量、送货时间和交货地点等的要求不同，将物品按客户的要求进行包装、组配的过程。

5.配装

在配送过程中，可以通过合理的配送路线安排，把不同客户的物品组合、装配在同一载货车辆上，以提高送货车辆的容积利用率和运输效率。

6.送货

送货是配送过程中利用自备运输工具或借助社会运输力量来完成的业务活动。

7.送达服务

在货物送抵客户的目的地或送货结束后，为客户提供的卸货、退货、换货、拆包装、组装、安装、调试及技术培训等相关的服务活动，也包括为上游客户代收货款等活动。

8.配送加工

通过配送加工，可以大大提高用户的满意程度。配送加工是流通加工的一种，配送加工一般只取决于用户要求，其加工的目的较为单一。

（二）配送的作用

1.创造时间价值

2.创造空间价值/场所价值

3.创造加工附加价值

4.有利于物流运动实现合理化

5.实现低库存/零库存

6.简化手续，便利客户

7.提高供应保证程度并降低成本

8.可以成为流通社会化、物流产业化的战略选择

9.为电子商务的发展提供了基础和支持

三、配送的分类（表7–3）

表7–3　配送的分类

分类标准	类型
配送主体所处的行业	制造业配送、农业配送、商业配送、物流企业配送
实施配送的节点	配送中心配送、仓库配送、商店配送、生产企业配送
配送的商品种类及数量	单品种大批量配送、多品种少批量配送、配套成套配送
配送的时间及数量	定时配送、定量配送、定时定量配送、定时定量定点配送、定时定路线配送、即时配送
经营形式	销售配送、供应配送、销售—供应一体化配送、代存代供配送、代理配送
加工程度	加工配送、集疏配送
配送企业专业化程度	综合配送、专业配送
配送的组织者和承担者	自营配送、共同配送、第三方配送

四、配送的产生与发展

(一) 配送的产生

配送最早产生于美国等西方发达国家，随着国际交流的日益增加和经济全球化趋势的不断加强，这种先进的物流方式逐步在其他国家和地区推行开来。在发达国家，配送已经成为制造商和经营商普遍接受和采用的物流方式，而且还在迅猛发展。配送是由送货逐渐演变而来的。一般的送货形态在西方发达国家已经有相当长的历史，在买方市场情况下，送货最初是作为一种迫不得已的推销手段出现的。但是，随着经济复兴和高速发展，送货作为商品的主要流通手段，暴露出许多问题：

1.物流分散，生产企业自备车辆，出行混乱；

2.道路拥挤，运输效率低，流通费用上升。

在这种形势下，改变传统的物流方式，采用现代化的物流技术，进一步提高物流合理化程度，自然成了一些国家的共同要求，并且就此采取了一系列改革措施。

日本曾经做过的一项调查表明，由于社会上自备车辆多、道路拥挤及停车时间长，使企业收集和发送货物的效率明显降低。但如果减少企业自备车辆，就意味着企业运力的下降。为了保证企业生产和销售的顺利开展，需要依赖社会的运力和仓储力。因此，日本政府积极推行“共同配送制度”，经过不断变革，一种被日本企业界称为“配送”的物流体制应运而生了。美国“20世纪财团”也曾组织了一次调查，表明“以商品零售价格为基数进行计算，流通费用所占的比例达59%，其中大部分为物流费”。因此，美国许多企业成立了配送中心，将独立、分散的物流进行统一装卸和搬运，大大降低了流通费用，节约了劳动消耗。资料表明，美国有30%以上的生产资料是通过企业配送中心销售的。

(二) 配送的发展

配送和其他新生事物一样，是伴随着生产的不断发展而发展起来的。其发展过程大体上经历了三个阶段，即萌芽阶段、成长阶段和成熟阶段。

1.配送的萌芽阶段

配送的雏形最早出现于20世纪60年代初期。在这个时期，物流活动中的一般性送货开始向备货、送货一体化方向转化。从形态上看，初期的配送只是一种粗放型、单一性活动，其范围很小，规模不大。在这个阶段，企业开展配送活动的主要目的是促进产品销售和提高市场占有率。因此，在这个时期，配送主要是以促销手段的职能来发挥其作用的。

2.配送的成长阶段

20世纪60年代中期，随着经济的快速发展以及货物运输量的急剧增加和商品市场竞争的日趋激烈，配送在发达国家获得进一步发展。在这个时期，欧美一些国家组建或设立了配送中心，普遍开展货物配载及送货上门活动。这期间，不但配送货物的种类日渐增多，而且配送活动的范围也在不断扩大。例如，在美国，已经开展了州际间的配送；在日本，配送的范围则由城市扩大到了区域。从配送形式和配送组织上看，这个时期曾试行了“共同配送”并且建立起了配送体系。

3.配送的成熟阶段

20世纪80年代后期，受多种社会和经济因素的影响，配送有了长足的发展，并且以高技术为支撑手段，形成了系列化、多功能的供货活动。

(1) 配送区域进一步扩大

实施配送的国家已不再局限于发达国家，许多发展中国家也按照流通社会化的要求实行了配送制，积极开展配送。就发达国家而言，20世纪80年代以后，配送的活动范围已经扩大到了省际、国际和洲际。例如，以商贸业立国的荷兰，配送的范围已经扩大到了欧盟诸国。

(2) 配送方式日趋多样化

进入20世纪80年代后，由于经济发展的外部环境发生了变化(消费向小批量、多品种转化)，不但配送规模和配送活动的范围明显在扩大，而且配送方式也逐渐多了起来。在实践中，除了独立配送、直达配送等一般配送形式外，又出现了共同配送、即时配送等新的配送方式。

(3) 配送手段日益先进

技术不断更新，劳动手段日益先进，是成熟阶段配送活动的一个重要特征。进入20世纪80年代后，各种先进技术特别是计算机的应用，使物资配送实现了自动化。自动分拣、光电识别、条形码等先进技术与无人搬运车、分拣机等先进设备的配合，使配送的准确性和效率大大提高。

(4) 配送的集约化程度明显提高

20世纪80年代以后，随着市场竞争日趋激烈以及企业兼并速度明显加快，配送企业的数量在逐渐减少。但是，单一企业总体实力和经营规模却在增长，配送的集约化程度不断提高。据有关资料统计，1986年，美国GPR公司共有送货点3.5万个，到了1988年，经过合并后，送货点减少到0.18万个，减少幅度为94.85%。此间，美国GPR公司用新建的20个配送中心取代了以前建立的200个仓库，以此形成了规模经营优势。

(5) 配送服务质量要求越来越高

在激烈的市场竞争中，配送企业必须通过自身专业化的服务来保持高质量的顾客服务，否则将无法生存与发展。配送服务质量不仅体现在准确和速度方面，还包括低成本以及满足客户个性化服务的能力。

第二节　配送的流程与模式

一、配送的基本环节（基本要素）

从总体上看，配送是由备货、理货、送货和配送加工四个基本环节组成的。其中每个环节又包含着若干具体的、枝节性的活动。

（一）备货

1备货的概念及意义

备货是指准备货物的系列活动。它是配送的基础环节，又是决定配送成败与否、规模大小的最基础环节。同时，它也是决定配送效益高低的关键环节。如果备货不及时或不合理，成本较高，会大大降低配送的整体效益。

2备货的具体活动内容

严格来说，备货应当包括两项具体活动：筹集货物和存储货物。

（1）筹集货物

在不同的经济体制下，筹集货物（或者说组织货源）是由不同的行为主体来完成的。若生产企业直接进行配送，则筹集货物的工作由生产企业自己去完成。但是在专业化流通体制下，组织货源和筹集货物的工作会出现两种情况：其一，由提供配送服务的配送企业直接承担，一般是通过向生产企业订货或购货完成此项工作；其二，选择商流、物流分开的模式进行配送，订货、购货等筹集货物的工作由生产企业自己去做，配送企业只负责进货和集货等工作，货物所有权属于生产企业。然而，无论具体做法怎样不同，总的来说，筹集货物由订货、进货、集货和相关的验货、结算等一系列活动组成。

（2）存储货物

存储货物是购货、进货活动的延续。在配送活动中，货物存储有两种表现形态：一种是暂存形态；另一种是储备形态，包括保险储备和周转储备。

①暂存形态的存储

暂存形态的存储是指按照分拣、配货工序的要求，在理货场地储存少量货物。这种形态的货物存储是为了适应"日配"、"即时配送"需要而设置的。其数量多少对下一个环节的工作方便与否会产生很大影响。但一般来说，不会影响存储活动的总体效益。

②储备形态的存储

储备形态的存储是按照一定时期配送活动要求和根据货源的到货情况，比如到货周期，有计划地确定的。它是使配送持续运作的资源保证。

用于支持配送的货物储备有两种具体形态：周转储备和保险储备。无论是哪种形态的储备，相对来说，数量都比较多。因此，货物储备合理与否，会直接影响配送的整体效益。

（二）理货

1.理货的内容

理货是配送的一项重要内容，也是配送区别于一般送货的重要标志。理货包括货物分拣、配货和包装等经济活动。

2.货物分拣的主要方式

货物分拣采用适当的方式和手段，从储存的货物中分出（或拣选）用户所需要的货物，此活动称为分拣。分拣货物一般采取两种方式来操作：其一是摘取式；其二是播种式。

（1）摘取式分拣

所谓的摘取式分拣，就是像在果园中摘果子那样去拣选货物。具体做法是：作业人员拉着集货箱（或称分拣箱）在排列整齐的仓库货架间巡回走动，按照配送单上所列的品种、规格、数量等将客户所需要的货物拣出及装入集货箱内。在一般情况下，每次拣选只为一个客户配装。在特殊情况下，也可以为两个以上的客户配装。目前，由于推广和应用了自动化分拣技术，装配了自动化分拣设施等，大大提高了分拣作业的劳动效率。

(2) 播种式分拣

播种式分拣货物类似于在田野中的播种操作。其做法是：将数量较多的同种货物集中运到发货场，然后，根据每个货位货物的发送量分别取出货物，并分别投放到每个代表用户的货位上，直至配货完毕。为了完好无损地运送货物和便于识别配备好的货物，有些经过分拣、配备好的货物尚需重新包装。并且要在包装物上贴上标签，记载货物的品种、数量、收货人的姓名、地址及运抵时间等。

(三) 送货（发送）

送货是配送活动的核心，也是备货和理货工序的延伸。在物流运动中，送货的现象形态实际上就是货物的运输（或运送）。因此，常常以运输代表送货。但是，组成配送活动的运输与通常所讲的“干线运输”是有区别的：前者多表现为按适当用户的“末端运输”和短距离运输，并且运输的次数比较多；后者多为长途运输。由于配送中的货物要面对众多客户，而且运动是多方向的，因此，在送货过程中，要进行运输方式、运输路线和运输工具的三种选择，按照配送合理化的要求，在全面配送计划指导下，制订科学经济的运输路线和运输方式。

(四) 配送加工

配送加工是配送企业在配送系统内，按用户要求，设立加工场所进行的加工活动，如卷板展平、开片、下料，原木锯材，型煤加工，玻璃集中套裁等，把货物变为用户需要的尺寸、规格或成分；还有器件组装、包装、集装、换装等（这里所说的包装是指对于经过分拣的一个用户所需要的货物，为保持在运送过程中完好无损和便于识别，需要进行重新包装。这种包装要记载货物的品种、数量、收货人地址、姓名以及送货时间等）。虽然配送加工的加工目的单一，但是可以取得多种社会效果，比如可以提高运输效率、降低消耗、减轻生产企业负担、满足用户需要、提高配送质量、增加配送效益等等。同时，也可以完善配送功能，提高配送的总体经济效益。

配送企业必须按照所配送商品的特点和用户的基本要求来确定其加工内容，并设置加工设备，配备一定加工及其技术管理人才，按生产加工程序组织生产，努力提高劳动生产率和加工质量，降低劳动消耗，提高配送加工的经济效益。

二、配送流程

(一) 配送的一般流程

配送的一般流程基本上是这样的一种运动过程：进货→存储→分拣→配货、配装→送货。每个流程的作业内容如下所述。

1.进货

进货亦即组织货源。其方式有两种：

(1) 订货或购货（表现为配送主体向生产商订购货物，由后者供货）；

(2) 集货或接货（表现为配送主体收集货物，或者接收用户所订购的货物）。前者的货物所有权（物权）属于配送主体，后者的货物所有权属于用户。

2.储存

储存即按照用户提供的要求并依据配送计划将购到或收集到的各种货物进行检验，然后分门别类地储存在相应的设施或场地中，以备拣选和配货。储存作业一般都包括这样几道程序：运输→卸货→验收→入库→保管→出库。储存作业依产品性质、形状不同而形式各异。有的是利用仓库进行储存，有的是利用露天场地进行储存，特殊商品（如液体、气体）则需储存在特制的设备中。

3.分拣、配货

分拣和配货是同一个工艺流程中的两项有着紧密关系的经济活动。有时，这两项活动是同时进行和同时完成的（如散装物的分拣和配货）。在进行分拣、配货作业时，少数场合是以手工方式进行操作的，更多的场合是采用机械化或半机械化方式去操作的。

4.送货

在送货流程中，包括这样几项活动：搬运、配装、运输和交货。其作业程序为：配装→运输→交货。送货是配送的终结，故在送货流程中除了要圆满地完成货物的移交任务以外，还必须及时进行货款（或费用）结算。在送货这道工序中，运输是一项主要的经济活动。据此，在进行送货作业时，选择合理的运输方式和使用先进的运输工具，对于提高送货质量至关重要。就前者而言，应选择直线运输、“配载运输”方式（即充分利用运输工具的载重量和容积，合理安排装载的货物和载运方法的一种运输方式）进行作业。

（二）配送的特殊流程

在实践中，某些有特殊性质、形状的货物，其配送活动有许多独特之处（例如，液体状态的物质资料的配送就不存在配货、配装等工序，金属材料和木材等生产资料的配送常常附加流通加工工序），据此，在配送的一般流程的基础上，又产生了配送的特殊流程。其作业程序有以下几种：

(1) 进货→储存→分拣→送货；

(2) 进货→储存→送货；

(3) 进货→加工→储存→分拣→配货→配装→送货；

(4) 进货→储存→加工→储存→装配→送货。

上面所述的几种配送流程中，(1) 为各类食品的配送流程，(2) 为煤炭等散货的配送流程，(3) 为木材、钢材等原材料配送经常采用的配送流程，(4) 为机电产品中的散件、配件的配送流程。

三、配送模式

（一）生产资料配送模式

1.模式一

模式一的流程是：进货→储存→装卸→送货。

在该种配送流程中，作业内容和工序比较简单，除了有进货、储存、装货和送货等作业外，基本上不存在其他工序。装卸作业通常要使用专用的工具或设备，并且车辆可直接开到储货场地进行作业（直接发送）。在流通实践中，按照这种模式进行配送的生产资料主要有煤炭、水泥、成品油等。

2.模式二

在配送活动中包含着加工（产品的初级加工）。换言之，加工作业成了配送流程中的一道重要工序。由于产品种类和需求方向不同，在加工工序之后续接的作业不尽一致。

模式二的流程是：

（1）进货→储存→加工→装货→送货；

（2）进货→储存→加工→储存→分拣→配货→送货。

比较而言，模式二比模式一复杂，不但工序多，且同样的工序（储存）会重复出现。在物资供应活动中，采用模式二配送的生产资料主要有钢材、木材等。

3.生产资料配送模式实例

（1）金属材料配送模式

作为配送对象的金属材料主要包括这样几种产品：黑色金属材料（包括各种型材、板材、线材等），有色金属材料（有色金属及其型材）和各种金属制品（如铸件、管件、坯料）。

金属材料有如下一些特点：重量大、强度高、规格品种繁多，但运输时可以混杂。一般说来，这类物资的产需关系比较稳定，但是需求结构比较复杂。因此，金属材料配送多数都内含加工工序。对于一些需要量不太大但需要品种比较多的客户，金属材料的配送流程中又常常包含着分拣、配货和配装等作业。就加工工序而言，主要有这样几项作业：集中下料；材料剪切、定尺和整形；除锈、剔除毛刺。

金属材料的配送流程如图7-1所示。

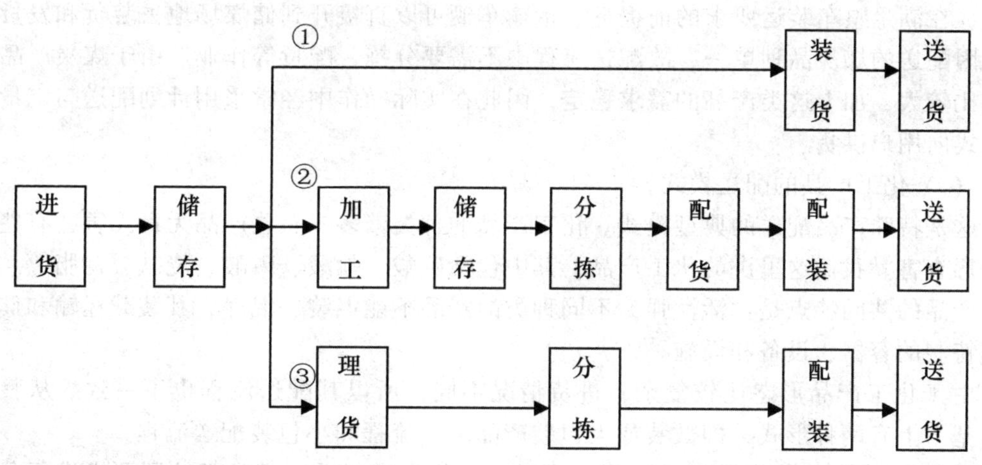

图7-1 金属材料的配送

可以看出，金属材料配送存在着一种特殊情况：若配送品种单一，且数量较多的货物，流程中没有也不需要安排分拣、配装等作业。这种情况下，通常配送车辆直接开到储货场进行装货、送货。由于金属材料的需求相对稳定，因此在实践中，适宜采用计划配送的形式供货；同时因金属材料的需求量大，并且带有连续性，所以也适宜采用集团配送和定时、定量配送的形式向用户供货。

(2) 煤炭产品配送模式

作为配送对象的煤炭主要有原煤、型煤、配煤（混配煤炭）。这类产品需求有这样一个共同点：需求量大、需求范围广；消耗稳定，用户较固定。由于此类产品储运是以散堆为主，因此很难与其他产品混装。

鉴于煤炭有其特殊的物理性质和化学性质，因此在实际操作中形成了两种不同的配送流程。其中一种流程是从储存场地直接装货、直接送货；另一种流程是在储货场地设置加工环节，将煤炭加工成配煤和型煤，然后进行装货和发货。

煤炭的配送流程如图7-2所示。

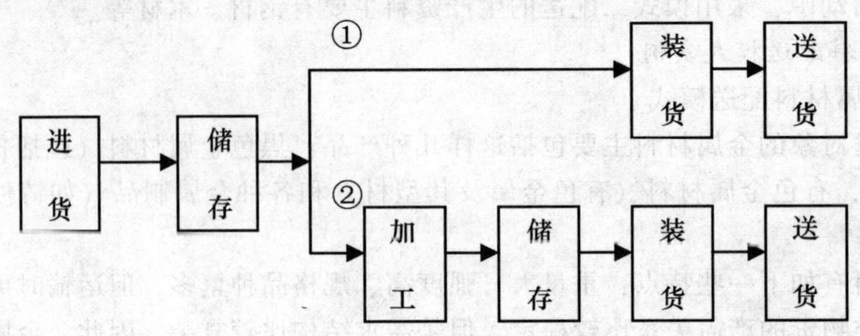

图7-2　煤炭的配送

煤炭配送模式是单品种散装生产资料配送的典型模式。按照此模式运作的基本要求是：配送企业要有集中库存的能力和设施；配送主体必须有较强的加工能力；需配置专用的设备和采用专门的技术。煤炭配送的特点是：配送量大且发货频繁。有些不需要加工的煤炭，在满足整车装运要求的前提下，运输车辆可以直接开到储煤场地去装货和发货。另外，因配送的煤炭品种单一，故配送流程中不需要分拣、配货等作业。由于煤炭产品的配送量比较大，加上这类产品的需求稳定，因此在实际操作中经常采用计划配送与定量配送等形式向用户供货。

(3) 化工产品的配送模式

这是特殊产品配送的典型模式。化工产品的种类繁多，有些产品无毒无害，有些产品则有毒有害。我们这里讲的化工产品，其中包括硫酸、盐酸、磷酸、烧碱、树脂等。上述化工产品的共同特点是：活性强，不同种类的产品不能混装、混存，其装载运输和储存要使用特制的容器、设备和设施。

由于化工产品形态比较复杂，进货情况不同，所以其配送流程也不一致。从整体上看，基本上有两种形式，即散装或大包装产品配送流程和小包装配送流程。

① 散装或大包装产品配送流程：配送企业集中进货后，通常都按照要求进行分装交工（变大包装为小包装），然后采取一般配送流程进行配送。散装产品的配送流程如图7-3。

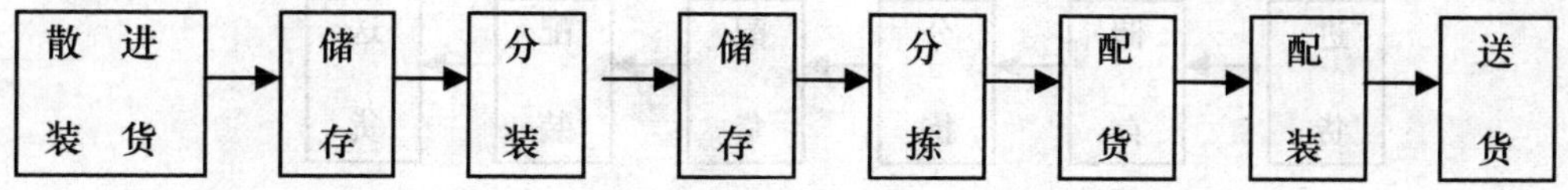

图7-3　散装化工产品的配送

② 小包装产品配送流程：有些化工产品在出厂之前就按照客户可以接受的单元标准包装成小单元，配送企业集中进货以后不需要再进行分装加工，可以直接按照一般的配送工艺流程安排作业。小包装产品的配送流程如图7-4。

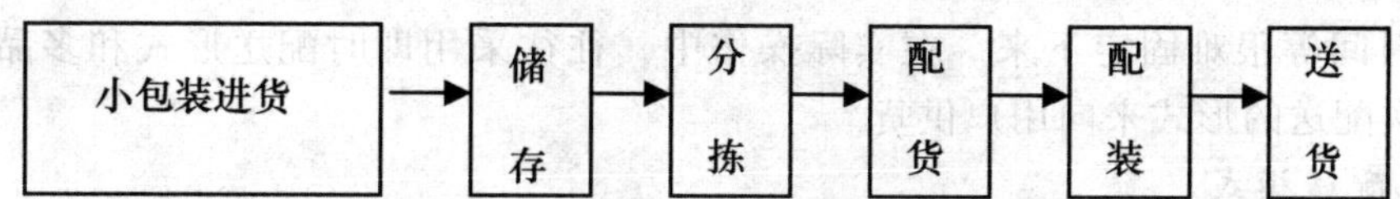

图7-4　小包装化工产品的配送

由于很多用于工业生产的化工产品系有毒、有害物，因此，配送这类物资须配备专用的设施和设备。另外，化工产品的配送只适合由专业生产企业（化工企业）和专业流通企业（化轻公司）来组织。因客户不宜过多储存有毒、有害、有危险的物资，故采用定点、定量配送方式供货和计划配送方式供货是化工产品配送的主要运作形式。

（二）生活资料配送模式

生活资料是用来满足人们生活需要的劳动产品，它包括供人类吃、穿、用的各种食品、饮料、衣服、用具和各种杂品。

生活资料的品种、规格比生产资料更为复杂，其需求变化也比生产资料快，因此，生活资料的配送不但必须安排分拣、配货和配装等流程，而且作业难度也比较大。此外，就生活资料中的食品而言，有保鲜、保质期和卫生等质量要求，根据这一特点，一部分生活资料的配送流程中也包含着加工工序。

生活资料配送模式实例主要有以下两种类型：

1.日用小杂品配送模式

这里说的日用小杂品主要指这几样产品：小百货（包括服装、鞋帽、日用品），小机电产品（包括家用电器、仪器仪表和电工产品、轴承以及小五金），图书和其他印刷品，无毒无害的化工产品和其他杂品。这类产品的共同特点是：有确定的包装，可以集装、混装和混载，产品的尺寸不大，可以成批存放在设有单元货格的现代化仓库中。

由于日用小商品的品种、规格繁多，其市场需求又呈多品种、小批量状态，因此，其配送流程中必然要求有理货和配货等工序。由于每一个用户每次对日用小杂品的需求量有限，而这类产品又能够进行混存、混装，因此为了进行合理运输，在配送流程中又必然安排配装工序。就整个配送流程来看，日用小杂品配送是一种标准化的配送模式。其配送流程如图7-5。

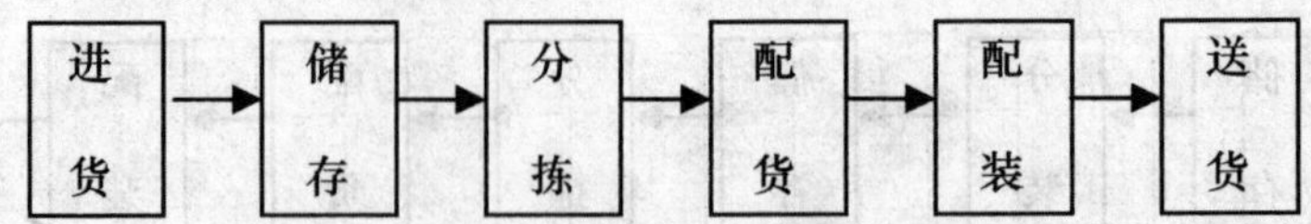

图7-5 日用小杂品配送

由此可知，日用小杂品的配送作业工序比较齐全，但流程中没有加工工序。这是因为日用小杂品多为有包装物品，并且包装内的产品数量一般都不太多，故在这类产品的配送流程中很少有流通加工环节出现。

日用小杂品的配送常常要根据用户的临时需要来安排和组织，因此其配送量、配送路线和配送时间等很难固定下来。在实际操作中，往往采用即时配送形式和多品种、小批量、多批次配送的形式来向用户供货。

2.食品配送模式

食品的种类很多，且形状各异，又都有保质、保鲜期，这些特点决定了食品配送流程的多样性，其中较有代表性的三种流程模式如下。

（1）流程模式一

货物组织到以后基本不存放，很快就进行分拣、配货，然后快速送货。中间不存在储存工序。通常，保质期较短和保鲜要求较高的食品（如点心类食品、肉制品、水产品）基本上按照上述流程进行配送。该类产品的配送流程如图7–6。

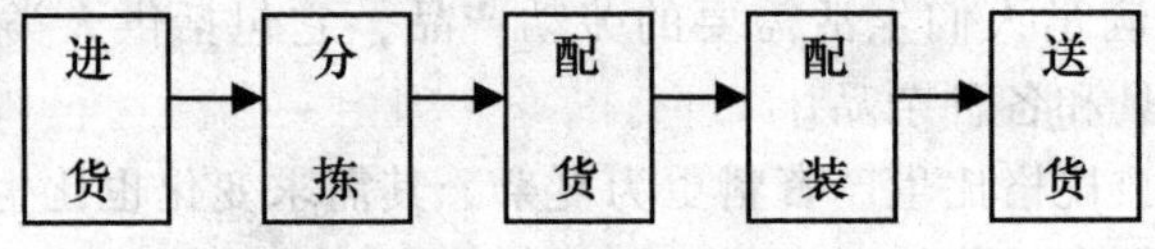

图7–6 食品配送（1）

（2）流程模式二

在备货作业后安插储存工序，然后依次进行配货和配装等作业。通常保质期较长的食品主要按照这样的流程配送。操作程序是：大量货物组织进来后，先要进行储存保管，然后根据用户订单进行分拣、配货、配装，待车辆满载后，随即向各个用户送货。该类产品的配送流程如图7–7。

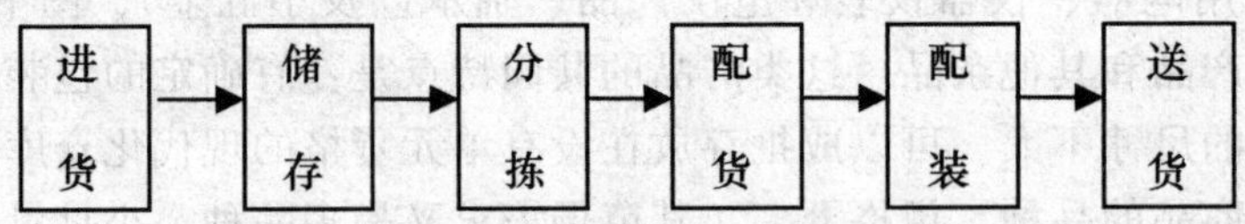

图7–7 食品配送（2）

（3）流程模式三

带有加工工序的配送流程。实际操作情况为：大量货物集中到仓库或场地后，先进行粗加工，然后依次衔接储存、分拣、配货、配装和送货等工序。该类产品的配送流程如图7–8。

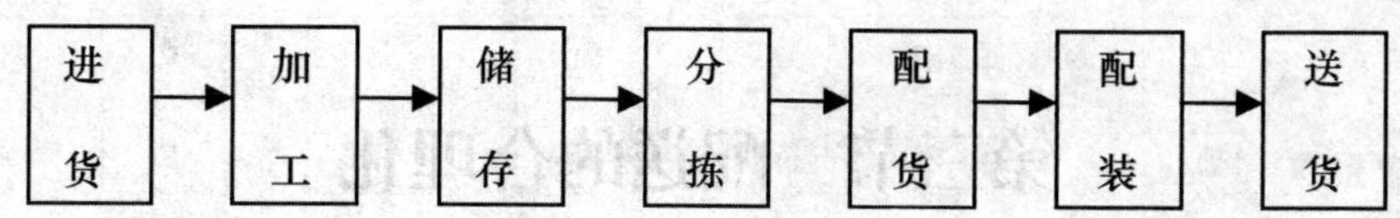

图7-8 食品配送（3）

鲜菜、鲜果、鲜肉和水产品等需要进行粗加工的食品配送经常采用这种配送模式。就加工工序的作业内容而言主要包括：分装货物（将大包装改为小包装）、货物分级分等、去杂质、配置半成品等。

食品配送要特别强调速度和保质，因此，实践中一般都采用定时配送、即时配送等形式向用户供货。

（三）配送模式的发展趋势

1.共同配送

共同配送是由多个企业为了实现运输规模经济而联合组织实施的配送活动。主要针对某一地区的客户所需物品数量较少而使用车辆不满载、配送车辆利用率不高等情况。

从事共同配送的主体可以是货主，也可以是第三方物流企业。对货主来说，共同配送可以在不增加物流费用的前提下，实现小批量、多批次配送；对第三方物流企业来说，可以提高配送效率，改善服务，提高竞争力。同时，共同配送对节约社会运力、减小交通流量、减少空气污染、降低噪音对居民健康的影响也是有利的。

共同配送有两种运作形式：

（1）由一个配送企业对多家用户进行配送。即由一个配送企业综合某一地区内多个用户的要求，统筹安排配送时间、次数、路线和和货物数量，全面进行配送；

（2）仅在送货环节上将多家用户待运送的货物混载于同一辆车上，然后按照用户的要求分别将货物运送到各个接货点，或者运到多家用户联合设立的配送货物接收点上。

这种配送有利于节省运力和提高运输车辆的货物满载率。

2.越库配送

（1）越库配送的概念

越库配送是一种避免在将货物送去零售商之前将其放入仓库的运输方法。分销商仅仅把货物从卸货码头移到装运码头或者把它放在一个暂时的地方。越库配送运用条形码扫描信息及自动输送设备和新颖的摆放技术方式，可以减少物流作业环节。

（2）越库配送的功能

在分销中心实施越库配送的办法，可以降低库存持有成本和配送中心劳动力成本。供应商和分销商可一起去掉多余的操作环节及订货标准活动。更多的节省可以通过采取以下措施来实现：缩短产品操作及储存时间，这样会减少劳动力成本、货损和退货；减少储存和运营的空间和要求。

第三节　配送的合理化

一、配送合理化的评判标志

对于配送合理与否的判断，是配送决策系统的重要内容，目前国内外尚无一定的技术经济指标体系和判断方法，按一般认识，以下若干标志是应当纳入的。

（一）库存标志

库存是判断配送合理与否的重要标志。具体指标有以下两方面：

1.库存总量

库存总量在一个配送系统中，从分散于各个用户转移给配送中心，配送中心库存数量加上各用户在实行配送后库存量之和应低于实行配送前各用户库存量之和。

此外，从各个用户角度判断，各用户在实行配送前后的库存量比较，也是判断合理与否的标准，某个用户库存量上升而总量下降，也属于一种不合理。库存总量是一个动态的量，上述比较应当是在一定经营量前提下。在用户生产有发展之后，库存总量的上升则反映了经营的发展，必须扣除这一因素，才能对总量是否下降做出正确判断。

2.库存周转

由于配送企业的调剂作用，以低库存保持高的供应能力，库存周转一般总是快于原来各企业库存周转。

此外，从各个用户角度进行判断，各用户在实行配送前后的库存周转比较，也是判断合理与否的标志。为取得共同比较基准，以上库存标志，都以库存储备资金计算，而不以实际物资数量计算。

（二）资金标志

总的来讲，实行配送应有利于资金占用降低及资金运用的科学化。具体判断标志如下：

1.资金总量

用于资源筹措所占用流动资金总量，随储备总量的下降及供应方式的改变必然有一个较大的降低。

2.资金周转

从资金运用来讲，由于整个节奏加快，资金充分发挥作用，同样数量资金，过去需要较长时期才能满足一定供应要求，配送之后，在较短时期内就能达此目的。所以资金周转是否加快，是衡量配送合理与否的标志。

3.资金投向的改变

资金分散投入还是集中投入，是资金调控能力的重要反映。实行配送后，资金必然应当从分散投入改为集中投入，以能增加调控作用。

（三）成本和效益

总效益、宏观效益、微观效益、资源筹措成本都是判断配送合理与否的重要标志。对于不同的配送方式，可以有不同的判断侧重点。例如，配送企业、用户都是各自独立的以利润为中心的企业，因此不但要看配送的总效益，而且还要看对社会的宏观效益及两个企业的微观效益，不顾及任何一方，都必然出现不合理。又例如，如果配送是由用户企业自己组织的，配送主要强调保证能力和服务性，那么，效益主要从总效益、宏观效益和用户企业的微观效益来判断，不必过多顾及配送企业的微观效益。

由于总效益及宏观效益难以计量，在实际判断时，常以按国家政策进行经营，完成国家税收及配送企业及用户的微观效益来判断。对配送企业而言（投入确定了的情况下），则企业利润反映配送合理化程度。对用户企业而言，在保证供应水平或提高供应水平（产出一定）前提下，供应成本的降低，反映了配送的合理化程度。成本及效益对合理化的衡量，还可以具体到储存、运输具体配送环节，使判断更为精细。

（四）供应保证标志

实行配送后，各用户的最大担心是害怕供应保证程度降低，这并不简单是个心态问题，更是可能要承担风险的实际问题。配送的重要一点是必须提高而不是降低对用户的供应保证能力，才算实现了合理。供应保证能力可以从以下方面判断：

1.缺货次数

实行配送后，对客户来讲，该到货而未到货以致影响生产及经营的次数，必须下降才算合理。

2.配送企业集中库存量

对每一个用户来讲，其数量所形成的保证供应能力高于配送前单个企业保证程度才算合理。

3.即时配送的能力及速度

即时配送的能力及速度是用户出现特殊情况的特殊供应保障方式，这一能力必须高于未实行配送前用户紧急进货能力及速度才算合理。

特别需要强调一点，配送企业的供应保障能力，是一个科学的合理的概念，而不是无限的概念。具体来讲，如果供应保障能力过高，超过了实际的需要，属于不合理。所以追求供应保障能力的合理化也是有限度的。

（五）社会运力节约标志

目前，末端运输是目前运能、运力使用不合理、浪费较大的领域，因而人们寄希望于配送来解决这个问题。这也成了配送合理化的重要标志。

运力使用的合理化是依靠送货运力的规划和整个配送系统的合理流程及与社会运输系统合理衔接实现的。送货运力的规划是任何配送中心都需要花力气解决的问题，而其他问题有赖于配送及物流系统的合理化，判断起来比较复杂。可以简化判断如下：

1.社会车辆总数减少而承运量增加为合理；

2.社会车辆空驶减少为合理；

3.一家一户自营运输减少、社会化运输增加为合理。

（六）用户企业仓库、供应、进货人力物力节约标志

配送的重要作用是以配送服务用户。因此，实行配送后，各用户库存量、仓库面积、仓库管理人员减少为合理；用于订货、接货、供应的人减少才为合理。真正解除了用户的后顾之忧，配送的合理化程度则可以说是一个高水平了。

（七）物流合理化标志

配送必须有利于物流合理。这可以从以下几方面判断：

1.物流费用降低；

2.物流损失减少；

3.物流速度加快；

4.物流方式有效；

5.有效衔接了干线运输和末端运输；

6.物流中转次数减少；

7.采用了先进的技术手段等。

配送合理化的问题是配送要解决的大问题，也是衡量配送本身是否合理的重要标志。

二、不合理配送的表现形式

（一）资源筹措不合理

配送是利用较大批量筹措资源，通过筹措资源的规模效益来降低资源筹措成本，使配送资源筹措成本低于用户自己筹措资源成本，从而取得优势。如果不是集中多个用户需要进行批量筹措资源，而仅仅是为某一两户代购代筹，对用户来讲，就不仅不能降低资源筹措费，相反却要多支付一笔配送企业的代筹代办费，因而是不合理的。资源筹措不合理还有其他表现形式，如配送量计划不准，资源筹措过多或过少，在资源筹措时不考虑建立与资源供应者之间长期稳定的供需关系等。

（二）库存决策不合理

配送应充分利用集中库存总量低于各用户分散库存总量，从而大大节约社会财富，同时降低用户实际平均分摊库存负担。因此，配送企业必须依靠科学管理来实现一个低总量的库存，否则就会出现单是库存转移，而未解决库存降低的不合理。配送企业库存决策不合理还表现在存储量不足，不能保证随即需求，失去应有的市场。

（三）价格不合理

总的来讲，配送的价格应低于不实行配送时，用户自己进货时产品购买价加上自己提货、运输、进货的成本总和，这样才会使用户有利可图。有时候由于配送有较高服务水平，价格稍高，用户也是可以接受的，但这不能是普遍的原则。如果配送价格普遍高于用户自己进货价格，损伤了用户利益，就是一种不合理现象。价格制定得过低，使配送企业处于无利或亏损状态下运行，也是不合理的。

（四）配送与直达的决策不合理

一般说来，配送总是增加了环节，但是这个环节的增加，可降低用户平均库存水平，为此不但抵消了增加环节的支出，而且还能取得剩余效益。但是如果用户使用批量大，可

以直接通过社会物流系统均衡批量进货，较之通过配送中转送货则可能更节约费用，所以，在这种情况下，不直接送货而通过配送，就属于不合理范畴。

（五）送货中不合理运输

配送与用户自提比较，尤其对于多个小用户来讲，可以集中配装一车送几家，这比一家一户自提，可大大节约运力和费用。如果不能利用这一优势，仍然是一户一送，而车辆达不到满载（即时配送过多过频时会出现这种情况），则属于不合理。此外，不合理运输的若干表现形式，在配送中都可能出现，会使配送变得不合理。

（六）经营观念不合理

在配送实施中，有许多经营观念不合理，使配送优势无法发挥，相反却损害了配送的形象。这是在开展配送时尤其需要注意克服的不合理现象。例如，配送企业利用配送手段，向用户转嫁资金、库存困难，在库存过大时，强迫用户接货，以缓解自己的库存压力，在资金紧张时，长期占用用户资金，在资源紧张时，将用户委托资源挪用获利等。

三、配送合理化的实现途径

国内外推行配送合理化，有一些可供借鉴的办法，简介如下。

（一）推行一定综合程度的专业化配送

通过采用专业设备、设施及操作程序，取得较好的配送效果并降低配送过分综合化的复杂程度及难度，从而追求配送合理化。

（二）推行加工配送

通过加工和配送结合，充分利用本来应有的这次中转，而不增加新的中转求得配送合理化。同时，加工借助于配送，加工目的更明确，和用户联系更紧密，更避免了盲目性。这两者有机结合，投入不增加太多却可追求两个优势、两个效益，是配送合理化的重要经验。

（三）推行共同配送

通过共同配送可以以最近的路程、最低的配送成本完成配送，从而追求合理化。

（四）实行送取结合

配送企业与用户建立稳定、密切的协作关系，配送企业不仅成了用户的供应代理人，而且起用户储存据点的作用，甚至成为产品代销人，在配送时，将用户所需的物资送到，再将该用户生产的产品用同一车运回，这种产品也成了配送中心的配送产品之一，或者作为代存代储，免去了生产企业库存包袱。这种送取结合，使运力充分利用，也使配送企业功能有更大的发挥，从而追求合理化。

（五）推行准时配送系统

准时配送是配送合理化的重要内容。配送做到了准时，用户才有资源把握，可以放心地实施低库存或零库存，可以有效地安排接货的人力、物力，以追求最高效率地工作。另外，保证供应能力，也取决于准时供应。从国外的经验看，准时供应配送系统是现在许多配送企业追求配送合理化的重要手段。

（六）推行即时配送

作为计划配送的应急手段，即时配送是最终解决用户企业担心断供之忧、大幅度提高供应保证能力的重要手段。即时配送是配送企业快速反应能力的具体化，是配送企业能力的体现。即时配送成本较高，但它是整个配送合理化的重要保证手段。此外，用户实行零库存，即时配送也是重要保证手段。

第四节　配送中心概述

一、配送中心的含义

（一）配送中心的定义

2001年8月1日颁布实施的《中华人民共和国国家标准物流术语》（GB/T18354—2001）中关于配送中心是这样定义的：从事配送业务的物流场所或组织，应基本符合下列要求：

1.主要为特定的用户服务；

2.配送功能健全；

3.完善的信息网络；

4.辐射范围小；

5.多品种、小批量；

6.以配送为主，储存为辅。

（二）配送中心的基本功能

配送中心是专门从事货物配送活动的经济组织。换个角度来说，它又是集加工、理货、送货等多种职能于一体的物流节点。具体说，配送中心有如下几种功能：

1.采购功能

配送中心必须首先采购所要供应配送的商品，才能及时、准确无误地为其用户即生产企业或商业企业供应物资。配送中心应根据市场的供求变化情况，制定并及时调整统一的、周全的采购计划，并由专门的人员与部门组织实施。

2.存储功能

配送中心的服务对象是为数众多的生产企业和商业网点（比如连锁店和超级市场），配送中心需要按照用户的要求及时将各种配装好的货物送交到用户手中，满足生产和消费需要。为了顺利有序地完成向用户配送商品（货物）的任务，而且为了能够更好地发挥保障生产和消费需要的作用，配送中心通常要兴建现代化的仓库并配备一定数量的仓储设备，存储一定数量的商品。某些区域性的大型配送中心和开展“代理交货”配送业务的配送中心，不但要在配送货物的过程中存储货物，而且它所存储的货物数量更大，品种更多。

3.配组功能

由于每个用户企业对商品的品种、规格、型号、数量、质量、送达时间和地点等的要求不同，配送中心就必须按用户的要求对商品进行分拣和配组。配送中心的这一功能是其与传统仓储企业的明显区别之一，这也是配送中心的最重要的特征之一。可以说，没有配组功能，就无所谓配送中心。

4.分拣功能

作为物流节点的配送中心，其服务对象（即客户）是为数众多的企业（在国外，配送中心的服务对象少则几十家，多则有数百家)。在这些为数众多的客户中，彼此之间差别很大：不仅各自的性质不同，而且其经营规模也大相径庭。因此，在订货或进货时，不同的用户对货物的种类、规格、数量会提出不同的要求。针对这种情况，为了有效地进行配送，即为了同时向不同的用户配送多种货物，配送中心必须采取适当的方式对组织进来的货物进行拣选，并且在此基础上，按照配送计划分装和配装货物。

5.分装功能

从配送中心的角度来看，它往往希望采用大批量的进货来降低进货价格和进货费用。但是用户企业为了降低库存、加快资金周转、减少资金占用，则往往要采用小批量进货的方法。为了满足用户的要求，即用户的小批量、多批次进货，配送中心就必须进行分装。

6.集散功能

在物流实践中，配送中心凭借其特殊的地位以及其拥有的各种先进的设施和设备，能够将分散在各个生产企业的产品（货物）集中到一起，然后经过分拣、配装向多家用户发运。与此同时，配送中心也可以做到把各个用户所需要的多种货物有效地组合（或配装）在一起，形成经济、合理的货载批量。配送中心在流通实践中所表现出来的这种功能即(货物）集散功能，也有人把它称为“配货、分散”功能。

集散功能是配送中心所具备的一项基本功能。实践证明，利用配送中心来集散货物，可以提高卡车的满载率，由此可以降低物流成本。

7.加工功能

为了扩大经营范围和提高配送水平，目前，国内许多配送中心都配备了各种加工设备，由此形成了一定的加工（系初加工）能力。这些配送中心能够按照用户提出的要求和根据合理配送商品的原则，将组织进来的货物加工成一定的规格、尺寸和形状。这些加工功能是现代配送中心服务职能的具体体现。

加工货物是一些配送中心的重要活动。配送中心具备加工功能，积极开展加工业务，既方便了用户，省却了其烦琐劳动，又有利于提高物质资源的利用率和配送效率。此外，对配送活动本身来说，客观上则起着强化其整体功能的作用。

二、配送中心的分类

为了深化及细化认识配送中心，就要对配送中心做出适当的划分。从理论上和配送中心的作用上来划分，可以把配送中心分成许多种类。下面仅就已在实际中运转的配送中心类别概述如表7–4。

表7-4 配送中心的分类

分类标准	类型
运营主体	制造型配送中心、批发型配送中心、零售型配送中心、仓储运输型配送中心、公共型配送中心
承担的流通职能	供应配送中心、销售配送中心
配送领域的广泛程度	城市配送中心、区域配送中心
内部功能	储存型配送中心、流通型配送中心、加工型配送中心
专业化特点	专业配送中心、柔性配送中心、特殊配送中心

三、配送中心的运作

（一）配送中心的作业流程

不同类型的配送中心，其作业流程的长短不一，内容各异；但作为一个整体，其作业流程又是统一的、一致的。

1.配送中心的一般作业流程

所谓的一般作业流程指的是作为一个整体来看待，配送中心在进行货物配送作业时所展现出的工艺流程。从一定意义上说，一般作业流程也就是配送中心的总体运动所显示的工艺流程。

配送中心的一般作业流程是以中、小件杂货配送为代表的配送中心流程，由于货种多，为保证配送，需要有一定的储存量，属于有储存功能的配送中心。理货、分类、配货、配装的功能要求较强，但一般来讲，很少有流通加工的功能。配送中心的一般作业流程如图7-9所示。

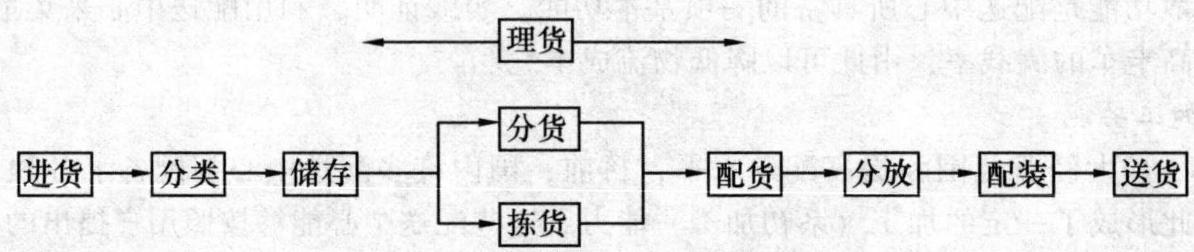

图7-9 配送中心的一般作业流程

固体化工产品、小型机电产品、水暖卫生材料、百货及没有保质期要求的食品配送中心等也采取这种流程。

这种流程也可以说是配送中心的典型流程，其主要特点是有较大的储存场所，分货、拣选、配货场所及装备也较大。

2.配送中心的特殊作业流程

所谓的特殊作业流程是指某一类配送中心（即个别配送中心）进行配送作业时所经过的程序（或过程）。其中包括不设储存库（或储存工序）的配送工艺流程、带有加工工序的配送工艺流程和分货型配送工艺流程。

(1) 不带储存库的配送中心作业流程

有的配送中心专以配送为职能，而将储存场所尤其是大量储存场所转移到配送中心之外的其他地点，专门设置补货型的储存中心，配送中心中则只有为一时配送备货的暂存，而无大量储存。暂存设在配货场地中，在配送中心不单独设储存库。配送中心的特殊作业流程如图7–10所示。

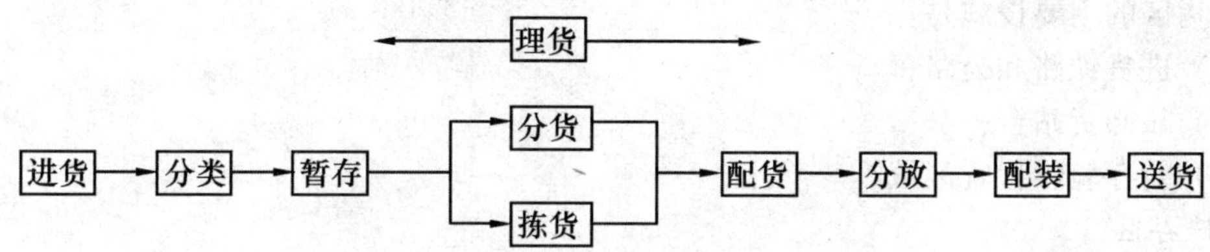

图7–10 不带储存库的配送中心作业流程

这种配送中心和第一种类型配送中心的流程大致相同，主要工序及主要场所都用于理货、配货，区别只在于大量的储存在配送中心外部而不在其中。

这种类型的配送中心，由于没有集中储存的仓库，占地面积比较小，也可以省却仓库、现代货架的巨额投资。至于补货仓库，可以采取外包的形式，采取协作的方法解决，也可以自建补货中心，实际上在若干配送中心基础上，又共同建设一个更大规模集中储存型补货中心。此外，还可以采用虚拟库存的办法来解决。

(2) 加工型配送中心的作业流程

加工型配送中心也不是一个模式，随着加工方式的不同，配送中心的作业流程也有区别。

这种加工型配送中心作业流程的特点，以平板玻璃为例，进货是大批量、单（少）品种的产品，因而分类的工作不重或基本上无需分类存放。储存后进行加工，和生产企业按标准、系列加工不同，加工一般是按用户要求进行。因此，加工后产品便直接按用户分放、配货。所以，这种类型的配送中心有时不单设分货、配货或拣选环节。配送中心中加工部分及加工后分放部分占较多位置。加工型配送中心作业流程如图7–11所示。

进货 → 暂存 → 加工 → 分放 → 配货 → 配装 → 送货

图7–11 加工型配送中心作业流程

(3) 分货型配送中心的作业流程

分货型配送中心是将批量大、品种较单一产品进货，转换成小批量发货式的配送中心，不经加工的配煤、成型煤的煤炭配送和不经加工的水泥、油料配送的配送中心大多属于这种类型。分货型配送中心的作业流程如图7–12所示。

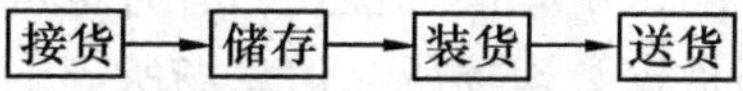

接货 → 储存 → 装货 → 送货

图7–12 分货型配送中心作业流程

这种配送中心作业流程十分简单，基本不存在分类、拣选、分货、配货、配装等工序，但是由于是大量进货，储存能力较强，储存工序及装货工序是主要工序。

（二）配送中心的结构布局

配送中心虽然是在一般中转仓库基础上演化和发展起来的，但配送中心内部结构和布局和一般仓库有较大的不同。一般配送中心的内部工作区域结构配置如下。

1.接货区

在这个区域里完成接货及入库前的工作，如接货、卸货、清点、检验、分类入库准备等。接货区的主要设施是：

(1) 进货铁路和公路；

(2) 靠卸货站台；

(3) 暂存验收检查区域。

2.储存区

在这个区域里储存或分类储存所进的物资。由于这是个静态区域，进货要在这个区域中有一定时间的放置。所以和不断进出的接货区比较，这个区域所占的面积较大。在许多配送中心中，这个区域往往占总面积一半左右。对于某些特殊配送中心（如水泥、煤炭配送中心），这一部分在配送中心总面积中占一半以上。

3.理货、备货区

在这个区域里进行分货、拣货、配货作业，以为送货做准备。这个区域面积随不同的配货中心而有较大的变化。例如，对于多用户的多品种、小批量、多批次配送（如中、小件杂货）的配送中心，需要进行复杂的分货、拣货、配货等工作，所以，这部分占配送中心很大一部分面积。也有一些配送中心这部分面积不大。

4.分放、配装区

在这个区域里，按用户需要，将配好的货暂放暂存等待外运，或根据每个用户货堆状况决定配车方式、配装方式，然后直接装车或运到发货站台装车。这一个区域对货物进行暂存，暂存时间短、周转快，所以所占面积相对较小。

5.外运发货区

在这个区域将准备好的货装入外运车辆发出。外运发货区结构和接货区类似，有站台、外运线路等设施。有时候，外运发货区和分放配装区还是一体，所分好之货直接通过传送装置进入装货场地。

6.加工区

有许多类型的配送中心还设置配送加工区域，在这个区域进行分装、包装、切裁、下料、混配等各种类型的流通加工。加工区在配送中心所占面积较大，但设施装置随加工种类不同有所区别。

7.管理指挥区（办公区）

这个区域可以集中设置于配送中心某一位置，有时也可分散设置于其他区域中。主要包括营业事务处理场所、内部指挥管理场所、信息场所等。

（三）配送中心订单处理流程

配送中心收到客户订单后，进行订单处理的主要工作流程如下：

1.检查订单是否全部有效，即信息是否完全准确。

2.信用部门审查顾客的信誉。

3.市场销售部门把销售额记入有关销售人员的账下。

4.会计部门记录有关的账务。

5.库存管理部门选择和通知距离顾客最近的仓库分拣顾客订货、包装备运并及时登记公司的库存控制总账，扣减库存，同时将货物及托运单送交运输部门。

6.运输部门安排货物运输，将货物从仓库发运至收货地点，同时完成收货确认，即签收。

配送中心在订单处理完毕后，将发货单寄给顾客。这一过程也可由计算机网络完成。有了电子订货系统和订单处理系统，便于客户与配送中心之间的联系。物流企业可自行设计订单的格式，便于客户和配送中心上机使用，便于计算机处理。货物拣选完毕后，要核对集中起来的货物。如库存缺货，应立即通知营业部门修正原始文件。通常要填制包装清单放入每件货物中，以说明其中货物的品类、数量，收货人也据此核收货物。

（四）配送中心的管理

1.配送中心的主要工作

(1) 配货

集中在配送中心内实现的配送的主要功能要素，就是为高水平送货所必需的分货、配货等理货工作，这也成了配送中心的核心工序。尤其对当前各国开展配送的主要对象——产品及中、小件杂货来讲，这个工序尤为重要。

(2) 送货

送货的实施虽然在配送中心之外的线路上进行，但是，送货的决策、计划、组织、管理、指挥是在配送中心完成的。

(3) 库存控制

配送中心是配送系统集中库存所在地，在保证配送服务的前提下，控制库存数量和保证库存物质量是库存控制的两项主要工作。

(4) 客户管理

配送中心执行对用户的配送计划，为保证服务水平，需要有诸如用户信息、用户反馈、用户联络等用户管理工作。

2.配货

将配送中心存入的多种类产品，按多个用户的多种订货要求取出，并分放在指定货位，完成各用户的配送之前的货物准备工作，这项活动称作配货。由于配货工作是建立在分拣的基础之上，所以这项工作又称为分拣配货。

配货是一件很复杂、工作量很大的活动，尤其是在用户多、所需品种规格多、需求批量小、需求频度又很高时，必须在很短时间完成分拣配货工作。所以，如何选择分拣配货方式、如何高效率地完成分拣配货，在某种程度上决定着配送中心的服务质量和经济效益。

所以，尽管在配送中心中还有保管、包装、流通加工等工作，但那些都不反映配送中心的本质特点，反映配送中心本质特点的是分拣配货方式，包括拣选式方式和分货式方式。

配货管理的基本要求有以下几点：

(1) 准确程度

大型配送中心，由于用户多，需要配货的品种、规格、数量又有非常大的变化，所以常常会影响配货的准确程度。采用适当的管理方法例如选择有效的分货和拣选方式，有助于配货的准确进行。

(2) 配货的速度

配送中心在执行配送任务时，整个配送时间有所限制，例如“时配”、“日配”等等，因此，配送中心内部的配货时间必须保证整个配送计划、配送服务的兑现。配货速度的主要制约因素是用户过多、工作过于复杂。要解决这个问题，必须选择合适的设备及工艺。

(3) 配货的成本

配货工作相当复杂繁琐，要大量消耗人力，因此是增加成本一个因素。选择适当的配货方式，可以提高效率、节约劳动消耗。

3.送货

(1) 制订送货计划

大型配送中心需要通过提高计划性来提高送货的水平和降低送货成本。由于配送中心要特别强调服务功能，很难依靠预测制订完善的计划，因此，针对随机因素，采用灵活的计划方法是很重要的。

(2) 配送路线规划

合理规划配送路线以降低运量、节省运力是保证配送速度、降低成本的重要因素。

(3) 车辆配装

即根据不同配送要求，选择合适的车辆并对车辆进行配装以达到提高利用率，是送货的一项主要工作。

(4) 车辆管理

包括车辆的合理调度、安排、维护等内容。

情景案例

沃尔玛的六种配送形式

第一种是“干货”配送中心，主要用于生鲜食品以外的日用商品进货、分装、储存和配送，该公司目前这种形式的配送中心数量最多。

第二种是食品配送中心，包括不易变质的饮料等食品，以及易变质的生鲜食品等，需要有专门的冷藏仓储和运输设施，直接送货到店。

第三种是山姆会员店配送中心，这种业态批零结合，有三分之一的会员是小零售商，配送商品的内容和方式同其他业态不同，使用独立的配送中心。由于这种商店1983年才开始建立，数量不多，有些商店使用第三方配送中心的服务。考虑到第三方配送中心的服务费用较高，沃尔玛公司已决定在合同期满后，用自行建立的山姆会员店配送中心取代。

第四种是服装配送中心，不直接送货到店，而是分送到其他配送中心。

第五种是进口商品配送中心，为整个公司服务，主要作用是大量进口以降低进价，再根据要货情况送往其他配送中心。

第六种是退货配送中心，接收店铺因各种原因退回的商品，其中一部分退给供应商，一部分送往折扣商店，一部分就地处理，其收益主要来自出售包装箱的收入和供应商支付的手续费。

沃尔玛的每种配送中心都是为适应它不同的商品或连锁店的需要而成立。对于不同商品和连锁店严格区分配送方式，实行标准化管理，不仅大大提高了配送效率，还节约了采购成本，降低了管理和物流成本。

本章小结

本章首先介绍了配送的基本概念及功能，进而介绍了配送的流程及模式；同时介绍了配送合理化的标志及措施；最后简单介绍了配送中心的基本概念及其作业流程和结构布局。

关键词

配送、备货、理货、分拣、配货、配送中心

复习思考题

1.配送和运输及仓储有什么区别？

2.配送活动包括哪些基本环节（基本要素)？

3.常见的生活资料的配送模式有几种？

4.如何实现配送合理化？

5.试述配送中心的结构布局。

综合案例

7-11便利店配送系统

7-11这个名字来自遍布全球的便利名店7-11，名字的来源是这家便利店在建立初期的营业时间是从早上7点到晚上11点，后来这家便利店改成了一星期七天全天候营业，但原来的店名却沿用了下来。

这家70多年前发源于美国的商店是全球最大的便利连锁店，在全球20多个国家拥有2.1万家左右的连锁店。到2005年1月底，光在中国台湾地区就有2690家7-11店，美国有5756家，泰国有1521家，日本是最多的，有8478家。

一家成功的便利店背后一定有一个高效的物流配送系统，7-11从一开始采用的就是在特定区域高密度集中开店的策略，在物流管理上也采用集中的物流配送方案，这一方案每年大概能为7-11节约相当于商品原价10%的费用。

一、配送系统的演进

一间普通的7-11连锁店一般只有100~200平方米大小，却要提供2000~3000种食品，不同的食品有可能来自不同的供应商，运送和保存的要求也各有不同，每一种食品又不能短缺或过剩，而且还要根据顾客的不同需要随时调整货物的品种，种种要求给连锁店的物流配送提出了很高的要求。一家便利店的成功，很大程度上取决于配送系统的成功。

7-11的物流管理模式先后经历了三个阶段三种方式的变革。起初，7-11并没有自己的配送中心，它的货物配送依靠的是批发商来完成的。以日本的7-11为例，早期日本7-11的供应商都有自己特定的批发商，而且每个批发商一般都只代理一家生产商，这个批发商就是联系7-11和其供应商间的纽带，也是7-11和供应商间传递货物、信息和资金的通道。供应商把自己的产品交给批发商以后，对产品的销售就不再过问，所有的配送和销售都会由批发商来完成。对7-11而言，批发商就相当于自己的配送中心，它所要做的就是把供应商生产的产品迅速有效地运送到7-11手中。为了自身的发展，批发商需要最大限度地扩大自己的经营，尽力向更多的便利店送货，并且要对整个配送和订货系统作出规划，以满足7-11的需要。

渐渐地，这种分散化的由各个批发商分别送货的方式无法满足规模日渐扩大的7-11便利店的需要，7-11开始和批发商及合作生产商构建统一的集约化的配送和进货系统。在这种系统之下，7-11改变了以往由多家批发商分别向各个便利点送货的方式，改由一家在一定区域内的特定批发商统一管理该区域内的同类供应商，然后向7-11统一配货，这种方式称为集约化配送。集约化配送有效地降低了批发商的数量，减少了配送环节，为7-11节省了物流费用。

二、配送中心的好处

特定批发商（又称为窗口批发商）提醒了7-11，何不自己建一个配送中心？与其让别人掌控自己的经脉，不如自己把自己的脉。7-11的物流共同配送系统就这样浮出水面，共同配送中心代替了特定批发商，分别在不同的区域统一集货、统一配送。配送中心有一个电脑网络配送系统，分别与供应商及7-11店铺相连。为了保证不断货，配送中心一般会根据以往的经验保留4天左右的库存，同时，中心的电脑系统每天都会定期收到各个店铺发来的库存报告和要货报告，配送中心把这些报告集中分析，最后形成一张张向不同供应商发出的订单，由电脑网络传给供应商，而供应商则会在预定时间之内向中心派送货物。7-11配送中心在收到所有货物后，对各个店铺所需要的货物分别打包，等待发送。第二天一早，派送车就会从配送中心鱼贯而出，择路向自己区域内的店铺送货。整个配送过程就这样每天循环往复，为7-11连锁店的顺利运行修石铺路。

配送中心的优点还在于7-11从批发商手上夺回了配送的主动权，7-11能随时掌握在途商品、库存货物等数据，对财务信息和供应商的其他信息也能握于股掌之中。对一个零售企业来说，这些数据都是至关重要的。

有了自己的配送中心，7-11就能和供应商谈价格了。7-11和供应商之间定期会有一次定价谈判，以确定未来一定时间内大部分商品的价格，其中包括供应商的运费和其他费用。一旦确定价格，7-11就省下了每次和供应商讨价还价这一环节，少了口舌之争，多了平稳运行，7-11为自己节省了时间也节省了费用。

三、配送的细化

随着店铺的扩大和商品的增多，7-11的物流配送越来越复杂，配送时间和配送种类的细分势在必行。以台湾地区的7-11为例，全省的物流配送就细分为出版物、常温食品、低温食品和鲜食食品四个类别的配送，各区域的配送中心需要根据不同商品的特征和需求量每天作出不同频率的配送，以确保食品的新鲜度，以此来吸引更多的顾客。新鲜、即时、便利和不缺货是7-11的配送管理的最大特点，也是各家7-11店铺的最大卖点。

和台湾地区的配送方式一样，日本7-11也是根据食品的保存温度来建立配送体系的。日本7-11对食品的分类是：冷冻型（零下20度），如冰激凌等；微冷型（5摄氏度），如牛奶、生菜等；恒温型，如罐头、饮料等；暖温型（20摄氏度），如面包、饭食等。不同类型的食品会用不同的方法和设备配送，如各种保温车和冷藏车。由于冷藏车在上下货时经常开关门，容易引起车厢温度的变化和冷藏食品的变质，7-11还专门用一种两仓式货运车来解决这个问题，一个仓中温度的变化不会影响到另一个仓，需冷藏的食品就始终能在需要的低温下配送了。

除了配送设备，不同食品对配送时间和频率也会有不同要求。对于有特殊要求的食品如冰激凌，7-11会绕过配送中心，由配送车早中晚三次直接从生产商门口拉到各个店铺。对于一般的商品，7-11实行的是一日三次的配送制度，早上3点到7点配送前一天晚上生产的一般食品，早上8点到11点配送前一天晚上生产的特殊食品如牛奶，新鲜蔬菜也属于其中，下午3点到6点配送当天上午生产的食品，这样一日三次的配送频率在保证了商店不缺货的同时，也保证了食品的新鲜度。为了确保各店铺供货的万无一失，配送中心还有一个特别配送制度来和一日三次的配送相搭配。每个店铺都会随时碰到一些特殊情况造成缺货，这时只能向配送中心打电话告急，配送中心则会用安全库存对店铺进行紧急配送，如果安全库存也已告罄，配送中心就转而向供应商紧急要货，并且在第一时间送到缺货的店铺手中。

（案例来源：中国物流与采购网http://www.chinawuliu.com.cn/xsyj/200507/18/134431.shtml）

案例思考题

1. 7-11的物流管理模式先后经历了几种方式？

2. 7-11的配送中心的优点是什么？

3. 7-11的配送管理的主要特点有哪些？本案例中的7-11是怎样做到这些特点的？

扩展阅读

日本物流配送中心的特色

在日本，随着国民经济的高速发展，国内消费结构发生了极大变化，市民不断对商品的品种、样式、规格、质量等方面提出更高要求，市场竞争日趋激烈。一方面，工厂生产为了满足消费者的需求，朝着小批量、多品种、新款式的方向发展；另一方面，为了适应不同层次的消费需求，零售业中便利连锁店、时装专卖店、跳蚤市场、百元廉价店铺销售各具特色的业态应运而生，这些新的业态为商品流通提供了多样化的渠道。生产销售结构的变化，推动了流通环节的高效化和重新组合，厂商和批发商愈来愈重视改善面向消费者的物流设施，实现物流配送中心的现代化。

1.多功能化

在日本，由于方便食品产业的崛起，许多物流配送中心增加了食品的加工功能，如日本神奈川生协的濑咨配送中心，设有鱼、肉等生鲜食品的小包装生产流水线，在储存、配送过程中，配置了冷藏、冷冻仓库和保温运输卡车。当前日本的物流配送中心基本上都能满足厂商和销售商对物流全过程提出的高速化、高效化的要求，具备了从收货、验货、储存、装卸、配货、流通加工、分拣、发货、配送、结算到信息处理等多种功能，实现了物流一体化。

2.系统化

日本的物流配送中心十分重视内部的系统管理，他们认为，一个配送中心的设计，首先应着重于系统设计，系统设计要求各个环节互相配合，使物流的全过程处于一个均衡协调的系统之中。例如，日本的许多物流配送中心，在研究物流流程和具体操作过程中，对经营的商品进行排队分析，分成三大类，第一类是使用频率高的畅销商品。这类商品在流通过程中，首先是整批进货和储存，然后再按订单配货送到零售店。由于这类商品以出厂价购入，再以零售价出售，减少了流通环节，降低了物流费用，获利丰厚，因而这类商品的储存，本身就是创利的。第二类是物流配送中心按照客户的订单汇总后统一向工厂整箱订货的商品。配送中心收到货后不需储存，直接进行分拣作业，再配送到零售店，这样可以节省储存费用。第三类是需要一定保鲜的商品。这类商品如牛奶、面包、豆腐等，通常是不再经过配送中心停留处理，而是由配送中心直接从生产厂家送往零售店。总之，日本物流配送中心的物流工艺流程系统设计是十分成功的，获得的经济效益也是十分可观的。

3.规模化

规模就是效益，现已成为日本物流界人士的共识。日本的物流配送中心规模大的比较多，如东京流通中心（TRC）坐落在距东京都市中心10千米的和平岛上，经过几十年的建设，形成了很大规模，占地150 703平方米，建筑面积481 237平方米，由流通中心、汽车运输中心、普通仓库和冷藏仓库四个部分组成。东京流通中心设施先进，功能齐全，共拥有两栋七层高、一栋五层高的仓库，计483 247平方米，各层和层顶都设有停车场，一栋六层立体停车场计11 838平方米，一栋十层多功能办公室计14 366平方米，一栋十三层的综合服务楼计59 541平方米，三个商品展示厅计12 215平方米。这些先进设施均采用电脑等现代化管理手段，因此很有吸引力。

4.自动化

为了提高商品处理速度，减轻作业强度，使不熟练人员也能准确作业，日本物流配送中心广泛采用了电脑控制的拣选操作系统。只要将客户要货单输入电脑，货位指示灯和数量显示器立即显示出拣选单上的商品在货架上的位置及数量，作业人员即可从货架上拣取商品，放入配货箱内，由胶带输送机送至自动分拣系统。该自动拣选配货系统从结算、抄单到库存管理均由计算机进行，还可几个人同时作业，实现了无纸化。日本在物流运行中采用电脑控制的拣选操作系统，其突出的特点是在医药品和化妆品等物流费用承受能力强的行业发展较快，而在物流费用承受能力差的日用百货品等行业发展较慢，无论如何，日本当前已较广泛地采用了拣选操作系统。

5.立体化

由于日本城市化程度较高，地价的上涨给物流配送中心的选址带来了极大困难，物流设施在大城市及周围地区明显减少，转移到更偏远的地方，而原先坐落在市区的仓库也因地价上涨而经营入不敷出，被改成办公大楼或其他设施。为了提高土地的利用率，日本大多数物流企业纷纷建立起自己的立体化配送中心，其中大型的自动化立体式货架仓库，高二十多米，库容量大，装卸货都用巷道堆垛机，由电脑控制，出入库商品速度很快，但要求必须选择储存对路的商品。日本的立体式仓库都比较高，大都在十五层上下，从二层起，所有的楼面提供给货主作储存和流通加工用，而底层作为大型分拣作业场，使用分拣机等自动化设备与楼的功能配套。

6.集成化

由于只有保管功能的营业仓库无法实现多品种、小批量商品的物流管理，日本将其改成集成化的配送中心，把配送中心、冷藏冷冻仓库、货物集散中心、办公室、展示厅、会议室等设施集中在一起，共同使用。生产厂家的产品、批发和零售商采购的商品，都可直接储存在该综合性的配送中心里。零售店配送商品时可采用共同配送体制，以保证物流活动的高效化。例如，日本东京近郊就建有四个超大型流通中心。

这些规模巨大的流通中心由政府统一规划和开发，分别由私营企业投资经营，组织海、陆、空运输配套成网，构建成大型公共流通中心。可见，政府的统筹规划、全面安排、积极扶持是物流配送中心迅速发展的一个重要因素。

7.信息化

电脑的广泛应用促进了物流系统管理的现代化，加快了商品流通速度。据介绍，日本流通领域应用电脑的数量占全国的15%左右，这一比重居世界首位。日本的物流配送中心应用电脑更广泛，不仅分拣系统和立体仓库等采用电脑控制，库存管理和业务经营等也普遍实现电子化。流通VAN是将制造业、批发业、零售业相关的商业信息，通过服务网络来互相交换的信息系统。作为信息网络的节点，配送中心还通过流通VAN与制造商、批发商、零售商等联机，构成完整的信息网络，进行信息处理和交换，控制着从接受订货到发货的整个物流过程，以确保对客户实施准时配送，并合理控制商品库存，减少库存商品的资金积压和节约物流费用。目前，流通VAN在日本物流配送中心已被广泛采用。

（资料来源：万联网资讯中心http://info.10000link.com/newsdetail.aspx doc=2010102790240）

第八章 装卸搬运管理

第一节 装卸搬运概述

一、装卸搬运的概念

装卸是指物品在指定地点以人力或机械装入运输设备或卸下的活动；搬运是指在同一场所内将物品进行水平移动为主的物流作业。可以看出，装卸是改变物品存放、支承状态的活动，搬运是改变物品空间的活动，两者全称为装卸搬运。有时候或在特定场合，单称“装卸”或“搬运”也包含了“装卸搬运”的完整含义。

在习惯使用中，物流领域（如铁路运输）常将装卸搬运这一整体活动称作“货物装卸”；在生产领域中常将这一整体活动称作“物料搬运”。实际上，活动内容都是一样的，只是领域不同而已。

在实际操作中，装卸与搬运是密不可分的，两者是伴随在一起发生的。因此，在物流科学中并不过分强调两者的差别而是作为一种活动来对待。搬运的“运”与运输的“运”，区别之处在于，搬运是在同一地域的小范围内发生的，而运输则是在较大范围内发生的，两者是量变到质变的关系，中间并无一个绝对的界限。

二、装卸搬运的作用和特点

（一）作用

装卸活动的基本动作包括装车（船）、卸车（船）、堆垛、入库、出库以及连接上述各项动作的短程输送，是随运输和保管等活动而产生的必要活动。

1.装卸搬运是提高物流速度的关键

在物流过程中，装卸活动是不断出现和反复进行的，它出现的频率高于其他各项物流活动，每次装卸活动都要花费很长时间，所以往往成为决定物流速度的关键。

2.装卸搬运在降低物流成本中占有重要地位

装卸活动所消耗的人力很多，所以装卸费用在物流成本中所占的比重也较高。以我国为例，铁路运输的始发和到达的装卸作业费占运费的20%左右，船舶运输占40%左右。因此，为了降低物流费用，装卸是个重要环节。

3.装卸搬运对物流过程的产品质量影响较大

进行装卸操作时往往需要接触货物，因此，这是在物流过程中造成货物破损、散失、损耗、混合等损失的主要环节。例如袋装水泥纸袋破损和水泥散失主要发生在装卸过程中，玻璃、机械、器皿、煤炭等产品在装卸时最容易造成损失。

4.装卸搬运在物流活动转换中起承上启下的连接作用

其他各项物流活动之间的互相过渡，都是以装卸搬运作为桥梁连接在一起的。因而，装卸搬运往往成为整个物流“瓶颈”，是物流各功能之间能否形成有机联系和紧密衔接的关键。

由此可见，装卸活动是影响物流效率、决定物流技术经济效果的重要环节。

为了说明上述看法，列举几个数据如下：

（1）据我国统计，火车货运以500千米为分界点，运距超过500千米，运输在途时间多于起止的装卸时间；运距低于500千米，装卸时间则超过实际运输时间。

（2）美国与日本之间的远洋船运，一个往返需25天，其中运输时间13天，装卸时间12天。

（3）我国对生产物流的统计，机械工厂每生产1吨成品，需进行252吨次的装卸搬运，其成本为加工成本的15.5%。

（二）特点

装卸搬运是生产过程不可缺少的环节，又是流通过程中物流活动的重要内容。归纳起来，装卸搬运与其他物流环节相比，有如下特点：

1.附属性、伴生性

装卸搬运是每一项物流作业活动开始及结束时必然发生的活动，因而有时常被人忽视，但事实上，装卸搬运总是与其他物流环节密切相关的，是其他物流作业操作时不可缺少的组成部分。例如，一般而言的“汽车运输”，就实际包含了相随的装卸搬运；仓库中泛指的保管活动，也含有装卸搬运活动。可见，装卸搬运具有伴生性的特点。

2.保障性、服务性

装卸搬运对其他物流活动有一定的决定性，它影响着其他物流活动的质量和速度。例如，装车不当，会引起运输过程中的损失；卸放不当，会引起货物在下一阶段运动的困难。许多物流活动只有在有效的装卸搬运支持下，才能实现高水平，从而装卸搬运保障着生产经营活动的顺利进行。同时，装卸搬运过程中一般不消耗原材料，不占用大量流动资金，只提供劳务，所以具有服务性的特点，要求提供安全、可靠、及时的服务。

3.衔接性、及时性

其他物流活动之间的互相过渡，都是以装卸搬运来衔接，因而，装卸搬运往往成为整个物流“瓶颈”，是物流各功能之间能否形成有机联系和紧密衔接的关键，而这又是一个系统的关键。建立一个有效的物流系统，关键看这一衔接是否有效。同时，为了使物流顺利运行，各环节的装卸搬运作业一般都对作业时间提出一定要求，要求在规定时间内完成。

4.均衡性、波动性

生产领域的装卸搬运必须与生产活动的节拍一致，因均衡性是生产的基本原则，所以生产领域的装卸搬运作业基本上也是均衡的、平稳的、连续的。而流通领域的装卸搬运是随车船的到发和货物的出入库而进行的，作业常为突击性、波动性和间歇性的。对作业波动性的适应能力是流通领域装卸搬运系统的特点之一。

5.稳定性、多变性

生产领域的装卸搬运的作业对象是稳定的，或略有变化但有一定规律，故生产领域的装卸搬运具有稳定性。而流通领域的装卸搬运的作业对象是随机的，货物品种、形状、尺寸、质量、体积、包装、性质等千差万别，车型、船型、仓库型式也各不相同。对多变的作业对象的适应能力是流通领域装卸搬运系统的特点。

6.局部性、社会性

生产领域的装卸搬运作业的设备、设施、工艺、管理等涉及的面基本上局限于企业内部，故其具有局部性。而流通领域的装卸搬运的诸因素牵涉整个社会，如装卸搬运的收货、发货、车站、港口、货主、收货人等都在变动，因此，设备、设施、工艺、管理、作业标准等都必须相互协调，才能发挥整体效益。

7.单纯性、复杂性

生产领域的装卸搬运大多数是单纯改变物料的存放状态或几何位置，作业比较单纯。而流通领域的装卸搬运是与运输、储存紧密衔接的，为了安全和充分利用车船的装载能力与库容，基本上都要进行堆码、满载、加固、计量、检验、分拣等作业，比较复杂，而这些作业又都成为装卸搬运作业的分支或附属作业，对这些分支作业的适应能力也成了流通领域装卸搬运系统的特点之一。

装卸搬运作业的上述特点，对装卸搬运作业组织提出了特殊的要求，因此，为有效完成装卸搬运工作，必须根据装卸搬运作业的特点，合理组织装卸搬运作业，不断提高装卸搬运的效率和效益。

三、决定装卸方法的条件

决定装卸方法的条件可以分为两大类：一类是由运输（配送）、保管、装卸三者相互关系决定的外部条件；一类是由装卸本身所决定的内在条件。此外，在装卸作业组织工作中还要考虑货车装卸的一般条件。

（一）决定装卸方法的外在条件

决定装卸作业方法的外在条件主要有以下几方面。

1.货物特征

货物经由包装、集装等形成的形态、质量、尺寸（如件装、集装、散装）等，对装卸作业方法的选择有至关重要的影响。

2.作业内容

装卸作业中的重点是堆码、装车、拆垛、分拣、配载、搬运等作业，其中以哪一种作业为主或哪几种作业组合，也影响到装卸作业方法的选择。

3.运输设备

不同的运输设备，例如汽车、轮船、火车、飞机等的装载与运输能力、装运设备尺寸都影响到装卸作业方法的选择。

4.运输、仓储设施

运输、仓储设施的配置情况、规模、尺寸大小影响到作业场地、作业设备以及作业方法的选择。

（二）决定装卸方法的内在条件

由装卸作业本身所决定的装卸方法的内在条件主要有以下几方面。

1.货物状态

主要指货物在装卸前后的状态。

2.装卸动作

指在货物装卸各项具体作业中的单个动作及组合。

3.装卸机械

装卸机械所能实现的动作方式、能力大小、状态尺寸、使用条件、配套工具等以及与其他机械的组合也成为影响装卸方法选择的因素。

4.作业组织

参加装卸作业的人员素质、工作负荷、时间要求、技能要求对装卸作业方法的选择有重要的影响作用。

（三）货车装卸一般条件

1.零担货物装卸

较多地使用人力和手推车、台车和输送机等作业工具，也可使用笼式托盘（托盘笼）、箱式托盘（托盘箱），以提高货车装卸、分拣及配货等作业的效率。

2.整车货物装卸

较多采用托盘系列及叉车进行装卸作业。

3.专用货车装卸

往往需要适合不同货物的固定设施、装卸设备，以满足装卸时需要的特殊技术要求。

以上所述的决定装卸作业方法的外在条件，同时也是决定其内在条件的因素，而内在条件受外部条件的影响，所采取的货物状态、作业动作、装卸机械、工作环境和方式方法，成为直接决定装卸方法的因素。

四、装卸搬运的方式

一般来说，装卸搬运作业的方式可按如下标志进行分类：

（一）按照使用的物流设施、设备分类

1.铁路装卸

它是指对火车车皮的装进及卸出，特点是一次作业就实现一车皮的装进或卸出，很少有像仓库装卸时出现的整装零卸或零装整卸的情况。

2.港口装卸

包括码头前沿的装船，也包括后方的支持性装卸搬运。有的港口装卸还采用小船在码头与大船之间“过驳”的办法，因而其装卸的流程较为复杂，往往经过几次的装卸及搬运作业才能最后实现船与陆地之间货物过渡的目的。

3.汽车装卸

它是指对汽车进行的装卸搬运作业。汽车装卸搬运一般一次装卸批量不大，由于汽车的灵活性，可以减少或根本减去搬运活动，而直接、单纯利用装卸作业达到车与物流设施之间货物过渡的目的。

4.仓库装卸

指在仓库、堆场、物流中心等处所进行的装卸搬运作业，包括堆放拆垛作业、分拣配货作业、挪动移送作业等。

5.车间装卸

指在企业车间内部各工序之间进行的各种装卸搬运活动。一般包括原材料、在制品、半成品、零部件、产成品等的取放、分拣、包装、堆码、输送等作业。

(二) 按照装卸搬运作业的内容分类

1.堆放拆垛作业

堆放（或装上、装入）作业是指把物品移动或举升到装运设备或固定设备的指定位置，再按所要求的状态放置的作业；而拆垛（卸下、卸出）作业则是其逆向作业。如用叉车进行叉上叉下作业，将物品托起并放置到指定位置场所，如卡车车厢、集装箱内、货架或地面上等；又如利用各种形式吊车进行吊上吊下作业，将物品从轮船货仓、火车车厢、卡车车厢吊出或吊进。

2.分拣配货作业

分拣是在堆垛作业前后或配送作业之前把物品按品种、出入先后、货流进行分类，再放到指定地点的作业。而配货则是把物品从所定的位置按品种、下一步作业种类、发货对象进行分类的作业。一般情况下，配货作业多以人工进行，但是由于多品种、小批量的物流形态日益发展，对配货速度要求越来越高，以高速分拣机为代表的机械化作业应用逐渐增多。

3.挪动移位作业

挪动移位作业，即狭义的装卸搬运作业，包括水平、垂直、斜行搬送，以及几种组合的搬送。在水平搬运方式中，广泛应用辊道输送机、链条输送机、悬挂式输送机、皮带输送机以及手推车、无人搬运车等设备。从方式来分，有连续式和间歇式；对于粉体和液体物质，也可以用管道进行输送。

(三) 按照装卸搬运的机械及其作业方式分类

1.吊上吊下方式

吊上吊下方式是采用各种起重机械从物品上部起吊，依靠起吊装置的垂直移动实现装卸，并在吊车运行的范围内或回转的范围内实现搬运或依靠搬运车辆实现搬运。由于吊起及放下属于垂直运动，这种装卸方式属垂直装卸。

2.叉上叉下方式

叉上叉下方式是采用叉车从物品底部托起物品，并依靠叉车的运动进行物品位移，搬运完全靠叉车本身，物品可不经中途落地直接放置到目的处。这种方式垂直运动不大而主要是水平运动，属水平装卸方式。

3.滚上滚下方式

滚上滚下方式主要是指在港口对船舶物品进行水平装卸运的一种作业方式。在装货港，用拖车将半挂车或平车拖上船舶，完成装货作业。待载货车辆（包括汽车）连同物品一起由船舶运到目的港后，再用拖车将半挂车或平车拖下船舶，完成卸货作业。

4.移上移下方式

移上移下方式是指在两车之间（如火车及汽车）进行靠接，然后利用各种方式，不使物品垂直运动，而靠水平移动从一个车辆上推移到另一车辆上的一种装卸搬运方式。这种方式需要使两种车辆水平靠接，因此，对站台或车辆货台需进行改变，并配合移动工具实现这种装卸。

5.散装散卸方式

散装散卸方式是指对散状物品不加包装地直接进行装卸搬运的作业方式。在采用散装散卸方式时，物品在从起始点到终止点的整个过程中不再落地，它是将物品的装卸与搬运作业连为一体的作业方式。

（四）按照装卸搬运的作业特点分类

1.连续装卸搬运

连续装卸搬运是指采用皮带机等连续作业机械，对大批量的同种散状物品或小型件杂货进行不间断输送的作业方式。在采用连续装卸搬运时，作业过程中间不停顿、散货之间无间隔、小型件杂货之间的间隔也基本一致。在装卸量较大、装卸对象固定、物品对象不易形成大包装的情况下适合采取这一方式。

2.间歇装卸搬运

间歇装卸搬运是指作业过程包括重程和空程两个部分的作业方式。间歇装卸搬运有较强的机动性，装卸地点可在较大范围内变动，广泛适用于批量不大的各类物品，对于大件或包装物品尤其适合，如果配以抓斗或集装袋等辅助工具，也可以对散状物品进行装卸搬运。

（五）按照装卸搬运对象分类

1.单件作业

单件作业指的是对非集装的、按件计的物品逐个进行装卸搬运操作的作业方法。单件作业对机械、装备、装卸条件要求不高，因而机动性较强，可在很广泛的地域内进行而不受固定设施、设备的地域局限。

单件作业可采取人力装卸搬运、半机械化装卸搬运及机械装卸搬运。由于逐件处理，装卸速度慢，且装卸要逐件接触货体，因而容易出现货损，反复作业次数较多，也容易出现货差。单件作业的装卸搬运对象主要是包装杂货，多种类、小批量物品及单件大型、笨重物品。

2.集装作业

集装作业是对集装货载进行装卸搬运的作业方法。每装卸一次是一个经组合之后的集装货载，在装卸时对集装体逐个进行装卸操作。它和单件装卸的主要异同在于，都是按件处理，但集装作业“件”的单位大大高于单件作业每件的大小。

集装作业一次作业装卸量大，装卸速度快，且在装卸时并不逐个接触货体，而仅对集装体进行作业，因而货损较小，货差也小。集装作业由于集装单元较大，不能进行人力手工装卸，虽然在不得已时，可用简单机械偶尔解决一次装卸，但对大量集装货载而言，只能采用机械进行装卸。同时也必须在有条件的场所进行这种作业，不但受装卸机具的限制，也受集装货载存放条件的限制，因而其机动性较差。

3.散装作业

散装作业指对大批量粉状、粒状物品进行无包装的散装、散卸的装卸搬运方法。装卸搬运可连续进行，也可采取间断的装卸搬运方式。但是，都需采用机械化设施、设备。在特定情况下，且批量不大时，也可采用人力装卸搬运，但是会有很大的劳动强度。

（六）按照被装物的主要运动形式分类

1.垂直装卸

采取提升和降落的方式进行装卸，这种装卸需要消耗较大的能量。垂直装卸是采用比较多的一种装卸形式，所用的机具通用性较强，应用领域较广，如吊车、叉车等。

2.水平装卸

水平装卸对装卸物采取平移的方式实现装卸的目的。这种装卸方式不改变被装物的势能，因此比较节能，但是需要有专门的设施，例如和汽车水平接靠的高站台、汽车与火车车皮之间的平移工具等。

装卸搬运的方式总结如表8-1。

表8-1 装卸搬运的方式

分类标准	类型
物流设施设备对象	铁路装卸、港口装卸、汽车装卸、仓库装卸、车间装卸
装卸搬运作业内容	堆码拆取作业、分拣配货作业、挪动移位作业
装卸搬运的机械及其作业方式	吊上吊下、叉上叉下、滚上滚下、移上移下、散装散卸
装卸搬运的作业特点	连续装卸搬运、间歇装卸搬运
装卸搬运对象	单件作业、集装作业、散装作业
被装物的主要运动形式	垂直装卸、水平装卸

物流卡片

集装作业法、散装作业法和单件作业法

集装作业法	托盘作业法	1.定义 托盘作业法是用托盘系列集装工具将货物形成成组货物单元,以便于采用叉车等设备实现装卸作业机械化的装卸作业方法。 2.托盘设备 (1)一些不宜采用平托盘的散件货物可采用笼式托盘形成成组货物单元。 (2)一些批量不很大的散装货物,如粮食、食糖、啤酒等可采用专用箱式托盘形成成组货物单元,再辅之以相应的装载机械、泵压设备等的配套,实现托盘作业。
	集装箱作业法	1. 垂直装卸法 垂直装卸法在港口可采用集装箱起重机,目前以跨运车应用为最广,但龙门起重机方式最有发展前途。在车站以轨行式龙门起重机方式为主,配以叉车较为经济合理,轮胎龙门起重机、跨运车方式、动臂起重机方式、侧面装卸机方式也较多采用。 2.水平装卸法 水平装卸法在港口是以挂车和叉车为主要装卸设备。在车站主要采用叉车或平移装卸机的方式,在车辆与挂车间或车辆与平移装卸机间进行换装。 3.集装箱装卸作业的配套设施 集装箱装卸作业的配套设施有:维修、清洗、动力、照明、监控、计量、信息和管理设施等。在工业发达国家,集装箱堆场作业全自动化已付诸实施。
	框架作业法	1.定义 框架通常采用木制或金属材料制作,要求有一定的刚度、韧性,质量较轻,以保护商品、方便装卸,有利于运输作业。 2. 适用范围 管件以及各种易碎建材,如玻璃产品等,一般适用于各种不同集装框架实现装卸机械化。
	货捆作业法	1. 定义 货捆作业法是用捆装工具将散件货物组成一个货物单元,使其在物流过程中保持不变,从而能与其他机械设备配合,实现装卸作业机械化。 2.适用范围 木材、建材、金属之类货物最适于采用货捆作业法。 3.常见机械 带有与各种货捆配套的专用吊具的门式起重机和悬臂式起重机是货捆作业法的主要装卸机械,叉车、侧叉车、跨车等是配套的搬运机械。
	滑板作业法	1.定义 滑板是用纸板、纤维板、塑料板或金属板制成,与托盘尺寸一致的、带有翼板的平板,用于承放货物组成的搬运单元。 2.匹配的装卸作业机械 与其匹配的装卸作业机械是带推拉器的叉车。叉货时推拉器的钳口夹住滑板的翼板(又称勾边或卷边),将货物支上货叉,卸货时先对好位,然后叉车后退、推拉器前推,货物放置就位。 3.特点 滑板作业法虽具有托盘作业法的优点且占用作业场地少,但带推拉器的叉车较重、机动性较差,对货物包装与规格化的要求很高,否则,不易顺利作业。

续表

<table>
<tr><td rowspan="2">集装作业法</td><td>网袋作业法</td><td>1.定义
将粉粒状货物装入多种合成纤维和人造纤维编织成的集装袋，将各种袋装货物装入多种合成纤维或人造纤维编织成的网，将各种块状货物装入用钢丝绳编成的网，这种先集装再进行装卸作业的方法称为网袋作业法。
2.适用范围
适用于粉粒状货物、各种袋装货物、块状货物、粗杂物品的装卸作业。
3. 特点
网袋集装工具体积小、自重轻，回送方便，可一次或多次使用。</td></tr>
<tr><td>挂车作业法</td><td>1.定义
挂车作业法是先将货物装到挂车里，然后将空车拖上或吊到铁路平板车上的装卸作业方法。
2.特点
通常将此作业完成后形成的运输组织方式称背负式运输，是公铁联运的常用组织方式。</td></tr>
<tr><td rowspan="4">散装作业法</td><td>重力法</td><td>1.定义
重力法是利用货物的势能来完成装卸作业的方法。
2.适用范围
它主要适用于铁路运输，汽车也可利用这种装卸作业法。
3.设备
重力法装车设备有筒仓、溜槽、隧洞等几类。重力法卸车主要指底门开车或漏斗车在高架线或卸车坑道上自动开启车门、煤或矿石依靠重力自行流出的卸车方法。</td></tr>
<tr><td>倾翻法</td><td>1.定义
倾翻法是将运载工具的载货部分倾翻因而将货物卸出的方法。
2.适用范围
主要用于铁路敞车和自卸汽车的卸载，汽车一般是依靠液压机械装置顶起货厢实现卸载的。</td></tr>
<tr><td>机械法</td><td>1.定义
机械法是采用各种机械，使其工作机构直接作用于货物，如通过舀、抓、铲等作业方式达到装卸目的的方法。
2.设备
常用的机械有带式输送机、堆取料机、装船机、链斗装车机、单斗和多斗装载机、挖掘机及各种抓斗等。</td></tr>
<tr><td>气力输送法</td><td>由具有正压或负压的空气带动粉粒状物料在管道内流动，实现在水平和垂直方向上移动的输送。</td></tr>
<tr><td>单件作业法</td><td colspan="2">装卸一般单件货物，通常是逐件由人力作业完成的，对于一些零散货物，诸如搬家货物等，也常采用这种作业方法；长大笨重货物、不宜集装的危险货物以及行包等仍然采用单件作业法。</td></tr>
</table>

第二节 装卸搬运机械及其选择

一、装卸搬运机械化的作用

实现装卸作业的机械化，是装卸作业现代化的重要途径。过去的装卸作业主要是依靠人力手搬肩扛，劳动效率低，劳动强度大，从而严重地影响了装卸效率和装卸能力的提高，随着我国国民经济的迅速发展，商品流通量逐渐扩大，单纯依靠人工装卸，已无法满足客观形势发展的需要。

（一）实现装卸机械化可以大大节省劳动力和减轻装卸工人的劳动强度

如装卸自行车时，每箱重180千克左右，使用人工搬运，则比较费力，而使用铲车作业时，则轻而易举，充分显示了机械化的好处。

（二）装卸机械化可以缩短装卸作业时间，加快车船周转

各种运输工具在完成运输任务的过程中，有相当一段时间是属于等待装卸的。如能缩短装卸时间，就能用现有的运输工具完成更多的运输任务，这样不仅提高了物流的经济效益，也有利于社会经济效益的提高。

（三）有利于商品的完整和作业安全

商品的种类、形状极其复杂，但都可以根据商品的不同特性来选择或设计不同的机型和属具，以保证商品的完整性。如果人工把超过自身重量二三倍的木箱，从三米高处拿下，而又不使商品受损，是难以做到的。

（四）有效地利用仓库库容，加速货位周转

随着生产的发展，流通速度的加快，仓储的任务不断增加，无论是库房还是货场都要充分利用空间，提高库容利用率。因此，必须增加堆垛和货架的高度。但人工作业使堆码高度受到限制，若采用机械化作业，就可提高仓库的空间利用率，同时由于机械作业速度快，可及时腾空货位。

（五）装卸机械化可大大降低装卸作业成本，从而有利于物流成本的降低

由于装卸效率的提高，作业量大大增加，摊到每一吨商品的装卸费用相应地减少，因此降低了装卸成本。

二、装卸搬运机械的类型

装卸搬运机械是指用来搬移、升降、装卸和短距离输送物料或货物的机械。它是物流机械设备中重要的机械设备。它不仅用于完成船舶与车辆货物的装卸，而且用于完成堆场货物的堆码、拆垛、运输以及舱内、车内、库内货物的起重输送和搬运。装卸搬运机械有以下几种常见的类型（图8-1）。

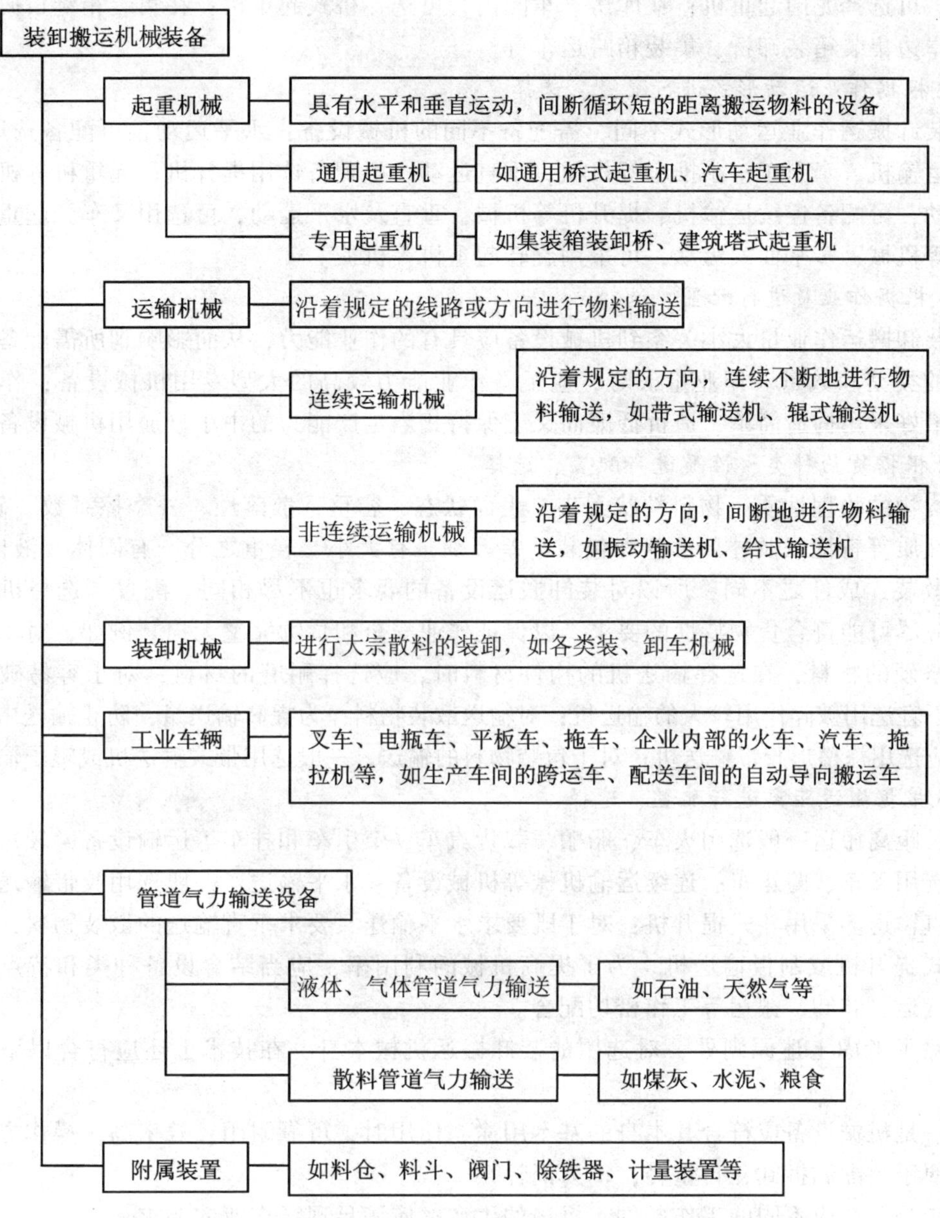

图8-1　装卸搬运机械的类型

三、装卸搬运机械的配置与选择

（一）装卸搬运机械的配置与选择的原则

1.根据作业性质和作业场合进行配置、选择

明确作业是单纯的装卸或单纯的搬运，还是装卸、搬运兼顾，从而可选择更合适的装卸搬运机械。作业场合不同，也需配备不同的装卸搬运设备。例如在铁路专用线、仓库等

场合，可选择龙门起重机；在库房、车间内，可选择桥式起重机；在集装箱港口码头，可选择岸边集装箱装卸桥、集装箱跨运车等。

2.根据作业运动形式进行配置、选择

装卸搬运作业运动形式不同，需配备不同的机械设备：水平运动，可配备选用卡车、连续运输机、牵引车、小推车等机械；垂直运动，可配备选用提升机、起重机等机械；倾斜运动，可配备连续运输机、提升机等机械；垂直及水平运动，可选用叉车、起重机、升降机等机械；多平面式运动，可采用旋转起重机等机械。

3.根据作业量进行配置、选择

装卸搬运作业量大小关系到机械设备应具有的作业能力，从而影响到所需配备的机械设备的类型和数量。作业量大时，应配备作业能力较高的大型专用机械设备；作业量小时，最好采用构造简单、造价低廉而又能保持相当生产能力的中小型通用机械设备。

4.根据货物种类、性质进行配置、选择

货物的物理性质、物料粒状大小、表面状态、容重、散落性、外摩擦系数、破碎性、化学性质等特性以及外部形状和包装千差万别，有大小、轻重之分，有固体、液体之分，又有散装、成件之不同，所以对装卸搬运设备的要求也不尽相同。配置、选择机械设备时，应尽可能符合货物特性的要求，以保证作业安全和货物完整无损。例如，对于表面粗糙、坚硬的物料，在选择输送机的构件材料时，应选择耐磨的材料；对于容易破碎的物料，不宜选用破碎作用较大的输送机；对输送散装物料，为提高输送量，防止输送中物料撒落，应选用深槽形胶带输送机；对于包装物料的输送，一般选用带式输送机或辊子输送机。

5.根据搬运距离进行配置、选择

长距离搬运一般选用火车、船舶、载货汽车、牵引车和挂车等运输设备，较短距离搬运可选用叉车、跨运车、连续运输机械等机械设备。水平输送，一般选用胶带输送机；对于垂直输送多采用斗式提升机；对于既要求水平输送又要求垂直输送的散装物料，一般可用斗式提升机或刮板输送机。为了提高机械的利用率，应当结合设备种类和特点，使行车、货运、装卸、搬运等工作密切配合。

除了考虑上述原则外，对选用的装卸搬运机械本身，在技术上还应符合以下基本要求：

一是机械设备应符合其本身的基本用途，使用时，可靠耐用，效率高，操作方便、安全，便于装配和拆卸，自重轻，动力消耗小。

二是能适应不同的工作条件，机械的生产率应满足现场作业的要求。

三是同类货物应尽量选择同一类型的标准机械，便于维护保养。对于整个货场或仓库内的装卸机械也应尽可能避免其多样化，这样，可以减少这些机械所需要的附属设备并简化技术管理。

四是在作业量不大而货物品种复杂的场所，应发展一机多用，扩大机械使用范围，以适应货物的装卸作业，提高机械的利用率。

总之，正确选用装卸搬运机械，须综合考虑各方面因素，权衡利益得失，进行综合分析，选用较经济合理、先进、优质的装卸搬运机械。

（二）装卸搬运机械运用的注意事项

1.选取的作业设备尽可能合乎标准。

2.尽可能把资金投在移动货物的设备上，而不是投在固定不动的设备上。

3.设备性能必须能满足系统要求，以保证设备的使用率，不让设备闲置。

4.选取搬运设备时，应选净载重量与总重量之比尽可能大的设备。

5.系统设计时应该考虑重力流。

6.建成的系统应能提供尽可能大的连续的货物流。

四、装卸搬运机械的管理

（一）以满足现场作业为前提

1.装卸搬运机械首先要符合现场作业的性质和货物特点、特性要求。

2.机械的作业能力（吨位）与现场作业量之间要形成最佳的配合状态。

3.其他影响条件。

（二）控制作业费用

作业费用的控制应从以下三个方面考虑：

1.设备投资额；

2.装卸搬运机械的运营费用；

3.作业成本。

（三）装卸搬运机械的配套

1.装卸搬运机械配套的含义

装卸搬运机械的配套是指根据现场作业性质、运送形式、速度、搬运距离等要求，合理选择不同类型的相关设备。

2.装卸搬运机械配套的方法

按装卸搬运作业量和被装卸搬运货物的种类进行机械配套，在确定各种机械生产能力的基础上，按每年装卸搬运1万吨货物需要的机械台数和每台机械所担任装卸搬运货物的种类和每年完成装卸运机货物的吨数进行配套。此外，还可以采用线性规划方法来设计装卸搬运作业机械的配套方案，即根据装卸搬运作业现场的要求，列出数个线性不等式，并确定目标函数，然后求出最优的各种设备台数。

物流卡片

物流中心装卸搬运的发展过程

从技术发展的角度来看物流中心物品装卸搬运的发展过程，主要经历了以下阶段：

1.手工物品装卸搬运

早期的物流中心由于包装形式和机械手段的缺乏，多数以手工装卸搬运的形式进行车辆的装卸货物作业。

2.机械化物品搬运

随着装卸搬运设备技术的发展，物流中心开始采用机械设备代替人工，从而节省了大量的人工。

3.自动化物品装卸搬运

计算机技术的发展为物流中心实现自动化装卸及搬运提供了可能，如自动化仓库或自动存取系统（AS/RS）、自动导向小车（AGV）、电眼以及条形码、机器人等的使用，大大加快了物流中心的货品装卸搬运速度。

4.集成化物品装卸搬运系统

物流中心的装卸货、存储上架、拆垛补货、单件分拣集成化物品装卸搬运系统是通过计算机使若干自动化装卸搬运设备协调动作组成一个集成系统并能与生产系统相协调，取得更好的效益。

5.智能型物品装卸搬运系统

结合与物流中心相关联的信息来源，将计划自动分解成人员、物品需求计划并对物品装卸搬运进行优化和实施，达到物流中心智能化管理的目的。

目前我国多数物流中心采用的是以人工装卸搬运和机械化装卸搬运相结合的手段。以信息化为前提的智能化和集成化是物流中心装卸搬运作业的发展方向。

第三节　装卸搬运的原则及其合理化

一、装卸搬运的原则

为了做好装卸搬运工作，在组织装卸搬运时，应遵循一定的原则，这些原则如表8-2所示。

表8-2　装卸搬运的原则

装卸搬运的原则	
规划原则	规划全部的物料装卸搬运和储存活动以达到最大的整体操作效率。
系统原则	将各种装卸搬运活动整合到涵盖供货商、进货、储存、生产、检验、包装、仓储管理、出货、运输和顾客的整体操作系统。
物料流程原则	提供一种最佳化物料流程的作业顺序与设备布置。
简化原则	利用减少、消除或合并不必要之装卸搬运和设备来简化装卸搬运。
重力原则	尽量利用重力来装卸搬运物料。
空间利用原则	尽量使建筑物容积之使用最佳化。
单元尺次原则	增加单元载重之数量、大小或重量。

续表8-2

装卸搬运的原则	
机械化原则	将装卸搬运作业机械化。
自动化原则	生产、装卸搬运和储存等功能自动化。
设备选择原则	在选择装卸搬运设备时应考虑所要装卸搬运物料的各种要素,包括所使用的装卸搬运方法。
标准化原则	将装卸搬运方法及装卸搬运设备种类和尺寸标准化。
适应性原则	采用可以适应各种工作和应用的方法与设备,除非是必须使用某种特殊设备。
减轻自重原则	减少移动式装卸搬运设备空重与载重之比率。
使用率原则	规划装卸搬运设备与人力之使用率最佳化。
维修保养原则	规划所有装卸搬运设备之定期保养和维修。
过时作废原则	当发现有更有效率的装卸搬运方法和设备时,应取代过时的方法和设备。
管制(控制)原则	使用物料装卸搬运活动来改善生产、存货和订单处理的管制(控制)。
生产能力原则	使用装卸搬运设备来改善生产能力。
装卸搬运作业效能原则	采用单位装卸搬运的费用来决定装卸搬运的绩效。
安全原则	提供合适的方法和设备来加强装卸搬运安全。

二、装卸搬运的合理化

（一）商品装卸搬运合理化的目标

1.装卸搬运距离短

装卸搬运距离的长短与装卸搬运作业量大小和作业效率是联系在一起的。在装卸搬运作业中，装卸搬运距离最理想的目标是“零”。货物装卸搬运不发生位移，应该说是最经济的，然而这是不可能办到的，因为凡是“移动”都要产生距离。移动距离越长，费用越大；移动距离越短，费用越小。所以装卸搬运合理化的目标之一，就是尽可能使装卸搬运距离最短。

2.装卸搬运时间少

主要指货物从开始装卸搬运到完成装卸搬运的时间少。如果能尽量压缩装卸搬运时间，就能提高物流速度，及时满足客户的需求。为此，应根据实际情况，实现装卸搬运机械化。装卸搬运实现机械化、自动化作业后，不仅大大缩短了时间、节约了费用、提高了效率，而且通过装卸搬运环节的有效连接，还能激活整体物流过程。所以，装卸搬运时间尽量少，是装卸搬运合理化的重要目标之一。

3. 装卸搬运质量高

装卸搬运质量高是装卸搬运合理化目标的核心。装卸搬运作业的质量高，是为客户提供优质服务的主要内容之一，也是保证生产顺利进行的重要前提。按要求的数量、品种，安全及时地将货物装卸搬运到指定的位置，这是装卸搬运合理化的主体和实质。

4.装卸搬运费用省

装卸搬运合理化目标中，既要求距离短、时间少、质量高，又要求费用省，这似乎不好理解。实际上如果真正实现装卸搬运机械化和物流现代化，装卸搬运费用肯定能大幅度地节省。采取机械化、自动化装卸搬运作业，既能大幅度削减作业人员，又能降低人工费用。这方面费用削减的潜力很大。为此，应合理规划装卸搬运工艺，设法提高装卸作业的机械化程度，尽可能地实现装卸搬运作业的连续化，从而提高装卸搬运的效率，降低装卸搬运的成本。

（二）装卸搬运合理化的措施

1.防止和消除无效装卸作业

无效装卸是指消耗在有用货物必要装卸劳动之外的多余装卸劳动。具体反映在三个方面：

（1）过多的装卸次数

物流过程中，货损发生的主要环节是装卸环节，过多的装卸次数必然导致损失的增加。从发生的费用来看，一次装卸的费用相当于几十千米的运输费用，因此，每增加一次装卸，费用就会有较大比例的增加。此外，装卸又是降低物流速度的重要因素。

（2）过大的包装装卸

包装过大过重，在装卸时会反复在包装上消耗较大的不必要劳动。

（3）无效物质的装卸

进入物流过程的货物，有时混杂着没有使用价值或对用户来讲使用价值不对路的各种掺杂物，如煤炭中的矸石、矿石中的表面水分、石灰中的未烧熟石灰及过烧石灰等，在反复装卸时，实际对这些无效物质反复消耗劳动，因而形成无效装卸。

为了有效地防止和消除无效作业，可从以下几个方面入手：

(1) 尽量减少装卸次数

要使装卸次数降低到最少，要避免没有物流效果的装卸作业。

(2) 提高被装卸物料的纯度

物料的纯度指物料中除去水分、杂质等与物料本身使用无关的物质后物质的多少。物料的纯度越高则装卸作业的有效程度越高；反之，则无效作业就会增多。

(3) 包装要适宜

包装是物流中不可缺少的辅助作业手段，包装的轻型化、简单化、实用化会不同程度地减少作用于包装上的无效劳动。

(4) 缩短搬运作业的距离

物料在装卸、搬运当中，要实现水平和垂直两个方向的位移，选择最短的路线完成这一活动，就可避免超越这一最短路线以上的无效劳动。

2.提高装卸搬运的活性和装卸搬运活性指数

(1) 装卸搬运活性的含义

装卸搬运活性的含义是：从物的静止状态转变为装卸搬运运动状态的难易程度。如果很容易转变为下一步的装卸搬运而不需过多做装卸搬运前的准备工作，则活性就高；如果难于转变为下一步的装卸搬运，则活性低。

(2) “活性指数”的含义

为了对活性进行区别，并能有计划地提出活性要求，使每一步装卸搬运都能按一定活性要求进行操作，对不同放置状态的货物做了不同的活性规定，“活性指数”就是标定活性的一种方法。

(3) “活性指数”等级

活性指数分为0~4共5个等级，如表8–3所示。

表8–3 货物的活性指数

放置状态	需要进行的作业				活性指数
	整理	架箱	提起	拖运	
散放地上	需要	需要	需要	需要	0
置于一般容器	—	需要	需要	需要	1
集装化	—	—	需要	需要	2
无动力车	—	—	—	需要	3
动力车辆或传送带	—	—	—	—	4

0级——物料杂乱地堆在地面上的状态。

1级——物料装箱或经捆扎后的状态。

2级——箱子或被捆扎后的物料，下面放有枕木或其他衬垫后，便于叉车或其他机械作业的状态。

3级——物料被放于台车上或用起重机吊钩钩住，即刻移动的状态。

4级——被装卸、搬运的物料，已经被起动、直接作业的状态。

(4) 平均活性指数

从理论上讲，活性指数越高越好，但也必须考虑到实施的可能性。为了说明和分析物料装卸搬运的灵活程度，通常采用平均活性指数的方法。这个方法是对某一物流过程物料所具备的活性情况，累加后计算其平均值，用“δ”表示。δ值的大小是确定改变装卸搬运方式的信号。如：

当$\delta<0.5$时，指所分析的装卸搬运系统半数以上处于活性指数为0的状态，即大部分处于散装情况，其改进方式可采用料箱、推车等存放物料。

当$0.5<\delta<1.3$时，则是大部分物料处于集装状态，其改进方式可采用叉车和动力搬动车。

当$1.3<\delta<2.3$时，装卸、搬运系统大多处于活性指数为2的状态，可采用单元化物料的

连续装卸和运输。

当$\delta>2.7$时，说明大部分物料处于活性指数为3的状态，其改进方法可选用拖车、机车车头拖挂的装卸搬运方式。

(5) 活性分析图法

装卸搬运的活性分析，除了上述指数分析法外，还可采用活性分析图法。运用活性分析图法通常分三步进行：

第一步，绘制装卸搬运图；

第二步，按装卸搬运作业顺序作出货物活性指数变化图，并计算活性指数；

第三步，对装卸搬运作业的缺点进行分析改进，作出改进设计图，计算改进后的活性指数。

3.实现装卸作业的省力化，消耗最小化

装卸搬运使物料发生垂直和水平位移，必须通过做功才能实现，要尽力实现装卸作业的省力化、消耗最小化、装卸的合理化。具体反映在：

(1) 利用重力的合理化装卸

在装卸作业中应尽可能地消除重力的不利影响。在有条件的情况下充分利用自重力进行装卸，可减轻劳动强度和能量的消耗。在装卸时考虑重力因素，可以利用货物本身的重量，进行有一定落差的装卸，以减少或根本不消耗装卸的动力，这是合理化装卸的重要方式。例如，从卡车、铁路货车装卸时，利用卡车与地面或小搬运车之间的高度差，使用溜槽、溜板之类的简单工具，或将设有动力的小型运输带（板）斜放在货车、卡车或站台上进行装卸，可以依靠货物本身重量，使物料在倾斜的输送带（板）上移动，从高处自动滑到低处，这种装卸就是靠重力的水平分力完成的，就无须消耗动力。

(2) 尽量消除或削弱重力影响

在装卸时尽量消除或削弱重力的影响，也会减轻体力劳动及其他劳动消耗。例如在进行两种运输工具的换装时，如果采取落地装卸方式，即将货物从甲工具卸下并放到地上，一定时间后，或搬运一定距离后再从地上装到乙工具之上，这起码在“装”时，要将货物举高，就必须消耗改变势能的动力。如果进行适当安排，将甲、乙两工具进行靠接，从而使货物平移，从甲工具转移到乙工具上，这就能有效消除重力影响，进行少消耗的装卸，实现合理化。总之，要采取各种措施优化装卸搬运作业，以提高装卸搬运作业效率，减少各种耗费，降低装卸搬运成本。在搬运作业中，不用手搬，而是把物料放在台车上，由器具承担物体的重量，人们只要克服滚动阻力，使物料水平移动，这无疑是十分省力的。

(3) 利用重力式移动货架

利用重力式移动货架也是一种利用重力进行省力化的装卸方式之一。重力式货架的每层格均有一定的倾斜度，利用货箱或托盘可自己沿着倾斜的货架层板自己滑到输送机械上。为了使物料滑动的阻力更小，货架表面通常均处理得十分光滑，或者在货架层上装有滚轮，也有在承重货物的货箱或托盘下装上滚轮的，这样将滑动摩擦变为滚动摩擦，物料移动时所受到的阻力会更小。

4.合理组织、充分利用装卸搬运设备

货物装卸搬运设备运用组织是以完成装卸任务为目的，并以提高装卸设备的生产率、装卸质量和降低装卸搬运作业成本为中心的技术组织活动。它包括下列内容：

(1) 确定装卸任务量。根据物流计划、经济合同、装卸作业不均衡程度、装卸次数、装卸车时限等，来确定作业现场年度、季度、月、旬、日平均装卸任务量。装卸任务量有事先确定的因素，也有临时变动的可能。因此，要合理地运用装卸设备，就必须把计划任务量与实际装卸作业量两者之间的差距缩小到最低水平。同时，装卸作业组织工作还要把装卸作业的货物对象的品种、数量、规格、质量指标以及搬运距离尽可能地作出详细的规划。

(2) 根据装卸任务和装卸设备的生产率，确定装卸搬运设备需用的台数和技术特征。

(3) 根据装卸任务、装卸设备生产率和需用台数，编制装卸作业进度计划。它通常包括装卸搬运设备的作业时间表、作业顺序、负荷情况等详细内容。

(4) 下达装卸搬运进度计划，安排劳动力和作业班次。

(5) 统计和分析装卸作业成果，评价装卸搬运作业的经济效益。

随着生产力的发展，装卸搬运的机械化程度定将不断提高；此外，由于装卸搬运的机械化能把工人从繁重的体力劳动中解放出来，尤其是对于危险品的装卸作业，机械化能保证人和货物的安全，也是装卸搬运机械化程度不断得以提高的动力。

5.推广组合化装卸搬运，实现规模装卸

为了更多地降低单位装卸工作量的成本，对装卸机械来讲，也有“规模”问题，装卸机械的能力达到一定规模，才会有最优效果。追求规模效益的方法，主要是通过各种集装，实现间断装卸时一次操作的最合理装卸量，从而使单位装卸成本降低，也可通过散装实现连续装卸的规模效益。

在装卸搬运作业过程中，根据不同物料的种类、性质、形状、质量的不同来确定不同的装卸作业方式。处理物料装卸搬运的方法有三种形式：普通包装的物料逐个进行装卸，叫做“分块处理”；将颗粒状货物不加小包装而原样装卸，叫做“散装处理”；将物料以托盘、集装箱、集装袋为单位组合后进行装卸，叫做“集装处理”。对于包装的物料，尽可能进行“集装处理”，实现单元化装卸搬运，可以充分利用机械进行操作。

组合化装卸具有很多优点：

(1) 装卸单位大、作业效率高，可大量节约装卸作业时间。

(2) 能提高物料装卸搬运的灵活性。

(3) 操作单元大小一致，易于实现标准化。

(4) 不用手去触及各种物料，可达到保护物料的效果。

6.合理地规划装卸搬运方式和装卸搬运作业过程

合理地规划装卸搬运方式和装卸搬运作业过程是指对整个装卸搬运作业的连续性进行合理的安排，以减少运距和装卸次数。

装卸搬运作业现场的平面布置是直接关系到装卸搬运距离的关键因素，装卸搬运机械要与货场长度、货位面积等互相协调。要有足够的场地集结货物，并满足装卸搬运机械工作面的要求，场内的道路布置要为装卸搬运创造良好的条件，有利于加速货位的周转。使装卸搬运距离达到最小，平面布置是减小装卸搬运距离的最理想的方法。

提高装卸搬运作业的连续性应做到：作业现场装卸搬运机械合理衔接；不同的装卸搬运作业在相互衔接使用时，力求使它们的装卸搬运速率相等或接近；充分发挥装卸搬运调度人员的作用，一旦发生装卸搬运作业障碍或停滞状态，立即采取有力的措施补救。

本章小结

本章首先介绍了装卸搬运的基本概念、特点及方式，进而介绍了装卸搬运常用的机械设备及设备的选择管理；最后简单介绍了装卸搬运的科学原则及合理化措施。

关键词

装卸搬运、活性指数、起重机、叉车、输送机械

复习思考题

1.装卸搬运作业具有哪些特点？

2.简要分析常见的装卸搬运作业方式。

3.如何选择合适的装卸搬运机械设备？

4.怎样实现装卸搬运的合理化作业？

综合案例

联华便利物流中心装卸搬运系统

联华公司创建于1991年5月，是上海首家发展连锁经营的商业公司。经过21年的发展，已成为中国最大的连锁商业企业之一。2011年销售额突破140亿元，连续3年位居全国零售业第一。联华公司的快速发展，离不开高效便捷的物流配送中心的大力支持。目前，联华共有4个配送中心，分别是2个常温配送中心、1个便利物流中心、1个生鲜加工配送中心，总面积达7万余平方米。

联华便利物流中心总面积为8000平方米，由4层楼的复式结构组成。为实现货物的装卸搬运，配置的主要装卸搬运机械设备为：电动叉车8辆、手动托盘搬运车20辆、垂直升

降机2台、笼车1000辆、辊道输送机5条、数字拣选设备2400套。在装卸搬运时，操作过程如下：将来货卸下后，把其装在托盘上，由手动叉车将货物搬运至入库运载处，入库运载装置上升，将货物送上入库输送带。当接到向第一层搬送指示的托盘在经过升降机平台时，不再需要上下搬运，而直接从当前位置经过一层的入库输送带自动分配到一层入库区等待入库；接到向二至四层搬送指示的托盘，将由托盘垂直升降机自动传输到所需楼层。当升降机到达指定楼层时，由各层的入库输送带自动搬送货物至入库区。货物下平台时，由叉车从输送带上取下托盘入库。出库时，根据订单进行拣选配货，拣选后的出库货物用笼车装载，由各层平台通过笼车垂直输送机送至一层的出货区，装入相应的运输车上。

先进实用的装卸搬运系统，为联华便利店的发展提供了强大的支持，使联华便利物流运作能力和效率大大提高。

（案例来源：http://wlgl.wfe.cn/News_View.asp?NewsID=224&zc=177）

案例思考题

试分析该物流配送中心先进的自动化装卸搬运系统是如何实现装卸搬运作业的。

扩展阅读

物料搬运的15点注意事项

物料搬运并不只与效率相关，其通过提高组织管理、改善环境来加强安全性。以下是可用于大多数工厂或仓库的几项安全技巧。

物料搬运传递了被动的安全。安全与物料搬运是同义的。除了提高生产力和生产效率，物料搬运使运营更加安全。正确地搬运重货，工人就能保证安全。若工作任务是分阶段的，则更简易、更有组织性、使工人更轻松的分配同样使运营更加安全。这些都是被动的。若能正确地搬运物料，就能保证安全，这只不过是一天正常工作的一部分而已。

1.使用货架安全网，防止意外伤害及事故

当托盘掉下货架时，哪怕只是部分脱落，掉下来也十分沉重。尤其是当叉车通道里经常有物件拣选人员及仓储人员出入时，情况更危急；不但危及货物，更危及到了员工。通道里有没有人行道？东西如何存放？你能控制住仓库中每个托盘的收缩包装，保证摔不坏吗？即使一个很小的物品从托盘上脱落，也会变得像炮弹一样危险。

想象一下一个10磅重的保龄球从20英尺的地方坠落，便能了解这其中的危险性。在必须保证硬度的前提下，考虑使用钢丝网。

根据所存放的货物种类、经营项目及其他因素，选择使用其中之一来确保安全。

2.检查并更换损毁的托盘架、直立支架

安排专业、合格的制造工程师来检查货架。当叉车碰撞到货架时，会升起一面小红旗，表示这种损坏会导致塌陷。托盘架的设计中不包括承受重撞。若一个圆柱已经凹陷，检查并进行更换。错误总在疏于防范时发生；若货架没有被撞散，并不表示以后或正进行装卸时不会突然散架。使用非动力叉车或托盘千斤顶来搬运废料或喷漆时，即使货架没有被撞散，也要查看是否存在结构上的问题。另外，挂擦到直立支架时，同样需要检查。据经验来看，最好是更换所有凹陷、挂擦或扭曲的直立支架。

重装直立支架便宜且简便，尤其是与支架出故障时的高额开销相比。另外一个方法是安装经济耐用的钢制支架立柱，来防止直立支架遭受碰撞。

3.开辟通道，分开人群及工业车辆

很多应用中要使用叉车，但叉车又被称为仓储中最危险的一类设备。每年都有上千起事故或损伤起源于叉车。

保证运营安全最简易的方法就是开辟出一个专供叉车通行的区域。地面分区快速、简单、易行。但由于不够突出，容易被忽视。叉车驾驶员或行人很容易就错过地板上的线。建议使用钢轨，不贵且容易安装、不会被忽略。

4.降低输送器及其他机械的噪音

噪声容易使人分心，使工人无法集中精神工作，更不可能注意个人安全。除了这种环境上的问题，还可能引发其他危险。由于噪声，工人无法听清地面上传来的警告声或叉车引擎的怪声。并非所有的噪音都能降低，但大部分都能有所控制。可在机械上安装消声装置。

输送器采用智能开关，节约能源，防止输送器磨损，并减少噪音。另外还可使用专业的滚珠轴承来降低噪音。

5.设置钢栅栏保护工作区域

若控制了叉车的操作，工厂会安全很多，而设置栅栏无疑是很好的方法。使用栅栏圈住工作站、装配点、厂内办公室及其他人员区域，并在其周围配置计算机终端、装配站或拣选点来减少叉车或电动千斤顶事故隐患。若不时有叉车需通过受保护区域，建议厂家选择可拔出的钢轨。

6.减少叉车使用

以上我们讨论的大都与叉车有关。虽然很多仓库或工厂需要使用叉车，但由于叉车导致了不成比例数量的事故，减少叉车使用就变得很合理。少量叉车意味着可以更尽心地培训更小的叉车驾驶团队，并限制了系列不安全情况的发生。寻求其他工具来搬运、存放托盘，减少运营中的叉车数量。任何运输机械化所引起的制造业转变都具有非同小可的影响力。

7.采用人类环境改造学工作站

人在疲累时容易出错。将疲劳赶出运营之外，收获的不仅仅是生产力的提高，还有事故及伤害的降低。考虑一下工作站。工人们是否频繁需要补给？他们的需要是否唾手可得？工作流程是否自然简便？班次交接时他们是否筋疲力尽？工作站应最大化存储密度，最小化工人够取或弯腰才能拿到物品的需要。

8.尽量避免紧绷、伸展、弯曲及屈膝

剪式升降台、配重及其他装置都是保证工人们站着并在腰间到下巴的高度工作的“黄金区域”。升降台、配重及其他装置可以提高效率，降低错误率并防止受伤，按照工作程序提升重物即使没有发生事故，工人们也会在整天的提升工作后感觉疲惫，产生心理伤害，因此而出现更多的抱怨及错误。

9.使用简单的方式装卸托盘

可使用托盘定位器，其在托盘装卸过程中可自动进行提升、旋转及下降。通过保持装载处于满意的高度，操作手无需花费太多处理。处理一层箱柜时，定位器可调整高度。工人的工作变得更简单，只需旋转定位器，即可以更快地搬运托盘，同时减小了受伤的几率。

10.使用抗疲劳地垫减少疲劳及不适

长期站在坚硬的地面会导致身体的疲劳及不适。腿部肌肉长时间静止、收缩，人体会感到站立不稳。血液流通不畅，产生酸痛的感觉，也因此而感到疲劳不堪。大脑需要更强劲的工作方能迫使血液流过这些收缩部位，严重损耗了身体的能量。

抗疲劳地垫能带领腿部肌肉做轻微的移动，加速血液回流。这种动态人体工程学保证站着工作的工人通过肌肉的运动保持舒适。除了能减少疲劳，这种地垫还可以防止在潮湿或油滑的地面摔跤。

11.正确搬运可燃液体、溶剂及化学物品

导致工业失火的原因之一是可燃液体的不正确存放及搬运。为避免产生有毒气体、火灾或爆炸，隔离不调和的化学物品是很重要的。

首先要正确辨认并储存。火灾几分钟之内便可蔓延整个工厂，因此防控点十分重要。将有害液体存放入安全防火柜，从而保护工人，降低火灾隐患，提高生产力。这种设置代码进行液体搬运的方法可用在任何可燃、易腐蚀、易燃液体的操作中，提升安全系数。

12.使用大风量的风扇系统，保持工厂凉爽

存储区、仓库及工厂的天花板很高、区域很宽敞，不断上升的温度控制成了难题。人在沉闷、高热的环境下不但工作能力下降，更易出现安全问题。

在天花板安装大风量、低速风扇可降低成本，并营造出舒适的工作环境，这是噪声大、易受空间限制的落地扇所不能企及的。

工人们很少能注意到天花板上的风扇，但他们的的确确能感受到地面温度的差异。

13.使用输送装置，减少人工升降及运输

减少人工搬运物料的数量，以此增加安全性，降低常见的背部、手部受伤几率。输送装置减少了人工搬运、提升，但自身也有安全隐患。因此输送装置操作手需经过专业培训，并采取预防维护措施，确保每个人都清楚输送装置的紧急停止程序。

14.不要改装输送装置的防护或控制器

正确使用输送装置，就可安全地运送物料。若进行修整，就会出现问题。操作没有防护的输送装置很不安全，但大多数工厂却经常如此。需进行维修或当防护妨碍到工作行进时，工厂员工会取下防护。此时，机械、齿轮、链条、运送部件都暴露在外，十分危险。经常检查输送装置，确保其没有被改装。

输送装置控制器并不单纯指简单的开关，而是指输送装置操作中的所有机电元件。这

些控制器不应被非专业人士进行任何改装。对控制器进行监控，确保不会出现误用、改装或分散。

15.保持通道及过道清洁

场面混乱时常常容易引发事故。明确标示过道及通道，保证装载支架、通道入口、货架间、拐弯处足够的间隙。对工作流程中的密集点实行监控，确保足够的空间。这样设计存储区可帮助工人避免夹在叉车与墙、货架、立柱或机器之间。同时，这也降低了叉车突然转向时擦到障碍物、导致装载摔落的几率。

另外，清洁的通道防止发生摔倒事故。安装足够多的仓储图像仪器，最小化流程过剩，确保托盘或箱子没有摆放在地面上挡着路。在有组织的仓储区域里，不会积聚这样潜在的混乱危险。

（资料来源：中国物流与采购网
http://www.chinawuliu.com.cn/xsyj/201012/17/143708.shtml）

第九章　包装管理

第一节　包装概述

一、包装的概念

（一）包装的定义

包装是指在流通过程中为保护产品、方便储存、促进销售，按一定技术方法而采用的容器、材料及辅助物等等总体名称，包括为了达到上述目的而进行的操作活动。

其他国家或组织对包装的含义也有不同的表述和理解，但基本意思是一致的，都以包装功能和作用为其核心内容，一般有两重含义：

1.关于盛装商品的容器、材料及辅助物品，即包装物。

2.关于实施盛装和封缄、包扎等的技术活动。

（二）包装的要素

一般来说，商品包装应该包括商标或品牌、形状、颜色、图案和材料等要素。

1.商标或品牌

商标或品牌是包装中最主要的构成要素，应在包装整体上占据突出的位置。

2.包装形状

适宜的包装形状有利于储运和陈列，也有利于产品销售，因此，形状是包装中不可缺少的组合要素。

3.包装颜色

颜色是包装中最具刺激销售作用的构成元素。突出商品特性的色调组合，不仅能够加强品牌特征，而且对顾客有强烈的感召力。

4.包装图案

图案在包装中如同广告中的画面，其重要性、不可或缺性不言而喻。

5.包装材料的选择

包装材料的选择不仅影响包装成本，而且也影响商品的市场竞争力。

6.产品标签

在标签上一般都印有包装内容和产品所包含的主要成分，品牌标志，产品质量等级，产品厂家，生产日期和有效期，使用方法。

二、包装的功能

（一）保护功能

包装的保护功能，即保护物品不受损伤的功能，它体现了包装的主要目的。

1.防止物资的破损变形

为了防止物资的破损变形，物资包装必须能承受装卸、运输、保管等过程中的各种冲击、震动、颠簸、压缩、摩擦等外力的作用，形成对外力的防护，而且具有一定的强度。

2.防止物资发生化学变化

为了防止物资受潮、发霉、变质、生锈等化学变化，物资包装必须能在一定程度上起到阻隔水分、潮气、光线以及空气中各种有害气体的作用，避免外界不良因素的影响。

3.防止有害生物对物资的影响

鼠、虫以及其他有害生物对物资有很大的破坏性。包装封闭不严，会给细菌、虫类造成侵入之机，导致变质、腐败，特别是对食品危害性更大。

4.防止异物混入、污物污染、丢失、散失

（二）方便物流

物资包装具有方便流通、方便消费的功能。在物流的全过程，物资所经过的流转环节，合理的包装会提供巨大的方便，从而提高了物流的效果。物资包装的方便功能可以体现在以下几个方面：

1.方便物资的储存

从搬运、装卸角度上看，物资出、入库时，在包装的规格尺寸、重量、形态上适合仓库内的作业，为仓库提供了搬运、装卸的方便；从物资保管角度上看，物资的包装为保管工作提供了方便条件，便于维护物资本身的原有使用价值。包装物的各种标志，使仓库的管理者易识别、易存取、易盘点，有特殊要求的物资易于引起注意；从物资的验收角度上看，易于开包、便于重新打包的包装方式为验收提供了方便。包装的结合方法、定量化，对于节约验收时间、加快验收速度也会起到十分重要的作用。

2.方便物资的装卸

物资经适当地包装后为装卸作业提供了方便。物资的包装便于各种装卸、搬运机械的使用，有利于提高装卸、搬运机械的生产效率。包装袋规格尺寸标准化后为集合包装提供了条件，从而能极大地提高装载效率。

3.方便物资的运输

包装袋规格、形状、重量等与货物运输关系密切。包装尺寸与运输车辆、船、飞机等运输工具箱、仓容积的吻合性，方便了运输，提高了运输效率。

（三）促销功能

包装具有促进物资销售的功能。在商业交易中促进物资销售的手段很多，其中包装的装潢设计占有重要地位。优美的包装能唤起人们的购买欲望。包装的外部形态是商品很好的宣传品，对顾客的购买起着刺激的作用。

综上所述，包装的保护功能和方便功能是与物流密切相关的两大功能。促销功能是与商流相关的。改进包装的不合理性，发挥包装的作用，是促进物流合理化的重要方面，是被物流工作者日益重视的一个十分重要的领域。

三、包装的分类（表9–1）

表9–1　包装的分类

分类标准	包装类型
包装功能	工业包装、商业包装
包装层次	个包装、中包装(又称内包装)、外包装(又称运输包装或大包装)
包装容器质地	硬包装(又称刚性包装)、半硬包装(又称半刚性包装)和软包装(又称挠性包装)
包装使用范围	专用包装、通用包装
包装使用次数	一次用包装、多次用包装和周转用包装
运输方式	铁路运输包装、卡车货物包装、船舶货物包装、航空货物包装及零担包装和集合包装
包装防护目的	防潮包装、防锈包装、防霉包装、防震包装、防水包装、遮光包装、防热包装、真空包装、危险品包装等
包装操作方法	罐装包装、捆扎包装、裹包包装、收缩包装、压缩包装和缠绕包装等
产品经营习惯	内销商品包装、出口商品包装、特殊商品包装

四、包装材料、容器与设备

（一）包装材料

包装材料是构成包装实体的主要物质，是指用于制造包装容器和包装运输、包装装潢、包装印刷、包装辅助材料以及与包装有关材料的总称。由于包装材料的物理性能和化学性能千差万别，所以包装材料的选择对保护产品有着非常重要的作用。包装材料的性能，一方面取决于包装材料本身的性能；另一面还取决于各种材料的加工技术。

1.金属包装材料

金属具有牢固、抗压、不碎、不透气、防潮等性能，因此，金属包装为保护商品提供了良好条件。最常用的金属包装材料有马口铁和铝。

（1）马口铁

它是镀锌的铁皮，在完好的保护层下，金属光泽持久不变，又耐腐蚀。由于它自身的牢固以及便于印刷等优点，常用于高级饼干、咖啡、茶叶、巧克力和奶粉等包装盒。

（2）铝

铝具有良好的延展性、密度小、不会产生锈蚀、光亮度持久不变、可以直接印刷等优点，因此，成为铝“冲拔罐”的材料。在铝中加上其他金属，即为铝合金。它可以增加铝的机械性能，提高其抗腐蚀性能。铝合金可用于制罐、盘、杯、盖等。

2.玻璃包装材料

玻璃是一种比较常用的包装材料。它具有化学性能稳定、耐酸、无毒、无味、生产成本较低等优点，可制成各种形状和颜色透明、半透明和不透明的容器，多用作膏体、液体一类产品的容器。如大口瓶多用于果酱类商品，小口瓶多用于装高级饮料，酒类，医药用的各种针剂、片剂和药类等。但存在分量重、易打碎的缺点。

3.木制包装材料

木制包装材料主要包括天然木材（如针叶木材、阔叶木材）和人造木材（如胶合板、纤维板）。木制包装材料一般适用于大型的或较笨重的机械、五金交电、自行车，以及怕压、怕摔的仪器、仪表等商品的外包装。木制包装材料具有质轻，强度高，有一定的弹性，能承受冲击和震动作用，容易加工，具有很高的耐久性且价格低廉等优点。但木制包装材料具有各向异性，易受环境温度、湿度的影响而变形、开裂、翘曲和降低强度，易于腐朽、易燃、易被白蚁蛀蚀等缺点。不过这些缺点，经过适当的处理可以消除或减轻。

4.纸和纸板

纸和纸板是我国产品包装的主要材料，它的品种很多，主要有以下几种：

（1）白板纸

有灰底与白底两种，质地坚固厚实，纸面平滑洁白，具有较好的挺力强度、表面强度、耐折和印刷适应性，适用于做折叠盒，五金类包装，洁具盒，也可以用于制作腰箍、吊牌、衬板及吸塑包装的底托，也由于它的价格较低，因此用途最为广泛。

（2）铜版纸

分单面和双面两种。铜版纸主要采用木、棉纤维等高级原料精制而成。每平方米在30克至300克左右，250克以上的称为铜版卡。纸面涂有一层白色颜料、黏合剂及各种辅助添加剂组成的涂料，经超级压光，纸面洁白，平滑度高，黏着力大，防水性强，油墨印上去后能透出光亮的白底，适用于多色套版印刷。印后色彩鲜艳，层次变化丰富，图形清晰。适用于印刷礼品盒和出口产品的包装及吊牌。克度低的薄铜版纸适用于盒面纸、瓶贴、罐头贴和产品样本。

（3）胶版纸

有单面与双面之别，胶版纸含少量的棉花和木纤维。纸面洁白光滑，但白度、紧密度、光滑度均低于铜版纸。它适用于单色凸印与胶印印刷，如信纸、信封、产品使用说明书和标签等。在用于彩印的时候，会使印刷品暗淡失色。它可以在印刷简单的图形、文字后与黄版纸衬糊制盒，也可以用机器压成密楞纸，置于小盒内作衬垫。

（4）卡纸

有三种，白卡纸、玻璃卡纸与玻璃面象牙卡纸。白卡纸纸质坚挺，洁白平滑；玻璃卡纸面富有光泽；玻璃面象牙卡纸纸面有象牙纹路。卡纸价格比较昂贵，因此一般用于礼品盒、化妆品盒、酒盒、吊牌等高档产品包装。

（5）牛皮纸

牛皮纸自身的灰色赋予了它丰富多彩的内涵以及朴实憨厚感。因此只要印上一套色，就能表现出它的内在魅力。由于它具有价格低廉、经济实惠等优点，设计师们都喜欢用牛皮纸作为包装袋。

(6) 艺术纸

这是一种表面带有各种凹凸花纹肌理的、色彩丰富的艺术纸张。它加工特殊，因此价格昂贵。一般只用于高档的礼品包装，增加礼品的珍贵感。由于纸张表面的凹凸纹理，印刷时油墨不实地，所以不适于彩色胶印。

(7) 再生纸

它是一种绿色环保纸张，纸质疏松，初看像牛皮纸，价格低廉。由于它具备了以上的优点，世界上的设计师和生产商都看好这种纸张。因此，再生纸是今后包装用纸发展的一个主要方向。

(8) 玻璃纸

有本色、洁白和各种彩色之分。玻璃纸很薄但具有一定的抗张性能和印刷适应性，透明度强，富有光泽。用于直接包裹商品或者包在彩色盒的外面，可以起到装潢、防尘作用。防潮玻璃纸还可以起到防潮作用。玻璃纸与塑料薄膜、铝箔复合，成为具有这三种材料特性的新型包装材料。

(9) 黄版纸

其厚度在1至3毫米左右，有较好的挺力强度。但表面粗糙，不能直接印刷，必须有先印好的铜版纸或胶版纸浆糊在外面，才能得到装潢的效果。多用于日记本、讲义夹、文教用品的面壳内衬和低档产品的包装盒。

(10) 有光纸

主要用来印包装盒内所附的说明书，或糊纸盒用。

(11) 过滤纸

主要用于袋泡茶的小包装。

(12) 油封纸

可用在包装的内层，对易受潮变质的商品具有一定的防潮、防锈作用。常用于糖果饼干外盒的外层保护纸，用蜡容易封口和开启。对日用五金等产品则常常加封油纸作为贴体封，以防锈蚀。

(13) 浸蜡纸

它的特点为半透明、不粘、不受潮，用于香皂类的内包装衬纸。

(14) 铝箔纸

用于高档产品包装的内衬纸，可以通过凹凸印刷产生凹凸花纹，增加立体感和富丽感，能起到防潮作用。它还具有特殊的防止紫外线的保护作用、耐高温、保护商品原味和阻气效果好等优点，可延长商品的寿命。铝箔纸还被制成复合材料，广泛应用于新包装。

(15) 箱板纸（又称瓦楞纸）

它是通过瓦楞机加热压有凹凸瓦楞形的纸。瓦楞纸非常坚固，但轻巧。它的用途广泛，可以用作运输包装和内包装。能载重耐压，还可防震、防潮，更便于运输。

(16) 护角纸板

护角纸板一种新型包装材料，是纸张和黏合剂为原料经特殊加工而成的，具有多种形状，如L形、U形、方形、环绕形和缓冲垫形等。具有无环境污染、可回收、增加包装强度等优点。另一个重要因素是它取代了造成环境污染的发泡塑料，同时可免去外包装纸箱。在金属板材及平板纸张包装中，由于传统包装因打包造成表面变形破损，影响了商品的质量，而护角纸板可以有效地保护商品。在纸箱中放入护角纸板，可增强其抗压强度。

5.塑料包装材料

塑料具有牢固、轻便、美观、经济等优点，尤其是可塑性强，能适应各种容器对造型的要求。形态有硬有软，透明或不透明，并可配制出各种彩色和质感。所以塑料在包装材料中占有显著的地位，随着塑料工业的发展，塑料包装正在广泛代替金属、玻璃和纸包装。

主要包括：

(1) 薄膜

薄膜是用各种塑料通过特殊加工制成的包装材料，具有价格低、透明性能好、保护性能好的特点，常作商品的紧缩包装。可密封防潮、防腐。在真空灭菌状态下密封，可制作软包装罐头。

(2) 聚氯乙烯薄膜

无毒并有一定的张力，透明性能好。可用于化工产品、纺织品、药品和服装等包装。

(3) 聚丙烯吹塑薄膜

除了以上的优点外，它还具备了耐热、绝缘等优点。被用于出口纺织品、针织品等包装。

6.陶瓷制品

陶瓷制品是我国传统的包装容器。常用的有陶缸、瓷坛等。瓷坛适合用于装酒、泡菜和酱菜等商品。也存在着易打碎的缺点。

7.复合材料

复合材料是把几种不同的材料，通过特殊的加工工艺，把具有不同特性材料的优点结合在一起，成为一种完美的包装材料。它具有最好的保护性能，又有良好的印刷与封口性能。复合材料的种类很多，如玻璃与塑料复合，塑料与塑料复合，铝箔与塑料复合，铝箔、塑料与玻璃纸复合，不同纸张与塑料复合等。

8.自然材料

各种贝壳、竹、木、柳、草编织品和麻织品等，被用于土特产品和礼品包装，并赋予了产品一种亲切感、温馨感。

9.新型环保材料

是为缓解白色污染的情况而研制的最新材料，也是今后包装材料的主要发展方向。

(1) 秸秆容器

这是利用废弃农作物秸秆等天然植物纤维，添加符合食品包装材料卫生标准的安全无毒成型剂，经独特工艺和成型方法制造的可完全降解的绿色环保产品。该产品耐油、耐热、耐酸碱、耐冷冻，价格低于纸制品。不仅杜绝了白色污染，也为秸秆的综合利用提供了一条有效途径。

(2) 侦菌薄膜

在普通食品包装薄膜表面涂覆一层特殊涂层，使其具有鉴别食物是否新鲜、有害细菌含量是否超出食品卫生标准的功能。

(3) 玉米塑料

它是美国科研人员研制出的一种易于分解的玉米塑料包装材料，是玉米粉掺入聚乙烯后制成的。它能在水中迅速溶解，可避免污染源和病毒的接触侵袭。

(4) 油菜塑料

最近英国研制成功的从制作生物聚合物的细菌中，提取了三种能产生塑料的基因，再转移到油菜的植株中。经过一段时间便产生一种塑料性聚合物液，再经提炼加工便可成为油菜塑料。废弃后能自行分解，没有污染残留物。

(5) 小麦塑料

这是小麦粉添加甘油、甘醇、聚硅油等混合而成。它是一种半透明的热可塑性塑料薄膜，能由微生物加以分解。

(6) 木粉塑料

近来刚由日本科技人员从松木的粉中制取多元醇，与异氰酸酯发生反应后生成聚氨酯。这种木粉塑料包装材料抗热能力较强，并可被生物分解。

(7) CT

这是在聚丙烯、聚乙烯塑料中加入大约一半数量的产自我国辽宁的滑石粉而制成的新复合材料。它不仅能耐高温，而且它的功能相于PSP泡沫塑料制品，体积小于它的3倍，缓解了因体积庞大而产生的运输、储存、回收等问题。

(二) 包装容器

包装容器是包装材料和造型结合的产物。列入现代物流包装行列的主要有瓦楞纸箱、木箱、托盘集合包装、集装箱和塑料周转箱，它们在满足商品运输包装功能方面各具特点，必须根据实际需要合理地加以选用。

1.瓦楞纸箱

瓦楞纸箱是采用具有空心结构的瓦楞纸板，经过成型工序制成的包装容器。瓦楞纸箱采用包括单瓦楞、双瓦楞、三瓦楞等各种类型的纸板作包装材料，大型纸箱所装载货物质量可达3000千克。瓦楞纸箱的应用范围非常广泛，几乎包括所有的日用消费品，包括水果、蔬菜、加工食品、棉针织品、玻璃陶瓷、化妆品、药品等各种日用品以及自行车、家用电器、精美家具等。

从各国瓦楞纸箱的发展来看，它已经取代或正在取代传统的木箱包装。据有关文献统计，瓦楞纸箱产值在整个包装材料中所占的比重在25%以上，占第一位。国外有的文献指出，估计瓦楞纸箱至少在30年内不可能被其他包装材料取代。

下面从运输包装的功能来考察瓦楞纸箱的优缺点：

从保护的功能来看，瓦楞纸箱的设计可使它具有足够的强度；富有弹性，具有良好的防震缓冲功能；且密封性好，能防尘、保持产品清洁卫生等。

从方便流通的功能看，瓦楞纸箱便于实现集装箱化；它本身质量轻，便于装卸堆垛；空箱能折叠，体积能大大缩小，便于空箱储存；瓦楞纸箱箱面光洁，印刷美观，标志明显，便于传达信息。

从降低流通费用的功能看，纸箱耗用资源比木箱要少，其价格自然比木箱低；它的体积质量比木箱要小要轻，有利于节约运费。经废品回收，还可造纸，可节省资源。

当然，瓦楞纸箱也有一些不足之处，主要是抗压强度不足和防水性能不好，这两项都会影响瓦楞纸箱的基本功能——保护功能的实现。近年来，由于纸箱设计中抗压强度的提高以及物流环境的变化，如装卸次数减少，存放时间缩短，堆码高度降低，自动化立体仓库的应用，集装箱和托盘包装对纸箱形成保护等，对纸箱的这两项性能要求也有所降低，使纸箱的不足得到弥补，从而得以在更大范围内应用。

2.木箱

木箱是一种传统包装容器，虽然在很多情况下，已逐步被瓦楞纸箱取代，但木箱与瓦楞纸箱相比，在某些方面仍有其优越性和不可取代性，加上目前木箱还比较适合我国包装生产和商品流通的现状，所以木箱在整个运输包装容器中仍占有一席之地。常见的木箱有木板箱、框板箱和框架箱三种。

(1) 木板箱

木板箱用木质条板钉制而成，是一种小型运输包装容器。

木板箱在满足运输包装的各种功能方面具有以下的特点：

从保护功能来看，木板箱具有较高的抗戳穿强度和抗压强度，能较好地抵抗外物碰撞和承受较高的堆垛负荷，尤其是在受潮的情况下，不会因强度下降而变形导致倒垛事故。但木板箱又具有弹性小，缓冲抗震性能差，受潮后不易干燥，拼缝留有孔隙而难以密封等特点。如果不增加其他附加保护措施，在受到较大冲击，受潮气和雨淋，或受灰尘、虫害时，容易使内装产品受到损伤或变质。

从方便流通的功能看，木板箱的制作易做到就地取材，就地加工，不需要太复杂的加工设备，制作方便，因此，木板箱对于那些批量小，或者体积小质量大的特殊产品，较易制作合适的包装，有较大的优越性。但木板箱体重、体积大、空箱储存占地面积大，给使用和储运带来了种种不便，如装卸、堆垛都较纸箱费力。同时，一般木板箱表面粗糙，印刷和标志容易模糊不清。

木板箱有容易制作的特点，但因其制作的机械化水平低，生产效率不高，加上我国木材原料价格较高，因此，木板箱的成本较高。由于木板箱体重、体积大，会使运费增大，其空箱储存和回收运输较难，导致采用木板箱的流通费用增加。

木板箱可以做成一种稀疏的木条箱，称为花格木箱。它能通风透气，可减少木材用量，降低成本，减轻重量，减少流通费用。适合于用作鲜活商品和不需要防尘的商品的运输包装容器。

(2) 框板箱

框板箱是采用条木与人造板材制成箱框板，再经钉合装配而成的一种小型包装容器，从框板箱整体来看，其框架为条木，而箱面则通常为整块的胶合板、纤维板和纸板等。

框板箱是条木框架结构，承载能力大，堆码层数多；箱面为整块人造板材，防尘防潮性强；箱内尺寸相同时，与木板箱相比自重较轻，且为框架结构，便于搬运；人造板材较木板光滑，印刷标记清晰；采用胶合板、纤维板、纸板，有利于节省木材资源。但框板箱的抗戳穿强度低于木板箱，箱体不宜过大；框架在箱外，使其体积增大；箱面较易损坏，降低了回收复用率；增设加强木撑时，加工也比较困难。

(3) 框架箱

框架箱是由一定截面的条木构成箱体骨架，然后再根据需要在骨架外面加装板材覆盖的大型包装容器。通常箱体由六块框架组合而成，组装方式分为用钉子和用螺栓两种，货物轻者采用钉子，货物重者则采用螺栓。

框架箱结构坚固，强度高，保护能力强，适用于包装笨重物资或脆弱精细的电子设备；能耐较大的堆积负荷；可装载1 000千克以上到15 000千克以下的较大物资和设备。但框架箱设计制作比较复杂；自重较大，大型框架箱搬运比较困难。

3.托盘

托盘集合包装是把若干件货物集中在一起，堆叠在运载托盘上，构成一件大型货物的包装形式。托盘包装是为适应装卸和搬运作业机械化而产生的一种包装。

托盘集合包装是一类重要的集合包装，它区别于普通运输包装件的特点是，在任何时候都处于可转入运动的状态，使静态的货物变成动态的货物。从不同角度看，托盘集合包装既是包装方法，又是运输工具，还是包装容器。从小包装单位的集合来看，它是一种包装方法；从它适合运输的状态来看，它是一种运输工具；从它对货物所起的保护功能来看，它又是一种包装容器。

4.集装箱

集装箱是密封性好的大型铁制包装箱。用集装箱可实现最先进的运输方式，即“门对门”运输，从发货人仓库门送到收货人门前。

集装箱属于大型集合包装，具有既是运输工具，又是包装方法、包装容器的特点。在适应现代化物流方面，它比托盘集合包装更具有优越性。

5.塑料周转箱

周转箱是一种适合短途运输，可以长期重复使用的运输包装。同时，它是一种敞开式的、不进行捆扎、用户也不必开包的运输包装。一切产销挂钩、快进快出的商品都可采用周转箱，如饮料、肉食、豆制品、牛奶、糕点、禽蛋等食品。

过去的周转箱都采用木箱，近年出来了新型的塑料周转箱，逐步取代了木箱。塑料周转箱在保护商品、节约费用、提高服务质量等方面有很大作用，使得周转箱的应用范围逐步扩大。

塑料周转箱的重量轻，体积小，费用低，搬运方便；可提高安全度，不会发生箱底脱落现象，玻璃瓶的破损率大大降低；塑料箱的采用，可以节约宝贵的木材资源。但塑料周转箱的一次性投资大，成本高；空箱要占用运输储存费用；密封性差，在某些情况下有碍卫生；缺少标志，给物流管理带来了一定困难。

（三）包装机械设备（表9–2）

表9–2 包装机械

主要包装机械	主要包装机械包括： 1. 充填机 (1)容积式充填机，包括量杯式、螺旋式、气流式、柱塞式、计量泵式、插管式和定时式等多种； (2)称量式充填机； (3)计数充填机，按计数方法不同，有单件计数与多件计数两类。 2.封口机 (1)热压封口机； (2)带封口材料封口机； (3)带封口辅助材料封口机。 3. 裹包机 (1)折叠式裹包机； (2)扭结式裹包机； (3)收缩包装机； (4)拉伸裹包机。
多功能包装机械	1. 筒装成型—充填—封口机 (1)立式制袋充填包装机； (2)卧式制袋充填包装机。 2. 四边封口式制袋装置 3. 真空或充气填装机 4. 热成型—充填—封口机
其他包装机械	1. 集装机 (1)结扎机； (2)捆扎机； (3)堆码机和集装件拆卸机。 2. 清洗机 这是指采用不同的方法清洗包装容器、包装材料、包装辅助材料、包装件，达到预期清洁度的机器。它主要用于包装前期的准备工作过程，包括： (1)干式清洗机； (2)湿式清洗机； (3)机械清洗机； (4)其他清洗机，如采用电离分解或超声波清除不良物质的清洗机。 3.干燥机 常见的有通过加热方式，除去水分的热式干燥机；通过离心分离、振动、压榨、擦净等机械方法达到干燥的机械干燥机；通过化学物理作用来干燥物品的化学干燥机。 4. 杀菌消毒机 常用的有热杀菌机、超声波杀菌机、电离杀菌机、化学杀菌机等。 5. 贴标机 (1)黏合贴标机； (2)热压和热敏黏合贴标机； (3)压敏黏合贴标机； (4)收缩筒形贴标机。

物流卡片

包装的起源与发展

包装是一古老而现代的话题，也是人们自始至终在研究和探索的课题。从远古的原始社会、农耕时代，到科学技术十分发达的现代社会，包装随着人类的进化、商品的出现、生产的发展和科学技术的进步而逐渐发展，并不断地发生一次次重大突破。从总体上看，包装大致经历了原始包装、传统包装和现代包装三个发展阶段。

一、原始包装

人类使用包装的历史可以追溯到远古时期。早在距今10 000年左右的原始社会后期，随着生产技术的提高，生产得到发展，有了剩余物品须贮存和进行交换，于是开始出现原始包装。最初，人们用葛藤捆扎猎获物，用植物的叶、贝壳、兽皮等包裹物品，这是原始包装发展的雏形。以后随着劳动技能的提高，人们以植物纤维等制作最原始的篮、筐，用火煅烧石头、泥土制成泥壶、泥碗和泥罐等，用来盛装、保存食物、饮料及其他物品，使包装的方便运输、储存与保管功能得到初步完善。这是古代包装，即原始包装。

二、传统包装

约在公元前5 000年，人类就开始进入青铜器时代。4 000多年前的中国夏代，中国人已能冶炼铜器，商周时期青铜冶炼技术进一步发展。春秋战国时期，人们掌握了铸铁炼钢技术和制漆涂漆技术，铁制容器、涂漆木制容器大量出现。在古代埃及，公元前3 000年就开始吹制玻璃容器。因此，用陶瓷、玻璃、木材、金属加工各种包装容器已有几千年的历史，其中许多技术经过不断完善发展，一直使用到如今。

早在汉代，公元前105年，蔡伦发明了造纸术。公元61年，中国造纸术经高丽传至日本；13世纪传入欧洲，德国第一个建造了较大的造纸厂。11世纪中叶，中国毕昇发明了活字印刷术。15世纪，欧洲开始出现了活版印刷，包装印刷及包装装潢业开始发展。16世纪欧洲陶瓷工业开始发展；美国建成了玻璃工厂，开始生产各种玻璃容器。至此，以陶瓷、玻璃、木材、金属等为主要材料的包装工业开始发展，近代传统包装开始向现代包装过渡。

三、现代包装

自16世纪以来，由于工业生产的迅速发展，特别是19世纪的欧洲产业革命，极大地推动了包装工业的发展，从而为现代包装工业和包装科技的产生和建立奠定了基础。

18世纪末，法国科学家发明了灭菌法包装储存食品，导致19世纪初出现了玻璃食品罐头和马口铁食品罐头，使食品包装学得到迅速发展。进入19世纪，包装工业开始全面发展，1800年机制木箱出现，1814年英国出现了第一台长网造纸机，1818年镀锡金属罐出现，1856年，美国发明了瓦楞纸，1860年欧洲制成了制袋机，1868年美国发明了第一种合成塑料袋——赛璐珞，1890年美国铁路货场运输委员会开始承认瓦楞纸箱正式作为运输包装容器。

进入20世纪，科技的发展日新月异，新材料、新技术不断出现，聚乙烯、纸、玻璃、铝箔、各种塑料、复合材料等包装材料被广泛应用，无菌包装、防震包装、防盗包装、保险包装、组合包装、复合包装等技术日益成熟，从多方面强化了包装的功能。

20世纪中后期开始，国际贸易飞速发展，包装已为世界各国所重视，大约90%的商品需经过不同程度、不同类型的包装，包装已成为商品生产和流通过程中不可缺少的重要环节。目前，电子技术、激光技术、微波技术广泛应用于包装工业，包装设计实现了计算机辅助设计（CAD），包装生产也实现了机械化与自动化生产。

包装工业和技术的发展，推动了包装科学研究和包装学的形成。包装学科涵盖物理、化学、生物、人文、艺术等多方面知识，属于交叉学科群中的综合科学，它有机地吸收、整合了不同学科的新理论、新材料、新技术和新工艺，从系统工程的观点来解决商品保护、储存、运输及促进销售等流通过程中的综合问题。包装学科的分类比较多样，通常将其分为包装材料学、包装运输学、包装工艺学、包装设计学、包装管理学、包装装饰学、包装测试学、包装机械学等分学科。目前，我国已有40多所高校开办了包装工程专业，包装人才队伍日益壮大。

第二节 包装技术与包装合理化

一、包装技术

(一) 一般包装技术

最常见的包装技术有充填、装箱、裹包、封口和捆扎等。

1.充填技术

将产品按要求的数量装入容器的操作称为充填。充填是包装过程的中间工序，在此之前是容器准备工序（如容器的成型加工、清洗消毒、按需排列等），在此之后是封口、贴签、打印等辅助工序。在充填过程中，精密地计算内装物是很重要的。

(1) 固体充填物充填方法

固体充填物分为粉末、颗粒和块状；按照黏度可分为非黏性、半黏性和黏性。非黏性充填物如大米、砂糖、干果等，它们可以自由流动，倾倒在水平面上可以自然堆积成圆锥形的堆，容易充填在容器内；半黏性充填物，如面粉、奶粉、洗衣粉等，充填时易在储料斗中搭桥或积成拱状，致使充填困难，需要采用特殊装置；黏性充填物，如红糖粉、化工原料，充填困难，它们易自身结团和黏在料斗壁上，有些本来松散的粉末或颗粒充填物，当温度上升或受潮后也会变成黏性的。因此，充填过程中必须控制环境温度和湿度。

(2) 液体物品充填方法

液体物品的充填，也称灌装。按照原理可分为重力灌装、等压灌装、真空灌装和机械压力灌装。

2.装箱技术

箱常用于运输包装。箱的种类和形式较多，如按材质分为木板箱、胶合板箱、纤维板箱、硬纸板箱、瓦楞纸箱、钙塑瓦楞纸箱和塑料周转箱等，其中尤以瓦楞纸箱最常见。

3.裹包技术

裹包是用一层或者多层柔性材料包覆产品或者包装件的操作。它主要用于销售包装，有时用于运输包装，如用收缩或者拉伸薄膜将托盘与货物裹包在一起。裹包方法与裹包形式密切相关。常见的裹包方法有折叠式和扭结式，裹包形式有手工式和半自动或全自动机械式。

4.封口技术

封口是指将产品装入容器后，封上容器开口部分。主要有黏合方法和封闭物封口方法。黏合是指用黏合剂将相邻两层包装材料表面结合在一起的方法。用封闭物封口方法主要包括以下几种：用于瓶、罐类包装件的封闭物主要是盖和塞；用于袋包装件的封闭物主要是夹子、带环的套、按钮带和扣紧条等；用于纸盒纸箱的封闭物主要是胶带和卡钉。

5.捆扎技术

捆扎是将产品或包装件用适当的材料扎紧、固定或增强的操作。常用的捆扎材料有钢带、聚酯带、聚丙烯带、尼龙带和麻绳等。选用时要根据被捆扎物的要求以及包装材料的成本、供应情况综合考虑。无论用手或机器捆扎，其操作过程相同。先将捆扎带缠绕于产品或包装件上，再用工具或机器将带拉紧，然后将带两端重叠连接。

（二）保护包装技术

1.防震保护技术

防震包装又称缓冲包装，在各种包装方法中占有重要的地位。产品从生产出来到开始使用要经过一系列的运输、保管、堆码和装卸过程，置于一定的环境之中。在任何环境中都会有力作用在产品之上，并使产品发生机械性损坏。为了防止产品遭受损坏，就要设法减小外力的影响。所谓防震包装就是指为减缓内装物受到冲击和震动，保护其免受损坏所采取的一定防护措施的包装。防震包装主要有以下三种方法：

（1）全面防震包装方法

全面防震包装方法是指内装物和外包装之间全部用防震材料填满进行防震的包装方法。

（2）部分防震包装方法

对于整体性好的产品和有内装容器的产品，仅在产品或内包装的拐角或局部地方使用防震材料进行衬垫即可。所用包装材料主要有泡沫塑料防震垫、充气型塑料薄膜防震垫和橡胶弹簧等。

（3）悬浮式防震包装方法

对于某些贵重易损的物品，为了有效地保证在流通过程中不被损坏，外包装容器比较坚固，然后用绳、带、弹簧等将被装物悬吊在包装容器内，在物流中，无论是什么操作环节，内装物都被稳定悬吊而不与包装容器发生碰撞，从而减少损坏。

2.防破损保护技术

缓冲包装有较强的防破损能力，因而是防破损包装技术中有效的一类。此外，还可以采取以下几种防破损保护技术：

(1) 捆扎及裹紧技术

捆扎及裹紧技术的作用，是使杂货、散货形成一个牢固整体，以增加整体性，便于处理及防止散堆来减少破损。

(2) 集装技术

利用集装，可以减少与货体的接触，从而防止破损。

(3) 选择高强度保护材料

通过外包装材料的高强度来防止内装物受外力作用破损。

3.防锈包装技术

(1) 防锈油防锈蚀包装技术

大气锈蚀是空气中的氧、水蒸气及其他有害气体等作用于金属表面引起电化学作用的结果。如果使金属表面与引起大气锈蚀的各种因素隔绝 (即将金属表面保护起来)，就可以达到防止金属电化学锈蚀的目的。防锈油包装技术就是根据这一原理将金属涂封防止锈蚀的。用防锈油封装金属制品，要求油层有一定厚度，油层的连续性好，涂层完整。不同类型的防锈油要采用不同的方法进行涂覆。

(2) 气相防锈包装技术

气相防锈包装技术就是用气相缓蚀剂 (挥发性缓蚀剂)，在密封包装容器中对金属制品进行防锈处理的技术。气相缓蚀剂是一种能减慢或完全停止金属在侵蚀性介质中的破坏过程的物质，它在常温下即具有挥发性，它在密封包装容器中，在很短的时间内挥发或升华出的缓蚀气体就能充满整个包装容器内的每个角落和缝隙，同时吸附在金属制品的表面上，从而起到抑制大气对金属锈蚀的作用。

4.防霉腐包装技术

在运输包装内装运食品和其他有机碳水化合物货物时，货物表面可能生长真菌，在流通过程中如遇潮湿，真菌生长繁殖极快，甚至延伸至货物内部，使其腐烂、发霉、变质，因此要采取特别防护措施。

包装防霉烂变质的措施，通常是采用冷冻包装、真空包装或高温灭菌方法。

冷冻包装的原理是减慢细菌活动和化学变化的过程，以延长储存期，但不能完全消除食品的变质。

高温杀菌法可消灭引起食品腐烂的微生物，可在包装过程中用高温处理防霉。有些经干燥处理的食品包装，应防止水汽侵入以防霉腐，可选择防水汽和气密性好的包装材料，采取真空和充气包装。

真空包装法也称减压包装法或排气包装法。这种包装可阻挡外界的水汽进入包装容器内，也可防止在密闭着的防潮包装内部存有潮湿空气，在气温下降时结露。采用真空包装法，要注意避免过高的真空度，以防损伤包装材料。

防止运输包装内货物发霉，还可使用防霉剂，防霉剂的种类甚多，用于食品的必须选用无毒防霉剂。

机电产品的大型封闭箱，可酌情开设通风孔或通风窗等相应的防霉措施。

5.防虫包装技术

防虫包装技术，常用的是驱虫剂，即在包装中放入有一定毒性和臭味的药物，利用药物在包装中挥发气体杀灭和驱除各种害虫。常用驱虫剂有萘、对位二氯化苯、樟脑精等。也可采用真空包装、充气包装、脱氧包装等技术，使害虫无生存环境，从而防止虫害。

6.危险品包装技术

危险品有上千种，按其危险性质，交通运输及公安消防部门规定分为十大类，即爆炸性物品、氧化剂、压缩气体和液化气体、自燃物品、遇水燃烧物品、易燃液体、易燃固体、毒害品、腐蚀性物品、放射性物品等，有些物品同时具有两种以上危险性能。

对有毒商品的包装要明显地标明有毒的标志。防毒的主要措施是包装严密不漏、不透气。例如重铬酸钾（红矾钾）和重铬酸钠（红矾钠），为红色带透明结晶，有毒，应用坚固附桶包装，桶口要严密不漏，制桶的铁板厚度不能小于1.2毫米。对有机农药一类的商品，应装入沥青麻袋，缝口严密不漏。如用塑料袋或沥青纸袋包装的，外面应再用麻袋或布袋包装。用作杀鼠剂的磷化锌有剧毒，应用塑料袋严封后再装入木箱中，箱内用两层牛皮纸、防潮纸或塑料薄膜衬垫，使其与外界隔绝。

对于有腐蚀性的商品，要防止商品和包装容器的材质发生化学变化。金属类的包装容器，要在容器壁涂上涂料，防止腐蚀性商品对容器的腐蚀。例如包装合成脂肪酸的铁桶内壁要涂有耐酸保护层，防止铁桶被商品腐蚀，从而商品也随之变质。再如氢氟酸是无机酸性腐蚀物品，有剧毒，能腐蚀玻璃，不能用玻璃瓶作包装容器，应装入金属桶或塑料桶，然而再装入木箱。甲酸易挥发，其气体有腐蚀性，应装入良好的耐酸坛、玻璃瓶或塑料桶中，严密封口，再装入坚固的木箱或金属桶中。

对于红磷等易自燃商品，宜将其装入壁厚不少于1毫米的铁桶中，桶内壁须涂耐酸保护层，桶内盛水，并使水面浸没商品，桶口严密封闭，每桶净重不超过 50千克。再如通水引起燃烧的物品如碳化钙，遇水即分解并产生易燃乙炔气，对其应用坚固的铁桶包装，桶内充入氮气。如果桶内不充氮气，则应装置放气活塞。

对于易燃、易爆商品，例如有强烈氧化性的，遇有微量不纯物或受热即急剧分解引起爆炸的产品，防爆炸包装的有效方法是采用塑料桶包装，然后将塑料桶装入铁桶或木箱中，每件净重不超过50千克，并应有自动放气的安全阀，当桶内达到一定气体压力时，能自动放气。

7.特种包装技术

（1）充气包装

充气包装是采用二氧化碳气体或氮气等不活泼气体置换包装容器中空气的一种包装技术方法，因此也称为气体置换包装。这种包装方法是根据好氧性微生物需氧代谢的特性，在密封的包装容器中改变气体的组成成分，降低氧气的浓度，抑制微生物的生理活动、酶的活性和鲜活商品的呼吸强度，达到防霉、防腐和保鲜的目的。

（2）真空包装

真空包装是将物品装入气密性容器后，在容器封口之前抽真空，使密封后的容器内基本没有空气的一种包装方法。

一般的肉类商品、谷物加工商品以及某些容易氧化变质的商品都可以采用真空包装，真空包装不但可以避免或减少脂肪氧化，而且抑制了某些真菌和细菌的生长。同时在对其进行加热杀菌时，由于容器内部气体已排除，因此加速了热量的传导。提高了高温杀菌效率，也避免了加热杀菌时，由于气体的膨胀而使包装容器破裂。

（3）收缩包装

收缩包装就是用收缩薄膜裹包物品（或内包装件），然后对薄膜进行适当加热处理，使薄膜收缩而紧贴于物品（或内包装件）的包装技术方法。

收缩薄膜是一种经过特殊拉伸和冷却处理的聚乙烯薄膜，由于薄膜在定向拉伸时产生残余收缩应力，这种应力受到一定热量后便会消除，从而使其横向和纵向均发生急剧收缩，同时使薄膜的厚度增加，收缩率通常为30%~70%，收缩力在冷却阶段达到最大值，并能长期保持。

（4）拉伸包装

拉伸包装是20世纪70年代开始采用的一种新包装技术，它是由收缩包装发展而来的，拉伸包装是依靠机械装置在常温下将弹性薄膜围绕被包装件拉伸、紧裹，并在其末端进行封合的一种包装方法。由于拉伸包装不需进行加热，所以消耗的能源只有收缩包装的二十分之一。拉伸包装可以捆包单件物品，也可用于托盘包装之类的集合包装。

（5）脱氧包装

脱氧包装是继真空包装和充气包装之后出现的一种新型除氧包装方法。脱氧包装是在密封的包装容器中，使用能与氧气起化学作用的脱氧剂与之反应，从而除去包装容器中的氧气，以达到保护内装物的目的。脱氧包装方法适用于某些对氧气特别敏感的物品，使用于那些即使有微量氧气也会促使品质变坏的食品包装中。

二、包装合理化

（一）包装合理化的概念

所谓包装合理化，是指在包装过程中使用适当的材料和适当的技术，制成与物品相适应的容器，节约包装费用，降低包装成本，既满足包装保护商品、方便储运、有利销售的要求，又要提高包装的经济效益的包装综合管理活动。

（二）包装合理化的要求

包装合理化一方面包括包装总体的合理化，这种合理化往往用整体物流效益与微观包装效益的统一来衡量，另一方面也包括包装材料、包装技术、包装方式的合理组合及运用。从多个角度来考察，合理包装应满足五个方面的要求：

1.包装应妥善保护内装的商品，使其质量不受损伤

2.包装的容量要适当，包装的标志要清楚，以便于装卸和搬运

3.科学包装、减少浪费

（1）包装标准化

（2）包装轻薄化

（3）包装单纯化

(4) 包装绿色化

4.采用无包装的物流形态

5.包装要考虑人的因素

(三) 包装合理化的设计要点

由于包装强度不足、包装材料不足等因素所造成商品在流通过程中发生的损耗不可低估。据我国2008年相关统计分析，认定因此而引起的损失，一年达100亿元以上。

由于包装物强度设计过高、包装材料选择不当而造成包装过剩，这一点在发达国家表现尤为突出，日本的调查结果显示，发达国家包装过剩在20%以上。

因此，包装合理化要做到：

1.深入了解产品因素和物流因素

2.了解流通环境和运输目的地

3.注意包装与物流功能间的平衡

(四) 包装合理化管理

要实现包装合理化，需要从以下几方面加强管理：

1.广泛采用先进包装技术

包装技术的改进是实现包装合理化的关键。要推广诸如缓冲包装、防锈包装、防湿包装等包装方法，使用不同的包装技术，以适应不同商品的包装、装卸、储存、运输的要求。

2.由一次性包装向反复使用的周转包装发展

3.采用组合单元装载技术，即采用托盘、集装箱进行组合运输

托盘、集装箱是包装—输送—储存三位一体的物流设备，是实现物流现代化的基础。

4.推行包装标准化

5.采用无包装的物流形态

对需要大量输送的商品 (如水泥、煤炭、粮食等) 来说，包装所消耗的人力、物力、资金、材料是非常大的，若采用专门的散装设备，则可获得较高的技术经济效果。散装并不是不要包装，它是一种变革了的包装，即由单件小包装向集合大包装的转变。

(五) 包装合理化的影响因素

1.对包装发生影响的第一因素是装卸，不同装卸方法决定着包装

目前我国铁路运输，特别是汽车运输，还大多采用手工装卸，因此，包装的外形和尺寸就要适合于人工操作。另一方面，装卸人员素质低，作业不规范也直接引发商品损失。

广州某快运公司的总经理曾谈起这样一个案例：从香港报关进口的一件大木箱，内装精密设备，要求运输途中不能倾斜。当木箱运至客户手中时，货主肯定地认为货物已被倾斜了，因为木箱外包装上有一个标识变成了红色——原来该货物倾斜45°时，外包装上的标识就会变色。因此，引进装卸技术，提高装卸人员素质，规范装卸作业标准等，都会相应地促进包装、物流的合理化。

2.对包装有影响的第二个因素是保管

在确定包装时，应根据不同的保管条件和方式采用与之相适合的包装强度。

3.对包装有影响的第三个因素是运输

运送工具类型，输送距离长短，道路情况等对包装都有影响。我国现阶段，特别是东部发达地区，存在很多种不同类型的运输方式：航空的直航与中转，铁路快运集装箱、包裹快件、行包专列等，汽车的篷布车、密封厢车，以上不同的运送方式对包装都有着不同的要求和影响。

本章小结

本章首先介绍了包装的基本概念及功能，进而介绍了常用的包装材料、容器及设备；同时介绍了常用的几种包装技术；最后简单介绍了包装合理化的要求及管理要点。

关键词

包装、充填、装箱、裹包、封口、捆扎、防震、防锈、防霉、防虫

复习思考题

1.包装有哪些功能？

2.常用的包装技术有哪些？

3.有哪些保护包装技术？

4.如何实现包装的合理化？

综合案例

日本的食品包装

在日本，食品界掀起“绿色包装”革命，很有成效，一些公司采取了较好的包装做法。他们不搞华丽的外包装，而是千方百计地节约加工费用，节省材料，最终降低成本。日本90%的牛奶都是以有折痕线条的纸盒包装出售，这本身就是对使用者的很好教育，使小孩自小就接触和使用有环保功能的“绿色”产品。这种容易压扁的包装不但生产成本较低，而且能够减少占用的空间，方便送往再循环系统并减少运输成本。还有日本常见的饮料Yakltt健康饮品使用一种底部可以撕开、进行了特别设计的杯形容器。在撕开底部后，人们能够轻易地把容器压扁，方便送往再循环。日本东京每年都举行包装设计比赛，获奖

的包装设计将被广泛地使用。其中一种获奖的饮料包装，后来被普遍使用，这种饮料的包装由100%再循环的纸板盒和盒子内的盛饮料的袋子组成，人们能够较轻易地把纸盒和袋子分开，送去再循环时就较容易处理。另一种开始被消费者接受的新包装设计是立式装，由于开袋子比开瓶子更容易使内部液体溢出，因此袋子的开口都务必进行特别设计，以方便打开。这类袋装主要是取代塑料瓶子，比较两者，前者的塑料使用只及后者的1/5。

日本味之素公司设计推出的包装，丝毫没有显现华丽的外表，而只是用白色单瓦楞纸进行最节省的包装，标贴印刷也是朴实无华。日本三得利公司推出的啤酒易拉罐包装，喝完以后只要按其罐体形态提示的方向，左右扭曲便可缩小体积，方便回收。

日本的"绿色包装"的优秀设计，大多数能减少循环时的困难，更重要的是它们有利于维护人体的健康。日本一些专家认为，许多没有包装必要的食品，完全可以放弃包装。例如一些蔬菜、水果，可以不需要销售包装，这样有助于保持蔬菜、水果的营养与新鲜。

（案例来源：第一食品网http://www.foods1.com/content/249327/）

案例思考题

1.上面案例在包装上体现了一种什么观念？

2.结合案例总结一下绿色包装的具体做法。

扩展阅读

乳制品的包装

一、包装的目的和组成部分

1.包装的目的

食品包装传统的观念是为了延长贮藏期并保证在贮藏期中食用的安全性。随着商品社会的发展以及消费观念的更新，对食品的包装提出了更高的要求。根据乳制品的特性，结合现代营销观念，乳制品包装的目的可归纳为以下几个方面：

(1) 防污染、保安全

这是食品包装最基本的要求。乳制品营养丰富而且平衡，是微生物理想的培养基，极易受微生物侵染而变质。合适的加工方法，结合有效的包装可以防止微生物的侵染，同时杜绝有毒、有害物质的污染，保证产品的卫生安全。

(2) 保护制品的营养成分及组织状态

通过合理的包装可保证制品的营养成分及组织状态的相对稳定。乳中的脂肪是乳制品独特的风味来源，很容易氧化而变味，多种因素可促进这一变化，比如热、光、金属离子等，合理的包装可有效延缓这一反应；乳中的维生素和生物活性成分很容易受光、热和氧的影响而失去活性，通过避光保存，可保护乳制品的营养价值。此外，密封包装可防止奶粉吸潮或内容物的水分蒸发，还可隔断外来物的污染。凝固型酸奶的包装要具备防震功能。冰淇淋的包装要防止组织变形。

(3) 方便消费者

从产品的开启到食用说明，从营养成分到贮藏期限，所有包装上的说明及标示都是为了使消费者食用更方便、更放心。比如易拉罐的拉扣、利乐包上的吸管插孔、适合远足的超高温灭菌乳，任何一种包装上的更新都显示着这一发展趋势。

(4) 方便批发、零售

制品从生产者到消费者手中必须经过这一途径，所有的包装，包括包装材料、包装规格等，必须适合批发、零售的要求。

(5) 具有一定的商业价值

现代包装从包装设计初始即将其产品定位、市场估测列为调查的一项重要内容。首先，产品的包装可展示其内容物的档次，高档的制品其包装也精美，给人卫生可靠的感觉，但价格也高；其次，产品的包装要赢得消费者的好感，从颜色、图案等方面吸引消费者注意，增强其市场竞争能力，起到一个很好的广告效应。

(6) 满足环保要求

由于越来越严重的环境污染，现代包装开始考虑环保要求。用后的包装材料应能重新利用，或能采用适当的方法销毁，不会对环境带来污染，或能自然降解，包括微生物降解和光降解等。比如爱克林手提包装袋，可在阳光照射下降解。

2.包装的组成

一个完整的包装包括3部分，即外包装、内包装和标签。

(1) 外包装

是为了方便批发、运输及销售前的贮藏而进行的包装。乳制品的外包装容器有纸箱、塑料箱、木箱、纸袋、塑料袋等，有的要在大包装的塑料袋外再套上瓦楞纸箱。此外，还包括箱内的隔板纸，箱外捆扎用的铭带等附件。

(2) 内包装

又称销售包装，是指以销售为目的，与食品一起到达消费者手中的包装。内包装的形式多种多样，它直接影响到产品的质量、保质期及产品的外在形象。

(3) 标签

是指在食品包装容器上或附于包装容器的一切附签，如吊牌、文字、图形、符号及其他说明物。随着工业化生产和商品社会的发展，标签的内容也不断地完善，现在的标签已成为生产厂家与消费者交流的最快速、直观的方式，包装的广告效应即体现在这里，正因为如此，每个国家都对食品标签的内容作了详细的规定，以方便消费者了解产品的性质，判断产品的品质，保证消费者利益及商标的专用权。

二、乳制品常用的包装材料

（一）对包装材料的一般要求

1.无毒、无味、无臭，安全、卫生。

2.外表美观，便于商标印刷。

3.具有一定的强度、韧性和密封性能，便于运输存放。

4.化学性能稳定，不与内容物反应。

5.价格低廉，原料丰富。

6.废弃物容易处理，不污染环境。

（二）乳品工业使用的包装材料

1.金属材料

（1）马口铁

马口铁是一种由厚度小于0.5毫米的软钢板制成的复层物质，以电镀法或热浸法将纯度在99.15%以上的锡镀在其表面，能防锈而且有足够的强度。马口铁皮用于食品包装容器始于1810年，在1850年首次用于装炼乳，并由于高温杀菌釜的发明使制品更安全。1929年为防锈使用钢制底板，同时，增加了铁罐抗压力。1937年出现电镀层。今天，马口铁容器的制造技术已经很完善。

（2）铝

铝用于食品商业化包装始于1959年，用于包装啤酒。目前，铝罐在软饮料业使用很普遍。

铝罐有很多优点：

①可制成无接缝的罐身，没有漏气情况的发生。

②性质稳定，不与食品成分反应。

③不生锈，不变色，适于蛋白含量高的食品及含硫食品。

④外观好，有光泽，吸引顾客。

⑤可做成易拉罐，开启方便。

⑥价格与马口铁相差不多，能回收利用。

⑦质轻，节省运输费用。

铝罐的缺点：

①制造方法特殊，产量低。

②质软，挤压易变形。

③加压杀菌时需要保持罐内外压相等，冷却也要在加压状态下，故对加工工艺有特殊要求。

④不适于装酸类食品。

在乳制品包装上主要使用铝箔。

铝箔是一种厚度在0.1524毫米以下的铝的薄片产品，可与其他包装材料一起制成复合包装膜，广泛用于乳制品包装。

铝箔有很多优点：

①表面干净卫生，任何细菌或微生物都不能在其表面生长。

②无毒、无味、无臭，不透光。

③密封性好。厚度在0.025毫米即可隔绝水分和气体交换。

④高温、低温均无油脂渗透现象发生。

⑤无挥发性，在-73~371℃之间无胀缩性。

⑥导热性好，便于热加工过程的热传导；此外，又可反射95%的辐射热，可缓解阳光直射下的温度升高。

⑦具有很好的热可塑性，可加工成各种形状。

⑧硬度大，张力强度大。

铝箔的缺点：

①抗撕裂强度小，易撕破。

②本身不能密封加热，表面须涂布可热封材料，如聚乙烯（PE）等，才可密封加热。

③不抗碱或强酸侵蚀。

④可与重金属离子发生反应。

⑤不能用微波加热其内容物。

2.塑料薄膜

塑料薄膜是目前很流行的一种软包装材料。乳品工业中主要使用的塑胶材料及其特性如下：

（1）聚乙烯（polyethylene，PE）

聚乙烯是目前世界上产量最大、应用最广的塑料，具有以下特性：

①原料（石油）来源丰富，加工方便，价格低廉。

②无臭、无毒，耐酸碱。

③水蒸气通透性小，但气体通透性大，故多与其他材料一起制成复合膜，以隔绝空气。

④高密度聚乙烯（HDPE）和线形聚乙烯（LDPE）耐热性好，可用100 ℃的温度杀菌。

⑤耐油脂。

⑥具有热合性，加热时会收缩。

⑦聚乙烯的共混物或共聚物可制泡沫塑料。这种材料具有防震、隔热等优点。

（2）聚丙烯（polypropylene，PP）

使用量仅次于PE。特性：

①刚性和韧性比PE好，密封性好。

②表面硬度优于PE，不易受损，也不易附着灰尘。

③生产成本低于PE。

④吹塑成型性和耐冲击强度劣于PE，可通过拉伸提高抗冲击强度，同时降低单位面积的成本。另外，可选择耐冲击的共聚物。

⑤耐酸、耐碱、耐油脂，120 ℃杀菌不产生毒素。

⑥防潮性优于玻璃纸，透氧率低于LDPE。

⑦聚丙烯可制编织袋作为外包装材料，重量轻，强度高，且不会霉烂，成本与麻袋相近，但易打滑，须在表面涂防滑剂。

⑧与PE同样，表面无极性。优点是不溶于内容物，缺点是不容易在其表面进行印刷、涂饰和胶粘。因此，用作外层包装材料要进行处理。

(3) 聚氯乙烯 (PVC)

PVC在全世界塑料总产量中占第二位（仅次于聚乙烯），纯的PVC无毒，但由于合成PVC的单体——氯乙烯有致癌作用，故长期以来一直不允许用于食品包装。现在，PVC中的氯乙烯单体含量已降到安全线之下，美国、日本等发达国家早已允许用于食品包装，我国生产的PVC无毒透明片在1984年通过鉴定。包装上使用的多为聚氯乙烯的接枝共聚物，成型时须加入各种加工助剂（增塑剂、稳定剂、润滑剂、着色剂等）。特性如下：

①本身具有耐菌性，抗微生物的分解或消化。但加工助剂会影响这一特性。

②着色性好。添加着色剂后可制成各种色泽的产品。

③用于食品包装的PVC薄膜主要是含增塑剂量很少的硬质、半硬质薄膜，用吹塑法生产，弹性小，透明度高，低温易破碎。

④成型时的加工助剂有向内容物渗透的可能，要谨慎选择。

(4) 聚酯（polyesters，PET）

全名为聚对苯二甲酸乙二酯，是由对苯二甲酸与二元醇（如乙二醇）缩聚而成。其特性如下：

①聚酯薄膜具有良好的电绝缘性和抗张强度以及弯曲疲劳性能。抗张强度可以达到金属的数量级，超过了硬铝（150兆帕）。

②对缺口敏感，抗撕裂强度低，且裂处难以粘接。

③聚酯薄膜对稀酸、稀碱以及普通有机溶剂还是比较稳定的，但对浓酸、浓碱以及某些氯代烃则不稳定，在四氯乙烷—甲酸混合液以及硝基苯中加热可溶解。

④在宽广的温度范围内不收缩（-180~220 ℃）。

⑤PET主要用于制造PET瓶以代替玻璃瓶，这种瓶熔点高，可经受高温杀菌作业，冲击韧性高，透明度好，机械强度高，耐磨，重量轻，但成本高。聚酯瓶用于碳酸饮料，聚酯薄膜可用于干酪包装。

(5) 聚酰胺（Polyamides，PA）

俗称尼龙（nylons），是典型的结晶型聚合物，主要是作为复合材料的一层。其特点是强度、韧性、耐热、耐油、阻氧性比较好；但其吸湿性大，水蒸气透过率高，热封温度高。双向拉伸的PA抗撕裂强度提高3倍，韧性好，抗击穿强度高，光学性能也特别好，无须预处理即能印刷。而且，氧气密封性能大大改善。PA与LDPE复合可大大改善气体密封性，但成本高。

(6) 聚偏二氯乙烯（PVDC）

包装用的PVDC塑料俗称纱伦，是偏二氯乙烯、氯乙烯、醋酸乙烯和丙烯酸等单体的共聚物。在目前所有的包装塑料中，其阻气性能是最好的，接近金属；热封性能高，耐冲击，柔性、韧性都很高，耐磨，表面硬且光滑，紫外线不能穿透。可单独使用，也可用于复合包装，适用于密封性要求高的制品。

(7) 玻璃纸

由天然纤维素制成。优点是透明、不透气、无毒、价廉、印刷性好、机械操作性好。缺点为吸水易膨胀，膨胀后透气性增大。为克服这一缺点，常涂布各种塑料。比如，用聚偏二氯乙烯涂布，可防湿、不透气、不挥发、具有热封性、光滑；用萨兰树脂涂布，有奇佳的防油性、可热封口，气体通透性低，可用于含油脂多的产品；用硝化纤维素涂布，不能包裹含油食品，主要用于水果蔬菜。

(8) 泡沫塑料

聚苯乙烯和聚乙烯都可制作泡沫塑料，但聚苯乙烯性能好，故多用。

泡沫塑料为一种半硬质的泡沫材料，表面有许多密闭式的泡沫粒状结构，它是一种白色不透明的包装材料，可染成各种颜色。其成本低，防震性能好，在乳品工业用于冰激凌包装。

3.玻璃瓶

在1950年以前，几乎所有的消毒牛乳都是以玻璃瓶包装，后来被塑料瓶部分取代。玻璃瓶的形状几乎都是圆柱体广口瓶，在美国一度出现方形瓶，因为方形体占空间较小。我国一直用圆形体无色广口瓶，芬兰用棕色瓶。瓶盖分内外两层，内层用浸过蜡的纸板，外层用铝箔、LDPE、防水玻璃纸等。

玻璃容器的特点：

(1) 化学性能稳定，不与内容物发生反应，不变形。

(2) 透明，消费者可以从外部清楚地看到内容物的状态，但对光敏性物质不利。

(3) 可重复利用，但同时增加投资费用，带来二次污染机会。

(4) 重量大，运输费用高。

(5) 易破损，每个循环破损率在0.5%~0.8%。

(6) 瓶的价格低廉，但洗瓶间投资费用高。瓶的回收、洗涤瓶的劳动强度很大。

4.纸

涂蜡的纸板在1940年进入乳类包装领域。近几年来在乳制品包装领域的利用发展迅速，几乎用于所有乳制品，主要是与铝箔、塑料共同制成复合膜，纸板起到定形作用，外层纸膜便于图形印刷。此外，用于外包装的瓦楞纸箱全部由纸质组成。

纸容器印刷精美，使用方便，不污染环境。用于乳制品包装的纸容器形状有纸袋、纸盒和瓦楞纸箱。

纸盒有固定型纸盒，不能压扁；有折叠型纸盒，便于空盒运输。用于消毒牛乳包装的纸盒，与固定设备配套，在灌装时成型，有各种形状。

瓦楞纸箱，由表面的纸板与中间的瓦楞芯板组成。瓦楞纸板可分为无面纸瓦楞纸板、单面纸瓦楞纸板、双面纸瓦楞纸板、双层瓦楞纸板、三层瓦楞纸板五种。乳品工业的外包装用前三种，前两种用于箱内垫层或包裹式的保护层，第三种做瓦楞纸箱。

瓦楞纸箱便宜，废箱易处理，而且轻便，同时又有一定的强度，抗弯曲、抗压力、抗撕裂，还可缓冲震动。此外，空的瓦楞纸箱是折叠状态，贮运方便。因此，自瓦楞纸箱使用以来，已经取代了以前的木箱、金属箱等，在包装行业很流行。

三、包装机械

乳品工业包装机械大体上可分为两大部分：灌装封口机械和成品包装机械。灌装封口机械包括清洗机械、装料机械、封口机械。成品包装机械包括贴标签机，装箱、封箱及捆扎机。

1.清洗机械

为了保证食品容器的清洁，使用前要进行清洗。

（1）镀锡薄钢板空罐清洗机使用旋转圆盘式清洗机。采用热水清洗，蒸汽消毒。生产能力与清洗时间和星形轮的齿数有关。清洗时间可根据罐的污染程度不同用实验方法决定。这种系统应设有无级变速装置以适应不同情况、不同要求时的清洗。

特点：结构简单，生产能力较大，占地面积小，易于调节和操作，用水和蒸汽较少而清洗效率高。但其最大缺点是多罐型生产时适应性较差。

（2）全自动洗瓶机主要用于回收来的玻璃瓶洗涤。有手工清洗、半机械化清洗和全自动清洗。现在多使用全自动清洗。

全自动洗瓶机按进出瓶的位置分成双端式和单端式。双端式从一个方向进瓶，另一个方向出瓶。其优点是净瓶距离脏瓶远，不会被污染，适于连续作业，但占地面积大，须两人操作。单端式是指进瓶位置在一端的下方，而出瓶位置在同一端的上方。优点是占地面积小，一人操作即可，但存在净瓶被污染的危险，不利于连续化生产。

按瓶套的传送方式可分为连续式和间歇式。

间歇式：在进瓶端，由电动机带动链条由下而上运动，当转到进瓶位置时有一个短暂的停留，使得新带入的脏瓶进入，洗净的瓶送出。在洗瓶机内部脏瓶就是利用静止不动时，用喷嘴进行冲洗。在运动期间是不进行冲洗的。

连续式：进、出瓶由链带连续传动，其中无停止时间，安装可移动的进瓶落架，当进瓶时，落架向下作短时间移动，让瓶子有充裕的时间进入进瓶位置。洗瓶机内部的喷嘴与瓶套同时移动，冲洗在移动中进行。其缺点是商标易夹在瓶套与瓶间。洗瓶流程：

进空瓶→预洗刷→洗涤区→热水浸泡喷射区→温水喷射区→冷水喷射区→出瓶

预洗刷的目的在于去掉脏瓶内残留物，使洗涤剂浸泡槽内残留物尽量少，同时对冷瓶预热，防止冷瓶骤热破碎。洗涤部分包含四部分：碱洗、水洗、酸洗、水洗，也有只用碱洗的。目的是乳化脂肪，温度可达70 ℃，喷射压力可达2.53×10^5帕。热水、温水浸泡喷射的目的一是洗去洗涤液，二是给瓶降温，可降到35 ℃；冷水喷射，在降温的同时，还起到杀菌效果，因为，冷水预先进行了氯化处理。水温为10~15 ℃，洗后的瓶温为20 ℃。

2.装料机械

（1）液态奶瓶装机

按灌装时瓶内的压力分为常压式灌装和真空式灌装。其结构不同点在于后者的灌装阀上有两个小孔：一个通抽真空装置，便于抽真空；一个通空气，在灌装完成时放气。瓶由送瓶链道输送，灌装由升降滑道定量。常压式灌装的优点是结构简单、部件少、操作容易、清洗维修方便，既可连续生产，也可间歇生产。缺点是灌装后，仍有2~3滴奶滴在瓶外，若瓶漏奶，灌装仍会进行，造成浪费。真空灌装克服了常压灌装的缺点，并可在灌装过程中排除部分牛奶中的不良气味，灌装速度加快，时间为常压灌装的1/2~1/4。缺点是操作管理有较高的技术要求，灌装机容易出故障。

(2) 液态软包装机械

这类机械一般配备专用包装材料，从包装袋的成型、灌装，到封口同机完成。

(3) 全自动无菌塑料瓶灌装机

用于酸奶及相似产品的无菌灌装。包括塑料瓶的消毒、充填、制盖、加盖等工序。这种机械灌装能力很强，达每小时4000瓶或4000瓶以上。这种灌装机械要求灌装室接近无菌状态。

(4) 固体装料机

这种机械主要在于对物料定量，大多采用容积定量法和称量定量法。

容积定量法有容杯式、转鼓式、柱塞式、螺杆挤出式等。

容杯式用圆筒形计量杯定量。

转鼓式定量装置由位于转鼓外缘的定量容腔控制装料量。转鼓形状有圆柱形、菱柱形等。定量容腔有槽形、扇形和轮叶形，容腔容积有可调和定容两种。

柱塞式定量装罐装置依赖柱塞的往复运动进行。柱塞占有一定的理论空间，此容积即为定量装罐容积。

螺杆式定量装罐装置是用一种螺旋给料器完成定量装罐的。螺旋的螺距应准确一致，在每次罐循环中，精确控制螺杆的转数，以达到定量准确。

称量定量法采用自动秤。一般包括供料器、称量秤和控制装置。

供料器应具有优良的可控性能，即随称量过程，实现大量供料、细微供料和加料。

称量秤是自动秤的中心部件，一般有杠杆秤组合、天平秤组合和弹簧秤组合。

控制装置的灵敏度直接影响自动秤的精度。

3.封口机械

乳制品使用的封口机械有封罐机、玻璃瓶封口机和软包装热合机。

封罐有手工封罐、半自动封罐和自动封罐。自动封罐机分空罐封底机、预封机和实罐封罐机三个机体。

空罐封底机将罐体与罐底封合。

预封机将罐盖预卷合在已装好物料的罐体上。卷合的松紧度以不能用手启开，但又能从罐内排除气体为合适。整台机器由上下机座所构成的预封机头、送盖机构、罐盖打字机构及电气、真空系统控制，还有传动齿轮和电机等。

实罐封罐机是对罐内抽真空或充氮，然后将罐盖密封的设备。由进罐送盖部分、卷边机头机构、真空充氮系统和传动机构等组成。

玻璃瓶封口机主要用于消毒乳和酸乳用玻璃瓶的封口。在瓶口上加封一张蜡纸，用线扎紧，再用火漆封住。

4.成品包装机械

包括贴标签机、装箱机、封箱机和捆扎机。

不同的容器使用不同的贴标签机。镀锡薄钢板圆罐贴标签机的代表有自动贴标签机和轻便型贴标签机。玻璃瓶贴标签机有龙门式贴标签机和真空转鼓式贴标签机。

装箱机是将包装好的罐、瓶、袋或盒等装进瓦楞纸箱内，方法根据产品的形状和需要而不同。封箱机给装好的纸箱贴条。

捆扎机是利用各种绳带将纸箱或包封物品捆扎，这类机械发展很迅速，种类繁多，形式各异。

（资料来源：食品科技网）

第十章　流通加工管理

第一节　流通加工概述

一、流通加工的概念

流通加工是为了提高物流速度和物品的利用率，在物品进入流通领域后，按客户的要求进行的加工活动，即在物品从生产者向消费者流动的过程中，为了促进销售、维护商品质量和提高物流效率，对物品进行一定程度的加工。

流通加工通过改变或完善流通对象的形态来实现“桥梁和纽带”的作用，因此流通加工是流通中的一种特殊形式。随着经济增长，国民收入增多，消费者的需求出现多样化，促使在流通领域开展流通加工。目前，在世界许多国家和地区的物流中心或仓库经营中都大量存在流通加工业务，在日本、美国等物流发达国家则更为普遍。

二、流通加工的产生原因

（一）流通加工的出现与现代生产方式有关

现代生产发展趋势之一就是生产规模大型化、专业化，依靠单品种、大批量的生产方式降低生产成本获取规模经济效益，这样就出现了生产相对集中的趋势。这种规模的大型化、生产的专业化程度越高，生产相对集中的程度也就越高。生产的集中化进一步引起产需之间的分离，产需分离的表现首先为人们认识的是空间、时间及人的分离，即生产及消费不在同一个地点，而是有一定的空间距离；生产及消费在时间上不能同步，而是存在着一定的时间差；生产者及消费者不是处于一个封闭的圈内，某些人生产的产品供给成千上万人消费，而某些人消费的产品又来自其他许多生产者。弥补上述分离的手段则是运输、储存及交换。

近年来，人们进一步认识到，现代生产引起的产需分离并不局限于上述三个方面，这种分离是深刻而广泛的。第四种重大的分离就是生产及需求在产品功能上分离。尽管“用户第一”等口号成了许多生产者的主导思想，但是，生产毕竟有生产的规律，尤其在强调大生产的工业化社会，大生产的特点之一就是“少品种、大批量、专业化”，产品的功能

（规格、品种、性能）往往不能和消费需要密切衔接。弥补这一分离的方法，就是流通加工。所以，流通加工的诞生实际是现代生产发展的一种必然结果。

（二）流通加工不仅是大工业的产物，也是网络经济时代服务社会的产物

流通加工的出现与现代社会消费的个性化有关。消费的个性化和产品的标准化之间存在着一定的矛盾，使本来就存在的产需第四种形式的分离变得更加严重。本来，弥补第四种分离可以采取增加一道生产工序或消费单位加工改制的方法，但在个性化问题十分突出之后，采取上述弥补措施将会使生产及生产管理的复杂性及难度增加，按个性化生产的产品难以组织高效率、大批量的流通。所以，消费个性化的新形势及新观念为流通加工开辟了道路。

（三）流通加工的出现还与人们对流通作用的观念转变有关

在社会再生产全过程中，生产过程是典型的加工制造过程，是形成产品价值及使用价值的主要过程，再生产型的消费究其本质来看也是和生产过程一样，通过加工制造消费了某些初级产品而生产出深加工产品。历史上在生产不太复杂、生产规模不太大时，所有的加工制造几乎全部集中于生产及再生产过程中，而流通过程只是实现商品价值及使用价值的转移而已。

在社会生产向大规模生产、专业化生产转变之后，社会生产越来越复杂，生产的标准化和消费的个性化出现，生产过程中的加工制造常常满足不了消费的要求。而由于流通的复杂化，生产过程中的加工制造也常常不能满足流通的要求。于是，加工活动开始部分地由生产及再生产过程向流通过程转移，在流通过程中形成了某些加工活动，这就是流通加工。

流通加工的出现使流通过程明显地具有了某种“生产性”，改变了长期以来形成的“价值及使用价值转移”的旧观念，这就从理论上明确了：流通过程从价值观念来看是可以主动创造价值及使用价值的，而不单是被动地“保持”和“转移”的过程。因此，人们必须研究流通过程中孕育着多少创造价值的潜在能力，这就有可能通过努力在流通过程中进一步提高商品的价值和使用价值，同时，却以很少的代价实现这一目标。这样，就引起了流通过程从观念到方法的巨大变化，流通加工则适应这种变化而诞生。

（四）效益观念的树立也是促使流通加工形式得以发展的重要原因

20世纪60年代后，效益问题逐渐引起人们的重视，过去人们盲目追求高技术，引起了燃料、材料投入的大幅度上升，结果新技术、新设备虽然采用了，但往往是得不偿失。70年代初，第一次石油危机的发生证实了效益的重要性，使人们牢牢树立了效益观念，流通加工可以以少量的投入获得很大的效果，是一种高效益的加工方式，自然获得了很大的发展。所以，流通加工从技术上来讲，可能不需要采用什么先进技术，但这种方式是现代观念的反映，在现代的社会再生产过程中起着重要作用。

三、流通加工的特点（与生产加工的区别，表10-1）

（1）流通加工的对象是进入流通过程的商品，具有商品的属性。以此来区别多环节生产加工中的一环。流通加工的对象是商品而生产加工的对象不是最终产品，而是原材料、

零配件、半成品。

(2) 流通加工程度大多是简单加工，而不是复杂加工。一般来讲，如果必须进行复杂加工才能形成人们所需的商品，那么，这种复杂加工应专设生产加工过程，生产过程理应完成大部分加工活动，流通加工对生产加工则是一种辅助及补充。特别需要指出的是，流通加工绝不是对生产加工的取消或代替。

(3) 从价值观点看，生产加工在于创造价值及使用价值，而流通加工则在于完善其使用价值并在不做大改变情况下提高价值。

(4) 流通加工的组织者是从事流通工作的人，能密切结合流通的需要进行这种加工活动，从加工单位来看，流通加工由商业或物资流通企业完成，而生产加工则由生产企业完成。

(5) 商品生产是为交换、为消费而生产的，流通加工，是为了消费（或再生产）所进行的加工，这一点与商品生产有共同之处。但是流通加工也有时候是以自身流通为目的，纯粹是为流通创造条件，这种为流通所进行的加工与直接为消费进行的加工从目的来讲是有区别的，这又是流通加工不同于一般生产的特殊之处。

表10–1 流通加工与生产加工的区别

比较项目	生产加工	流通加工
加工对象	原材料、半成品	进入流通领域的商品
加工程度	复杂加工	辅助性简单加工
附加价值	创造价值及使用价值	完善使用价值、提高价值
加工组织者	生产企业	商业或物资流通企业
加工目的	为消费	为消费、为流通

四、流通加工的地位

（一）流通加工有效地完善了流通

流通加工在实现时间、场所两个重要效用方面，确实不能与运输和储存相比，因而，不能认为流通加工是物流的主要功能要素。流通加工的普遍性也不能与运输、储存相比，流通加工不是所有物流中必然出现的。但这绝不是说流通加工不甚重要，实际上它也是不可轻视的，是起着补充、完善、提高增强作用的功能要素，它能起到运输、储存等其他功能要素无法起到的作用。所以，流通加工的地位可以描述为是提高物流水平、促进流通向现代化发展的不可缺少的形态。

（二）流通加工是物流的重要利润源

流通加工是一种低投入、高产出的加工方式，往往以简单加工解决大问题。实践证明，有的流通加工通过改变装潢使商品档次跃升而充分实现其价值，有的流通加工将产品利用率一下子提高20%~50%，这是采取一般方法提高生产率所难以企及的。根据我国近些年的实践，流通加工单就向流通企业提供利润一点，其成效并不亚于从运输和储存中挖掘的利润，是物流中的重要利润源。

（三）流通加工在国民经济中也是重要的加工形式

在整个国民经济的组织和运行方面，流通加工是其中一种重要的加工形态，对推动国民经济的发展和完善国民经济的产业结构和生产分工有一定的意义。

五、流通加工的作用

（一）提高原材料利用率

利用流通加工环节进行集中下料，是将生产厂运来的简单规格产品，按使用部门的要求进行下料。例如将钢板进行剪板、切裁；钢筋或圆钢裁制成毛坯；木材加工成各种长度及大小的板、方等等。集中下料可以优材优用、小材大用、合理套裁，有很好的技术经济效果。北京、济南、丹东等城市对平板玻璃进行流通加工（集中裁制、开片供应），玻璃利用率从60%左右提高到85%~95%。

（二）进行初级加工，方便用户

用量小或临时需要的使用单位，缺乏进行高效率初级加工的能力，依靠流通加工可使使用单位省去进行初级加工的投资、设备及人力，从而搞活供应，方便了用户。目前发展较快的初级加工有：将水泥加工成生混凝土、将原木或板方材加工成门窗、冷拉钢筋及冲制异型零件、钢板预处理、整形、打孔等加工。

（三）提高加工效率及设备利用率

在分散加工的情况下，加工设备由于生产周期和生产节奏的限制，设备利用时松时紧，使得加工过程不均衡，设备加工能力不能得到充分发挥。而流通加工面向全社会，加工数量大，加工范围广，加工任务多。这样可以通过建立集中加工点，采用一些效率高、技术先进、加工量大的专门机具和设备，一方面提高了加工效率和加工质量，另一方面还提高了设备利用率。

（四）提高物流效率，降低物流成本

1.方便运输

如铝制门窗框架、自行车、缝纫机等，若在制造厂装配成完整的产品，在运输过程中，将耗费很高的运输费用。一般都是把它们的零部件分别集中捆扎或成箱，到达销售地点以后，再组装成产成品，这样能使运输方便而经济。有不少产品，由于产品本身形态及特性问题，很难实现运输的合理化，如果进行适当加工，就能够有效解决合理运输问题，例如将造纸材在产地预先加工成干纸浆，然后压缩体积运输，就能解决造纸材运输不满载的问题。轻泡产品预先捆紧包装成规定尺寸，装车就容易提高装载量；水产品及肉类预先冷冻，就可提高车辆装载率并降低运输损耗。

2.减少附加重量

如在运输前先通过流通加工完成必要的切割，去除本来就应废弃的部分，减少附加重量，可以提高运输与装卸搬运的效率，有效降低物流成本。比如，整块的钢板，先切割后再运输，可以减少运输的重量。

第二节　流通加工的类型与方式

一、流通加工的类型

根据不同的目的，流通加工具有不同的类型：

（一）为适应多样化需要的流通加工

生产部门为了实现高效率、大批量的生产，其产品往往不能完全满足用户的要求。这样，为了满足用户对产品多样化的需要，同时又要保证高效率的大生产，可将生产出来的单一化、标准化的产品进行多样化的改制加工。例如，对钢材卷板的舒展、剪切加工；平板玻璃按需要规格的开片加工；木材改制成枕木、板材、方材等加工。

（二）为方便消费、省力的流通加工

根据下游生产的需要将商品加工成生产直接可用的状态。例如，根据需要将钢材定尺、定型，按要求下料；将木材制成可直接投入使用的各种型材；将水泥制成混凝土拌合料，使用时只需稍加搅拌即可使用等。

（三）为保护产品所进行的流通加工

在物流过程中，为了保护商品的使用价值，延长商品在生产和使用期间的寿命，防止商品在运输、储存、装卸搬运、包装等过程中遭受损失，可以采取稳固、改装、保鲜、冷冻、涂油等方式。例如，水产品、肉类、蛋类的保鲜、保质的冷冻加工、防腐加工等；丝、麻、棉织品的防虫、防霉加工等。还有，如为防止金属材料的锈蚀而进行的喷漆、涂防锈油等措施，运用手工、机械或化学方法除锈；木材的防腐朽、防干裂加工；煤炭的防高温自燃加工；水泥的防潮、防湿加工等。

（四）为弥补生产领域加工不足的流通加工

由于受到各种因素的限制，许多产品在生产领域的加工只能到一定程度，而不能完全实现终极的加工。例如，木材如果在产地完成成材加工或制成木制品的话，就会给运输带来极大的困难，所以，在生产领域只能加工到圆木、板、方材这个程度，进一步的下料、切裁、处理等加工则由流通加工完成；钢铁厂大规模的生产只能按规格生产，以使产品有较强的通用性，从而使生产能有较高的效率，取得较好的效益。这些都需要流通加工。

（五）为促进销售的流通加工

流通加工也可以起到促进销售的作用。比如，将过大包装或散装物分装成适合依次销售的小包装的分装加工；将以保护商品为主的运输包装改换成以促进销售为主的销售包装，以起到吸引消费者、促进销售的作用；将蔬菜、肉类洗净切块以满足消费者要求等等。

（六）为提高加工效率的流通加工

许多生产企业的初级加工由于数量有限，加工效率不高。而流通加工以集中加工的形式，解决了单个企业加工效率不高的弊病。它以一家流通加工企业的集中加工代替了若干家生产企业的初级加工，促使生产水平有一定的提高。

（七）为提高物流效率、降低物流损失的流通加工

有些商品本身的形态使之难以进行物流操作，而且商品在运输、装卸搬运过程中极易受损，因此需要进行适当的流通加工加以弥补，从而使物流各环节易于操作，提高物流效率，降低物流损失。例如，造纸用的木材磨成木屑的流通加工，可以极大地提高运输工具的装载效率；自行车在消费地区的装配加工可以提高运输效率，降低损失；石油气的液化加工，使很难输送的气态物转变为容易输送的液态物，也可以提高物流效率。

（八）为衔接不同运输方式、使物流更加合理的流通加工

在干线运输和支线运输的节点设置流通加工环节，可以有效解决大批量、低成本、长距离的干线运输与多品种、小批量、多批次的末端运输和集货运输之间的衔接问题。在流通加工点与大生产企业间形成大批量、定点运输的渠道，以流通加工中心为核心，组织对多个用户的配送，也可以在流通加工点将运输包装转换为销售包装，从而有效衔接不同目的的运输方式。比如，散装水泥中转仓库把散装水泥装袋、将大规模散装水泥转化为小规模散装水泥的流通加工，就衔接了水泥厂大批量运输和工地小批量装运的需要。

（九）生产—流通一体化的流通加工

依靠生产企业和流通企业的联合，或者生产企业涉足流通，或者流通企业涉足生产，形成的对生产与流通加工进行合理分工、合理规划、合理组织，统筹进行生产与流通加工的安排，这就是生产—流通一体化的流通加工形式。这种形式可以促成产品结构及产业结构的调整，充分发挥企业集团的经济技术优势，是目前流通加工领域的新形式。

（十）为实施配送进行的流通加工

这种流通加工形式是配送中心为了实现配送活动，满足客户的需要而对物资进行的加工。例如，混凝土搅拌车可以根据客户的要求，把沙子、水泥、石子、水等各种不同材料按比例要求装入可旋转的罐中。在配送路途中，汽车边行驶边搅拌，到达施工现场后，混凝土已经搅拌好，可以直接投入使用。

二、流通加工的方式

（一）输送水泥的熟料在使用地磨制水泥的流通加工

在需要长途调入水泥的地区，变调入成品水泥为调进熟料这种半成品，在该地区的流通加工据点（粉碎工厂）粉碎，并根据当地资源和需要掺入混合材料及外加剂，制成不同品种及标号的水泥，供应当地用户，这是水泥流通加工的重要形式之一。

（二）集中搅拌供应商品混凝土

将粉状水泥输送到使用地区的流通加工据点（集中搅拌混凝土工厂或称生混凝土工厂），在那里搅拌成生混凝土，然后供给各个工地或小型构件厂使用。这是水泥流通加工的另一种重要方式。

（三）钢板剪板及下料加工

剪板加工是在固定地点设置剪板机，下料加工是设置各种切割设备，将大规格钢板裁小，或切裁成毛坯，便利用户。

(四) 木材的流通加工

1.磨制木屑压缩输送

从林区外送的原木中，有相当一部分是造纸材料，采取在林木生产地就地将原木磨成木屑，然后采取压缩方法，使之成为容量较大、容易装运的形状，然后运至靠近消费地的造纸厂。

2.集中开木下料

在流通加工点将原木锯裁成各种规格板，甚至还可进行打眼、凿孔等初级加工。

(五) 煤炭及其他燃料的流通加工

1.除矸加工

在运力十分紧张的地区，要求充分利用运力，多运“纯物质”，少运矸石，在这种情况下，可以采用除矸的流通加工排除矸石。

2.为管道输送煤浆进行的加工

在流通的起始环节将煤炭磨成细粉，再用水调和成浆状，使之具备了流动性，可以像其他液体一样进行管道输送。

3.配煤加工

在使用地区设置集中加工点，将各种煤及一些其他发热物质，按不同配方进行掺配加工，生产出各种不同发热量的燃料。

4.天然气、石油气的液化加工

在产出地将天然气或石油气压缩到临界压力之上，使之由气体变成液体，可以用容器装运，使用时机动性也较强。

(六) 平板玻璃的流通加工

这种方式是在城镇中设立若干个玻璃套裁中心，按用户提供的图纸，统一开片，供应用户成品。在此基础上，可以逐渐形成从工厂到套裁中心的稳定的、高效率、大规模的平板玻璃“干线运输”，以及从套裁中心到用户的小批量、多户头的“二次输送”的现代物流模式。

(七) 生鲜食品的流通加工

1.冷冻加工

为解决鲜肉、鲜鱼在流通中保鲜及搬运装卸的问题，采取低温冻结方式的加工。

2.分选加工

农副产品离散情况加大，为获得一定规格的产品，采取人工或机械分选的方式加工。

3.精制加工

农、牧、副、渔等产品，精制加工是在产地或销售地设置加工点，去除无用部分，甚至可以进行切分、洗净、分装等加工。

4.分装加工

许多生鲜食品零售起点量较小，而为保证高效输送，出厂包装可较大，也有一些是采用集装运输方式运达销售地区；这样，为了便于销售，在销售地区按所要求的零售起点量进行新的包装，即大包装改小、散装改小包装、运输包装改销售包装。

（八）机械产品及零配件的流通加工

1.组装加工

自行车及机电设备，为解决储运问题，降低储运费用，以半成品（部件）高容量包装出厂；在消费地拆箱组装。组装一般由流通部门进行，组装之后随即进行销售。

2.石棉橡胶板的开张成型加工

按用户所需垫塞物体尺寸裁制，不但方便用户使用及储运，而且可以安排套裁，提高利用率，减少边角余料损失，降低成本。

物流卡片

剪切加工中心：钢铁物流的一种主要流通模式

近年来，我国钢材市场价格跌宕起伏，竞争日趋激烈，钢材贸易商越来越感到，提升钢铁流通业态，至关重要。于是，钢材的剪切加工配送在一些钢贸企业中应运而生。

前不久，上海有家大型钢铁贸易公司与钢厂签署了战略合作协议，联手创建钢材大超市，确立以“最大满足客户需求”为核心的经营理念，钢材大超市集采购、加工、零售、物流配送于一体的加工、零售网络，布满全国各地，为更好地服务客户提供了必要的保障。同时，钢材大超市综合了钢铁物流产业链的各个环节，真正实现为客户提供个性化、更便宜、更快捷、更方便、更放心的一条龙服务，为众多客户所认可并选择。

钢材大超市在上游供应商和下游客户之间起到了重要的纽带作用，对上游供应商及下游客户来说，钢材大超市实现了钢铁物流产业链的完结，上游供应企业客户借助钢材大超市庞大的网络体系及客户群，实现其业务市场的开拓，扩大了其产品销售渠道，降低了其运营成本；而下游客户更可以通过钢材大超市实现其对材料供应资源的全面掌握，通过采购、加工、配送一站式消费，大大降低其各项成本支出，既节约了成本又提高了效率，从而也提高了企业的赢利水平。

确实，钢材流通企业与钢厂联手打造剪切配送加工中心，是钢铁流通的一个重要模式。如今，世界上一些发达国家，剪切配送加工也是钢铁流通的主要方式之一。在美国，通过剪切加工配送的钢材占整个钢材消费量的45%左右，它的主要客户是一些中小用户。根据流通行业的特点，如果买卖双方都是分散的中小厂商或中小用户，且数量众多，此时在买卖双方中间有一个专业化的商业企业来承担买卖的职责，比直销的效率更高，成本更低。而剪切加工配送中心则起到重要作用。

在国外，剪切配送加工中心模式是由钢厂、剪切中心、终端用户三方共同建立的供应链。通过这一稳定的供应链，其产品能够有序流通，市场信息能够快速、有效地得到传递，更为关键的是在有序稳定的“供应链”内，各种市场信息，特别是需求、供给和价格信息，做到准确、及时，而不会被其他因素扭曲，也不会被其他渠道放大。可见，在钢铁供应链中，剪切配送加工是供应商、制造商、物流中心、零售商最终到用户的供应链中的一个重要环节，它与商流、物流、信息流、资金流融为一体。

目前，我国钢铁剪切配送加工业，随着新兴物流产业的崛起而得到较快发展，现在我国已有钢材剪切加工配送中心300余家，从投资和建设的角度来看，大致有五种类型：

一是国内大型钢铁企业投资建立钢材剪切加工配送中心。如宝钢先后投资自建和合资，在上海、天津、广州、杭州、青岛、重庆、沈阳、东莞等城市建立了钢材配送中心，年剪切配送能力已达到100万吨。据了解，未来5年内，宝钢的加工能力将达到250万~300万吨，加工配送中心将达到25~30家。鞍钢随着冷轧和硅钢项目的改造和新建，全面实施建立剪切配送战略，先后在上海、广东、山东、沈阳建立了钢材配送中心。攀钢也在广东等地建起剪切配送中心。

二是钢材代理商投资建设钢材剪切配送加工中心。上海五波钢结构材料有限公司投资1000万元，在上海铁闵钢材交易市场，建立一个H形钢加工、配送、仓储、销售基地。这个H形钢加工、配送基地，开辟了火焰切割加工区、涂覆加工区、仓储区、销售区等，配备了三维钻床、端面铣床、抛丸喷砂机、火焰切割机等H形钢加工设备，可以加工1米高腹板的型钢，年加工量为5万吨，占五波公司在铁闵钢材交易的H形钢销售量的20%。

代理商利用在资金和服务手段上的优势，与钢厂建立了稳定的供货关系，成为供需双方的重要中间桥梁。为了稳定钢厂和使用厂家的关系，代理商主动投资建立仓储和剪切配送中心，这一势头非常快，设备的档次及加工质量也越来越高，国内一些专业仓库、铁路线已具备了专业仓储和剪切配送功能。

三是国外企业在我国投资建设钢材剪切配送加工中心。近年来，国外钢铁企业在中国建厂，有针对性地设立钢材剪切配送中心，开展个性化、专业化服务，帮助用户降低采购成本。如韩国浦项在华北地区、华东地区和华南地区建有板卷加工中心，年加工能力达40万吨；日本商社从1993年起在中国建立有数十家钢材加工配送中心，这些钢材加工配送中心的主要服务对象是外资、合资企业及一些规模较大的知名企业。

四是下游行业终端用户自主建立的钢材剪切配送加工点。时下，一些造船厂、集装箱厂、大型汽车厂以及冰箱、空调、洗衣机、电机厂等自建有钢材加工车间，对钢材进行分条、模切、冲片、套裁、落料。这些加工生产线成为企业的前道工序。

五是社会自建钢材剪切配送加工中心。近年来，我国自建钢材剪切配送加工中心发展很快，年加工能力已超过1000万吨，主要以加工薄规格冷热板、电工钢、镀锌、锡板、彩板为主。

业内人士认为，近年来我国钢材剪切配送加工产业尽管发展很快，但加工规模较小，布局分散，各自为政，效率不高。以造船行业为例，船厂船板的供应模式有3大缺陷：一是以钢厂为主的配送加工中心，无法完全满足船厂生产对钢种和规格的需要；二是加工中心的运行有很强的地域特征，受到运输距离和能力的限制；三是以单一钢厂和单一船厂或少数船厂为股东的配送中心，在现有体制下兼容性不够，有一定的排他性，限制了配送中心、钢厂和船厂的发展。对此，船舶行业人士认为，未来应该加强钢铁与造船两大行业间的战略合作，抓住目前船用钢材产销两旺的有利时机，及时调整造船板生产能力布局，并适时建立船用钢材加工配送中心，以提高船板物流组织优化程度。

上海五波钢结构材料有限公司董事长、总经理任庆平说，未来H形钢市场的竞争不断加剧，最终用户追求经济、快捷、高效的供货方式。目前一些钢结构制造厂家采购H形钢，最好能把H形钢的长短尺寸与钢结构件设计的要求一样，拿来马上可以使用，不需要剪切、打孔，甚至直接涂覆好，成为一个完整的配件，钢结构制造厂家拿来只需装配一下，这样既快捷，又节约，经济实惠，但目前上规模的H形钢配送加工中心还不多，钢材贸易商中具有配送加工能力的企业更是寥寥无几。

此外，目前我国钢铁业及钢材流通业中的剪切配送加工中还存在加工规格、数量和质量问题。现在的剪切配送加工中心，加工规模一般在10万~20万吨/年之间，加工的产品比较单一。如在广东、上海、江苏等地设立的剪切配送中心，年加工配送能力基本在10万~20万吨，加工的产品大多为冷板、电工钢等，厚度在0.15~4 mm之间，厚板的加工配送能力普遍不足。

因此，我国钢铁业的剪切配送加工产业还须提高层次，进一步提高剪切线的技术装备水平、提高产品加工精度、提高加工专业化程度，适应钢铁现代物流业的需求。钢铁物流是一块大蛋糕，每生产一吨钢材，需要6吨货物的运输来配套，物流输送量巨大。同样，钢材加工配送量也十分大。我国每年用于建筑行业的钢材占钢材总消费量的55%左右，达到1.5亿吨以上，其中钢筋混凝土结构年用钢量又占建筑钢材总量的70%~80%，不需要加工直接应用于施工的钢筋制品用量仅占千分之几。因此，绝大部分钢筋制品需要再加工后才能使用。

未来5~10年，随着我国钢铁工业的可持续发展，钢铁产品也逐步从原材料产品向社会消费产品转换，钢铁行业把销售过程向用户加工制造过程的第一道工序或第二道工序延伸，这样就使供应商与用户形成了牢固的供货渠道和不可分开的供应链，而作为供应链的重要环节的剪切配送加工产业的前景十分广阔。

第三节　流通加工的合理化及管理

流通加工合理化指实现流通加工的最优配置，不仅做到避免各种不合理流通加工，使流通加工有存在的价值，而且综合考虑流通加工与配送、运输、商流等的有机结合，做到最优的选择，以达到最佳的流通加工效益。

一、流通加工不合理的表现

（一）流通加工地点设置的不合理

流通加工地点设置即布局状况是使整个流通加工能否有效的重要因素。一般而言，为衔接单品种大批量生产与多样化需求的流通加工，加工地设置在需求地区，才能实现大批量的干线运输与多品种末端配送的物流优势。

假如将流通加工地设置在生产地区，其不合理之处在于：第一，多样化需求要求的产品多品种、小批量由生产地向需求地的长距离运输会出现不合理；第二，在生产地增加了一个加工环节，同时增加了近距离运输、装卸、储存等一系列物流活动。所以，在这种情况下，不如由原生产单位完成这种加工而无须设置专门的流通加工环节。

一般而言，为方便物流的流通加工环节应设在产出地，设置在进入社会物流之前。假如将其设置在物流之后，即设置在消费地，则不但不能解决物流问题，又在流通中增加了一个中转环节，因而也是不合理的。

即使产地或需求地设置流通加工的选择是正确的，还有流通加工在小地域范围的正确选址问题，假如处理不善，仍然会出现不合理。这种不合理主要表现在交通不便，流通加工与生产企业或用户之间距离较远，流通加工点的投资过高（如受选址的地价影响），加工点四周的社会、环境条件不良等。

（二） 流通加工方式选择不当

流通加工方式包括流通加工对象、流通加工工艺、流通加工技术、流通加工程度等。流通加工方式的确定实际上是与生产加工的合理分工。分工不合理，本来应由生产加工完成的，却错误地由流通加工完成，本来应由流通加工完成的，却错误地由生产加工完成，都会造成不合理。

流通加工不是对生产加工的代替，而是一种补充和完善。所以，一般而言，假如工艺复杂、技术装备要求较高，或加工可以由生产过程延续或轻易解决者都不宜再设置流通加工，尤其不宜与生产过程争夺技术要求较高、效益较高的最终生产环节，更不宜利用一个时期市场的压迫力使生产者变成初级加工或前期加工，而流通企业完成装配或最终形成产品的加工。假如流通加工方式选择不当，就会出现与生产加工夺利的恶果。

（三） 流通加工作用不大，形成多余环节

有的流通加工过于简单，或对生产及消费者作用都不大，甚至有时流通加工的盲目性，同样未能解决品种、规格、质量、包装等问题，反而增加了环节，这也是流通加工不合理的重要形式。

（四） 流通加工成本过高，效益不好

流通加工之所以能够有生命力，重要优势之一是有较大的产出投入比，因而有效起着补充、完善的作用。假如流通加工成本过高，则不能实现以较低投入实现更高价值的目的，除了一些必需的、服从政策要求即使亏损也应进行的加工外，都应看成是不合理的。

二、流通加工合理化的措施

实现流通加工合理化，主要应考虑以下几方面。

（一） 加工和配送相结合

加工和配送相结合就是将流通加工点设置在配送点中，一方面按配送的需要进行加工；另一方面，加工又是配送业务流程中分货、拣货或配货作业的一环，加工后的产品直接投入配货作业。这就无须额外单独设置一个加工的中间环节，使流通加工有别于独立的生产加工，而使流通加工与中转流通巧妙地结合在一起。同时，由于配送之前有加工，可使配送服务水平大大提高。这是当前对流通加工合理选择的重要形式，在煤炭、水泥等产品的流通中被广泛使用并已表现出较大的优势。

（二） 加工和配套相结合

在对配套要求较高的流通中，配套的主体来自各个生产单位，但完全配套有时无法全部依靠现有的生产单位。进行适当的流通加工，可以有效地促成配套，大大提高流通作为连接生产与消费的桥梁和纽带作用。

（三）加工和合理运输相结合

流通加工能有效地衔接干线运输与支线运输，促进两种运输形式的合理化。利用流通加工，在支线运输转干线运输或干线运输转支线运输这本来就必须停顿的物流环节，不进行一般的干线运输转支线运输或支线运输转干线运输，而是按照干线运输或支线运输的合理要求进行适当加工，加工完成后再进行中转作业，从而大大提高运输效率及运输转载水平。

（四）加工和商流相结合

通过流通加工有效地促进销售，提高商流的合理化程度，也是流通加工合理化的考虑方向之一。流通加工与配送的结合，提高了配送水平，强化了销售，也是流通加工与合理商流相结合的一个成功例证。

此外，通过简单地改变包装、形成方便的购买量，通过组装加工，解除用户使用前进行组装、调试的麻烦或困难，都是流通加工有效促进商流的例子。

（五）加工和节约相结合

节约能源、节约设备、节约人力、节约耗费是流通加工合理化的重要考虑因素，也是目前我国设置流通加工时考虑其合理化的比较普遍的形式。

对于流通加工合理化的最终判断，应看其能否实现社会和企业本身的两个效益，而且是否取得了最优效益。对流通加工企业而言，与一般生产企业一个重要的不同之处是，流通加工企业更应把社会效益放在首位。如果片面追求企业的微观效益，不适当地进行加工，甚至与生产企业争利，不仅有违流通加工的初衷，而且其本身已不属于流通加工的范畴了。

三、流通加工的管理

（一）流通加工的投资管理

流通加工具有很多优越性，但是，任何事物都有它的两面性。由于流通加工是在产需之间增加了一个中间环节，所以它延长了商品的流通时间，增加了商品的生产成本，存在许多降低经营效益的因素。因此，设置流通加工点，从事流通加工业务，必须进行可行性分析。分析的内容应包括：

1.设置流通加工点的必要性

流通加工是对生产加工的辅助和补充，是否需要这种补充，主要取决于两个方面：一是生产厂对某种产品的生产加工程度是否可直接满足用户需要；二是用户对某种产品有没有在流通领域进一步加工的要求。如果生产厂的产成品可以直接满足用户的消费需求，流通加工就没有必要；若生产厂的产成品虽然不能直接进入消费，但用户自己有进行再加工的能力，该流通加工也没有必要。只有当生产厂的产成品不能直接进入消费，用户又没有进一步加工能力时，流通加工才成为必要。当然，有时从社会效益和经济效益考虑，为了节约原材料、节约能源、组织合理运输，设置流通加工环节也是必要的。

2.设置流通加工环节的经济性

流通加工一般都是比较简单的加工，在技术上不会存在太大的问题，投资建设时重点要考虑的是经济上是否合理。流通加工的经济效益，主要取决于加工量的大小，加工设备和生产人员是否能充分发挥作用。如果流通加工任务饱满，生产连续进行，加工能力得到充分利用，就会产生效益，否则，如果任务量很小，生产时续时断，加工能力经常处于闲置状态，就可能出现亏损。所以进行加工量预测是流通加工点投资决策的主要依据。此外，还要分析该流通加工项目的发展前景，如发展前景良好，近期效益不理想也是可以接受的。

3.投资决策和经济效果评价

流通加工项目的投资决策和经济效果评价，主要使用净现值法、投资回收期法和投资收益率法。

（二）流通加工的生产管理

根据流通加工业务的特点，必须加强对它的生产管理。对流通加工的生产管理是指对流通加工生产全过程的计划、组织、指挥、协调与控制，包括生产计划的制订，生产任务的下达，人力、物力的组织与协调，生产进度的控制等。在生产管理中要特别加强生产的计划管理，提高生产的均衡性和连续性，充分发挥生产能力，提高生产效率。要制定科学的生产工艺流程和加工操作规程，实现加工过程的程序化和规范化。对于集中下料类型的流通加工，应重视对原材料有效利用的管理，不断提高材料的利用率。

（三）流通加工的质量管理

流通加工的质量管理，应是全员参加的、对流通加工全过程和全方位的质量管理。它包括对加工产品质量和服务质量的管理。加工后的产品其外观质量和内在质量都应符合有关标准。有些加工后的产品，没有国家和部颁标准，其质量的掌握，主要是满足用户的要求。但是，由于各用户的要求不一，质量宽严程度也就不同，所以要求流通加工必须能进行灵活的柔性生产，以满足不同的用户对质量的不同要求。

流通加工除应满足用户对加工质量的要求以外，还应满足用户对品种、规格、数量、包装、交货期、运输等方面的服务要求。对产品的流通加工绝不能违背用户的意愿，由加工单位自作主张，脱离用户的生产实际，这样对用户不仅无益反而有害。流通加工的服务质量，只能根据用户的满意程度进行评价。

本章小结

本章首先介绍了流通加工的基本概念、特点及作用，进而介绍了流通加工的常见类型；同时介绍了流通加工的合理化措施；最后简单介绍了常见的几种流通加工技术。

关键词

流通加工、套裁、集中下料、组装加工、精制加工、剪板加工

复习思考题

1.流通加工与生产加工有什么区别？
2.流通加工的什么作用？
3.常见的流通加工有哪些类型？
4.如何实现流通加工的合理化作业？
5.试述几种常见的流通加工技术。

综合案例

上海联华生鲜食品加工配送中心的流通加工业务

生鲜食品的加工制品是连锁超市吸引顾客、提高顾客光顾率的一个重要品类，但同时也是物料损耗最大和人力消耗最多、销售成本较高的商品品类。所以很多大型连锁超市通过生鲜食品的加工强化自身的竞争力。生鲜食品加工配送中心根据生鲜产品的不同具备以下几个特点：第一是直接配送，这是所有具备常温配送条件的生鲜产品所采用的方式。第二是转配，如生鲜商品和部分半成品由于保鲜要求较高，需要快速配送，所以这类产品配送过程中一般不存在储存程序，在收货之后紧接着就是分拣和配货等工序。第三是鲜加工，对初级产品进行初级加工，制成品加工和前道工序加工，其中存在原料、半成品和成品的储存工序。第四是果菜配送，对多个果菜品项进行系统配送，功能包括：检测、分拣、包装，净菜、配菜加工等，以减少蔬果的损耗和减少店铺包装工作量等。正因为生鲜食品加工具有上述特点，所以生鲜食品的加工配送历来是一个不好解决的问题。生鲜食品大部分要冷藏，所以其周转期必须缩短；生鲜食品保质期短，所以消费者对生鲜食品的色泽又要求很高，因此必须周转快，同时生鲜食品加工还涉及配料、加工和成本等问题，所以生鲜食品经营既是超市经营的重点同时也是难点。它能够体现超市的差异化和个性化的经营特点，是地方超市发展壮大的一个支柱，也是超市未来发展的核心竞争力。

一、上海联华生鲜食品加工配送中心的基本情况

上海联华生鲜食品加工配送中心有限责任公司是联华超市股份有限责任公司的下属公司，于1999年12月在闸北区合资注册成立，注册资本500万元。公司主营生鲜食品的加工、

配送和贸易。公司拥有资产总额近3亿元，是国内一流水平的现代化的生鲜加工配送企业，总占地面积22 500 ㎡，建筑面积36 000 ㎡，其中包括生产车间、冷库、配送场地、待发库、仓库、办公楼、生活楼等。冷库容量8 700吨，运输车辆46辆（其中24辆为制冷保温车）。主要生产加工设备有：进口的包装、封口、流水线、灌装、切片丝丁、金属探测、称重、贴标签、自动分拣打印一体机等共50余台（套）。联华生鲜食品加工配送中心年生产能力为20 000吨，其中肉制品15 000吨，生鲜盆菜、调理半成品3 000吨，西式熟食制品2 000吨，产品结构分为15大类约1 200种生鲜食品。在生产加工的同时配送中心还从事水果、冷冻品以及南北货的配送任务。

二、上海联华生鲜食品加工配送中心的运作

20世纪90年代的上海市，大大小小的超市几乎都是以百货为主、生鲜为辅的经营方式，上海联华就是在这种单一的经营方式背后发现了自己的商机。该公司在对本地市场需求进行详细分析后，准确地选择了“生鲜”食品作为自己的经营“个性”。其总裁王宗南认为，生鲜食品的经营是大型连锁超市的主要发展方向。上海联华主要从以下几个方面加强对生鲜食品的加工配送。

1.加强对“采购”的管理

为了加强“生鲜”食品作为自己的经营特色，上海联华首先从食品的源头即采购上开始下工夫，加强对生鲜食品采购的管理，探索适应现代连锁超市的新型模式。在全国采购过程中，联华着重将绿色食品采购作为重点，并对生产厂商进行指导。通过从各地引进特色产品，丰富商品种类，提升差异化程度。从1999年起，联华在沪郊以及鲁、冀、豫、皖、苏、浙、吉、湘等地，在当地政府的支持下，先后建立了肉制品、蔬菜、水果、鸡蛋、水产等生产供应基地。这一经营方式使流通成本下降了15%至30%。凭借着大型零售企业在购买力方面的优势以及与供应市场的良好沟通，联华能够拿到“品质价格比”高的产品。在此基础上，联华形成了自己的二级采购体系：一些通用的大品牌商品由一部采购，地方产品的采购和配送则由二部根据当地市场需求在当地实现。在采购一些大宗商品时，采取“订单采购”的形式。比如，从2000年4月开始，联华就市场需求量大的肉、禽、蛋、蔬菜、水果等5大类商品向全国发出订单采购和公开招标信息，有20多个省市350多家生产单位和经营单位参与投标，首批公开招标的4 000吨红富士苹果、1万吨鲜鸡蛋、1.5万吨冷却猪肉、100万只草鸡上市后，很快就销售一空。招标订单采购的方式，使联华商品流通成本降低了10个百分点。

2.加强现代化、信息化建设

上海联华也加强对配送中心的现代化、信息化建设，投资6 000多万元人民币兴建现代化的生鲜食品加工配送中心，装备了先进的信息处理技术，每天由各门店的电脑终端将当日的生鲜食品要货指令发送给配送中心的电脑系统加以处理，之后产生两条指令：一条指令会直接提示采购部门按具体的需求安排采购；另一条指令会即时发送给各加工车间中控制加工流水线的电脑控制系统，按照当日的需求进行食品加工。更为巧妙的是，这个系统还会根据门店的要货时间和前往各门店的送货路线远近自动安排生产次序，这样就能够可靠保证生鲜食品当日加工、当日配送和当日销售，从而强化了生鲜食品配送中心最重要的竞争优势——“鲜”。各种肉类的切片、切丝、切丁，甚至分切后成品的自动分盆、称重、分拣、贴标签，都由电脑系统控制完成。在配送中心偌大的加工车间内，只有不到10名各自盯着眼前电子屏幕的操作工，屏幕上完整地显示出当前配送物品的各种信息，同时也在不断接收最新的供货指令加工单。以一盒肉糜为例，从原料投入到包装完毕，整个过程不超过20分钟。除了成品生产流程外，上海联华的大型智能配送中心实现了从门店发出要货指令，到配货完成发车，作业前后只需几十分钟的高速运转。在其他超市尚在使用传统配送系统的时候，上海联华已经有了通过国家有关部门鉴定的先进物流控制系统，这使得上海联华能够实现以两个总面积仅为5.7万平方米的配送中心满足1000家门店配送需求、配送费率一直在2%以下的“奇迹”。

3.加强物流建设

上海联华积极优化自身的物流体系。一方面在采购当地建立物流中心，另一方面为了使采购和物流更高效，联华运用IT技术，实行供应商间的信息联网管理。分析家认为“上海联华的成功很大程度上就是依赖物流、采购、IT技术和标准化的运营。”EDI联网管理可以大幅缩短流程和减少库存，去年与上海捷强烟草集团实现EDI联网后，联华门店的香烟销售额翻倍，实现了供应商与零售商的双赢。

4.加强对生鲜食品的经营

在经营上，联华基于对国内供应市场的了解和掌控，逐步形成了独具特色的本土化供应链：一是建立并依托生产基地，由原来流通领域中的多个环节转向“产销直接对接”；二是实行订单招标，由原来商品“产后采购”逐步向“产前招标订购”转变；三是突破传统的商业经营体制，由“单一的零售经营”向“产加销一体化”转变。尤其在加工配送中心对加工型的物流项目上采取了很多措施，这些措施的实施提升了该公司的加工销售能力。在对生鲜食品的经营过程中主要采用了以下几种措施：

(1) 加大个性加工的力度，满足多样性需求。生鲜商品是顾客购买频率非常高、与百姓日常生活息息相关的品类。而门店则是了解顾客需求的前沿阵地，有效把握顾客的心理，及时了解顾客的需求变化，确保生鲜商品常变常新，是做大做强生鲜销售的关键所在。上海联华从转型门店现场加工能力着手，通过经常性培训、带教等方式提升门店深加工工艺、个性化加工和精细化加工水平，以新颖、美观、多变的搭配吸引顾客，不仅丰富了品种，同时有效实现了差异化竞争，带来了良好的毛利收益。

(2) 科学核算产品价值，拓展利润空间。在生鲜经营过程中，科学核算、合理定价至关重要。上海联华通过制定标准化盆菜配比、个性化商品毛利设定、包装托盘使用规范等一系列措施，并配合信息系统、旬盘制度，实时跟踪生鲜产品的收益及损耗，有效提升了上海联华转型门店生鲜经营的毛利收益。

(3) 强化宣传推广，收益分享激励。上海联华标超转型门店从生鲜区域设计入手，运用时尚典雅的色彩搭配，科学合理的灯光色调，营造出良好的销售氛围，刺激顾客的消费欲望。同时，通过风岛柜装饰、吊旗、串旗、POP、DM、海报、易拉宝、宣传小册等多种形式，凸现不同宣传主题和宣传内容，引导生鲜消费，向消费者传递健康、安全、优质的生鲜经营理念。为持续提升上海地区转型门店生鲜销售和收益，上海联华积极探索更加合理有效的激励机制，以蔬菜经营为例，上海联华转型门店尝试“蔬菜自营+外包”的经营模式后，10家试点门店的蔬菜月销售平均提升120%，大大超出预期目标。个别门店实行“自营承包”方式，将员工个人收入与经营绩效挂钩，通过销售保底、利益分享等激励措施，大大激发了员工的积极性。

三、总结

本案例中，上海联华通过采取诸多措施来加强生鲜食品的加工配送和宣传推广，不断降低商品在流通中的成本，最大限度地方便顾客，取得了很好的成绩。在我国连锁超市面临经营方式和经营理念变化的时代，寻找自身的经营特色是解决连锁企业面对“上下夹击”困境的一条重要途径。在寻找符合自身发展路径的过程中，我国很多地方型的连锁超市，有的在生鲜食品经营过程中取得了胜利，但也有的以失败而告终，这些企业成败的经历为我们提供了宝贵的经验和教训，在学习过程中，我们要吸取失败的教训，总结成功的经验，不断丰富自己的知识和视野，为将来从事相关行业的工作打下良好的基础。

（案例来源：中国物流与采购网
http://www.chinawuliu.com.cn/xsyj/201101/04/143792.shtml）

案例思考题：

1.食品流通加工有哪些类型？

2.总结上海联华生鲜食品加工配送中心流通加工业务的成功经验。

扩展阅读

生产资料流通加工的主要形式及作用	
钢卷剪切流通加工	汽车、冰箱、冰柜、洗衣机等生产制造企业每天需要大量的钢板，除了大型汽车制造企业外，一般规模的生产企业如若自己单独剪切，难以解决因用料高峰和低谷的差异引起的设备忙闲不均和人员浪费问题，如果委托专业钢板剪切加工企业，可以解决这个矛盾。专业钢板剪切加工企业能够利用专业剪切设备，按照用户设计的规格尺寸和形状进行套裁加工，精度高、速度快、废料少、成本低；专业钢板剪切加工企业在国外数量很多，大部分由流通企业经营。这种流通加工企业不仅提供剪切加工服务，还出售加工原材料和加工后的成品以及配送服务。采用委托加工方式，用户省心、省力、省钱。
木材流通加工	木材的流通加工一般有两种情况：一种是树木在生长地被伐倒后，消费不在当地，不可能连枝带杈地运输到外地，先在原处去掉树杈和树枝，将原木运走，剩下来的树杈、树枝、碎木、碎屑，掺入其他材料，在当地木材加工厂进行流通加工，做成复合木板。也有将树木在产地磨成木屑，采取压缩方法加大容重后运往外地造纸厂造纸。另一种情况是在消费地建木材加工厂，将原木加工成板材，或按用户需要加工成各种形状的材料，供给家具厂、木器厂。木材进行集中流通加工、综合利用，出材率可提高到72%，原木利用率达到95%，经济效益相当可观。
水泥流通加工	国外大量建设水泥流通服务中心，在这里将水泥、沙石、水以及添加剂按比例进行初步搅拌，然后装进水泥搅拌车，事先计算好时间，卡车一边行走，一边搅拌，到达工地后，搅拌均匀的混凝土直接进行浇注。

生产资料流通加工的主要形式及作用

水产品、肉类流通加工	深海打鱼船出海，有时一个月回来一次，这期间从海中打捞上来的鱼、虾等海产品，在船上开膛、去尾、剔骨，然后冷冻保存，不仅节省轮船舱容，增加保管能力，又能保鲜存放；牛肉、猪肉、鸡肉等肉类食品，在屠宰厂进行分割、去骨，冷冻运输和保管。随着人们生活水平的提高，水产品、肉蛋类，乃至蔬菜都趋向从产地到消费地的一贯制冷冻、冷藏状态的包装、运输和保管。因此，流通加工必不可少，流通加工的作用也越来越大。
自行车、助力车流通加工	自行车和助力车整车运输、保管和包装，费用多、难度大、装载率低，但这类产品装配简单，不必进行精密调试和检测，所以，可以将同类部件装箱，批量运输和存放，在商店出售前再组装。这样做可大大提高运载率，有效地衔接批量生产和分散消费。这是一种只改变商品状态，不改变商品功能和性质的流通加工形式。
服装、书籍流通加工	这里的服装流通加工，主要指的不是材料的套裁和批量缝制，而是在批发商的仓库或配送中心进行缝商标、拴价签、改换包装等简单的加工作业。近年来，因消费者要求的苛刻化，退货大量增加，从商场退回来的衣服，一般在仓库或配送中心重新分类、整理、改换价签和包装。国外书籍的流通加工作业主要有：简单的装帧、套书壳、拴书签以及退书的重新整理、复原等。
酒类流通加工	葡萄酒都是液体，从产地批量地将原液运至消费地配制、装瓶、贴商标，包装后出售，可以既节约运费，又安全保险，以较低的成本，卖出较高的价格，附加值大幅度增加。
玻璃流通加工	平板玻璃的运输货损率较高，玻璃运输的难度比较大。在消费比较集中的地区建玻璃流通加工中心，按照用户的需要对平板玻璃进行套裁和开片，可使玻璃的利用率从62%~65%，提高到90%以上，大大降低了玻璃破损率，增加了玻璃的附加价值。
煤炭流通加工	煤炭的流通加工例子很多。将煤炭在产地磨成煤粉，再用水调成浆状，便可采用管道运输；把采掘出来的杂煤，除去矸石，能增强煤炭的纯度，把混在煤炭里的垃圾、木片等杂物彻底拣除，可避免商业索赔的发生；将煤粉加工成取暖用的蜂窝煤供应居民也是一种流通加工。

（资料来源：物流师考试网http://www.233.com/wuliu/）

第十一章 物流信息管理

第一节 物流信息概述

一、物流信息的概念

国家标准GB/T18354—2001《物流术语》中定义：物流信息（logistics information）是反映物流各种活动内容的知识、资料、图像、数据、文件的总称。

物流信息的含义可从狭义、广义两方面来考察。从狭义范围来看，物流信息是指与物流活动有关的信息。在物流活动的管理与决策中，如运输工具的选择、运输路线的确定、仓库的有效利用、最佳库存数量的确定等，都需要详细和准确的物流信息。这些信息与物流过程中的运输、仓储、装卸、包装等各种职能有机结合在一起，保障整个物流活动的顺利进行。如图11-1所示，物流各项活动产生了物流信息，而物流信息又最终反作用于物流活动。

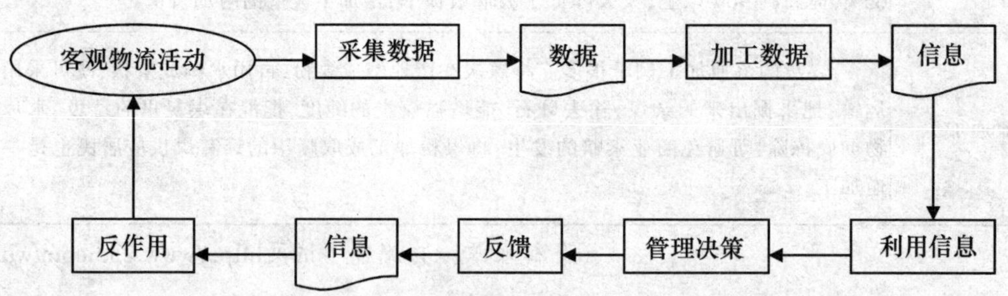

图11-1 物流系统中信息的产生与流动

从广义范围看，物流信息不仅指与物流活动有关的信息，而且包含与其他流通活动有关的信息，如商品交易信息和市场信息等。商品交易信息是指与买卖双方的交易过程有关的信息，如销售和购买信息，订货和接受订货信息，发出货款和收到货款信息等。市场信息是指与市场活动有关的信息，如消费者的需求信息、竞争者或竞争性商品信息、销售促进活动有关的信息等。在现代经营管理活动中，物流信息与商品交易信息、市场信息相互交叉、融合。广义的物流信息不仅能起到连接整合生产厂家、经过批发商和零售商最后到消费者的整个供应链作用，而且在应用现代信息技术的基础上能实现整个供应链活动的效率化，即利用物流信息对供应链中各个企业的计划、协调、顾客服务和控制活动进行有效管理。

二、物流信息的特点

物流信息除了具有信息的一般属性外，还具有自己的一些特点，主要如下：

（一）广泛性

由于物流是一个大范围内的活动，物流信息源也分布于一个大范围内，信息源点多、信息量大，涉及从生产到消费、从国民经济到财政信贷各个方面。物流信息来源的广泛性决定了它的影响也是广泛的，涉及国民经济各个部门、物流活动各个环节等。

（二）联系性

物流活动是多环节、多因素、多角色共同参与的活动，目的就是实现产品从产地到消费地的顺利移动，因此在该活动中所产生的各种物流信息必然存在十分密切的联系，如生产信息、运输信息、储存信息、装卸信息间都是相互关联、相互影响的。这种相互联系的特性是保证物流各子系统、供应链各环节以及物流内部系统与物流外部系统相互协调运作的重要因素。

（三）多样性

物流信息种类繁多，从其作用的范围来看，本系统内部各个环节有不同种类的信息，如流转信息、作业信息、控制信息、管理信息等，物流系统外也存在各种不同种类的信息，如市场信息、政策信息、区域信息等；从其稳定程度来看，又有固定信息、流动信息与偶然信息等；从其加工程度看，又有原始信息与加工信息等；从其发生时间来看，又有滞后信息、实时信息和预测信息等。在进行物流系统的研究时，应根据不同种类的信息进行分类收集和整理。

（四）动态性

多品种、小批量、多频度的配送技术与POS、EOS、EDI数据收集技术的不断应用使得各种物流作业频繁发生，加快了物流信息的价值衰减速度，要求物流信息不断更新。物流信息的及时收集、快速响应、动态处理已成为主宰现代物流经营活动成功的关键。

（五）复杂性

物流信息广泛性、联系性、多样性和动态性带来了物流信息的复杂性。在物流活动中，必须对不同来源、不同种类、不同时间和相互联系的物流信息进行反复研究和处理，才能得到有实际应用价值的信息，去指导物流活动，这是一个非常复杂的过程。

三、物流信息的作用

物流信息在物流活动中具有十分重要的作用，通过物流信息的收集、传递、存储、处理、输出等，成为决策依据，对整个物流活动起指挥、协调、支持和保障作用，其主要作用为：

（一）沟通联系的作用

物流系统是由许多行业、部门以及众多企业群体构成的经济大系统，系统内部正是通过各种指令、计划、文件、数据、报表、凭证、广告、商情等物流信息，建立起各种纵向和横向的联系，沟通生产厂、批发商、零售商、物流服务商和消费者，满足各方的需要。因此，物流信息是沟通物流活动各环节之间联系的桥梁。

（二）引导和协调的作用

物流信息随着物资、货币及物流当事人的行为等信息载体进入物流供应链中，同时信息的反馈也随着信息载体反馈给供应链上的各个环节，依靠物流信息及其反馈可以引导供应链结构的变动和物流布局的优化；协调物资结构，使供需之间平衡；协调人、财、物等物流资源的配置，促进物流资源的整合和合理使用等。

（三）管理控制的作用

通过移动通信、计算机信息网、电子数据交换（EDI）、全球定位系统（GPS）等技术实现物流活动的电子化，如货物实时跟踪、车辆实时跟踪、库存自动补货等，用信息化代替传统的手工作业，实现物流运行、服务质量和成本等的管理控制。

（四）缩短物流管道的作用

为了应付需求波动，在物流供应链的不同节点上通常设置有库存，包括中间库存和最终库存，如零部件、在制品、制成品的库存等，这些库存增加了供应链的长度，提高了供应链成本。但是，如果能够实时地掌握供应链上不同节点的信息，如知道在供应管道中，什么时候、什么地方、多少数量的货物可以到达目的地，那么就可以发现供应链上的过多库存并进行缩减，从而缩短物流链，提高物流服务水平。

（五）辅助决策分析的作用

物流信息是制定决策方案的重要基础和关键依据，物流管理决策过程的本身就是对物流信息进行深加工的过程，是对物流活动的发展变化规律性认识的过程。物流信息可以协助物流管理者鉴别、评估经比较物流战略和策略后的可选方案，如车辆调度、库存管理、设施选址、资源选择、流程设计以及有关作业比较和安排的成本—收益分析等均是在物流信息的帮助下才能做出的科学决策。

（六）支持战略计划的作用

作为决策分析的延伸，物流战略计划涉及物流活动的长期发展方向和经营方针的制订，如企业战略联盟的形成、以利润为基础的顾客服务分析以及能力和机会的开发和提炼，作为一种更加抽象、松散的决策，它是对物流信息进一步提炼和开发的结果。

（七）价值增值的作用

物流信息本身是有价值的，在物流领域中，流通信息在实现其使用价值的同时，其自身的价值又呈现增长的趋势，即物流信息本身具有增值特征。另一方面，物流信息是影响物流的重要因素，它把物流的各个要素以及有关因素有机地组合并联结起来，以形成现实的生产力和创造出更高的社会生产力。同时，在社会化大生产条件下，生产过程日益复杂，物流诸要素都渗透着知识形态的信息，信息真正起着影响生产力的现实作用。企业只有有效地利用物流信息，投入生产和经营活动后，才能使生产力中的劳动者、劳动手段和劳动对象最佳结合，产生放大效应，使经济效益出现增值。物流系统的优化，各个物流环节的优化所采取的办法、措施，如选用合适的设备、设计最合理路线、决定最佳库存储备等，都要切合系统实际，也即都要依靠准确反映这实际的物流信息。否则，任何行动都不免带有盲目性。所以，物流信息对提高经济效益也起着非常重要的作用。

四、物流信息的分类

物流的分类有很多种，信息的分类更是有很多种，因此物流信息的分类方法也就很多，见表11-1。

表11-1　物流信息的分类

分类标准	类型
物流功能	仓储信息、运输信息、加工信息、包装信息、装卸信息、配送信息
信息环节	输入物流活动的信息、物流活动产生的信息
信息的作用层次	基础信息、作业信息、协调控制信息和决策支持信息
信息加工程度	原始信息、加工信息
管理层次	战略管理信息、战术管理信息、知识管理信息和操作管理信息
物流信息的功能	计划信息、控制及作业信息、统计信息和支持信息
物流信息的来源	内部信息、外部信息

第二节　物流信息技术

一、条形码技术

（一）条形码（Bar code）的概念

“条码，又称条形码，是由一组规则排列的条、空及其对应字符组成的标记，用以表示一定的信息。”

条形码是由一组规则排列的条、空以及对应的字符组成的标记，“条”指对光线反射率较低的部分，“空”指对光线反射率较高的部分，这些条和空组成的数据表达一定的信息，并能够用特定的设备识读，转换成与计算机兼容的二进制和十进制信息。通常对于每一种物品，它的编码是唯一的，对于普通的一维条形码来说，还要通过数据库建立条形码与商品信息的对应关系，当条形码的数据传到计算机上时，由计算机上的应用程序对数据进行操作和处理。因此，普通的一维条形码在使用过程中仅作为识别信息，它的意义是通过在计算机系统的数据库中提取相应的信息而实现的。

它是一种光电扫描适度并实现信息自动输入计算机的图形标记符号，是由不同粗细平行线按特定格式安排间距的条形码符号和字符组成的一种标记。在流通和物流活动中，能够迅速准确地识别商品、自动读取有关商品信息。

（二）条形码系统的工作原理

条形码符号首先被一种红外线或可见光源照射；黑色的条吸收光，空则将光反射回扫描器中。扫描器将光波转译成模仿条形码中的条与空的电子脉冲。一个解码器用数学程序将电子脉冲译成一种二进制码并将译码后的资料信息传到个人电脑、控制器或电脑主机中。通过数据库中已建立的条形码与商品信息的对应关系，当条形码数据传到计算机上时，由计算机上的应用程序对条形码数据进行转换操作和处理（见图11–2）。

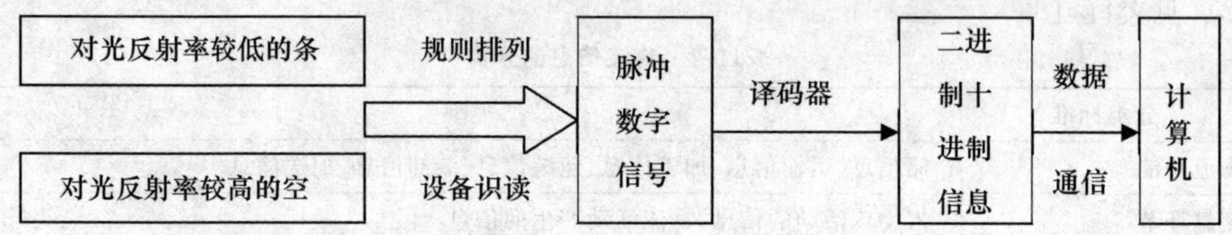

图11–2 条形码系统的工作原理

（三）条形码的功能

1.条形码是物流信息系统的基础

条形码所包含的是信息数据，是系统中物流对象的一部简要说明书，通过条形码单元将大量信息集中起来，就能使信息的采集和录入工作电子化。依靠这个系统，构筑了物流信息系统的开端。

2.沟通国际物流

条形码系统的条形码实际上是一种国际通用语言，通过对条形码识别，可以进行国际沟通。现代物流系统具有国际化趋势，通过条形码系统进行这种国际间的沟通，就省却了不同国家语言文字的转换问题，有力地支持了物流的国际化，更好地实现国际物流。

3.条形码已成为产品流通、销售的通行证

若将条形码定位、印刷（标贴）在不同的商品或者包装上，通过光电扫描输入电脑，我们能在数秒内得知不同商品的产地、制造商家、产品属性、生产日期、价格等一系列的信息。同时对提高商品的档次、打开销路、促进销售、加强商品包装及各行业现代化管理起着重要作用。

4.条形码为大市场、大流通服务

实现条形码化能够在速度、准确率和工作效率等方面给使用者带来许多便利。因此，条形码技术含量的增加，不能仅仅停留在系统成员的发展、条形码注册的增加上，还应认识到，商品条形码是建立大市场、大流通必不可少的信息产业。

（四）条形码分类（表11–2）

表11–2 条形码的分类

分类标准	条形码类型
使用目的	商品条形码、物流条形码
码制	UPC码、EAN码、25条形码、39条形码、93条形码、库德巴码、128条形码和其他码制等
维数	一维条形码和二维条形码

按使用目的，条形码可以分为商品条形码和物流条形码。

1.商品条形码

商品条形码又称商品标识代码（GB），是由国际物品编码协会（EAN）和统一代码委员会（UCC）规定的、用于标识商品的一组数字，包括EAN/UCC-13、EAN/UCC-8和UCC-12代码。是以直接向消费者销售的商品为对象、以单个商品为单位使用的条形码。商品条形码直接和消费者见面。

EAN商品条形码亦称通用商品条形码，由国际物品编码协会制定，通用于世界各地，是目前国际上使用最广泛的一种商品条形码。我国目前在国内推行使用的也是这种商品条形码。EAN商品条形码分为EAN-13（标准版）和EAN-8（缩短版）两种。

（1）EAN-13码

此码是目前通行于美国以外的各个国家的商品条形码，分为两种形式：一种为标准型EAN-13，由13个阿拉伯数字组成，通用于一般尺寸商品之标识；另一种为缩短型EAN-8，有8个数字元，适用于体积较小的商品。

① 结构一：适用于前缀码为690、691的情况

* 前缀码，由三位数字组成，是国家代码，由国际物品编码委员会统一决定。

* 制造厂商代码，由四位数字组成，我国物品编码中心统一分配并统一注册，一厂一码。

* 商品代码，由五位数字组成，表示每个制造厂商的商品，由厂商确定，可表示十万种商品。

* 校验码，由一位数字组成，用于校验前面各码的正误。

② 结构二：适用于前缀码为692、693的情况

* 前缀码，由三位数字组成，是国家的代码，由国际物品编码委员会统一决定。

* 制造厂商代码，由五位数字组成，我国物品编码中心统一分配并统一注册，一厂一码。

* 商品代码，由四位数字组成，表示每个制造厂商的商品，由厂商确定。

* 校验码，由一位数字组成，用于检验前面各码的正误。

主要国家的EAN商品条形码的国别码见表11-3。

表11-3 主要国家的 EAN 商品条形码的国别码

代 码	国家（或地区）	代 码	国家（或地区）
000~139	美国，加拿大	759	委内瑞拉
30~37	法国	76	瑞士
400~449	德国	770	哥伦比亚
460~469	俄罗斯	773	乌拉圭
471	台湾	775	秘鲁
489	香港	779	阿根廷
45,49	日本	780	智利
50	英国，爱尔兰	789	巴西

续表11-3

代 码	国家（或地区）	代 码	国家（或地区）
520	希腊	80~83	意大利
529	塞浦路斯	84	西班牙
54	比利时,卢森堡	859	捷克斯洛伐克
560	葡萄牙	860	南斯拉夫
569	冰岛	869	土耳其
57	丹麦	87	荷兰
599	匈牙利	880	韩国
600~601	南非	885	泰国
64	芬兰	888	新加坡
690~695	中国	90~91	奥地利
70	挪威	93	澳大利亚
729	以色列	94	新西兰
73	瑞典	955	马来西亚
750	墨西哥	959	巴布亚新几内亚

（2）缩短版EAN条形码——EAN-8码

由8位数字组成，前三位为前缀码，含义同标准版商品条形码，中间四位为商品代码，由中国物品编码中心统一分配。最后一位为校验码。

在以下几种情况下，可采用EAN-8条形码：

* 只有当标准形式的条形码（EAN-13码）所占面积超过总印刷面积的四分之一或全部可印刷面积的八分之一时；

* 印刷标签的最大面积小于40 cm^2或全部可印刷面积小于80 cm^2时；

* 产品本身是直径小于3 cm的圆柱体。

2.物流条形码

物流是生产和消费之间的纽带，为了实现以最小的投入获得最大的经济效益，就要使物流过程快速、合理、消耗低，将物流、商流、信息流综合考虑，发挥物流系统的功能效用。物流条形码可以使我们更好地实现这一目标。利用识读设备可以实现自动识别、自动数据采集。在商品从生产厂家到运输、交换、整个物流过程中都可以通过物流条形码来实现数据共享，使信息的传递更加方便、快捷、准确，提高整个物流系统的经济效益。物流条形码是货运单元的唯一标识。货运单元是由若干消费单元组成的稳定的和标准的产品集合，是收发货、运输、装卸、仓储等物流业务所必需的一种物流包装单元，是多个或多种商品的集合，应用于现代化的物流管理中。

物流条形码是物流过程中的以商品为对象、以包装商品为单位使用的条形码。标准物流条形码由14位数字组成，除了第1位外，其他13位数字代表的意义与商品条形码的相同。物流条形码第1位数字表示物流识别代码，在物流识别代码中1代表集合包装容器装6瓶酒；2代表装24瓶酒。例如，物流条形码26902952880041代表该包装容器装有中国贵州茅台酒厂的白酒24瓶。

3.物流条形码与商品条形码的区别

商品条形码与物流条形码的比较见表11-4。

表11-4 商品条形码与物流条形码的区别

	应用对象	数字构成	包装形状	应用领域
商品条形码	向消费者销售商品	13 位数字	单个商品包装	POS 系统、补充订货管理
物流条形码	物流过程中的商品	14 位数字（标准物流条形码）	集合包装(如纸箱、集装箱等)	出入库管理、运输管理

按码制分类，条形码可分为：UPC码、EAN码、25条形码、39条形码、93条形码、库德巴码、128条形码和其他码制等。

* UPC码由美国统一代码委员会制定，主要流行于北美。

* 39码是一种带有自我检查功能的字母与数字的符号法，它可以提供不同的长度并有高度的资料保密效能，在工业、医药和政府部门中很流行。

* 128码可以代表所有的ASC码并有高密度和高度的资料保密效能。

* 93码是一种类似于39码的条形码，密度较高，能够代替39码。

* 交叉25码主要应用于包装、运输以及国际航空系统的机票顺序编码等。

* Coda bar码（库德巴码）主要应用于血库、图书馆、包裹等的跟踪管理。

按维数分类，条形码分为：一维条形码和二维条形码。

1.一维条形码

一维条形码又称线形条形码。我们通常把那些只在一个方向（一般是水平方向，在垂直方向则不表达任何信息）表达信息的条形码叫一维条形码。如：我们经常看到的各种商品上的条形码、挂号信和特快专递上的条形码都属于一维条形码，如图11-3。目前使用频率最高的几种码制是：EAN、UPC、39码、交叉25码和128码。

一维条形码示意图

一维条形码在商品上的应用示意图

图11-3 一维条形码

一维条形码广泛地应用于仓储、邮电、运输、商业盘点等许多领域。应用最广泛、最为人们熟悉的还是通用商品流通销售领域的POS（point of sale）系统，也称为销售终端或扫描系统。北美、欧洲各国和日本普遍采用POS系统，其普及率已达95%以上。条形码技术在电子政务公文流转领域的应用始于远光公司在1999年研发的公文流转智能管理系统，该系统应用在我国最大的机要文件交换机构——国务院办公厅中央国家机关机要文件交换站中，这是全国第一个将条形码自动识别技术应用于公文流转领域的信息管理系统。

2.二维条形码

在水平和垂直方向的二维空间存储信息的条形码，称为二维条形码。二维条形码是一种高密度、高信息含量的便携式数据文件，是实现证件及卡片等大容量、高可靠性信息自动存储、携带，并可用机器自动识读的理想手段，能够不依赖数据库及通讯网络而单独应用，如图11–4。

使用二维条形码可以解决如下问题：

(1) 表示包括汉字、照片、指纹、签字在内的小型数据文件；

(2) 在有限的面积上表示大量信息；

(3) 对“物品”进行精确描述；

(4) 防止各种证件、卡片及单证的仿造；

(5) 在远离数据库和不便联网的地方实现数据采集。

二维条形码示意图

二维条形码在绿色环保标志上的应用示意图

图11–4　二维条形码

从结构上讲，二维条形码分为两类：其中一类由矩阵代码和点代码组成，其数据是以二维空间的形态编码的；另一类由多行条形码符号组成，其数据以成串的数据行显示。常用的码制有CODE49、CODE16K、PDF417。

PDF是便携式数据文件（Portable Data File）的缩写，417则与宽度代码有关，用来对字符编码。PDF417 由美国Symbol公司研制，是中国现行唯一通过国家标准认证的二维条形码。PDF417二维条形码具有如下的技术特点：

(1) 信息容量大

PDF417条形码可容纳1850个大写字母或2710个数字或1108个字节，比普通条形码信息容量约高几十倍。

(2) 编码范围广

该条形码可以把图片、声音、文字、签字、指纹等可以数字化的信息进行编码，用条形码表示出来。

(3) 容错能力强

该条形码采用世界上最先进的数学纠错理论和技术，可以有效防止译码错误，提高译码速度，复原受损信息。

(4) 译码可靠性高

它比普通条形码译码错误率百万分之二要低得多，误码率不超过千万分之一。

(5) 保密性、防伪性好

它具有多重防伪特性，其信息按密码格式编码，采用软件加密，并可以利用所包含的信息如指纹、图片等进行防伪。另外，还可以采用隐形条形码防伪。

(6) 易制作，持久耐用

条形码可以印在各种载体上，可以使用多种印刷技术，条形码阅读不需要物理接触，不受读取次数限制。

(7) 成本低

它的成本远远低于磁带等存储介质，在网络连通情况不好时，可以通过传真方式把大量信息的二维条形码传送给对方。

(8) 条形码符号形状、尺寸大小比例可变

在保持条形码所表示的信息量不变的情况下，PDF417条形码的形状、尺寸和大小可以根据载体面积、业务需要和美工设计进行调整。

(五) 条形码技术的应用

条形码技术的优越性促使条形码近年来应用范围越来越广。主要包括：

1.大型超级市场或购物中心

超级市场中打上条形码的商品经光笔扫描，自动计价，并同时作销售记录；公司可用这些记录作系统统计分析，预测未来需求和制订进货计划。在美国、欧洲、日本等的超级市场中，未打条形码的商品只能作为等外品出售，卖不到应有的价格。

2.条形码技术在物流配送中的应用

配送是产品流通的重要环节。以美国最大的百货公司Wal-Mart为例，该公司在全美有25个规模很大的配送中心，一个配送中心要为100多家零售店服务，日处理量约为20多万个纸箱。每个配送中心分为三个区域：收货区、拣货区、发货区。在收货区，一般用叉车卸货。先把货堆放到暂存区，工人用手持式扫描器分别识别运单上和货物上的条形码，确认匹配无误才能进一步处理，有的要入库，有的要直接送到发货区，称作直通作业，以节省时间和空间。在拣货区，计算机在夜班打印出隔天需要向零售店发运的纸箱的条形码标签，白天，拣货员拿一叠标签打开一只只空箱，在空箱上贴上条形码标签，然后用手持式扫描仪识读。根据标签上的信息，计算机随时发出拣货命令。在货架的每个货位都有指示灯，表示那里需要拣货以及拣货的数量。等拣货员完成该货位的拣货作业后，按一下“完成”按钮，计算机就可以更新其数据库。装满货品的纸箱经封箱后运送到自动分拣机，在全方位扫描器识别条形码后，计算机指令拨叉机构把纸箱拨入相应的装车线，集中装车运往指定的零售点。

在国内，条形码在加工制造和配送中的应用也已经有了广泛的应用。红河烟厂就是一例，成箱的纸烟从生产线下来，汇总到一条运输线。在送往仓库之前，先要用扫描器识别其条形码，登记完成生产的情况，纸箱随即进入仓库，运送到自动分拣机。另一台扫描器

识读纸箱上的条形码，如果这种品牌的烟正要发运，则该纸箱被拨入相应的装车线；如果需要入库，则由第三台扫描器识别其品牌。然后拨入相应的自动码托盘机，码成整托盘后通过运输机系统入库储存。条形码的功能在于大大提高了物品的处理效率，而且提高了库存管理的及时性和准确性。

3.条形码技术在国际贸易、国际物流的诸多环节中的应用

条形码在国际贸易与国际物流中的应用与在CIMS等国内生产、流通中的应用相比，前者要复杂得多。这是由于国际贸易的商品交易、商品流通的难度所致。由于条形码技术的优势，其在国际贸易、国际物流中的应用范围将更加广阔，也更复杂。其包括：

(1) 进出口货物的订货业务。出口商品进入仓库的检查验收处理，商品检查验收及外发商品在库中的保管等，均采用条形码技术进行识别、标签、定位入格等。

(2) 大型国际配送加工中心的货物分拣。采用条形码技术进行识别分拣、贴标签、存放、再出库。

(3) 外贸商品检验。采用条形码技术对货单进行扫描，再检验。

(4) 海关、银行均可运用条形码技术。

(5) 国际出口单证业务处理采用条形码和EDI处理，就能更加高速化、准确化。

条形码技术应用趋势是不断地向标准化、通用化、准确化发展。

4.条形码在物流系统中的应用

(1) 生产线自动控制系统

现代生产日益计算机化和信息化，自动化水平不断提高，生产线自动控制系统要正常运转，条形码技术的应用就成为不可或缺的了。因为现代产品性能日益先进，结构日益复杂，零部件数量和种类众多，传统的人工操作既不经济也不可能。如果使用条形码技术对每一个零部件进行在线控制，就能避免差错、提高效率、确保生产顺利进行。使用条形码技术成本低廉，只需先对进入生产线的物品赋码，在生产过程中通过安装于生产线的条形码识读设备，获取物流信息，从而随时跟踪生产线上每一个物品的情况，形成自动化程度高的电子车间。

(2) 信息系统（POS系统）

目前条形码技术应用最为广泛的领域是商业自动化管理，即建立商业POS（point of sale）系统，利用现金收款机作为终端机与主计算机相联，借助识读设备为计算机录入商品上的条形码符号，计算机从数据库中自动查寻对应的商品信息，显示出商品名称、价格、数量、总金额，反馈给现金收款机开出收据，迅速准确地完成结算过程，从而节省顾客购买结算时间，更为重要的是它使商品零售方式发生了巨大的变革，由传统的封闭柜台式销售变为开架自选销售，大大便利了顾客采购商品；同时计算机还可根据购销情况对货架上各类商品的数量、库存进行处理，及时提出进、销、存、退的信息，供商家及时掌握购销行情和市场动态，提高竞争力，增加经济效益；对商品制造商来说则可以及时了解产品销售情况，及时调整生产计划，生产适销对路的商品。

(3) 仓储管理系统

仓储管理无论在工业、商业，还是物流配送业里都是重要的环节。现代仓储管理所要

面对的产品数量、种类和进出仓频率都大为增加，原有的人工管理不仅成本昂贵，而且难以为继，尤其是对一些有保质期控制的产品的库存管理，库存期不能超过保质期，必须在保质期内予以销售或进行加工生产，否则就有可能因其变质而遭受损失。人工管理往往难以真正做到按进仓批次在保质期内先进先出。利用条形码技术，这一难题就迎刃而解，只需在原材料、半成品、成品入仓前先进行赋码，进出仓时读取物品上的条形码信息，从而建立仓储管理数据库，并提供保质期预警查询，使管理者可以随时掌握各类产品进出仓和库存情况，及时准确地为决策部门提供有力的参考。

（4）自动分拣系统

现代社会物品种类繁多，物流量庞大，分拣任务繁重，人工操作越来越不能适应分拣任务的增加，利用条形码技术实行自动化管理就成为时代的要求了。运用条形码技术对邮件、包裹、批发和配送的物品等进行编码，通过条形码自动识别技术建立自动分拣系统，就可大大提高工作效率，降低成本。在配送方式和仓库出货时，采用分货、拣选方式，需要快速处理大量的货物，利用条形码技术便可自动进行分货拣选，并实现有关的管理。其过程如下：中心接到若干个配送订货要求，将若干订货汇总，每一品种汇总成批后，按批发出所在条形码的拣货标签，拣货人员到库中将标签贴于每件商品上，自动分拣。分货机始端的扫描器对处于运动状态的分货机上的货物进行扫描，一方面是确认所拣出货物是否正确，另一方面是识读条形码上的用户标记，指令商品在确定的分支分流，到达各用户的配送货位，完成分货拣选作业。

（5）售后服务系统

一般来说，大件商品或一些耐用消费品，其售后服务往往决定着其市场销售情况和市场占有率。因此，对此类商品的生产者来说，搞好客户管理和售后服务尤为重要。利用条形码进行客户管理和售后服务管理不仅简便易行，而且成本低廉，厂商只需在产品出厂前进行赋码，各代理商、分销商在销售时读取产品上的条形码，向厂商及时反馈产品流通的信息和客户信息，建立客户管理和售后服务管理系统，随时掌握产品的销售状况和市场信息，为厂商及时进行技术革新和花色品种更新、生产适销对路的商品提供可靠的市场依据。可见，以条形码这种标准标识“语言”为基础的自动识别技术，大大提高了数据采集和识别的准确性和速度，并可实现过程中的计算意义，实现了物流的高效率运作。

综上所述，条形码技术是最基本的物流管理手段，极大地提高了基础数据的采集和传递的速度，提高了物流效率，为物流管理的科学化和现代化作出了巨大贡献。

二、射频识别技术

（一）射频的概念

射频识别（Radio Frequency Identification，RFID）的概念：通过射频信号识别目标对象并获取相关数据信息的一种非接触式的自动识别技术，是20世纪90年代开始兴起的一种自动识别技术。与其他自动识别系统一样，射频识别系统也是由信息载体和信息获取装置组成的。它的基本原理是电磁理论，利用无线电波对记录媒体进行读写。射频系统的优点是不局限于视线，识别距离比光学系统远，射频识别卡（射频标签）具有读写能力、可携带大量数据、难以伪造和有智能等特点。获取信息的装置称为射频读写器（在部分系统中也称为问询器、收发器等）。射频标签与射频读写器之间利用感应、无线电波或微波能量进行非接触双向通信，实现数据交换，从而达到识别的目的。

（二）射频识别技术的工作原理

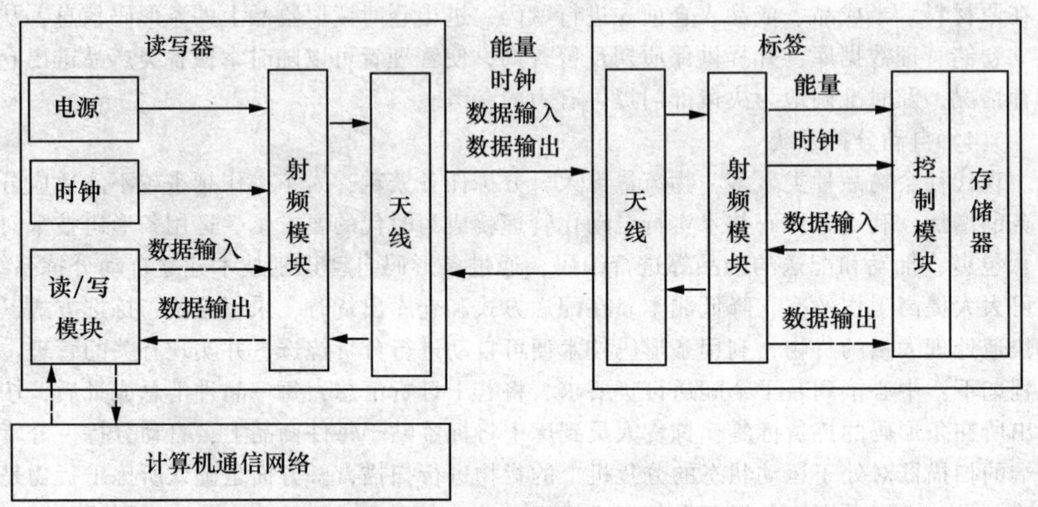

图11-5　射频识别技术的工作原理

读写器通过发射天线发射一定频率的射频信号，标签进入发射天线工作区域时，标签被激活，将自身的信息代码通过内置天线发出，读写器获取标签信息代码并解码后，将标签信息送至计算机进行处理。由图11-5可以看出，在射频识别系统工作过程中，始终以能量作为基础，通过一定的时序方式来实现数据交换。

1.读写器与应用系统间通信的原理

读写器将标签发来的调制信号，经过解调解码后，通过USB、串口、网口等，将得到的信息传给应用系统。应用系统可以给读写器发送相应的命令，控制读写器完成相应的任务。读写器可以在其有效射频范围内激活符合标准的多个电子标签，可以同时识别多个标签，具有防碰撞功能。

2.耦合原理

RFID阅读器和标签在能够通信前必须先完成耦合。耦合的方式一般分为电感耦合、电容耦合、磁耦合、后向散射。耦合的方式决定RFID系统的频率与通信距离范围。

电容耦合一般用于非常近的距离（小于1 cm）。标签与阅读器中均有大导通平面，当两者靠得很近时，便形成了一个电容。交流信号就可以通过此电容从阅读器传送到标签或从标签传送到阅读器。该耦合方式能够传递的能量很大，因此能够驱动标签中较复杂的电路。

电感耦合利用标签与阅读器中的线圈构成一个暂时的变压器。阅读器产生的电流对其线圈充电，同时产生磁场。该磁场在标签的线圈中产生电流，对标签的电路供电且传递信息。电感耦合工作距离比电容耦合长，约为10 cm。

磁耦合与电感耦合很相似，主要区别在于其工作距离与电容电容耦合一样只有1 cm以内，因此多用于插入式读取。

后向散射耦合方式是RFID系统中采用得较多的一种。EPC Gen2的RFID标签便采用此种耦合方式。阅读器发送RF信号到标签，标签通过接收到的RF信号提供自身供电及解调信号，然后反射回阅读器，工作距离可达10 m以上。

（三）射频识别技术的特点

射频卡的几个主要模块集成到一块芯片中与读写器通信，芯片上由内存部分来储存识别号码或其他数据，内存容量从几个字节到几十千字节。芯片外围仅需连接天线（和电池）。卡封装可以有不同形式，如常见的信用卡的形式及小圆片的形式等。和条形码、磁卡、IC卡等同期或早期的识别技术相比，射频卡具有非接触、工作距离长、适于恶劣环境、可识别运动目标等优点。因此，完成识别工作时无须人工干预，适于实现自动化且不易损坏，可识别高速运动物体并可同时识别多个射频卡，操作快捷方便。射频卡不怕油渍、灰尘污染等恶劣的环境，短距离的射频卡可以在这样的环境中替代条形码，长距离的产品多用于交通上，距离可达几十米。

与传统的条形码技术相比，以RFID技术为基础的电子标签具有如下特点和优势：

1.快速扫描

条形码一次只能有一个条形码受到扫描；RFID辨识器可同时辨识读取数个RFID标签。

2.体积小型化、形状多样化

RFID在读取上并不受尺寸大小与形状限制，不需为了读取精确度而配合纸张的固定尺寸和印刷品质。此外，RFID标签更可往小型化与多样形态发展，以应用于不同产品。

3.抗污染能力和耐久性

传统条形码的载体是纸张，因此容易受到污染，但RFID对水、油和化学药品等物质具有很强的抵抗性。此外，由于条形码是附于塑料袋或外包装纸箱上，所以特别容易受到折损；RFID卷标是将数据存在芯片中，因此可以免受污损。

4.可重复使用

现今的条形码印刷上去之后就无法更改，RFID标签则可以重复地新增、修改、删除RFID卷标内储存的数据，方便信息的更新。

5.穿透性和无屏障阅读

在被覆盖的情况下，RFID能够穿透纸张、木材和塑料等非金属或非透明的材质，并能够进行穿透性通信。而条形码扫描机必须在近距离而且没有物体阻挡的情况下，才可以辨读条形码。

6.数据的记忆容量大

一维条形码的容量是50 Bytes，二维条形码最大的容量是可储存3000字符，RFID最大的容量则有数Mega Bytes。随着记忆载体的发展，数据容量也有不断扩大的趋势。未来物品所需携带的资料量会越来越大，对卷标所能扩充容量的需求也相应增加。

7.安全性

由于RFID承载的是电子式信息，其数据内容可经由密码保护，使其内容不易被伪造及变造。

近年来，RFID因其所具备的远距离读取、高储存量等特性而备受瞩目。它不仅可以帮助一个企业大幅提高货物、信息管理的效率，还可以让销售企业和制造企业互联，从而更加准确地接收反馈信息，控制需求信息，优化整个供应链。

（四）射频识别系统的组成

射频识别系统在具体的应用过程中，根据不同的应用目的和应用环境，系统的组成会有所不同，但从射频识别系统的工作原理来看，系统一般都由信号发射机、信号接收机、发射接收天线几部分组成。

1.信号发射机（射频标签）

在射频识别系统中，信号发射机为了不同的应用目的，会以不同的形式存在，典型的形式是标签（TAG）。标签相当于条形码技术中的条形码符号，用来存储需要识别、传输的信息，另外，与条形码不同的是，标签必须能够自动或在外力的作用下，把存储的信息主动发射出去。标签一般是带有线圈、天线、存储器与控制系统的低电集成电路。

按照不同的分类标准，标签有许多不同的分类。

（1）有源射频标签与无源射频标签

在实际应用中，必须给标签供电它才能工作，虽然它的电能消耗是非常低的（一般是百万分之一毫瓦级别）。按照标签获取电能的方式不同，可以把标签分成有源射频标签（主动式标签）与无源射频标签（被动式标签）。

有源射频标签内部自带电池进行供电，它的电能充足，工作可靠性高，信号传送的距离远。另外，有源射频标签可以通过设计电池的不同寿命对标签的使用时间或使用次数进行限制，它可以用在需要限制数据传输量或者使用数据有限制的地方，比如，一年内，标签只允许读写有限次。有源射频标签的缺点主要是标签的使用寿命受到限制，而且随着标签内电池电力的消耗，数据传输的距离会越来越小，影响系统的正常工作。

无源射频标签内部不带电池，要靠外界提供能量才能正常工作。无源射频标签典型的产生电能的装置是天线与线圈，当标签进入系统的工作区域时，天线接收到特定的电磁波，线圈就会产生感应电流，再经过整流电路给标签供电。

无源射频标签具有永久的使用期，常常用在标签信息需要每天读写或频繁读写的地方，而且无源射频标签支持长时间的数据传输和永久性的数据存储。无源射频标签的缺点主要是数据传输的距离要比有源式标签小。因为无源射频标签依靠外部的电磁感应而供电，它的电能就比较弱，数据传输的距离和信号强度就受到限制，需要敏感性比较高的信号接收器（阅读器）才能可靠识读。

（2）只读标签与可读可写标签

根据内部使用存储器类型的不同，标签可以分成只读标签与可读可写标签。

只读标签内部只有只读存储器（Read Only Memory，ROM）和随机存储器（Random Access Memory，RAM）。ROM用于存储发射器操作系统说明和安全性要求较高的数据，它与内部的处理器或逻辑处理单元完成内部的操作控制功能，如响应延迟时间控制，数据流控制，电源开关控制等。另外，只读标签的ROM中还存储有标签的标识信息。这些信息可以在标签制造过程中由制造商写入ROM中，也可以在标签开始使用时由使用者根据特定的应用目的写入特殊的编码信息。这种信息可以只简单地代表二进制中的“0”或者“1”，也可以像二维条形码那样，包含复杂的、相当丰富的信息。但这种信息只能是一次写入，多次读出。只读标签中的RAM 用于存储标签反应和数据传输过程中临时产生的数据。另外，只读标签中除了ROM和RAM外，一般还有缓冲存储器，用于暂时存储调制后等待天线发送的信息。

可读可写标签内部的存储器除了ROM、RAM和缓冲存储器之外，还有非活动可编程记忆存储器。这种存储器除了具有存储数据功能外，还具有在适当的条件下允许多次写入数据的功能。非活动可编程记忆存储器有许多种，EEPROM（电可擦除可编程只读存储器）是比较常见的一种，这种存储器在加电的情况下，可以实现对原有数据的擦除或数据的重新写入。

（3）标识标签与便携式数据文件

根据标签中存储器存储数据能力的不同，可以把标签分成仅用于标识目的的标识标签与便携式数据文件两种。

对标识标签来说，一个数字或者多个数字字母字符串存储在标签中，为了识别的目的或者是作为进入信息管理系统中数据库的钥匙（key)。条形码技术中标准码制的号码，如EAN，UPC码，或者混合编码，或者标签使用者按照特别的方法编的号码，都可以存储在标识标签中。标识标签中存储的只是标识号码，用于对特定的标识项目，如人、物、地点进行标识，关于被标识项目的详细的、特定的信息，只能在与系统相连接的数据库中进行查找。

顾名思义，便携式数据文件就是说标签中存储的数据量非常大，足可以看做是一个数据文件。这种标签一般都是用户可编程的，标签中除了存储有标识码外，还存储有大量的被标识项目其他的相关信息，如包装说明，工艺过程说明等。在实际应用中，关于被标识项目的所有的信息都是存储在标签中的，读标签就可以得到关于被标识项目的所有信息，而不用再连接到数据库进行信息读取。另外，随着标签存储能力的提高，可以提供组织数据的能力，在读标签的过程中，可以根据特定的应用目的控制数据的读出，实现在不同的情况下读出的数据部分不同。

2.信号接收机（阅读器）

在射频识别系统中，信号接收机一般叫做阅读器。根据支持的标签类型不同与完成的功能不同，阅读器的复杂程度是显著不同的。阅读器基本的功能就是提供与标签进行数据传输的途径。另外，阅读器还提供相当复杂的信号状态控制、奇偶错误校验与更正功能等。标签中除了存储需要传输的信息外，还必须含有一定的附加信息，如错误校验信息等。识别数据信息和附加信息按照一定的结构编制在一起，并按照特定的顺序向外发送。阅读器通过接收到的附加信息来控制数据流的发送。一旦到达阅读器的信息被正确接收和译解，阅读器通过特定的算法决定是否需要发射机对发送的信号重发一次，或者直到发射器停止发信号，这就是“命令响应协议”。使用这种协议，即便在很短的时间、很小的空间阅读多个标签，也可以有效地防止“欺骗问题”的产生。

3.天线

天线是标签与阅读器之间传输数据的发射、接收装置。在实际应用中，除了系统功率，天线的形状和相对位置也会影响数据的发射和接收，需要专业人员对系统的天线进行设计、安装。

（五）射频识别技术的应用类型

根据射频技术完成的功能不同，可以粗略地把射频系统分成4种类型：EAS系统、便携式数据采集系统、物流控制系统和定位系统。

1.EAS系统

EAS（Electronic Article Surveillance）是一种设置在需要控制物品出入门口的RFID技术。这种技术的典型应用场合是商店、图书馆、数据中心等地方，当未被授权的人从这些地方非法取走物品时，EAS系统会发出警告。

在应用EAS系统时，首先在物品上粘贴EAS标签，当物品被正常购买或者合法移出时，在结算处通过一定的装置使EAS标签失活，物品就可以取走。物品经过装有EAS系统的门口时，EAS装置能自动检测标签的活动性，发现活动性标签就会发出警告。EAS技术的应用可以有效防止物品的被盗，不管是大件的商品，还是很小的物品。

应用EAS技术，物品不用再锁在玻璃橱柜里，可以让顾客自由地观看、检查商品，这在自选日益流行的今天有着非常重要的现实意义。典型的EAS系统一般由3部分组成：

（1）附着在商品上的电子标签，电子传感器；

（2）电子标签灭活装置，以便授权商品能正常出入；

（3）监视器，在出口形成一定区域的监视空间。

EAS系统的工作原理是：在监视区，发射器以一定的频率向接收器发射信号。发射器与接收器一般安装在零售店、图书馆的出入口，形成一定的监视空间。当具有特殊特征的标签进入该区域时，会对发射器发出的信号产生干扰，这种干扰信号也会被接收器接收，再经过微处理器的分析判断，就会控制警报器的鸣响。根据发射器所发出的信号不同及标签对信号干扰的原理不同，EAS可以分成许多种类型。关于EAS技术最新的研究方向是标签的制作，人们正在讨论EAS标签能不能像条形码一样，在产品的制作或包装过程中加进产品，成为产品的一部分。

2.便携式数据采集系统

便携式数据采集系统是使用带有RFID阅读器的手持式数据采集器采集RFID标签上的数据。这种系统具有比较大的灵活性，适用于不宜安装固定式RFID系统的应用环境。手持式阅读器（数据输入终端）可以在读取数据的同时，通过无线电波数据传输方式（RFDC）实时地向主计算机系统传输数据，也可以暂时将数据存储在阅读器中，成批地向主计算机系统传输数据。

3.物流控制系统

在物流控制系统中，RFID阅读器分散布置在给定的区域，并且阅读器直接与数据管理信息系统相连，信号发射机是移动的，一般安装在移动的物体、人上面。当物体、人流经阅读器时，阅读器会自动扫描标签上的信息并把数据信息输入数据管理信息系统存储、分析、处理，达到控制物流的目的。

4.定位系统

定位系统用于自动化加工系统中的定位，以及对车辆、轮船等进行运行定位支持。阅读器放置在移动的车辆、轮船上或者自动化流水线中移动的物料、半成品、成品上，信号发射机嵌入操作环境的地表下面。信号发射机上存储有位置识别信息，阅读器一般通过无线的方式（有的采用有线的方式）连接到主信息管理系统。

我国射频技术的应用也已经开始，一些高速公路的收费站口，使用射频技术可以不停车收费；我国铁路系统使用射频技术记录货车车厢编号的试点已运行了一段时间；一些物流企业也正在准备将射频技术用于物流管理中。

（六）射频技术的应用领域

1.高速公路自动收费系统及交通管理

高速公路自动收费系统是射频技术最成功的应用之一。目前我国的高速公路发展非常快，地区经济发展的先决条件就是有便利的交通条件，而高速公路收费却存在一些问题，一是交通堵塞，在收费站口，许多车辆要停车排队，成为交通瓶颈问题；二是少数不法的收费员贪污路费，使国家损失了相当多的财政收入。RFID技术应用在高速公路自动收费上能够充分体现它非接触识别的优势，让车辆高速通过收费站的同时自动完成收费，同时可以解决收费员贪污路费及交通拥堵的问题。

一般，对公路收费系统来说，由于车辆的大小和形状不同，需要大约4 m的读写距离和很快的读写速度，也就要求系统的频率应该在900~2500 MHz。射频卡一般在车的挡风玻璃后面。现在最现实的方案是将多车道的收费口分两个部分：自动收费口、人工收费口。天线架设在道路的上方。在距收费口约50~100 m处，当车辆经过天线时，车上的射频卡被头顶上的天线接收到，判别车辆是否带有有效的射频卡。读写器指示灯指示车辆进入不同车道，人工收费口仍维持现有的操作方式。进入自动收费口的车辆，养路费款被自动从用户账户上扣除，且用指示灯及蜂鸣器告诉驾驶员收费是否完成，不用停车就可通过，挡车器将拦下恶意闯入的车辆。

在城市交通方面，道路日趋拥挤，解决交通问题不能只依赖于修路，加强交通的指挥、控制、疏导，从而提高道路的利用率，深挖现有交通潜能也是非常重要的。而基于RFID技术的实时交通督导和最佳路线电子地图很快将成为现实。用RFID技术实时跟踪车辆，通过交通控制中心的网络在各个路段向驾驶员报告交通状况，指挥车辆绕开堵塞路段，并用电子地图实时显示交通状况，能够使交通流向均匀，大大提高道路利用率；还可用于车辆特权控制，在信号灯处给警车、应急车辆、公共汽车等行驶特权，自动查处违章车辆，记录违章情况。另外，公共汽车站实时跟踪指示公共汽车到站时间及自动显示乘客信息，给乘客很大的方便。用RFID技术能使交通的指挥自动化、法制化，有助于改善交通状况。

2.RFID卡收费

国外的各种交易大多利用各种卡来完成，而在我国普遍采用现金交易，现金交易不方便也不安全，还容易出现税收的漏洞。目前的收费卡多用磁卡、IC卡，射频卡也开始抢占市场，原因是在一些恶劣的环境中，磁卡、IC卡容易损坏，射频卡既不易磨损，也不怕静电及其他情况。同时射频卡用起来很方便、快捷，不用打开包，在读写器前摇晃一下，就完成收费；还可以同时识别几张卡，并行收费，比如公共汽车上的电子月票。我国大城市的公共汽车异常拥挤、环境条件差，一般在国外还较有效的收费系统在国内就无法使用，射频卡的使用有助于改善这个情况。

又比如会员制收费卡、职工就餐卡、商店收费卡、电话卡、储蓄卡等均可使用射频卡，射频卡上有内存分区，不同区域有不同的安全级别，可以在各种场合中使用，互不干扰，而未来的发展必将使各种卡的应用统一到一张卡上，每个人手持一张卡就可以在各处使用。

3.生产线自动化

用RFID技术在生产流水线上实现自动控制、监视，可提高生产率、改进生产方式、节约成本。德国宝马汽车公司在装配流水线上应用射频卡以尽可能大量地生产用户定制的汽车。宝马汽车的生产是基于用户提出的要求式样而生产的：用户可以从上万种内部和外部选项中选定自己所需车的颜色、引擎型号及轮胎式样等，这样一来，汽车装配流水线上就得装配上百种式样的宝马汽车，如果没有一个有高度组织的、复杂的控制系统，是很难完成这样复杂的任务的。宝马公司就在其装配流水线上配有RFID系统，他们使用可重复使用的射频卡，该射频卡上可带有详细的汽车所需的所有要求，在每个工作点处都有读写器，这样可以保证汽车在各个流水线位置处能毫不出错地完成装配任务。

4.仓储管理

将RFID系统用于智能仓库货物管理。可以说RFID完全有效地解决了仓库里与货物流动有关的信息的管理，它不但增加了一天内处理货物的件数，还监看着这些货物的一切信息。射频卡是贴在货物所通过的仓库大门边上，读写器和天线都放在叉车上，每个货物都贴有条形码，所有条形码信息都被存储在仓库的中心计算机里，该货物的有关信息都能在计算机里查到。当货物被装走运往别地时，由另一读写器识别并告知计算中心它被放在哪个拖车上。这样管理中心可以实时地了解到已经生产了多少产品和发送了多少产品，并可自动识别货物，确定货物的位置。

三、电子数据交换技术

（一）电子数据交换（Electronic Data Interchange，简称EDI）的概念

采用标准化的格式，利用计算机网络进行业务数据的传输和处理。

根据联合国标准化组织的定义，EDI是指将商业或行政事务处理按照一个公认的标准，形成结构化的事务处理或报文数据格式，从计算机到计算机的电子传输方法。

EDI是计算机与计算机之间结构化的事务数据交换，它是通信技术、网络技术与计算机技术的结晶。将数据和信息规范化、标准化，在计算机应用系统间，直接以电子方式进行数据交换。EDI 是目前较为流行的商务、管理业务信息交换方式，它使业务数据自动传输、自动处理，从而大大提高了工作效率和效益。通俗地讲，EDI就是一类电子邮包，按

一定方式进行加密和解密，并以特殊标准和形式进行传输。

EDI是一种以结构化的信息形式在贸易伙伴间自动传递信息的通信方式，它为改善信息沟通的效率提供了技术解决方案。最初的电子连接是建立在消费者和供应者之间的，随着即时系统和快速响应系统的增加，引发了EDI网络中其他代理者的需要，以保证整个贸易链的有效性。如在运输业中，EDI能够帮助提供装货电子单据、转运跟踪信息、货运单据、电子资金转账等业务，因此大大减少了纸张处理，使信息能够及时存取。EDI按照同一规定的一套通用标准格式，将标准的经济信息，通过通信网络传输，在贸易伙伴的电子计算机系统之间进行数据交换自动处理，俗称“无纸贸易”，被视为一场“结构性的商业革命”。

联合国欧洲经济理事会（UN/ECE）经过多年的大量工作，于1987年公布了一套EDI国际标准，命名为UN/EDIFACT，而国际标准化组织ISO为该标准制定了一套语法规则(SYNTAX RULES，ISO9735)，UN/EDIFACT是联合国推荐的用于行政、商业和运输业的电子交换标准报文格式。EDI技术发展的重点任务之一是统一报文格式。目前，UN/EDIFACT标准已占据全球EDI标准的主导地位。

（二）EDI系统的特点

1.EDI的使用对象是具有固定格式的业务信息和具有经常性业务联系的单位。

2.EDI所传送的资料是一般业务资料，如发票、订单等，而不是指一般性的通知。

3.采用标准化的格式，例如联合国EDIFACT标准，这也是与一般E-mail的区别。

4.尽量避免人工的介入操作，由收送双方的计算机系统直接传送、交换资料。

5.与传真或电子邮件 (E-mail) 的区别是：传真与电子邮件，需要人工的阅读判断处理才能进入计算机系统。传真与电子邮件，需要人工将资料重复输入计算机系统中，不仅浪费人力资源，且容易发生错误。

（三）EDI系统的主要功能

1.电子数据交换。

2.传输数据的存证。

3.报文标准格式转换。

4.安全保密。

5.提供信息查询。

6.提供技术咨询服务。

7.提供昼夜24小时不间断服务。

8.提供信息增值服务等。

（四）EDI技术的优势

EDI之所以在世界范围内得到如此迅速的发展，是因为EDI有着现行的纸面单证处理系统所无法比拟的优势。这些优势主要体现在以下几个方面：

1.数据的重复录入。根据国外调查分析，一台计算机输入的数据，70%来自其他计算机的输出。这样可以提高信息处理的准确性，降低差错率。

2.改善企业的信息管理及数据交换的水平，有助于企业实施诸如“实时管理”（Justin-time）或“零库存管理”等全新的经营战略。

3.确保有关票据、单证处理的安全、迅速，从而加速资金周转。

4.提高海关、商检、卫检、动植物检疫检验等口岸部门的工作效率，加快货物的验放速度。

（五）EDI的分类

电子数据交换系统有三个主要类别：

1.国家专设的EDI系统

这是全国电子协会同八个部委确立的作为我国电子数据交换平台的系统，英文名称为CHINA-EDI。通过专用的广域网进行数据交换的运作。这种网络由电子数据交换中心和广域网的所有节点构成，所有的数据通过交换中心实现交换并进行结算。

2.基于Internet 的EDI系统

也就是说在互联网上运行电子数据交换。互联网的开放性使很多用户可以方便地介入电子数据交换系统在不同范畴广泛应用。同时由于互联网广泛联结，电子数据交换系统覆盖范围大大扩展，运行成本大大降低。也是由于互联网的开放性，基于Internet的EDI系统应当是对数据安全性、保密性没有特殊要求的用户。

这种方式可以实现协议用户直接联结传递EDI信息，所以，可以进行点对点（PTP）的数据传递。

3.通过专线的点对EDI系统

可以通过租用信息基础平台的数据传输专线、电话专线或自己铺设的专线进行电子数据交换。这种电子数据交换系统封闭性较强，因为是专线系统，所以成本很高。

（六）EDI系统的组成

EDI系统一般由如下几个方面组成：

1.硬件设备

贸易伙伴的计算机和调制解调器以及通信设施等。

2.增值通信网络及网络软件

增值网（VAN）利用现有的通信网，增加EDI服务功能而实现的计算机网络，即网络增值。通信网目前有如下几种：分组交换数据网（PSDV），电话交换网（PSTN），数字数据网（DDN），综合业务数据网（ISDN），卫星数据网（VSAT），数字数据移动通信网。

3.报文格式标准

EDI是以非人工干预方式将数据及时准确地录入应用系统数据库中，并把应用系统数据库中的数据自动地传送到贸易伙伴的电脑系统，因此必须有统一的报文格式和代码标准。

4.应用系统界面与标准报文格式之间相互转换的软件

该软件的主要功能包括代码和格式的转换等。

5.用户的应用系统

EDI是EDP (Electronic Data Process) 电子数据处理的延伸，要求各通信伙伴事先做好本单位的计算机开发工作，建立共享数据库。

（七）实现EDI的三项核心技术

EDI涉及的技术十分广泛。概括地讲，实现EDI的技术主要有三个方面，即数据通信技术、数据标准化和计算机应用技术。

1.数据通信网络

一个计算机数据通信系统可由计算机终端、主计算机、数据传输和数据交换装置四部分组成。它们通过通信线路连接成一个广域网络。计算机及其各类终端作为用户端点出现在网络中，它可以访问网上的任意其他节点，以达到共享网上硬件和软件资源的目的。计算机及终端既是资源子网，也是整个计算机网络的端点。而这些节点之间完成通信线路的连接，并在通信线路中完成信息的交换。实现EDI的通信功能，受到通信技术的限制，随着通信技术与条件的多样化而呈现出多样化的特点，但它最终必然要统一于国际标准。

EDI通信方式有多种。许多应用EDI的公司逐渐采用第三方网络与贸易伙伴进行通信，即增值网络（VAN）方式。它类似于邮局，为发送者与接收者维护邮箱，并提供存储转送、记忆保管、通信协议转换、格式转换、安全管制等功能。因此，通过增值网络传送EDI文件，可以大幅度降低相互传送资料的复杂度和困难度，大大提高EDI的效率。

2.数据标准化

技术的标准化，是现代工业高度发达的一个重要保证，是衡量一个国家工业化水平的重要标志，其意义有时甚至超过技术本身。

为了避免产生复杂和混乱的电子网络，满足错综复杂的电子数据交换，必须制定一套大家所共同遵守的电子数据交换——EDI标准。各个使用计算机的机构必须在通信中建立统一的标准化的电信线路、传送速度。通信中认可的固定程序（如协议、数据格式化和总汇），各种传递的商贸文件，还有“语言”等都要采用统一的编码单证格式、标准的语言规则、标准的通讯协议等，从而使得参与贸易的各方均能对传递的数据进行接收、认可、处理、复制、提取、再生和服务，实现整个环节的自动化。这是因为EDI的实现要在不同国家和地区、不同行业内开展，并且要应用的信息系统和通信手段各不相同。统一的国际标准和行业标准是必不可少的。标准是实现EDI的保证，也是EDI的语言。

标准化是实现EDI互通互联的前提和基础。要实现信息在不同的EDP（Electronic Date Process，电子数据处理）系统、不同计算机平台上的交换，就必须制定统一的EDI标准，主要有以下几类标准：

（1）通信标准

即EDI通信网络的建立在何种通信协议上，以保证网路互联。

（2）EDI报文标准

又称为文电标准，即各种报文类型格式、数据元编码、字段的语法规则及报表生成用的程序设计语言等。

（3）EDI处理标准

即研究EDI报文同其他管理信息系统、数据库的接口标准。

（4）各行业的数据交换标准

3.计算机应用技术

有了标准和通信网络，就可以开展EDI工作，但EDI应用的成功还取决于单位、行业、乃至整个社会的计算机综合应用水平。必须把EDI和办公自动化、管理自动化、各种MIS和EDP系统、数据库系统以及CAD、CIMS等结合起来，才能更好地应用EDI。

（八）EDI在供应链管理过程中的应用

EDI是一种信息管理或处理的有效手段，它是对供应链上的信息流进行运作的有效方法。EDI主要应用于以下行业：

1.制造业

JIT及时响应以减少库存量及生产线待料时间，降低生产成本。

2.贸易运输业

快速通关报检、经济适用运输资源，降低贸易运输空间、成本与时间的浪费。

3.流通业

快速反应，减少商场库存量与空架率，以加速商品资金流转，降低成本。建立物资配送体系，以完成产、存、运、销一体化的供应链管理。

4.金融业

EFT电子转账支付，减少金融单位与其客户交通往返的时间与现金流动风险，并缩短资金流动所需的时间，提高客户资金调度的弹性，在跨行业服务方面，更可以使客户享受到不同金融单位所提供的服务，以提高金融业的服务品质与项目。

EDI应用获益最大的是零售业、制造业和物流业。在这些行业中的供应链上应用EDI技术使传输发票、订单过程达到很高的效率。

四、GPS

（一）GPS的概念

全球定位系统（Global Positioning System）的概念：由一组卫星组成的、24小时提供高精度的全球范围的定位和导航信息的系统。

全球定位系统是具有在海、陆、空进行全方位实时三维导航与定位能力的系统。近十年来，我国测绘等部门使用GPS的经验表明，GPS以全天候、高精度、自动化、高效益等显著特点，赢得了广大测绘工作者的信赖，并成功地应用于大地测量、工程测量、航空摄影测量、运载工具导航和管制、地壳运动监测、工程变形监测、资源勘查、地球动力学等多种学科，从而给测绘领域带来一场深刻的技术革命。

（二）GPS的基本构成

GPS由三大子系统构成：空间卫星系统、地面监控系统、用户接收系统。

1.空间卫星系统

空间卫星系统由均匀分布在6个轨道平面上的24颗（其中3颗为备用）高轨道卫星构成，轨道高度为2万千米，每颗卫星都配备有精度极高的原子钟（30万年的误差仅为1秒），各轨道平面相对于赤道平面的倾角为55度；各个轨道平面之间相距60度，即轨道的开交点赤经各相差60度；在每一轨道平面内，各卫星之间的开交角距相差90度，一轨道平面上的卫星比西边相邻轨道平面上的相应卫星超前30度。GPS空间卫星的这种分布方式，可以保证在地球上的任何地点都能连续同步地观测到至少4颗卫星，从而提供全球范围从地面到2万千米高空之间任一载体高精度的三维位置、三维速度和系统时间信息。

2.地面监控系统

地面监控系统由均匀分布在美国本土和三大洋的美军基地上的5个监测站、二个主控站和3个数据注入站构成。这些子系统的功能是：对空间的卫星系统进行监测、控制，并向每颗卫星注入更新的导航电文。

主控站是整个GPS的核心，它的功能是为全系统提供时间基准，监视、控制卫星的轨道，处理监测站送来的各种数据，编制各卫星星历，计算和修正时钟误差及电离层对电波传播造成的偏差，当卫星失效时及时调用备用卫星等。

监测站负责对诸卫星进行连续跟踪和监视，测量每颗卫星的位置和距离差，采集气象数据，并将观测数据传送给主控站进行处理，5个监控站均为无人值守的数据采集中心。

3.用户接收系统

用户部分主要是GPS接收机，它接收卫星发射的信号并利用本机产生的伪随机噪声码取得距离观测量和导航电文，根据导航电文提供的卫星位置和钟差改正信息计算位置。用户接收机按使用环境可分为低动态接收机和高动态接收机，按所要求的精度可分为C/A接收机和双频精码（P码）接收机。

根据不同的需要，用户设备可分机载、舰载、车载、弹载、背负式及袖珍式等不同类型。除弹载之外，一般都需装有显示器进行人、机对话。

（三）应用

近年来，GPS在物流领域的应用越来越多，主要有：GPS导航系统与电子地图、无线电通信网络相结合，可以实现车辆跟踪和交通管理等许多功能，例如：

1.用于汽车自定位、跟踪调度

利用GPS和电子地图可以实时显示出车辆的实际位置，并任意放大、缩小、还原、换图；可以随目标移动，使目标移动，使目标始终保持在屏幕上；还可以实现多窗口、多车辆、多屏幕同时跟踪，利用该功能可对重要车辆和货物进行跟踪运输。

据丰田汽车公司的统计，日本车载导航系统的市场在1995年至2000年间平均每年增长35%以上，全世界在车辆导航上的投资平均每年增长60.8%。因此，车辆导航将成为未来全球卫星定位系统应用的主要领域之一。我国已有数十家公司在开发和销售车载导航系统。

2.提供出行线路的规划和导航

规划出行线路是汽车导航系统的一项重要辅助功能，包括：

（1）自动线路规划

由驾驶员确定起点、终点和途经点等，自动建立线路库，由计算机软件按照要求自动设计最佳线路，包括最快路线、最简单的路线、通过高速公路路段次数最少的路线等。

（2）人工线路设计

由驾驶员根据自己的目的地设计起点、终点和途经点等，自动建立线路库。线路规划完毕后，显示器能够在电子地图上显示设计线路，并同时显示汽车运行路径和运行方法。

3.信息查询

为用户提供主要物标，如旅游景点、宾馆、医院等数据库，用户能够在电子地图上根据需要进行查询。查询资料可以文字、语言及图像的形式显示，并在电子地图上显示其位置。同时，检测中心可以利用检测控制台对区域内任意目标的所在位置进行查询，车辆信息将以数字形式在控制中心的电子地图上显示出来。

4.话务指挥

指挥中心可以检测区域内车辆的运行情况，对被检测车辆进行合理的调度。指挥中心可随时与被跟踪目标通话，实行管理。

5.紧急援助

通过GPS定位和监控管理系统可以对有险情或发生事故的车辆进行紧急援助。监控台的电子地图可显示求助信息和报警目标，规划出最优援助方案，并以报警声、光提醒值班人员进行应急处理。

6.用于铁路运输管理

我国铁路开发的基于GPS的计算机管理信息系统，可以通过GPS和计算机网络实时收集全路列车、机车、车辆、集装箱及所运货物的动态信息，可实现列车、货物追踪管理，只要知道货车的车种、车型、车号，就可以立即从近10万千米的铁路网上流动着的几十万辆货车中找到该货车，还能得到这辆货车现在何处运行或停在何处，以及所有的车载货物发货信息。铁路部门运用GPS技术可大大提高其运营的透明度，为货主提供更高质量的服务。

7.用于军事物流

全球卫星定位系统首先是因为军事目的而建立的。在军事物流中，如后勤装备的保障等方面，应用相当普遍，尤其是在美国，其在世界各地驻扎的大量军队无论是在战时还是在平时，都对后勤补给提出更高要求。在战争中，如果不依赖GPS，美军的后勤补给就会变得一团糟。美军在20世纪末的地区冲突中依靠GPS和其他顶尖技术，以强有力的、可见的后勤保障，为“保卫美国的利益”作出了贡献。对此，我国已经开始重视，我国军事部门也在运用GPS。

8.用于特大桥梁的控制测量

由于无需通视，可构成较强的网形，提高点位精度，同时对检测常规测量的支点也非常有效。如在江阴长江大桥的建设中，首先用常规的方法建立了高精度边角网，然后利用GPS对该网进行了检测，GPS监测网达到了毫米级精度，与常规精度网比较符合较好。GPS技术还在隧道测量中具有广泛的应用前景，其测量无需通视，减少了常规方法的中间环节，因此，速度快、精度高，具有明显的经济效益和社会效益。

物流卡片

1.美国全球定位系统（GPS）

由24颗卫星组成，分布在6条交点互隔60度的轨道面上，精度约为10米，军民两用，目前正在试验第二代卫星系统。

2.俄罗斯“格洛纳斯”系统

由24颗卫星组成，精度在10米左右，军民两用，2009年底服务范围拓展到全球。

3.欧洲“伽利略”系统

由30颗卫星组成，定位误差不超过1米，主要为民用。2005年首颗试验卫星已成功发射。2008年前开通定位服务。

4.中国“北斗”系统

由5颗静止轨道卫星和30颗非静止轨道卫星组成。定位精度10米。2008年左右覆盖中国及周边地区，然后逐步扩展为全球卫星导航系统。

五、GIS

（一）基本概念

1.地理信息系统（Geographical Information System，简称GIS）的概念

由计算机软硬件环境、地理空间数据、系统维护和使用人员四部分组成的空间信息系统，可对整个或部分地球表层(包括大气层)空间中有关地理分布的数据进行采集、储存、管理、运算、分析、显示和描述。

2.面向功能的定义

GIS是采集、存储、检查、操作、分析和显示地理数据的系统。

3.工具箱定义方式

GIS是一组用来采集、存储、变换和显示空间数据的工具的集合，这种定义强调GIS提供的用于处理地理数据的工具。

4.基于数据库的定义

GIS是这样一类数据库系统，它的数据有空间次序，并且提供一个对数据进行操作的平台，用来回答对数据库中空间实体的查询。

5.基于计算机系统的定义

GIS是处理地理数据输入、输出、管理、查询、分析和辅助决策的计算机系统。

可见，虽然GIS是一门多学科综合的边缘学科，有多种定义方式，但其核心是计算机科学，基本技术是数据库、地图可视化及空间分析。它是用于获取、处理、分析、访问、标示和在不同用户、不同系统和不同地点之间传输数字化空间信息的系统。它作为计算机信息系统的一类，属于计算机软件的范畴。GIS是多种学科交叉的产物，其基本功能是将表格性数据（无论它来自数据库、电子表格文件或直接在程序中输入）转换为地理图形显示，然后对显示结果进行浏览、操作和分析。其显示范围可以从洲际地图到非常详细的街区地图，现实对象包括人口、销售情况、运输路线以及其他内容。

（二）理论基础

GIS的理论基础主要有两大部分，即地球科学和信息科学。前者涉及地球空间信息及其关系信息的获取、分类模型及语义表示中的理论问题和实践问题，后者则涉及信息的组织、存储、处理、可视化表示及传统传输中的理论问题和实践问题。GIS的技术基础包括遥感技术、定位技术和信息技术的各个方面。

（三）应用

GIS应用于物流分析，主要是指利用GIS强大的地理数据功能来完善物流分析技术。国外公司已经开发出利用GIS为物流分析提供专门分析的工具软件。完整的GIS物流分析软件集成了车辆路线模型、最短路径模型、网络物流模型、分配集合模型和设施定位模型等。

1.车辆路线模型

用于解决一个起始点、多个终点的货物运输中如何降低物流作业费用，并保证服务质量，包括决定使用多少辆车、每辆车的路线等问题。

2.网络物流模型

用于解决寻求最有效的分配货物路径问题，也就是物流网点布局问题。如将货物从*N*个仓库运往*M*个商店，每个商店都有固定的需求量，因此需要确定由哪个仓库提货送给哪个商店，所消耗的运输代价最小。

3.分配集合模型

可以根据各要素的相似点把同一层次上的所有或部分要素分为几个组，以解决服务范围和销售市场范围等问题。如某一公司要设立*X*个分销点，要求这些分销点要覆盖某一地区，而且要使每个分销点的客户数目大致相等。

4.设施定位模型

用于确定一个或多个设施的位置。在物流系统中，仓库和运输线共同组成了物流网络，仓库处于网络的节点上，节点决定着线路，如何根据供求的实际需要并结合经济效益等原则，在既定区域内设立多少个仓库，每个仓库的位置，每个仓库的规模，以及仓库之间的物流关系等问题，运用此模型能很容易地得以解决。

第三节 物流信息系统

一、物流信息系统的概念

物流信息系统（logistics information system，LIS）是由人员、计算机硬件、软件、网络通信设备及其他办公设备组成的人机交互系统，其主要功能是进行物流信息的收集、存储、传输、加工整理、维护和输出，为物流管理者及其他组织管理人员提供战略、战术及运作决策的支持，以达到组织的战略优化，提高物流运作的效率与效益。

在企业的整个生产经营活动中，物流信息系统与各种物流作业活动密切相关，具有有效管理物流作业系统的职能。它有两个主要作用：一是随时把握商品流动所带来的商品量的变化；二是提高各种有关物流业务的作业效率。

二、物流信息系统的产生背景

随着物流供应链管理的不断发展、各种物流信息的复杂化，各企业迫切要求物流信息化，而计算机网络技术的盛行又给物流信息化提供了技术上的支持。因此，物流信息系统就在企业中扎下了根，并且为企业带来了更高的效率。企业是基于以下背景才大力开发物流信息系统的。

（一）市场竞争加剧

在当今世界中，基本上都是买方市场，由消费者来选择购买哪个企业生产的产品，他们基本上有完全的决策自由。而市场上生产同一产品的企业多如牛毛，企业要想在竞争中胜出，就必须不断地推陈出新，以较低的成本迅速满足消费者时刻变化着的消费需求，而这都需要快速反应的物流系统。要快速反应，信息反馈必须及时，这必然要求企业建立自己的物流信息系统。

（二）供应链管理的发展

现代企业间的竞争在很大程度上表现为供应链之间的竞争，而在整个供应链中，环节较多，信息相对来说就比较复杂，企业之间沟通起来就困难得多。各环节要想自由沟通，达到信息共享，建立供应链物流信息系统就势在必行。

（三）社会信息化

电子计算机技术的迅速发展，网络的广泛延伸，使整个社会进入了信息时代。在这个网络时代，只有融入信息社会，企业才可能有较大的发展。更何况，信息技术的发展已经为信息系统的开发打下了坚实的基础。企业作为社会的一员，物流作为一种社会服务行业，必然要建立属于物流业自己的信息系统。

三、物流信息系统的特征

1.开放性

2.可扩展性、灵活性

3.安全性

4.协同性

5.动态性

6.快速反应

7.信息的集成性

8.支持远程处理

9.检测、预警、纠错能力

四、物流信息系统的分类（表11–5）

表11–5　物流信息系统的分类

分类标准	类型
管理决策的层次	物流作业管理系统、物流协调控制系统、物流决策支持系统
系统的应用对象	面向制造企业的物流管理信息系统 面向零售商、中间商、供应商的物流管理信息系统 面向物流企业的物流管理信息系统(3PLMIS)
系统采用的技术	单机系统,内部网络系统,与合作伙伴、客户互联的系统

五、物流信息系统的内容

物流信息系统根据不同企业的需要可以有不同层次、不同程度的应用和不同子系统的划分。例如有的企业由于规模小、业务少，可能使用的仅仅是单机系统或单功能系统，而另一些企业可能就使用功能强大的多功能系统。一般来说，一个完整、典型的物流信息系统可由作业信息处理系统、控制信息处理系统、决策支持系统三个子系统组成。

（一）作业信息处理系统

作业信息处理系统一般有电子自动订货系统（EOS）、销售时点信息系统（POS）、智能运输系统等类型。

电子自动订货系统是指企业利用通讯网络（VAN或互联网）和终端设备以在线连接方式进行订货作业和订单信息交换的系统。电子自动订货系统按应用范围可分为企业内的EOS（如连锁经营企业各连锁分店与总部之间建立的EOS）；零售商与批发商之间的EOS以及零售商、批发商与生产商之间的EOS等。及时准确地处理订单是EOS的重要职能。其中的订单处理子系统为企业与客户之间接受、传递、处理订单服务。订单处理子系统是面向整个订货周期的系统，即企业从发出订单到收到货物的期间。在这一期间内，要相继完成四项重要活动：订单传递、订单处理、订货准备、订货运输。其中实物流动由前向后，信息流动由后向前。订货周期中的任何一个环节缩短了时间，都可以为其他环节争取时间或者缩短订货周期，从而保证了客户服务水平的提高。因为从客户的角度来看，评价企业对客户需求的反应灵敏程度，是通过分析企业的订货周期的长短和稳定性来实现的。

销售时点信息系统（POS）是指通过自动读取设备在销售商品时直接读取商品销售信息如商品名，单价，销售数量，销售时间，购买顾客等，并通过通讯网络和计算机系统传送至有关部门进行商品库存的数量分析、指定货位和调整库存以提高经营效率的系统。

智能运输系统（ITS）是典型的发货和配送系统，它将信息技术贯穿于发货和配送的全过程，能够快捷、准确地将货物运达目的地。

（二）控制信息处理系统

控制信息处理系统主要包括库存管理系统和配送管理系统。

库存管理系统负责利用收集到的物流信息，制订出最优库存方式、库存量、库存品种以及安全防范措施等。

配送管理系统则将商品按配送方向、配送要求分类，制订科学、合理、经济的运输工具调配计划和配送路线计划等。

（三）决策支持系统

物流决策支持系统（LDSS）是为管理层提供信息的系统，给决策过程提供所需要的信息、数据支持、方案选择支持。一般应用于非常规、非结构化问题的决策。但是决策支持系统只是一套计算机化的工具，可以帮助管理者更好地决策，但不能代替管理者决策。

六、物流信息系统的功能

物流信息系统是物流系统的神经中枢，它作为整个物流系统的指挥和控制系统，可以分为多种子系统或者多种基本功能。通常，可以将其基本功能归纳为以下几个方面：

（一）数据的收集和输入

物流数据的收集首先是将数据通过收集子系统从系统内部或者外部收集到预处理系统中，并整理成系统要求的格式和形式，然后再通过输入子系统输入物流信息系统中。这一过程是其他功能发挥作用的前提和基础，如果一开始收集和输入的信息不完全或不正确，在接下来的过程中得到的结果就可能与实际情况完全相反，这将会导致严重的后果。因此，在衡量一个信息系统的性能时，应注意它收集数据的完善性、准确性，以及校验能力、预防和抵抗破坏的能力等。

（二）信息的存储

物流数据经过收集和输入阶段后，在其得到处理之前，必须在系统中存储下来。即使在处理之后，若信息还有利用价值，也要将其保存下来，以供以后使用。物流信息系统的存储功能就是要保证已得到的物流信息能够不丢失、不走样、不外泄、整理得当、随时可用。无论哪一种物流信息系统，在涉及信息的存储问题时，都要考虑到存储量、信息格式、存储方式、使用方式、存储时间、安全保密等问题。如果这些问题没有得到妥善的解决，信息系统是不可能投入使用的。

（三）信息的传输

物流信息在物流系统中，一定要准确、及时地传输到各个职能环节，否则信息就会失去其使用价值。这就需要物流信息系统具有克服空间障碍的功能。物流信息系统在实际运行前，必须充分考虑所要传递的信息种类、数量、频率、可靠性要求等因素。只有这些因素符合物流系统的实际需要时，物流信息系统才是有实际使用价值的。

（四）信息的处理

物流信息系统的最根本目的就是要将输入的数据加工处理成物流系统所需要的物流信息。数据和信息是有所不同的，数据是得到信息的基础，但数据往往不能直接利用，而信息是从数据加工得到的，它可以直接利用。只有得到了具有实际使用价值的物流信息，物流信息系统的功能才算发挥。

（五）信息的输出

信息的输出是物流信息系统的最后一项功能，也只有在实现了这个功能后，物流信息系统的任务才算完成。信息的输出必须采用便于人或计算机理解的形式，在输出形式上力求易读易懂，直观醒目。

这五项功能是物流信息系统的基本功能，缺一不可。而且，只有五个过程都没有出错，最后得到的物流信息才具有实际使用价值，否则会造成严重的后果。

七、物流信息系统规划与开发过程

（一）物流信息系统规划过程

建立物流信息系统，不是单项数据处理的简单组合，必须有系统规划。因为它涉及传统管理思想的转变、管理基础工作的整顿提高，以及现代化物流管理方法的应用等许多方面，是一项范围广、协调性强、人机紧密结合的系统工程。

物流信息系统规划是系统开发最重要的阶段，一旦有了好的系统规划，就可以按照数据处理系统的分析和设计持续进行工作，直到系统的实现。

物流信息系统的总体规划基本上分为四个基本步骤。

第一步，定义管理目标。确立各级管理的统一目标，局部目标要服从总体目标。

第二步，定义管理功能。确定管理过程中的主要活动和决策。

第三步，定义数据分类。在定义管理功能的基础上，把数据按支持一个或多个管理功能分类。

第四步，定义信息结构。确定信息系统各个部分及其相互数据之间的关系，导出各个独立性较强的模块，确定模块实现的优先关系，即划分子系统。

（二）物流信息系统开发过程

有了系统规划以后，还要进行非常复杂的开发过程。主要包括以下内容：

1.系统分析

主要是对现行系统和管理方法以及信息流程等有关情况进行现场调查，给出有关的调研图表，提出信息系统设计的目标以及达到此目标的可能性。

2.系统逻辑设计

在系统调研的基础上，从整体上构造出物流信息系统的逻辑模型，对各种模型进行选优，确定出最终的方案。

3.系统物理设计

以逻辑模型为框架，利用各种编程方法，实现逻辑模型中的各个功能块，如确定并实现系统的输入、输出、存储及处理方法。此阶段的重要工作是程序设计。

4.系统实施

将系统的各个功能模块进行单独调试和联合调试，对其进行修改和完善，最后得到符合要求的物流信息系统软件。

5.系统维护与评价

在信息系统试运行一段时间以后，根据现场要求与变化，对系统做一些必要的修改，进一步完善系统，最后和用户一起对系统的功能、效益做出评价。

第四节 信息化物流管理

一、电子商务概述

（一）电子商务的概念

电子商务（Electronic Commerce）的定义：电子商务是利用计算机技术、网络技术和远程通信技术，实现整个商务（买卖）过程中的电子化、数字化和网络化。广义上指使用各种电子工具从事商务或活动；狭义上指利用Internet从事商务或活动。

电子商务涵盖的范围很广，一般可分为企业对企业（Business-to-Business），企业对消费者（Business-to-Consumer），消费者对消费者（Consumer-to-Consumer），企业对政府（Business-to-Government）等4种模式，其中主要的是企业对企业（Business-to-Business）、企业对消费者（Business-to-Consumer）2种模式。

电子商务是一个不断发展的概念，电子商务的先驱——IBM公司于1996年提出了Electronic Commerce（E-Commerce）的概念，即“通过电子数据传输技术开展的商务活动，常用的技术是互联网，但也包括诸如在移动电话和PDA（personal digital assistant）设备上进行的无线传输技术”。到了1997年，该公司又提出了Electronic Business（E-Business）的概念，即“使用互联网技术进行的关键业务流程转型”。但中国在引进这些概念的时候都翻译成电子商务，很多人对这两者的概念产生了混淆。事实上这两个概念及内容是有区别的，E-Commerce应翻译成电子商业，有人将E-Commerce称为狭义的电子商务，将E-Business称为广义的电子商务。E-Commerce是指实现整个贸易过程中各阶段贸易活动的电子化。E-Business是利用网络实现所有商务活动业务流程的电子化。E-Commerce集中于电子交易，强调企业与外部的交易与合作，而E-Business则把涵盖范围扩大了很多。

（二）电子商务的特性

1.时域性

营销的最终目的是占有市场份额，由于互联网能够超越时间约束和空间限制进行信息交换，使得营销脱离时空限制进行交易变成可能，企业有了更多时间和更大的空间进行营销，可每周7天、每天24小时随时随地地提供全球性营销服务。

2.富媒体

互联网被设计成可以传输多种媒体的信息，如文字、声音、图像等信息，使得为达成交易进行的信息交换能以多种形式存在和交换，可以充分发挥营销人员的创造性和能动性。

3.交互式

互联网通过展示商品图像、商品信息资料库提供有关的查询，来实现供需互动与双向沟通。还可以进行产品测试与消费者满意度调查等活动。互联网为产品联合设计、商品信息发布以及各项技术服务提供了最佳工具。

4.个性化

互联网上的促销是一对一的、理性的、消费者主导的、非强迫性的、循序渐进式的，而且是一种低成本与人性化的促销，避免了推销员强势推销的干扰，并通过信息提供与交互式交谈，与消费者建立长期良好的关系。

5.成长性

互联网使用者数量快速成长并遍及全球，使用者多为年轻人、中产阶级、高教育水准，由于这部分群体购买力强而且具有很强的市场影响力，因此是一个极具开发潜力的市场渠道。

6.整合性

互联网上的营销可由商品信息至收款、售后服务一气呵成，因此也是一种全程的营销渠道。另一方面，禹含网络建议企业借助互联网将不同的传播营销活动进行统一设计规划和协调实施，以统一的传播资讯向消费者传达信息，避免不同传播中不一致性产生的消极影响。

7.超前性

互联网是一种功能强大的营销工具，它同时兼具渠道、促销、电子交易、互动顾客服务以及市场信息分析与提供的多种功能。它所具备的一对一营销能力，符合定制营销与直复营销的未来趋势。

8.高效性

计算机可储存大量的信息，供消费者查询，可传送的信息数量与精确度，远超过其他媒体，并能因应市场需求，及时更新产品或调整价格，因此，能及时、有效地了解并满足顾客的需求。

9.经济性

通过互联网进行信息交换，代替以前的实物交换，一方面可以减少印刷与邮递成本，可以无店面销售，免交租金，节约水电与人工成本，另一方面可以减少由于迂回、多次交换带来的损耗。

10.技术性

网络营销大部分通过网上工作者（威客等）进行，这其中的技术含量相对较低，对于客户来说是小成本大产出的经营活动。

（三）电子商务的产生和发展

1.电子商务产生和发展的条件

电子商务最早产生于20世纪60年代，发展于90年代，其产生和发展的重要条件主要是：

（1）计算机的广泛应用

近30年来，计算机的处理速度越来越快，处理能力越来越强，价格越来越低，应用越来越广泛，这为电子商务的应用提供了基础。

(2) 网络的普及和成熟

由于Internet逐渐成为全球通信与交易的媒体，全球上网用户呈级数增长趋势，快捷、安全、低成本的特点为电子商务的发展提供了应用条件。

(3) 信用卡的普及应用

信用卡以其方便、快捷、安全等优点而成为人们消费支付的重要手段，并由此形成了完善的全球性信用卡计算机网络支付与结算系统，使“一卡在手、走遍全球”成为可能，同时也为电子商务中的网上支付提供了重要的手段。

(4) 电子安全交易协议的制定

1997年5月31日，由美国VISA和Mastercard国际组织等联合指定的SETP（Secure Electronic Transfer Protocol）即电子安全交易协议的出台，以及该协议得到大多数厂商的认可和支持，为在网络上开发电子商务提供了一个关键的安全环境。

(5) 政府的支持与推动

自1997年欧盟发布了欧洲电子商务协议，美国随后发布“全球电子商务纲要”以后，电子商务受到世界各国政府的重视，许多国家的政府开始尝试“网上采购”，这为电子商务的发展提供了有力的支持。

2.电子商务发展的两个阶段

(1) 第一阶段：（20世纪60年代—90年代）基于EDI 的电子商务

从技术的角度来看，人类利用电子通讯的方式进行贸易活动已有几十年的历史了。早在20世纪60年代，人们就开始了用电报报文发送商务文件的工作；70年代人们又普遍采用方便、快捷的传真机来替代电报，但是由于传真文件是通过纸面打印来传递和管理信息的，不能将信息直接转入信息系统中，因此人们开始采用EDI（电子数据交换）作为企业间电子商务的应用技术，这也就是电子商务的雏形。

(2) 第二阶段：（20世纪90年代以来）基于互联网的电子商务

由于使用VAN的费用很高，仅大型企业才会使用，因此限制了基于EDI的电子商务应用范围的扩大。20世纪90年代中期后，互联网（Internet）迅速走向普及化，逐步地从大学、科研机构走向企业和百姓家庭，其功能也已从信息共享演变为一种大众化的信息传播工具。从1991年起，一直排斥在互联网之外的商业贸易活动正式进入这个王国，因此而使电子商务成为互联网应用的最大热点。

基于国际互联网的电子商务比基于EDI的电子商务具有以下一些明显的优势：

①费用低廉

由于互联网是国际的开放性网络，使用费用很低廉，一般来说，其费用不到VAN的四分之一，这一优势使得许多企业尤其是中小企业对其非常感兴趣。

②覆盖面广

互联网几乎遍及全球的各个角落，用户可以方便地与贸易伙伴传递商业信息和文件。

③功能更全面

互联网可以全面支持不同类型的用户实现不同层次的商务目标，如发布电子商情、在线洽谈、建立虚拟商场或网上银行等。

④使用更灵活

基于互联网的电子商务可以不受特殊数据交换协议的限制，任何商业文件或单证可以直接通过填写与现行的纸面单证格式一致的屏幕单证来完成，不需要再进行翻译，任何人都能看懂或直接使用。

在电子商务发展的两个阶段中，包含因素如表11-6所示。

表11-6　电子商务发展的两个阶段

阶段	第一阶段是:基于 EDI	第二阶段:基于 Internet
包含因素	下订单 运输说明 发票 检验可用库存量 预生成业务伙伴	第一阶段的因素加: 电子市场 银行和金融机构 同虚拟客户交易 共享信息的增加

二、电子商务与物流的关系

（一）电子商务对物流活动的影响

1.电子商务是现代化物流和信息技术发展的产物

电子商务是一次高科技和信息化的革命。它把商务、广告、订货、购买、支付、认证等实物和事务处理虚拟化、信息化，使它们变成脱离实体而能在计算机网络上处理的信息，又将信息处理电子化，强化了信息处理，弱化了实体处理。这必然导致产业大重组，原有的一些行业、企业将逐渐压缩乃至消亡，将扩大和新增一些行业、企业。物流业成为社会生产链条的领导者和协调者，为社会提供全方位的物流服务。可见电子商务把物流业提升到了前所未有的高度，为其提供了空前发展的机遇。

电子商务的概念最先是由美国经济学家托马斯·马龙教授所定义的。美国的物流管理技术自1915年发展至今已有近100年的历史，通过利用各种机械化、自动化工具及计算机和网络通信设备，已经日臻完善。作为电子商务前身的EDI的产生是为了简化繁琐、耗时的订单等处理过程，以加快物流的速度，提高物资的利用率。电子商务的提出最终是为了解决信息流、商流和资金流处理上的繁琐对现代化的物流过程的延缓问题，进一步提高现代化的物流速度。可见，美国在定义电子商务概念之初，就已经有强大的现代化物流作为支持，只需将电子商务与其进行对接即可。

2.电子商务将改变人们传统的物流观念

电子商务作为一个新兴的商务活动，它为物流创造了一个虚拟性的运动空间。在电子商务的状态下，人们在进行物流活动时，物流的各种职能及功能可以通过虚拟化的方式表现出来，在这种虚拟化的过程中，人们可以通过各种组合方式，寻求物流的合理化，使商品实体在实际的运动过程中，达到效率最高、费用最省、距离最短、时间最少。

3.电子商务将改变物流的运作方式

首先，电子商务可使物流实现网络的实时控制。传统的物流活动在其运作过程中，不管其是以生产为中心，还是以成本或利润为中心，其实质都是以商流为中心，从属于商流活动，因而物流的运动方式是紧紧伴随着商流来运动（尽管其也能影响商流的运动）。而在电子商务下，物流的运作是以信息为中心的，信息不仅决定了物流的运动方向，而且也决定着物流的运作方式。在实际运作过程中，通过网络上的信息传递，可以有效地实现对物流的实时控制，实现物流的合理化。

其次，网络对物流的实时控制是以整体物流来进行的。在传统的物流活动中，虽然也有依据计算机对物流的实时控制，但这种控制都是以单个的运作方式来进行的。比如，在实施计算机管理的物流中心或仓储企业中，所实施的计算机管理信息系统，大都是以企业自身为中心来管理物流的。而在电子商务时代，网络全球化的特点，可使物流在全球范围内实施整体的实时控制。

4.电子商务将改变物流企业的经营形态

首先，电子商务将改变物流企业对物流的组织和管理。在传统的经济条件下，物流往往是从某一企业来进行组织和管理的，而电子商务则要求物流以社会的角度来实行系统的组织和管理，以打破传统物流分散的状态。这就要求企业在组织物流的过程中，不仅要考虑本企业的物流组织和管理，而且更重要的是要考虑全社会的整体系统。

其次，电子商务将改变物流企业的竞争状态。在传统的经济活动中，物流企业之间存在激烈的竞争，这种竞争往往是依靠本企业提供优质服务、降低物流费用等方面来进行的。在电子商务时代，这些竞争内容虽然依然存在，但有效性却大大降低了。原因在于电子商务需要一个全球性的物流系统来保证商品实体的合理流动，对一个企业来说，即使它的规模再大，也是难以达到这一要求的。这就要求物流企业应相互联合起来，在竞争中形成一种协同竞争的状态，在相互协同实现物流高效化、合理化、系统化的前提下，相互竞争。

5.电子商务将促进物流基础设施的改善和物流管理与技术水平的提高

首先，电子商务将促进物流基础设施的改善。电子商务高效率和全球性的特点，要求物流也必须达到这一目标。而物流要达到这一目标，良好的交通运输网络、通信网络等基础设施则是最基本的保证。

其次，电子商务将促进物流技术的进步。物流技术主要包括物流硬技术和物流软技术。物流硬技术是指在组织物流过程中所需的各种材料、机械和设施等；物流软技术是指组织高效率的物流所需的计划、管理、评价等方面的技术和管理方法。从物流环节来考察，物流技术包括运输技术、保管技术、装卸技术、包装技术等。物流技术水平的高低是影响物流效率高低的一个重要因素，要建立一个适应电子商务运作的高效率的物流系统，加快提高物流的技术水平则有着重要的作用。

最后，电子商务将促进物流管理水平的提高。物流管理水平的高低直接决定和影响着物流效率的高低，也影响着电子商务高效率优势的实现问题。只有提高物流的管理水平，建立科学合理的管理制度，将科学的管理手段和方法应用于物流管理当中，才能确保物流的畅通进行，实现物流的合理化和高效化，促进电子商务的发展。

6.电子商务对物流人才提出了更高的要求

电子商务不仅要求物流管理人员具有较高的物流管理水平，而且也要求物流管理人员具有较高的电子商务知识，并在实际的运作过程中，能有效地将二者有机地结合在一起。

（二）物流对电子商务的影响

1.物流是电子商务的重要组成部分

电子商务是20世纪信息化、网络化的产物，由于其自身的特点已广泛引起了人们的注意，但是人们对电子商务所涵盖的范围却没有统一、规范的认识。仍如传统商务过程一样，电子商务中的任何一笔交易，都包含着以下几种基本的流，即信息流、商流、资金流和物流。

过去，人们对电子商务过程的认识往往只局限于信息流、商流和资金流的电子化、网络化，而忽视了物流的电子化，认为对大多数商品和服务来说，物流仍然可以经由传统的经销渠道。但随着电子商务的进一步推广与应用，物流的重要性对电子商务的影响日益明显。试想，在电子商务下，消费者网上浏览后，通过轻松点击完成了网上购物，但所购货物迟迟不能送到手中，甚至出现了买电视机送茶叶的情况，其结果可想而知，消费者势必会放弃电子商务，选择更为安全可靠的传统购物方式。

在电子商务中，一些电子出版物，如软件、CD等可以通过网络以电子的方式送给购买者，但绝大多数商品仍要通过其他各种方式完成从供应商到购买者的物流过程。我国的许多网上商店由于解决不了物流问题，只能告诉购买者送货必须在一定的范围内，否则无法成交，电子商务的跨地域优势由于物流的缺失不再具备任何优势。今天，在电子商务的发展中，物流已经成为人们最关注的热点问题，毋庸置疑，现代化的物流是进行电子商务不可或缺的组成部分。

2.物流现代化是电子商务的基础

电子商务通过快捷、高效的信息处理手段可以比较容易地解决信息流、商流和资金流的问题，可以将商品及时地配送到客户手中，即完成商品的空间转移，而物流效率的高低很大一部分取决于物流现代化的水平。

物流现代化中最重要的就是物流信息化。物流信息化是电子商务物流的基本要求，是企业信息化的重要组成部分，表现为物流信息的商品化、物流信息收集的数据化和代码化、物流信息处理的电子化和计算机化、物流信息传递的标准化和实时化、物流信息存储的数字化等。物流信息化能更好地协调生产和销售、运输、储存等环节的联系，对优化供货程序、缩短物流时间及降低库存都有十分重要的意义。

3.物流是实现电子商务的保证

（1）物流保障生产

无论是在传统的贸易方式下，还是在电子商务下，生产都是商品流通之本，而生产的顺利进行需要各类物流活动支持。生产的全过程从原材料的采购开始，便要求有相应的供应物流活动，将所采购的材料到位，否则，生产就难以进行；在生产的各工艺流程之间，也需要原材料、半成品的物流过程，即所谓的生产物流，以实现生产的流动性；部分余料、可重复利用的物资的回收，就需要所谓的回收物流；废弃物的处理则需要废弃物物流。可见，整个生产过程实际上就是系列化的物流活动。企业合理化、现代化的物流，通过降低费用从而降低成本、优化库存结构、减少资金占压、缩短生产周期，保障了现代化生产的高效进行。相反，缺少了现代化的物流，生产将难以顺利进行，无论电子商务是多么便捷的贸易形式，仍将是无米之炊。

(2) 物流服务于商流

在商流活动中，商品所有权在购销合同签订的那一刻起，便由供方转移到需方，而商品实体并没有因此而移动。在传统的交易过程中，除了非实物交割的期货交易，一般的商流都必须伴随相应的物流活动，即按照需方（购方）的需求将商品实体由供方（卖方）以适当的方式、途径向需方（购方）转移。而在电子商务下，消费者通过上网点击购物，完成了商品所有权的交割过程，即商流过程。但电子商务的活动并未结束，只有商品和服务真正转移到消费者手中，商务活动才告以终结。在整个电子商务的交易过程中，物流实际上是以商流的后续者和服务者的姿态出现的。没有现代化的物流，如何轻松的商流活动都仍会退化为一纸空文。

(3) 物流是实现以顾客为中心理念的根本保证

电子商务的出现，在最大程度上方便了最终消费者。他们不必再跑到拥挤的商业街，一家又一家地挑选自己所需的商品，而只要坐在家里，在Internet上搜索、查看、挑选，就可以完成他们的购物过程。但试想，他们所购的商品迟迟不能送到，抑或商家所送并非自己所购，那消费者还会选择网上购物吗？

物流是电子商务中实现“以顾客为中心”服务理念的最终保证，缺少了现代化的物流技术，电子商务给消费者带来的购物便捷等于零，消费者必然会转向他们认为更为安全的传统购物方式，那网上购物还有什么存在的必要？

三、电子商务环境下的物流管理

Internet是建立在传统电信设施基础之上的网中之网，信息传播的速度快，不仅为消费者带来实际利益，也触动了传统配送公司业务模式。电子商务方便快捷的特性，使消费者与厂商之间的供求信息得到更快的传递与协调，产品不断改良以符合消费者的需求，资金也在货物加速传递过程中得以加快流转。这一过程带给物流产业的正是无数个生意机会。在原有供应链的基础上，大型制造企业的物流必须实现一体化和代理制；而电子商务网站必须与传统商务企业和零售业充分结合，互相取长补短，实现高效的物流配送。

电子商务的具体实施有多种模式可以选择。由于从事的专业不同，ISP、ICP及其他信息服务提供商更多地从如何建立电子商务信息服务网络、如何提供更多的信息内容、如何保证网络的安全性、如何方便消费者接入、如何提高信息传输速度等方面考虑问题，至于电子商务在线服务背后的物流体系的建立问题则因为涉及另一个完全不同的领域，信息产业界对此疑问较多。实际上，电子商务应该完成商流、物流、信息流和资金流，在商流、信息流、资金流都可以在网上进行的情况下，物流体系的建立应该被看做是电子商务的核心业务之一，非常重要，应该加以研究。我国的电子商务物流体系可以有以下几种组建模式。

（一）企业外部物流模式分析

物流可分为生产阶段的内部物流和采购、销售阶段的外部物流。外部物流是产品或服务从制造商到消费者的物流活动，即企业将产品或服务送达市场的过程。企业外部物流存在以下几种模式：

1.自营物流

从历史的角度看，企业对物流服务的需求最初是以自我提供的方式实现的。自营物流是企业早期物流活动的重要特征。企业为了提高物流效率和服务水平，需要对物流进行管理，于是在经营管理中，物流管理成为一项重要内容。自营物流有利于企业掌握对顾客的控制权，较可靠，但成本高。自营物流直接支配物流资产，控制物流职能，保证供货的准确和及时，保证顾客服务的质量，维护了企业和顾客间的长期关系。但此种物流模式需要投入大量的资金购买物流设备，建设仓库和信息网络之类的专业物流设施。这对于缺乏资金的企业，特别是中小企业来说是个沉重的负担。鉴于物流业资金占用率高，回收周期长，完全寄希望于财政拨款或依靠企业自身力量来兴建并不现实。因此，企业可考虑采取联合投资、共同兴办的策略，吸收民间资金向物流业分流，毕竟物流业的利润空间还是很大的。

2.外协物流

与自营物流相对应的是外协物流。外协物流又称第三方物流或合同物流，它以签订合同的方式，在一定期限内将部分或全部物流活动委托给专业物流企业来完成。社会分工的细化促使这种专业物流企业出现，利用专业设施和物流运作的管理经验，为顾客制订物流需求计划。外协物流是物流专业化的重要形式，是物流社会化、合理化的有效途径。

企业选择外协物流往往出于以下原因：

(1) 自营物流并非合理选择。物流建设投资巨大，并有相当风险，自营物流若规模过小会降低物流效率。

(2) 物流技术手段有限，无法承担诸如集装箱运输、铁路运输及国际运输等活动。

(3) 对物流系统的高度需求促使企业求助于专业物流代理企业。

外协物流具有以下作用：

(1) 简化交易。

(2) 企业能够专心于自己熟悉的业务，将资源配置在核心业务上，增加企业柔性。

(3) 减少固定资产投资，加速资本周转。

(4) 降低成本，提高效率，增强企业竞争力。

(5) 提高企业为顾客服务的水平，改进企业形象。

外协物流也有不利之处。与自营物流比较，外协物流意味着企业放弃了对顾客的直接控制，放弃了物流专业技术的开发，具有一定程度的风险性和不确定性。物流公司能在多大程度上满足我们的要求，它可靠吗？这些都是货主企业需要反复权衡的因素。只有通过认真的成本利益分析，企业才能知道物流外协是否真正有利。这一点解释了为什么即便在物流业发达的美国也只有很少的外协物流真正得以实施。

外协物流终归是当今物流业的发展趋势，它发展至今已有很大的变化。传统外协仅将部分物流功能，主要是物流作业活动如运输、保管交由物流企业去做，而库存管理、物流系统设计等管理活动，以及部分内部物流仍然保留在企业内。提供系统服务的物流企业，只是以推销本企业的经营业务为目的，而不是以货主企业的物流合理化为目的设计物流系统。现代外协则是以电子信息技术为基础，站在货主的立场，以货主企业的物流合理化作为设计物流系统运营的目标，来提供全方位的物流服务。

3.物流联盟

物流联盟指货主企业选择少数稳定且有较多业务往来的物流公司形成长期互利的、全方位的合作关系。货主企业与物流企业优势互补，要素双向或多向流动，相互信任，共担风险，共享收益。物流联盟一方面有助于货主企业的产品迅速进入市场，提高竞争力，另一方面使物流企业有了稳定的资源。当然物流联盟的长期性、稳定性会使货主企业改变物流服务供应商的行为变得困难，货主企业必须对今后过度依赖某个供应商的局面作周全考虑。

（二）电子商务中企业物流模式的选择

投身于电子商务的企业在物流运作方面除了采取传统的自营方式外，还可以考虑选择逐渐规范的外协模式，或寻找理想的物流企业建立物流联盟。不同企业到底选择何种物流模式，需综合以下几方面进行考虑：

1.企业规模和实力

资金充裕的大中型企业有能力建立自己的物流配送体系，“量体裁衣”，制订合适的物流需求计划，保证物流服务的高质量。同时，过剩的物流网络资源还可外供给其他企业。小企业则受资金、人员及核心业务的限制，物流管理效率难以提高，更适宜把物流管理交由第三方专业物流代理公司。如麦当劳公司每天必须把汉堡包等保鲜食品运往中国各地，为保证供货的及时准确，麦当劳组建了自己的货运公司。

2.企业的物流管理能力及现有的物流网络资源

物流管理能力强，网络资源丰富，可自营物流。如国内的85818网站就依托原正广和饮用水公司完善的送水网络（3个配送中心、100个配送站、200辆小货车、1000辆“黄鱼车”、1000名配送人员），开发建设了自己的物流配送体系，销售大众消费品，成为中国电子商务中最成功的案例。若物流管理水平低，企业宜于外协物流或组建物流联盟。让我们看看联合利华上海有限公司与上海友谊集团储运公司联盟的例子。联合利华是一家大型化妆品生产企业，实物量大，物流服务的需求较高。友谊集团储运公司则是一家在仓储管理方面有丰富经验的国有储运企业，其主要物流基地就在联合利华附近，交通便捷，且库房面积大，设施齐全。联合利华与友储经过几番谈判，终于选定它作为物流伙伴，用合同方式确定了友储在作业时制、商品出入库等方面都按照联合利华的要求进行相应的调整。

3.通过划分企业的核心与非核心业务来确定选择何种模式

按照供应链的理论，将不是自己核心业务的物流管理外包给从事该业务的专业公司去做，这样从原材料供应到生产，再到产品的销售等各个环节的各种职能，都是由在某一领域具有专长或核心竞争力的专业公司互相协调和配合来完成的，这样所形成的供应链具有最大的竞争力。如电脑行业的Compaq和Dell公司分别将非核心业务的物流外包给英国第三方物流服务商Exel物流集团和美国联邦快递FedEx。

4.根据物流对企业成功的影响程度

如果物流对企业战略有着关键作用，企业适宜或自营物流，或寻找较为可靠的第三方物流代理商，建立长期稳定的物流联盟。自营物流保证了企业的关键业务不受外界因素的影响，而与可靠的第三方物流代理商合作，令企业在物流设施、运输能力、专业管理技巧上获益颇丰，降低了成本及风险。

本章小结

本章首先介绍了物流信息的基本概念及特点，进而介绍了常用的几种物流信息技术，即条形码技术、射频识别技术、电子数据交换技术、全球卫星定位技术等；同时介绍了物流信息系统的基本概念；最后简单介绍了电子商务与物流的关系。

关键词

物流信息、条形码、RFID、EDI、GPS、GIS、物流信息系统、电子商务

复习思考题

1.物流信息有什么特点？

2.对比分析条形码技术与射频识别技术的特点。

3.简要回答物流信息系统的组成。

4.试述电子商务与物流的关系。

综合案例

走进UPS“世界港”——科技引领，效率当先

午夜23时，在美国路易斯维尔国际机场总会呈现出一片别样的星空，点点繁星在深暗的天幕中闪烁着、移动着，朝着机场的方向汇集。但它们并不是真正的星星，而是即将着陆的飞机。与此同时，在路易斯维尔机场的周边，车辆、行人也越来越多，和飞机一样涌向机场。

从晚上的23时到次日凌晨的4时，这里或许是世界上最繁忙的空港，因为这里是UPS全球最大的全自动包裹处理中心——UPS“世界港”。每天晚上会有超过100架的飞机满载

着各式各样的包裹，从世界各地飞抵这里，然后再带着分拣好的包裹飞往世界各地，其最繁忙的时候，每分钟都会有一架飞机起降。

让包裹自己完成旅行

“1982年路易斯维尔航空转运中心刚开始修建的时候，第一天晚上我们总共处理了2000件包裹，而现在处理2000件包裹只需要17秒。”UPS航空公司公关部经理麦克介绍说。自1999年起，UPS开始投资10亿美元，用来扩建其在路易斯维尔国际机场的分拣中心，进而开启了UPS历史上最大的基础设施建设项目。此次扩建使路易斯维尔转运中心的规模增加了两倍以上，包裹每小时分拣能力提升至30.4万件。2002年竣工后，中心正式被命名为“世界港”。2006年，UPS又宣布了新一轮扩建计划，到2010年4月竣工时，转运中心规模相当于90个足球场大小，面积达到520万平方英尺，周长7.2英里，包裹处理能力提升了37%，达到每小时分拣41.6万件。

当飞机降落以后，可以直接滑行到飞机装卸点，与分拣中心形成最短的衔接。按照需要处理的包裹的外形，分拣中心传送设备分为3个系统，分别处理小件包裹、正常包裹和异形包裹。站在分拣中心里面，就仿佛置身于一台高速运转的机器内部，总长150英里、3万多条传送带叠加交错在一起，却井井有条，有的地方是平行排列，有的地方是反复迂回，有的地方是层叠向上，而最高的地方达4层楼的高度。当包裹被送上传送带后，它的奇妙“旅行”就开始了。

在“旅行”的开始，首先由传送设备上的高架摄影机读取包裹上的含有货物信息的智能标签，“我们的机器非常聪明，可以保证每个包裹的标签向上，从而保证分拣正确率达到99%以上。”麦克介绍说。在“旅行”的过程中，无论是上坡还是下坡，无论是直行还是拐弯，或是遇到岔路口，都不用担心这些包裹会走错路，因为它们全部按照预先设计好的程序在快速地运动，知道自己的目的地，也知道自己该走哪一条路。“如果有几个包裹在某处挤在了一起，系统会自动停下来，由人工进行处理。”麦克补充说，“不过这种情况很少。”根据智能标签上的信息，传送系统会把包裹按不同送达地点分拣到不同区域。一件包裹的行程最少是800米，而最长的要走10英里，传送设备的运转速度可以根据货量来改变，平均来说，它们的“旅行”时间为13分钟，这期间一般要被扫描6次。

“在路易斯维尔机场，UPS每天晚上的处理能力是120架飞机，但机场只有70个停机位能够接驳到装卸点，其余的飞机则要停在另外的地方，用车把货物拖过去。每天晚上会有9000人在这里进行货物装卸。”麦克说，“在全世界，无论是欧洲还是亚洲，UPS都有不同形式的分拣系统，但路易斯维尔的系统是最完整的。”

追踪每一架飞机

目前，在路易斯维尔机场，UPS每天运营着130架次的航班，平均处理150万件包裹，2010年高峰纪录为日分拣包裹290万件。如此巨大的作业量不仅需要高效的分拣能力，而且如何合理安排航班，提高飞机的运营效率也极其重要。

坐落在路易斯维尔机场的UPS全球运行控制中心是指挥协调UPS机队的中枢神经。这里主要承担五大功能，并按功能形成5个中心：紧急事件调度、飞行员管理、气象监控、飞机维护、飞行签派，工作人员则按职能在办公室里分成5个区域。“中间区域是运行控制中心最重要的地方，一旦发生紧急情况，所有部门的负责人都要集中到这里进行协调、商榷。”麦克说。

在运控中心的墙上，有一张面积很大的电子显示屏，上面不仅可以实时显示机场的现场情况，比如停靠的飞机、在跑道上滑行的飞机，还可以显示飞机在空中的飞行状况，如即将在机场降落的飞机。“其实我们这里不仅可以显示路易斯维尔上空的实况。”一位工作人员一边操作着显示屏演示图像变化一边介绍道，“如果放大的话，还可以看到整个美国的飞行状况。”这种以雷达等多种航空交通管制的手段、技术重合起来拍摄的图像，除了具有实时显示的功能外，还有影像记录功能，工作人员可以在任何时间查看某个时段、某一点的飞机状况。在显示屏上，每架飞机都会以不同的编号来显示自己的位置，但为了便于识别，公司内部还会标注一些特殊的符号，以代表不同的含义，比如当某架飞机显示出“hot”的时候，就表明这架飞机一切都已经准备就绪。“我们这里还有一个部门，会和全世界的空管部门保持联系，如果有某个机场出现问题，飞机无法降落，那么这个部门就要及时协调飞机到别的机场去降落。”

每天6时之前，中心的气象部门都要把有关的天气情况向各部门进行通报，协助相关部门对飞行计划、飞行时间作出调整。

为了准确地对气象情况作出预报，工作人员会按照经度和纬度，把全球分成很多小的区域，并从地面到高空分出不同的大气层，然后用不同的方法在不同的区域取样，之后再根据这些取样对气象状况作出分析和判断。为了使气象预报更有针对性，UPS所有的飞机上都具备取样的功能，包括湿度、温度、密度等情况，这使每一架飞机都相当于一个空气采集器。飞机飞到不同的地方，通过取样设备，就可以了解飞行航路的天气状况。“我们还会和各个国家的气象部门联系，收集各种气象信息，加上我们自己采集的信息，把这些信息综合在起来，通过计算机系统进行处理，就可以对气象情况进行比较准确的预报了。”麦克补充说，“路易斯维尔这个地方气候比较稳定，非常利于飞行。但我们还要掌握全球每一个地方的天气情况，因为我们的飞机会飞到全球的每一个角落。”

（案例来源：严宽.中国民航报 [N] .2011-12-08）

案例思考题

UPS世界港利用了哪些物流信息技术以增强竞争力？

扩展阅读

电子数据交换技术的产生和发展

一、EDI技术在国外的发展

电子数据交换技术最初由美国于20世纪60年代后期提出，当时是为了解决运输业中大量货物数据的电子传输问题，以减少交货、付款的周期，首先在美国工业交通同盟和美国运输协会实现电子数据传输；1968年成立了美国效能运输数据协调委员会，开发、制定了美国运输业的电子数据标准；1984年美国国家标准局和美国交通运输数据委员会成立了联合电子数据委员会，推出了美国EDI国家标准；1985年欧洲和北美代表在纽约会晤成立了联合国数据交换小组，合作开发了EDI国际标准；1986—1989年该组织推出了一系列有关电子数据交换标准应用规则和草案。自美国以后，英国、法国、日本、德国、澳大利亚、比利时、荷兰、新加坡、韩国、香港等国家或地区都相继建立了自动通关的EDI系统，世界上许多港口都建立了直接为港口服务的EDI中心，许多国家政府对不使用EDI的行业和企业采取了一定的限制和制裁措施，如美国和澳大利亚等国家相继规定必须使用EDI方式报关，船舶方能靠港装卸，否则将推迟受理和另增费用，船舶延误损失由船东负责。

二、我国应用电子数据交换的情况

早在1987年，中国远洋公司下属的集装箱船舶运输公司成立之初，就面临着所代理的美洲航线美国海关要求以EDI报关，因此可获得优先处理和审批方便，否则将被列入黑名单。换句话说，如不改变传统的书面单证和随航携带的传递方式，势必对船东及货主造成经济上的损失，并将带来不利的影响。亚洲电子数据交换标准理事会于1990年正式成立，我国申请参加了该组织。1993年在北京召开的EDI应用发展国际研讨会上，有关领导要求经过3~5年努力，在一些重要的经济和工业部门中有计划、有步骤地建立起初具规模的EDI应用系统，我国有关部委把EDI列入“八五”重点开发的应用项目，并成立了中国促进EDI委员会，原邮电部在大城市持续投资，以发展更先进的通信网络，为EDI的发展奠定了更为坚实的基础。交通部在1997年制定的《公路、水运交通信息化“九五”规划和2010年远景目标（纲要）》中把EDI应用列入交通信息化重点建设的内容，要求加快建设交通运输EDI信息网的步伐，做到有计划、有步骤地将港航EDI系统与公路货运EDI系统相互联网，形成较为完整的运输业务EDI系统，以有效地提高交通运输质量和服务水平。

我国已建成了一系列的EDI系统，如：中国外运（海运、空运）EDI系统、国家贸易部许可证EDI系统，并且在上海、天津、青岛、宁波、中远建立了五个EDI服务中心。现在一种先进的网上交易方式——电子商务，也正是运用EDI技术来实现网上电子订购、结算的。但我们在发展EDI的过程中还存在不少问题，突出表现在：没有一个非营利性组织能够从国家科技发展的整体利益出发，进行行业和部门之间的有效协调。交通运输电子数据交换技术的一个显著特点是涉及面广，包括海关、经贸系统、港口、航运经纪人和银行等诸多部门，只有进行统一规划、整体协调，才能充分发挥EDI的整体效益。如果每个部门都从自己的局部利益出发，都想把自己建成EDI中心，这样就势必会形成诸侯割据的局面，最后谁也成不了中心，并且错过发展EDI技术的大好时机。

三、世界上一些国家、地区著名的EDI系统

（一）美国

美国是提出电子数据交换技术最早的国家，早在20世纪60年代后期，为解决运输业中大量货物运输数据的电子传送问题，以减少交货、付款周期，美国率先提出了电子数据交换的概念，并首先在美国工业交通同盟和美国运输协会内实现电子数据传输，1968年成立了美国交通运输数据协调委员会，开发制定了美国运输业的电子数据标准，1984年美国国

家标准局和美国交通运输数据协调委员会成立了联合电子数据委员会，推出了美国EDI国家标准。1985年，欧洲和北美代表在纽约成立了联合国电子数据交换小组，合作开发EDI国际标准。

美国新奥尔良港以230万美元开发了全港统一的CRESCENT系统，其外部功能主要为：电子泊位申请系统、自动登记货单系统、危险货物查询系统、货物状态系统、进口代理商系统、电子信箱系统等。

（二）新加坡

新加坡政府自20世纪80年代中后期，决心首先在港口和航运部门推行集装箱运输EDI，提高集装箱装卸效率，缩短通关时间。在新加坡贸易工业部的领导下，国家电脑局、贸易发展局和新加坡国立大学等3个单位组成项目组，对EDI应用进行研究，经过调研，编制了策略性报告和EDI总体设计方案，议会在对有关法律进行相应修改后，政府于20世纪90年代初正式在全国开始实施EDI。

1984年，PORTNET开始时仅作为一个数据信箱，以后信息量逐渐增加，包括船舶到离、在港船舶和化学品数据库，随后又发展成双向通信。1987年，与马士基公司首先实现了计算机到计算机的通信联系，进行电子数据交换。1988年和香港国际码头公司建立了第一条海外通信线路，电子交换集装箱装载情况，提高了堆场和船舶调度工作，加快了船舶周转时间。1989年，实施PORTNET，其功能也大为扩展，PORTNET采用EDIFACT报文标准，现在，该EDI网络系统已有1200多家公司在使用，目前，新加坡港已与2个亚洲港口和6个非亚洲港口建立了电子通信线路。新加坡港务局PSA的未来发展计划是：不断延伸和改进PORTNET功能，使其更加完善和自动化；建立更多的计算机通信线路，联通港口使用者、与航运相关的部门以及银行，加速船舶和货物流动速度。

PSA和TDB联合开发了一个新的EDI系统MAINS（Maritime Information System），使航运公司、货运代理商、贸易伙伴和监管机构的有关运输文件以电子数据的格式统一起来，从而使新加坡成为世界上成功规范各种运输文件和数据的第一个国家。

新加坡港口EDI网络系统（PORTNET）与国家EDI贸易网系统（TRADENET）为互为独立的两个EDI网络，新加坡海关在TRADENET上进行运作，PORTNET的用户可以通过EDI中心向TRADENET传输信息，但PORTNET用户若需要获得海关的其他服务，则需另行办理加入TRADENET的入网手续。

新加坡政府部门对推行EDI采取强制手段。在推行过程中，主要分为试行—必行—封闭三个阶段。试行阶段主要是培训人员，用户采购EDI软硬件系统；在必行阶段，有关用户必须采用EDI，否则每标准箱多收取10元新币的罚款措施；在封闭阶段，对不采用EDI方式的集装箱，港口一律拒收。

（三）马来西亚

马来西亚于20世纪90年代初开始计划推行EDI，采用立法形式，并由政府出面推进实施。在政府的支持和推动下，马来西亚计划在今后几年内，在全国港口、船公司、船舶代理、海关、报关行和税务、银行等部门之间实现信息的EDI传输和运作，建成国家多媒体走廊。马来西亚的港口和航运业EDI，首先选择其最大的港口巴生港试行。巴生港是马来西亚第一大港，有600多条航线通往世界各港口，目前正在建设港口自由贸易区。1993年巴生港开发了“港口团体系统”PKCS（Port Klang Community System），是一个采用EDI技术的信息服务系统。该系统的主要目标是：改进港口货物通港运作，减少滞港时间；跟踪监控托运货物的状态；准确及时地提供船货清单和货物通港申报信息；提供标准化的贸易单证。

（四）比利时

电子数据交换技术在安特卫普港的应用非常广泛，特别是在港口、海关、航空、铁路等部门，专门成立了安特卫普港电子数据交换机构，负责协调该港各成员对不同信息的需求，并对其进行分类，开展电子数据交换业务。该机构基于国际电子数据交换标准——UN/EDIFACT标准，编制了许多用户指南，共分为七大类：

1. 集装箱信息；
2. 装载信息；
3. 一般货物信息；
4. 港务局信息；
5. 防护信息；
6. 铁路信息；
7. 通用信息。

SEAGHA是比利时的EDI系统，是安特卫普港和布鲁塞尔港的货运管理系统，始建于1986年10月28日，到1992年，该系统的投资为1.79亿美元。SEAGHA的报文标准是UN/EDIFACT，在此基础上，他们开发了33种报文标准，到1992年，SEAGHA已拥有用户127家，包括集装箱码头公司、货运代理商、托运公司和航空公司等。SEAGHA的未来发展计划是：1.与安特卫普港信息和控制系统（APICS）连接；2.与比利时铁路系统连接；3.实施PROTECT工程，该EDI工程包括安特卫普港、不莱梅港、汉堡港、鹿特丹港、弗利克斯托弗港和勒阿佛尔港关于危险品货物的电子数据交换；4.与S&SS连接；5.实施CUSTOMS工程。

（五）德国

汉堡港海运EDI中心始建于1983年，目前可传输海运行业中使用的各种业务信息以及处理200多种格式的与海运有关的电子单证。使用汉堡港EDI中心的有200多家用户，其中货代115家，船代54家，理货7家，码头15家，其他（海关、铁路和港务局等）16家。该EDI中心有八十多条通讯线路，包括分组网、专线及拨号线。

汉堡港海运EDI中心的应用系统包括：

* 货代使用的单证系统。该系统主要提供基础数据管理、进出口单证、发票等功能，同时为用户提供多个版本的应用系统软件。

* 理货使用的单证系统。由该EDI中心提供的基础数据来生成各种类型的仓单。

* 海关通讯系统。在用户终端上可生成海关需要的单证；协助用户把单证送到海关报关系统，经过海关审核后送回用户。

* 船舶信息系统。所有船公司把船期表通知EDI中心，所有EDI中心用户可得到四个

月内的船舶动态。

* 危险品信息系统。港区内危险品分布情况；一旦发生事故，指导用户如何进行紧急处理；用户可向EDI中心咨询某种危险品的运输及包装方法。

* 集装箱管理系统。为船公司提供集装箱动态报告。

* 船代集装箱多式联运网络。

* 国际通讯桥梁。EDI中心为用户提供与其他国家、地区EDI中心及国际通讯网络公司互联的服务。

（六）澳大利亚

澳大利亚TRADEGATE是在货物运输NCWP州际理事会建议下，于1989年建成的，它是一个非营利性公司，其成员包括：澳大利亚海关，Qantas（IATA），澳大利亚港口和海洋协会理事会（AAPMA），澳大利亚海运集团（ACOS），澳大利亚海事委员会（ANMA），澳大利亚空中货物运输联盟（AFAFF），CBCA，澳大利亚铁路公司ROA，澳大利亚道路运输联盟ARTF和政府部门AUSTRADE。

TRADEGATE有两个职能：一是提高职工的EDI意识以及对贸易人员的EDI教育培训；二是鼓励贸易部门使用EDI，同时TRADEGATE也鼓励使用EDIFACT标准，现在TRADEGATE产品和网络开发的技术支持部门是AT&T，报文标准是EDIFACT，ANSIX.12和CARGO——IMP，其使用者有600多家，包括政府部门，港务当局，远洋公司，托运公司，海关经纪人，道路运输经营者，码头经营者，航空公司和进出口商等。所有与货物进出口贸易有关的人都是TRADEGATE的潜在市场。

澳大利亚的悉尼海关从1994年开始推行采用EDI方式通关。与其他国家不同的是，澳大利亚的EDI中心设在海关，船公司、船舶代理和港口码头等用户与海关的EDI中心联通。澳大利亚政府对推行EDI不作直接干预，由各相关行业的协会出面推行，对于港口和航运业，则通过海关强制推行EDI传输，港口不设EDI中心，港航用户均加入海关的EDI网络系统（EFT EDI）。

（七）法国

1982年，法国海关委员会提议在勒阿佛尔港建立SOFI系统，以实现货运代理商及时掌握货物在码头和货场的有关货运信息。1983年，勒阿佛尔港建立了第一个EDI系统——ADEMAR，并与海关的SOFI系统连接。最初，它主要用来服务货运代理商，后来由于运行非常成功，所有的贸易部门和港务局都使用了该系统，并使其版本升级为ADEMAR+，ADEMER的原有功能也慢慢延伸到其他领域，如港口货运跟踪等，使港口货运流程中的各环节都能享受到更多的信息交换和有关文件的交换。

现在该港的ADEMAR+系统能确保货物过港时在港口管理、商业和海关处理上的全自动化。该系统与海关SOFI系统、集装箱码头、堆场进行实时信息交换，能有效地管理进口、拆箱、疏运以及装箱和分组。该系统现有用户250多个，主要包括：海关，货运代理商，集装箱堆场和集装箱码头等。

（八）新西兰

新西兰的EDI发展不同于其他国家，它建立了一个统一的国家EDI中心，由几个独立的工业部门组建。由于新西兰实行电信行业的放松管制，因此每个EDI系统都有其自己的网络开发商，同时，为提高运行效率，网络开发商间也进行合作。现在，政府部门通过海关运行的EDI系统是CEDI*FIT（Customs EDI For International Trade）。CEDI*FIT由新西兰海关负责管理和组织实施，原计划1987年开始，后来推迟到1989年。该系统最初是为进口管理而开发，现在其功能已大为改进，延伸到出口和提供各种增值服务。该系统的报文标准为EDIFACT语法规则，海关只接收EDIFACT或以EDIFACT为基础的信息。然而，随着功能的增加，现在的报文标准将被新的标准所取代，新标准是在国际CUSDEC和CUSRES上的新西兰子系统，新旧两系统经过一段时间的并行后，旧系统将停止使用。目前，该系统的用户为160家，包括：进口商、海关代理人和货运公司等。

（九）英国

CNS是英国南阿浦敦港集装箱码头公司1987年开发的EDI系统，对运输和货运工业部门提供增值服务，包括：货物通过港口、机场和内陆的电子清关，电子信箱和信息服务。CNS支持的最大的EDI系统是DTI（Direct Trader Input），大约有40多处的850多个用户使用该系统。除了大型主机外，用户可以通过多种设备联上CNS系统，包括40多种不同型号的微机、UNIX系统支持的机器和IBM AS/400's等，从1992年开始，允许在英国拨号上CNSNET网，到1993年中，整个欧洲都可以拨号上网。

DTI是英国最大的EDI网络系统，处理所有海关进口业务的1/3左右。英国EDI系统的报文标准是EDIFACT。DTI的用户除伦敦港、南阿浦敦港、利物浦港、赫尔港和伊明赫姆港之外，还包括其他快速包裹托运公司等。CNS现正在开发EDI信息格式转换系统，以实现信息发送和接收的可识别自动转换。

（十）加拿大

大西洋EDI港口公司（EDIPORT Atlantic INC.）成立于1989年，是一家非营利组织，其成员包括：各种行业组织，公司，政府部门和哈利法克斯港务局内的代理机构。其主要职能是推进EDI在哈利法克斯港的实施。1990年，EDIPORT开始从哈利法克斯港和省技术转让协会接收资金，着手进行EDI的规划研究，1991年9月先后投资45万加元和20万加元进行开发。

现在该系统有12个合作者，包括：集装箱航运公司，海运码头，海关经纪人，加拿大北美公司，加拿大海岸警备队，加拿大海关，加拿大农业公司和哈利法克斯港等。哈利法克斯港EDIPORT的未来规划是，与卡车运输公司合作，实现码头传送过程的自动化。

（十一）荷兰

国际运输信息系统INTIS（International Transport Information System）是荷兰为满足贸易和运输需求而开发的EDI服务系统，始建于1985年，建设成本为1850万荷兰基尔德，约1000万美元。INTIS最初是由荷兰的几个港口和运输公司联合开发的，它们是：鹿特丹港，荷兰PTT电信公司和私营公司等。在开发EDI的报文标准方面，INTIS与UN EDIFACT密切合作，因此其报文标准采用EDIFACT标准。现在，INTIS能为用户提供一套覆盖杂货运输基本流程的完整的EDI标准信息。INTIS的入网连接费为105荷兰基尔德，使用收费标准取决于上网时间和通过该系统的信息流量。所有贸易和运输环节中的用户都可以很容易地上

INTIS网络，现在有140个用户。

（十二）香港

Tradelink是由11个与贸易相关的大公司组成的合作体，成立于1989年，目的在于推动EDI在香港的使用和发展，其EDI系统名称为CETS（Community Electronic Trading System），是在UN/EDIFACT报文标准上开发的世界上第一个主要的EDI系统，CETS开发的第一阶段始于1988年，初期由Tradelink投资1400万港币，该阶段于1989年9月完成，之后，Tradelink又向政府部门提交了进一步发展EDI的提议，于是1990年3月开始了第二阶段工作，该阶段被称为SPEDI（Shared Project for EDI），由政府和Tradelink共同投资900万港币。

由此可见，国外在推行EDI过程中，多是政府出面，或是由一些非营利组织、港口、海关牵头，成立专门机构，进行组织协调，并制定有关EDI的专门法律，作为推行EDI的法律保障。例如，新加坡港推行EDI到“必行”阶段时，如企业仍不采用EDI，港口对其进出港箱货采取罚款措施，到“封闭”阶段，如还不采用EDI，则不允许其集装箱进出口港口；澳大利亚的悉尼港，海关对采用EDI报关的不另外收取费用，而对采用纸面单证报关的则收取附加费用，并规定用户的文件需按海关提供的格式标准化后，才能把信息传输到海关，因此，这些国家推行EDI，都把港口和海关等卡口作为强制的制约手段来实施EDI。此外，还利用经济杠杆和其他强制手段推行EDI，也值得我们借鉴。

（资料来源：智能交通网
http://www.21its.com/Common/DocumentDetail.aspx?ID=2011110209052500039）

第十二章　第三方物流

第一节　第三方物流概述

一、第三方物流的概念

（一）第三方物流的定义

我国国家标准《物流术语》对第三方物流的定义是：“由供方与需方以外的物流企业提供物流服务的业务模式。”第三方物流是指提供物流交易双方的部分或全部物流功能的外部服务提供者。可以说，它是物流专业化的一种形式。

根据定义，第三方物流主要由以下两个要件构成：

第一，主体要件。即在主体上是指“第三方”，表明第三方物流是独立的第三方企业，而不是依附于供方或需方等任何一方的非独立性经济组织。

第二，行为要件。即在行为上是指“物流”，表明第三方物流从事的是现代物流活动，而不是传统意义上的运输、仓储等。

（二）第三方物流和自营物流的区别（表12–1）

表12–1　第三方物流与自营物流的区别

项目	第三方物流	自营物流
合约关系	一对多	一对一
法人构成	数量少(对用户)	数量多(对用户)
服务功能	多功能	单功能
物流成本	较低	较高
增值服务	较多	较少
质量控制	难	易
运营风险	大	小
供应链因素	多	少

二、第三方物流的特征

现代第三方物流通常具有以下特征。

（一）关系合同化

第三方物流注重的是客户物流体系的整体运作效率与效益。同时，通过合同的形式来规范物流经营者和物流消费者之间的关系。

（二）服务个性化

第三方物流服务的对象一般都很少，只有一家或数家，但服务延续的时间较长，往往长达几年。

（三）功能专业化

第三方物流所提供的服务是专业化的服务，对于专门从事物流服务的企业，它的设计、物流操作过程、物流管理都应该是专业化的，物流设备和设施都应该是标准化的。

（四）效益规模化

第三方物流最基本的特征是集多家企业的物流业务于一身，物流业务规模扩大，可以发挥综合效益。

（五）长期战略伙伴关系

第三方物流与客户形成的是相互依赖的市场共生关系。客户通过信息系统对物流全程进行管理和控制，物流服务企业则对客户的长期物流活动负责。

（六）以现代信息技术为基础

信息技术的发展是第三方物流出现和发展的必要条件。现代信息技术实现了数据的快速、准确传递，提高了仓库管理、装卸运输、采购订货、配送发运、订单处理的自动化水平，使这些物流活动实现一体化。

三、第三方物流企业的类型

专业化、社会化的第三方物流的承担者，就是物流企业。综观国内外物流业的现状，物流企业种类繁多。按照不同的分类标准可以对第三方物流企业进行不同的分类，如表12–2。

表12–2　第三方物流企业的分类

分类标准	类型
物流企业完成的物流业务范围的大小和所承担的物流功能	综合性物流企业 功能性物流企业
物流企业是自行完成和承担物流业务还是委托他人进行操作	物流自理企业 物流代理企业
提供服务的种类	以资产为基础的物流企业 以管理为基础的物流企业 以行政管理为基础的物流企业 综合物流企业
所属的细分物流市场	操作性的物流企业 多元化的物流企业 客户定制化的物流企业

续表12-2

分类标准	类型	
核心能力和历史因素	资产型物流公司	以提供运输服务为主的物流公司 以提供仓储服务为主的物流公司 以提供终端服务为主的物流公司
	非资产型物流公司	以提供货物代理为主的物流公司 以提供信息和系统服务为主的物流公司 以提供物流增值服务为主的物流公司 第四方物流公司
形成途径	国有运输与仓储企业 新兴物流公司 生产与流通企业内部物流部门 国外物流公司	

其中，按形成途径划分，我国主要有以下几类第三方物流企业，它们在国内第三方物流市场中各自拥有一定的份额，如表12-3所示。

表12-3　不同类型的第三方物流企业

项目	国有的运输与仓储企业	新兴的物流公司	生产与流通企业内部物流部门	国外物流公司
优势	·大型国有企业，拥有全国性的网络和运输、仓储资产 ·与中央或地方政府有关系	·私有或合资企业，业务地域、服务和客户相对集中 ·效率很高、增长极快	·主要为内部客户服务，有专长 ·资产有限，但网络覆盖性良好	·很强的海外网络 ·丰富的行业知识和实际运营经验 ·与国际物流客户有良好关系 ·有先进的IT系统 ·有来自总部的强有力的财务支持
劣势	·冗余人员比例很高，效率很低 ·注重内部的企业文化而不是以客户和绩效为导向	·只有有限的固定资产 ·对市场扩张缺乏有力的财务支持 ·内部管理和体系是高速增长的主要阻碍	·难以吸引更多的外部客户 ·战略和未来的定位受到公司的极大影响	在中国缺少网络系统，中国的业务还很有限，且相对成本较高
目标	·借用广泛的网络和资产优势加速物流增长 ·通过重组以增加功能，提高效率	依靠引入战略合作伙伴或投资者保护高增长率	或加强或剥离物流部门	通过收购或合作，加强在中国市场的地位

四、第三方物流的作用

（一）第三方物流在管理中的优势

管理技术优势是第三方物流的核心竞争力所在。它主要体现在系统策划能力、个性化服务、信息系统支持、创新与改进能力等方面。

1.系统策划能力

随着竞争的加剧和顾客服务期望水平的提高，生产和服务模式发生了巨大变化。这种变化使物流的复杂性日益突出，经济全球化的进程延伸了供应链在空间的分布，全球性的采购、生产、销售、服务为全球范围内供应链上的物流活动增添了相应的错综复杂的关系。第三方物流具有较强的系统策划能力，能够满足新形势下对物流活动的要求。

2.个性化服务

第三方物流企业一般在系统策划的基础上，增强服务内容上的弹性，为客户量身定做个性化物流方案，以满足物流市场的需求，提高企业的综合竞争优势。

3.信息系统支持

信息化既是现代物流的重要趋势，更是现代物流赖以存在的基础。第三方物流企业必须有相应的系统与客户系统进行数据交换，才能保证物流管理的效率性和准确性。

4.创新与改进能力

第三方物流企业为了维持自己在市场上的竞争优势，不断开创出新的服务种类，拓展服务内容，引进新的技术手段设备，并不断改进自己的管理和运作模式，以提高服务和降低成本。这种创新与持续改进能力是第三方物流的一个显著特点。

（二）降低成本的规模经济优势

企业通过整合客户与供应商形成规模经济优势，降低物流成本是第三方物流企业的发展空间所在。

1.对客户的整合

第三方物流企业一般会同时为一定数量的客户提供物流服务。在服务过程中，对客户的物流业务进行整合，通过降低成本来创造价值，主要体现在规模效益和互补效益上。规模效益是第三方物流通过为多家企业提供物流服务，来实现管理和运作的规模效益；互补效益则是第三方物流企业在选择客户时考虑业务类型的搭配，通过货物的轻重搭配、均衡货流、季节互补等手段，实现物流的互补效益。

2.对供应商的整合

对供应商的整合即对运输、仓储等供应商进行整合，并在此基础上为客户提供综合物流服务，达到降低成本的目的。这主要体现在议价能力和整合效益中。议价能力是指第三方物流企业在同第二方物流的协商中会显示出更强的议价能力，因此可以获得更加优惠的价格。整合效益是指第三方物流一般通过将业务进行分类，然后按路线整合，选取优势路线，不但可以获得比较低的价位，而且运输的时效性也容易得到保证。另外，还可以按地域和产品种类进行仓储的整合，按不同地域选择在当地有价格优势和专业作业优势的供应商，能够显著提高作业效率并降低运输仓储成本。

（三）第三方物流给企业带来的效益

探讨第三方物流的优越性，其实就是解决一个第三方物流存在合理性的问题。第三方物流概念的提出，可以说是物流业的一次革命，因为它有着很多传统物流所无法比拟的优势。除了宏观上有助于缓解交通压力、保护环境和促进产业结构调整以外，第三方物流在微观上也给使用其服务的企业带来了诸多好处，具体表现在以下几个方面。

1.有助于增强企业的核心竞争力

企业要把资源集中在构建核心竞争力上，以获得最大的投资回报，而物流通常不是某些企业的核心能力。第三方物流为企业提供了集中于擅长领域的机会，而把不擅长的物流留给物流公司，从而能够实现企业资源的优化配置，将有限的资源集中于核心业务，进行重点研究，发展基本技术，努力开发出新产品，参与世界竞争。

2.有助于减少资本投入、降低风险

通过第三方物流，制造企业可以降低因拥有运输设备、仓库和其他物流过程中所必需的投资，从而改善公司的盈利状况，把更多的资金投在公司的核心业务上，以实现资金价值的最大化。

3.有助于客户服务水平的提高

在产品质量和成本相同的条件下，客户服务水平成了公司的竞争优势之一。许多客户服务功能和范围与物流活动直接相关。按时交货、缩短订单时间使产品更具可得性、使用户及时了解订单信息等都与供应链上物流的复杂程度和实施能力息息相关。有43%的公司希望经过物流外包来改善客户服务水平。

4.有助于建立与本地市场的关系

利用第三方物流公司专家，帮助企业熟悉和适应政府的有关法规，并与政府保持良好的关系。同时，对于某些物流还处于管制状态的地区，利用第三方物流服务，可以开展自身无法开展的物流业务。

5.有助于加快市场响应速度

在最短的时间内以最低的成本提供最大的价值，这是信息时代的又一种竞争优势。这些因素促使公司采取更快的措施利用第三方物流将产品推向市场，以获取竞争优势。

6.有助于信息的获得和利用

信息处理、信息加工和发掘技术，成为企业提高竞争能力的重要手段，也是第三方物流的重要新型服务项目。采用第三方物流服务，可以利用其信息技术、信息分析和管理优化的能力，将原始数据转化为可指导工作的信息。

7.有助于企业降低物流成本

专业的第三方物流服务提供者利用规模生产的专业优势和成本优势，通过提高各环节能力的利用率节省费用，使企业能从分离费用结构中获益。

8.有利于减少库存

第三方物流企业借助精心策划的物流计划和适时运送手段及强大的信息系统，既可以实现以信息换库存，即通过上下游各个环节信息的及时、快速、准确交换，实现精益生产和JIT交货，减少无效库存数量，缩短库存时间，又能加快存货的流动速度，从而最大限

度地盘活库存、减少库存，改善企业的现金流量，实现成本优势。

9.有利于灵活运用新技术

第三方物流企业为了提高自己的竞争能力和专业化水平，会不断追寻物流技术的发展，及时更新物流设备，这也是它们生存的需要。而普通的单个非物流企业，通常没有时间、资源或技能来跟上物流技术和设备变化的潮流。采用第三方物流，企业可以在自己不增加投入的情况下，不断地获取最新的技术。

10.有利于提升企业形象

第三方物流企业为客户企业着想，通过全球性的信息网络使客户企业的供应链管理完全透明化，客户企业可以随时通过互联网了解供应链的情况。第三方物流企业是物流专家，他们利用完备的设施和训练有素的员工对整个供应链实现完全的控制，减少物流的复杂性。他们通过遍布全球的运输网络和服务提供者 (分承包方) 大大缩短了交货期，从而也帮助客户企业改进服务，树立自己的品牌形象。第三方物流企业通过“量体裁衣”式的设计，制定出以客户为导向、低成本、高效率的物流方案，为客户企业在竞争中取胜创造了条件，使顾客在同行中脱颖而出。

11.有利于企业的虚拟经营

虚拟经营和电子商务被视为21世纪最具有前途的商业模式，但虚拟经营要想取得成功必须依赖第三方物流企业。

五、第三方物流的产生原因

第三方物流的兴起是有其根本原因的，具体说来主要有以下几方面。

（一）第三方物流产生是社会分工的结果

在外包等新型管理理念的影响下，各企业为增强市场竞争力，而将企业的资金、人力、物力投入到其核心业务上去，寻求社会化分工协作带来的效率和效益的最大化。专业化分工的结果导致许多非核心业务从企业生产经营活动中分离出来，其中包括物流业务。将物流业务委托给第三方专业物流公司负责，可降低物流成本，完善物流活动的服务功能。

（二）第三方物流的出现是改善物流与强化竞争力相结合意识的萌芽

物流研究与物流实践经历了成本导向、利润导向、竞争力导向等几个阶段。将物流改善与竞争力提高的目标相结合是物流理论与技术成熟的标志。这是第三方物流概念出现的逻辑基础。

（三）第三方物流的出现是物流领域的竞争激化导致综合物流业务的发展的历史必然

随着经济自由化和贸易全球化的发展，物流领域的政策不断放宽，同时也导致物流企业自身竞争的激化，物流企业不断地拓展服务的内涵和外延，从而导致第三方物流的出现。这是第三方物流概念出现的历史基础。

（四）第三方物流的产生是新型管理理念的要求

进入20 世纪90 年代后，信息技术特别是计算机技术的高速发展与社会分工的进一步细化，推动着管理技术和思想的迅速更新，由此产生了供应链、虚拟企业等一系列强调外部协调和合作的新型管理理念，既增加了物流活动的复杂性，又对物流活动提出了零库存、准时制、快速反应、有效的顾客反应等更高的要求，使一般企业很难承担此类业务，由此产生了专业化物流服务的需求。第三方物流正是为满足这种需求而产生的。它的出现一方面迎合了个性需求时代企业间专业合作不断变化的要求，另一方面实现了进出物流的整合，提高了物流服务质量，加强了对供应链的全面控制和协调，促进供应链达到整体最佳性。

第二节　第三方物流方案设计

一、第三方物流内容综述

(一) 物流活动的内容

在物流管理的实践中，由于一些活动几乎在所有的物流管理系统中都会涉及，而另一些只是间断出现或偶尔出现，所以这些活动可以被分为：

1.关键物流活动

(1) 客户服务

与企业营销部门合作，判断客户对物流服务的需求；判断客户对现有服务的反应；确定客户服务水平。

(2) 运输

包括：运输方式和运输服务的选择；集运；承运人的运输路线；车辆调度；设备选择；理赔程序；运价审核。

(3) 库存管理

包括：原材料和产成品的存储政策；短期销售预测；存储点的产品组合；存储点的个数、大小和选址；适时管理、拉动式管理或推动式管理策略。

(4) 信息流动和订单处理

包括：销售订单—库存之间的信息交互过程；订单信息传输方法；订货规则；等等。

2.支持性物流活动

(1) 仓储

包括：仓储决策；仓库布局和车辆装卸站台设计；仓库结构；存货地点。

(2) 物料搬运

包括：设备选择；设备更新政策；拣货工序；存放和维修。

(3) 采购

包括：供货点选择；采购实践；采购数量。

(4) 保护性包装

包括：包装服务对象；搬运；存储；防止灭失或损坏。

(5) 与生产/运作部门合作

包括：明确数量；确定生产工序、生产时间。

(6) 信息维护

包括：信息搜集、存储和处理；数据分析；控制程序。

其中，客户服务为整个物流管理体系定下了基调，好的客户服务水平必然意味着高的物流服务成本，可以说确定了客户服务水平就在一定程度上确定了物流成本的水平。运输和仓储在物流成长中占重要份额，又是产品时间和空间效用的主要创造者。订单处理虽然占用资金不多，但是对整个物流系统的反应速度有着重大的影响，面对越来越重视时间价值的客户，这一环节更是不容忽视。

(二) 常见的第三方物流服务内容

1.运输和配送服务

(1) 运输和配送网络的设计

适用于跨国公司等运输和配送网络较为复杂的企业，可由专业的专家小组负责规划设计。

(2) 一站式全方位运输服务

是指由物流提供商提供的多种运输方式和多个运输环节的整合，为客户提供门到门的服务，例如多式联运业务。

(3) 为客户提供运输力量

物流公司负责为客户提供运输车辆和人员，客户对运输过程进行控制和管理。

(4) 帮助客户管理运输力量

客户自身拥有运输工具和人力资源，由运输公司负责运输工具的使用和维护以及人员的工作调配，并对整个运输过程进行管理。

(5) 配送

(6) 报关等其他配套服务

2.仓储服务

(1) 仓储管理

(2) 库存管理

(3) 订单处理

(4) 代管仓库

(5) 包装

3.增值服务

(1) 延迟处理

延迟处理是一种先进的物流模式。企业在生产过程中，先完成中间产品或标准化产品的生产，等收到客户订单，明确最终用户对产品的功能、外观、数量等具体要求之后，再完成生产和包装的最后环节。

在很多情况下，企业将最终的制造和包装活动交由第三方物流中心完成，在时间和地点上都与大规模的标准生产相分离。这样生产企业就能以最快的反应速度来满足客户的需求，并且降低或完全消除不适合市场需求的生产及库存活动。其实，我国许多第三方物流企业提供的贴标签服务或在包装箱上注明发货区域等服务，都属于简单的延迟处理。

(2) 支持JIT制造

第三方物流企业为JIT制造提供的服务有即时采购运输和生产线的即时供货等。

(3) 零件成套

将不同的零部件在进入生产线前预装配。如汽车制造厂，一般委托第三方物流企业管理零部件仓库，在零部件上装配线之前，可以在仓库内完成部分零件的装配。

(4) 货到付费

在物流服务过程中，第三方物流服务商一般代替客户支付海运运费等费用，在国内，此类收费一般称为代垫代付费用。

(5) 咨询服务

第三方物流企业提供的咨询服务有物流相关政策调查分析、流程设计、设施选择和设计、运输方式选择、信息系统选择等。

(6) 售后服务

包括退货管理、维修、保养、产品调查等项目。

4.信息服务

(1) 信息平台服务

客户通过第三方物流的信息平台，实现同海关、银行、合作伙伴的连接，完成物流过程的电子化。

(2) 物流业务处理系统

如仓储管理系统和订单处理系统。

(3) 运输过程跟踪

可以通过GPS/GIS系统等跟踪手段做到对运输过程和订单的实时跟踪。

5.总体策划与设计

向第四方物流发展。

二、第三方物流需求分析

(一) 商品或服务的需求预测

1.需求预测在企业物流管理中的重要作用

需求预测是企业制定战略规划、生产安排、销售计划，尤其是物流管理计划的重要依据。例如中短期需求预测可以帮助企业安排原材料采购、原材料产成品运输，确定合理的库存水平。这种需求预测无论从详细程度，还是从数量的准确性方面都有更高的要求。在实践中，可以借助计算机等先进的信息处理工具来完成预测。

2.需求预测的步骤

(1) 明确预测目的

(2) 选择预测方法

(3) 收集、分析所需数据

(4) 进行预测

(5) 将预测结果用于实践

在预测的整个过程中，还要注意对预测的全过程进行监控，以便对预测结果进行恰当评估。必要的时候，还要对某些环节进行调整，重新进行预测。

3.需求预测的方法（表12–4）

表12–4 需求预测的方法

定性法	定量法
德尔菲法	因果分析法
销售人员意见法	时序预测法
市场调查法	

（二）物流服务的需求分析法（图12–1）

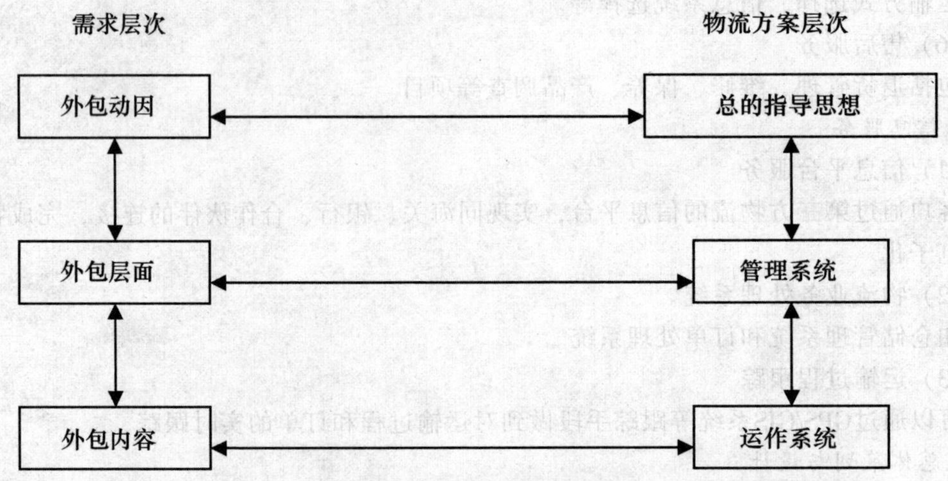

图12–1 物流服务的需求分析

图12–1为利用比较简单易行的层次分析法展开物流服务的需求分析。

1.外包动因分析

只有正确把握客户选择外包的原因，以及客户选择自己作为合作伙伴的原因，第三方物流服务商才能真正从客户的角度出发，设计出符合客户需求、获得客户满意和信任的服务方案。具体来说，客户选择第三方物流企业，通常有以下几种关注的方面：

(1) 关注成本型；

(2) 关注能力型；

(3) 关注资金型；

(4) 复合关注型。

2.外包层面分析

根据决策的着眼点不同，整个物流系统可以分为三个不同层面：战略层面、策略层面、操作层面。不同层面的物流管理包含的活动内容不同，各自的侧重点也不同。表12–

5对各层面的物流活动作了清楚的阐述。

表12-5　各层面的物流活动内容

物流活动	物流层面		
	战略层面	策略层面	操作层面
选址	设施的数量、规模、位置	库存定位	线路选择、发运、调度等
运输	运输方式选择	阶段性服务的内容	确定补货的数量、时间
订单处理	选择、设计订单录入系统	处理客户订单的优先准则	分配订单
客户服务	设定标准	—	—
仓储	布局、位置选择	阶段性空间选择	供应订货
采购	制定政策	洽谈合同选择供货商	发出订单

3.外包内容分析

外包内容决定物流服务方案中所涉及的具体环节和活动的操作问题。获取客户外包内容的途径一般有两种：一种是客户将自己的物流需求列出来，对物流管理比较健全的公司，一般采用这种形式；另一种是客户对自己的物流需求没有明确的定义，需要第三方通过调研的方式来获得。在调研客户物流需求时，一般应事先准备好问题，在调研过程中，可以比较全面地了解和记录客户的物流需求。

三、物流方案设计

（一）涉及物流服务方案的一般程序

1.调研阶段

调研阶段包括以下内容：企业内部分析、企业外部评价与分析、技术评价与分析、机会分析、成本—效益分析。

2.分析阶段

分析阶段主要包括确定服务方案的目标、确定分析方法、收集数据以及分析数据四个方面。

3.建议与实施阶段

建议与实施阶段主要包括向客户推荐方案、对推荐的方案进行成本评估以及风险分析。

（二）产品配送网络方案设计

配送网络方案设计是第三方物流服务的一项重要内容。一个好的设计思路应该使该网络能够在恰当的时间与地点为恰当的客户提供恰当数量的产品，并且使整个过程的物流费用最低。配送网络设计的目标就是要找到运送和接收产品最经济的途径，同时又要维持或提高客户服务的水平。简而言之，就是寻找利润最大化和服务最优化的平衡点。具体的设计过程可以分为以下7个步骤：

1.配送网络的数据收集；

2.明确送货要求；

3.建立数据库；

4.设计网络方案以备选择；

5.预估年度操作费用；

6.比较相关方案；

7.方案细节的制订。

第三节　第三方物流客户服务

一、第三方物流客户服务的含义

（一）物流客户服务的含义

所谓物流客户服务就是指物流企业为客户提供的各种物流方面的服务，是按照客户的要求而开展的运输、仓储、配送、流通加工、信息服务、增值服务等各项活动，以及任何一项活动可能出现失误时的补救措施。它涉及企业从供应到生产再到销售的所有领域。

（二）第三方物流客户服务的特点

1.第三方物流客户服务的主体是第三方

2.第三方物流的客户服务建立在现代信息技术基础之上

3.第三方物流是合同导向的系列物流服务

4.第三方物流为客户提供个性化的物流服务

二、影响第三方物流客户服务的因素（表12–6）

表12–6　影响第三方物流客户服务的因素

外部因素	内部因素
社会环境	成本
市场导向	客户对象
行业发展	管理水平
信息技术	

三、第三方物流服务的选择

(一) 第三方物流服务决策的标准

对货主企业而言，首先需要确定是自己 (抑或企业的经销商或供应商) 承担物流服务，还是选择第三方物流企业提供物流服务。在对物流服务提供方做出选择时，主要需要考虑以下一些因素。

1. 企业规模

只有当企业的生产经营达到一定的规模要求时，自营物流才具有效益。在供应商或经销商规模较小时，由它们提供物流服务同样也缺乏效率。

2.企业发展战略

具体到规模较大的企业，到底由谁提供物流服务，需要结合企业的发展战略进行决策，应有助于企业将有限的资源集中于核心竞争力。因此，企业首先要考虑物流系统是否已经构成或可能培育成企业的核心竞争力，具体从以下几个方面进行判断：

第一，物流系统是否高度影响企业业务流程；

第二，企业在物流系统的建设方面是否拥有独特的优势或拥有足够的资源，且这些优势或资源能使公司在行业中领先；

第三，这种优势是否在较长时期内难以被同行其他企业所模仿。

如果答案是肯定的，那么就可以断定物流系统在战略上处于核心竞争力或潜在核心竞争力的地位，实施自营物流比较有利，否则，则选择第三方物流企业或由供应商、经销商承担相应的物流功能。

3. 财务利益

如果企业的物流系统不属于企业的核心竞争力，短期之内也看不到其有望发展为核心竞争力的迹象，则企业应从财务利益的角度选择有助于降低物流总体费用的服务提供方。如果企业的产品线比较单一、生产规模大且产品销售地相对集中，则采用自营物流较为有利；如果原材料具有特殊的理化性质，对运输、储存条件要求严格，则由供应商提供物流服务具有较高的效率；如果经销商规模较大且已经成立自营物流机构，则由经销商提供物流服务能够节约物流费用。

4. 物流服务范围

如果企业所要求的物流服务种类繁多，则由多功能或全功能的第三方物流企业去做有助于确保服务质量，保证对客户的服务水平。

(二) 第三方物流企业的选择步骤

1. 组成跨职能团队

2.设定目标

3.确定客户需求

4.制定选择标准

5.列出候选名单

6.候选者征询

7.发出招标书

8.现场考察

9.候选者资格评审

10.利用分析工具选择第三方物流

（三）决策时需要考虑的成本因素

一般来说，每一个特定的物流系统都包括仓库数目、区位、规模、运输政策、存货政策及顾客服务水平构成的一组政策。每一个可能方案都隐含着一套物流成本：

$$D=T+S+L+F+V+P+C$$

其中D是物流系统总成本；T为总运输成本；S为库存维持费用，包括库存管理费用、包装费用以及返工费用；L为批量成本，包括物料加工费和采购费；F为总固定仓储费用；V为总变动仓储费用；P为订单处理和信息费用；C为顾客服务成本，包括缺货损失费用、降价损失费用和丧失潜在顾客的机会成本。

对于在服务的时间、种类、质量等方面都能满足要求的第三方物流服务供应商，则需要计算获得物流服务的成本来进行比较分析，选择成本较低的合作伙伴。

（四）战略意义上的第三方物流服务决策

在不断加剧的市场竞争中，企业采用第三方物流能带来更多的生产经营优势，主要表现在以下几个方面：

1.企业可以集中资源于自己的主业

公司由于资源的有限性，难以成为一个业务上面面俱到的专家。把物流等辅助功能外包给外部供应商，能够使公司把主要资源集中于自己擅长的领域。

2.第三方物流能够满足日益增长的技术灵活性的需求

当需求变化和技术进步时，专业的第三方物流供应商能不断地更新他们的信息技术和设备，而一般的公司没有时间、资源或技能来不断更新他们的技术。不同的公司可能有不同的、不断变化的配送与信息技术需求，第三方物流供应商能够以一种快速的、更具成本有效性的方式满足这些需求。

3.减少固定资产投资，加速资本周转

企业自营物流需要投入大量的资金购买物流设备，建设仓库和信息网络等专业物流设备。使用第三方物流不仅可以减少设施的投资，还解放了仓库和车队方面的资金占用，加速了资金周转。

4.第三方物流能够满足日益增长的服务灵活性的需求

数量不断增长的供应商需要迅速的货源补充，因而要有地区仓库。通过第三方物流供应商的存储服务，可以满足客户需求，而不必建造新设施或长期租赁，限制经营的灵活性。

5.使用第三方物流还能降低企业的成本

专业的第三方物流服务提供者利用规模生产的专业优势和成本优势，通过提高各环节的利用率节省费用，使企业能从中获益。

（五）对第三方物流的作业绩效进行评价的指标

1.订货周期

从订货到运送需要多长时间。

2.可靠性、库存情况

每种物品可直接由库存提取的比例有多大。

3.订单完成率

在指定期间内完成订单的比例有多大。

4.运送的可靠性

运送途中货物的破损率，货物是否在指定的时间和地点送给顾客。

5.货物损耗率

指货物在库存保管期间自然损耗量占该种货物入库量的比率大小。

6.平均收发时间

指收、发每笔货物（即每一张出入库单据上的货物）平均所用的时间多少。

7.收发货差错率

在一定时期内收发货差错笔数占收发货总笔数的百分比。

8.平均保管费用

平均储存货物所支付或发生相关费用的金额。

9.人均工作量

按天计算每位员工每日收、发货物吨数或计算每人每日保管货物的吨数。

还有一些其他的评价指标如：下订单的方便性；订单满足率；订单响应时间；订单处理正确率；平均运送时间；价格正常率；货损率；货差率；准时回单率；订单完成率；运输准点率；客户投诉率；客户投诉处理时间；赔付及时性。

（六）第三方物流服务失败的原因（表12–7）

表12–7　第三方物流失败的原因

第三方物流企业方面的原因	客户企业方面的原因
回避战略问题、只注重业务层面的操作	视物流为成本中心而不是价值中心
夸大自身的业务能力和水平	注重价格而忽视第三方物流企业的服务能力
缺乏在某一领域的专业知识	未认真对第三方物流企业进行资格预评
过分依靠低价格竞争	招标书不完整、对物流需求认识不足
考虑的首先是费率和边际利润，而不是为客户创造价值与提高服务	不合理的提前期
	不知道第三方物流企业能做什么，缺乏对第三物流企业作用的全面了解
	视第三方物流企业为卖方而不是战略伙伴

（七）加强第三方物流管理的措施

1.合作双方应重视共识的达成

（1）合作双方首先必须树立正确的合作观念；

（2）合作双方根据各自的职责范围，共同制订合作计划。

2.设定标准，提供激励

3.建立开放式交流机制不断增进合作信任

（八）改变第三方物流与客户企业之间的关系的方法

1.合同条款更加详细

2.加强合同双方所有层次之间的沟通与改进

3.联合创新

4.评估体系的改进

5.采用公开式会计核算

第四节　我国第三方物流业的发展现状及对策

一、我国第三方物流的发展现状

（一）我国第三方物流起步晚，经验少

20世纪90年代中期，第三方物流的概念才传到我国，根据中国仓储协会的调查，在工业企业中，82%的原材料物流由企业自己和供应方承担，商业企业比例更高，两者相加达到94.1%。目前我国物流企业多半为原先的仓储、运输企业改造而成，业务多局限于传统范围，机械化程度低、运输方式单一、规模小、市场份额少、融资能力弱、结构单一、货源不稳定、服务功能少、竞争力弱。其中最主要的问题还是缺乏一个高效和广泛的服务网络、设备和计算机网络及管理软件，高素质人才少。而且，在货物处理、配载、运输计划的制订以及资产管理的实际运作方面，也缺乏切实有效的营运保证。

（二）物流企业使用比例偏低

中国仓储协会于2001年组织的第三次全国范围内的物流供求状况调查表明，在我国：生产企业原材料物流只有18%被分包给第三方物流，成品销售物流中只有16.1%被完全分包给第三方。尽管与中国仓储协会1999年第一次调查数据相比，全由第三方代理的比例上升了7个百分点，但这个比例还是远远低于欧美国家20世纪90年代中期的水平。

（三）第三方物流企业的形成结构也不够完善

第一是传统仓储、运输企业，经过改造转型而来的企业占主导地位，占据较大市场份额。如中远国际货运公司、中国储运总公司等，凭借原有的物流业务基础和在市场、经营网络、设施、企业规模等方面的优势，不断拓展和延伸其物流服务，向现代物流企业逐步转化。第二是新创办的国有或国有控股的新型物流企业，它们是现代企业改革的产物，管理机制比较完善，发展比较快。例如，中海物流公司成立于1993年11月，从仓储开始发展物流业务，现发展成能为国际大型知名跨国公司提供包括仓储、运输、配送、报关等多功能物流服务的第三方物流企业。第三是外资和港资物流企业，它们一方面为跨国公司进入中国市场提供延伸服务；另一方面用它们的经营理念、经营模式和优质服务吸引中国企业，逐渐向中国物流市场渗透。如深圳的日本近铁物流公司主要为日本在华的企业服务。第四是民营物流企业，它们由于机制灵活、管理成本低等特点，发展迅速，是我国物流行业中最具朝气的第三方物流企业。如广州的宝供物流集团，经过几年的开拓创新，已成为在澳大利亚、泰国、香港及国内主要城市设有40多个分公司或办事处，为40多个跨国公司和一批国内企业提供国际性物流服务的物流集团公司。

（四）服务满意度偏低

大多数物流企业只能提供单项或分段的物流服务，物流功能主要停留在储存、运输和城市配送上，相关的包装、加工、配货等增值服务不多，不能形成完整的物流供应链。据中国仓储协会2001年初的调查，在采用第三方物流的需求企业中，有23%的生产企业和7%的商业企业对第三方的物流服务不满意。

（五）物流观念落后，自办物流现象突出

由于对物流作为“第三利润源”的错误认识和受“大而全”、“小而全”的观念影响，很多生产企业或商业企业既怕失去对采购和销售的控制权，又怕额外利润被别的企业赚去，都自建物流系统，不愿向外寻求物流服务。中国仓储协会2001年对2000家企业的调查表明，第三方物流业务在生产企业和商业企业所占比重仅为21%和13%。

（六）成本与账务不明晰，物流渠道不畅

“物流公司如何分摊成本和计账，到目前很多税务部门还没有明确规定。”物流业是一个高度整合的行业，几乎社会上所有的发票都能收到，有的甚至是白条。因没有发票，有些支出就没法入账，逼着花钱去买发票。

（七）物流人才匮乏，管理水平较低

我国物流业还处在起步阶段，高等教育和职业教育尚未跟上，人才缺乏，素质不高。第三方物流业将朝着信息化、自动化、网络化的方向发展，它要求物流工作人员掌握计算机知识、网络知识、自动化技术，掌握物流优化管理理论与方法。但目前我国物流企业工作人员的业务素质较低，难以达到第三方物流概念的要求，提供综合物流业务；同时，生产经营企业的管理人员也还缺乏有关实施Out-sourcing策略的业务素质。第三方物流不但对物流企业管理自身的能力有很高的要求，还要求企业有在复杂情况下（兼顾多方需求）的管理和协调能力；而我国的很多企业还停留在经验管理、粗放管理阶段，未能解决好先进管理思想、管理方法、管理技术的实际应用问题；另一方面，由于技术、设备等条件的落后，致使管理水平难以上台阶。

由于我国第三方物流发展还存在着起步晚、经验少、形成结构不完善等问题，我国必须转变传统观念，树立物流理念；深化企业改革，实现制度创新；制定统一的全国物流产业发展规划；以信息技术应用为核心，加快物流人才培养，实施人才战略。

二、我国第三方物流的发展对策

中国加入WTO，使国内市场国际化，会有更多的外资物流供应商进入国内物流市场，对中国第三方物流业形成严峻的挑战。当务之急是利用短暂的过渡期，采取切实有效的措施，加快中国第三方物流的发展，缩小与发达国家的差距。

（一）加快产权制度改革，激发企业活力

中国现有的第三方物流企业多数是从国有仓储、运输企业转型而来，带有许多计划经济的遗迹，不能适应国际市场竞争。因此，必须建立股权多元化的股份制企业和完善的法人治理结构，理顺权益关系，实现政企分开、所有权和经营权分离，保证企业按市场规则运作，激发企业活力，向现代物流业转化。特别是规模较大的企业，一方面要进行内部的整合，优化内部资源配置，如中远集团在整合现有物流资源和中国外轮代理公司业务的基础上，2002年初成立中远物流公司，重新构建覆盖全球的物流服务网络；另一方面，借助资本市场的力量，进行企业改制上市，吸收和利用社会闲散资金，克服资本金不足的缺陷，促使企业快速成长，促使现代企业制度的建立和运作。

（二）以信息技术应用为核心，加强网点建设

信息化程度是衡量现代物流企业的重要标志之一，许多跨国物流企业都拥有“一流三网”，即订单信息流，全球供应链资源网络，全球用户资源网络，计算机信息网络。借助信息技术，企业能够整合业务流程，能够融入客户的生产经营过程，建立一种“效率式交易”的管理与生产模式。在加入WTO的新形势下，物流市场从国内扩展到国际，四通八达的网络愈发重要。企业要双管齐下抓网络建设：一方面，要根据实际情况建立有形网络，若企业规模大、业务多，可自建经营网点；若仅有零星业务，可考虑与其他物流企业合作，共建和共用网点；还可以与大客户合资或合作，共建网点。中远集团和小天鹅、科龙联合成立了一家物流公司，合理配置异地货源，取得了可观效益。另一方面，要建立信息网络，通过互联网、管理信息系统、电子数据交换（EDI）技术等信息技术实现物流企业和客户共享资源，对物流各环节进行实时跟踪、有效控制与全程管理，形成相互依赖的市场共生关系。

（三）培育具有国际竞争力的物流集团，实行集约化经营

在市场经济中，一切要靠实力说话。只有具备强大的经济实力，才有可靠的资信保证，才能取信于人。中国仓储协会2001年的调查显示，企业在选择第三方物流企业时最看重的是物流满足能力和作业质量。同时，第三方物流企业只有具备一定规模，才有可能提供全方位的服务，才能实现低成本扩张，实现规模效益。目前，许多第三方物流企业都是计划经济时期商业、物资、粮食等部门储运企业转型而来，都有特定的服务领域，彼此间竞争不大。若要适应入世后的激烈竞争需要，必须打破业务范围、行业、地域、所有制等方面限制，树立全国一盘棋的思想，整合物流企业，鼓励强强联合，组建跨区域的大型集团，而且只有兼并联合，才能合理配置资源和健全经营网络，才有可能延伸触角至海外，参与国际市场竞争。

（四）强化增值服务，发展战略同盟关系

根据物流业的发展趋势看，那些既拥有大量物流设施、健全网络，又具有强大全程物流设计能力的混合型公司发展空间最大，只有这些企业才能把信息技术和实施能力融为一体，提供“一站到位”的整体物流解决方案。因此，中国物流企业在提供基本物流服务的同时，要根据市场需求，不断细分市场，拓展业务范围，以客户增效为己任，发展增值物

流服务，广泛开展加工、配送、货代等业务，甚至还提供物流策略和流程解决方案、搭建信息平台等服务，用专业化服务满足个性化需求，提高服务质量，以服务求效益；公司要通过提供全方位服务的方式，与大客户加强业务联系，增强相互依赖性，发展战略伙伴关系。

（五）要重视物流人才培养，实施人才战略

企业的竞争归根到底是人才的竞争。我们与物流发达国家的差距，不仅仅是装备、技术、资金上的差距，更重要的是观念和知识上的差距。只有物流从业人员素质不断提高，不断学习与应用先进技术、方法，才能构建适合中国国情的第三方物流业。要解决目前专业物流人才缺乏的问题，较好的办法是加强物流企业与科研院所的合作，使理论研究和实际应用相结合，加快物流专业技术人才和管理人才的培养，造就一大批熟悉物流运作规律、并有开拓精神的人才队伍。物流企业在重视少数专业人才和管理人才培养的同时，还要重视所有员工的物流知识和业务培训，提高企业的整体素质。

发展第三方物流是一项系统工程，仅靠物流企业自身的努力是远远不够的，还需要政府和行业协会的推动和调控作用，为第三方物流企业发展创造良好的外部环境。一是尽快建立健全相应的政策法规体系，特别是优惠政策的制定和实施，使第三方物流的发展有据可依；二是尽快建立规范的行业标准，实施行业自律，规范市场行为，使物流业务运作有规可循；三是发挥组织、协调、规划职能，统一规划，合理布局，建立多功能、高层次、集散功能强、辐射范围广的现代物流中心，克服条块分割的弊端，避免重复建设和资源浪费现象，促进第三方物流健康、有序发展。

本章小结

本章首先介绍了第三方物流的基本概念及特点，进而介绍了第三方物流的方案设计内容；同时介绍了第三方物流客户服务的内容及影响因素；最后简单介绍了我国第三方物流业的发展现状及对策。

关键词

第三方物流、方案设计、物流外包、客户服务

复习思考题

1.第三方物流与自营物流有什么区别？

2.第三方物流有哪些优势？

3.第三方物流的服务内容主要包括哪些方面?
4.影响第三方物流客户服务水平的因素有哪些?
5.试述我国第三方物流业的发展现状及对策。

综合案例

物流巨人之路——记联邦快递的发展

FedEx Corp.是一家市值逾221亿美元的控股公司,专门提供全球性运输、电子商贸及供应链管理服务,并透过旗下多家独立营运的附属公司提供综合商业方案。其主要附属公司包括:全球最大的速递运输公司联邦快递FedEx Express (经营速递业务)、北美第二大小量货件陆运公司FedEx Ground (经营包装与地面送货服务)、数一数二的区域散货运输公司FedEx Freight、北美最大的紧急货件速递公司FedEx Custom Critical (经营高速运输投递服务),以及提供代理清关服务、顾问意见、资讯科技及贸易促进方案的公司FedEx Trade Networks。

一、FedEx的诞生

20世纪70年代的两次石油危机对美国经济产生了深刻的影响。由于能源价格的高涨,物价上涨给美国企业的经营带来了很多困难。如何合理利用物流,成为当时很多物流从业人士考虑的问题,社会急需一种全新的物流服务方式。

1971年,出身于美国海军陆战队的弗雷德·史密斯 (Fred Smith) 退役后开始了他的事业。Smith在大学的毕业论文中就开始论述如何有效利用基地的问题,大学毕业后,他进一步检验其理论的正确性,在1973年正式开始组建Federal Express公司,使用8架小型飞机开始提供航空快递服务。Federal Express公司推出全美国翌日到达的门到门航空快递服务,并以及时性、准确性以及可信赖性为原则。

由于Federal Express的出现,企业的经营者开始意识到传统的物流政策限制了自由竞争,不利于经济的发展。以1978年航空货物运输政策改善为契机,20世纪80年代美国政府颁布了鼓励自由竞争的政策,促进了“现代物流” (Logistics) 的诞生。

进入20世纪80年代以后,航空快递运输大量出现。由于企业大量采用JIT的生产方式,翌日送达的要求逐渐增多,给航空快件运输的发展带来了巨大的推动作用。在Federal Express公司之后,涌现了诸如UPS、DHL等众多的航空快递企业。20世纪80年代中期开始,一般货物的快递运输发展得到了迅速的发展,与此同时,卡车运输业者也积极地加入航空快递业的竞争行列。

1989年,Federal Express为了扩大势力收购了飞虎航空 (flying tiger) 公司,一跃成为美国航空业界的最大企业,并且开了物流企业收购的先河。

二、FedEx在亚洲的发展

20世纪80年代末,制造业的基地从发达国家逐渐转移到了发展中国家,而联邦快递作为最早认识到这一趋势的公司，开始着手进行大规模的全球扩展，以应对日益激烈的国际竞争及挑战，亚太区分公司也就应运而生。

1989年联邦快递收购了飞虎航空 (flying tiger)，获得了飞虎航空在亚洲21个国家及地区的航线权，从而在全球经济增长最迅速的区域取得了立足点。这为联邦快递实现目标具有深远意义。

1992年，公司的区域性总部从檀香山迁至香港。将公司的运营中心迁移至经济活动的中心地区，更显示了公司对该地区的高度重视。

联邦快递对其在亚太地区的业务拓展和战略发展始终保持着高度的重视。1995年，联邦快递公司购买了中国和美国之间的航线权，开始由联邦快递飞行员驾驶的专用货机来负责中美间的快递运输服务。1996年3月，联邦快递成为唯一享有直航中国权利的美国快递运输公司。目前联邦快递每周有11个航班往返于中美之间。

1995年9月，联邦快递在菲律宾苏比克湾建立了其第一家亚太运转中心，并通过其亚洲一日达网络提供全方位的亚洲隔日递送服务。根据公司在美国成功运作的“中心辐射”创新运转理念，亚太运转中心现已连接了亚洲地区18个主要经济与金融中心。

联邦快递目前在亚太地区超过30个国家和地区雇佣了7 300名员工，公司的亚太区总部设在香港，同时在香港、东京、新加坡均设有区域性总部。

三、20世纪90年代的巨人之战

进入20世纪90年代以后，并购与上市等多种资本方式对物流业产生了很多影响，也诞生出十大物流集团。其中在快递业，基本出现四大巨人垄断的局面。四大巨人分别为：联合包裹 (UPS)、联邦快递 (FedEx)、德国邮政世界网 (DPWN，DHL的母公司)、TNT Post Group。这四家快递企业年收入加起来超过1000亿美元，雇佣员工130万人，占据全球快递市场72%的市场份额。

由于DHL和TPG的主战场在欧洲，UPS和FedEx之间的大战是名副其实的巨人争霸战。UPS主宰了普通包裹的配送市场，其中企业到企业的包裹业务占绝大多数，而且主要是地面运输。FedEx是文件速递和包裹速递的市场主帅，主要经营文件和包裹的航空次日递。

面对竞争，联邦快递 (FedEx) 一方面不断并购，扩大自己的实力和规模；另一方面为互联网时代重塑自我。

1998年以后，全球物流市场进入大规模并购时期，很多老的物流公司在并购中消失，而一些新兴的物流公司在并购中成为新的十大物流巨人。在按照并购金额排位的十大物流并购案中，联邦快递 (FedEx) 占据了三席。

四、FedEx重塑自我

随着互联网时代的到来，FedEx主营的文件速递市场在因特网时代面临着极大的挑战。速递文件的电子化转移速度比美国邮政一类邮件的电子化转移速度要大得多。而且，由于新的更复杂的软件使得企业能够更好地管理库存，这将降低对昂贵的物品速递的需求。同时，美国邮政的优先邮件越来越被市场看好，因为，优先邮件的性价比优于次日递业务。另外，在20世纪90年代末UPS与惠普公司合资建立的文件交换服务公司，预计到2003年将分流23%的航空速递业务量，FedEx同样面临着极大的挑战，因此，FedEx制定了如下战略：

（一）进军物流市场

正如UPS侵入FedEx的文件速递领地一样，FedEx通过各种方式抢夺了一部分普通包裹市场。1998年，FedEx通过收购Roadway包裹公司（RPS）进入普通包裹速递市场，在包裹市场的占有率达到11%。在之后的4年中，FedEx投资了5亿美元，使得RPS的处理能力翻了一番。另外，FedEx在信息技术领域也投入了巨额资金。FedEx对其无线通信网络进行了更新，使之能够与UPS匹敌，此外，还为大小企业提供互联网商务软件。

FedEx的网址就像一个交易市场，设有许多与其他公司的链接按钮，有趣的是它还设有与惠普公司的链接（因为惠普公司与UPS公司合资建立了文件交换公司，对FedEx的文件速递业务构成竞争）。而且FedEx已经向国际市场进军，尤其是计算机硬件和微型芯片的物流配送。像UPS一样，FedEx已经开始作为第三方物流服务供应商向外展开营销。世界著名的思科公司宣布让FedEx管理其整个物流网络，其目的是完全取消思科在亚洲的仓库，代之以这两家公司共同创立的“飞行仓库”，最终，由FedEx直接投递零部件给用户作最终的组装。

（二）住宅市场策略

FedEx的住宅投递市场直接与美国邮政展开竞争，但FedEx采取的战略与UPS有很大的不同。UPS是将企业到企业与企业到住宅的业务集成于一体，而FedEx则准备组建专门的住宅投递服务公司，并准备聘用低成本的非工会劳动力，FedEx的住宅市场发展战略是在2000年3月份宣布的。FedEx总公司下设多个业务部门，包括主要从事次日递航空速递核心业务的联邦快递和企业到企业的普通包裹业务的联邦快递地面服务，地面服务下设快递住宅投递服务部门。这三个业务部门共享公司的技术和某些行政管理职能，例如营销和收付款职能，但是各自具有独立的设施、车辆和经营活动。住宅投递部门雇佣的工人被称为“业主经营者”，自备箱式货车，公司根据这些工人的投递量给予报酬，可以将投递成本保持在较低的水平，这不仅比UPS的成本低，甚至可能比美国邮政的成本还低，联邦快递的住宅投递服务在全美40个大城市设立了67个住宅投递站，号称覆盖了全美50%的住宅，联邦快递计划还要建立另外240个投递站，争取在3年的时间内覆盖98%的人口。联邦快递的发展处处体现出其创新的意识，比如说，联邦快递准备星期二到星期六投递，而且是选择收件人最有可能在家的傍晚时间投递，同时还提供指定日期投递，但收取额外费用，另外，包裹揽收时间推迟到了晚上9点，更加新奇的是，联邦快递家庭服务的正式标志是一只可爱的小狗。

五、定位与战略

放眼世界的每一个知名的航空货运公司都提出了自己的恰当的定位，确定了自己在空运物流价值链中的位置。UPS的定位是“我们能够在任何地方、任何模式来处理任何货物”；DHL的目标是希望能够成为世界范围邮件通讯、包裹快递、物流及财政服务领域中的领头羊；ST Cargo的定位是创立世界上最大的商业航空货运联盟并提供复杂而又统一的商品线。FedEx也有自己的定位。“无所不包，全面发展”恰好地定义了联邦快递的位置。

六、FedEx的现状

尽管这一事业起初并不被人们看好。但是如今，联邦快递已经建立了全球的快速交付网络，业务遍及全球214个国家，在全球聘用超过21.5万名员工和独立承包商，每天平均处理500万件货件。2002年，联邦快递公司以上年营业额196亿美元的成绩，在全球500强中排名第246位。

从地区来看，业务的地区性集中化程度高（即本土化程度高）。美国业务占总收入的76%，国际业务占24%。从运输方式来看，空运业务占总收入的83%，公路占11%，其他占6%。

弗雷德·史密斯（Fred Smith）创造性的举动是开创了隔夜交货的速递方式，因此被誉为是“创造了一个新行业的人”。

公司在经营管理上已实现了：

(1) 客户可通过网络直接进行邮寄手续的办理，快递公司的员工在最短的时间内上门取货，让客户足不出户也能寄送包裹；

(2) 货物准确送达到客户手中的时间精确至分钟；

(3) 从北京办理货物运送手续起至送达到美国客户手中，时间仅为两天；

(4) 实现信息共享，为合作伙伴提供的系统环境和服务器，可让每一个合作伙伴享受到随时跟踪货物运行状态、地点等情况，实现异地数据采集、经营报表的打印；

(5) 完成了由单纯的快件运输公司向提供物流策略、系统开发、电子数据交换及解决方案的跨地区、跨行业的大型集团企业的转型。

（案例来源：泛联网http://www.interscm.com/info/retail/200909/18-59570_2.html）

案例思考题

1.FedEx是一家什么样的公司？其具体业务是什么？

2.FedEx是如何在亚洲区域运作的？

3.FedEx的战略定位是什么？FedEx是如何实现它的？

扩展阅读

第三方物流的概念

“第三方物流”一词是从国外引进的，其英文表达为Third Party Logistics，简称TPL或3PL或3rdPL，是20世纪80年代中后期才在欧美发达国家出现的概念，源自业务外包。将业务外包引入物流管理领域，就产生了第三方物流的概念。作为一种新型的物流形态，第三方物流使物流从一般制造业和商业等活动中脱离出来，形成能开辟新的利润源泉的新兴的商务活动，受到了产业界和理论界的广泛关注。经过二十多年的迅速发展，第三方物流已具有多种多样的形式，“第三方物流”这一术语也更广泛地被使用，但至今还没有一个明确的、权威的、被普遍接受和认可的定义。

一、关于第三方

第三方不是物流领域的专利，第三方的概念广泛存在于服务贸易领域和商业流通领域，最为典型的就是旅游行业。旅行社提供的业务是全面的第三方服务。作为旅游的六个要素“食、住、行、游、购、娱”，有的旅行社可能拥有部分资源，有的可能根本没有任何一种要素，但任何一个旅行社都可以通过第三方即外包服务向旅客提供全面周到的服务。

从字面上看，第三方物流中的“第三方”（Third Party）来源于物流服务提供者作为与货物有关的“第一方”（发货人或托运人）和“第二方”（收货人）之间的中间人这样一个事实，是相对于“第一方”（发货人或托运人）和“第二方”（收货人）而言的。它既不属于第一方，也不属于第二方，本身不拥有商品，不参与商品的买卖，但与第一方和第二方有关系——通过与第一方或第二方或与这两方合作为他们提供专业化物流服务，这与汉语中的“第三者”或“第三人”的含义相类似。第三方也代表着物流产业日趋独立和专业化的社会角色特征，与客户构成一种不可分割的供应链关系，因为它能够提供专业化的、比客户自己做要好得多的物流解决方案，从而使客户非常愿意把这部分工作从内部事务中分离出去。

在日本的物流书籍中，对于第三方物流中的第三方有两种解释。一种解释是，将供应商和制造商等卖方看做第一方，批发商和零售商等买方看做第二方。无论哪一方，都是商品所有权的持有者。传统的物流运作方式是由货主企业构筑物流系统，物流企业在构筑的物流系统中提供仓库和运输手段。这种方式现在也大量存在。与此不同的一种方式是，不持有商品所有权的第三方向货主企业提供物流系统，为货主企业全方位代理业务，即物流的外部委托。这里的第三方不仅限于物流企业，无论是商社、信息顾问公司，只要能够提供物流系统、运营物流系统都可以成为所谓的第三方物流企业。第二种解释是，货主（制造商、批发商、零售商）为第一方，运输、仓储业者（持有运输、仓储手段的物流业者）为第二方，而不持有运输、仓储手段的商社、信息企业为第三方。这里强调不持有运输、仓储手段，是因为第三方的特征体现在为货主企业提供物流系统设计方案上。

国内学者大多以参照系的不同，将第三方物流中的第三方分为广义的第三方和狭义的第三方，这与日本对第三方的理解有相似之处。广义的第三方是以商品交易为参照，指商品买卖双方之外的物流服务提供者。狭义的第三方是以物流服务或物流交易为参照，指物流的实际需求方（假定为第一方）和仓储、运输等基础物流服务的供给方（假定为第二方）之外的、向第一方提供部分或全部物流功能的外部服务提供者。也有学者将狭义的第三方描述为物流劳务的供方、需方之外的、提供物流交易双方的全部或部分物流服务的外部服务提供者。

二、国外对第三方物流的理解

尽管第三方物流的概念来源于国外，并且第三方物流在国外的发展也相当迅速，但国外并未确切定义第三方物流这一术语，只是在假设读者对这一论题有一定理解的基础对此做出某些尚不成熟的表述。

在美国的有关专业著作中，将第三方物流提供者定义为“通过合同的方式确定回报，承担货主企业全部或一部分物流活动的企业。所提供的服务形态可以分为与运营相关的服务、与管理相关的服务以及两者兼而有之的服务三种类型。无论哪种形态都必须高于过去的公共运输业者（common carrier）和契约运输业者（contract carrier）所提供的服务。”

在日本的物流书籍中，与第三方的两种理解相对应，第三方物流也有两种解释。一种解释是，第三方物流是指为第一方生产企业和第二方消费企业提供物流服务的中间服务商组织的物流运作。另一种解释是，第一方物流是指生产企业和流通企业自己运作的物流业务，第二方物流是指提供诸如运输、仓储等单一物流功能服务的物流企业运作的物流业务，第三方物流则是指为客户提供包括物流系统设计规划、解决方案以及具体物流业务运作等全部物流服务的专业物流企业运作的物流业务。

第三方物流是运输、仓储等基础物流服务行业的一个重要发展，但不是要取代传统的运输、仓储等基础物流服务行业，而是要部分或全部取代工商企业内的物流部门。从经营角度看，第三方物流包括提供给物流服务使用者所有的物流活动。因此，欧美研究者一般这样定义第三方物流：第三方物流是指传统的组织内履行的物流职能现在由外部公司履行。第三方物流公司所履行的物流职能，包含了整个物流过程或整个物流过程中的部分活动。

从战略重要性角度看，第三方物流的活动范围和相互之间的责任范围较之一般的物流活动都有所扩大，国外的定义也强调了第三方物流的战略意义：工商企业与物流服务提供者双方建立长期关系，合作解决托运人的具体问题。通常，建立关系的目的是发展战略联盟以使双方都获利。这一定义强调了第三方物流的几个特征：长期性的关系、合作的关系、协作解决具体的不同的问题和公平分享利益以及共担风险。

Robert Cueb（1993）认为，第三方物流指的是用外部公司去完成传统上由组织内部完成的物流功能，这些功能包括全部物流功能或所选择的部分物流功能。

Coyle等（1996）认为，第三方物流是对单一公司提供全部或部分物流功能的外部供应者。

David Simth Levi（2000）等认为，第三方物流就是利用一家外部的公司完成企业全部或部分物料管理和产品配送职能。第三方物流是真正的战略联盟，明显比传统的物流供应商关系更为复杂。

美国物流管理协会于2002年10月1日公布的《物流术语词条2002升级版》的解释是：第三方物流是将企业的全部或部分物流运作任务外包给专业公司管理经营，而这些能为顾客提供多元化物流服务的专业公司称为第三方物流提供商。它们的存在加速了原材料和零部件从供应商向制造商的顺畅流动，更为产成品从制造商向零售商的转移搭建了良好的平台。它们所提供的集成服务涵盖了包括运输、仓储、码头装卸、库存管理、包装以及货运代理在内的诸多业务。

在国外，对第三方物流的理解还有：“第三方物流类似于外包物流或契约物流”；“外协所有或部分公司的物流功能，相对于基本服务，契约物流服务提供复杂、多功能物流服务，以长期互利的关系为特征”。

三、国内对第三方物流的理解

“第三方物流”这一术语于20世纪90年代中期传到我国，目前对这个概念的理解也是莫衷一是。如“物流社会化，国外又称第三方物流，是指商流与物流实行社会分工，物流业务由第三方的物流业者承接办理”。“第三方物流是指既非商品供给方（生产企业）又非商品需求方（商业企业或生产企业）的第三方企业，通过契约为客户提供的整个商品流通过程的服务。具体内容包括商品运输、储存配送以及附加值服务等”。“物流活动和配送工作由专业的物流公司或储运公司来完成，由于它们不参与商品的买卖，只提供专门的物流服务，因此是独立于买方和卖方之外的第三方，故称第三方物流”。“第三方物流服务提供者在特定的时间段内按照特定的价格向使用者提供的个性化的一流服务，这种物流服务是建立在现代电子信息技术基础上的，企业之间是联盟”等等。

国内学者根据“第三方”的广义与狭义之分，通常也将第三方物流分为广义的第三方物流概念和狭义的第三方物流概念。广义的第三方物流是借用了广义的“第三方”以商品交易为参照来定义第三方物流，指商品买卖双方之外的第三方提供物流形式。按照这种理解，无论是买方承担的物流还是卖方承担的物流都不是第三方物流，之外的任何一方承担的物流都是第三方物流。实际上，广义的第三方物流是相对于物流而言的。狭义的第三方物流是借用了狭义的“第三方”思想，以物流服务或物流为参照，主要有两种表述。一种是指物流的实际需求方（假定为第一方）和仓储、运输物流服务的供给方（假定为第二方）之外的第三方向第一方提供部分或全部物流的物流运作模式。另一种是指由物流劳务的供方、需方之外的第三方去提供物流交易的部分或全部物流功能的物流运作模式。虽然不同学者对狭义的第三方物流的认识基本一致，但在概念解释、理论和实际运作方面还存在一些差异。

国内也有学者从对外委托的角度来分析第三方物流，进而明确第三方物流的概念为第三方物流形态与目前我们所了解的物流形态是有区别的，而且区别的关键点不在于由谁去承担物流服务，而是以什么方式提供物流服务，提供什么样的物流服务。否则，就会把专业物流企业（确切地讲是专业运输企业、专业仓储企业）等同于第三方物流企业，将存在已久的社会化运输和仓储服务理解为第三方物流服务。

企业物流对外委托的形态有三种：一是货主企业自己从事物流系统设计以及库存管理、物流信息管理等管理性工作，而将货物运输、保管等具体的物流作业活动委托给外边的物流企业；二是由物流企业将其开发设计的物流系统提供给货主企业并承担物流作业活动；三是由专业企业站在货主企业的角度，代替其从事物流系统的设计并对系统运营承担责任。前两种对外委托形态在发达国家已被企业普遍采用，第三种对外委托形态逐渐受到重视。

第三种对外委托形态才是真正意义上的“第三方物流”，即由货主企业以外的专业企业代替其进行物流系统设计并对系统运营承担责任的物流形态。这种观念认为，第三方物流与传统的对外委托有着重要的不同之处。传统的对外委托形态只是将企业物流活动的一部分，主要是物流作业活动，如货物运输、货物保管交由外部的物流企业去做，而库存管理、物流系统设计等物流管理活动以及一部分企业内的物流活动仍然保留在本企业。同时，物流企业是站在自己物流业务经营的角度，接受货主企业的业务委托，以费用加利润的方式定价，收取服务费。那些能够提供物流系统的物流企业，也是以使用本企业的物流设施、推销本企业的经营业务为前提，而并非是以货主企业物流合理化为目的设计物流系统。而第三方物流则是站在货主的立场上，以货主企业的物流合理化为设计物流系统和系统运营管理的目标。而且第三方物流企业不一定要保有物流作业能力，也就是说可以没有物流设施和运输工具，不直接从事运输、保管等物流作业活动，只是负责物流系统设计并对物流系统运营承担责任。具体的物流作业活动可以采取对外委托的方式由专业的运输、仓储企业等去完成。从美国的情况看，即使第三方物流企业保有物流设施，也将使用本企业物流设施的比例控制在20%左右，以保证向货主提供最适宜的物流服务。第三方物流企业的经营效益是直接同货主企业的物流效率、物流服务水平以及物流系统效果紧密联系在一起的。

2001年4月17日由国家质量技术监督局发布、2001年8月1日实施的国家标准GB/T18354—2001《物流术语》对第三方物流给出的定义是：第三方物流是由供方与需方以外的物流企业提供物流服务的业务模式，指在物流渠道中，由中间商以合同的形式在一定期限内向供需企业提供所需要的全部或部分物流服务。第三方物流企业在货物的实际供应链中并不是一个独立的参与者，而是代表发货人或收货人，通过提供一整套物流活动来服务于供应链。第三方物流企业本身不拥有货物，而是为其外部客户的物流作业提供管理、控制和专业化服务的企业。由此可见，国家标准GB/T18354—2001《物流术语》给出的是广义的第三方物流定义，是以商品交易为参照的。

四、第三方物流的其他称谓

第三方物流概念像许多流行的术语一样，其表达运用常因人、因地的不同而使其含义有所区别。在物流实践中，人们根据第三方物流的不同特点，对其还有不同的称谓。这些称谓都从某个侧面反映了第三方物流的实质，也基本能表达与第三方物流相同的概念。

由于第三方物流的服务方式一般是与企业签订一定期限的物流服务合同，所以第三方物流又被称为“合同物流”（Contract Logistics）或“契约物流”（Contract Logistics）。

为了区别企业自身提供的物流作业（Private Logistics）与外界提供的物流服务，第三方物流又被称为“外协物流”（Outsourcing Logistics）、“外包物流”或“外部物流”。

由于第三方物流公司一般是比较专业化的物流企业，能够承担客户全部的物流服务，所以第三方物流又被称为“全方位物流服务公司”或整合服务提供商。

由于第三方物流公司对物流各环节如仓储、运输等进行严格管理，再加之拥有一大批具有专业知识的物流人才，使它们可以有效地运转整个物流系统。当客户不再拥有自己的车队和仓储、库存，而是全部依赖于第三方物流为他和他的客户提供部分或全部的物流服务时，客户和第三方物流便形成了“一荣俱荣、一损俱损”的利害关系，因此第三方物流又被称为“物流联盟”（Logistics Alliance）或“物流伙伴”。

可见，国内外第三方物流概念的差异，实际上也是对现实中第三方物流形态多样性的反映。

综合国内外第三方物流的概念，争议的焦点主要集中在两个方面，即第三方物流中第三方的认定和第三方物流提供物流服务的范围和深度。

关于第三方物流中第三方的认定，我国的李庆松教授认为应以商品交易为参照，即第一方是指商品的卖方、供应方或发货人；第二方是指商品的买方、需求方或收货人；第三方是指第一方和第二方之外的、为双方提供物流服务的物流服务提供者。以物流服务或物流交易为参照来认定第三方物流中的第三方，将其定义为物流的实际需求方（假定为第一方）和仓储、运输等基本物流服务的供给方（假定为第二方，也有学者将第二方描述为物流的实际供给方）之外的、向第一方提供部分或全部物流功能的外部服务提供者，或者是物流劳务的供方、需方之外的。提供物流交易双方的全部或部分物流服务的外部服务提供者，存在着论述上的矛盾。在这两个定义中，要么第二方本身就涵盖在第三方之内，如仓储、运输等基础物流服务的供给者，事实上也是提供部分物流功能的外部服务提供者；要么第三方本身就属于第二方，如提供物流交易双方的全部或部分物流服务的外部服务提供者事实上也是物流劳务的供方。

关于第三方物流提供物流服务的范围和深度，李庆松教授认为不是定义第三方物流的关键所在。第三方物流，是与第一方物流、第二方物流相对应的概念，它们之间的区别在于物流运作主体的不同，而运作的业务是相同的——物流。按此理解，凡是由商品交易双方之外的第三方为商品交易双方提供物流服务的模式，都可以包含在第三方物流的范围之内，至于第三方物流企业提供的是哪一个阶段的物流服务和物流服务的范围和深度，这与货主的要求和第三方物流企业自身条件有密切关系。认为提供从物流系统设计到系统运营的一体化物流服务或多功能、系列化物流服务的物流运作才是第三方物流的观点有些偏颇。第三方物流提供的物流服务既可以是某一环节的物流活动，也可以是几个环节或综合性的物流服务，既可以是物流系统设计、信息管理等高层次物流服务，也可以是运输、仓储等基础性物流服务。例如就中国来说，一方面，生产经营企业目前对第三方物流服务的需求层次还不高，仍集中在传统仓储、运输等基本物流服务上；另一方面，第三方物流企业目前提供的物流服务也局限在传统仓储、运输等方面，其收益的85%来自这些基础性服务，物流系统设计、物流总代理等高增值、综合性物流服务尚未成为主流服务项目，而且未来计划提供的服务项目也主要集中在单纯仓储、干线运输等方面。其实，即使在发达国家，货主企业物流对外委托的内容大多也只是停留在物流作业活动上，物流系统设计可以委托物流业者来做，但系统的运营、管理仍由货主企业自己承担。标榜自己是第三方物流企业的也有各种各样的经营方式，能够站在货主角度提供从系统设计、计划、管理到实施全面个性化物流服务的第三方物流企业并不多。

综上所述，就概念而言，第三方物流是指商品交易双方之外的第三方为商品交易双方提供部分或全部物流服务的物流运作模式。按照这个概念，运输、仓储、报关等单一环节的物流服务和一体化综合性物流服务或多功能系列化物流服务，都属于第三方物流的范畴。它们之间是传统第三方物流服务与现代第三方物流服务的区别，是功能性第三方物流服务与综合性第三方物流服务的区别，是第三方物流企业规模和经营范围上的区别。但从理论研究和实践运作看，后者是第三方物流发展的方向和重点，是第三方物流企业追求的目标和其客户渴望得到的物流服务，同时也是第三方物流研究与实践中的薄弱环节。基于此，李庆松教授认为第三方物流的概念应是广义的，但研究和实践主要应以后者——现代第三方物流作为重点。

一些学者认为，第三方物流的出现是物流复杂性进一步增强后又一次专业化分工的结果，与传统的运输、仓储等单一环节的物流服务是有着明显区别的。而上述第三方物流概念过于宽泛，没有将运输、仓储、报关经纪等单一环节的传统物流服务同现代物流服务进行区分，不利于研究和认识现代物流。其实，这些学者所说的就是传统第三方物流与现代第三方物流的区别，如表12–8所示，是第三方物流内部的分工问题。随着社会的发展和市场环境的变化，传统第三方物流开始向现代第三方物流过渡。一方面，第三方物流内部出现了提供一体化综合性物流服务的企业，出现了物流管理公司、物流技术公司、物流咨询公司。另一方面，提供运输、仓储、报关经纪等单一环节物流服务的企业，为了求得生存与发展，也在努力通过拓宽物流服务领域、采用先进物流技术、积极与客户建立紧密关系等向现代第三方物流企业转型，而且许多企业已经开始了转型的实践并取得了初步效果。

表12–8　现代第三方物流与传统第三方物流的区别

项目	传统第三方物流	现代第三方物流
与对象企业的关系及稳定性	单纯的承托关系，合约期短，不稳定，易被取代	注重双方或多方的长期互惠合作关系，具有较强的稳定性。IT的应用有助于巩固这种关系，成为不易取代的战略合作伙伴
为对象企业提供服务的态度	按照用户的要求，被动地提供服务	积极、主动地服务，即努力做好已有的服务项目，还积极主动地为客户企业提供物流系统设计与优化等相关服务
建立的技术基础	传统的物流技术	现代物流管理技术，尤其离不开IT的支持
所具备的物流功能及提供的服务	往往只具备特定的单一功能，提供的服务有限，各项物流功能相对独立	广泛的物流服务项目，通常具备多种功能，可为客户提供增值服务、“量身定做”的特殊服务或采用过程管理的方式参与供应链
对供应链物流过程的参与程度	低	高
与对象企业间的利益关系	相互矛盾	一致（其利润来源于对象企业在物流领域共同创造的新价值）

（资料来源：http://www.qzbsg.gov.cn/zt/ztyj/Details/f545e955–5916–4884–89c8–55d8543cadd9）

第十三章 物流成本管理与物流质量管理

第一节 物流成本管理

一、物流成本概述

（一）成本的概念

成本是企业为生产商品或提供劳务等所耗费物化劳动、活劳动中必要劳动价值的货币表现，是商品价值的重要组成部分。

（二）物流成本的概念

1.狭义物流成本的概念

所谓狭义物流成本是指在物流过程中，企业为提供有关的物流服务，要占用和耗费一定的活劳动和物化劳动中必要的劳动价值的货币表现，是物流服务价值的重要组成部分。(物流是物质资料从供给者到需求者的物理性运动，主要是创造时间价值和场所价值，有时也创造一定加工价值。)

在商品经济中，物流活动是创造时间价值、空间价值的过程，要保证生产和物流活动有序、高效率、低消耗地进行，需要耗费一定的人力和物力，投入一定的劳动：一方面，物流劳动同其他生产劳动一样，也创造价值，即在社会需要的限度内会增加商品价值，扩大生产耗费数量，成为生产一定种类及数量产品的社会必要劳动时间的一项内容，其总额必须在产品销售收入中得到补偿；另一方面，物流劳动又不完全等同于其他生产劳动，它并不增加产品使用价值总量，相反，产品总量往往在物流过程因损坏、丢失而减少，同时，为进行物流活动，还要投入大量的人力、物力和财力。

2.广义物流成本的概念

广义的物流成本包括狭义的物流成本与客户服务成本。广义的物流成本包括客户服务成本主要在于物流活动是企业追求客户满意、提高客户服务水平的关键因素和重要保障，客户服务是连接和统一所有物流管理活动的重要方面。

（三）物流成本的构成

狭义的物流成本涵盖了生产、流通、消费全过程的物品实体与价值变化而发生的全部费用，包括从生产企业内部原材料的采购、供应开始，经过生产制造中的半成品、产成品的仓储、搬运、装卸、包装、运输以及在消费领域发生的验收、分类、仓储、保管、配送、废品回收等过程发生的所有成本：

1.物流活动中的物资消耗——电力、燃料、包装材料以及固定资产损耗；

2.物资在物流活动中发生的合理损耗；

3.企业为开展物流活动的人力成本；

4.物流活动中发生的其他费用——与物流有关的办公费、差旅费等；

5.用于保证物流系统运作顺畅的资金成本；

6.研究设计、重建与优化物流过程的费用。

备注：广义物流成本构成应包括狭义物流成本构成和客户服务成本。

（四）物流成本的特点

1.在通常的企业财务决算表中，物流成本核算的是企业对外部运输业务者所支付的运输费用或向仓库支付的商品保管费用等传统的物流成本，对于企业内部与物流中心相关的人员费、设备折旧费等则与企业其他经营费用统一计算，因而，从现代物流管理的角度看，企业难以正确把握企业的物流成本。

2.在一般物流成本中，物流部门完全无法掌握的成本很多，如保管费，过量进货、过量生产、销售残次品的在库维持以及紧急输送等产生的费用是纳入其中的，从而增加了物流成本管理的难度。

3.物流成本削减具有乘数效果。

4.从销售关联的角度看，物流成本中过量服务所产生的成本与标准服务所产生的成本是混同在一起的，例如，很多企业将促销费纳入物流成本之中。

5.物流在企业财务会计制度中没有单独的项目。

6.对物流成本的计算与控制，各企业通常是分散进行的。

7.由于物流成本是以物流活动全体为对象，所以，它是企业唯一的、基本的、共同的管理数据。

8.各类物流成本之间具有悖反关系，一类物流成本的下降往往以其他物流成本的上升为代价。

（五）影响物流成本的因素

1.竞争性因素

（1）订货周期

企业物流系统的高效必然可以缩短企业的订货周期，降低客户的库存，从而降低客户的库存成本，提供企业的客户服务水平，提高企业的竞争力。

（2）库存水平

存货的成本提高，可以减少缺货成本，即缺货成本与存货成本成反比。

（3）运输

企业采用更快捷的运输方式，虽然会增加运输成本，却可以缩短运输时间，降低库存成本，提高企业的快速反应能力。

2.产品因素

产品的特性不同影响物流成本，产品的特性包括产品价值、产品密度、产品废品率、产品破损率和特殊搬运。

(1) 产品价值

产品的价值高低会直接影响物流成本的大小。随着产品价值的增加，每一物流活动的成本都会增加，运费在一定程度上反映货物移动的风险。一般来讲，产品的价值越大，对其所需使用的运输工具成本越高，仓储和库存成本也随着产品的价值的增加而增加。高价值意味着存货中的高成本，以及包装成本的增加。

(2) 产品密度

产品密度越大，相同运输单位所装的货物越多，运输成本就越低，同理，仓库中一定空间领域存放的货物也越多，库存成本就会降低。

(3) 产品废品率

影响物流成本的一个重要方面还在于产品的质量，也即产品废品率的高低。生产高质量的产品可以杜绝因次品、废品等回收、退货而发生的各种物流成本。

(4) 产品破损率

产品破损率较高的物品即易损性物品，对物流成本的影响是显而易见的，易损性的产品对物流各环节如运输、包装、仓储等都提出更高的要求。

(5) 特殊搬运

有些物品对搬运提出了特殊的要求。如对长大物品的搬运，需要特殊的装卸工具；有些物品在搬运过程中需要加热或制冷等，这些都会增加物流成本。

3.环境因素

环境因素包括空间因素、地理位置及交通状况等。空间因素主要指物流系统中企业制造中心或仓库相对于目标市场或供货点的位置关系等；若企业距离目标市场太远，交通状况较差，则必然会增加运输及包装等成本，若在目标市场建立或租用仓库，也会增加库存成本，因此，环境因素对物流成本影响是很大的。

4.管理因素

管理成本与生产和流通没有直接的数量依存关系，但却直接影响着物流成本的大小，节约办公费、水电费、差旅费等管理成本相应可以降低物流成本总水平。另外，企业利用贷款开展物流活动，必然要支付一定的利息；资金利用率的高低，影响着利息支出的大小，从而也影响着物流成本的高低。

二、物流成本分类

(一) 狭义物流成本分类

1.按经济内容分类

(1) 固定资产折旧费；

(2) 材料费；

(3) 薪酬，包括工资、奖金、劳动保险费、医疗保险费、失业保险费、重大工伤保险费、生育保险费、住房公积金、职工教育经费、工会经费、货币性福利和非货币性福利以及职工辞退金；

(4) 燃料动力费；

(5) 利息支出；

(6) 税金；

(7) 其他支出。

2.按经济用途分

(1) 运输成本

物流企业的运输成本包括人工费、营运费（营运车辆的燃料费、轮胎费、折旧费、维修费、租赁费、车辆牌照检查费、车辆清理费、过路费、保险费、公路运输管理费等）和其他费用（差旅费、事故损失费、相关税金）。

(2) 流通加工成本

流通加工成本包括流通加工设备费用、流通加工材料费、流通加工劳务费以及流通加工的其他费用（电力、燃料、油料以及车间经费等）。

(3) 配送成本

配送成本是企业配送中心进行分货、配货、送货过程中所发生的各项费用之和，包括配送运输费用、分拣费、配装费。

(4) 包装成本

包装成本包括包装材料费用、包装机械费用、包装技术费用、包装辅助费用和包装的人工费用。

(5) 装卸搬运成本

装卸搬运成本包括人工费用、固定资产折旧费、维修费、能源消耗费、材料费、装卸搬运合理损耗费用以及其他费用（差旅费、办公费、保险费、相关税金等）。

(6) 仓储费

仓储成本包括仓储持有成本、订货或生产准备成本、缺货成本和在途库存持有成本。

3.按成本与业务量的关系分类

(1) 固定成本

固定成本是指其总额在一定时期和一定业务量范围内，不受业务量增减变动影响而保持不变的成本，如按直线法计算的固定资产折旧、管理人员薪酬、机器设备的租金等。固定成本总额只是在一定时期和一定业务量范围内才是固定的。

(2) 变动成本

变动成本是指其总额随业务量的变动而成正比例变动的成本，如直接材料、直接人工和包装材料等。

4.按计入营业成本的方式分类

(1) 直接成本

直接成本又称为可追溯成本，指与某一特定的成本对象存在直接关系，它们之间存在明显的因果关系或受益关系，是为某一特定的成本对象所消耗。

(2) 间接成本

间接成本是指与某一特定成本对象没有直接联系的成本，它为几种成本对象所共同消耗，不能直接计入某一特定成本对象，如厂房的折旧等。

5.按转化为费用的不同方式分类

(1) 产品成本

产品成本是指可计入存货价值的成本，包括按特定目的分配给一项产品的成本总和。

(2) 期间成本

期间成本是在发生当期不计入产品成本的生产经营成本，在发生当期直接转为费用。

(二) 广义物流成本分类

为清楚反映物流成本的悖反关系，提升物流成本的管理效率，需要对广义物流成本进行重新分类。

1.客户服务成本

与不同客户服务水平相关的关键的成本权衡因素，是丧失销售的成本。丧失销售的成本不仅包括失去现有的销售所带来的贡献，还包括丧失未来的、潜在的销售机会。企业可能由于以前顾客的反面的口头宣传而丧失未来的销售机会。

2.运输成本

根据分析个体的不同，可以用多种不同的方法来考察支持运输的支出。运输成本可以按客户、生产线、渠道类型、运输商、方向（进货与发货）等等分类。根据发运量、运输的重量、距离以及出发地和目的地不同，成本相应地变化很大，成本和服务还会随所选择的运输方式的不同而发生大幅度的变动。

3.仓储成本

仓储成本是由仓储和储存活动以及工厂和仓库的选址过程所造成的，包括由于仓库数量和位置的变化而引起的所有成本。

4.订单处理/信息系统成本

订单处理和信息系统的成本与诸如处理客户订单、配送信息和需求预测等活动相关。

5.批量成本

主要的物流批量成本是由于生产和采购活动所引起的，批量成本是和生产或采购相关的成本，随生产批量、订单的大小或频率的改变而变化。

6.库存持有成本

可能影响库存持有成本的物流活动包括库存控制、包装以及废品回收和废物处理，库存持有成本由许多因素组成，除销售的丧失成本之外，库存持有成本是最难确定的。

7.包装成本

包装作为物流企业的构成要素之一，与运输、保管、搬运、流通加工均有十分密切的关系，包装是生产的终点，同时又是物流的起点，因而，包装在物流中有非常重要的作用。

三、物流成本计算

（一）物流成本计算的对象——以日本物流成本标准为例

1.按物流范围计算物流成本

按物流范围将物流成本划分为：

（1）供应物流费用

供应物流费用是指原材料采购到供应给购入者这一物流过程中所需要的费用。

（2）企业内部物流费用

企业内部物流费用是指从产成品运输、包装开始到最终确定向顾客销售这一物流过程中所需要的费用。

（3）销售物流费用

销售物流费用是指从确定向顾客销售到向顾客交货这一物流过程中所需要的费用。

（4）退货物流费用

退货物流费用是指由于售出产品的退货而发生的物流过程中所需要的费用。

（5）废弃物物流费用

废弃物物流费用是指由于产品、包装物或运输容器、材料等的废弃而发生的物流过程中所需要的费用。

2.按支付形式计算物流成本

按支付形式将物流成本分为：

（1）材料费

材料费是指提供物流服务所耗用的一切材料、包装器材、修理用零件、低值易耗品摊销费用等。

（2）人工费

人工费是指工资、补贴、奖金、退休金、福利费等劳务费用。

（3）公益费

公益费是指向电力、煤气、自来水等提供公益服务的部门支付的费用。

（4）维护费

维护费是指使用和维护土地、建筑物、车辆、搬运工具等支出的维修费、材料消耗费、课税、租赁费、保险费等费用。

（5）一般经费

一般经费是指差旅费、交通费、会议费、招待费、教育费以及各种杂费等一般支出。

（6）特别经费

特别经费是指采用不同计算方法所计算出来的物流费用，包括折旧费和利息。

（7）委托物流费用

委托物流费用是指向其他企业或个人支付的包装费、运输费、保管费、出入库装卸费、手续费等费用。

3.按物流的功能计算物流成本

按物流的功能计算物流成本：运输费用、保管费用、包装费用、装卸费用、信息费用和物流管理费用。

物流卡片

美国物流成本的组成

美国的物流成本主要由三部分组成：

一是库存费用。库存费用是指在保存货物时的费用，包括仓储、残损、人工费用和库存物资占用的资金利息。

二是运输费用。运输费用包括汽车运输与其他运输方式发生的费用。

三是管理费用。管理费用由专家确定一个规定比例，乘以库存费用和运输费用的和得出，一般占4%。

（二）物流成本计算的原则

1.合法性原则

2.可靠性原则

可靠性原则一般包括真实性和可核实性。

3.相关性原则

相关性原则包括成本信息的有用性和及时性。

4.分期核算的原则

5.权责发生制原则

6.按实际成本计算的原则

7.一致性原则

一致性原则是指物流成本核算对象、物流成本项目和物流成本计算方法一经确定，不得随意变更。如需变更，应当根据管理权限，经股东大会或董事会，或经理或类似权力机构批准，并在会计报表附注中披露。

8.重要性原则

9.正确划分物流成本界限原则

(1) 正确划分应计入物流成本和不应计入物流成本的费用界限。首先，非生产经营活动的耗费不能计入物流成本；其次，生产经营活动的成本应分为正常的成本和非正常的成本，只用正常的成本才能计入物流成本。

(2) 正确划分资本性支出与收益性支出的费用界限。

(3) 正确划分本期物流成本和前期或以后各期的物流成本的界限。

(4) 正确划分不同成本对象的费用界限。

（三）物流成本计算的程序

成本核算的一般程序是指对企业在生产经营过程中发生的各项物流费用，按照成本核算的要求，逐步进行归集和分配，最后计算出各项期间费用、物流总成本和各种成本对象的物流成本的基本过程。

1.明确物流范围

物流范围是指物流的起点和终点的长短。如原材料物流从供应商转移到工厂时的物流；工厂内物流指原材料在企业的不同工序、不同环节的转移和存储；从工厂到仓库的物流；从仓库到客户的物流。

2.明确物流功能范围

物流功能范围是指在运输、保管、配送、包装、装卸、信息管理等众多的物流功能中，把哪种物流功能作为计算对象。

3.审核原始记录

4.确定成本计算对象

5.确定成本项目

6.处理跨期费用的摊提工作

7.进行成本归集和分配

8.设置和登记成本明细账

（四）物流成本计算的方法

1.物流成本计算的一般方法

（1）会计核算方法下的物流成本计算

①双轨制

即将物流成本核算与其他成本核算截然分开，单独建立物流成本核算的凭证、账簿、报表体系。这种方法能使物流成本的内容在传统成本核算和物流成本核算中得到双重反映。双轨制的优点在于所提供的成本信息比较全面、系统、连续，从一套账表中提供两类不同的信息，可减少一定的工作量。缺点：需要对现有的产品成本计算体系进行较大的甚至是彻底的调整；需要划分现实物流成本、观念物流成本的界限等；责任成本、质量成本等管理成本都要与产品成本相结合，难度较大。

②单轨制

即物流成本核算与企业现行的其他成本如产品成本、责任成本核算、变动成本核算等等结合进行，建立一套能提供多种成本信息的共同的凭证、账簿、报表核算体系。单轨制的优点在于提供的成本信息比较系统、全面、连续、准确、真实。可向不同的信息要求者提供各自所需的信息，对现行成本计算的干扰不大，但工作量较大。

（2）统计计算方法下的物流成本计算

采用统计方法计算物流成本，一般不要求完整的凭证、账簿和报表核算体系，而主要是通过对企业现行成本核算资料的解析和分析，从中抽出物流耗费部分，再加上一部分现行成本核算没有包括进去，但应归入物流成本的费用，如物流利息、外企业支付物流费等，然后再按物流管理要求对上述费用重新归类、分配、汇总，加工成物流管理所需要的成本信息。

①通过材料采购、销售费用、管理费用账户的分析，从材料采购账户中抽出供应物流成本中外地运输成本，从销售费用账户中抽出市内运输费部分，从管理费用账户中抽出仓库的折旧、修理费、保管人员工资。

②从生产成本、制造费用、管理费用等账户中抽出生产物流成本。

③从销售费用中抽出销售物流成本部分。

④向外企业支付的物流费用部分。

⑤物流利息的确定可按企业物流作业所用资产资金占用额乘以内部利率进行计算。

⑥从管理费用中抽出退货物流费用。

⑦废弃物物流成本数额较小时，可以不单独抽出，而是并入其他物流费用；委托物流费用的计算比较简单，它等于企业对外支付的物流费用。在计算物流成本时总的原则是单独为物流作业所耗费的费用直接计入物流成本，间接为物流作业所耗费的费用，以及物流作业与非物流作业共同耗费的费用，按一定比例，如从事物流作业人员比例、物流工作量比例、物流作业所占资金比例等进行分配计算。

2.产品成本计算方法

（1）产品的含义

产品是广义的，实际上是指企业的产出物，即最终的成本计算对象，包括产成品和提供的劳务。

（2）产品成本的计算方法

* 品种法
* 分批法
* 分步法

表13–1　物流成本的主要核算内容

物流显性成本	物流隐性成本	物流显性成本	物流隐性成本
仓库租金	库存资金占用成本	管理费用	异地调货费用
运输费用	库存积压降价处理	办公费用	设备设施闲置成本
包装费用	库存呆滞产品成本	应交税费	
装卸费用	回程空载成本	设备折旧费用	
加工费用	产品损毁成本	设施折旧费用	
订单处理费用	退货损失费用	物流软件费用	
人员工资	缺货损失费用	……	

四、物流成本控制

（一）物流成本控制的原则及内容

1.物流成本控制的原则

为了有效地进行物流成本控制，根据物流成本管理与控制的系统性要求及物流成本自身的二律悖反等规律，实际工作中应注意以下几个原则：

（1）物流成本控制与服务质量控制相结合原则

物流成本控制的目的在于加强物流管理、促进物流合理化。物流是否合理，取决于两个方面：一是对客户的物流服务质量水平；另一个是物流成本的水平。如果只重视物流成本的降低，有可能会影响到客户服务质量，这是行不通的。一般来说，提高物流服务质量水平与降低物流成本之间存在着一种“效益悖反”的矛盾关系。也就是说，要想降低物流成本，物流服务水平就有可能会下降，反之，如果提高物流服务质量水平，物流成本又可能会上升。因此，在进行物流成本控制时，必须搞好服务质量控制与物流成本控制的结合。要正确处理降低成本与提高服务质量的关系，从二者的最佳组合上，谋求物流效益的提高。

(2) 局部控制与系统控制相结合原则

这里所说的局部控制是指对某一物流功能或环节所耗成本的控制，而系统控制是指对全部物流成本的整体控制。物流成本控制最重要的原则是对总成本进行控制。物流是以整个系统作为对象的，这就要求将整个系统及各个辅助系统有机地结合起来进行整体控制。比如，航空运输比其他运输手段的运费高，但航空运输可以减少包装费，保管费几乎为零，而且没有时间上的损失。因此，从总成本的角度看，不应单看运输费用的削减与否。从一定意义上说，采用总成本控制比局部物流功能的成本控制更为合适。再比如，采取接受小批量订货、小批量发送的方针，交易额能够增加，销售费用也较便宜。但是，小批量会使发货次数增加，运输费用也会随之增加。因此，总成本的系统控制是决定物流现代化成败的决定性因素，物流成本控制应以降低物流总成本为目标。

(3) 全面控制和重点控制相结合原则

物流系统是一个多环节、多领域、多功能所构成的全方位的开放体系。物流系统的这一特点也从根本上要求我们进行成本控制时，必须遵循全面控制的原则。首先，无论是产品设计、工艺准备、采购供应，还是生产制造、产品销售，抑或售后服务，各项工作都会直接或间接地引起物流成本的升降变化。为此，要求对整个生产经营活动实施全过程的控制。其次，物流成本的发生直接受制于企业供、产、销各部门的工作，为此要求实施物流成本的全部门和全员控制。再次，物流成本是各物流功能成本所构成的统一整体，各功能成本的高低直接影响物流总成本的升降。为此，还要求实施全功能的物流成本控制。最后，从构成物流成本的经济内容来看，物流成本主要由材料费、人工费、折旧费、委托物流费等因素构成。为此，要求实施物流成本的全因素控制。

需要指出的是，强调物流成本的全面控制，并非将影响成本升降的所有因素事无巨细、一律平等地控制起来，而应该按照管理的原则，实施重点控制。即对物流活动及其经济效果有重要影响的项目或因素，如物流设备投资项目、贵重包装物、能源等或管理上有特殊规定的项目及物流活动中那些数量大、金额大、连续出现的差异，严加控制。

(4) 经济控制与技术控制相结合原则

这就是要求把物流成本日常控制系统与物流成本经济管理系统结合起来，进行物流成本的综合管理。物流成本是一个经济范畴，实施物流成本管理，必须遵循经济规律，广泛地利用利息、奖金、定额、利润等经济范畴和责任结算、绩效考核等经济手段。同时，物流管理又是一项技术性很强的工作。要降低物流成本，必须在物流技术的改善和物流管理水平的提高上下工夫。通过物流作业的机械化和自动化，以及运输管理、库存管理、配送管理等技术的充分应用，来提高物流效率，降低物流成本。

(5) 专业控制与全员控制相结合原则

对与物流成本形成有关的部门（单位）进行物流成本控制是有必要的，这也是这些部门（单位）的基本职责之一。如运输部门对运输费用的控制，仓储部门对保管费用的控制，财会部门对所有费用的控制等。有了专业部门的物流成本控制，就能对物流成本的形成过程进行连续的、全面的控制，这也是进行物流成本控制的一项必要工作。有了全员的成本控制，形成严密的物流成本控制网络，可以有效地把握物流成本过程的各个环节和各个方面，厉行节约、杜绝浪费、降低物流成本，保证物流合理化措施的顺利进行。

2.物流成本控制的内容

在实际工作中，物流成本的控制可以按照不同的对象进行。一般来说，物流成本的控制对象可以分为几下几种主要形式:

(1) 以物流成本的形成过程为控制对象。即从物流系统（或企业）投资建立，产品设计（包括包装设计），材料物资采购和存储，产品制成入库和销售，一直到售后服务，凡是发生物流成本费用的环节，都要通过各种物流技术和物流管理方法，实施有效的成本控制。

(2) 以包装、运输、储存、装卸、配送等物流功能作为控制对象，也就是通过对构成物流活动的各项功能进行技术改善和有效管理，从而降低其所消耗的物流成本费用。

除了以上两种成本控制对象划分形式之外，物流系统还可以按照各责任中心（运输车队、装卸班组、仓库等)、各成本发生项目（人工费、水电气费、折旧费、利息费、委托物流费等）等进行成本控制，而这些成本控制的方式往往是建立在前面所述的物流成本管理系统的各种方法基础上的，需要与物流成本的经济管理技术有效结合起来运用。

3.物流成本控制应注意的问题

物流成本控制就是要在物流活动中，不断改善物流技术和物流管理，降低物流成本。现代物流成本意识的贯彻要注意以下几个方面:

(1) 企业要从战略布局的高度定位物流成本控制

物流是企业经营战略的一部分，企业生产、经营的战略和策略决定了物流系统的运行模式，产品种类、服务项目和营销策略的改变都将导致物流成本的变化。因此，在进行各项战略决策时，需要将各项决策对物流的要求和对物流成本的影响纳入考虑范围。

(2) 以理想物流成本为目标

要打破传统的“成本无法再降低”等观念的束缚，就必须以理想的物流成本为目标，时刻将理想物流成本作为行动指南，树立“物流成本降低无止境”的观念。例如，在库存管理中，以零库存为目标；在运输管理中，不出现空载等。

(3) 形成全员式的降低物流成本格局

要最大限度地降低物流成本，需要全体从事物流工作的员工的参与，每个员工都要具有降低物流成本的愿望和意识，并进行自我控制。另外，物流成本的发生不应仅由物流部门负责，也涉及企业的其他部门，因此，物流成本的降低还需要各部门的通力合作，以确保从总成本角度来降低物流成本。

(4) 持续不断地降低物流成本

降低物流成本不应作为一时的权宜之计，应持续不断地进行。而且随着经济环境的变化，理想的物流成本也会不断变化，因此，物流成本管理必须适时调整，才能满足现代成本管理的需要。

(二) 以物流功能为对象的物流成本控制

1.运输成本的控制

运输成本的控制是使总运输成本最低，但又不影响运输的可靠性、安全性和快捷性要求。运输成本的组成内容主要包括：人工费、燃油费、运输杂费、运输保险费以及外包运输费等。据日本有关部门的统计，企业为进行运输活动而支付的费用占物流成本总额的53%以上。影响运费的因素很多，主要有商品运输量、运输工具、运输里程、装卸技术、运输费率等。因此，运输成本控制要根据不同的情况采取不同的措施。

(1) 减少运输环节，节约成本

运输是物流过程中的一个主要环节，围绕着运输活动，还要进行装卸、搬运、包装等工作，多一道环节，须花费许多劳动，增加不少成本。因此，在组织运输时，对有条件直运的，应尽可能采用直运，减少中间环节，使物资不进入中转仓库，越过不必要的环节，由产地直接运到销售地或用户，减少二次运输。同时，更要消除相向运输、迂回运输等不合理现象，以便减少运输里程，节约大量的运费开支。

(2) 合理选择运输方式和运输工具

对于不同货物的形状、价格、运输批量、交货日期、到达地点等货物特点，都有与之相对应的适当运输工具。运输工具的经济性与速度性、安全性、便利性之间存在着相互制约的关系。因此，在目前多种运输工具并存的情况下，在控制运输成本时，必须注意根据不同货物的特点及对物流时效的要求，对运输工具具有的特征进行综合评价，以便做出合理选择运输工具的策略。一般来说，空运比较贵，公路运输次之，铁路运输便宜，水运最廉。因此，在保证物流时效、不使商品损失的情况下，应尽可能选择廉价运输工具。

(3) 合理选择运输组织形式

企业可以选择自营运输，也可以选择外包运输业务。对于不同的产品，由于客户需求特点的不同，以及货物价值量大小的不同，在仓储和运输模式的选择上也会有很大的不同。

(4) 通过合理装卸，降低运输成本

在单位运输费用一定时，通过改善装卸方式，提高装卸水平，充分利用运输车辆的容积和额定载重量，可以使单位运输成本降低，最终减少总运输成本。

(5) 用现代技术降低运输成本

各种新技术在物流实践中得到推广使用，也可以使运输成本得到降低。如，托盘化运输、集装箱化运输、特殊运输工具和运输技术等。

(6) 用线性规划、非线性规划技术制订最优运输计划，实现运输优化

在企业到消费地的单位运费和运输距离以及各企业的生产能力和消费量都已确定的情况下，可用线性规划技术来解决运输的组织问题；如果企业的生产量发生变化，生产费用

函数是非线性的，就应该使用非线性规划来解决。属于线性规划类型的运输问题，常用的方法有单纯形法和表上作业法。

(7) 搞好自有运输工具的维修、保管和管理工作，严格控制各项费用支出

(8) 要加强运输途中的物品保管工作，减少运输途中损耗

2.仓储成本的控制

仓储成本控制的目的就是要实行货物的合理库存，不断提高保管质量，加快货物周转，发挥物流系统的整体功能。仓储保管成本控制应抓好如下工作:

(1) 优化仓库布局，减少库存点。许多企业通过建立大规模的物流中心，把过去零星的库存集中起来进行管理，对一定范围内的用户进行直接配送，这是优化仓储布局的一个重要表现。仓库的减少和库存的集中，又可能会增加运输成本，因此，要从运输成本、仓储成本、配送成本的总和角度来考虑仓库的布局问题，使总物流成本达到最低。

(2) 自有仓库与租用仓库的战略选择。企业需要仓库储存存货，可以自建也可以租用。在这两者中进行选择，才能使制定的仓库战略既经济又合理。

(3) 采用现代化库存计划技术来控制合理库存量。例如，采用物料需求计划(MRP)、制造资源计划（MRP Ⅱ）以及及时制（JIT）生产和供应系统等，来合理地确定原材料、在制品、半成品和产成品等每个物流环节最佳的库存量，在现代物流理念下指导物流系统的运行，使库存水平最低、浪费最少、空间占用最小。

(4) 运用存储理论确定经济合理的库存量，实现货物存储优化。

(5) 库存管理中采用ABC分类管理法。

(6) 加强仓库内部管理，降低日常开支。

3.配送成本的控制

为了提高对客户的服务水平，越来越多的企业建立配送中心，进行配送作业，但是配送作业的实施往往会带来成本的居高不下，从而使企业的竞争力减低。因此，对配送成本的控制就显得非常重要。对配送成本的控制从配送中心选址、配送中心内部的布局开始，一直到配送运营过程。配送中心的选址实际上也就是仓库的选址，它涉及配送的范围和配送路线等，对配送成本的影响很大。对配送成本的控制方法还包括以下一些方面:

(1) 配送中心的合理选址；

(2) 优化配送作业，降低配送成本；

(3) 运用系统分析技术，选择配送线路，实现货物配送优化；

(4) 通过自动化技术，提高配送作业效率；

(5) 建立通畅的配送信息系统。

4.包装成本的控制

包装成本控制应采取如下几项措施:

所有包装物品购入时，主管部门必须登账掌握，根据领用凭证发料，并严格控制使用数量，以免损失浪费。

各使用部门应按照需要时间提出使用数量计划，交主管部门据以加工、购置，如逾期没计划或数字庞大造成浪费或供应不及时，均应追究责任。

要加强包装用品规格质量的验收和管理，注意搞好包装用品的回收利用。

在保证商品运输、装卸、保管、销售过程中质量、数量不受损失的前提下，适当采用一些包装代用品，选择合理的包装材料，节约费用开支。

要加速包装物的周转，延长使用年限和使用次数，杜绝损失浪费现象。

根据产品的特点、运输的远近，研究包装物的要求，改善包装方法。

了解用户情况，改进不必要的装潢，力求包装简单化、朴素化。

（三）以物流成本形成过程为对象的物流成本控制

1.投资阶段的物流成本控制

投资阶段的物流成本控制主要是指企业在厂址选择、设备购置、物流系统布局规划等过程中对物流成本所进行的控制。

（1）合理选择厂址

厂址选择合理与否，往往从很大程度上决定了以后物流成本的高低。例如，把廉价的土地使用费和人工费作为选择厂址的第一要素，可能会在与远离原料和消费地的地点选点建厂，这对物流成本的高低会造成很大的影响。除了运输距离长以外，还需在消费地点设置大型仓库，而且运输工具的选择也受到了限制。如果在消费地附近有同行业的企业存在，在物流成本上就很难竞争，即使考虑到人工费和土地使用费的因素在内，也很难断定是否有利。所以工厂选址时应该重视物流这一因素，事先要搞好可行性研究，谋求物流成本的降低。

（2）合理设计物流系统布局

物流系统布局的设计对于物流成本的影响是非常大的，特别是对全国性甚至是全球性的物流网络设计而言，如何选择物流中心和配送中心的位置、运输和配送系统的规划、物流运营流程的设计等，对于整个系统投入运营后的成本耗费有着决定性的影响。在物流系统布局规划时，应通过各种可行性论证，比较选择多种方案，确定最佳的物流系统结构和业务流程。

2.产品设计阶段的物流成本控制

物流过程中发生的成本大小与物流系统中服务产品的形状、大小和质量等密切相关，而且并不局限于某一种产品的形态，同时还与这些产品的组合、包装形式、质量及大小有关。为此，实施物流成本控制有必要从设计阶段抓起，特别是对制造企业来说，产品设计对物流成本的重要性尤为明显。

（1）产品形态的多样性

耐用品消费，特别是家用电器制品，在产品的形态设计上可以考虑多样化。例如，如果将电炉和电风扇设计成折叠形式，就易于保管和搬运；如果将机床设计成带有把柄，就能为搬运和保管过程中的装卸作业的顺利进行提供方便。

（2）产品体积的小型化

体积的大小从很大程度上决定了物流成本的高低。比如，要把一个体积大的产品装到卡车车厢里，如果这个产品的底面积占整个车厢底面积的51%，一辆卡车只能装一件，其余49%的底面积若不装其他东西，就只能空着。如果要以同样方法运两件这种产品，就需要两辆卡车，花双倍的费用。如果设计时考虑这一点，按照卡车车厢底的50%的大小制造该产品，则一辆卡车可运两件，运输费用就可以得到有效节约。

（3）产品批量的合理化

当把数个产品集合成一个批量保管或发货时，就要考虑到物流过程中比较优化的容器容量。

（4）产品包装的标准化

各种产品的形状是多种多样的、大小不一的，大多数都在工厂进行包装。包装时通常需要结合产品的尺寸等选择包装材料。但是，多种多样的包装形态在卡车装卸和仓库保管时，就容易浪费空间。根据物流管理的系统化观点，应该是包装尺寸规格化，形状统一化，有时即使需要增加包装材料用量，或者需要另外的填充物，但总的物流成本可能会降低。

从上述情况可知，产品设计阶段决定着物流的效率、物流成本的高低。这就要求在设计阶段就必须扎实地掌握和分析本企业由上（零部件、原材料的供应商）到下（产品销售对象、最终需要者）的整个流程，弄清产品设计对整个物流过程各个环节所需成本的影响，从整体最优的原则出发，搞好产品设计，实施物流成本的事前控制。

3.供应阶段的成本控制

供应与销售阶段是物流成本发生的直接阶段，这也是物流成本控制的重要环节。供应阶段的物流成本控制，主要包括以下内容:

（1）优选供应商

企业应该在多个供应商中考虑供货质量、服务水平和供货价格的基础上，充分考虑其供货方式、运输距离等对企业物流成本的综合影响，从多个供货对象中选取综合成本较低的供货厂家，以有效地降低企业的物流成本。

（2）运用现代化的采购管理方式

JIT采购和供应是一种有效降低物流成本的物流管理方式，它可以减少供应库存量，降低库存成本，而库存成本是物流成本的一个重要组成部分。另外，MRP采购、供应链采购、招标采购、全球采购等采购管理方式的运用，也可以有效地加强采购供应管理工作。对连锁经营企业来说，集中采购也是一种有效的采购管理模式。这些管理方式的运用，对于降低供应物流成本是十分重要的。

（3）控制采购批量和再订货量

每次采购批量的大小，对订货成本与库存成本有着重要的影响，采购批量大，则采购次数减少，总的订货成本就可以降低，但会引起库存成本的增加，反之亦然。因此，企业在采购管理中，对订货批量的控制是很重要的。企业可以通过相关数据分析，估算其主要采购物资的最佳经济订货批量和再订货点，从而使得订货成本与库存成本之和最小。

（4）供应物流作业的效率化

企业进货采购对象及其品种很多，接货设施和业务处理要讲求效率。例如，同一企业不同分厂需购多种不同物料时，可以分别购买、各自进货，也可以由总厂根据分厂进货要求，由总厂统一负责进货和仓储的集中管理，在各分厂有用料需要时，总厂仓储部门按照固定路线，把货物集中配送到各分厂。这种有效组织的采购、库存管理和配送管理，可使企业物流批量化，减少了事务性工作，提高了配送车辆和各分厂进货工作效率。

(5) 采购途耗的最省化

供应采购过程中往往会发生一些途中损耗，运输途耗也是企业供应物流成本的一个组成部分。运输中应采取严格的预防保护措施尽量减少途耗，避免损失、浪费，降低物流成本。

(6) 供销物流交叉化

销售物流和供应物流经常发生交叉，这样可以采取共同装货、集中发送的方式，把外销商品的运输与从外地采购的物流结合起来，利用回程车辆运输的方法，提高货物运输车辆的使用效率。同时，这样还有利于解决交通混乱现象，促进发货进货业务集中化、简单化，促进搬运工具、物流设施和物流作业的效率化。

4.生产过程的物流成本控制

生产物流成本也是物流成本的一个重要组成部分。生产物流的组织与企业生产的产品类型、生产业务流程以及生产组织方式等密切相关，因此，生产物流成本的控制是与企业的生产管理方式不可分割的。在生产过程中有效控制物流成本的方法主要包括以下几点:

(1) 生产工艺流程的合理布局

生产车间和生产供给流程的布局会对生产物流产生重要影响。通过合理布局，可以减少物料和半成品迂回运输，提高生产效率和生产过程中的物流运转效率，降低生产物流成本。

(2) 合理安排生产进度，减少半成品和在制品库存

生产进度的安排合理与否，会直接或间接地影响生产物流成本。例如，生产安排不均衡，产品成套性不好，生产进度不一，必然会导致库存半成品、成品的增加，从而引起物流成本的升高。生产过程中的物流成本控制，其主要措施是采用“看板管理方式”。这种管理方式的基本思想是力求压缩生产过程中的库存，减少浪费。

(3) 实施物料领用控制，节约物料使用

物料成本是企业产品成本的主要组成部分，控制物料消耗，节约物料使用，直接关系到企业生产经营成果和经济效益。通过物料领用的控制，可以有效降低企业的物料消耗成本。物料的领用控制可以通过“限额领料单”来进行，它是一种对指定的材料在规定的限额内多次使用的领发料凭证。使用限额领料单，必须为每种产品、每项工程确定一个物料消耗数量的合理界限，即物料消耗量标准，作为控制的依据。

5.销售阶段的物流成本控制

销售物流活动作为企业市场销售战略的重要组成部分，不仅要考虑提高物流效率，降低物流成本，而且要考虑企业销售政策和服务水平。在保证客户服务质量的前提下，通过有效的措施，推进销售物流的合理化，以降低销售物流成本，主要措施包括以下几点:

(1) 商流与物流相分离

在许多商品分销企业和特约经销商的产品销售流通过程中，大部分是采取商流和物流管理合一的方式，即销售公司各分公司、经营部、办事处既负责产品的促销、客户订货、

产品价格管理、市场推广、客户关系管理等与商品交易相关的商流业务，又负责仓储、存货管理、物品装卸、搬运、货物配送等与实物库存、移动有关的物流业务，这在企业产品和商品品种单一、经营渠道单一和信息化水平不高的条件下是有一定道理的。然而，随着公司商品品种多样化、销售渠道多元化趋势的发展和信息系统建设的逐步完善，这种管理模式将越来越不适应社会专业化分工和市场竞争发展的需要。由于商物合一，库存随销售业务层层设立，也导致公司物流成本居高不下、库存管理混乱、存货积压严重，同时销售费用和物流成本不易区分，也不利于各部门专业化水平的提高。

现在，商流和物流分离的做法已经被越来越多的企业所采用。其具体做法是订货活动与配送活动相分离，由销售系统负责订单的签订，而由物流系统负责货物的运输和配送。运输和配送的具体作业，可以由自备车完成，也可以通过委托运输的方式来实现，这样可以提高运输效率，节省运输费用。此外，还可以把销售设施与物流设施分离开来，如把同一企业所有的销售网点的库存实行集中统一管理，在最理想的物流地点设立仓库，集中发货，以压缩物流库存，解决交叉运输，减少中转环节。这种商物分流的做法可以将商品交易从最大的物流活动中分离出来，有利于销售部门集中精力搞营销，物流部门也可以实现专业化的物流管理，甚至面向社会提供物流服务，提高企业的整体效率。

(2) 加强订单管理，与物流相协调

订单的重要特征表现在订单的大小、订单交货时间等要素上。订单的大小和交货的时间要求往往会有很大的差别，在有的企业中，很多小订单往往在数量上占了订单总数的大部分，它们对物流和整个物流系统的影响有时也会很大。因此，对于有的企业，为了提高物流效率，降低物流成本，在订单量上必须充分考虑商品的需求特征和其他经营管理要素的需要。

(3) 销售物流的大量化

这是通过延长备货时间，以增加运输量，提高运输效率，减少运输总成本。例如，许多企业把产品销售送货从“当日配送”改为“周日指定配送”，就属于这一类。这样可以更好地掌握配送货物量，大幅度提高配货装载效率。为了鼓励运输大量化，日本采取一种增大一次物流批量折扣收费的办法，实行“大量（集装）发货减少收费制”，因实行物流合理化而节约的成本由双方分享。现在，这种以延长备货时间来加大运输或配送量的做法，已经被许多企业所采用。需要指出的是，这种做法必须在满足客户对送货时间要求的前提下进行。

(4) 增强销售物流的计划性

以销售计划为基础，通过一定的渠道把一定量的货物送达指定地点。如某些季节性消费的产品，可能出现运输车辆过剩或不足，货物装载效率下降等现象。为了调整这种波动性，可事先同买主商定时间和数量，制订出运输和配送计划，使生产厂按计划供货。在日本啤酒行业，这种方法被称为“定期、定量直接配送系统”的计划化物流。

(5) 实行差别化管理

这是指根据商品流转快慢和销售对象规模的大小，把保管场所和配送方法区别开来。对周转快的商品分散保管，反之集中保管，以压缩流通库存，有效利用仓库空间；对供货量大的实行直接送货，供货量小而分散的实行营业所供货或集中配送。差别化方针必须既要节约物流成本，又要提高服务水平。

(6) 物流的共同化

物流的共同化是实施物流成本控制的最有效措施。超出单一企业物流合理化界限的物流，是最有前途的物流发展方向。一方面，通过本企业组合而形成的垂直方向的共同化，实现本企业内的物流一元化、效率化，如实行同类商品共同保管、共同配送；另一方面，通过与其他企业之间的联系，而形成的水平方向的共同化解决了两个以上产地和销售地点相距很近而又交叉运输的企业，如何加强合作以提高装载效率，压缩物流设备投资的问题，如解决长途车辆空载和设施共同利用问题。

(四) 物流成本控制的程序

物流成本控制应贯穿于企业生产经营的全过程。物流技术的改善、物流管理方法的改变以及物流信息系统的运用等，都是为了提高物流服务水平和降低物流成本。因此，在物流技术的应用和物流管理过程中，实施全过程、全员参与的物流成本管理是有必要的。例如，在物流技术装备的改善决策中，要注意分析装备改善前的物流服务质量水平和物流服务成本水平，在实施改善后的物流服务质量水平和物流服务成本水平会是怎么样的?从而得到正确的物流决策。在日常的物流运作过程中，也要注意每项物流作业的物流服务成本水平，通过对物流成本的分析，不断地对作业进行改善。

1.物流成本的全过程控制观念

物流成本控制按控制时间来划分，具体可分为物流成本事前控制、物流成本事中控制和物流成本事后控制三个环节。

(1) 事前控制

物流成本事前控制是指在进行物流技术或物流管理改善前，预测每种决策方案执行后的物流成本情况，对影响物流成本的经济活动进行事前的规划、审核，确定目标物流成本。它是物流成本的前馈控制。

(2) 事中控制

物流成本事中控制是在物流成本形成过程中，随时对实际发生的物流成本与目标物流成本进行对比，及时发现差异并采取相应措施予以纠正，以保证物流成本目标的实现。它是物流成本的过程控制。

物流成本事中控制应在物流成本目标的归口分级管理的基础上进行，严格按照物流成本目标对一切生产经营耗费进行随时随地的检查审核，把可能产生损失、浪费的苗头消灭在萌芽状态，并且把各种成本偏差的信息，及时地反馈给有关的责任单位，以利于及时采取纠正措施。

(3) 事后控制

物流成本事后控制是在物流成本形成之后，对实际物流成本的核算、分析和考核。它是物流成本的后馈控制，也是对各项物流决策正确性和合理性做出事后评价的重要环节。

物流成本事后控制通过对决策执行前和决策执行后发生的实际物流成本进行比较，也可以和预计的物流成本或其他标准进行比较，确定物流成本的节约或浪费，并进行深入的分析，考虑决策的正确性，并查明物流成本节约或超支的主客观原因，确定其责任归属，对物流成本责任单位进行相应的考核和奖惩。通过物流成本分析，为日后的物流成本控制提出积极的改进意见和措施，进一步修订物流成本控制标准，改进各项物流成本控制制度，以达到降低物流成本的目的。

2.物流成本控制的基本程序

一般来说，物流成本控制应包括以下几项基本程序：

(1) 制定成本标准

物流成本标准是物流成本控制的准绳，是对各项物流成本开支和资源耗费所规定的数量限度，是检查、衡量、评估实际物流服务成本水平的依据。物流成本标准包括物流成本计划中规定的各项指标，这些指标通常都比较综合，不能满足具体控制的要求，这就必须规定一系列具体的标准。确定这些标准可以采用计划指标分解法、预算法、定额法等。在采取这些方法确定物流成本标准时，一定要进行充分的调查研究和科学计算，同时还要正确处理物流成本指标与其他技术经济指标的关系（如和质量、生产效率等的关系），从完成企业的总体目标出发，经过综合平衡，防止片面性，必要时还应进行多种方案的择优选用。

(2) 监督物流成本的形成

这就是根据控制标准，对物流成本形成的各个项目，经常地进行检查、评比和监督。不仅要检查指标本身的执行情况，而且要检查和监督影响指标的各项条件，如物流设施设备、工具、工人技术水平、工作环境等，所以物流成本控制要与企业整体作业控制等结合起来进行。

物流相关费用的控制不仅要有专人负责，而且要使费用产生的执行者实行自我控制，还应当在责任制中加以规定。只有这样，才能调动全体员工的积极性，使成本的控制有群众基础。

(3) 及时揭示并纠正不利偏差

揭示物流成本差异即核算确定实际物流成本脱离标准的差异，分析差异的成因，明确责任的归属。针对物流成本差异发生的原因，分析情况的轻重缓急，提出改进措施，加以贯彻执行。对于重大差异项目的纠正，一般采用下列步骤：

①提出降低物流成本的课题。从各种物流成本超支的原因中提出降低物流成本的课题。这些课题首先应当是那些成本降低潜力大、各方关心、可能实行的项目。提出课题的要求，包括课题的目的、内容、理由、根据和预期达到的经济效益。

②讨论和决策。课题选定以后，应发动有关部门和人员进行广泛的研究和讨论。对重大课题，可能要提出多种解决方案，然后进行各种方案的对比分析，从中选出最优方案。

③确定方案实施的方法、步骤及负责执行的部门和人员。

④贯彻执行确定的方案。在执行过程中也要及时加以监督检查。方案实现以后，还要检查其经济效益，衡量是否达到了预期的目标。

(4) 评价和激励

评价物流成本目标的执行结果，根据物流成本绩效实施奖惩。

第二节　物流质量管理

一、物流质量管理概述

（一）质量的概念

1.定义

质量是反映实体满足明确的和隐含的需要的能力的特性之总和。

2.关键词

（1）实体

指可单独描述和研究的物品或事件。实体可以是活动或过程，可以是产品（包括普通的产品和服务），可以是组织、体系或人，也可以是上述各项的任何组合。每一个实体都应有清楚的界定和描述。质量并不局限于产品和服务，而是一直扩展到活动、工程、组织和人的质量，也即所有事物的质量。

（2）需要

一般指顾客需要，也可指社会的需要及第三方（不是供方，也不是顾客）的需要，在很多情况下，需要会随着时间而变化，这就意味着要对质量要求进行定期评审。

需要一般分两种形式：

①明确需要

一般指在合同环境中，特定顾客对实体提出的明确的需求。这种需要通常以合同、契约等方式予以规定。

②隐含需要

指顾客或社会对实体的期望，或指那些虽然没有通过任何形式给以明确的规定，但却是为人们普遍认同的、无须事先申明的需要。

（二）质量特性

实体的质量特性通常可概括为性能、合用性、可信性、安全性、环境、经济性和美学等方面。不同类型的实体，“需要”不尽相同，因而质量特性的表现也不完全相同。但不管是什么实体，实体质量特性的最佳组合，是实体满足需要的能力的最高水平，是供方应当向顾客提供的、也是顾客希望得到的实体质量。

1.性能

是指对实体的使用价值所提出的各项要求，就是实体适合使用的性能，也称为使用适宜性。

2.寿命

是指实体使用价值的期限。

3.可靠性

是指实体在规定的时间内、规定的条件下，完成规定工作任务能力的计量值或可能性。一般讲，产品不仅出厂时各项性能指标须达到规定要求，而且还要做到“经久耐用”，即产品的精度稳定性、性能持久性、零部件耐用性好，能够在规定的使用期限内保持规定的功能。

4.安全性

是指产品在操作或使用过程中保证安全的程度，对操作人员是否会造成伤害事故、影响人身健康、产生公害、污染周围环境等可能性。

5.经济性

是指产品的结构、质量、用料等制造成本，以及产品使用过程的后续运转费用、维护修理费用、维持费用、运营费用等使用成本。作为产品的实体的经济性，不仅要看制造成本，还要特别注意其使用成本，要看其寿命期的总成本。

（二）物流质量的概念

物流质量是物流活动本身固有的特性满足物流客户和其他相关要求的能力。

物流质量的概念既包含物流对象质量，又包含物流手段、物流方法的质量，还包含工作质量，因而是一种全面的质量观。

（三）物流质量管理的概念

1.定义

依据物流系统运动的客观规律，为了满足物流顾客的服务需要，通过制定科学合理的基本标准，运用适当的方法实施计划、组织、协调、控制的活动。主要包括质量计划、质量保证、质量控制、质量改进四个内容。其目标是保质、保量地将客户所需的商品送达。

2.特点

（1）全面管理、整体发展

事物发展具有其内在规律，加强物流质量管理必须全面分析各个相关因素，把握其内在规律。影响物流质量的因素具有综合性、复杂性。物流质量管理不仅管理物流对象本身，而且管理物流工作质量和工程质量，最终目的是对成本和交货期起到管理的作用，具有全面性的特征。因此，最终实现物流管理目标和质量管理的整体发展，必须从系统的各个环节、各种资源和整个物流活动的相互配合和相互协调做起，这一目标才会得以实现。

（2）全程控制

物流质量管理是对物品的包装、储存、运输、配送、流通加工等相关环节进行的全程的管理，也是物品在社会再生产全过程中被实施全面质量管理的重要环节。在这一过程中，保证最终的物流质量并达到目标质量，必须环环紧扣地进行全过程管理。

（3）全员参与

要保证物流质量，就需要各方紧密配合，共同努力，包括物流活动的相关环节、相关部门和有关人员。物流的综合性和复杂性、物流质量问题的重要性决定了物流管理的全员性特征。

二、物流质量管理的内容

（一）物流对象的质量

物流对象的质量，即物流活动搭载的商品的质量保证及改善。商品是流通过程中的产品，产品的质量在生产企业严格的质量保证条例的要求下，出厂即具有本身的质量标准。

在物流过程中，必须采用一定的技术手段，保证商品的质量（包括外观质量和内在质量等）不受损坏，并且通过物流服务，提高客户的愉悦性和满意度，实质上是提高客户对产品质量的满意度。

另外，有的商品，在交给用户使用后，需要持续的服务，只有高质量的服务，才能让用户用得放心，用得开心，才能留住用户。比如汽车的消费，4S店就是产品服务延续的一种组织。

（二）物流服务质量

物流服务质量是指企业通过提供物流服务，对达到服务产品质量标准、满足用户需要的保证程度，物流服务是顾客感知到的物流服务集合，它离不开生产和交易的过程，是在买卖双方相互作用的真实瞬间中实现。因此，定义一个顾客感知的物流服务质量绝非易事。当ISO9000—1994将产品的定义扩大为包括服务、硬件、流程性材料、软件或它们的组合后，流通企业可以通过ISO9000认证来提高流通企业的服务质量，因为以ISO9000为指导性标准将具有可操作性。

物流企业服务的基本内容包括运输、储存、包装、装卸搬运、流通加工、配送、物流信息处理、物流系统设计以及其他的诸如市场调查与预测、库存决策决议、订货指导、业务过程诊断、各种代办业务等，物流服务质量体现在这一内容展开的全部过程中。

（三）物流工作质量

物流工作质量指的是物流企业运作过程中，各环节、各工种、各岗位的具体工作质量。物流工作质量和物流服务质量是两个有关联但又不大相同的概念，物流服务质量水平取决于各个物流工作质量的总和。所以，物流工作质量是物流服务质量的某种保证和基础。通过强化物流管理，建立科学合理的管理制度，充分调动员工积极性，不断提高物流工作质量，物流服务质量也就有了一定程度的保证。所以，提高物流服务质量要从物流工作质量入手，把物流工作质量作为物流质量管理的主要内容及工作重点。

物流的工作质量涉及物流各环节、各工种、各岗位的具体工作质量，可以用绩效考评的办法来进行物流工作质量的考核。在中国，对物流活动的绩效进行考核还比较少，考核的方法也比较少。

我们可以从物流企业项目运作出发，来制定考评供应链运行绩效的关键业绩指标（key process indication，KPI）体系。物流企业物流项目运作相关的KPI系统分为五大块：运输计划、运输过程、库存过程、客户服务、财务指标。

1.运输计划

需求满足率：客户的物流需求（包括一些额外的物流需求，比如不常见路线的运输、零星的货物运输、增值服务要求等）能够及时满足的比率。

需求满足率=需求得到满足的次数/总的需求的次数

2.运输过程

(1) 货物及时发送率

用一定时期内物流企业接到客户订单后，及时将货物发送出去的次数与总订单次数的百分比来表示。

设时间段T内，及时发货次数为N_i，总的订单次数为N_t，则及时发货率为

$$P_i=N_i/N_t\times 100\%$$

(2) 货物准时送达率

按照客户的需求在规定的时间内将产品安全、准确地送达目的地的比率。设时间段T内，准时送达数为N_d，总的订单次数为N_t，则准时送达率为

$$P_d=N_d/N_t\times 100\%$$

(3) 货物完好送达率

按照客户的要求在规定的时间内将客户订购的产品无损坏地送达客户手中的比率。设时间段T内，完好送达的次数为N_w，总的订单次数为N_t，则完好送达率为

$$P_w=N_w/N_t\times 100\%$$

在实际作业中，这个指标要求很高，须达到100%。

(4) 运输信息及时跟踪率

每一笔货物运输出去以后，物流企业向客户反馈运输信息的比率。该数据的计算可以根据在时间段T内，跟踪了运输信息的次数为N_n，总的订单次数为N_t，则运输信息及时跟踪率为：

$$P_n=N_n/N_t\times 100\%$$

在实际作业中，这个指标要求也比较高，须达到100%。

3.库存过程

(1) 库存完好率

某段时间内仓库货物保存完好的比率。具体计算为时间段T内，完好库存为n，总库存数为N，则库存完好率为

$$P_k=n/N\times 100\%$$

(2) 库存周报表准确率

每周的库存周报表的准确率是物流服务绩效的KPI之一。具体计算为在T时间段内，库存报告的准确次数除以总的库存报告次数。

(3) 订单拣配货差错率

每个订单的拣配货差错率是考评物流配送拣配货作业绩效的指标。设订单拣配货的准确率为P_j，则订单拣配货差错率为

$$P_c=1-P_j$$

实际作业中要求订单拣配货的准确率为100%，故P_c为零。

(4) 发货准确率

仓管人员根据订单准确发货的百分数。具体计算为：

发货准确率=1-在T时间段内错误的发货次数/在T时间段内的发货总数

4.客户服务

（1）客户投诉率

在T时间段内，没有收到货物的客户向物流企业投诉的比率。该指标的具体计算为：

客户投诉率=客户投诉次数/总的送货总数

（2）客户投诉处理时间

一般为2小时。可以根据行业情况，适当调节。但如果客户重复投诉，则此权重应该加大。

（3）回单返回及时率

运输单据在完成每笔业务后，运输单据返回客户的比率。一般客户会每月收回一次运输单据以备查。

5.财务指标

（1）失去销售比率

反映了客户未满足既定需求的情况。可用失去销售额占总销售额的百分比来表示。

（2）物流企业利润率

在T时间段内，客户支付给物流企业的物流费用与物流企业为完成这些物流业务所支出的成本的差除以T时间段内客户支付给物流企业的物流费用。具体计算为：

物流企业利润率=（收入-成本支出）/收入

（3）运输/库存破损赔偿率

在T时间段内，由于运输、仓储所造成的货物破损赔偿占在T时间段内的物流业务收入的比率。具体计算为：

运输/库存破损赔偿率=货物破损赔偿费用/业务收入

绩效考评一直是企业管理中颇具争议的话题。即便是在推行了现代绩效管理体系的企业，也常出现种种问题而无法获取预期效果。绩效评价是管理者和员工之间最容易出现争议的部分。所以，针对发生争议员工，有可能是员工的工作绩效和工作质量受到了不准确的评价，因此，有必要进一步收集相关的绩效信息并力求客观地评价员工的工作绩效和工作质量。

（四）物流工程质量

物流工程是流通领域及其他有物流活动领域的工程系统。对流通领域而言，是这一领域独特的工程系统，主要作用是支持流通活动，提高活动的水平并最终实现交易物的有效转移。

物流工程是支撑物流活动的总体的工程系统，可以分成总体的网络工程系统和具体的技术工程系统两大类别。实际上，任何物流企业的物流运作，包括第三方物流企业接受外包的物流运作，不可能是空手运作，必须依靠有效的工程系统来实现这种运作。当然，工程系统有可能是自建的，世界上很多大型物流公司都有自己的仓库、配送中心、机场、货机等工程设施，有些则需要依靠组织的办法来利用别人提供的工程设施，国家建设的物流设施基础平台，就是这么一种基础的工程设施。任何物流企业都必须依靠有效的工程系统来保证高质量的服务。

工程设施、技术装备的质量从根本上决定物流整体质量，因而需要对其进行有效控制。很明显，工程设施的水平和质量，可以在根本上决定物流的水平和质量。例如，采用大型集装箱联运系统之后，就杜绝了物流过程中单件货物的丢失，这就是工程系统所起作用的实例。

对生产企业而言，其内部的物流很难利用国家提供的基础工程设施的平台，也很难利用社会上营利性的工程设施，在这种情况下就需要自己建设一套工程系统。这一套物流工程系统将会是决定企业物流水平的非常重要的基本因素。

所以，和产品生产的情况类似，物流质量不但取决于物流服务质量、物流工作质量，而且取决于物流工程质量，优良的工作质量对于物流质量的保证程度，受制于物流技术水平、管理水平、技术装备。好的物流质量，是在整个物流过程中形成的，要想能“事前控制”物流质量，预防物流损失，必须对影响物流质量的诸因素进行有效控制。提高工程质量是进行物流质量管理的基础工作，提高工程质量，就能做到“预防为主”的质量管理。

三、物流质量管理方法

（一）质量统计方法

1.排列图

排列图又称巴雷特图，其作用是寻找质量问题的主次影响因素，并将这些因素用图形或曲线表示出来，这是ABC分析法在质量管理中的应用。一个质量问题，往往有许多有关的影响因素，这些影响因素也存在“关键的少数和次要的多数”。在解决质量问题时，对这些影响因素的解决也要有所侧重。如果抓住关键的少数，质量问题就基本能够解决，取得较好的技术经济效果。

2.要因图

要因图又叫鱼刺图、树枝图。它是一种分析影响质量诸因素的有效方法。影响产品质量的因素很多，从大的方面分析，有设备、原材料、操作者、作业方法、作业环境等方面；从小的方面分析，每一方面又有许多具体影响因素，要因分析最常用的是要因图。

（二）质量管理方法

1.“PDCA”循环

对质量改进的过程，许多著名的质量管理专家都有论述，最具代表性的是美国学者戴明的“PDCA”循环，即“计划—执行—检查—处理”。物流企业采用“PDCA”循环进行改进的具体步骤如下：

* 制订计划——P阶段
* 执行——D阶段
* 检查——C阶段
* 处理——A阶段

2.六西格玛（6σ）质量改进模式

（1）六西格玛（6σ）的含义

西格玛在统计学中常用来表示数据的离散程度，即标准差。众所周知，当产品的某一质量特性可以用连续计量值表示时，其概率分布一般呈现正态分布。质量特性值在工序稳定的情况下，总是在目标值正态分布中心的左右波动。正是质量特性值对分布中心偏离程度的一种度量，当较小时表明偏离程度较小，反之亦然。

（2）DMAIC改进模式

6σ管理通常采用DMAIC改进模式，即把质量改进分为五个阶段。

* 界定（define）
* 测量（measurement）
* 分析（analysis）
* 改进（improvement）
* 控制（control）

PDCA循环和6σ管理具有共同的理论基础和相似的实施程序，可以说6σ改进流程是传统的PDCA循环的继续和发展，但物流企业在引入和应用6σ管理时，应具备以下条件：已奠定传统质量管理坚实的基础，通过质量管理体系认证，成功推行SPC等统计方法，且质量已达到3σ水平；高层领导对6σ有足够的认识，并有坚定的决心加以推广；有启动6σ活动的资金等。

本章小结

本章首先介绍了物流成本的基本概念及特点，进而介绍了物流成本的分类及计算方法，同时介绍了物流成本的控制策略；另外介绍了物流质量管理的基本概念及内容和方法。

关键词

物流成本、效益悖反、支付形态、物流质量、物流工作质量、物流工程质量

复习思考题

1.物流成本有什么特点？影响物流成本的因素有哪些？

2.如何有效地控制物流成本？

3.物流质量管理的内容包括哪几方面？

4.如何实施物流质量管理？

5.列举几种物流质量管理方法。

综合案例

上海通用汽车物流成本管理的三大秘籍

秘籍一：精益生产　及时供货

随着汽车市场竞争越来越激烈，很多汽车制造厂商采取了价格竞争的方式来应战。在这个背景下，大家都不得不降低成本。而要降低成本，很多厂家都从物流这个被视作“第三大利润源”入手。

有资料显示，我国汽车工业企业，一般的物流成本起码占整个生产成本的20%以上，差的公司基本在30%到40%，而国际上物流做得比较好的公司，物流的成本都控制在15%以内。

上海通用在合资当初就决定，要用一种新的模式，建立一个在“精益生产”方式指导下的全新理念的工厂，而不想再重复建造一个中国式的汽车厂，也不想重复建造一个美国式的汽车厂。

精益生产的思想内涵很丰富，最重要的一条就是像丰田一样——及时供货（JIT，Just In Time），及时供货的外延就是缩短交货期。所以上海通用在成立初期，就在现代信息技术的平台支撑下，运用现代的物流观念做到交货期短、柔性化和敏捷化。

从这几年的生产实践来说，上海通用每年都有一个或以上新产品下线上市，这是敏捷化的一个反映。而物流最根本的思想就是怎样缩短供货周期来达到低成本、高效率。这个交货周期包括从原材料到零部件，再从零部件到整车，每一段都有一个交货期，这是敏捷化至关重要的一个方面。

秘籍二：循环取货　驱除库存“魔鬼”

上海通用目前有四种车型，不包括其中一种刚刚上市的车型在内，另外三种车型零部件总量有5400多种。上海通用在国内外还拥有180家供应商，拥有北美和巴西两大进口零部件基地。那么，上海通用是怎么提高供应链效率、减少新产品的导入和上市时间并降低库存成本的呢？

为了把库存这个“魔鬼”赶出自己的供应链，上海通用的部分零件，例如有些是本地供应商所生产的，会根据生产的要求在指定的时间直接送到生产线上去生产。这样，因为不进入原材料库，所以保持了很低或接近于“零”的库存，省去大量的资金占用。

有些用量很少的零部件，为了不浪费运输车辆的运能，充分节约运输成本，上海通用使用了叫做“牛奶圈”的小技巧：每天早晨，上海通用的汽车从厂家出发，到第一个供应商那里装上准备好的原材料，然后到第二家、第三家，依次类推，直到装上所有的材料，然后再返回。这样做的好处是，省去了所有供应商空车返回的浪费。前两年还很少有人关注汽车物流，可现在它俨然成了汽车业的香饽饽，很多公司都希望通过降低物流成本来提高竞争力。作为国内最大的中美合资汽车企业，上海通用是如何降低物流成本的呢？

而且，不同供应商的送货缺乏统一的标准化管理，在信息交流、运输安全等方面，都会带来各种各样的问题。如果想管好它，必须花费很多的时间和很大的人力资源。所以上海通用改变了这种做法。

上海通用聘请了一家第三方物流供应商，由他们来设计配送路线，然后到不同的供应商处取货，再直接送到上海通用，利用“牛奶取货”或者叫“循环取货”的方式解决了这些难题。通过循环取货，上海通用的零部件运输成本下降了30%以上。这种做法体现了上海通用的一贯思想：把低附加值的东西外包出去，集中精力做好制造、销售汽车的主营业务，即精干主业。

秘籍三：建立供应链预警机制　追求共赢

上海通用所有的车型国产化都达到了40%以上，有些车型已达到60%甚至更高。这样可以充分利用国际国内的资源优势，在短时间内形成自己的核心竞争力。上海通用也因此非常注意协调与供应商之间的关系。

上海通用采取的是“柔性化生产”，即一条生产流水线可以生产不同平台、多个型号的产品，如同时生产别克标准型、较大的别克商务旅行型和较小的赛欧。这种生产方式对供应商的要求极高，即供应商必须处于“时刻供货”的状态，会产生很高的存货成本。而供应商一般不愿意独自承担这些成本，就会把部分成本打在给上海通用供货的价格中。如此一来，最多也就是把这部分成本转嫁到了上游供应商那里，并没有真正降低整条供应链的成本。

为解决这个问题，上海通用与供应商时刻保持着信息沟通。上海通用有一年的生产预测，也有半年的生产预测，生产计划是滚动式的，基本上每星期都有一次滚动，在此前提下不断调整产能。这个运行机制的核心是让供应商也看到公司的计划，让他们能根据上海通用的生产计划安排自己的存货和生产计划，减少对存货资金的占用。

如果供应商在原材料、零部件方面出现问题，也要给上海通用提供预警，这是一种双向的信息沟通。万一某个零件预测出现了问题，在什么时候跟不上需求了，上海通用就会利用上海通用的资源甚至全球的资源来做出响应。新产品的推出涉及整个供应链，需要国内所涉及的零部件供应商能同时提供新的零部件，而不仅仅是整车厂家推出一个产品这么简单。作为整车生产的龙头企业，上海通用建立了供应商联合发展中心，在物流方面也制作了很多标准流程，使供应商随着上海通用产量的调整来调整他们的产品。

目前，市场上的产品变化很大，某一产品现在很热销，但几个月后就可能需求量不大了。上海通用敏捷化的要求就是在柔性化共线生产前提下能够及时进行调整。但这种调整不是整车厂自己调整，而是和零部件供应商一起来做调整。

市场千变万化，供应链也是千变万化的，对突发事件的应变也是如此。某段时间上海通用在北美的进口零部件出现了问题，就启动了“应急计划”，不用海运而改用空运。再比如考虑到世界某个地区存在战争爆发的可能，将对供应链产生影响，上海通用就尽可能增加零部件的库存，而且也预警所有的供应商，让他们对有可能受影响的原材料增加库存。供应链归根结底就是要贯彻一个共赢的概念。

（案例来源：全国物流信息网http://wt88.56888.net/news/20111224/836669250.html）

案例思考题

1.上海通用是如何降低物流成本的？

2.我国汽车业从此案例可以得到什么启示？

扩展阅读

物流企业的全面质量管理

一、当代物流企业全面质量管理应具备的原则

（一）以顾客为中心

组织依存于顾客。因此，组织应理解顾客当前的和未来的需求，满足顾客需求并争取超越顾客期望。顾客是每一个组织存在的基础，顾客的需求是第一位的，组织应调查和研究顾客的需求和期望，并把它转化为质量要求，采取有效措施使其实观。这个指导思想不仅领导要明确，还要在全体职工中贯彻。

（二）领导作用

领导必须将本组织的宗旨、方向和内部环境统一起来，并创造使员工能够充分参与实现组织目标的环境。领导的作用，即最高管理者具有决策和领导一个组织的关键作用。为了营造一个良好的环境，最高管理者应建立质量方针和质量目标，确保关注顾客要求，确保建立和实施一个有效的质量管理体系，确保应有的资源，并随时将组织运行的结果与目标进行比较，根据情况决定实现质量方针、目标的措施，决定持续改进的措施。在领导作风上还要做到透明、务实和以身作则。

（三）全员参与

各级人员是组织之本，只有他们的充分参与，才能使他们的才干为组织带来最大的收益。全体职工是每个组织的基础。组织的质量管理不仅需要最高管理者的正确领导，还有赖于全员的参与。所以要对职工进行质量意识、职业道德、以顾客为中心的意识和敬业精神的教育，还要激发他们的积极性和责任感。

（四）过程方法

将相关的资源和活动作为过程进行管理，可以更高效地得到期望的结果。过程方法的原则不仅适用于某些简单的过程，也适用于由许多过程构成的过程网络。在应用质量管理体系时，2000版ISO9000族标准建立了一个过程模式。此模式把管理职责，资源管理，产品实现，测量、分析和改进作为体系的4大主要过程，描述其相互关系，并以顾客需求为输入，提供给顾客的产品为输出，通过信息反馈来测定顾客的满意度，评价质量管理体系的业绩。

（五）管理的系统方法

针对设定的目标，识别、理解并管理一个由相互关联的过程所组成的体系，有助于提高组织的有效性和效率。这种建立和实施质量管理体系的方法，既可用于新建体系，也可用于现有体系的改进。此方法的实施可在三方面受益：一是提供对过程能力及产品可靠性的信任；二是为持续改进打好基础；三是使顾客满意，最终使组织获得成功。

（六）持续改进

持续改进是组织的一个永恒的目标。在质量管理体系中，改进指产品质量、过程及体系有效性和效率的提高，持续改进包括：了解现状；建立目标；寻找、评价和实施解决办法；测量、验证和分析结果，把更改纳入文件等活动。

（七）基于事实的决策方法

对数据和信息的逻辑分析或直觉判断是有效决策的基础。以事实为依据做决策，可防止决策失误。在对信息和数据做科学分析时，统计技术是最重要的工具之一。统计技术可用来测量、分析和说明产品和过程的变异性，统计技术可以为持续改进的决策提供依据。

（八）互利的供方关系

通过互利的关系，增强组织及其供方创造价值的能力。供方提供的产品将对组织向顾客提供满意的产品产生重要影响，因此处理好与供方的关系，影响到组织能否持续稳定地提供顾客满意的产品。对供方不能只讲控制不讲合作互利，特别是对关键供方，更要建立互利关系，这对组织和供方都有利。

二、我国物流企业开展全面质量管理存在的问题

目前，我国的物流企业在进行全面质量管理时，暴露出以下问题。

（一）较差的物流质量管理理念

大多数人在物流企业的质量管理中的思想还停留在原有的管理理念上，国外已经早采用了先进的管理思想。

（二）模糊的质量方针

组织的最高管理者正式发布的该组织总的质量宗旨和方向被称作质量方针。质量方针的制定应该充分考虑到组织的行业特点，市场或顾客的定位、组织对市场或顾客的承诺。针对目标市场和顾客，最高管理者要确保质量方针正确无误。

（三）不明确的质量目标

质量方针与组织的总方针通常情况下是一致的，同时为制定质量目标提供组织框架。而这种情况对中国的很多物流企业来说却意识不到，其实让顾客满意就是我们的质量目标。

（四）不当的质量管理方法

国内的企业大多数还采用原始的管理方法进行相关管理，而现在循环和系统方法被更多地应用，过程流程控制图方法也被广泛应用。

（五）质量管理人才相对缺乏

让顾客满意是物流企业的质量管理的最终目的，这是企业提供产品的宗旨，那么怎样才能让顾客满意这一问题就控制在质量管理人员的手中，他们的职责是遵循企业的总方针

不动摇，把追求质量目标与质量方针相结合，以顾客满意为最终目标来设计最好的质量管理体系，从而确保企业的盈利性、最终的生存性和发展性这一长远目标的实现。

（六）管理人员职责不明确

管理人员职责不明确这一情况在中小企业中很突出，尤其是在国有企业转型后。它是中国计划经济的必然产物，机构人员素质不高导致了企业效率的低下，这是一种普遍存在的情况。

（七）质量管理的文件出错

企业管理方法的传统性，导致企业还是使用纸质的文档管理方法，所以常有记错的现象和丢失的现象，给企业的质量管理造成很大困难，阻碍了企业质量管理的提高。

三、强化现代企业物流的全面质量管理的措施

（一）树立企业物流整体质量管理思想

（二）建立有效的物流质量管理信息系统

（三）加强企业物流质量管理的方法

1.依据全面质量管理理论，建立企业物流质量管理的计量、评估体系并使其得到完善，使企业物流过程中的差错得以切实消除。

2.积极引进现代质量管理理论和技术，提高质量管理水平。科学技术是第一生产力，企业必须借助现代高科技来强化物流质量管理，使企业真正认识到技术推动的现实意义，全力开展技术创新活动。

3.实行全员质量管理，激励措施得到有效和高效运用。企业应依据顾客的不同需求，运用有效的奖励及激励措施，激励员工，使其提高自身学习能力和创新能力，鼓励员工勇于承担风险，通过试验，精心设计，认真实施，探索新方法，以便减少差错的出现。

（资料来源：一博物流http://www.yibool.com/thread-15752-1-1.html）

第十四章　国际物流

第一节　国际物流概述

一、国际物流的含义与特点

（一）含义

国际物流是指货物（包括原材料、半成品和制成品等）及物品（包括邮品、展品、捐赠物资等）在不同国家间流动或转移。由此可见，广义的国际物流是指货物在不同国家之间的实体移动。既包括以盈利为目的的国际贸易物流（组织国际贸易货物在国际间的合理流动），也包括非国际贸易物流（展览、行李、援外物资）。狭义的国际物流仅包括与另一国国际贸易相关的物流活动，是指当生产和消费在两个或两个以上的国家（或地区）独立进行的情况下，为克服生产和消费之间的空间距离和时间距离而对物资（货物）所进行的物理性移动的一项国际经济贸易活动。如货物集运、分拨配送、货物包装、货物运输、申领许可文件、仓储、装卸、流通中的加工、报关、国际货运保险、单据制作等。

国际物流管理是指为满足需求而进行的原始材料、中间库存、最终产品及其相关信息，从起点到终点在国际间有效流动，以及为实现这一流动所进行的计划、管理和控制过程。

（二）国际物流的基本分类（表14-1）

表14-1　国际物流的分类

分类标准	类型
货物流向	进口物流、出口物流
不同国家所规定的关税区域	国家间物流、经济区域间物流
不同国家货物传递和流动方式	国际商品物流、国际展品物流、国际军火物流、国际邮政物流、国际援助和救援物资物流

（三）特点

国际物流不同于一般的企业物流和国内物流，它的范围是处于不同国家之间，不同的国家环境都会赋予其特殊性。

1.国际物流环境存在差异性

不同国家的物流适用法律不同，所以国际物流的复杂程度远远高于一个国家之内的物流活动。不同国家的经济和科技发展水平会造成在不同技术条件支撑下，有些地区无法适应某些物流技术而造成物流系统水平降低。物流环境的差异使一个物流系统需要在不同法律、人文、习俗、语言、科技、设施的环境下运行，物流难度和物流系统的复杂程度大大增加。

2.国际物流系统范围广

国际物流系统往往需要跨越多个国家和地区，系统的地理范围大，不仅辐射的空间和地域范围更广，物流过程时间更长，而且还需要通过报关、报检等业务环节。

3.国际物流必须有国际化信息系统的支持

国际化信息系统是国际物流的主要支持手段。建设国际化信息系统有很大困难，管理困难、投资巨大、各地物流水平不一致，无法建设均衡的国际化信息系统。为了解决这个矛盾，比较好的办法就是与各国共管的公共信息系统联网，及时掌握每个港口、机场和联运线路、战场的实际情况。

4.国际物流的标准化程度要求更高

目前，美国、欧洲基本实现了物流工具和设施的统一标准，比如说叉车的体积是多大，一个托盘的面积是多少，一个集装箱的长、宽、高是多少，物流标准术语里面也规定了物流模数600×400，衡量一个集装箱港口吞吐能力的指标是标准箱（TEU），跟我们其他的单位kg、m、英尺等单位类似。

5.国际物流的多种运输方式组合

国际物流运输距离长，运输方式多样。国际物流以远洋运输为主，并由多种运输方式组合而成。运输方式有海洋运输、铁路运输、航空运输、公路运输以及由这些运输手段组合而成的国际综合运输方式等。国际运输方式的选择和组合不仅关系到国际物流交货周期的长短，还关系到国际物流总成本的大小，运输方式选择和组合的多样性是国际物流一个显著的特征。

6.国际物流的流量结构正在发生重大的调整和转移

国际物流的流量结构是与国际产业结构调整紧密相联的。劳动密集型→资本密集型→技术知识密集型是世界产业结构演变的共同趋势。产业结构的这种演变规律，使得各国进出口商品的结构不断地调整，因此，国际物流的流量结构也必须将随之进行调整与转移。

7.国际物流具有高风险性

国际物流的复杂性也将带来国际物流的风险性。国际物流过程中涉及更多的内外因素，由此将极大地增加操作过程的难度和风险。国际物流的风险性主要包括政治风险、经济风险和自然风险。政治风险主要指由于所经过国家的政局动荡，如罢工、战争等原因造成商品可能受到损害或灭失；经济风险又可分为汇率风险和利率风险，主要指从事国际物流必然要发生资金流动，因而产生汇率风险和利率风险；自然风险则指物流过程中，可能因自然因素，如海风、暴雨等，而引起商品延迟、商品破损等风险。积极开发和推广国际物流系统中的现代化技术，不仅可以有效地降低物流过程的复杂性，缩小风险，而且对提高国际物流系统的效益将产生直接的影响。

从上述特点可以看出，国际物流与国内物流存在着很大的区别，主要区别如表14–2所示：

表14–2　国际物流与国内物流的比较

项目	国内物流	国际物流
物流环境	较简单	较复杂
物流风险	较低	较高
物流信息系统的建立	较容易	较困难
标准化要求	较低	较高
主要运输方式	铁路、公路，较简单	海洋、航空和国际多式联运，较复杂
市场准入的限制	较少	较多
政府监管机构	主要是物流安全机构	除了物流安全机构外，还包括一关三检等监管机构
物流保险	货物和运输工具保险欠发达	货物和运输工具保险较发达
信息传递	口头或书面的系统就可以进行沟通，现阶段已使用EDI进行沟通	口头或书面的成本较高，且常常无效，因各国的标准不同，EDI的应用也受到限制
代理机构	较少	对国际运输代理（货代、船代）、运输经纪人和报关行依赖性较强
运输范围	较小	涉及国与国的运输，范围较大
运输风险	较小	运输时间长、转运困难、装卸频繁以及不同国家的基础设施水平不一，造成风险较高
完成周期	以3~5天或4~10天为单位	以周或月为单位
库存	库存水平低	库存水平较高
物流单证	涉及的单证少，且标准化程度低	涉及的单证较多且具有国际通用性
适用的物流法规	本国的法律法规	已加入的国际公约与国际惯例

（四）国际物流的发展历程

国际物流在20世纪的发展经历了以下几个发展阶段：

第一阶段：20世纪50年代，国际物流发展的准备阶段。

第二阶段：20世纪60年代，国际物流设备、工具大型化阶段。

第三阶段：20世纪70年代，国际货物包装集装箱化、集装箱船、集装箱港口快速发展阶段。

第四阶段：20世纪80年代，国际货物多式联运、自动化搬运、装卸技术发展阶段。

第五阶段：20世纪90年代至今，国际物流信息化时代。

二、国际物流系统

(一) 国际物流系统的概述

国际物流系统（International Logistic System），由商品的包装、储存、运输、检验、流通加工和其前后的整理、再包装以及国际配送等子系统组成。其中，储存和运输子系统是物流的两大支柱。国际物流通过商品的储存和运输，实现其自身的时间和空间效益，满足国际贸易活动和跨国公司经营的要求。

(二) 国际物流系统的组成

1.运输子系统

运输的作用是将商品使用价值进行空间移动，物流系统依靠运输作业克服商品生产地和需要地之间的空间距离，创造商品的时空效益。国际货物运输是国际物流系统的核心，有时就用运输代表物流全体。通过国际货物运输作业使商品在交易前提下，由卖方转移给买方。在非贸易物流过程中，就通过运输作业将物品由发货人转移到收货人。这种国际货物运输具有路线长、环节多、涉及面广、手续繁杂、风险性大、时间性强、内外运两段性和联合运输等特点。

所谓外贸运输的两段性，是指外贸运输的国内段运输（包括进、出口国内）和国际运输段。

(1) 出口货物的国内运输段

出口货物的国内运输，是指出口商品由生产地或供货地运送到出运港（站、机场）的国内运输，是国际物流中不可缺少的重要环节。离开国内运输，出口货源就无法从产地或供货地集运到港口、车站或机场，也就不会有国际运输段。出口货物的国内运输工作涉及面广，环节多，要求各方面协同努力组织好运输工作，对摸清货源、产品包装、加工、短途集运、国外到证、船期安排和铁路运输配车等各个环节的情况，做到心中有数，力求搞好车、船、货、港的有机衔接，确保出口货物运输任务的顺利完成，减少压港、压站等物流不畅的局面。国内运输段的主要工作有：发运前的准备工作、清车发运、装车和装车后的善后工作。

(2) 国际货物运输段

国际（国外）货物运输段是整个国际货物运输的重要一环，它是国内运输的延伸和扩展，同时又是衔接出口国运输和进口国货物运输的桥梁与纽带，是国际物流畅通的重要环节。出口货物被集运到港（站、机场），办完出关手续后直接装船发运，便开始国际段运输。有的则需暂进港口仓库储存一段时间，等待有效泊位，或有船后再出仓装船外运。国际段运输可以采用由出口国装运港直接到进口国目的港卸货，也可以采用中转经过国际转运点，再运给用户。

(3) 国际货物运输业发展的条件

国际货物运输业的发展将伴随科技革命的浪潮迅速发展。大宗货物散装化、杂件货物集装箱化已经成为运输业技术革命的重要标志。现代物流业的迅速发展无不与运输业的技术革命相关联。如现代运输中，特别是联合运输和大陆桥运输的重要媒体——集装箱的发展与进步更是令人震惊。这种大规模国际货运业的发展又促进了国际物流业的发展，二者是相辅相成的。

与运输发展息息相关的运输设施的现代化发展对国际物流和国际贸易的发展起着重大的推进作用，是二者发展的前提。必须超前发展才能适应国际物流的发展。比如，港口建设方面，在发达国家普遍认为船等泊位是一种极大的浪费，泊位等船是运输业先导性的客观要求。一般认为港口泊位开工率达30%，码头经营者即可保本；开工率达50%，可获厚利；开工率达70%，则会驱使他们建新码头。西方工业发达国家在国际贸易中处于有利和领先的地位，这与其物流运输业的现代化条件是分不开的。

2.储存子系统

外贸商品的储存、保管使商品在其流通过程中处于一种或长或短的相对停滞状态，这种停滞是完全必要的。因为，外贸商品流通是一个由分散到集中，再由集中到分散的源源不断的流通过程。如：外贸商品从生产厂或供应部门被集中运送到装运出口港（站、机场），以备出口，有时须临时存放一段时间，再从装运港装运出口，是一个集和散的过程。为了保持不间断的商品往来，满足销售出口需要，必然有一定量的周转储存；有些出口商品需要在流通领域内进行出口商品贸易前的整理、组装、再加工、再包装或换装等，形成一定的贸易前的准备储存；有时，由于某些出口商品在产销时间上的背离，例如季节性生产但常年消费，常年生产但季节性消费的商品，则必须留有一定数量的季节储备。当然，有时也会出现一些临时到货，货主一时又运不走，更严重的是进口商品到了港口或边境车站，但通知不到货主或无人认领，这种特殊的临时存放保管也是有的，即所谓的压港、压站现象的出现。可见，这种情况下，国际物流就被堵塞了，物流不畅了，给贸易双方或港方、船方等都带来损失。因此，国际货物的库存量往往高于内贸企业的货物库存量也是可以理解的。

由此可见，国际货物运输是克服了外贸商品使用价值在空间上的距离，创造物流空间效益，使商品实体位置由卖方转移到买方；而储存保管是克服外贸商品使用价值在时间上的差异，物流部门依靠储存保管创造商品的时间价值。

外贸商品一般在生产厂家的仓库存放，或者在收购供应单位的仓库存放；必需时再运达港口仓库存放，在港口仓库存放的时间取决于港口装运与国际运输作业的有机衔接；也有在国际转运站点存放的。

从物流角度讲，希望外贸商品不要太长时间停留在仓库内，要尽量减少储存时间、储存数量，加速物资和资金周转，实现国际贸易系统的良性循环。

3.装卸搬运子系统

进出口商品的装卸与搬运作业，相对商品运输来讲，是短距离的商品搬移，是仓库作业和运输作业的纽带和桥梁，实现的也是物流的空间效益。它是保证商品运输和保管连续性的一种物流活动。搞好商品的装船、卸船、商品进库、出库以及在库内的搬倒清点、查库、转运转装等，对加速国际物流十分重要，而且节省装卸搬运费用也是降低物流成本的重要环节。有效地搞好装卸搬运作业，可以减少运输和保管之间的摩擦，充分发挥商品的储运效率。

4.进出口商品的流通加工与检验子系统

流通加工与检验是随着科技进步，特别是物流业的发展，不断发展的。它是物流中具有一定特殊意义的物流形式。流通加工业与检验的兴起，是为了促进销售、提高物流效率和物资利用率以及为维护产品的质量而采取的，能使物资或商品发生一定的物理和化学以及形状变化的加工过程，并保证进出口商品质量达到要求。出口商品的加工业，其重要作用是使商品更好地满足消费者的需要，不断地扩大出口；同时也是充分利用本国劳动力和部分加工能力，扩大就业机会的重要途径。

流通加工的具体内容包括：袋装、定量小包装（多用于超级市场）、贴标签、配装、挑选、混装、刷标记（刷唛）等为出口贸易商品服务；另一种是生产性外延加工，如剪断、平整、套裁、打孔、折弯、拉拔、组装、改装，服装的检验、烫熨等。这种出口加工或流通加工，不仅能最大限度地满足客户的多元化需求，同时，由于是比较集中的加工，它还能比没有加工的原材料出口赚取更多的外汇。

由于国际贸易和跨国经营具有投资大、风险高、周期长等特点，使得商品检验成为国际物流系统中重要的子系统。通过商品检验，确定交货品质、数量和包装条件是否符合合同规定。如发现问题，可分清责任，向有关方面索赔。在买卖合同中，一般都规定有商品检验条款，其主要内容有检验时间与地点、检验机构与检验证明、检验标准与检验方法等。

根据国际贸易惯例，商品检验时间与地点的规定可概括为三种做法：

一是在出口国检验。可分为两种情况：在工厂检验，卖方只承担货物离厂前的责任，运输中品质、数量变化的风险概不负责；装船前或装船时检验，其品质和数量以当时的检验结果为准。买方对到货的品质与数量原则上一般不得提出异议。

二是在进口国检验。包括卸货后在约定时间内检验和在买方营业处所或最后用户所在地查验两种情况。其检验结果可作为货物品质和数量的最后依据。在此条件下，卖方应承担运输过程中品质、数量变化的风险。

三是在出口国检验、进口国复验。货物在装船前进行检验，以装运港双方约定的商检机构出具的证明作为议付货款的凭证，但货到目的港后，买方有复验权。如复验结果与合同规定不符，买方有权向卖方提出索赔，但必须出具卖方同意的公证机构出具的检验证明。

在国际贸易中，从事商品检验的机构很多，包括卖方或制造厂商和买方或使用方的检验单位，有国家设立的商品检验机构以及民间设立的公证机构和行业协会附设的检验机构。在我国，统一管理和监督商品检验工作的是国家进出口商品检验局及其分支机构。究竟选定由哪个机构实施和提出检验证明，在买卖合同条款中，必须明确加以规定。商品检验证明即进出口商品经检验、鉴定后，由检验机构出具的具有法律效力的证明文件。如经买卖双方同意，也可采用由出口商品的生产单位和进口商品的使用部门出具证明的办法。检验证书是证明卖方所交货物在品质、数量、包装、卫生条件等方面是否与合同规定相符的依据。如与合同规定不符，买卖双方可据此作为拒收、索赔和理赔的依据。

此外，商品检验证也是议付货款的单据之一。商品检验可按生产国的标准进行检验，或按买卖双方协商同意的标准进行检验，或按国际标准或国际习惯进行检验。商品检验方法概括起来可分为感官鉴定法和理化鉴定法两种。理化鉴定法对进出口商品检验具有更重要的作用。理化鉴定法一般是采用各种化学试剂、仪器器械鉴定商品品质的方法，如化学鉴定法、光学仪器鉴定法、热学分析鉴定法、机械性能鉴定法。

5.商品包装子系统

美国杜邦化学公司提出的“杜邦定律”认为：63%的消费者是根据商品的包装装潢进行购买的，国际市场和消费者是通过商品来认识企业的，而商品的商标和包装就是企业的面孔，它反映了一个国家的综合科技文化水平。

商标就是商品的标志。商标一般都需经过国家有关部门登记注册，是受法律保护的，以防假冒，保护企业和消费者的利益。顾客买商品往往只看重商标，因此，商标关系着一个企业乃至一个国家的信誉和命运。国际进出口商品商标的设计要求有标识力；要求表现一个企业（或一个国家）的特色产品的优点，简洁明晰并易看、易念、易听、易写、易记；商标要求有持久性和不违背目标国市场和当地的风俗习惯；出口商品商标翻译要求传神生动，商标不得与国旗、国徽、军旗、红十字会章相同；不得与正宗标记或政府机关、展览性质集会的标记相同或相近。

在考虑出口商品包装设计和具体作业过程时，应把包装、储存、装卸搬运和运输有机联系起来统筹考虑，全面规划，实现现代国际物流系统所要求“包、储、运一体化”。即从商品一开始包装，就要考虑储存的方便、运输的快速，以加速物流，方便储运，减少物流费用等现代物流系统设计的各种要求。

6.国际物流信息子系统

国际物流信息子系统的主要功能是采集、处理和传递国际物流和商流的信息情报。没有功能完善的信息系统，国际贸易和跨国经营将寸步难行。国际物流信息的主要内容包括进出口单证的作业过程、支付方式信息、客户资料信息、市场行情信息和供求信息等。国际物流信息系统的特点是信息量大，交换频繁；传递量大，时间性强；环节多，点多，线长。所以要建立技术先进的国际物流信息系统。国际贸易中EDI的发展是一个重要趋势。Internet的发展也为国际物流信息系统的完善提供了条件。

7.通关子系统

国际物流的一个重要特点就是货物要跨越关境。由于各国海关的规定并不完全相同，所以对国际货物的流通而言，各国海关是国际物流必然经过的重要环节，这要求物流经营人要熟知相关各国的海关制度，并建立安全有效的快速通关系统，保证货畅其流，否则该系统将成为国际物流的瓶颈环节。

三、国际物流与国际贸易

国际贸易（International Trade）是指不同国家（和/或地区）之间的商品、服务和生产要素交换的活动。国际贸易是商品、服务和生产要素的国际转移。国际贸易也叫世界贸易。国际贸易是各国之间分工的表现形式，反映了世界各国在经济上的相互依存。从国家的角度可称对外贸易；从国际角度可称国际贸易。由于国际贸易由进口贸易（Import Trade）和出口贸易（Export Trade）两部分组成，故有时也称为进出口贸易。

国际物流是随着国际贸易的发展而产生和发展起来的，并已成为影响和制约国际贸易进一步发展的重要因素。国际物流与国际贸易之间存在着非常紧密的关系。要实现国际贸易，完成把商品从一国运送到另一国指定的地点并交给客户，必须实现国际物流。国际物流的发展极大地改善了国际贸易的环境。建立以服务国际贸易为导向的现代物流体系，将会为国际贸易提供各种便利的条件，使国际贸易得到进一步发展。

(一) 国际物流是国际贸易的必要条件

世界范围的社会化大生产必然会引起国际分工，任何国家都不能包揽一切生产活动，而需要国际间的合作。国际间的产品和物资流动是由商流和物流组成的，前者由国际贸易机构按照国际贸易程序进行，后者由物流企业按照各个国家的生产和市场结构完成，为了保证它们之间的衔接，就必须开展优质的与现代对外贸易相适应的现代物流。只有物流工作做好了，才能将国外客户需要的商品适时、适地、按质、按量、低成本地送达，从而提高本国商品在国际市场上的竞争能力，促进对外贸易。现代物流已成为影响和制约对外贸易进一步发展的重要因素。

(二) 国际贸易促进国际物流业的发展

第二次世界大战以后，出于恢复、重建工作的需要，各国积极研究和应用新技术、新方法，促进生产力迅速发展，世界经济呈现繁荣兴旺的景象，国际贸易发展得极为迅速。同时由于一些国家和地区资本积累达到了一定程度，本国或本地的市场已不能满足其进一步发展的经济需要，加之交通运输、信息处理及经营管理水平的提高，出现了为数众多的跨国公司。跨国经营与国际贸易的发展，促进了货物和信息在世界范围内的大量流动和广泛交换。

(三) 国际贸易对国际物流提出了新的要求

物流国际化成为国际贸易和世界经济发展的必然趋势，从而对国际物流提出了新的、更高的要求。

1.质量要求

对外贸易的结构正在发生着巨大变化，高附加值、高精密度、高精细商品流通量的增加，对现代物流工作的质量也提出了更高的要求；此外，对外贸易需求的多样化还造成了物流的多品种、小批量化，这就同时要求现代物流向优质服务和多样化发展。

2.效率要求

国际贸易活动的集中表现就是合约的订立和履行，而国际贸易合约的履行是由国际物流活动来完成的，这就要求通过高效率的现代物流来履行合约。从输入方面的国际物流看，提高物流效率最重要的是如何高效率地组织所需商品的进口、储备和供应。也就是说，从订货、交货，直至运入国内保管、组织供应的整个过程，都应加强物流管理。根据国际贸易商品的不同，采用与之相适应的巨型专用货船、专用泊位以及大型机械等的专业运输等等，这对提高物流效率起着主导作用。

3.安全要求

国际物流所涉及的国家多，地域辽阔，在途时间长，受气候条件、地理条件等自然因素和政局、罢工、战争等社会政治经济因素的影响。在组织国际物流、选择运输方式和运输路线时，要密切注意所经地域的气候条件、地理条件，同时还应注意沿途所经国家和地区的政治局势、经济状况等，以防止这些人为因素和不可抗拒的自然力造成货物灭失和损害。

4.经济要求

国际贸易的特点决定了国际物流的环节多、备运期长。在现代物流领域，控制物流费用以降低成本具有极大的潜力。对现代物流企业来说，选择最佳物流方案、提高物流经济性、降低物流成本、保证服务水平是提高竞争力的有效途径。

5.信息化要求

随着EDI技术的成熟以及互联网的迅速发展，国际贸易的运行、管理、效率都产生了质的飞跃。这就要求现代物流必须实现信息化，加强网络意识、提高工作效率，并及时做好国际货物的运输工作。

总之，国际物流必须适应国际贸易结构和商品流通形式的变革，向国际物流合理化方向发展。

第二节　国际物流的基本流程与业务

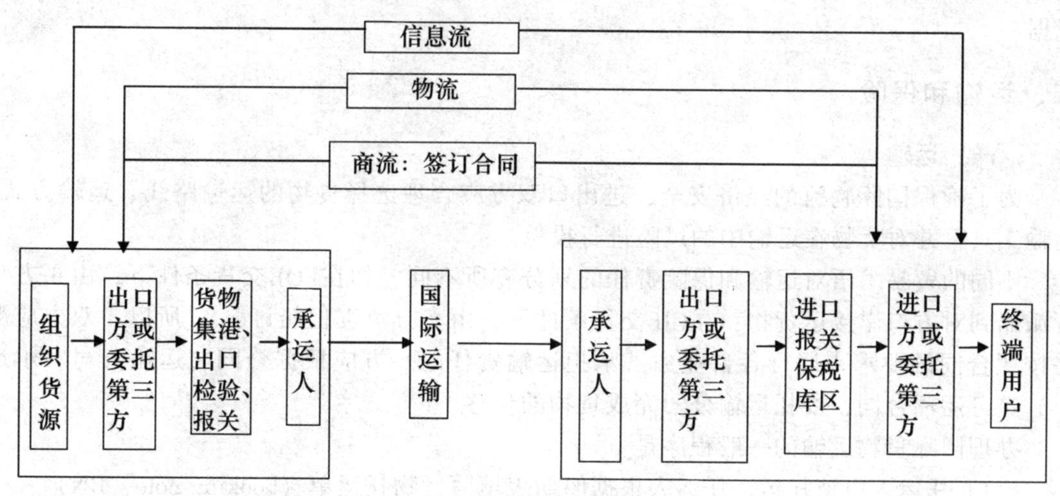

图14-1　国际物流的流程

国际物流的流程与进出口程序类似，其基本业务包括：

一、订单处理

在进口商与出口商经过交易磋商签订了正式合同后，订单处理就是对履行合同的相关事项所做的安排。它主要包括以下两个内容：

首先是为了执行合同而进行的一些履约准备工作。如进口商须申请进口许可证、进口配额等相关文件，在信用证支付条件下，还应按照合同有关规定填写开立信用证申请书，向银行办理开证手续；出口商在按时、按质、按量准备应交货物的同时，应催促买方按合同规定及时办理开立信用证或付款手续，信用证开到后还要对信用证内容逐项认真审核，信用证条款必须与合同内容相一致，品质、规格、数量、价格、交货期、装运等应以合同为依据，不得随意改变，以保证及时装船，安全结汇。

其次是进出口商之间的联络，主要是针对装运、保险、接货等问题所做的信息沟通。由于不同的贸易术语对买卖双方的责任有不同的规定，因此双方要根据术语的有关规定来完成一定的通知义务。如在FOB合同中，买方应按规定期限将船名、装货泊位及装船日期通知卖方，以便卖方及时备货装船；在CIF合同中，则由卖方给予买方货物已经装船的充分通知，以便买方及时收领货物。

如果进口商与出口商之间没有签订专门的正式合同，那么订单的处理就尤为重要，按照国际习惯做法，对订单不加修改地接受就在进口商和出口商之间形成了一个受法律保护的合约。订单往往没有标准的形式，一般应包括以下信息：购买意向、订购数量、购买价格、信用条件和运输方式等。收到订单的一方如果觉得所有条件是可以接受的，会发出一张收到证实书；如果认为有些条件必须修改，双方会进一步讨论，之后，出口商会准备一张形式发票来注明双方都同意的条件，形式发票应注明商品的类型、数量、单价、估计重量、尺寸、有关的支付信用条件，如果进口商接受，那么形式发票就成为双方成交的法律凭据。

二、运输和保险

（一）运输

为了确保国际物流的经济安全，进出口双方应合理选择货物的运输路线、运输方式、运输工具，并对货物在运输中的风险进行投保。

不同的贸易术语对运输和保险责任的划分有所不同，如在FOB交货条件下，由买方负责派船到对方口岸接运货物；在CIF交货条件下，由卖方负责租船订舱。所以，双方应严格按照合同的要求来履行各自业务。承担运输责任的一方应根据合同与运输公司（承运人）签订运输合同，委托运输公司完成货物的位移。

办理国际货物运输的一般程序是：

（1）托运人申请托运。托运人根据船期表填写货物托运单（booking note，BN）。

（2）承运人承担运输任务。承运人根据托运单的内容，结合运输工具的航线、航期和仓储条件签发装货单（shipping order，SO），通知托运人装货的日期和航次，船长根据装货单接收该批货物装船。

（3）船方验货装船。船方在验收货物并装船后，由船长或大副签发收货单（mate's receipt，MR），托运人凭收货单向承运人或其代理人缴纳运费并获取正式提单（bill of loading，BL）。

（4）运输。

（5）货物交付。运输过程结束后，收货人凭提单向承运人领取货物。

（二）保险

在国际货物买卖过程中，由哪一方负责办理投保国际贸易运输保险，应根据买卖双方商订的价格条件来确定。例如按FOB条件和CFR条件成交，保险即应由买方办理国际运输保险；如按CIF条件成交，保险就应由卖方办理国际运输保险。办理国际货物运输保险的一般程序是：

1.确定投保国际运输保险的金额

投保金额是诸保险费的依据，又是货物发生损失后计算赔偿的依据。按照国际惯例，投保金额应按发票上的CIF的预期利润计算。但是，各国市场情况不尽相同，对进出口贸易的管理办法也各有异。向中国人民保险公司办理进出口货物运输保险，有两种办法：一种是逐笔投保；另一种是按签订预约保险总合同办理。

2.填写国际运输保险投保单

保险单是投保人向保险人提出投保的书面申请，其主要内容包括被保险人的姓名、被保险货物的品名、标记、数量及包装、保险金额、运输工具名称、开航日期及起讫地点、投保险别、投保日期及签章等。

3.支付保险费，取得保险单

保险费按投保险别的保险费率计算。保险费率是根据不同的险别、不同的商品、不同的运输方式、不同的目的地，并参照国际上的费率水平而制订的。它分为“一般货物费率”和“指明货物加费费率”两种。前者是一般商品的费率，后者系指特别列明的货物（如某些易碎、易损商品）在一般费率的基础上另行加收的费率。交付保险费后，投保人即可取得保险单（insurance policy）。保险单实际上已构成投保人与保险人之间的保险契约，是保险人对投保人的承保证明。在发生保险范围内的损失或灭失时，投保人可凭保险单要求赔偿。

4.提出索赔手续

当被保险的货物发生属于保险责任范围内的损失时，投保人可以向保险人提出赔偿要求。按INCOTERNS 1990E组、F组、C组包含的8种价格条件成交的合同，一般应由买方办理索赔。按INCOTERNS 1990D组包含的5种价格条件成交的合同，则视情况由买方或卖方办理索赔。

被保险货物运抵目的地后，收货人如发现整件短少或有明显残损，应立即向承运人或有关方面索取货损或货差证明，并联系保险公司指定的检验理赔代理人申请检验，提出检验报告，确定损失程度；同时向承运人或有关责任方提出索赔。属于保险责任的，可填写索赔清单，连同提单副本、装箱单、保险单正本、磅码单、修理配置费凭证、第三者责任方的签章或商务记录以及向第三者责任方索赔的来往函件等向保险公司索赔。索赔应当在保险有效期内提出并办理，否则保险公司可以不予办理。

三、理货

理货是指船方或货主根据运输合同在装运港和卸货港收受和交付货物时，委托港口的理货机构代理完成的在港口对货物进行计数、检查货物残损、指导装舱积载、制作有关单证等工作。理货对于买卖双方履行贸易合同、按质按量交易货物、保障航行安全和货物在运输途中的安全具有重要意义。

理货工作主要有以下内容：

(一) 理货单证

理货单证是指理货机构在理货业务中使用和出具的单证。理货单证是反映船舶载运货物在港口交接当时的数量和状态的实际情况的原始记录，因此它具有凭证和证据的性质。理货机构一般是公证型或证明型的机构，理货人员编制的理货单证，其凭据或证据就具有法律效应。

理货单证的作用如下：

(1) 承运人与托运人或提单持有人之间办理货物数字和外表状态交接的证明；

(2) 承运人、托运人、提单持有人以及港方、保险人之间处理货物索赔案件的凭证；

(3) 船舶发生海事时，处理海事案件的主要资料，这里主要是指货物积载图的作用；

(4) 港口安排作业，收货人安排提货的主要依据，这里主要是指货物实际积载图和分舱单的作用；

(5) 船舶在航行途中，保管照料货物的主要依据；

(6) 买卖双方履行合同情况的主要凭证；

(7) 理货机构处理日常业务往来的主要依据。

物流卡片

理货单证的种类

* 理货委托书 (application for taily)；

* 计数单 (taily sheet)，是理货员理货计数的原始记录；

* 现场记录 (on-the-spot record)，是理货员记载货物异常状态和现场情况的原始凭证；

* 日报单 (daily report)，是理货长向船方报告各舱货物装卸进度的单证；

* 待时记录 (stand-by time record)，是记载由于船方原因造成理货人员停工待时的证明；

* 货物溢短单 (overlanded/shortlanded cargo list)，是记载进口货物件数一致或短少的证明；

* 货物残损单 (damaged cargolist)，是记载进口货物残损情况的证明；

* 货物积载图 (stowage plan)，是出口货物实际装舱部位的示意图；

* 还有分港卸货单、货物分舱单、复查单、更正单、分标志单、货物查询单、货物丈量单或证明书等单证。

（二）分票、理数和确定溢短货物

分票是理货员的一项基本工作。分票就是依据出口装货单或进口舱单分清货物的主标志或归属，分清混票和隔票不清货物的归属。分票是理货工作的起点，理货员在理数之前，首先要按出口装货单或进口舱单分清货物的主标志，以明确货物的归属，然后才能根据理货数字，确定货物是否有溢短、残损，进行处理。分票也是提高货物运输质量的重要保障。卸船时，如理货人员发现舱内货物混票或隔票不清应及时通知船方人员验看，并编制现场记录取得船方签认，然后指导装卸工组按票分批装卸。

理数是理货员的一项最基本的工作，是理货工作的核心内容，也是鉴定理货质量的主要尺度。理数（count）就是在船舶装卸货物的过程中，记录起吊货物的钩数，点清钩内货物细数，计算装卸货物的数字，亦称计数。理数的方法：发筹理数、划钩理数、挂牌理数、点垛理数、抄号理数、自动理数等。其中自动理数是一种用科学仪器作为工具的理数方法。目前在世界上最普遍使用的理数工具，就是在运输带上安装一个自动计数器。最近，在美国已开始在起重机上安装自动计数器，这将给理货工作带来方便，是理货工作朝着科学化、现代化方向迈出的一大步。

溢短货物是指船舶承运的货物，在装运港以装货单数字为准，在卸货港以进口舱单数字为准，当理货数字比装货单或进口舱单数字溢出时，称为溢货（over），短少时，称为短货（short）。在船舶装卸货物时，装货单和进口舱单是理货的唯一凭证和依据，也是船舶承运货物的凭证和依据。理货结果就是跟装货单和进口舱单进行对照，来确定货物是否溢出或短少。货物装卸船后，由理货长根据计数单核对装货单或进口舱单，确定实际装卸货物是否有溢短。

（三）理残

凡货物包装或外表出现破损、污损、水湿、锈蚀、异常变化等现象，可能危及货物的质量或数量，称为残损（damaged）。理残是理货人员的一项主要工作。其工作内容主要是对船舶承运货物在装卸时，检查货物包装或外表是否有异常状况。理货人员为了确保出口货物完整无损，进口货物分清原残和工残，在船舶装卸过程中，剔除残损货物，记载原残货物的积载部位、残损情况和数字的工作叫理残，亦称分残。

意外事故残损指在装卸船过程中，因各种潜在因素造成意外事故导致货物残损。这类残损责任比较难以判断，容易发生争执，对此，理货人员不要轻易判断责任方。

自然灾害事故残损指在装卸船过程中，由于不可抗拒因素造成自然灾害给货物带来的残损。如突降暴雨，水湿货物，对此，理货人员要慎重判断责任方。

（四）绘制实际货物积载图

装船前，理货机构从船方或其代理人处取得配载图，理货人员根据配载图来指导和监督工人装舱积载。但是由于各种原因，在装船过程中经常会发生调整和变更配载。理货长必须参与配载图的调整和变更事宜，在装船结束时，理货长还要绘制实际装船位置的示意图，即实际货物积载图。

（五）签证和批注

理货机构为船方办理货物交接手续，一般是要取得船方签认的，同时，承运人也有义务对托运人和收货人履行货物收受和交付的签证责任。当然，如果理货机构是个公证机构，那么它的理货结果就可不经船方签证而生效。但目前我国还没有这样做。因此我们讲，船方为办理货物交付和收受手续，在理货单证上签字，主要是在货物残损单、货物溢短单、大副收据和理货证明书上签字，称为签证。签证是船方对理货结果的确认，是承运人对托运人履行义务，是划分承运、托运双方责任的依据，是一项政策性和实践性较强的业务。它关系到船公司、托运人和收货人的经济责任和经济利益，也关系到理货机构的声誉和影响。前者不仅仅要求船方在理货单证上签字，而且要在理货结果准确无误的前提下，提请船方签字。签证工作一般在船舶装卸货物结束后、开船之前完成。我国港口规定，一般在不超过船舶装卸货物结束后两小时内完成。

在理货或货运单证上书写对货物数字或状态的意见，称为批注。按加批注的对象不同，批注可分为船方批注和理货批注两类。船方批注是船方加的批注，一般加在理货单证和大副收据上。理货批注一般可分两种情况，一种是在装货时，理货人员发现货物外表状况有问题，发货人不能进行处理，而又坚持装船，这时理货人员就得如实批注在大副收据上。还有发现货物数字不符，而发货人坚持要按装货单上记载数字装船，理货人员也应在装货单上按理货数字批注。有时还有如实批注货物的装船日期等内容。另一种是在卸货时，理货长对船方加在理货单证上的批注内容有不同意见，经摆事实、讲道理后，船方仍坚持不改变批注内容。这时，理货长可在理货单证上加放不同意船方批注内容的反批注意见。批注的目的和作用，一是为了说明货物的数字和状态情况，二是为了说明货物的责任关系。

（六）复查和查询

1.复查

处理卸港理货数字与舱单记载的货物数字不一致，国际航运习惯做法是，船方在理货单上批注“复查”方面的内容，即要求理货机构对理货数字进行重新核查。所以，理货机构采取各种方式对所理货物数字进行核查，以证实其准确性，称为复查。复查的另一个含义，还包括理货机构主动进行的复查，即当理货数字与舱单记载的货物数字差异比较大时，为确保理货数字的准确性，在提请船方签证之前，往往要对所理货物进行复核。复查的方式有重理、复查、查单、查账、调查、询问。

2.查询

船舶卸货发生溢出或短少，理货机构为查清货物溢短情况，向装港理货机构发出查询文件或电报，请求进行调查，且予以答复；或在船舶装货后，发现理货、装舱、制单有误，或有疑问，理货机构向卸港理货机构发出查询文件或电报，请求卸货时予以注意、澄清，且予以答复；或船公司向理货机构发出查询文件或电报，请求予以澄清货物有关情况，且予以答复。以上统称为查询。

四、报关检验

报关又称申报，是指在货物进出境时，进出口商或其代理人向海关申报，请求办理货物进出口手续的行为。报关必须由具有报关资格并经海关注册登记的“报关单位”办理。

报关单位的报关员须经海关培训和考核认可，发给报关员证，才能办理报关手续。非报关单位的商品进出口须委托报关单位及其报关员办理报关手续。在报关时，要填写报关单，并交验海关所规定的各项单证。海关在接受报关后应予以申报登记，即对报关员交验的各项单证予以签收、报关单编号登记、批注接受申报日期。

进出口货物必须经设有海关的地点进境或者出境，进口货物的收货人或其代理人应当自运输工具申报进境之日起14天内，出口货物的发货人或其代理人应当在装货的24小时前向海关如实申报、接受海关监管。逾期罚款，征收滞报金。进口货物如进境后3个月未报关，由海关提取变卖处理。如果属于不宜长期保存的，海关可以根据实际情况提前处理。被处理货物，如在货物变卖之日起一年内补报关，变卖所得货款在扣除有关费用、税款和罚金后，可发还货主。逾期无人认领，上缴国库。

报关单位应在规定时间内填写“进出口货物报关单”向海关申报，并随附发票、提单、保单等有关单据，如属法定检验的进出口商品，还须随附商品检验证书。海关审核单证是否齐全、填写是否正确，报关单内容与所附各项单证的内容是否相符，然后查验进出口货物与单证内容是否一致，必要时海关将开箱检验或提取样品。报关单位要协助海关查验货物，负责搬移货物，开拆和重封货物的包装。货物经海关查验通过后，由海关计算税费，填发税款缴纳证，待报关单位缴清税款或担保付税后，海关在报关单、提单、装货单或运单上加盖放行章后结关放行。

我国《商检法》规定，进出口商品实施检验的内容，包括商品的质量、规格、数量、质量、包装以及是否符合安全、卫生要求。检验的依据主要以买卖合同（包括信用证）中所规定的有关条款为准。

我国进出口商品检验工作，主要有4个环节：接受报验、抽样、检验和签发证书。

1.接受报验

报验是指对外贸易关系人向商检机构报请检验。报验时需填写“报验申请单”，填明申请检验、鉴定工作项目和要求，同时提交对外所签买卖合同，成交小样及其他必要的资料。

2.抽样

商检机构接受报验之后，及时派员赴货物堆存地点进行现场检验、鉴定。抽样时，要按照规定的方法和一定的比例，在货物的不同部位抽取一定数量的、能代表全批货物质量的样品(标本）供检验之用。

3.检验

商检机构接受报验之后，认真研究申报的检验项目，确定检验内容，仔细审核合同(信用证）对品质、规格、包装的规定，弄清检验的依据，确定检验标准、方法，然后抽样检验，仪器分析检验；物理检验；感官检验；微生物检验等。

4.签发证书

在出口方面，凡列入“种类表”内的出口商品，经商检机构检验合格后签发放行单(或在“出口货物报关单”上加盖放行章，以代替放行单)。凡合同、信用证规定由商检部门检验出证的，或国外要求签检证书的，根据规定签发所需封面证书；不向国外提供证书的，只发放行单。“种类表”以外的出口商品，应由商检机构检验的，经检验合格发给证书或放行单后，方可出运。在进口方面，进口商品经检验后，分别签发“检验情况通知单”或“检验证书”，供对外结算或索赔用。凡由收、用货单位自行验收的进口商品，如发现问题，供对外索赔用。对于验收合格的，收、用货单位应在索赔有效期内把验收报告送商检机构销案。

五、支付

（一）国际支付的概念

国际支付是指在国际经济活动中的当事人以一定的支付工具和方式，清偿因各种经济活动而产生的国际债权债务的行为。通常它是在国际贸易中所发生的、由履行金钱给付义务当事人履行义务的一种行为。

国际支付伴随着商品进出口而发生，然而它的发展又反过来促进了国际经济活动的发展；同时，伴随着国际经济活动的发展，其应用范围亦不断扩展。在自由资本主义时期以前，国家之间的货物进出口通常采用现金支付，以输送黄金或白银的方法清偿债务。然而，用现金支付不仅运送风险大，占用和积压资金，而且清点不便，计数之外还要识别真伪。因此，只有交易量小，采用现金支付才能应付。16—17世纪，欧洲的一些商业城市已广泛地使用由封建社会末期发展起来的票据来进行支付。非现金支付的方法——票据代替了金钱，金钱票据化，使支付非常迅速、简便，而且节约现金和流通费用。票据化的支付方法进一步促进了国际贸易的发展。至19世纪末20世纪初，国际贸易中买方凭单付款的方式已经相当完整了。

买方凭单付款的支付方式，要求银行以单据为抵押向出口商融资，使银行信用引入普通的国际支付业务中。银行的融资使商人增加贸易量，银行本身也得以扩展业务，两者相辅相成，形成了贸易支付与融资相结合为特征的和以银行为中枢的国际支付体系。

自第二次世界大战后，随着现代科学技术运用于国际支付业务以及适用于国际支付的国际条约和国际惯例的发展和完善，国际支付实现了快速、安全地完成国际间的收付，适应了高度发达的世界经济的需要；并从国际货物买卖支付体系向国际技术贸易、服务贸易及其他领域进行拓展。

（二）国际支付的特征

首先，国际支付产生的原因是国际经济活动而引起的债权债务关系。国际经济活动包括贸易活动与非贸易活动。国际贸易活动指国际贸易中的不同当事人之间的货物、技术或服务的交换，如货款、运输费用、各类佣金、保险费、技术费。非国际贸易活动是指国际贸易活动以外的各类行为，如国际投资、国际借贷、国际间的各类文化艺术等活动。

其次，国际支付的主体是国际经济活动中的当事人。国际经济活动中的当事人含义依据不同的活动而定。如在货物买卖中，当事人是指双方营业地处在不同国家的人，且有银行参与。

再次，国际支付是以一定的工具进行的。国际支付的工具一般为货币与票据。一方面，由于国际支付当事人一般是不同国家的自然人、法人。而各国所使用的货币不同，这就涉及货币的选择、外汇的使用，以及与此有关的外汇汇率变动带来的风险问题；另一方面，为了避免直接运送大量货币所引起的各种风险和不便，就涉及票据的使用问题，与此相关的是各国有关票据流转的一系列复杂的法律问题。

最后，国际支付是以一定的方式来进行的。在国际贸易中，买卖双方通常互不信任，他们从自身利益考虑，总是力求在货款收付方面能得到较大的安全保障，尽量避免遭受钱货两空的损失，并想在资金周转方面得到某种融通。这就涉及如何根据不同情况，采用国际上长期形成的汇付、托收、信用证及国际保理等不同的支付方式，来处理好货款收付中的安全保障和资金融通问题。

（三）国际支付的方式

国际经济活动中使用较多的支付方式有两种：直接支付方式与间接支付方式。直接支付方式是指只由国际经济活动中的当事人即交易双方与银行发生关系的支付方式。实践中常用的有：汇付、托收、信用证。汇付是一种顺汇方法，即由买方 (债务人) 将款项通过本国银行汇付给卖方 (债权人)。托收和信用证支付方式属逆汇方式，即由卖方 (债权人) 通过银行主动向买方 (债务人) 索取款项。间接支付是指支付行为除了交易双方与银行外，还有其他主体参加的方式。实践中越来越多地使用国际保理，即间接支付方式。

1.汇付 (remittance)

汇付指汇款人主动将货款交给银行，由银行根据汇款指示汇交给收款人的一种付款方式。汇付属于商业信用，是否付款取决于进口商 (买方) 或服务接受方，付款没有保证。采用此方式对国际经济活动中的当事人来讲都有风险。因而，除非买卖双方有某种关系或小数额的支付，一般很少使用汇付。

在国际支付业务中，汇付是由进口方直接付款，其又可分为：信汇；电汇；票汇。

（1） 信汇 (Mail Transfer，M/T)

信汇指汇款人将货款交本地银行，由银行开具付款委托书，通过邮政局寄交收款人所在地的银行。信汇费用低，但速度慢。

（2）电汇 (Telegraphic Transfer，T/T)

电汇是指汇款人要求当地银行以电报或电传方式委托收款人所在地银行付款给收款人。由于电讯技术的发展，银行之间都建立了直接通讯，电汇费用低，差错率低。

（3） 票汇 (Demand Transfer，D/T)

票汇是指汇出银行应汇款人的申请，代汇款人开立以其在国外的分行或代理行为付款行的即期汇票，支付一定金额给收款人的一种汇款方式。

与信汇、电汇不同，在票汇中，汇款人将汇款凭证交收款人，汇出行与汇入行间的指示是通过汇票做出的。该汇票是银行汇票，使用这种方式结算的好处是可以转让汇票。

2.托收 (Collection)

托收是指债权人委托银行凭票据向债务人收取贷款的一种支付方式。托收一般的做法是：由债权人 (卖方) 根据发票金额，开立以买方为付款人的汇票向债权地银行提出申请，委托银行通过其在债务地分行或其他往来银行，代为向买方收取货款。最常用的托收类型是光票托收和跟单托收。

3.信用证 (Letter of Credit，L/C)

信用证是开证银行 (简称开证行) 应开证申请人的申请签发的、在满足信用证要求的条件下，凭信用证规定的单据向受益人付款的一项书面凭证。

以信用证支付方式付款，是由开证银行自身的信誉为卖方提供付款保证的一种书面凭证。通常，只要出口商按信用证书面规定的条件提交单据，银行就必须无条件地付款，所以卖方的货款就会得到可靠的保障。而进口商则可以在付款后保证获得符合信用证条件的所有货运单据。

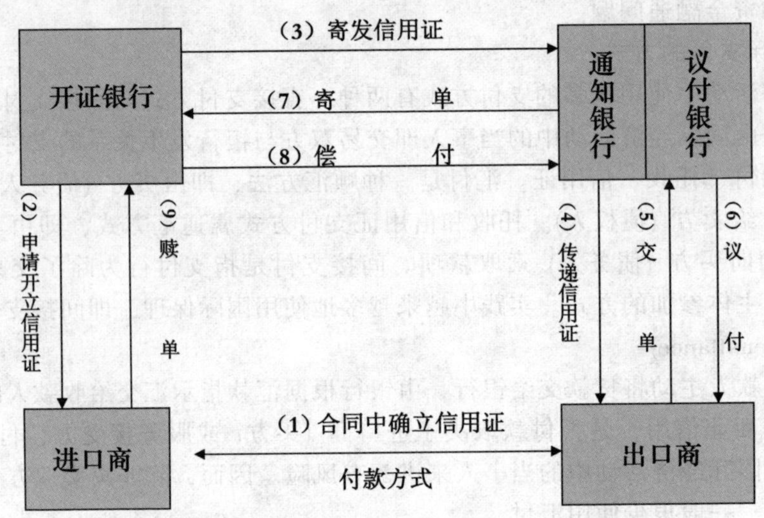

图14-2 信用证支付方式

4.国际保理 (International Factoring)

国际保理业务，即国际保付代理业务，是发达国家普遍使用的一种对外贸易短期融资收取货款的方式。它对于进出口商均有一定好处。现代国际保理业务由于融现代信息技术和国际金融业务于一身，因此其业务量发展十分迅速，已经发展成为国际贸易支付中有效的竞争手段。

六、储存和销售

出口商在货物备运期间，应妥善保管所交货物，防止发生变质，如串味、腐烂、破碎等。进口商收到货物后也需对货物进行储存，有时还需要对货物进行分装、转运等处理。在此期间，进口商应对储存地点、保险、费用等问题加以综合考虑，特别是当进口商向出口商索赔时，在储存期间采取必要手段保全尤为重要，否则一旦货物在储存期间由于保管不当而损坏，进口商会因此丧失索赔权。

进口货物的销售应按照进口商事先制订的商业计划进行，即选择恰当的营销组合将进口商品推向目标市场。

第三节 国际物流的发展趋势和前景

一、经济全球化为国际物流发展带来前所未有的机遇

观察今天国际物流的发展，离不开世界经济发展的大背景：那就是席卷世界的经济全球化。经济全球化是当今世界发展的最重要趋势，其他趋势不能不受到这一趋势的影响和制约。

在经济全球化的推动下，资源配置已从一个工厂、一个地区、一个国家扩展到整个世界。国际物流通过现代运输手段和信息技术、网络技术，降低了物流成本，提高了物流效率，在国际贸易和全球资源配置中发挥着越来越大的作用。作为新崛起的产业，国际物流正越来越引起人们对它的关注和重视。经济全球化为国际物流发展带来了前所未有的机遇。

（一）国际贸易的急剧扩大，为国际物流提供了广阔的发展空间

进入新世纪以来，国际贸易高速增长，规模急剧扩大。2000年至2007年，世界货物贸易的年均增长率为5.5%，两倍于同期世界产出的增长，2007年国际贸易总额高达28.1万亿美元，货物贸易量增长了7.5%，比同期世界GDP增速3.5%高一倍以上。世界总出口额占世界GDP的比重，1980年仅为21.79%，2001年上升到24.67%，2007年达到34.6%，6年内比重上升了10个百分点，是过去21年增幅的3.4倍多。全球国际贸易的货物流程，90%是由海上运输来完成的。联合国贸发组织（UNCTAD）的一份最新研究报告显示，2006年全球海运总量达到了惊人的74亿吨，平均每天有2000多万吨货物在海上流动着，比2005年增长了4.3%。2007年，全球的商船总吨位已超过10亿吨，比上年增加了8.6%。波罗的海干散货运价指数经历了前所未有的上涨行情，突破了11000点大关，比2006年年底的4400点上涨了250%。随着国际贸易的快速增长，各国的贸易依存度也不断上升。2001—2007年，世界贸易依存度从48.4%提高到69.5%，其中出口依存度从24.1%提高到34.6%。同期发达经济体的贸易依存度由46%提高到56.5%，发展中经济体的贸易依存度由57.6%提高到73.4%。世界贸易依存度的大幅度上升，表明了国与国、地区与地区之间的世界经济联系进一步加强，也表明了以国际贸易为基础的国际货物流动在世界范围内更加波澜壮阔地加快推进。

（二）国际产业的重新分工布局，为国际物流发展提供了广泛的服务

经济全球化使越来越多的国家被卷入其中。从国际分工看，相互依存、优势互补的分工程度大大提高，制造业重心继续东移。原来的传统垂直分工体系，是由发展中国家提供能源、资源和原材料，发达国家提供工业制成品的两极配对，现在已演变成一般发展中国家提供能源和资源，以中国为首的一些新兴经济体提供大部分工业制成品，发达国家提供关键技术、零部件、高端产品和服务、最后进行总集成或总装的格局。在出口结构上，世

界制成品的出口约占总出口的70.1%，北美制成品出口占比超过73.5%，欧洲为78.4%，亚洲制成品出口占比也高达81.9%。中东、非洲和独联体国家2/3出口则依赖燃油和矿产品，中南美洲农产品出口占到23.8%，燃料和矿产品出口占42.4%。最不发达国家3/4出口收入来源于初级产品，只有1/4来源于服装制成品出口。在进口结构上，发达国家是最终的消费和进口市场，美国进口占据了世界进口总额比重的15.8%，欧盟25国为39.2%，日本为5%，三者合计高达60%，世界货物进出口的一半以上都为10个发达国家拥有。近几年，“金砖四国”进口份额从2001年的6.3%上升到2007年的10.7%，尤其是中国进口份额几乎每10年翻一番，已经超过日本。这种新的国际分工和布局，不仅决定了国际物流的走向和布局，而且决定了国际物流新的服务对象和服务内容。

（三）国际贸易的内涵变化，对国际物流提出了新的服务要求

这种变化和要求主要表现在：

其一是加工贸易发展。近十多年来，国际贸易发展的一个显著特征就是，零部件贸易得到前所未有的发展，年均增长14%，高于同期贸易增速9%，占全球制成品贸易比重从17%增长到23%。全球生产体系的含义，就是一个产品多国生产，零部件制造和加工过程分散在世界许多国家进行，表现在国际贸易中，就是加工贸易的不断增加。目前，波音747飞机的制造需要400多万个零部件，由65个国家的1500个大企业和15000个中小企业提供。这需要有一个强大的物流系统来支撑这种生产，一个完整的供应链来帮助完成这个过程。

其二是信息化趋势。当今世界深陷信息化的包围，至强至高至快是当今竞争的主要特点。在信息化时代，要求国际物流企业管理必须“运筹帷幄之中，决胜千里之外”。有数据表明，国际空运平均成本已由过去的每英里68美分降至11美分，纽约至伦敦3分钟的电话费也从上世纪最高的244美元降到目前的几美分。现在全球互联网站点有5亿多个。国际电信联盟的数据表明，2008年，全球移动电话用户数量超过20亿。信息技术在全球的扩散，需要国际物流既要快捷满足生产和消费的要求，也要全面满足客户和企业的要求，提高物流服务的效率、质量和水平。

其三是跨国公司的作用。跨国公司主导着全球的生产和贸易，不仅在全球生产和贸易的链条中越来越重要，而且对国际物流的主导能力也越来越强，如沃尔玛等大型国际零售商都建立了自己强大的物流系统。目前，全球跨国公司已近7万家，子公司达90多万家，占全球生产的40%、直接投资的90%、贸易的60%、技术交易的80%和高新技术研发的95%。跨国公司内部贸易对国际物流的影响也越来越大。根据联合国贸发会议的估计，目前跨国公司内贸易大约占世界贸易总量的1/3，其制定的物流标准正影响着国际物流标准。国际贸易的这种结构和内涵的变化，对国际物流既带来了新的机遇，也带来了新的挑战。作为新兴服务业，国际物流伴随着国际贸易的发展有着越来越广阔的前景。

（四）国际市场的进一步开放，为国际物流发展提供了稳定的基础保障

GATT八轮关税谈判大大推进了贸易自由化进程，WTO成立后，通过制定规则、组织谈判、贸易政策审议、解决争端，致力于降低关税和减少非关税壁垒，推动成员间互相开放市场，有力地促进了贸易自由化和经济全球化的进程。2002年以来，发达成员的平均关

税水平已下降到4%，发展中成员已降为10%，目前，世贸组织148个成员间的贸易量已占全球贸易的95%以上。各国也更加倚重区域合作，相互开放了区域市场。据统计，目前世界区域内的贸易约占全球贸易的一半，其中北美自贸区、欧盟的区内贸易比重分别达55.7%和67.6%，而正是这种区内贸易，使欧盟许多物流中心、配送中心如雨后春笋般快速成长。亚洲区内贸易比重达51.2%，东亚也在50%以上。北美自贸区实施14年来(1993—2007年)，区内贸易增加超过2倍。国际市场的全球性开放和区域性开放，为国际物流的发展消除了大量的制度性障碍。当前许多国家开始重视现代物流业对经济的作用，颁布了一些促进物流业发展的措施，这也为国际物流在更大范围、更广领域、更高层次参与世界经济发展提供了更多的条件。

二、当前国际物流发展的新趋势、新特点

由于现代物流业对发展本国经济、提高国民生活和增强竞争实力有着重要的影响，因此，世界各国都十分重视物流业的现代化和国际化，从而使国际物流发展呈现出一系列新的趋势和特点。

(一) 国际物流系统更加集成化

传统物流一般只是货物运输的起点到终点的流动过程，如，产品出厂后从包装、运输、装卸到仓储这样一个流程，而现代物流，从纵向看：它将传统物流向两头延伸并注入新的内涵，即从最早的货物采购物流开始，经过生产物流再进入销售领域，其间要经过包装、运输、装卸、仓储、加工配送等过程到最终送达用户手中，甚至最后还有回收物流，整个过程包括了产品出“生”入“死”的全过程。从横向看：它将社会物流和企业物流、国际物流和国内物流等各种物流系统，通过利益输送、股权控制等形式有机地组织在一起，即通过统筹协调、合理规划来掌控整个商品的流动过程，以满足各种用户的需求和不断变化的需要，争取做到效益最大和成本最小。国际物流的集成化，是将整个物流系统打造成一个高效、通畅、可控制的流通体系，以此来减少流通环节、节约流通费用，达到实现科学的物流管理、提高流通的效率和效益的目的，以适应在经济全球化背景下“物流无国界”的发展趋势。可以说，过去物流企业的单个企业之间的竞争，现在已经演变成一群物流企业与另一群物流企业的竞争、一个供应链与另一个供应链的竞争、一个物流体系与另一个物流体系的竞争。物流企业所参与的国际物流系统的规模越大，物流的效率就越高，物流的成本就越低，物流企业的竞争力就越强，这种竞争是既有竞争、又有合作的“共赢”关系。国际物流的这种集成化趋势，是一个国家为适应国际竞争正在形成的跨部门、跨行业、跨区域的社会系统，是一个国家流通业正在走向现代化的主要标志，也是一个国家综合国力的具体体现。当前，国际物流向集成化方向发展主要表现在两个方面：一是大力建设物流园区；二是加快物流企业整合。物流园区建设有利于实现物流企业的专业化和规模化，发挥它们的整体优势和互补优势；物流企业整合，特别是一些大型物流企业跨越国境展开“横联纵合”式的并购，或形成物流企业间的合作并建立战略联盟，有利于拓展国际物流市场，争取更大的市场份额，加速本国物流业深度地向国际化方向发展。

（二）国际物流管理更加网络化

在系统工程思想的指导下，以现代信息技术提供的条件，强化资源整合和优化物流过程是当今国际物流发展的最本质特征。信息化与标准化这两大关键技术对当前国际物流的整合与优化起到了革命性的影响。同时，又由于标准化的推行，使信息化的进一步普及获得了广泛的支撑，使国际物流可以实现跨国界、跨区域的信息共享，物流信息的传递更加方便、快捷、准确，加强了整个物流系统的信息连接。现代国际物流就是这样在信息系统和标准化的共同支撑下，借助于储运和运输等系统的参与、借助于各种物流设施的帮助，形成了一个纵横交错、四通八达的物流网络，使国际物流覆盖面不断扩大，规模经济效益更加明显。以法国kn公司为例，该公司在没有自己的轮船、汽车等运输工具的情况下，通过自行设计开发的全程物流信息系统，对世界各地的物流资源进行整合，在全球98个国家、600个城市开展物流服务，形成了一个强大的物流网络。目前，该公司空运业务已排名世界第五，每周运输量达1.9万次，海运业务一年毛利约为40亿欧元。

（三）国际物流标准更加统一化

国际物流的标准化是以国际物流为一个大系统，制定系统内部设施、机械装备、专用工具等各个分系统的技术标准；制定各系统内分领域的包装、装卸、运输、配送等方面的工作标准；以系统为出发点，研究各分系统与分领域中技术标准与工作标准的配合性；按配合性要求，统一整个国际物流系统的标准；最后研究国际物流系统与其他相关系统的配合问题，谋求国际物流大系统标准的统一。随着经济全球化的不断深入，世界各国都很重视本国物流与国际物流的相互衔接问题，努力使本国物流在发展的初期，其标准就力求与国际物流的标准体系相一致。因为如果现在不这样做，以后不仅会加大与国际交往的技术难度，更重要的是，在现在的关税和运费本来就比较高的基础上，又增加了与国际标准不统一所造成的工作量，将使整个外贸物流成本增加。因此，国际物流的标准化问题不能不引起更多的重视。目前，跨国公司的全球化经营，正在极大地影响物流全球性标准化的建立。一些国际物流行业和协会，在国际集装箱和EDI技术发展的基础上，开始进一步对物流的交易条件、技术装备规格，特别是单证、法律条件、管理手段等方面推行统一的国际标准，使物流的国际标准更加深入地影响到国内标准，使国内物流日益与国际物流融为一体。

（四）国际物流配送更加精细化

随着现代经济的发展，各产业、部门、企业之间的交换关系和依赖程度也愈来愈错综复杂，物流是联系这些复杂关系的交换纽带，它使经济社会的各部分有机地连接起来。在市场需求瞬息万变和竞争环境日益激烈的情况下，要求物流在企业和整个系统必须具有更快的响应速度和协同配合的能力。更快的响应速度，要求物流企业必须及时了解客户的需求信息，全面跟踪和监控需求的过程，及时、准确、优质地将产品和服务递交到客户手中。协同配合的能力，要求物流企业必须与供应商和客户实现实时的沟通与协同，使供应商对自己的供应能力有预见性，能够提供更好的产品、价格和服务；使客户对自己的需求有清晰的计划性，以满足自己生产和消费的需要。国际物流为了达到零阻力、无时差的协同，需要做到与合作伙伴间业务流程的紧密集成，加强预测、规划和供应，共同分享业务数据、联合进行管理执行以及完成绩效评估等。只有这样，才能使物流作业更好地满足客户的需要。由于现代经济专业化分工越来越细，相当一些企业除了自己生产一部分主要部件外，大部分部件需要外购。国际间的加工贸易就是这样发展起来的，国际物流企业伴随着国际贸易的分工布局应运而生。为了适应各制造厂商的生产需求，以及多样、少量的生产方式，国际物流的高频度、小批量的配送也随之产生。早在20世纪90年代，台湾电脑业就创建了一种"全球运筹式产销模式"，就是采取按客户订单、分散生产形式，将电脑的所有零部件、元器件、芯片外包给世界各地的制造商去生产，然后通过国际物流网络将这些零部件、元器件、芯片集中到物流配送中心，再由该配送中心发送给电脑生产厂家。自20世纪80年代以来，美国、欧洲等一些发达国家开始进行了一场"物流革命"，其内容是对物流各种功能、要素进行整合，使物流活动系统化、专业化，出现了专门从事物流服务活动的"第三方物流"企业。随后，各种专业化的物流服务企业在欧美发达国家大量涌现并加速发展，使物流服务功能更强大，服务质量更精细。物流产业已经成为发达国家服务业中的一个重要组成部分。

（五）国际物流园区更加便利化

为了适应国际贸易的急剧扩大，许多发达国家都致力于港口、机场、铁路、高速公路、立体仓库的建设，一些国际物流园区也因此应运而生。这些园区一般选择靠近大型港口和机场兴建，依托重要港口和机场，形成处理国际贸易的物流中心，并根据国际贸易的发展和要求，提供更多的物流服务。如日本，为了提高中心港口和机场的国际物流功能，重点在京滨港、名古屋港、大阪港、神户港进行超级中枢港口项目建设，对成田机场、关西机场、羽田机场进行扩建，并在这些国际中心港口和空港附近设立物流中心，提高国际货物的运输和处理能力。这些国际物流中心，一般都具有保税区的功能。此外，港口还实现24小时作业，国际空运货物实现24小时运营。在通关和其他办证方面，也提供许多便利。国际物流和国内物流，实际上是货物在两个关税区的转接和跨国界的流动，要实现国内流通体系和国际流通体系的无障碍连接，必须减轻国际物流企业的负担、简化行政手续、提高通关的便利化程度。日本在这方面实行了同一窗口办理方式，简化了进出口以及机场港口办理手续，迅速而准确地进行检疫、安全性和通关检查。因此，国际物流园区的便利化发展，不仅有赖于物流企业本身的努力，而且特别倚重于政府的支持。而如何围绕机场、港口建立保税区、保税仓库，提供"点到点"服务、"一站式"服务，则是国际物流中心规划必须深入考虑的问题。

（六）国际物流运输更加现代化

国际物流的支点离不开运输与仓储。而要适应当今国际竞争快节奏的特点，仓储和运输都要求现代化，要求通过实现高度的机械化、自动化、标准化手段来提高物流的速度和效率。国际物流运输的最主要方式是海运，有一部分是空运，但它还会渗透在其国内的其他一部分运输，因此，国际物流要求建立起海路、航空、铁路、公路的"立体化"运输体系，来实现快速便捷的"一条龙"服务。为了提高物流的便捷化，当前世界各国都在采用先进的物流技术，开发新的运输和装卸机械，大力改进运输方式，比如应用现代化物流手段和方式，发展集装箱运输、托盘技术等等。美国的物流效率之所以高，原因在于美国的物流企业善于将各种新技术有机融入具体物流运作中，因而能在世界上率先实现高度的物流集成化和便利化。这也使从事物流的企业，利润和投资收益持续增加，进而诱发新的研究开发投资，形成良性循环。总之，融合了信息技术与交通运输现代化手段的国际物流，对世界经济运行将继续产生积极的影响。

三、对我国国际物流发展的几点建议

（一）充分利用我国国际贸易地位，做大做强我国国际物流产业

我国目前的外贸规模，已从1978年的206亿美元上升到2007年的21 738亿美元，增加了105倍。在世界的排名也由1978年的第32位上升到第3位。入世6年来（至2007年），外贸增速更是高达27.5%，平均每年大约净增2700亿美元。我国出口和进口占世界贸易的比重，2007年已经上升到10.3%和8.8%左右。我国港口的吞吐量2007年也达到了64亿吨，集装箱吞吐量突破了1.1亿标准集装箱，已连续数年居世界第一。中国的海运有着5000亿美元的巨大市场。

我国国际贸易的这种规模，既是我国国际物流业发展的“靠山”和“本钱”，又是我国国际物流业发展可依赖的基础和资源，要充分利用好、发挥好。要用科学发展观来指导我国国际物流业的发展，充分借鉴国际上发展现代物流的经验，加大对现有的国际物流产业和物流系统的调整和改革，做大做强我国国际物流业。要紧紧依靠我国国际贸易所产生的强大国际物流资源，服务国内，布局全球，使我国在成为世界制造中心、采购中心之后，也成为世界的物流中心。

（二）创造各种有利条件，加大力度培育我国大型国际物流企业

我国物流企业规模普遍偏小，集中度也不高。据中国物流与采购联合会提供的数据，在我国1700万个流通企业中，93%为单体经营户，规模以上的只占1%。也就是物流企业还处在较小较散的“人民战争”阶段，缺乏“集团军”和大规模“作战”的能力。要解决这个问题，必须大力培育大型物流企业。而要培育我国的大型物流企业，就必须创造一个好的政策环境和市场环境，即要创造各种条件，鼓励物流企业通过收购兼并、改造重组、股权置换、合资合作的方式，或者通过组成联盟的形式，来进行资源的有效整合，实现物流组织结构的网络化，低成本扩张企业规模，加速物流资源和资本的集中过程，大大提高物流企业的组织化、集约化程度，实现规模化经营、科学化管理、标准化服务，从而达到物流效益的最大化。

我国物流领域中的现代信息技术应用和普及的程度还不高，发展十分不平衡，远远不能满足现代物流服务的需要。

中国仓储协会的一份调查报告显示，我国物流企业中有61%完全没有信息系统支持，而在有信息系统支持的39%的企业中，绝大多数企业信息系统功能不完善，只有38%的企业有仓储作业管理，31%的企业有库存管理，27%的企业有运输管理。现代物流信息技术的落后已成为我国物流企业亟须解决的问题。同时，由于受物流管理体制的影响，我国物流业与国际物流间存在着标准的互相冲突、标准化程度不高、标准化适用范围有限和标准的实施力度不足等问题。此外，对物流还存在立法不够、缺乏配套的法律法规等不足。因

此，必须加快用信息化武装我国的物流企业、武装我国的国际物流系统。具体来讲，就是要通过推进信息化，促进国际物流活动的横向与纵向集成，提升我国国际物流整体运行质量和水平。要加快标准化体系建设，国内物流的编码、文件格式、数据接口、EDI、GPS等相关代码也要尽可能实现国际化标准。物流的集成化发展的横向集成最终落实在物流公共信息平台上。因此，要推进物流公共信息平台的建设，为生产、销售及物流企业提供基础物流信息，提高企业的数据连接性和供应链可视化，普遍降低现代物流社会总成本，提高我国经济的国际竞争力。

（三）以信息化和标准化改造物流业，提高现代化和国际化水平

我国物流总体发展水平不高，整个物流服务业发展也处于起步阶段，产业规模比较小。如第三方物流市场规模，根据有关国际研究机构的估计，美国第三方物流市场规模约相当于全社会物流成本支出的25%；欧洲则更高，为30%；亚洲的总体水平低于5%；而我国仅在2%左右。当然，水平低也意味着我们的发展空间广大。我国现有物流服务模式基本上仍然以自营为主，缺乏相应的关键技术与信息支持。第三方物流模式的比重较小，水平、规模均不能令人满意，能够提供真正意义上的现代物流完整解决方案的企业几乎没有。据中国物资储运协会对200多家物流服务企业调查的结果，我国第三方物流服务企业能提供的综合性全程物流服务还不足总体需求的5%。这是制约我国物流业发展的一个重要因素。我国的国际物流近几年虽然有了较大的发展，但总体水平也不高，还没有完全摆脱传统物流的基本模式。发达国家的经验表明，在信息技术支持下，现代物流已经成为国民经济发展的重要支柱产业、提高经济效益的重要源泉、产业升级和企业重组的关键推动力、经济发展支撑环境的关键因素。物流业的发达程度和水平高低，是一个国家现代化程度和综合国力的重要标志之一。

（四）搞好物流园区建设，增强我国参与国际物流竞争的能力

目前，我国已在规划、建设、运营的规模化物流园区有300多个，聚集着一大批物流企业，其中，北京空港物流园、上海洋山临港物流园、天津滨海新区物流园还吸引了一大批国外的物流企业进驻。现在，国内的一些大城市，一般都规划了3~5个物流园区，其中，天津规划了9个，广西规划了8个，深圳规划了6个。此外，一些专业性的物流园区也得到了进一步发展，如汽车物流园、塑料物流园、工业品物流园、农产品农资物流园、货运中转中心等。如何把这些物流园区集成起来，功能全都发挥出来，是我们大家都应该研究的课题。我们必须站在新的起点上，全面谋划物流园区的未来发展，以国际化的标准、合理化的规划、信息化的集成、便利化的服务来统筹物流园区的对外对内发展，使我国的物流园区在参与国际物流竞争方面，水平大大提高。特别是要以我国的重要港口、国际机场为核心，打造几个国际物流中心，并连接国内的物流园区，形成规模巨大、纵横交错、辐射力强的国际物流枢纽，成为我国参与全球合作和对外交流的重要窗口、亚太地区重要国际门户，并为我国经济社会的发展提供强有力的物流支撑。

本章小结

本章首先介绍了国际物流的基本概念及特点，进而介绍了国际物流系统的组成及国际物流与国际贸易的关系；同时介绍了国际物流的基本流程和主要业务；最后简单介绍了国际物流的发展趋势及前景。

关键词

国际物流、商品检验、报关、支付、国际贸易

复习思考题

1.国际物流与国内物流相比具有什么特点？
2.简要回答国际物流系统的组成。
3.国际物流与国际贸易具有什么关系？
4.试述国际物流的基本流程。

综合案例

马士基物流

当今，商业物流和客户联盟常与其他的远洋运输物流业者进行激烈的竞争。物流业的佼佼者马士基物流——商业和客户联盟，也发现自己的竞争对手不仅有业内企业，还包括远洋运输物流业以外的企业，如联邦快递、联合包裹服务和德国邮政。2001年4月，马士基的物流公司合并后，成为当今最大的货运物流企业之一。因为“马士基”这个名字在航运界有广泛的知名度和信誉，拥有这个名字令人骄傲。

马士基集团是世界上最大的航运集团，集团横跨远洋航运、石油和天然气的勘探和开采、物流与零售、化工和制造、航空及IT服务等多个领域。这家总部位于丹麦的百年老店在新千年里仍然活力澎湃：马士基集团在遍布全球100多个国家的分支机构里拥有60 000名雇员，是全球500强之一。在中国，马士基也有着举足轻重的地位。2002年其货运吞吐量比其他位居国内前十位的对手的总量还要多。

马士基国际物流分为美洲分公司、欧洲分公司和亚太分公司。在美国，马士基有7个

办事处，在欧洲有40多个，在我国也有13个。这些办事处分地区处理着公司的物流业务。同时，公司在美国还有4个自己的物流货仓网络，负责货物的转运、存储。实际操作中，在统一的经营方针指导下，马士基物流又分成了9个分部——货场管理、供应链管理、空运、NVO服务、信息技术、金融、公关和市场、商业过程和仓储分运。这些部门是由商业和客户两方组成的，由于减少了中间环节，它们运作得非常好。它们彼此间默契的配合并不是靠总部统一的命令，而是靠减少中间环节来实现。为更好地为客户服务，马士基还与一家中间转运公司达成了合作协议，此中转公司专门有6个办事处为马士基的客户服务，提供中转及NVO服务。马士基本身有能力完成中间商的工作，但考虑到客户与中间商长久而密切的合作关系，马士基还没有决定是否扩大自己的服务网络，来代替中间商所起的作用。

马士基的惊人之举是毅然撤离新加坡港务集团属下的新加坡港，转而投资马来西亚重要港口，并将其定位为基本港，此举导致新加坡港的集装箱吞吐量每年减少180 万TEU。这一举动反映了马士基控制港口和码头的经营理念。

多年来，马士基凭着这些与众不同的经营理念，取得了巨大的成功，在国际航运界树起了一面鲜明的旗帜。虽然马士基的个性化经营理念在航运界颇有争议，但其巨大的成就和日益巩固的领先优势让航运界人士不得不关注，同时对中国的航运企业不无借鉴意义。

马士基海陆班轮公司是世界第一大班轮公司，目前在全球范围内拥有雇员约10 000人，在100多个国家设有325个下属单位，经营着250条远洋船舶，每年航行里程达3 200万海里，平均每年承运700万TEU（约占全球集装箱运输量的15%）。不久前，马士基海陆将其欧洲地区总部从哥本哈根搬往伦敦。最近马士基公司的定位也从一个全球承运人向全球物流经营人转变。

雄心勃勃的全球扩张、覆盖全球的业务网点，是多年来航运界人士对马士基最深刻的印象，吞并美国海陆公司是其令航运界震惊的代表性大手笔。凭借其强大实力和影响力，马士基可以独自受理全球任何货主、任何货种的运输及物流要求，而不需借助于合作伙伴或舱位互租。公司的经营目标是紧盯全球大货主（尤其是跨国公司），不放过中小规模的货主。例如，公司在北美地区共有3 000名货主。马士基历来注重用实力奠定自己在本行业的强大影响力，而且致力于巩固和强化这种影响力。

20世纪90年代，A. P. Moller 集团连续吞并EACBen、Safmarne和海陆，在五家国际著名班轮公司联合组建的航运网络公司INTTRA中，马士基海陆是第一大股东，这有力地奠定了马士基在国际航运界的显赫地位。同时，为维持和巩固自己在国际航运界的地位，A. P. Moller 集团和马士基海陆公司的高层管理人士在关键性的行业组织和机构中占据了重要职位：A. P. Moller集团高级顾问Ib Kruse 任世界著名班轮公司首席执行官俱乐部主席，集团执行副总裁Knut Pontoppidan 任国际商会海运委员会主席，他们还占据着世界航运理事会理事、欧盟船东协会主席 、丹麦船东协会副主席等重要职位。

扯起不受制于人的旗帜：为实现降低成本和公司利润最大化的目标，马士基尽量控制港口和码头操作，尽可能扩大自己在世界重要港口和码头的影响，避免受港口和码头方左右。马士基还成立了马士基港口公司，专门负责港口和码头事务，该港口公司每年的装卸量可达1250万TEU，成为世界上第三大码头操作公司。

马士基处处刻意直接控制自己的业务，港口和码头操作仅仅是一个方面，还有其他一些方面，如班轮业务。马士基迄今不愿加入班轮公会或与其他班轮公司结成合作伙伴，它可以将自己在泛大西洋和泛太平洋航线上的过剩舱位卖给其他班轮公司，却不愿向其他班轮公司购买舱位。

使用自己的代理：马士基在全球范围内设立自己的代理公司或机构，很少使用自己系统以外的港口代理。

系统内造船：马士基的大多数船舶是通过马士基物流公司安排在 A. P. Moller 集团属下的造船厂建造的。

公司资金投资：与大多数航运公司不同，马士基的投资资金多来源于公司内部的资金，而不是银行贷款。

自己培训雇员：集团乃至马士基培训雇员，都是采用自己的方式、自己的培训机构、自己的教材，而不采用其他班轮公司将雇员送往国内外著名学府深造的做法。马士基雇佣的外籍海员必须先通过“马士基式”的培训，考试合格后方可上船。2010年5月马士基在中国大连海事大学设立的“马士基班”是一个典型的例子。在北美，马士基物流重新培训了95%的原公司雇员。组建新公司时，公司从来没想到要裁员。他们的雇员与客户非常熟悉，并建立了良好的关系。他们认为，雇员是公司的财富。

在马士基物流，数据传送电子化与货运有着同等重要的地位。在过去的5年中，公司为实现物流服务的计算机系统化，投入了上百万美元，建立了适合公司业务发展的系统——M·Power。M·Power可以在多种操作平台上工作。此系统可以在电子数据交换机和互联网上工作。M·Power使各级别的客户都可以跟踪其业务过程。你若想了解客户的货现在在哪里，问M·Power就可以了，它一定知道。什么时候货物能到配货中心，M·Power也知道。这样就避免了估计上的错误，也不用不停地与各方面联系，M·Power可以24小时工作。在信息处理上，马士基也与其他公司进行了合作。它的前竞争对手，Sea—Land物流，有它自己的客户协调系统和航运跟踪系统。现在，这些系统并入了M·Power系统，为马士基的客户服务，跟踪货物运输的全过程，使M·Power工作得更加完美了。

马士基的信息自动化并非到此为止，他们还想把它的供应链全部自动化。公司的技术人员正在努力使系统自动接收航班发货地的数据。通过研究，他们发现，自动化的“瓶颈”往往来自供货商，所以他们给供货商提供了一个网站，让供货商能输入班轮信息，自动发到系统上而不必硬拷贝或发传真。马士基生产了不少终端系统，给供货商使用。这些计算机设备都是免费为客户安装的，公司在这方面花费了上百万美元。这样，客户工作起来就会更方便，这是马士基的主要目的。

马士基一直关注新技术的发展，希望公司与客户一起发展，跟上时代前进的步伐。客户和商家都对马士基提供的更广泛业务范围很感兴趣。与客户良好的合作关系，使公司有更好的商业发展前景，这种稳定的关系受到客户的称赞。在公司整个改革过程中，公司员工与客户经常联系，并告诉客户每一个变化，让客户了解公司的改革内容。为了更好地为客户服务，马士基物流从不画地为牢，只要需要，宁愿与APL的ACS物流合作，来提高自己为客户服务的质量。客户对马士基包括海运、仓储及转运的物流服务越来越感兴趣，马士基物流的综合服务吸引了很多新客户。只要客户需要，他们就会提供相应的服务，这正是他们成功的关键。按照马士基公司的说法，他们要避免受制于人，避免被合作伙伴或其他方面缚住手脚。马士基物流香港公司表示，该公司在中国的物流业务上取得的显著成效，得益于启用了两套物流管理系统——性能指示器 (KPI) 和成本预测 (ABC) 系统。

据了解，性能指示器是一种供应链管理常见的重组资讯管理系统，优点主要在于就订单数目、货品流程、急件运送、抵达时间及仓储准确度的数据加以分析、检讨，再编印出一套操作系统报告，显示货品到达是否准时、仓储包装有没有误差、有没有接到投诉等。至于ABC系统则是一套预测供应链成本的工具，有助于为服务提供增值效益，促使利润增加。

马士基相信，远洋运输业的改革势必会改变运输物流业的现状。在这种形势下，客户也提出了希望得到综合物流服务的要求，这对公司是一个挑战。快递公司想通过与速递、非航运运输及第三方物流企业合作，来扩大他们的海运服务范围。这些公司提供各式各样的物流服务，他们的目标与马士基一样，都是希望客户以最小的代价得到最快捷、可靠的送货上门服务。

（案例来源：锦程物流网http://www.jctrans.com/）

案例思考题

1.马士基物流的经营理念有哪些？

2.你认为马士基物流的成功取决于哪些方面？

3.马士基物流面临的主要挑战是什么？应如何应对？

4.马士基的成功对中国的航运企业有哪些启示？

扩展阅读

国际物流相关法律

一、《海商法》

在我国，海商法学者大多认为海商法有广义和狭义之分。广义的海商法是调整特定的海上运输关系、船舶关系的法律规范的总称。它构成我国社会主义法律体系中的一个独立的法律部门。

海指海洋及与海相通的江、河、湖等水域；商指国内海上贸易及国际远洋贸易；海商法主要调整商船海事（海上事故）纠纷，但若发生海上船舶碰撞，则军舰、渔船、游艇等船舶以及水上飞机都在海商法调整范围之内。海商法的内容相当广泛。主要有：船舶的取得、登记、管理，船员的调度、职责、权利和义务，客货的运送，船舶的租赁、碰撞与拖带，海上救助，共同海损，海上保险等。

海商法具有以下几个特点：

①适用范围为调整海上运输关系和船舶关系。海上运输是指海上货物运输和海上旅客运输，包括海江之间、江海之间的直达运输。但海上货物运输合同的规定，不适用于中华人民共和国港口之间的海上货物运输。船舶是指海船和其他海上移动式装置，但是用于军事的、政府公务的船舶和20总吨以下的小型船艇除外。船舶包括船舶属具。

②详细规定了海上货物运输合同、海上旅客运输合同、船舶租用合同、海上拖航合同、海上保险合同的成立，双方当事人的权利义务，违约责任等。

③实行海事赔偿责任限制原则，即船舶所有人、救助人，可依法规定限制赔偿责任。该法还规定“中华人民共和国缔结或者参加的国际条约同本法有不同规定的，适用国际条约的规定；但是，中华人民共和国声明保留的条款除外。中华人民共和国法律和中华人民共和国缔结或者参加的国际条约没有规定的，可以适用国际惯例”。

海商法属于国内民事法律，在民商法分立的国家属于商法范畴；但为解决国际通航贸易中的船货纠纷，多年来已签订了许多国际公约和规则，主要有：《统一提单若干法律规则的国际公约》（即《海牙规则》，1968年修订称《维斯比规则》）、《联合国海上货物运输公约》（简称《汉堡规则》）、《统一有关海上救助的若干法律规则的国际公约》、《国际海上避碰规则公约》、《约克–安特卫普规则》、《防止海上油污国际公约》。它们分别对承运货物的权利和义务、责任豁免、海上船舶碰撞、海上救助、共同海损等作了详细规定。

《中华人民共和国海商法》于1993年7月1日起施行。

二、国际公约和规则

1.《海牙规则》

《海牙规则》是《统一提单的若干法律规定的国际公约》的简称。我国虽未加入该公约，却把它作为制定我国《海商法》重要参考。

《海牙规则》自1931年生效实施后，得到了国际航运界的普遍接受，它的历史作用在于使国际海上货物运输有法可依，统一了海上货物运输中的提单条款，对提单的规范化起到了积极作用，基本上缓和了当时承运方和托运方之间的矛盾，促进了国际贸易和海上运输事业的发展。

《海牙规则》规定了承运人最低限度义务，免责事项，索赔和诉讼，责任限制和适用范围以及程序性等几个方面。对于承运人免责事项，海牙规则第4条第2款列举了11项免责事项。11项免责事项，尤其是航行和管船过失亦免责奠定了海牙规则关于承运人的不完全过失责任制的基础。对于索赔和诉讼时效，海牙规则均规定了较短时间。索赔通知为交货前或当时，货物灭失、损坏不明显为移交后3日内并以书面形式。但双方进行联合检查者除外。海牙规则规定了一年的诉讼时效，自货物交付或应当交付之日起一年内。对于责任限制，海牙规则规定了每件或每单位100英镑的最高赔偿额。但托运人装货前就货物性质和价值另有声明并载入提单的则不在此限。

总体看来，《海牙规则》无论是对承运人义务的规定，还是免责事项，索赔诉讼，责任限制，均体现着承运方的利益，而对货主的保护则相对较少。这也是船货双方力量不均衡的体现。

从上世纪60年代开始，国际海事委员会着手修改海牙规则，于1968年2月通过了《关于修订统一提单若干法律规定的国际公约的协定书》，简称《海牙–维斯比规则》，并于1977年6月生效，这就是《维斯比规则》。

2.《维斯比规则》

《维斯比规则》是《修改统一提单若干法律规定的国际公约议定书》的简称。于1968年6月23日在布鲁塞尔外交会议上通过，自1977年6月23日生效。《维斯比规则》是《海牙规则》的修改和补充，故常与《海牙规则》一起，称为《海牙–维斯比规则》。

《维斯比规则》共十七条，但只有前六条才是实质性的规定，对《海牙规则》的第三、四、九、十条进行了修改。

3.《汉堡规则》

《汉堡规则》是《联合国海上货物运输公约》（United Nations Convention on the Carriage of Goods by Sea，1978）的简称。

《海牙规则》是20世纪20年代的产物，曾发挥它应有的作用，随着国际贸易和海运的发展，要求修改海牙规则的呼声不断，对其进行修改已在所难免。

联合国国际贸易法委员会下设的国际航运立法工作组，于1976年5月完成起草工作，并提交1978年3月6日至31日在德国汉堡召开的有78个国家代表参加的联合国海上货物运输公约外交会议审议，最后通过了1978年《联合国海上货物运输公约》。由于这次会议是在汉堡召开的，所以这个公约又称为《汉堡规则》。

《汉堡规则》全文共分7章34条，在《汉堡规则》的制定中，除保留了《海牙–维斯比规则》对《海牙规则》修改的内容外，对《海牙规则》进行了根本性的修改，是一个较为完备的国际海上货物运输公约，明显地扩大了承运人的责任。

《汉堡规则》适用于两个不同国家之间的所有海上货物运输合同，并且海上货物运输合同中规定的装货港或卸货港位于某一缔约国之内，或备选的卸货港之一为实际卸港并位于某一缔约国内；或者，提单或作为海上货物运输合同证明的其他单证在某一缔约国签发；或者提单或作为海上货物运输合同证明的其他单证规定，合同受该规则各项规定或者使其生效的任何国家立法的管辖。

同《海牙规则》一样，《汉堡规则》不适用于租船合同，但如提单根据租船合同签发，并调整出租人与承租人以外的提单持有人之间的关系，则适用该规则的规定。

三、《对外贸易法》

1994年5月12日，第八届全国人大常委会第七次会议通过了《中华人民共和国对外贸易法》（简称《对外贸易法》），这是规范我国外贸市场秩序的基本法律。

为了适应中国加入WTO的需要，2004年7月1日起实施经修订的《对外贸易法》。

对外贸易法是指调整对外贸易关系的法律范围的总称。它主要规定了一个国家对外贸易的基本原则、主要管理体系和维护外贸管理秩序的各项措施。

四、《海关法》

海关法（customs law），是关于海关管理进出口和征收关税、查缉走私、编制海关统计和办理其他海关业务的法律规范的总称。海关法的内容一般包括：海关的任务和职责，关税制度，进出口监管，对违章和走私行为的处罚，海关权利等。中国现代史上第一部独立自主的海关法，是1951年5月1日起施行的《中华人民共和国暂行海关法》。

1987年1月22日通过，自1987年7月1日起施行的《中华人民共和国海关法》共7章。主要内容有：

①海关的任务是依法监管进出境的运输工具、货物、行李物品、邮递物品和其他物品，征收关税和其他税、费，查缉走私、编制海关统计和办理其他海关业务。

②进出国境货运的监管和转运货物的监管。规定货物进出国境的验放办法，货物承运人和保管人对海关应负的责任等。

③进出口货物的报验、征税、保管和放行，规定货物的收、发货人及其代理人报关、纳税以及货物保管人的责任。

④走私和违章案件及其处理。

另外，国务院1985年3月7日发布了《中华人民共和国进出口关税条例》，1989年8月28日批准《海关对我出国人员进出境行李物品的管理规定》等条例，使中国海关法律体系日趋完善。

2000年7月8日第九届全国人民代表大会常务委员会第十六次会议《关于修改〈中华人民共和国海关法〉的决定》对海关法进行修正。

2001年1月1日，《中华人民共和国海关法》修正案正式开始施行。

（资料来源：http://www.zh100.net/html/217-3/3760.htm）

参考文献

[1] 王槐林,刘明菲.物流管理学 [M] .2版.武汉:武汉大学出版社,2005.

[2] 黄中鼎.现代物流管理 [M] .上海:复旦大学出版社,2008.

[3] 唐纳德·沃特斯.供应链管理概论 [M] .2版.北京:电子工业出版社,2010.

[4] 马士华.供应链管理 [M] .北京:中国人民大学出版社,2005.

[5] 林玲玲.供应链管理 [M] .2版.北京:清华大学出版社, 2008.

[6] 张旭辉,杨勇攀.第三方物流 [M] .北京:北京大学出版社,2010.

[7] 程国全,王转,张庆华.物流技术与装备 [M] .北京:高等教育出版社,2008.

[8] 张玉斌.采购与仓储管理 [M] .北京:对外经济贸易大学出版社,2008.

[9] 李严锋.物流管理概论 [M] .北京:科学出版社,2008.

[10] 王任祥.国际物流 [M] .3版.杭州:浙江大学出版社,2008.

[11] 裴少峰,曹利强,梁彤伟.物流技术与装备学 [M] .广州:中山大学出版社,2006.

[12] 方庆琯,王转.现代物流设施与规划 [M] .2版.北京:机械工业出版社,2010.

[13] 马俊生,王晓阔.配送管理 [M] .北京:机械工业出版社,2008.

[14] 冯耕中,刘伟华.物流与供应链管理 [M] .北京:中国人民大学出版社,2010.

[15] 夏春玉.物流与供应链管理 [M] .3版.大连:东北财经大学出版社,2010.

[16] 朱新民.物流仓储 [M] .北京:清华大学出版社,2007.

[17] 刘华.物流采购管理 [M] .北京:清华大学出版社,2008.

[18] 鲍新中,李晓非.物流成本管理理论与实务 [M] .北京:机械工业出版社,2011.

[19] 姜春华.第三方物流 [M] .2版.大连:东北财经大学出版社,2008.

[20] 梁金萍.运输管理 [M] .北京:机械工业出版社,2010.

[21] 科伊尔.运输管理 [M] . 7版.北京:清华大学出版社,2011.

[22] 彭辉,朱力争.综合交通运输系统及规划 [M] .成都:西南交通大学出版社,2006.

[23] 李骏.现代交通运输与载运工具 [M] .成都:西南交通大学出版社,2006.

[24] 刘南.交通运输学 [M] .杭州:浙江大学出版社,2009.

[25] 董雅丽,杜漪.现代企业物流管理 [M] .兰州:兰州大学出版社,2005.

[26] 徐杰,田源.采购与仓储管理 [M] .北京:北方交通大学出版社,2004.

[27] 徐武.采购与仓储 [M] .北京:清华大学出版社,2007.

[28] 田源.仓储管理 [M] .北京:机械工业出版社,2009.

[29] 倪志伟.现代物流技术 [M] .北京:中国物资出版社,2007.

[30] 孙红.物流信息系统 [M] .武汉:武汉大学出版社,2005.

[31] 魏国辰.现代物流技术与实务 [M] .2版.北京:中国物资出版社,2007.

[32] 王道平,王煦.现代物流信息技术 [M] .北京:北京大学出版社,2010.

[33] 于英.物流技术装备 [M] .北京:北京大学出版社,2010.

[34] 李波,王谦.物流信息系统 [M] .北京:清华大学出版社,2008.

[35] 张劲珊.物流信息技术应用 [M] .北京:清华大学出版社,2009.